本书是中国社会科学院哲学社会科学创新工程项目
"信息化测评体系创新研究与应用"成果

信息化与网络经济

基于均衡的效率与效能分析

姜奇平◎著

中国财富出版社

图书在版编目（CIP）数据

信息化与网络经济：基于均衡的效率与效能分析／姜奇平著．—北京：中国财富出版社，2015.12（2019.9 重印）

ISBN 978-7-5047-6007-4

Ⅰ.①信… Ⅱ.①姜… Ⅲ.①信息化—经济发展水平—研究—中国 Ⅳ.①G203

中国版本图书馆 CIP 数据核字（2015）第 307043 号

策划编辑 郑晓雯		**责任编辑** 张冬梅　郑晓雯		
责任印制 梁　凡　郭紫楠		**责任校对** 梁　凡		**责任发行** 邢小波

出版发行	中国财富出版社	
社　　址	北京市丰台区南四环西路 188 号 5 区 20 楼	**邮政编码**　100070
电　　话	010-52227588 转 2098（发行部）	010-52227588 转 321（总编室）
	010-52227588 转 100（读者服务部）	010-52227588 转 305（质检部）
网　　址	http://www.cfpress.com.cn	
经　　销	新华书店	
印　　刷	北京九州迅驰传媒文化有限公司	
书　　号	ISBN 978-7-5047-6007-4/G·0637	
开　　本	710mm×1000mm　1/16	**版　　次**　2015 年 12 月第 1 版
印　　张	41.25	**印　　次**　2019 年 9 月第 3 次印刷
字　　数	719 千字	**定　　价**　88.00 元

版权所有·侵权必究·印装差错·负责调换

序　内生复杂性的效率与效能分析

本书围绕信息化生产方式的投入产出特征，对网络经济的财富脉络进行了一个清明上河图式的系统梳理，并最终归因于复杂性。

本书是中国社会科学院哲学社会科学创新工程项目"信息化测评体系创新研究与应用"成果，形式上是对信息化测评的研究，实质是对如何定量研究信息化与网络经济财富的研究。

财富不可测量，就不可管理。这反映了测评理论的重要性。长期以来，互联网背负着创造出巨大财富，却测不出产出及其来历的指责。本书在回答信息化与网络经济的财富产出上，进行了一系列开创性的研究。

通过内生复杂性范式建立信息技术经济学的计量骨架，在实证水平上回答了信息革命不同于工业革命的"生产什么"（产出何种不同的价值）、"如何生产"（以何种不同方式产出）的问题，并提供了量化把握信息财富的宏观（信息经济）、中观（产业化与服务化）与微观（战略财务）线索。

本书的主题在于指出，把握复杂性是人们避免看漏财富来龙去脉的关键线索。信息革命中财富的转换，最终可归结为简单性范式与复杂性范式的转换。

一、本书的基本假定

信息化与网络经济学科的一个基本假定是：复杂性是信息化与网络经济所赖以区别于传统经济的新技术经济范式。

工业技术主要提高简单性效率（专业化效率），信息技术主要提高复杂性效率（多样化效率）。前者支持由数量－价格维度构造的简单性系统的经济，即工业化经济；后者支持由品种－价格维度构造的复杂性系统的经济，即信息化经济。

工业化与信息化在商务本体上的绩效区分标志为：如果复杂性程度越高，

平均成本越低，定义为信息化；复杂性程度越高，平均成本越高，定义为工业化。内部情况互有交叉，但主导方面大致如此。

从技术内生角度看，信息化的技术经济的主导方面本质在于通过信息技术对于差异化成本的降低，提高服务化效率与效能，实现范围报酬递增；同时，信息技术也不排斥在其作用的次要方面，对同质化成本的降低，提高产业化效率与效能，实现规模报酬递增。二者在两化融合中依一定条件相互转化。

研究从理论经济学到技术经济学建立了一系列"同质－异质"（简单性－复杂性）二元框架，并将财富解析体现在数理－计量－测评等一系列量化分析方法之中。将书中"测度"替代为"管理"，可当作信息财富管理指南。

在内生复杂性方面，本书结论超过了新经济增长理论目前研究范围，是一种系统创新。应用于测评，有助于识别高附加值方向上的绩效。

二、本书的指导思想

1. 言之有据。将信息化测评研究建立在信息技术经济学的学科建设基础之上。从基础理论入手，探索实证方法。避免"没有理论的测算"（Measurement without theory）（Koopmans，1947），"也要避免对统计信息没有理论的使用"（乔根森等）。

2. 问题导向。研究面向信息化与网络经济决策与研究中的重大基础性问题。宏观上使所研究指标具有对政策问题的显示度；微观上使信息化具有战略、竞争力上的财务显示度。

3. 突出重点。紧紧围绕信息化生产方式与工业化生产方式的异同，以生产率研究为主线，进行对信息化与网络经济的效率和效能研究。有别于"招""术"层面上的研究，力求为实践者提供把握财富基本面的计量、管理、决策线索。

4. 支撑服务。研究定位于信息化测评理论支撑服务。即本身不进行信息化测评，而为进行信息化测评的研究者提供理论与方法服务，力图帮助他们打通数据、指标与基础理论的联系，致力于开阔对信息化与网络经济测评分析的全景视野。

三、本书的方法特点

1. 因为研究需要对信息化进行简明定义，本书将信息化定义为智慧化——

主要涉及的是复杂度与成本边际的关系，将信息经济简化为由于技术正反馈引发的报酬递增（"规模和范围"）的经济。将信息化测评的改进重点，从区分投入（ICT[①]与非 ICT），转到区分产出（同质化与差异化的不同实效）。

2. 将信息化指标体系的划分标准，从按要素划分，彻底转向按技术经济学标准划分。由此将原有按要素划分得出的性质不加区分混为一谈的绩效，辨识为十种技术经济性质不同、在数学上可区分的绩效，进而区分为十类指标，建立起可通向可计算一般均衡的指标体系。

3. 同属技术经济学范畴，信息化测评与生产率计量既有联系，又有区别。联系在于，原理包括原理的结构都是相同的；聚焦点也相同，都聚焦于技术与经济的关系。不同在于数据性质，生产率计量更多使用的是经济统计数据、财务数据，信息化测度除了一些标准数据外，更多是通过将定性的经济行为加以定量化获得的调查数据，因此具有更多的经验性；产业测度方面，侧重与结构优化有关的绩效分析，而不做增长、就业、产业结构、劳动生产率等统计计量分析。

4. 本次研究的定位是基础理论支撑服务，主要解决指标体系设计思路如何扣上生产率分析逻辑的问题。虽有大量指标例举，但主要是为说明指标设计机理，不涉及指标体系内部方法，如权重、具体指标体系和指标（只是举例说明），具体实测，结果计算，等等。

---

① ICT（Information Communications Technology），指信息通信技术。

目　录

上篇　信息化与网络经济的理论体系创新：
　　基于新技术经济范式的基础计量框架

1

下篇　信息化与网络经济测评应用：宏观、中观与微观绩效分析

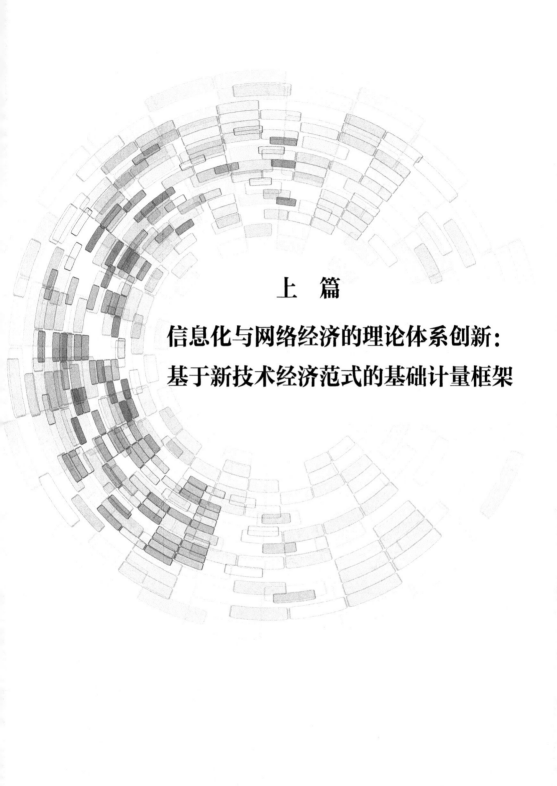

上　篇

信息化与网络经济的理论体系创新：

基于新技术经济范式的基础计量框架

信息化与网络经济的数理经济计量

1 信息化与网络经济的微观经济学

信息化与网络经济的经济学本质上是内生复杂性的经济学。

信息化指标体系的创新，首先要求信息化与网络经济的基础理论的创新。这种创新旨在使信息化与网络经济中的未观测经济（Non Observed Economy，NOE）得以充分显现。这要求将信息化与工业化、网络经济与工业经济的不同之处，高度概括在范式一级的差别上进行辨析。

我国经济新常态，将在工业化基本实现，信息经济全面发展的背景下展开。这一背景决定着，市场均衡从工业化常态向信息化常态的演化，将成为新常态中一个需要特别考虑的新元素。由信息革命催生的多样性（variety）的常态化，是产生这一新动向的原动力。将多样性上升到均衡范式高度加以总结，观察信息化对工业经济均衡与最优的影响，对于构建信息化与网络经济的微观均衡理论具有重要意义。

我们假定单一品种的工业经济对应同质性的完全竞争均衡①；差异化多品

---

① 本文的"完全竞争"采用的是张伯仑的"完全竞争"概念，它的需求曲线 *DD′* 是向下的。而水平需求曲线意义上的完全竞争，张伯仑称之为"纯粹竞争"，以区别于"完全竞争"。在本书中，纯粹竞争与同质的完全竞争的关系，相当于极限值与数列的关系，*DD′* 无限逼近水平值，永远达不到极限值，但可视为等于极限值。同质完全竞争与异质完全竞争的关系，是 D – S 模型中同质组与异质组之间的关系。

种的信息经济对应多样性的垄断竞争均衡，即异质的完全竞争均衡；在 D－S 模型（Dixit & Stiglitz，1977）基础上，以品种（variety，计为 N）代表多样性，作为均衡的内生维度，嵌入传统的数量－价格均衡架构中，构成品种－数量－价格三维均衡范式。其中，以数量－价格二维构成的同质性市场代表工业化部门，以品种－价格二维构成的多样性市场代表信息化部门，二者共同构成以数量－品种二维均衡为基础的工业化－信息化两部门模型。

在工业化－信息化两部门经济中，工业化常态下的均衡价格与信息化常态下的均衡价格，存在一个由多样性的常态化形成的、等于平均成本与边际成本之差的落差。这个价差的量值等于对创新的"补贴"（罗默，1990），对应支撑创新驱动的固定成本（或"沉淀成本"）。经济转型升级的微观实质，应被视为通过创新驱动使多样性（如质量提高、个性化、增加附加值等）从成本不经济变为成本经济。

发现信息化的市场均衡点不同于工业化，并存在围绕多样性的收益成本关系的内在转换规律，对工业经济将带来范式转换一级的影响。以德国工业 4.0 为代表的从工业经济向信息经济的演化，其服务化（高收益多样性）、智能化（简单的复杂，simplexity）趋向，需要归结到这种市场经济微观新常态对应的新范式上；中国"新常态"下同样出现以多样性为范式特征的服务化的趋势性变化，同样要求在政策和理论上重新认识信息技术支持创新驱动、质量提高带来的范式转换的内在机理。

我们在理论经济学前沿上，将垄断竞争理论发展为内生品种的范围经济理论，使隐形于新古典范式经济学分析的多样性因素，在均衡水平变得可显现、可量度、可分析，为"新常态"提供新的分析工具。

1.1 引言：内生复杂性

在典型的工业经济中，同质性的完全竞争是常态，多样性（variety）被视为非常态，是"不完全"的常态（不完全竞争）。同质性的完全竞争将市场机制理解为厂商围绕同一种产品展开的数量－价格竞争。市场经济的基本问题是，一个市场机制能否导致社会最优的产品数量。但在典型的信息经济中，异质性的垄断竞争将成为常态，以品种（variety，以 N 表示）代表异质性来表现的多样性成为新常态（例如，体现为需求多样性的个性化与供给多样性的创新驱动）。这种被视为异质性的完全竞争的垄断竞争，将市场实证地理解为厂商围绕多种产品品种展开的数量－价格竞争。市场经济的基本问题变成"一个市场机制能否导致社会最优的产品种类和产品数量"（Dixit & Stiglitz，1977），多出一个"产品种类"。工业化－信息化两部门模型由此引出，这是对工业经济与信息经济基本问题的新综合。

1.1.1　品种作为表征复杂性的均衡新范式

与工业经济、信息经济这样的概念相比，信息化与工业化更多是指生产方式转变的过程，在技术经济学中，对应的是技术经济范式转变过程。工业化生产方式的特点是单一品种大规模生产，而信息化生产方式的特点则在于小批量多品种。

信息化代表着一种新的技术－经济范式（tech－economic paradigm）（C. Perez，1983），是信息技术内生为经济模式（对我们来说是均衡模式）的过程。信息技术不同于工业技术的特殊性表现在处理复杂多样性的效能提高（智慧化）上，其对应的经济特性在供求两方面皆有显著表现。例如，在需求上表现出个性化形式的多样性效用；在供给上表现出范围经济形式的低成本多样性。

采用工业化和信息化这两种不同生产方式的经济，即工业经济与信息经济均衡点是否会有所不同？这还是一个理论经济学上从没有被提出过的问题，在进入问题之前，我们需要先从技术经济学问题中提炼出对应的理论经济学问题，从技术经济学范式转向理论经济学范式。

信息化的这种新技术经济范式，反映到理论经济学基本问题上，会带来何种均衡范式改变？信息经济学家斯蒂格利茨对经济学基本问题的重新设定——"一个市场机制能否导致社会最优的产品种类和产品数量"（Dixit & Stiglitz，1977），给了人们一个重要的、均衡水平上的思考方向。这一提法针对的是作为参照的新古典范式经济学的基本问题，也可以说是工业化的基本问题，"一个市场机制能否导致社会最优的产品数量"。区别在于均衡模式中是否内生品种（variety，即产品种类，以 N 表示）。

比较这两种说法可以发现，如果以品种－数量－价格为新的均衡范式重新审视问题，作为单一品种经济的工业化均衡，仅相当于 $N=1$ 这个特例情况下的数量－价格均衡（最优）；而作为多品种经济的信息化均衡，不过是推广为 $N>1$ 时的数量－价格均衡（最优）。由此，我们发现了以标准均衡（最

优）范式解释信息化时被忽略的差异点所在——工业经济与信息经济在均衡水平上，二者之间相差一个品种变量的影响。在经验上对应的事实是，单一品种大规模的工业经济与小批量多品种的信息经济，主要相差在品种单一和品种多样上。如果不能结合品种和数量（规模）综合考虑，工业经济与信息经济的基础理论一级上的区别，在均衡水平就无从显示。

这意味着，需要把多样性上升为均衡范式，对由此形成的新的均衡模式进行总结。我们将多样性标准化为"品种"（N）这一新的均衡计量单位，以求从工业经济中自然而然地推导出信息经济的结论。

将多样性上升为均衡范式，同时还是对新范式的市场机制的一种理论提炼。品种可视为网络市场中分布式存在的节点。网络作为内生品种的市场，是资源配置新机制，新机制可以在复杂多样化的条件下，分散地、一对一精准地配置资源。工业化－信息化两部门市场，实际是简单性范式的市场机制与复杂性范式（以多样性标示复杂度）的市场机制的结合，应在发挥市场配置资源的决定性作用的同时，充分发挥网络配置资源的主导性作用，使高附加值的个性化定制从不经济变为经济，从而主导经济的质变。

1.1.2　简单性－复杂性两部门均衡之差

多样性（variety）反映了复杂性这一信息化的内在经济特性。以多样性范式看待均衡，基本的均衡模式有两种，一种是不存在多样性的均衡（品种为1的完全竞争均衡），一种是多样性的均衡（差异化的垄断竞争均衡）。我们通过设定品种为指代多样性的独立均衡维度，以单一品种的工业经济对应完全竞争均衡；差异化多品种的信息经济对应垄断竞争均衡，建立品种－数量－价格三维均衡模型，从工业化－信息化两部门均衡模型中得出结论，工业化均衡与信息化均衡价格之差，正好等于完全竞争均衡与垄断竞争均衡价格之差。

新古典范式（同质化完全竞争理论）是对制造业同质化大规模生产经验的理论总结。其同质化设定，是一种简单性设定，相当于 $N=1$（单一品种）的设定，对同质化生产（如传统"中国制造"）是有解释力的。但信息化从供求两个方面，使多样性（$N>1$）这一关键性特征成为新常态。一方面，信息技术产业的发展，极大降低了多样性的成本；另一方面，以多样性为特征的服务化在各产业中的兴起，说明人们越来越肯为多样化的需求支付更高价格。在这一现实面前，仅以数量－价格维度刻画市场经济，就不如以品种－

数量－价格维度刻画市场经济更加全面。

我们构建了一个新的均衡理论，即简单性－复杂性两部门均衡模型，将代表简单性的标准的数量－价格二维均衡，推广为代表复杂性的品种－数量－价格三维均衡，以明确显示工业化作为特例与信息化作为通则时的均衡与最优转换关系。二者是简单性范式与复杂性范式的关系。

均衡理论中的内生品种，并非今天才想到。其始倡者斯蒂格利茨解释这样做的动机在于："市场经济的一个关键性特征就是能够创造出许多多样化的产品，标准的新古典范式忽略了市场经济这个重要特征。"① 将复杂性以品种形式内生嵌入新古典范式的数量－价格均衡，可以有效解释市场经济从工业经济发展为信息经济，从多样性变量角度观察到的均衡点的变化。

多样化——作为复杂性的代表，是信息化、服务化、创新驱动和质量提升所共同聚焦的核心——对均衡主要产生什么样的影响呢？D－S模型（Dixit & Stiglitz, 1977）得出的结论是，在数量不变的条件下，品种变量对均衡价格的影响正好等于一个相当于平均成本（AC）与边际成本（MC）之差的"补贴"。换句话说，不考虑多样性（$N=1$）时的市场竞争均衡（即同质的完全竞争均衡）的价格，正好等于多样化（$N>1$）的市场竞争均衡（即异质的垄断竞争均衡）的价格减去这个相当于固定成本（FC）的补贴。当我们把多样性作为信息化均衡的本质特征时，这意味着同质的完全竞争均衡与异质的垄断竞争均衡价格之差，正好等于工业化均衡与信息化均衡价格之差。

1.1.3　新均衡的基本设定

设品种（N）为多样性的抽象计量单位。N 与数量（Q）一样是带有1、2、3……等差刻度的数轴，数轴上的每一取值是同质的，仅代表产品差异化程度在量上的区别，而忽略这些差异化的产品之间在质上的区别（即假设它们具有相同的需求曲线和成本曲线）。以这种方法建构的模型被称为代表性消费者模型，其方法特征是在二元函数中进行 CES（不变替代弹性）的设定。放松 CES 设定将导致抽象品种还原为具体品种，例如 D－S 模型的后半部分及寻址模型——为我们所不取。

---

① 约瑟夫·斯蒂格利茨. 微观经济学：不确定性与研发 [M]. 纪沫，等，译. 北京：中国金融出版社，2009：5.

品种虽然在内容上反映的是异质性价值，但数学形式上遵守的是同质性的要求。设定抽象品种，从实证上（意即忽略价值论上的分歧）将经济学的同质性假定与异质性假定综合在同一个均衡框架之下，变为 Q 轴与 N 轴共享 P 轴（价格轴）的关系。二者转换关系为，同质性假定等于异质性假定在 $N=1$ 条件下的特例，异质性假定为同质性假定推广为 $N>1$ 时的通则；异质性假定等于同质性假定在 $Q=1$ 条件下的特例，同质性假定为异质性假定推广为 $Q>1$ 时的通则。在三维均衡的底平面——数量 – 品种平面上，同质性假定与异质性假定统一于长尾（Long Tail）曲线，长尾曲线代表着从单一品种大规模生产的工业经济向小批量多品种的信息经济转型的"统一场"。

从品种这一新范式出发，形成由品种 – 价格形成的新均衡模式。它与现有垄断竞争均衡模式既有联系，又有区别。联系在于，它与现有垄断竞争计算的实证结果是相同的，相对于同质的完全竞争的计算关系也是相同的。例如，均衡价格是相同的，都是 $P=AC$，相对于完全竞争均衡价格 $P=MC$，同样相差一个等于固定成本的价差。但技术性的区别在于，现有垄断竞争理论中同一平面（数量 – 价格平面）中的双需求曲线，在两部门模型中，分别位于数量 – 价格平面（DD' 曲线）和品种 – 价格平面（dd' 曲线），二者之差为需求曲面的价格落差；现有垄断竞争理论没有双成本曲线，而新的三维均衡模式中设有同质 – 异质双成本曲线。实质性的区别主要表现在成本理论上。现有内生品种的垄断竞争均衡模式（典型如 D – S 模型）的成本理论是规模经济理论，而新的三维均衡模式中新设了范围经济的成本曲线，与可竞争市场理论中的范围经济成本曲线在形式上完全不同，不是设在数量 – 价格平面，而是设在品种 – 价格平面。内生品种的范围经济理论是我们的首创，意在突破现有成本结论，发展新增长理论。

由于均衡模式的框架性调整，我们定义的均衡，从传统的需求曲线与供给曲线交点形成的平面均衡，改变为需求曲面与供给曲面交会形成的三维均衡（曲面均衡）。为简化计算，供求曲面均由工业化 – 信息化两商品市场构成，同质商品市场代表工业化市场，异质商品市场代表信息化市场，用数量 – 品种二元函数表示。在三维空间中，术语底平面特指品种 – 数量平面，这是工业化 – 信息化两部门均衡平面；侧立面特指价格 – 数量平面（这是新古典范式标准理论的二维均衡平面），这是工业化均衡平面；正立面特指价格 – 品种平面，这是狭义的信息化的均衡平面。标准理论指同质假定下新古典范式的完全竞争均衡理论。

为了节省篇幅，将原工作论文中的公式缩减为 12 组，省略了侧立面与正立面部分，主要展示模型的底平面部分构造。同时省去烦琐的技术性论证和展开说明，仅对模型的轮廓进行一个简单勾勒。

1.2 需求论：简单性-复杂性曲面

在三维建模全局中，二元效用函数是品种-数量底平面构造的一部分，首先，从三维底平面建构看，与 D-S 模型的代表性消费者效用函数不同，它取消了标价物的设定，从而使数量和品种同时得以内生（如果设 $Q=1$，则还原回 D-S 模型的效用函数）；其次，效用函数只是关于数量的（在此是品种数量和产品数量的组合），效用函数与价格结合，形成需求函数，将二维的底平面与第三维价格轴关联起来，形成三维的需求曲面。

1.2.1 二元效用函数

建模第一步是设计效用函数作为需求曲面中的目标函数。

三维均衡中的效用函数是二元函数，由数量子效用 Q 和品种子效用 N 的组合构成。

$$U = u\left[Q(q_1, q_2, q_3, \cdots), N(n_1, n_2, n_3, \cdots)\right] \qquad (1-1)$$

q_1，q_2，q_3，…，是同一品种产品的不同数量。对应 D-S 模型中作为标价物的同质组产品。n_1，n_2，n_3，…，可以认为是一组具有不同品牌的同一类产品，实际是不同品种的同一类产品，对应 D-S 模型中的异质组。

对信息化来说，在效用函数中内生品种，意在显示信息经济带来的多样性福利，例如因为利用信息通信技术增进的多样化效用，包括难以计入 GDP（国内生产总值）的个性化、质量提高、选择多样化等增进的效用，甚至具有多样性特征的情感、主观幸福等。对工业 4.0 来说，代表服务化、智慧化所增进的高于同质化部分的效用（高附加值）。

$$u = U\sum_{i=1} v(q_i, n_i) \qquad (1-2)$$

n 和 q 分别是两个子效用函数，n 代表品种数量，q 代表产品数量[①]。

---

① 当不特别说明的时候，数量均指产品数量（产品特指同一品种的产品），品种均指品种数量。

假设同一个品种及同一个 n 值的商品，占有同等份额的市场空间。这是代表性消费者模型的假设。为了在技术上实现这一点，我们可以采用 D – S 模型同样的不变替代弹性的设定。

对具体的分析来说，可以采取不变替代弹性（CES）形式的效用函数[①]：

$$u(q,n) = \left[a_1 q^\rho + a_2 n^\rho \right]^{\frac{1}{\rho}} (a_1,a_2 > 0,0 < \rho \neq 1) \qquad (1-3)$$

参数 ρ 显示多样性偏好强弱，ρ 越趋近 1，组内产品替代性越强，多样性偏好越弱。

CES 有不变的替代弹性，以

$$\sigma = \frac{1}{1-\rho} \qquad (1-4)$$

表示品种与数量之间的替代弹性。如图 1 –1 所示。

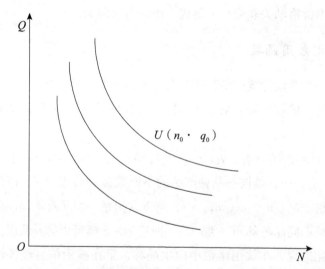

图1－1　工业化－信息化两部门二元效用函数对应的无差异曲线

图 1 – 1 显示的工业化 – 信息化两部门效用函数对应的无差异曲线，反映的是工业经济一旦与信息化的技术经济范式结合所带来的效用上的改变。在工业 4.0 形式的工业经济中，效用向无差异曲线的右下移动。这一过程对应经验中的转型升级，在标准理论中是"隐形"的。

---

① 刘树林. 数理经济学［M］. 北京：科学出版社，2008：180；关于 CES 效用的一般讨论及 CES 效用函数算例参考沃尔特·尼科尔森. 微观经济理论：基本原理与扩展（第 9 版）［M］. 北京：北京大学出版社，2008：76 – 93.

1.2.2 二元支出曲线

设计支出函数，作为效用函数的约束条件。二元支出函数，将预算分为两类，一类是针对数量的预算，另一类是针对品种的预算。支出函数将在两类预算中分配合适的比例。在方法上，可以采用两阶段预算来处理。

用（q，n）表示消费者的消费束。已知两商品（数量与品种）的价格（p_1，p_2）和消费者要花费的货币总数 m。

预算约束可以写为：

$$p_1 q + p_2 n \leqslant m \tag{1-5}$$

当 q 的价格为 1（标价物，numeraire）时，预算约束可写为：

$$q + p_2 n \leqslant m \tag{1-6}$$

预算线的斜率 $-p_1/p_2$ 表示在两种属性间进行选择"替代"的机会成本。比如，在同等预算约束下，追求更多的差异化，要放弃同品种多大程度的数量规模。

q 与 n 以预算来单独表示，可以通过截距和斜率在替代中表示被选项：

$$n = \frac{m}{p_2} - \frac{p_1}{p_2} q \tag{1-7}$$

注意品种的表示方法，用异质组数量表示品种与用这一数量的参数表示品种，有所区别。

在成熟的信息经济中，可自由支配收入占个人总收入之比达到一定程度，可能对预算线的斜率产生较大影响，出现越来越多的情感定价和"情境定价"（Contextual Pricing）现象。对工业 4.0 形式的工业经济来说，它显示的是为什么消费者愿意为转型升级后的产业的产出，提供更高比重的预算。也就是传统工业经济为什么越来越不值钱，而升级后的工业经济为什么越来越值钱。

1.2.3 二元需求函数

用（q，n）表示消费者的消费束 x，对于二元的价格向量 p 和收入 I，二元消费束 $x = \xi$（p，I），使得效用在约束集（I）上实现最大化。函数 ξ 被称为需求函数：

$$x = \xi\ (p,\ I) \tag{1-8}$$

其中总量包括两个分量：

$$p = p_q + p_n \qquad\qquad (1-8.1)$$

$$I = I_1 + I_2 \qquad\qquad (1-8.2)$$

以乘子 λ 表示最优效用对初始的 I 变动的敏感度：

$$\lambda\ (p,\ I)\ =\frac{\partial U\ [\ \xi\ (p,\ I)\ ]}{\partial I} \qquad\qquad (1-9)$$

但我们这里的需求函数不同于一般的马歇尔需求函数，它是二元的，X 代表的是 N 和 Q 的组合。不仅有两个子需求量，而且有两个子需求价格 P_n 和 P_q。

标准的垄断竞争理论具有数量－价格平面上的双需求曲线，由 DD' 与 dd' 两条需求曲线构成。在品种－数量－价格三维均衡空间中，DD' 曲线对应侧立面的需求曲线，dd' 曲线对应正立面的需求曲线，垄断竞争均衡价格 $P = AC$，与完全竞争均衡价格 $P = MC$，存在一个等于固定成本 FC 的价格之差（$FC = AC - MC$）。在三维空间中，这个差实际是需求曲面两条边（同质需求曲线 DD' 与异质需求曲线 dd'）在曲面上的落差。

在信息化的经济中，子需求价格 P_n 和 P_q 可以理解为组合商品中情感定价与理性定价两个"心理账户"的关系。P_n 可以是一个商品价格组合中文化附加值等差异化价值所占的部分。它有可能不是信息技术供给直接带来的结果，但却是信息化在需求端呈现出的现象，如信息消费现象。

工业化－信息化两部门模型中的需求曲面显示的是标准理论中隐形的如下事实：当同质化的工业经济向服务化、智慧化方向转型时，向高附加值方向升级的特殊福利表现在消费支出方面，一方面多样化效用相对于同质化效用在不断增进，另一方面消费者预算中有更大比例的支出用于多品种部分。这可以很好解释服务业在劳动生产率低于制造业时，为何在 GDP 比重中却不断上升（鲍莫尔的服务业生产率之谜），进而在工业 4.0 中出现制造业服务化的趋势，从而改变工业经济的传统面貌。

1.3 供给论：简单性－复杂性曲面

1.3.1 简单性－复杂性二元成本函数

设工业化－信息化二元成本函数，由同质成本 H_1 与异质成本 H_2 构成。分别位于 Q 轴与 N 轴。先验假定，主要作用于 Q 轴上的技术为工业化技术，主要作用于 N 轴上的技术为信息化技术。如果信息通信技术作用于 Q 轴（如产生规模经济）时，视同工业化技术（相当于信息化技术在工业化中的应用）。

在标准理论中，所有投入简化为两个投入：同质劳动（L，用劳动时间来计量）和同质资本（K，用机器使用时间来计量）。企业的总成本函数是 $TC = wL + vK$，相应的经济利润是 $\pi = Pq(K,L) - wL - vK$。

我们用 H_1 取代 K，H_2 取代 L，H_1 的价格仍沿用 v，H_2 的价格仍沿用 w（但不代表工资，而代表异质成本价格，类似张伯仑理论中的"销售成本"的价格）。

要素向量为 $X = X(H_1, H_2)$，X 代表生产要素组合的向量，H_1、H_2 分别代表同质生产要素与异质生产要素。价格向量表示为 $r = r(v,w)$，r 代表生产要素价格组合，v、w 分别代表要素 H_1、H_2 的价格。

总成本为：

$$C = C_1 + C_2 = vH_1 + wH_2 \qquad (1-10)$$

生产者投入要素生产时，使价格向量与要素向量相匹配，保持总成本固定不变，构成等成本线。

从几何角度看，工业化 - 信息化二元成本函数是一个成本曲面，同质成本曲线与异质成本曲线构成这一曲面的两条边。如图 1 - 2 所示"两部门均衡空间中的双成本曲线与二元成本曲面"中，成本曲线有两条（这里以平均成本代表成本曲线），分别是由 raV 构成的 AC 和由 rbW 构成的 $A'C$[1]。

图 1 - 2 中的 $A'C$ 曲线（rbW）为新定义的范围经济平均成本曲线。其中 rb 段代表范围经济（成本递减，对应范围报酬递增），bW 段代表范围不经济（成本递增，对应范围报酬递减）。新旧定义区别在于，原定义的范围经济（潘泽，1988）为多产品范围经济[2]，新定义的范围经济为多品种范围经济。

这里重新界定了信息化中的某些现象。在新古典范式（甚至内生增长范式）的各种理论中，都不存在对 rb（品种越多，平均成本越低）这一区间现象的解释。包括内生品种但采取规模经济设定的 D - S 模型，默认的选项都是

---

① a、b 分别代表曲线的最低点，$A'C$ 在这里实际是超额平均成本。Long Tail（长尾曲线）由数量和品种的组合构成，由单一品种大规模组合向小批量多品种组合演变。

② 多产品是指同一品种内部多个产品，相当于把此处的 Q 轴展开为超平面，利用射线平均成本（Ray Average Cost，RAC）表现平均成本。

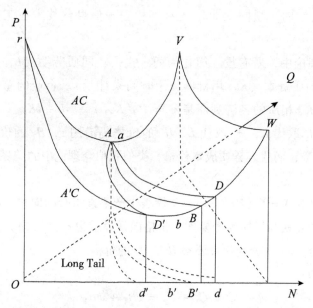

图1-2　两部门均衡空间中的双成本曲线与二元成本曲面

bW（品种越多，平均成本越高）。经济学家普遍看漏了利用提高质量来降低成本的可能，看漏创新驱动可能不仅不需求补贴反而可能从市场［例如增值App（Application，应用程序）中］直接得到租金补偿的可能（例如苹果商店模式），而这一切都与信息化带来的新技术经济范式具有均衡水平的内在联系。

rb对应的就是这样一种新技术经济范式，在经验上表现为，信息通信技术固然可以支持自动化（作用于Q轴），但更擅长智慧化（作用于N轴）。智慧化的技术经济本质，就是越复杂化（N值越大），成本（例如异质平均成本$A'C$）相对越低。

对工业经济的转型升级来说，图1-2突出显示了对工业化部门进行信息化改造和转型的必要性。当代表物质投资驱动的AC曲线越过a点进入aV区间（成本上规模不经济，例如企业越大，对市场响应越迟钝）时，信息化意味着，一旦从aV上的任一点移向$A'C$曲线的rb上的任一点，绝对成本的提高可能被多样化带来的更高收益所补偿，且出现范围报酬递增，企业会由做大做强转向做优做强做大。

1.3.2　简单性–复杂性二元利润函数

在工业化–信息化二元生产函数$y = f(H_1, H_2)$下，厂商希望最大化利润：

$$\pi = py - vH_1 - wH_2 \qquad (1-11)$$

π 是企业的等利润线（isoprofit line）。在这里，产出 y 是 q 和 n 共同的产出，q 这个符号已分配特指狭义的数量。

将投入需求函数 $H_1(p, w, v)$、$H_2(p, w, v)$、产出供给函数 $y(p, w, v)$ 代入式（1-11），可得利润函数：

$$\pi = py(p,w,v) - vH_1(p,w,v) - wH_2(p,w,v) = V(p,w,v) \quad (1-12)$$

根据霍特林引理（Hotelling's lemma），利润函数关于价格微分，可以得到投入需求函数和产出供给函数。

对信息化来说，多样性成本 wH_2 的降低，对应的经验现象是智慧化水平的提高。因为智慧的本质就是事物越复杂，处理成本相对越低；wH_2 的降低在其他条件不变时，直接提高了利润 π。在这里，信息技术的微观作用表现在，通过应用和转型使企业的业务变得更加灵活，可以更有效能地响应复杂性的市场需求变化。根据式（1-12），仅仅测度 wH_2 上的投入是不够的，还必须测度 py 特别是其中多样化产出 n 与价格 p 的影响。

工业化-信息化两部门利润模型显示了信息化与工业化两化融合带来企业做强做优的效果。比较企业做强与做优，如果说这是两种不同模式的利润增进，做强对应的是 Q 轴上的利润增长，而做优对应的则是 N 轴上的利润增长。工业 4.0 的一个鲜明特征在于，利润增长不是靠简单的规模扩大，而是靠品质提高，也就是在均衡水平下扩大 N 值中实现，或者说在价格与 N 值关系的优化中实现。两种利润在会计上的区分，以后会有探讨。

总体来说，工业化-信息化两部门的供给曲面显示的是在标准理论中隐形的、提高经济增长质量的逻辑：相对于多样化的成本，有可能（这一可能的条件正是信息化）出现范围报酬递增。这颠覆了标准理论的成本模式，显示了以互联网为代表的商业模式创新的新逻辑。工业经济转型升级在供给方面微观改进的关键在于，引入新的信息化成本约束条件（开放条件下范围成本递减），以达成复杂多变市场需求下可持续的利润增长。

1.4 均衡论：简单性-复杂性二元均衡

接下来为节省篇幅略过代数公式，从几何角度直观说明在数量供求市场（工业化部门）与品种供求市场（信息化部门）一起运作（相当于"两化融合"）时，供求的一般均衡调整过程。信息技术对两个市场都有影响，

图1-3显示了工业化与信息化两化融合的均衡轨迹。需要指出，两市场无论在物理空间还是虚拟空间，都是同一个市场。这表现在，组合商品（q^*，n^*）对应的是同一个最终价格，市场同时出清。

我们观察两部门经济中均衡价格的决定。给出该经济的生产可能性边界PP，无差异曲线U表示个人对商品的数量和品种的偏好。在预算约束C，也就是$\frac{p_n}{p_q}$的价格比率①上，厂商在PP上寻找数量与品种的价格比率等于商品边际成本的比率（RPT），厂商选择（q^1，n^1）的产出组合，在此点上实现利润最大化。

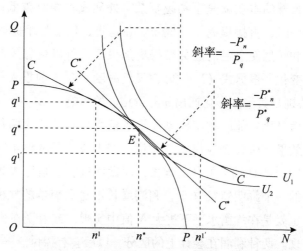

图1-3　工业化-信息化两部门均衡价格决定

在给定的预算约束C下，个人的需求是（q^1，n^1），在此价格下，对品种存在过度需求$n^{1'}-n^1$；而对数量却存在着过度供给$q^1-q^{1'}$。在经验中，这意味着市场过度粗放（如产品过度同质化引发价格战，而服务化或质量提高等差异化机会空间巨大），要求向服务化、创新驱动和质量提高方向升级。

市场的完全竞争将使P_n上升，P_q下降；导致价格比率P_n/P_q上升，从而使价格线更陡，最终把价格移向其均衡水平E点（q^*，n^*）。在这个新的价

　　① 这里的预算约束C叠加为总量已相当于简单性经济的"国民幸福值"，而不再是"GDP"的值。这是与标准理论不同之处。因为标准理论中的两商品市场预算线表现的是数量超平面（GDP只与数量相关，而与品种无关），这里是数量与品种构成的底平面。这里的"国民幸福值"只是就资源配置和初次分配而言，暂未考虑宏观调控因素。

16

格上，社会的预算约束线由 C^* 给定。厂商沿生产可能性边界对价格变化进行回应，增加 n 而减少 q。

均衡点在 (q^*, n^*) 得以成立，均衡的价格比率为 n^* / q^*。在这个价格比率下，对数量和品种的供给与需求都达到均衡，数量和品种两个市场会同时出清。这代表的是工业化－信息化两部门市场均衡必须充分考虑目前隐形于 GDP 计算的"质的差异"这一因素。考虑以品种度量的"质的差异"（即多样性）因素，由差异化引发的消费者剩余和所谓"过剩生产能力"都将内生于三维均衡，由二维视野（唯 GDP 论）中被视为非帕累托最优，转变为三维视野的内生异质性的帕累托最优。

比较标准理论，有一个明显的区别：标准理论市场完全出清时，隐含了 $N=1$ 的假设（同质化假设），但在真实经济中，这并非实际的出清状态，$N>1$ 也完全可以是"经济"的。例如，正因为有这个引力的存在，德国工业才有从工业 3.0 向 4.0 升级的动力。但在 $N>1$ 且经济时，按标准理论市场却是没有出清的。例如，按传统"中国制造"隐含的价值标准，工业 4.0 是不值得追求的，因为其中由 N 值变化引起的绩效是不计入影响官员升迁的统计中的。按照数量－品种两市场的三维均衡理论，$E(q^*, n^*)$ 才是真正的出清状态。这就是标准理论的纯粹竞争与容纳异质性的完全竞争理论的重大区别，后者更加接近"新常态"。

这一发现的现实意义在于，在多样性居于主导地位的市场条件下（例如，超越传统"中国制造"的市场中），按新古典范式标准出清的市场，可能在工业化－信息化全局中却是非帕累托最优的。因为以 $N=1$ 特例为标准的所谓均衡，一旦处于 $N>1$ 偏离程度较大时，就基本不能反映全球化经济的实际动力变化。反过来说，$N>1$ 包括产品多样化、创新驱动、质量提高，等等，都因无法直接计入 GDP（数量与价格之积），而使这一部分产出陷于无形；但以新的标准却可能达到实际均衡和最优。这意味着，当 GDP 增速下降而质量提高时，加入 N 作为标准，工业化－信息化两部门经济的均衡是可以实现的。在工业化基本完成时，发展工业 4.0，使信息经济全面发展，意义正在于追求更高标准的帕累托最优。

如果以传统均衡为标准衡量，工业化－信息化两部门均衡实际是均衡与非均衡之间的"均衡"（平衡）。因为以品种为标度的信息化部门实质是放松同质性假定（$N=1$）后，以异质性（$N>1$）为新常态的经济。而以同质均衡

17

来看，N 值（异质性）的每一分增加，都是对传统均衡（"控制"，对应"循环流转"）的系统偏离（"失控"，对应创新），都是二维均衡意义上的帕累托非优。将同质均衡（"控制"）与异质均衡（"失控"）综合为一个新的平衡，意思如凯文·凯利所说，是"在摇摇欲坠中保持平衡"，是一种动态的均衡。

1.5　小结：品种－数量－价格均衡

提出以品种－数量－价格三维均衡下的工业化－信息化两部门模型，在理论经济学高度排除了信息化测评的主要障碍，使 NOE 得以显示。为此，这里主要解决以下问题：

第一，在理论经济学均衡范式高度重新认识工业化与信息化。以内生品种为新的均衡范式切入点，沿着 D－S 模型开辟的方向，将经济学的均衡问题从数量－价格问题，调整为品种－数量－价格问题。将新古典范式作为 $N=1$ 时的传统工业经济特例，纳入到容纳多样性的广义均衡中，形成异质的垄断竞争与同质的完全竞争的"统一场"理论，显示出工业化与信息化两部门经济在均衡水平的联系与差别，为工业经济的转型升级拓展出新的理论空间。对信息化测评来说，主要是从指标显示维度角度，解决了信息化与网络经济的显示度问题。

第二，我们第一次系统提出基于品种的范围经济模型。综合了垄断竞争条件下规模经济的 D－S 模型与可竞争市场理论的范围经济理论，发展了新增长理论。第一次指出了差异化在成本上经济（而非仅在需求上经济），突破了现有内生增长理论的主要结论。对信息化测评来说，第一次指出了信息技术与工业技术的相反效果（尽管信息技术并非所有效果都一定是相反的）在相对于多样性的平均成本递减与递增的变化中。

第三，工业化－信息化两部门模型提出了市场经济配置资源的新机制。工业化－信息化两部门代表着配置资源的两种机制，前者是市场机制，后者是网络机制。网络是一种特殊的市场，是内生品种的市场，品种代表着网络市场中的分布式节点，网络由此成为分散化配置资源的新机制，而且可以成为主导性机制。应在发挥市场配置资源的决定性作用的同时，充分发挥网络配置资源的主导性作用。例如，互联网作为内生品种的市场，可以一对一精准配置资源，使高附加值的个性化定制从不经济变为经济，从而主导经济发生质的跃升。

　　第四，工业化 – 信息化两部门模型的提出，加强了理论经济学前沿对"新常态"的解释力。在"新常态"中，服务化需求以多样性为特征，创新驱动和质量导向本质上要求提高的是多样性产出能力。这比现有理论更全面地总结差异化的均衡规律，突破其关于差异化成本不经济的现有结论，有助于指明工业经济转型升级的方向。

2 信息化与网络经济的宏观经济学

2.1 引言：内生复杂性的增长、货币与就业

信息化与网络经济的宏观经济学，是上述微观经济学结论在宏观领域的自然引申。其中一个重要的相通之处在于都在核心层面内生了复杂性。

设定工业化均衡为完全竞争宏观均衡（工业经济为 GDP 经济），信息化均衡为垄断竞争宏观均衡（信息经济为 GDP 与未观测经济的综合），对应于基于新凯恩斯学派与新熊彼特学派改进的宏观范围经济理论。二者的均衡价格相差 $FC = AC - MC$。$FC = an$（"补贴"）。这个差，就是复杂性对均衡点的位移。

在宏观上对应质量提高带来的消费者剩余与要素完全竞争条件下的成本之差，表现为消费者为质量提高、服务差异化带来的异质性效用的支出（导致服务业占比上升，贸易支出大于收入），与组织复杂性带来的宏观交易费用之间的折冲关系。这些都是复杂性表现于外的现象。

信息化与网络经济条件下的增长、就业与货币问题，与标准宏观经济学的主要区别在于内生了复杂性，复杂性在实证上表现为差异化（在均衡水平是指垄断竞争），核心是费尔普斯说的"让人进入宏观经济学"[①]。因为人不同于物质的本质，人是复杂性的，具有选择多样性的自由意志。

研究信息技术对差异化成本趋势的逆转对于宏观经济关键变量的影响机理，是将信息化测评应用于宏观政策指导的基础。历史上内生差异化的宏观经济学（即基于垄断竞争的宏观经济学）有两种相反的主要理论，一个是新凯恩斯主义，一个是熊彼特内生增长理论。我们将在与这两种理论的比较中，揭示信息化与网络经济自身独特的宏观经济规律。

---

① 徐秋慧. 费尔普斯经济思想研究［M］. 北京：商务印书馆，2010：31.

2.2　增长论：内生质量复杂性的增长

2.2.1　复杂性与质量内生

垄断竞争的宏观经济学，包括在就业、货币和总需求问题上的内生复杂性。

总需求问题在宏观经济学中，基本就等于增长问题。因为在均衡水平谈论增长，在产能过剩的经济（而非短缺经济）中，最主要的制约因素就在总需求。在总需求上的观点和主张是区分各个经济学派的主要试金石。

对总需求，新熊彼特学派和新凯恩斯主义解释有所不同，但是解释得都比前一代理论更加细致，都在说垄断竞争和总需求有关。正是由于微观上的差异性，导致总需求的波动；或者说由于需求不一样，有质的差异，导致准确地寻找供求均衡价格的难度加大了，比如会出现信息不对称。

新凯恩斯主义利用垄断竞争理论说明总需求的外生性，得出垄断竞争市场无效性的理论。或者说，垄断竞争市场的无效性，在宏观上就表现在总需求的外生性上。其原理是，在完全竞争条件下，竞争导致价格下降，总需求会增加，厂商的需求曲线向右移动，社会福利增加。但在垄断竞争中，因为厂商都有提价力，总需求会减少，厂商的需求曲线向左移动，产出会减少，这又会使总需求下降。这种情况不断循环往复，会使产出处于偏离最优的水平，损失效率，导致社会福利下降。新凯恩斯主义论证总需求外生的目的，还是为政府干预提供理论依据。因为总需求不足，说明市场失灵（对凯恩斯的唯一改进只在于说明了市场的常态不是完全竞争，而是垄断竞争），而解决这个问题自然只能靠政府。可以说，总需求外生论的动机就不"纯"。

新凯恩斯主义这种说法，从罗宾逊夫人的角度可以解释通，但从张伯仑的角度却有很大疑问。最大疑问在于，它把质量问题完全忽略了。厂商为什么能具有普遍的提价力？在张伯仑看来，这是质量不同的结果；但在罗宾逊夫人看来，却只是竞争不完全的结果。说到底，还是物化价值观在起作用，新凯恩斯主义因为仍是主张物质驱动导向的，看不出人的因素的作用。从需求角度，会导致把人看成物欲的动物，这种动物没有高级需求、非物质需求，没有因情感满足、生活质量而提价的内在动力。从宏观上的总需求看，服务业的发展就符合普遍提价的条件，但不是因为垄断（当然也不排除存在个别垄断），因为即使在服务业的激烈竞争中，服务业相对制造业普遍在提价也是不争的宏观事实。

新凯恩斯主义认为提价会导致效率降低，福利损失，对此要具体分析。福利损失的说法显然有漏洞，因为完全忽略了质量提高带来的福利，尤其是忽略了无法计入 GDP 的福利。GDP 计量上的问题当然不是这个学派的问题，是整个经济学的问题。但用新的价值观、财富观一衡量，原来没有问题的说法就显露出物质驱动的原形来。至于效率降低，这倒是部分事实，因为鲍莫尔解释"服务业生产率之谜"时，已指出了其中原因。但按异质完全竞争理论看，效率降低不是定论，而只是传统服务业的特例。信息技术恰恰就是人与机器在新水平上的结合，鲍莫尔所谓服务业无法利用机器提高劳动生产率的说法，在新条件下缺乏宏观实证依据。这还没有算上创新对提高劳动生产率的贡献。

熊彼特内生增长理论倒是也强调总需求的外生性，但观点与新凯恩斯主义相反。经济增长要沿着质量阶梯上升，就自然要打破总需求的平衡，以新的总需求取代旧的总需求。总需求的外生性，来自人的物质欲望之外的部分。就连属于新凯恩斯主义的费尔普斯也在强调"美好生活"对提高经济活力的重要，认为需要阿马尔·拜德型的消费者感知创新。垄断竞争理论恰恰是在价值观上支持这种观点，强调在提价的表面背后，实际发生的是经济的质的变化。正是由质的变化带来的福利（"美好生活"型的福利），能使市场达到均衡，反而能平衡由完全物化的完全竞争带来的"扰动"。

熊彼特内生增长理论也有让我们感到不满的地方，它把质量提高与增长混为一谈。增长质量的提高，一定会带来增长的效果，这一点是无疑的。例如，服务业的增长会创造 GDP，提高 GDP。但这不等于质量提高（内涵增长）可以比粗放增长更能提高 GDP，或者说增长率更高。"服务业增长率之谜"已清晰彰显出了这个问题。仅仅在 GDP 的范围内论证增长质量问题固然有益，但也有限。质量阶梯理论很好，但它真正需要说明和解决的问题应该是，为什么质量提高不如数量提高更能提高增长速度，它仍然是可欲求的。我们提出的将财富计量由存量发展为流量的办法，可以完美解释这个问题。相形之下，质量阶梯理论似乎把存量与流量搞混了。笔者认为，不能把质量阶梯理解为质量的数量阶梯，而应理解为质量的（价格）水平阶梯，它与 GDP 的关系应是价格水平与数量（存量）之间的关系。

内生复杂性的异质完全竞争的观点是，如果把网络（异质市场）加入广义市场，在垄断竞争导致市场"失灵"时，这种加入质量市场的广义市场可能是均衡的。换句话说，现有帕累托最优从"品种－数量－价格"三维均衡看，并非最优。而现在所谓的垄断竞争均衡，从二维观点看不是最优，但在三维中却已是最优。从这个角度再看总需求，这一决定增长的宏观问题的真正聚焦点应在于，把总需求外生的部分内生化，而且是基于质量内生化，也就是使质量内生进入总需求，才可实现宏观上真正的平衡。

内生质量的本质是在经济中内生复杂性。按照内生质量的观点，垄断竞争中的市场是有效的，有效是相对于"品种－数量－价格"三维均衡而言的。原来所谓无效性的部分，只不过是"品种－价格"平面上完全竞争形成的曲线，在"数量－价格"平面上的投影。厂商基于质量提高而产生的提价力，并不会导致广义的总需求减少，相反，它是福利的提高，只不过福利提高的部分不是现有福利经济学定义的总效用意义上的福利，而是阿玛蒂亚·森和斯蒂格利茨在修改 GDP 时补充的福利，如生活质量等。这一思路还将在后面深入展开讨论。

2.2.2　经济增长黄金率

经济增长的黄金率是费尔普斯提出的。这是一个近于增长自然率的概念。

传统高增长主要依赖于物质资本投入，投资越高，增长越快。在这种高增长的背后，隐藏着一个发源于原凯恩斯主义的理论，认为国民收入的均衡增长取决于投资等于储蓄这个条件。既然如此，储蓄越高，增长就越快。在不考虑人口、技术变化条件下，一国的储蓄决定着产出水平。其代表形式就是索洛－斯旺模型（1956）。

这种观点存在的问题在于，片面强调储蓄率越高越好，存在着系统的价值观偏离，忽略了民生，导致一种偏离平衡的均衡。

费尔普斯对增长理论的一个突出贡献，就是坚持把经济增长的目标定位于提高全体人民的福利水平提高，把人的消费最大化内生于增长模型，提出"经济增长的黄金率"。

经济增长的黄金率实际上是对"道"——也就是复杂性的表征，只不过它不是一个固定值（道可道则非常道），而是一个动态变化的值（不如说是一组关系的组合）。费尔普斯抓住索洛－斯旺模型没有讨论与人均消费最大化相

联系的最优储蓄率的弱点，将"人"的视角带入宏观经济学，于1961年发现并提出与人均消费最大化相联系的人均资本量应满足的条件，即经济增长的黄金率，又称资本的黄金分割律。

费尔普斯以暗讽方式杜撰出一个类似索洛名字的国家，叫索洛维亚。索洛维亚的国王要人们找到一个最佳的储蓄率，保证经济合意地增长。一个乡巴佬破解了这道难题，提出这个储蓄率应等于资本产出与国民收入产出的比率。索洛维亚王国采纳之后，其国民就像童话故事结尾常说的，从此过上了幸福而美好的生活。

这个乡巴佬，当然就是费尔普斯，他提出的经济增长的黄金率，将人均消费当作储蓄率的函数。不高也不低的储蓄率，应等于资本收入占国民收入的比例。具体来说，人均消费作为生产函数与投资函数之差，以人均资本稳态为约束条件求解这个差的最大化，最大化的一阶条件是，资本的边际产出等于人口的自然增长、技术进步和资本折旧之和。如图2-1所示。

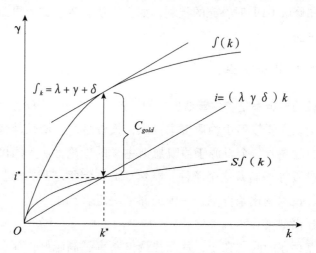

图2-1　资本积累的黄金率①

以人均消费达到最大为目标处理增长与消费的关系，使增长理论从以往不讨论经济目的转向讨论经济目的。费尔普斯是一个转折点。

经济增长的黄金率揭示出，储蓄率并不是越高越好。如果储蓄率高于最

---

① 徐秋慧. 费尔普斯经济思想研究［M］. 北京：商务印书馆，2010：115；埃德蒙德·菲尔普斯. 经济增长黄金律［M］. 北京：机械工业出版社，2015：62.

优水平，会导致经济增长的"动态无效率"，降低人们的长期福利。

经济增长的黄金率击中了当前中国经济超高增长的要害。中国经济连续30年的超高增长，是以世界各国和人类历史罕见的超高储蓄率为基础实现的；其存在的增长粗放问题正在于"动态无效率"；而人均收入和人均消费长期低于GDP增长，是其忽略民生的具体表现。

包括经济学家在内，许多人认为高速增长中的粗放、无效率，是可以在高储蓄条件下实现的。他们提出和要解决的所谓增长质量问题，只是如何让高储蓄下的增长更有效率一些，让已高于自然率的资本如何更有效率一些。殊不知，超过自然率的高储蓄本身就已经是粗放和无效率的主要原因。

质量的核心是人。质量问题的核心是人的问题。人的问题在增长率上又具体落实为储蓄率的问题。储蓄率的问题，主要在于是以物质驱动的投资为目标，还是以人均消费为目标，来确定合意的储蓄率标准的问题。然后才是操作上的事。在确定储蓄率时，仍然以物质驱动为本，不以人的消费为本，说明根上的问题仍没解决。长期解决不好的问题，就不是主观认识问题。除了利益上的考量之外，从宏观经济学角度说清增长的道理，才能有认识上取得共识的深层基础。

对强制性储蓄（动员储蓄）的消解，理论前提必须以增长的自然率为基础，而自然率的核心不是以往被简单化理解的效率问题，而是需要有价值观上的校正，把民生的复杂性、多样性与效率共同作为目标。一般来说，凯恩斯主义总是以变相的强制性储蓄为能事，无论是通过货币手段还是财政手段，最终都通向损害民生造成的有效需求不足；但费尔普斯是个例外，别人都把他视为新凯恩斯主义的代表人物，他自己却不承认，从他"把人引入宏观经济学"这个价值观立场来看，也确实不像。他主张政府有限干预，多半需要出于政府通过干预实现经济包容，如就业补贴等。这与其他新凯恩斯主义经济学家有所不同。他的许多主张与熊彼特内生增长理论倒是较为接近。

当然，人均消费只是人的问题的一个方面，虽然是一个非常重要的方面。生活质量的提高、生活方式的选择、人的创造性的发挥，等等，都关系到"美好生活"的实现。

信息化对增长的影响表现在，增加以 N 表示的质量变量。在工业经济条件下，多品种的经济性为需求（表现为 P 的效用）经济与供给（表现为 C 的成本）不经济之间的权衡。向信息经济的转型，主要表现为质量供给从不经济到经济的转变，从范围报酬递减转向范围报酬递增。对应的宏观现象是，相对于超出收入的支出，当宏观交易费用（报酬递减）对应的收入，在传统工业化阶段，需要补贴；当宏观交易费用（报酬递增），例如社会固定成本（信息基础设施）合理均摊，达到异质均衡，经济质量得到提高，信息国民收入适中，对应两化融合；当宏观交易费用（报酬递增），例如面向增值应用的租金足以补偿社会固定成本（如平台）时，或实现基于信息技术的创新驱动，对应信息经济全面发展，未观测经济成为主导，信息国民收入较高。

2.3　货币论：内生信息复杂性的货币

信息化与网络经济对货币的影响表现在，宏观交易费用从信息不对称转向信息对称，导致国民收入结构从中间收入和同质化支出，转化为最终收入和异质化支出。

2.3.1　复杂性与货币非中性

在宏观经济学的货币理论中，新凯恩斯主义的垄断竞争理论几乎完全成了不完全竞争论，已经变成了纯粹围绕价格（商品价格和货币价格）进行的讨论，与质无关了，纯"物质驱动"化了。

新凯恩斯主义的货币主张是货币非中性，强调实际刚性。原凯恩斯主义主张刚性名义工资和刚性价格。新凯恩斯主义软化了这个立场，借助垄断竞争理论的微观基础，在宏观上提出一种近于半刚性的理论。张伯仑说过，"所有的产品实际上都是不同的，至少说是有轻微的不同"[1]。张伯仑的本意是在谈质的不同，但移植到这里，"不同"可以借用为数量上的刚性，"轻微的不同"就可以成为新凯恩斯主义说的具有黏性的实际刚性。

强调实际刚性的货币非中性理论的基本思路认为，名义刚性来自既定的菜单成本和近似理性行为，会导致实际刚性程度增强。实际刚性为较大的名义刚性提供了基础，这在垄断竞争理论中相当于短期调整与长期调整之间的关系。短期调整之所以不会马上引起长期变化，是因为一些厂商的调整不会带动整体价格变化。

对新凯恩斯主义来说，调实际刚性与调名义刚性的收益和成本是不同的。

---

① 爱德华·张伯仑. 垄断竞争理论［M］. 周文，译. 北京：华夏出版社，2009：60.

当名义量变动后，厂商改变它的名义价格的所得，由于信息不对称等原因，小于改变商品价格的成本。厂商因此不愿调整商品价格，使得商品价格在存在刚性条件下经济也可以达到均衡。这就是垄断竞争可以成为市场常态的原因。关于造成这种情况的具体原因，经济学上有许多细枝末节的讨论，张伯仑当年曾以销售成本概括，制度经济学家如科斯扩展到整个交易费用，空间经济学家也有自己的解释。

如果商品价格不变，名义价格的调整必然对实际总需求造成冲击。当各个厂商都不改变商品价格时，产品间的比价也保持不变，商品价格就存在实际刚性。这种实际刚性减少了商品价格紧贴名义价格变化进行调整后可能产生的收益，使得名义冲击出现后，不调整价格的区间扩大。

货币非中性的主张，意在使政府通过货币政策进行干预合理化。至于干预的是什么，依政策取向的不同多有差异。在内生增长理论中，罗默主张政府干预是为了加大研发投入。这有别于将干预用于加大物质投入，但与熊彼特学派的区别仍然是存在的，熊彼特学派主张的是货币跟着创新走，创新有可能打破同质化均衡的"循环流转"，从旧的均衡走向新的均衡，在这个过程中形成垄断竞争均衡。而这个过程是常态，传统的均衡反而是特例。在这一逻辑指导下，货币只不过是为创新服务的工具和手段，它的作用仅限于把物质资本从原来的用项上拔出来，重新插到新的用项上，是根据创新需要重新配置资源的资本插拔运动。而真正起主导作用的，还是创新本身。相信市场会自发配置创新资源。相比之下，新凯恩斯主义更强调物质资本投入——不管对物质驱动增长还是创新驱动增长——的主导作用，以为企业是不喜欢研发的，没有创新的内在动力，只有通过政府干预，外部刺激他们搞研发。而垄断竞争的本质——或者说垄断竞争均衡与完全竞争之差——就在于一个等价于固定成本的"补贴"。

由此可见物质驱动与创新驱动在货币观上的不同，特别是围绕研发的宏观货币政策上的不同。熊彼特内生增长理论认为经济主体具有创新的内在动力，更为接近我们的观点。

2.3.2 增长与金融创新

增长和金融创新在宏观上是什么关系？在宏观经济学中，新凯恩斯主义与熊彼特内生增长论这两个新的理论对于金融理论的贡献，与趋势的关系比较顺路。

新凯恩斯主义严格说是一个大杂烩，其中与张伯仑思想走得较近的一部分理论十分超前，其中代表的是斯蒂格利茨，他持反货币主义的观点。原来的凯恩斯主义是主张政府干预，他却反对金融特殊利益集团，他认为金融危机的结果就是华尔街故意造成信息不对称。原来金融集团在我们大家都不掌握信息的情况下，他的信息能力比我们强，用他知道我们不知道的方式指引我们进行投资，我们为他的专业能力付钱。

但是现在他做过了头，光赚钱不干活，或者干的活是错的。这就造成了对消费者的双重惩罚。第一重惩罚，当消费者是华尔街的顾客时，他利用信息不对称，从惩罚顾客的投资错误中赚钱；第二重惩罚，他把自己的投资错误的代价转移给所有消费者，让全民为华尔街的失误埋单。

这不是监管能解决的。因为监管不能改变信息不对称（金融不民主）这一条件本身。

这给我们完全不同的指向，我们老认为对金融集团要加强监管，包括引入塞班司法律对企业造成极大的困扰。如果信息不对称，永远监管不过来，甚至把企业监管破产都解决不了问题。

熊彼特学派的主要观点略有不同。阿吉翁的主张就是差异化的市场，他为了治凯恩斯学派，为了反对强制储蓄或者动员储蓄，提出一个奇怪的观点，这是他学派独有的观点，认为经济越发展，分散风险的机会越得到改进，越有利于创新。

这个观点非常奇特，奇特在哪儿？在于他和费尔普斯的观点是非常相似的，费尔普斯说大众创新无非要化解风险，他要让老百姓自愿化解风险，他把金融发展理解为分散风险机制的完善。以风险投资 VC（venture capital）为例，经济越发展，VC 越起来；经济越不发展，VC 越起不来。

这是他们关于金融的观点。总而言之，都是在差异化的条件下怎么应对信息不对称的问题。

2.3.3 货币新范式与新金融秩序

1997 年笔者预言"银行内部正在从货币机构向信息机构蜕变"，原来以为"再过五年，金融界将重新洗牌"，结果等了 15 年，期待中的变化才萌生。所谓"洗牌"，看来确切的含义应是主业转换。正如电信业的主营业务从语音转向数据一样，金融业的主营业务也可能从金融变为数据。

斯蒂格利茨在《通向货币经济学的新范式》一书中主张："应该将货币理论的研究重点从货币转向信贷。"把重点放在"可贷资金"上，从而建立了"基于信用可得性"的货币经济学新学派。

斯蒂格利茨把信贷的本质，界定为与货币不同的信息，指出信贷问题"核心是信息"。而信息的特殊性，又在于它异质、分散这些不同于货币的方面："信贷在本质上是异质的""大量的相关信息是散布于整个经济活动之中的，而且只是被当作其他经济活动的副产品"。

银行业务与信贷业务的不同，在于一般与个别的不同：关于产品质量，"企业也许可以对银行隐瞒这些问题，但对其顾客则不能。对银行来说，要获取日常商业过程中所产生的信息成本极高，因而几乎是不可能的"。但对互联网来说，获得商务活动中自然生成和记录的信息，一分额外的钱都不用花。不把信息作为主业，这些是做不到的。

对于分散的信息，如何进行商业利用呢？默顿·米勒主张的是利用金融手段，将分散的信息聚为一体："交易利润可以理解为某种'贿赂'，社会用它来刺激人们广泛收集分散的供求信息，并最终将其融为一体。"但问题在于，将信息"融为一体"的股市仍然是集中模式的。

而斯蒂格利茨的观点相反："分散化必然造成一个经济体中复杂的信贷链，其中公司既是贷款人又是借款人，而银行起着中枢作用。将这类高度专用性的信息集中起来是难以想象的。"也就是说，斯蒂格利茨主张的是绕过银行和股市，让高度专用性的信息分散地与信贷相结合。实际上，一个批发市场里形成的一对一信息，要比股市精准得多。

斯蒂格利茨发现，不是用集中的货币，而是用分散的信贷的方式进行交易是可能的："正是信息技术的变化最终导致货币是交易媒介这一观念的过时。个人在和他们熟悉的人进行交易时，总是广泛地运用信贷；只有在这个狭小的圈子之外进行交易时，他们才需要货币。"

如果说货币经济学的新范式从理论上把信息置于体系的核心，希勒提出的新金融秩序则主要是一种实践上的主张。

新金融秩序是指"信息＋金融"的新秩序。相形之下，"旧"金融秩序是以货币为中心、信息边缘化的配置资源的体系。信息处于金融秩序的边缘与中心的不同，主要在于信息不对称与信息对称机制的不同。新金融秩序要

求以信息对称机制化解金融风险，这是互联网金融最值得发展的空间。

熊彼特内生增长理论关于经济增长与金融之间的关系问题，主要持不完全的信贷市场的观点。在这点上与斯蒂格利茨有点像。与完全竞争假说不同，该理论认为分担风险是增长与金融发展之间产生关联的主要问题。在不完全的信贷市场上，由于存在代理成本，资本市场存在着潜在的不完善，金融中介需要一个回报，达到收支相抵。得出的结论是，代理成本越大，均衡的研发水平越低，经济增长率也越低；金融体系越发达，则中介成本由于存在规模经济而越低，则增长率越高。因此金融发展与经济增长之间存在正相关关系[①]。

熊彼特内生增长理论对金融监管抱有一种不切实际的期望，以为监督成本会随着监管的规模报酬递增而递减。他们的思维还是以集中的方式而非分散的方式化解风险，因此认为"对企业家和/或研发项目的监督也可以通过股票市场来进行"[②]。他们对金融发展的理解是，在以高收益、高风险为特征的创新投资中，起到"分散"风险的作用。认为"当经济已经到了一个较高级的发展阶段时，投资在高收益、高风险项目中出现的风险将能更好地分散。但在那时，正是因为分散风险的机会得到了改进，个人也就更加愿意投资于高收益、高风险的项目，而不是局限于投资比较安全，但产出较少的投资项目。因此，投资的回报率在发展的高级阶段将会增加，平均储蓄率也会因此而增加"[③]。这一点与熊彼特本人的认识倒是同方向的，但与斯蒂格利茨和希勒关于利用信息分散化解风险的观点比，已经落后于现实的发展。关于金融发展与金融深化的争议由来已久。费尔普斯已更加精确地辨析出，这种能化解高收益、高风险的机制应是风险投资机制，而不是随便的什么资本市场或股票市场。资本市场和现有财务报表的最大问题，恰恰在于它们是风险回避型的。最近人们关于资本之殇的讨论，已经注意到资本制度的这种保守性。我们的观点主张在网络条件下，以信息对称的方式，通过范围报酬递增而非规模报酬递增，来分布式地化解创新的高风险。

---

① 阿吉翁，霍依特.内生增长理论［M］.陶然，等，译.北京：北京大学出版社，2004：64 - 65.
② 同上，第66页。
③ 同上，第66页到76页。

2.4　就业论：内生民生复杂性的就业

将民生区分为简单性范式与复杂性范式，新的就业论由此入手展开。

简单性范式的民生，以就业为核心，在宏观上通过二次分配转移支付增进社会福利；复杂性范式的民生，以工作为核心，通过一次分配使劳动者获得更具包容性的机会。这里的简单性是指将劳动者简化为同质化（因而失去创造力）的劳动力，把人当作简单性的机器；复杂性是指使劳动力复归为异质性（具有创造力）的劳动者，把人当作复杂性的人本身。

内生民生复杂性的就业，在现实中是指基于分享经济的大众创业，万众创新。利用平台（生产资料）免费而按服务收费的模式，普通草根分享生产资料的使用权［而不是支配权（ownership）］，从而获得进入（access）工作机会（如非就业的参与 App 应用增值服务的机会）的能力，在一次分配中就获得创造性的收入（高于生产资料租金的收入）。

信息化与网络经济对就业的影响表现在，较高的信息国民收入，较高的 ICT 未观测经济，增加潜在工作机会（无就业的就业），提高一次分配收入从而进一步增加差异化支出，提高人的自我实现水平。

凯恩斯就业理论中，有一个关键问题没有解决好，这就是通货膨胀与就业的关系问题。凯恩斯认为，"名义变量会通过影响总需求对失业产生持久影响"。按照菲利普斯曲线，失业与通货膨胀之间存在反向关系，即通货膨胀高，就业就高；通货紧缩，失业就高。但现实的情况是，当失业增加时，货币工资和价格并不立即下降以进行适应性的调整，这被称为"凯恩斯难题"。为了解决这一难题，费尔普斯提出了自然失业率的理论，认为失业根本与通货膨胀或紧缩无关，而主要取决于"劳动力市场和商品市场的实际特点，包括市场不完全、需求和供给的随机变化、收集工作空位和劳动力信息的成本、职业流动成本，等等"①。因此，自然失业率是预期通货膨胀率保持不变时的失业率。

在就业问题上，新凯恩斯主义的一般观点是黏性工资，不是不能就业，而是找新工作需要时间，在差异化的情况下很难实现信息对称，这就加大了信息搜寻成本。转换工作需要培训等成本。主张政府帮助大家更好地获得信

---

① 徐秋慧. 费尔普斯经济思想研究［M］. 北京：商务印书馆，2010：90 - 91.

息和技能来安排就业。认为在失业过程中应该做的事是加强人力资本投资，不可能是同样素质的人反复就业，一定是新的就业机会覆盖旧的就业机会，而新的劳动者不适应新的工作，需要由政府来培训他们。

熊彼特内生增长理论的观点和熊彼特当年的理论有点类似，认为失业本身不是问题，技术进步"一方面摧毁一些职位，同时又创造出一些新的职位"，关键是"快速的技术进步是否使原有职位的毁灭快于其所新增加的职位"①。

熊彼特内生增长理论不同于原熊彼特理论的地方在于重视技术的作用。当报酬不变时，提高创新频率对于失业不产生任何作用，因为新的技术顶掉多少工作职位，新的技术就会创造多少工作职位。这可能是熊彼特不重视技术创新对就业作用的原因。但技术创新更多表现为报酬递增，在这种情况下，如果已有的生产单位不能利用技术来增长，提高增长率只能引发失业率升高；而如果利用技术创新，资本化效应可能抵消创造性毁灭的效应，由此带来的增长率提高可能会使失业率下降。当中间投入多于一种时，产品之间存在很强的互补性，也会达到同样的效果，即生产率增长率提高会使失业率下降②。这显示出水平创新与垂直创新，在质的变化这个本质上是一致的。

熊彼特内生增长理论还讨论了边干边学的影响。在低水平均衡状态，高失业率与边干边学形成负反馈。失业率越高，边干边学越缓慢，增长越停滞；增长越缓，边干边学越缓，失业率越高。而在高水平均衡状态，低失业率与增长会形成正反馈。越低失业，越刺激边干边学，增长就越快；增长越快，越有利于边干边学，失业也越低。

除此之外，熊彼特还有一个考虑就是经济周期这件事，这件事跟凯恩斯相反，凯恩斯认为经济周期越平稳越好，熊彼特觉得周期越起伏越好。他认为经济周期就相当于人体内的新陈代谢，人应该加强新陈代谢，这是一个长波技术周期，就是一个技术管几年。新技术刚开始出现时，发展得非常好。到技术的潜力释放殆尽，快不行时，经济就出现低谷。而新的力量就出现了，旧的技术被更新的技术颠覆。这个就是一个周期。

我们的主张既有别于新凯恩斯主义，也有别于熊彼特内生增长理论。与

---

① 阿吉翁，霍依特．内生增长理论［M］．陶然，等，译．北京：北京大学出版社，2004：111.
② 同上，第127页．

前者的区别是立场上的，与后者的区别是方法上的。我们主张包容性的就业。这一点相对而言，与费尔普斯的观点稍微接近一些，但也有区别。

我们也认为，以往在就业这个宏观指标上，考虑得更多的是效率（特别是资本的效率），而不是多样性，包容性就是对多样性标准的一种接纳。包容性就业不光要考虑如何与发挥资本的效率相适应，而且需要考虑人本身。单纯从资本效率来说，以机器替代人是有效率的，但它可能导致效率高而效能（相对于多样性的效率）低，造成人力资源利用上的不充分。提高经济增长质量，从就业的角度看，还应包含更有效地利用多样化的人力资源。

我们还认为，包容性就业不光是一个福利性的概念，还应具有参与式就业的含义。福利性的包容，往往是从再分配公平的角度，以牺牲资本的效率来满足就业。这种就业虽然使劳动者获得工作机会，从而提高了劳动力的分配份额，但并没有使劳动者真正进入经济的开发，从中释放自身的创造性潜能，无法使之介入剩余的分配，获得应有的自豪和尊严。

参与式就业是对经济过程的深度介入，例如创业式的就业，以及在工作岗位上发挥创造性并得到与创造性匹配的回报。参与的关键是创新，以及为尽可能多的人提供足够低门槛的创新条件。创新如果只是企业家精神的实现或研发专业人员的事情，而不是全体劳动者共同参与的活动，它就不是包容性的。因此，包容性就业应与大众创新更紧密地结合起来，以实现大繁荣。

最后，包容性就业还应包含整个工作机会的创造，无论是雇佣劳动（包括兼业），还是自我雇佣的劳动（如在家办公、自我动手，或互助等），甚至无论是不是可计入现有 GDP 范围的经济活动。按照美好生活的标准，使人摆脱物役，在基本生活水平之上获得更高满意度的活动，都应成为包容性就业的政策目标。

在内生复杂性的新就业观中，对福利的认识从简单性的福利（社会总福利等于社会总效用，有钱即快乐）转向复杂性的福利（强调幸福不等于 GDP，有钱不等于快乐）。因此，不倾向于采用福利国家以再分配（二次转移支付）为主方式解决公平问题，而强调通过分享机会（分离支配权与使用权，实现广泛的生产资料分享）以一次分配为主，在分享创造性收入、能力实现和良好体验层面上解决福利问题；只有当一次分配失灵（特指部分劳动者已获得充分公平的机会——没有任何生产资料进入障碍——但由于能力和风险等原因无力自我实现）时，再以二次分配为主进行福利分配，以此大大缩小国家福利负担，提高经济效率。

2.5 小结：面向质量、信息与民生的经济

为什么在宏观经济学中内生复杂性对应的是质量、信息与民生？

只要看一看它们所针对的相对概念，就可以发现其中的奥秘：

质量，相对的是增长。在传统经济中，这是指 GDP 数量。GDP 代表的是同质化、标准化的数量，它因为排斥了异质性、个性化，而应当被归于简单性范式。与质量对应的增长，则要求以质的多样性为内涵的品质。

信息，相对的是货币。作为一般等价物的货币也应被归类于简单性范式。信息的复杂性表现在它包括多样化的意义。

民生，相对的是就业。就业之所以被当作简单性范式，在于它以标准化的劳动力为计量单位。但人除了是劳动力之外，还是具有多样化创造力的劳动者。以创客这样的方式解决民生问题，可能不需要就业，但同样可以得到增加收入和实现梦想的机会。

实际上，在我们谈论微观问题的时候，信息化与网络经济也总是会把我们引向在宏观上内生复杂性。

内生复杂性不意味着成本的提高，ICT、网络技术以及智能计算，以范围经济为杠杆，把未来经济引向更加质优、更加透明、更加包容，并因此变得更加满意、轻松、愉快。

第二部分

信息化与网络经济的技术经济计量

信息化与网络经济的技术经济学，要求新的"技术－经济范式"（tech－economic paradigm）。"技术－经济范式"的概念，由佩雷兹（C. Perez）1983年在发表于《未来》的《社会经济系统中的结构变迁与新技术吸收》中提出。

以往工业化的"技术－经济范式"主要是规模报酬递增，而信息化的"技术－经济范式"主要是范围报酬递增。报酬递增就是本部分所称的效率改进。

当"技术－经济范式"不同时，"所研究的变革就特殊产品或工艺技术而论超出了技术轨迹，并且影响全系统的投入成本结构、生产条件和分布"①。两种不同的"技术－经济范式"正在于"影响全系统的投入成本结构、生产条件和分布"发生的不同方向的改变。

3　效率与生产率分析框架

3.1　同质性效率与多样性效率

3.1.1　效率与多样性：二元效率概念

存在两种效率：简单性效率与复杂性效率。前者对应专业化效率，后者

---

① 雷小清. 服务业信息化研究［M］. 北京：经济科学出版社，2014：68.

对应多样化效率。

技术效率（technically efficient，*TE*，又称技术有效）是指投入实现的产出达到生产前沿（production frontier，又译为生产前沿面，生产边界），即"对应每一种投入水平的最大产出"，它是通过生产函数描述的生产可能性边界。

技术效率分两种，一种是工业化技术效率，一种是信息化技术效率。区别在于最大产出的所指，前者是相对于同质性（简单性）变化，以数量（*Q*）度量改变的效率；后者是相对于多样性（复杂性）变化（例如质量变化），以品种（*N*）度量改变的效率。

信息技术不等于信息化技术，信息技术的效率特征有主次之分，其以数量度量改变的效率仍属工业化技术效率，这是次要方面；信息技术的主要方面在于产生以品种度量改变的效率。对于前者，我们称为信息技术在工业化中的应用。对于后者（通常表现于转型及信息技术与差异化战略融合之中），我们称为作为信息化技术的信息技术，这里的信息化特指转型（生产方式转型）。

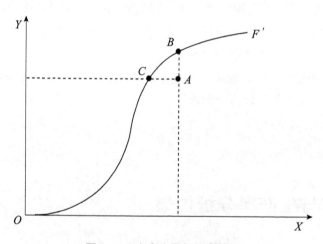

图 3 – 1　生产边界与技术效率

图 3 – 1 中，将 *X*，即 *Q*，替换为 *N*，表现的是多样性的技术效率。

3.1.2　技术效率与生产率的区别

生产率（生产力）是产出与投入之比。准确地说，是斜率相对于某种尺度（规模或范围）的变化率（递增还是递减）。工业生产力与信息生产力的效率变化率斜率相反。

"一个厂商可以是技术有效的，但是仍可以通过寻找规模经济来提高自己的生产率。"如图 3-2 所示，当 X，即 Q，替换为 N 时，这里的规模经济可以替换为新定义的范围经济。

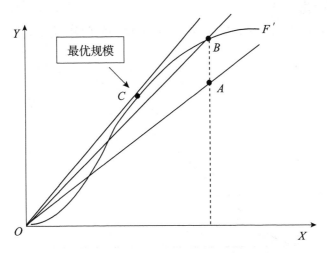

图 3-2 生产率、技术效率以及规模经济

根据我们的理解，报酬递增改变的是效率的变化率，相当于"效率改进"。效率与这个意义上的生产率（生产力）的关系，应是一点产出与投入之比与另一点产出与投入之比的变化率的关系。这样的生产率，相当于我们说的效能。

3.1.3 技术进步与报酬递增：二元生产率

单纯以"每一种投入水平的最大产出"并不能区分生产力（工业生产力与信息生产力），因为生产力有相对于分工水平（专业化水平或多样性水平）的相对性。不同生产方式下的生产力，可能达到同样的技术效率水平，但一旦改变结构（分工水平），则二者的区别就会显现。

技术进步（technical change，又称为技术改变）是指表现为生产前沿上升的技术改进。它对应同一种投入水平的不同的绝对的产出，是对于每一种投入水平的"更大"产出，因此每个投入都对应一个技术效率。换言之，技术进步本身不取决于规模或范围变还是不变（可以是报酬不变的、没有固定成本可分摊的）。

报酬递增对应的是不同投入水平（规模或范围的成本）下的不同比例的产出。当每种投入获得最大产出时，进一步改变投入（规模或范围）水平可能引起（因均摊固定成本而引起的）效率中边际成本的变化。这意味着当报酬递增时，不同投入水平的效率是不同的，换言之，报酬递增一定取决于规模与范围的变化。

技术进步或报酬递增，可能成为生产率增长的两种不同方式。

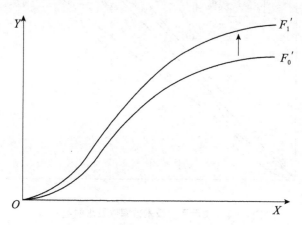

图 3－3　两个时期之间的技术进步

与技术效率相对的，还有配置效率（allocative efficiency，AE），它是其他价格和产出给定时，对投入组合（如劳动力和资本）的选择。配置效率和技术效率共同组成经济效率的全面测量。

根据是否要求技术有效，可将测算技术进步和效率变化的方法分为参数方法（假定厂商是技术有效的）和非参数方法（不需假定厂商是技术有效的）。

3.2　效率与生产率测量

3.2.1　产出与投入的技术效率测量

对效率与生产率的研究，是生产函数研究的深化与扩展。它主要涉及的是投入产出关系。

$$产出 = 投入 \times 价格$$

与生产经济学中的其他部分（如成本、利润、收入）不同，这里的研究不涉及价格。它研究的是价格既定下流量（产出）与存量（投入）之间直接的函数关系。我们把这种关系称为技术关系,而把加入价格后的关系称为技术经济关系。

对于技术的研究,整体的思路是把它划分为产出与投入,研究它们之间的最优关系,由此来进一步观察其中的效率与生产率。信息化与网络经济的技术效率和生产率分析的不同在于,它设定了同质–异质二元的产出与同质–异质二元的投入。而一般效率和生产率的技术分析中的二元产出与二元投入都是同质的。当后面分析规模经济与范围经济的不同时,两种分析的明显不同就会显示出来。

(1) 对产出的效率测量方法:单一投入两种产出

在产出方面,信息化与网络经济的产出被区分为同质性产出与异质性产出,以生产可能性曲线(PPC,等产量线)表示。设单一的投入是同质产出与异质产出的需求函数:

$$X_1 = g\ (n,\ q) \tag{3-1}$$

图 3-4 中,n 代表产品品种产出,q 代表产品数量产出。每一个投入水平可画出一条生产可能性曲线。

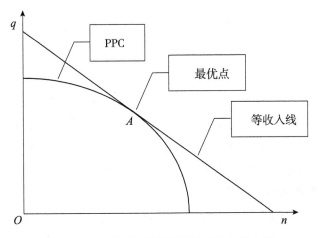

图 3-4 二元生产可能性边界与收入最大化

等收入线(isorevenue line)是负的产出价格比($-p_n/p_q$)。等收入线是收入长尾曲线,其斜率的改变意味着同质化附加值与异质性附加值在收入中的比重发生改变。一般来说,p_n 占比较大的产品是高附加值产品;p_q 占比较大的产品是低附加值产品。

收入最大化的最优点在等收入线与生产可能性曲线的切点 A。在生产可能性曲线上除 A 之外的任何一点生产，与等收入线在更接近原点处相切，意味着较低的总收入和利润。

标准生产性可能性边界是《效率与生产率分析引论》中 PPC 的标准形式，如图 3－5 所示。它代表的是技术对于同质化产出的影响。这里的生产可能性边界实际是 PPC_q，以 PPC 代指。

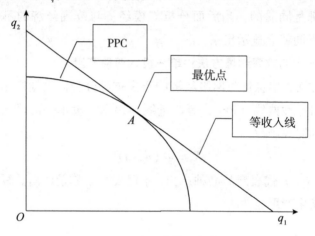

图 3－5　标准生产性可能性边界

但在这一标准框架下，异质性的产出"隐形"了。这造成了"索洛生产率悖论"的典型情形：信息技术看得见投入，但看不见产出。

为了使这一部分 NOE 显形，信息化与网络经济理论特别设定了另一空间维度，这就是品种－价格（N－P）维度。异质生产可能性边界就建立在其中 N 的超平面上，由两种异质性产出 n_1 和 n_2 来代表。如图 3－6 所示。

异质生产可能性曲线 PPC_n 位于二元生产可能性边界中 N 的超平面上。

（2）信息技术的有偏技术变化

技术变化（进步）表现为生产可能性曲线向外的扩展。信息技术的变化可以导致一种投入同时带来规模化（产业化）方向与服务化（多样化）的绩效。如果这种影响是相等的，就表现为生产可能性曲线在各处都按等距向外扩展。

技术变化更倾向于生产更有优势的一种产品，这样的技术变化称为有偏技术变化。如图 3－7 所示信息技术可能更倾向于带来多样性方向上的产出绩效。

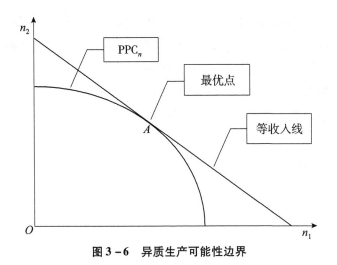

图 3-6 异质生产可能性边界

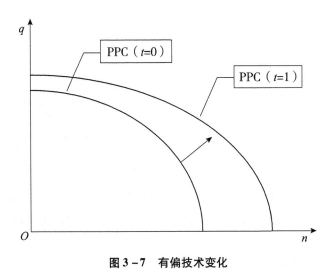

图 3-7 有偏技术变化

(3) 对投入的效率测量方法: 两种投入单一产出的技术效率 (TE) 与配置效率 (AE)

在投入方面, 观察技术效率和配置效率, 可以看两种投入生产单产出的情形。例如, ICT 投入与非 ICT 投入生产总的经济产出 q。

这里主要介绍法雷尔 (Farrell, 1957) 的方法。法雷尔的效率测量方法被称为投入导向 (input - orientated) 测量, 主要用来计算多投入厂商的效率。他把这种专注于投入减少的效率分为两部分, 一部分是技术效率 (technical efficiency, TE), 反映厂商由给定投入集获得最大产出的能力; 另一部分是配置效率（AE），反映厂商在分别给定的价格和生产技术下以最优比例利用投入的能力，也就是通过两投入最优组合获得最大产出的能力。两方面（相当于生产力与生产关系）的效率共同构成总的经济效率（economic efficiency，EE）。

技术效率的测算公式为：$TE = OQ/OP$ （3－2）

配置效率的测算公式为：$AE = OR/OQ$ （3－3）

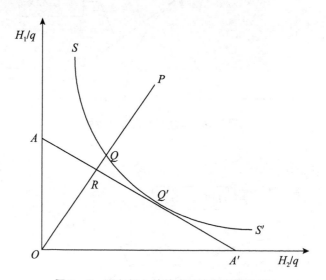

图 3－8　面向投入的技术效率和配置效率

图 3－8 中，两种投入 H_1 为同质投入，H_2 为异质投入。QP 即产出不减少时所有投入按比例可能减少的量，表示无效率。QP/OP 表示技术上有效率的生产占所有投入量的百分比。SS' 表示完全效率厂商的单位等产量线；AA' 为等成本线。

标准技术效率是指同质性技术效率，标准配置效率是指同质性配置效率。其中，H_{12} 和 H_{11} 分别是同质投入 H_1 的分量，如图 3－9 所示。异质技术效率是指异质性技术效率，异质配置效率是指异质性配置效率。其中，H_{22} 和 H_{21} 分别是异质投入 H_2 的分量，如图 3－10 所示。

对各种技术效率和配置效率来说，$AE = OR/OQ$，说明配置效率基本上是由等成本线 AA' 斜率决定的，配置就是指不同投入的组合比例。

$TE = OQ/OP$，说明技术效率是由两投入的等产量线 SS' 决定的。OQ 代表有效率的生产占整个产出 OP（有效率生产与无效率生产之和）的比（其中 QP 是无效率部分）。

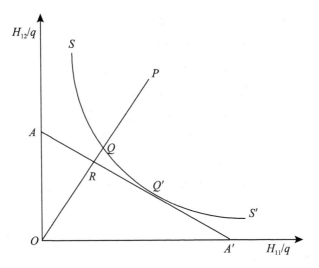

图 3-9 面向投入的标准技术效率和配置效率

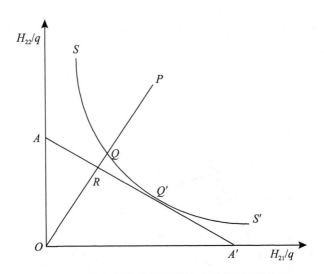

图 3-10 面向投入的异质性技术效率和配置效率

在这里,同质性投入与异质性投入面对的是同一个产出 q。在信息化与网络经济的实测中,这意味着 ICT 投入与非 ICT 投入共同构成对产出的贡献。

3.2.2 产出导向与投入导向的距离函数测量

距离函数是由马姆奎斯特(Malmquist,1953)和谢泼德(Shephard,1953)分别提出的。用距离函数可以从投入与产出方面测度实际配置效率与最大效率之比，从而实证地测出投入或产出的效率状态。

产出距离函数定义在产出集 $P(x)$ 上，即

$$d_0(x,q) = \min\{\delta : (q/\delta) \in P(x)\} \qquad (3-4)$$

投入距离函数定义在投入集 $L(q)$ 上，即

$$d_i(x,q) = \max\{\rho : (q/\rho) \in L(q)\} \qquad (3-5)$$

我们将信息化与网络经济的产出距离函数设定为单一投入两个产出距离函数。投入向量为 x 生产出两种产品 n 和 q。产出集 $P(x)$ 即生产可能性集，由生产可能性前沿 PPC – $P(x)$ 与 n、q 两轴围成的区域。

产出距离的值为 A，它等于 $\delta = OA/OB$。如图 3 – 11 所示。

产出距离反映了产出配置效率，同一个投入，批量与品种的组合在 A 点，如果在 PPC – $P(x)$ 内侧，与最大的效率 B 点相比，就损失了一个 AB 距离的效率。如果 A 点组合变为 B 点或 C 点，则处于最大的效率状态。

我们再将信息化与网络经济的投入距离函数设定为单一产出两个投入的距离函数。以 H_1 代表 ICT 投入，H_2 代表非 ICT 投入，共同产出 Q（它是产出式中 n、q 的组合）。

投入集 $L(q)$ 由等投入线（q）与 ICT 投入 H_1 和非 ICT 投入 H_2 两轴围成的区域。

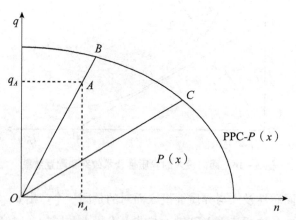

图 3 – 11   产出距离函数与生产可能性集

投入距离的值为 A，它等于 $\rho = OA/OB$。如图 3 – 12 "投入距离函数和投入需求集" 所示。

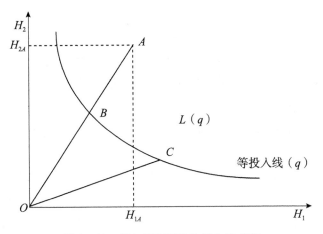

图 3-12 投入距离函数和投入需求集

3.2.3 利用距离函数测量成本效率和收入效率

以上的投入和产出效率分析是技术意义上的效率（技术效率与配置效率），还不是经济意义上的效率，因为还没有加入价格，加入价格后形成的效率才是经济效率，包括从投入角度观察的成本效率和从产出角度观察的收入效率。

（1）成本效率

成本效率（cost efficiency，CE）的测算要求获得投入价格信息，测算产出不变时，为了成本最小化要求投入按比例减少的程度。

用 w 表示投入价格向量，以 h 表示投入向量。同样在技术有效的 SS' 曲线上，令 $h^\sim$ 代表与 P 点相关的 Q 点投入，h^* 代表 Q' 点成本最小化投入，则厂商关于 P 和 Q' 的成本效率可定义为：

$$CE = \frac{w'h^*}{w'h} = OR/OP \tag{3-6}$$

在这里，成本效率可以理解为是一种配置效率。同样的技术有效率，联系于价格会呈现不同的配置效率。

而当由等成本线 AA' 斜率代表的价格比率已知时，可以计算如下技术效率和配置效率：

$$TE = \frac{w'h^\sim}{w'h} = OQ/OP \tag{3-7}$$

$$AE = \frac{w'h^*}{w'h^~} = OR/OQ \tag{3-8}$$

注意，这里的成本效率是指总的成本效率。计算标准（同质性）和异质性的成本效率，可以同理计算，分别对 h 进行细分界定。

（2）收入效率

收入效率（revenue efficiency, RE）则要求在产出端联系价格确定在投入不变时，产出可以按比例扩大多少。

价格由 DD' 曲线引入以 p 表示，DD' 为等收入曲线；ZZ' 曲线代表单位生产可能性曲线。A 为无效率点，AB 代表技术无效率，B 与 B' 都是技术有效率，但 B' 同时还是相对于收入的配置有效率，在此是收入有效率。如图 3-13 所示。以 Q 代表 A 点产出，同为技术有效（在 ZZ' 曲线上），$Q^~$ 代表 B 点的收入无效率产出，Q^* 代表 B' 点的收入有效率产出。Q 是 q 与 n 的组合集。在 Q 集中，n 的比重越大，附加值越高；q 的比重越大，附加值越低。

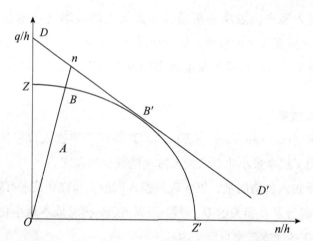

图 3-13　联系于价格的收入效率、技术效率与配置效率

这样的收入效率被定义为：

$$RE = \frac{p'Q}{p'Q^*} = OA/OC \tag{3-9}$$

相应的技术效率和配置效率为：

$$TE = \frac{p'Q}{p'Q^~} = OA/OB \tag{3-10}$$

$$AE = \frac{p'\tilde{Q}}{p'Q^*} = OB/OC \qquad (3-11)$$

全部收入效率（3-9）为技术效率与配置效率之积，即

$$RE = TE \times AE = OA/OC$$

以上假设了报酬不变，下面讨论第三种效率现象，即报酬递增意义上的效率及效率变化。

（3）综合成本与收入的生产率水平

对两投入两产出厂商的 TFP 测算，涉及内生收入和成本两个方面，具体来说是通过被定义为厂商收入除以投入成本的利润率来测度。

我们用两投入与两产出的两厂商模型来构建信息化与网络经济基于利润率的生产率测算模型，比利润率比值形式显示成本与收入综合的效率。分别设定投入为异质性投入 h_1 和同质性投入 h_2，生产产出向量为 n 和 q；产出价格向量为 (p_1, p_2)，投入价格向量为 (w_1, w_2)。则厂商 1 与厂商 2 的利润率比值为 π_1/π_2：

$$\pi_1 = \frac{p'_1 n}{w'_1 h_1} = \frac{\sum_{m=1}^{M} p_{m1} n_m}{\sum_{K=1}^{K} w_{k1} h_{k1}} \qquad (3-12)$$

$$\pi_2 = \frac{p'_2 q}{w'_2 h_2} = \frac{\sum_{m=1}^{M} p_{m2} q_m}{\sum_{K=1}^{K} w_{k2} h_{k2}} \qquad (3-13)$$

这里反映的是实际测算对象、投入代表成本、产出代表收入。收入与成本之比为利润率。其中，P_1 对应的是多样性产出 n 的价格，P_2 对应的是同质性产出 q 的价格；w_1 对应的是多样性投入 n 的价格，w_2 对应的是同质性投入 q 的价格；n 对应的是多样性产出，q 对应的是同质性产出；h_1 对应的是多样性投入，h_2 对应的是同质性投入。

利润率比值可以简化为由 q/n 表示的产出水平差异与由 h_2/h_1 表示的投入比率之间的比值：

$$\frac{\pi_2^*}{\pi_1^*} = \frac{(p_2 \cdot q/p_1 \cdot n)/(p_2/p_1)}{(w_2 \cdot h_2/w_1 \cdot h_1)/(w_2/w_1)} = \frac{(q/n)}{(h_2/h_1)} = \frac{(q/h_2)}{(n/h_1)} \qquad (3-14)$$

这里，我们通过两厂商利润率比值，看出信息化与网络经济在同质与异质的投入与产出四项指标之间的关系。其中观察的实际是同质性产出与投入

之比，同异质性产出与投入之比，二者之比。在实际测算中，q 是标准的数量收入，h_2 是物质投入（资本与劳动力）；n 是产品的多样化程度，h_1 是 ICT 投入（包括人力资本）。需要注意的是 n 加入收入的方式。总产出 Q 从内涵理解是 n 与 q 的组合商品（形如多少品种下的多大批量），但如果从货币收入角度实测，则可以把 n 理解为由成本加成形成的消费者剩余，以附加值形式计入均衡价格之上的部分。在理论经济学部分已经分析过，两种价格可能是等值的，但区别点在于代表的最优点不同。附加消费者剩余的价格（$P = AC$）从标准理论观点看不是（二维的）帕累托最优，因此是不稳定的；而从信息化与网络经济均衡观点看可以是三维的帕累托最优，因此可以是稳定的。q/n 表示的是产出价值构成中，同质性的数量提高占多样性的质量提高的比重；h_2/h_1 表示的是在投入价值构成中，物质投入占 ICT 投入的比重。

（4）组织效率

微观资源配置的利润率也可以用于组织效率（OE）甚至制度效率的测评。这里的组织也包括产业组织（含产业化与服务化组织业态）和贸易。组织效率也可简化为由 q/n 表示的产出水平差异与由 h_2/h_1 表示的投入比率之间的比值：

$$OE = \frac{(p_2 . q/p_1 . n)/(p_2/p_1)}{(w_2 . h_2/w_1 . h_1)/(w_2/w_1)} = \frac{(q/n)}{(h_2/h_1)} = \frac{(q/h_2)}{(n/h_1)} \quad (3-15)$$

在这里，产出的 n 代表组织的复杂性产出（如多样化能力），q 代表组织的职能性产出（如专业化能力）；h_1 代表信息化管理投入（包括交易费用），h_2 代表科学管理投入；w_1 是信息化管理投入水平，w_2 是科学管理投入水平；p_1 是组织复杂性产出水平（如灵活性、协调性），p_2 是组织专业化产出水平（如专业化水平）。

组织的效率可以用管理任务与管理幅度之比来表示。管理任务代表管理在专业化与多样化方面的难度，任务完成水平代表组织产出水平；管理幅度代表管理协调能力与水平，管理幅度大小代表组织投入水平。例如，一个人限于有限理性，最多只能管理 7～14 个异质之人，超过这个幅度需要增加一个管理层级（投入），以节省交易费用，但科层化这种制度性投入要付出信息不对称、灵活性丧失等方面的代价。

q/n 代表组织效率中的分工水平，具体指多样性协调能力（以 n 表示所能协调的多样性数）可以承担多高水平的专业化分工（以 q 表示分工后的专业化产出）。在分工水平既定情况下，组织系统较高的多样性协调能力，可以在均衡水平支撑更大的专业化能力。信息化的集成协调能力越高，组织的缔约交易费用越低。h_2/h_1 则代表组织效率中的协调水平（不同于协调能力），或为分工水平提高所付出的投入代价的水平。具体是指，专业化的投入代价水平（如交易费用水平）与协调多样化的投入水平之比。在正常情况下，专业化水平越高，所耗费的交易费用越高。而信息化和网络经济的协调水平的提高（如信任程度的提高、由于透明化带来信用水平的提高），可以摊薄交易费用，从而降低专业化的代价。总的来看，组织效率就是组织的（专业化与多样性能力相互关系决定的）分工水平比（交易费用水平与协调水平，摩擦力与润滑力之间）协调水平的结果。

3.2.4 效能：规模效率与范围效率

在技术效率和配置效率之外，还有一类重要的生产率形式，我们称之为效能，就是报酬递变（递增或递减）。它是一类特殊的效率变化，是指效率（在此具体指成本效率或收入效率等价格相关的经济效率）随存量（n 或 q）的变化而发生的斜率（效率变化率）变化。一般所说效率变化属于另一种形式，区别在于变化不是相对于存量，而是相对于时间。

（1）效能分析中的规模经济与范围经济

标准效率分析一般涉及的报酬递变只是规模报酬递增（increasing returns to scale，IRS）和规模报酬递减（diminishing returns to scale，DRS），而信息化与网络经济要分析的报酬递变还包括范围报酬递增（increasing returns to scope，IRS）和范围报酬递减（diminishing returns to scope，DRS）。为了区分二者，我们将 IRS 中的范围报酬递增称为 IRS_1，规模报酬递增标为 IRS_2；把 DRS 中的范围报酬递减称为 DRS_1，规模报酬递减称为 DRS_2。

把报酬递变统称 VRS，其中，范围报酬可变标为 VRS_1，规模报酬可变标为 VRS_2；与之相对的是报酬不变 CRS，其中范围报酬不变标为 CRS_1，规模报酬不变标为 CRS_2。

与理论经济学中简化的基于平均成本的报酬递变分析不同，技术经济学在投入产出平面上分析报酬递变。

我们先看投入存量对报酬递变在效率上的影响。

先把投入存量统称为 X（不区分异质、同质两种投入），产出 Q（不区分

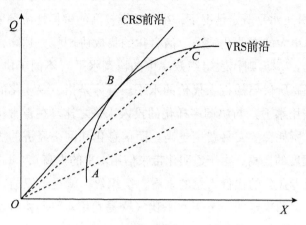

图 3 - 14　投入存量对生产率的影响

异质、同质两种产出）。厂商存在 A、B、C 三点上，生产率相对产出变化不同。如图 3 - 14 所示。

B 点是 CRS 前沿与 VRS 前沿的交点，这就是报酬递增最大化之点。这一点位于从原点出发的射线与 VRS 生产前沿的交点之上，称为技术最优生产能力规模或范围（technically optimal productive scale 或 technically optimal productive scope，TOPS）。这相当于寻找 VRS 上的最大化生产率之点。

同为技术和配置有效率状态下，A 点位于报酬递增区间，扩大投入存量会导致生产能力更高；C 点处于报酬递减区间，扩大投入存量会导致生产能力更低，因此应倾向于缩小投入以提高生产能力。

（2）规模效率与范围效率

规模效率（scale efficiency）测量表示的是向技术最优生产能力规模 $TOPS_2$ 点移动时生产率所能增加的量。它是技术意义上的规模报酬递增。

范围效率（scope efficiency）测量表示的是向技术最优生产能力范围 $TOPS_1$ 点移动时生产率所能增加的量。它是技术意义上的范围报酬递增。与我们在理论经济学中关于成本范围经济比，没有加入价格的考量。

（3）如何测度规模效率与范围效率

如何测度规模效率和范围效率（它们相当于技术上的规模经济与范围经济）？我们可以通过距离函数的方法来解决。具体分为两步：

第一步，解决从技术无效率到技术效率的距离测算，具体来说，就是从技术无效率的 D 点向技术效率的 E 点转移。如图 3 - 15 所示。计算的原理是，

射线 OD 的斜率与 OE 的斜率之比，正好等于距离上的 GE/GD。即

$$TE_{\text{VRS}} = GE/GD \qquad\qquad (3-16)$$

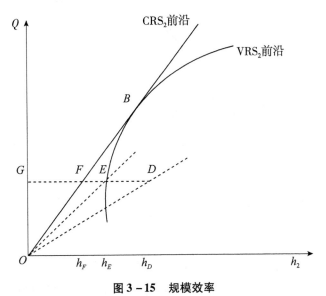

图 3 – 15　规模效率

如果进一步细分投入，还可分为 ICT 投入与非 ICT 投入。

第二步，解决规模（范围）无效率到规模（范围）效率的测算。具体来说，就是从技术有效率但规模（范围）无效率的 E 点，向技术有效率且规模（范围）有效率的 B 点转移。如图 3 – 16 所示。计算原理是，射线 OE 斜率与射线 OF 斜率之比，正好等于距离上的 GF/GE。即

$$SE = GF/GE \qquad\qquad (3-17)$$

注意，这里的 SE（与标准定义不同），可以分为范围效率（SE_1）与规模效率（SE_2），计算方式都一样，只是针对的投入产出变量不同（同质、异质不同）。

从观察得知，无论从规模技术效率还是范围技术效率的 E 点，向规模效率的 B 点及范围效率的 B 点转移，E 点与 B 点上的技术效率是一样的。也就是说，规模效率与范围效率本身并不提高技术效率。从这个意义上说，它们并不是一种单纯的生产力现象，而是接近技术效率随投入产出变化而变化的现象。这一点应与效率变化区别开来。

以上讨论的是单一投入产出的情况，多投入与多产出的测算方法可采取

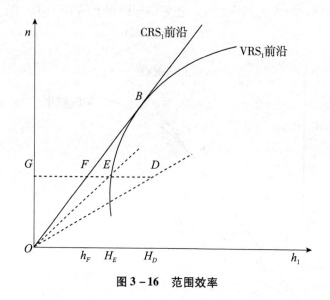

图 3 – 16 范围效率

法尔·格罗斯克夫和罗斯（1998）的投入导向测量。

给定投入向量 **H** 产出 **Q** 的规模（范围）效率的投入导向测量为：

$$SE\ (\boldsymbol{H},\ Q) = \frac{d_i(H, Q \mid \text{VRS})}{d_i(H, Q \mid \text{CRS})} = \frac{TE_{\text{CRS}}}{TE_{\text{VRS}}} \tag{3 – 18}$$

进一步的测算可以沿数据包网络分析（DEA）方向深化。

（4）组织的规模效率与范围效率

规模效率与范围效率的分析同样可以运用于组织效能分析。与组织效率分析的不同在于，效能分析涉及组织职能与层级之间的结构变化关系，例如，组织范围效率追求生态化，即在扁平化中处理复杂性功能，而组织规模效率追求的是机械化效能，在科层制前提下做组织规模大小的文章。二者区别在于，管理任务与管理幅度（层级）之比相反，即斜率正负符号相反。也就是说，规模效率的组织管理任务越重，要求的管理幅度越大，从而管理层级越多；范围效率的组织管理任务越重，要求的管理幅度越大，而管理层级越少。

我们可以从投入方面，分组织的技术效率（OTE）和组织的效能（OSE）两个层次解释：

首先，在效能可变（VTS）条件下——在规模效率下指组织规模大小的伸缩，在范围效率下指组织复杂性的变化——组织从技术无效率向技术有效率转变：

$$OTE_{VRS} = GE/GD \qquad (3-19)$$

如果进一步细分投入，还可分为 ICT 管理投入（智慧化、复杂性投入）与非 ICT 管理投入（科学管理投入）。前者带来复杂性有效（下节将详尽讨论），后者带来专业化有效。复杂性有效是指 n 值越高，效率反而越高。Allen（2001）提出了"足够多样性原理"（the Law of Excess Diversity），认为系统必须具备大于与可预测的环境变化相对应的多样性的"过度多样性"，才能为系统的演化提供可持续的基础。在信息化和网络经济条件下，复杂性有效的技术前提是由数据化带来的智慧化。相关的信息化指标关注数据化在提高智能处理水平方面带来的能力变化。

其次，组织从技术有效向最优效能方向改进优化（从做大做强，转向"做优"）。解决组织从规模（范围）无效率到规模（范围）效率的转变。具体来说，就是从技术有效率但规模（范围）无效率（即无效能）的 E 点，向技术有效率且规模（范围）有效率（即有效能）的 B 点转移。计算原理是，射线 OE 斜率与射线 OF 斜率之比，正好等于距离上的 GF/GE。即

$$OSE = GF/GE \qquad (3-20)$$

在数学上，这是一个由 VRS 向 CRS 贴近直至相切的过程。

注意这里的 OSE（与标准定义不同），可以分为组织范围效率（OSE_1）与组织规模效率（OSE_2），计算方式都一样，只是针对的投入产出变量不同（同质、异质不同）。

OSE 经验上指的是，通过分摊管理上的固定成本（FC）投入，做到组织规模越大效率越高（OSE_2），或组织范围越大（越具复杂性）效率越高（OSE_1）。

3.2.5 全要素生产率增长来源辨析

运用全要素生产率进行信息化与网络经济测算，要将生产率变化解析为技术变化（TC）、技术的效率变化（EC）、投入的效率变化（规模与范围效能变化）及产出混合效应四个来源。

鲍克（2001）的方法可以从生产率增长中识别出以上全部四种成分。

（1）第一种生产率变化：技术变化

技术变化（进步）表现为生产可能性曲线向外扩展。同时，TC 也可以相对于投入与产出来测算。测算的是厂商在时期 t 利用给定投入向量生产多于时

期 s 可行的产出水平的能力。请注意，这里的技术变化实指技术变化带来的效率变化，着眼点在说明生产率变化。这种技术经济意义上的技术变化与自然科学意义上的技术变化不同。在指标上不是测技术的更新，而是这种更新带来何种投入产出比的变化。

技术变化定义为：

$$TC_0^{s,t} = \frac{d_0^t(H,Q)}{d_0^s(H,Q)} \qquad (3-21)$$

它代表两个不同时期效率之比。与效能概念不同，它所指"变化"是关于时间的。

在信息化与网络经济的技术变化测算中，还可以对同质技术 H_2（非 ICT）与异质技术 H_1（ICT）两种技术变化进行区分，即

$$H_1 TC_0^{s,t} = \frac{d_0^t(h_1,n)}{d_0^s(h_1,n)} \qquad (3-22)$$

$$H_2 TC_0^{s,t} = \frac{d_0^t(h_2,q)}{d_0^s(h_2,q)} \qquad (3-23)$$

二者可以几何平均值合成总的技术变化 TC。

根据需要，技术变化也可以不定义在同一种技术的时间变化（从 s 到 t）上，而定义在实现同一种功能的技术的质的跃变（如从 1 到 2 的毁灭式创新）上。例如，同是实现存储功能，U 盘技术替代了软盘技术。这样的技术变化可以定义为：

$$TC_0^{1,2} = \frac{d_0^2(H,Q)}{d_0^1(H,Q)} \qquad (3-24)$$

（2）第二种生产率变化：技术效率变化

技术效率在投入导向的测算中本指径向的 OQ/OP，反映厂商由给定投入集获得最大产出的能力。技术效率变化比较的是两时期技术效率之比。

$$TEC_0^{s,t}(H_s,Q_s,H_t,Q_t) = \frac{d_0^t(H_t,Q_t)}{d_0^s(H_s,Q_s)} \qquad (3-25)$$

（3）第三种生产率变化：规模与范围效能变化

我们使用效能变化这个概念专指报酬递变（递增与递减），作为一种效率变化，与前面的效率变化（TEC）同是效率与效率之比，但最主要的不同在于，TEC 主要是关于时间变化的，而在时间变化前后，成本或收益并不发生

边际变化，也就是生产可能性前沿可能是不变的（CRS）；效能主要是关于投入存量（如边际成本递减）或收益产出（如收益递增）变化的，虽然它也可以是关于时间的，但最突出的特征还是生产可能性前沿变化（VRS）。一般理论中涉及报酬递增几乎全部是规模报酬递增，而信息化与网络经济分析的重心则在范围报酬递增。信息化测评体系创新的关键就在于识别出 ICT 与范围报酬递增之间存在的内在联系。因为 ICT 投入虽然也可以产生规模报酬递增的效果，但它最独特的、区别于非 ICT 之处主要在范围报酬递增之上。

由于效能变化涉及 VRS，它的测算方法与 CRS 的有所不同。需要引入锥技术（cone technology）的概念。以 S 表示生产技术，与 S 有关的锥技术记为 S^*。(H, Q) 为所有可行的投入产出组合。S^* 是穿过 (H, Q) 的射线的集合，是 S 中所有技术的最小锥。我们用 $d(.)$ 表示对于观测技术的距离，而用 $d^*(.)$ 表示相对于一个锥技术测量的距离。

如果 $S^* = S$，则代表报酬不变（效能不变）。以上技术变化、技术效率变化，都处于效能不变状态（广义 CRS）下。而效能变化则是报酬可变（广义 VRS）的。

在时期 t 的产出导向效能的测量定义是：

$$SE_0^t(H,Q) = \frac{TE_t^*(H,Q)}{TE_t(H,Q)} = \frac{d_0^{*t}(H,Q)}{d_0^t(H,Q)} \qquad (3-26)$$

SE 的值处于 0 和 1 之间，实测的是横竖坐标取值的距离之比。越接近 1，效能越有效。

对信息化与网络经济的效能测量来说，效能需要进一步细分为规模效率 $S_{scale}E$（简称 S_aE）与范围效率 $S_{scope}E$（简称 S_oE）：

$$S_aE_0^t(h_2,q) = \frac{TE_t^*(h_2,q)}{TE_t(h_2,q)} = \frac{d_0^{*t}(h_2,q)}{d_0^t(h_2,q)} \qquad (3-27)$$

$$S_oE_0^t(h_1,n) = \frac{TE_t^*(h_1,n)}{TE_t(h_1,n)} = \frac{d_0^{*t}(h_1,n)}{d_0^t(h_1,n)} \qquad (3-28)$$

二者合成总的 SE，可以采取几何平均值。当然也可以进行精确刻画。

效能变化（SEC）测算的是 SE 的比率，也可以说是效率的变化率，但与 TEC 有区别，主要在于它是 VRS，处理的是 VRS 与 CRS 的关系；而 TEC 是纯粹 CRS 的。

我们将产出导向的效能变化定义为：

$$SEC_0^t(H_s, H_t, Q) = \frac{SE_0^t(H_t, Q)}{SE_0^t(H_s, Q)} \qquad (3-29)$$

范围效能变化为：

$$S_oEC_0^t(h_{1s}, h_{1t}, n) = \frac{S_oE_0^t(h_{1t}, n)}{S_oE_0^t(h_{1s}, n)} \qquad (3-30)$$

规模效能变化为：

$$S_aEC_0^t(h_{2s}, h_{2t}, q) = \frac{S_aE_0^t(h_{2t}, q)}{S_aE_0^t(h_{2s}, q)} \qquad (3-31)$$

如果比率大于 1，说明投入向量 H_t 处于比 H_s 更接近最优效能的点上。

对范围经济的效能变化来说，比率 S_oEC 大于 1，说明 ICT 投入向量 h_{1t} 比时期 s 的投入向量 h_{1s} 更处于技术最优多样性的点上。注意，这是指随着技术投入（成本）的扩大或缩小而带来的变化。如果 ICT 投入的扩大导致接近技术最优多样性，说明技术上的范围投入递增；如果 ICT 投入的缩小导致接近技术最优多样性，说明范围投入递减。

同样，对规模经济的效能变化来说，比率 S_aEC 大于 1，说明非 ICT 投入向量 h_{2t} 比时期 s 的投入向量 h_{2s} 更处于技术最优规模的点上。注意，这是指随着非 ICT 投入的扩大或缩小而带来的变化。如果 h_2 的扩大导致接近技术最优规模，说明规模成本递增；如果 h_2 值的缩小导致接近技术最优规模，说明规模成本递减。

以上测算是技术上的范围成本递减。如果变成经济上的范围成本递减，可以将投入联系于价格，转化为成本范围经济（边际或平均成本递减的范围经济）测算。方法参考前面的成本效率测算。

同理，也可以换一个角度，将投入导向测算转为收入导向测算，下面是一种从收入角度的测算。

（4）第四种生产率变化：产出混合效应

产出混合效应测度是用来从产出角度捕获效能的，同样涉及 VRS，只是从投入方向转向产出方向。

面向产出的效能变化称为产出混合效应，鲍克（2001）定义了 OME 的一般性测量。

$$OME^t(H, Q_s, Q_t) = \frac{SE_0^t(H, Q_t)}{SE_0^t(H, Q_s)} \qquad (3-32)$$

H 为总的投入，Q 为总的产出，其中分为 s、t 两个时期的总产出 Q_s 和 Q_t。

具体到信息化与网络经济测算来说，如果说面向投入的效能变化，辨析出的是 ICT 投入与非 ICT 投入对总产出的效能变化作用（包括成本上的规模经济与范围经济），面向产出的效能变化，辨析出的则是多样性产出与同质性产出相对于总投入的效能变化（包括收益上的规模经济与范围经济）。

首先是范围收益递增的效能测度：

$$OME^t(h_1, n_s, n_t) = \frac{SE_0^t(h_1, n_t)}{SE_0^t(h_1, n_s)} \qquad (3-33)$$

它测算的是同样的 ICT 投入在不同时段的多样化产出效率之比。如果 t 时期的异质产出效率高于 s 时期的异质产出效率，即生产出更多的多样性，则属于技术上的范围报酬递增。严格地说，范围报酬递增仅是指面向产出或收益时的效能变化，而同样效果的面向投入和成本的效率变化应称范围成本递减。

其次是规模收益递增的效能测度：

$$OME^t(h_2, q_s, q_t) = \frac{SE_0^t(h_2, q_t)}{SE_0^t(h_2, q_s)} \qquad (3-34)$$

它测算的是非 ICT 投入不同时段的规模化产出效率之比。

如果给定时期 s 和时期 t 之间的技术向投入向量，OME 可以由几何平均值来计算。

将产出联系于价格，将变成收入范围经济（边际或平均成本递增的范围经济）测算。

（5）具有四种来源的全要素生产率变化

以上四种生产率变化，是自下而上归纳而成的。总的全要素生产率（TFP）变化（*TFPC*）应是以上四种生产率变化来源的汇总。

TFP 变化 = 技术变化 × 技术效率变化 × 效能变化 × 产出混合效应

即：

$$
\begin{aligned}
TFPC^{s,t}(H_s, H_t, Q_s, Q_t) = {} & \left[\frac{d_0^t(H_s, Q_s)}{d_0^s(H_s, Q_s)} \times \frac{d_0^t(H_t, Q_t)}{d_0^s(H_t, Q_t)} \right]^{0.5} \times \left[\frac{d_0^t(H_t, Q_t)}{d_0^s(H_s, Q_s)} \right] \times \\
& \left[{}^sE(H_s, H_t, Q_s) \cdot SE(H_s, H_t, Q_s) \right]^{0.5} \times \\
& \left[{}^oME^s(H_s, Q_s, Q_t) \cdot OME^t(H_t, Q_s, Q_t) \right]^{0.5} \qquad (3-35)
\end{aligned}
$$

与马姆奎斯特 TFP 指数方法相比，突出的优点是将效能测度和产出混合效应纳入进来。而为了对其中的效能变化及产出混合效应进行距离测算，鲍克（2001）用锥技术方法简化了运算：

$$TFPC^{s,t}(H_s,H_t,Q_s,Q_t) = \Big[\frac{d_0^{*s}(H_t,Q_t)}{d_0^{*s}(H_s,Q_s)} \times \frac{d_0^{*t}(H_t,Q_t)}{d_0^{*t}(H_s,Q_s)}\Big]^{0.5} \quad (3-36)$$

（6）信息技术 TFP 的计算方法

张才明在《信息技术经济学》中提出的信息技术 TFP 的计算方法，主要采用 Fare 等人（1994）的研究成果——以产出为基础的 Malmquist 生产率变化指数，其表达式为：

$$M_i^{t,t+1}(x^{t+1}, y^{t+1}, x^t, y^t) = \frac{DV_i^{t+1}(x^{t+1}, y^{t+1})}{DV_i^t(x^t, y^t)} \times$$

$$\Big[\frac{DV^{(t+1)}(x^t, y^t)}{DC_i^{t+1}(x^t, y^t)} \Big/ \frac{DV^{(t+1)}(x^{t+1}, y^{t+1})}{DC_i^{t+1}(x^{t+1}, y^{t+1})}\Big] \times$$

$$\Big[\frac{DC_i^{t+1}(x^t, y^t)}{DC_i^{t+1}(x^t, y^t)} \times \frac{DC_i^t(x^{t+1}, y^{t+1})}{DC_i^{t+1}(x^{t+1}, y^{t+1})}\Big]$$

$$(3-37)$$

其中 $DV_i^t(x^t, y^t)$ 代表 t 期规模报酬可变下的投入产出组合 (x^t, y^t) 的距离函数。$DC_i^t(x^t, y^t)$ 代表 t 期规模报酬不变下的投入产出组合 (x^t, y^t) 的距离函数，可以解释为 t 期技术条件下给定投入向量 $\boldsymbol{X}^t$[①]，产出向量 $\boldsymbol{Y}^t$[②] 最大可能扩张倍数的倒数，具体表达式为：

$$D_i^t(X^S, Y^S) = \inf\{\theta \mid (X^S, Y^S)/\theta \in S^t\}$$

$$= (\sup\{z \mid (X^S, zY^s) \in S^t\})^{-1} \quad (3-38)$$

其中 S^t 定义为 t 期生产可能集。$D_i^t(X^S, Y^S)$ 可以用线性规划来表示：

$$[D_i^t(x^t, y^t)]^{-1} = \max_\varphi \lambda\varphi$$

$$[(x^t, y^t)]^{-1} = \max_\varphi \lambda\varphi$$

$$\text{s. t.} \quad -\varphi y_i^t + Y^t\lambda \geqslant 0$$

$$x_i^t - X^t\lambda \geqslant 0$$

$$\lambda \geqslant 0 \quad (3-39)$$

其中第一项为纯技术效率变化（Pure Technical Efficiency Change），用 Pech 来表示。第二项为规模效率变化（Scale Efficiency Change），用 Sech 来表

---

① $\boldsymbol{X}^t$ 为 $K*N$ 的向量，$\boldsymbol{Y}^t$ 为 $M*N$ 的向量。

② $\boldsymbol{X}^t$ 为 $K*N$ 的向量，$\boldsymbol{Y}^t$ 为 $M*N$ 的向量。

示。第三项为技术水平变化（Technical Change），用 Tech 来表示。第一项与第二项的乘积为技术效率变化（Technical Efficiency Change），用 Effch 来表示，或称之为追赶效应。当 $M_i^{t,t+1}$[①] >1 时，表示 TFP 进步；当 $M_i^{t,t+1}<1$ 时，表示 TFP 退步。若 Pech、Sech、Tech 或者 Effch 即表明它是 TFP 增长的源泉，反之就是对 TFP 有降低的作用。

3.2.6　信息化指标构建的技术经济框架

以上技术经济计量体系的创新设计，主旨是为了使信息化与网络经济测评达到均衡水平分析这一全局高度。与现在流行的信息化指标体系的常用框架和指标比对，可以明显发现，有许多关键数据现在甚至还没有纳入现有测评指标数据采集的视野。从零碎的、缺乏系统的、偏重技术的测评，转向相对完整的、系统的、偏重经济的测评，这是一个亟待解决的问题。

信息化与网络经济的技术经济学计量框架，首先解决最急迫的填补空白的问题。除了在理论经济学部分已解决的同质 - 异质（对应非 ICT 与 ICT）二元均衡系统建构之外，在技术经济学范围内，重点是以均衡系统为主线，建立由以下测控点以及它们之间的均衡联系共同构成的指标逻辑体系。由此决定了数据采集和测量的总方向（用指标说明什么问题，这些指标指向的经济问题方向）与总格局（选什么样的指标才能说明问题）。

信息化测评与技术经济学计量既有联系，又有区别。联系在于，它们的逻辑是一致的。信息化测评以技术经济学计量框架为自己的指标设计框架，有利于将信息化从现象上升到本质，解决现在局部指标数据与经济整体从逻辑上脱节的问题。技术经济计量模型在这里可以被当作信息化测评的原理来理解。同时，信息化测评又不同于技术经济学中的一般生产率计量，是建立在微观调查数据基础上的应用测度，与面板数据相比，它的局部数据还达不到 TFP 可计算的程度，但更贴近真实世界。生产率计量（如 TFP 变化 = 技术变化×技术效率变化×效能变化×产出混合效应）只是信息化测评的逻辑背景，但不是信息化测评的直接对象。这一点是需要特别说明的。当然，从理论上说，从标准统计数据得出的结果与微观调查获得的数据得出的结果，因

---

① Malmquist 指数还可以有多种其他的方法来计算。（Caves 等，1982）本文中使用的是 DEA 线性规划的非参数方法。

为反映的对象是同一个，因此应该是相同的。

(1) 指标体系的技术经济分类

均衡首先由投入与产出两个方面入手解析。包括投入数量（H）与投入价格（W），产出数量（Q）与产出价格（P）。这是数据采集的四个基本方向。

信息化与网络经济测评与一般生产率分析的不同在于，我们对一般投入产出进行了信息化与非信息化要素的区分。这一点从以利润率表示的生产率关系可以看出，在由 q/n 表示的产出水平差异与由 h_2/h_1 表示的投入比率中，可以看出信息化与网络经济的产出数量被区分为 n 与 q；投入数量被区分为 h_1 和 h_2。价格也是这样，被区分为投入价格 w_1 和 w_2，产出价格 p_1 和 p_2。这就产生了八个具体方向的数据采集要求。

现有的信息化测评更多集中于信息技术投入的指标，我们称之为就绪类指标，如信息基础设施、电脑与网络设备、带宽等方面。它只相当于这里的 h_1，即 ICT 投入的数量。在部分企业信息化指标中涉及 w_1，即以价格表示的 ICT 投资，包括软件和信息服务方面的投入。在产出数据采集方面最大的问题是由于没有区分 n（多样性）与 q（产出数量），而把企业的所有产出视为 ICT 投入的产出。这相当于在"互联网 $+X$（各行各业）"背景下，把"互联网 $+X$"的产出统统归入互联网投入。这显然是不合理的。

技术经济学分析以生产函数为核心，以便把技术与经济的相互作用作为研究的重点。这是它不同于一般数量经济学的地方。为此，我们将测算的重心放在对生产函数的展开解析上。第一层的初始思路是把生产率这一研究对象，区分为效能不变的 CRS 和效能可变的 VRS 两个方向，这也是新古典增长理论与新经济增长理论的分界线。在理论经济学源头上，对应分工水平不变（CRS）与分工水平变化（VRS，包括专业化水平在 q 方向上加大与多样性水平在 n 方向上加大）两个初始条件的不同。在信息化测评的指导思想上，表现为从效率测度到效能测度的深化这一转向。它构成信息化指标体系创新的核心。

在这一思想指导下，在计量框架中纳入了四种可辨析的生产率变化来源，分别是基于 CRS 的技术变化（TC）、技术效率变化（TEC），以及基于 VRS 的面向投入的效能变化（SEC）、面向产出的效能变化（OME）。框架的创新带来数据采集方向的巨大转向。

（2）*TC*：就绪类指标与客体能力测度

一是就绪类指标，又称能力指标。这里的能力有特殊含义，指信息化就绪能力，是一种客体能力（可能性），在此特指信息技术及信息技术产品作为赋能的工具所产生的使能能力（使人具有某种能力的可能性），有别于 TEC 中的主体能力。

现在流行的信息化指标体系中，就绪相当于这里的 *TC*，是指技术条件的改变（从没有信息技术，变为有信息技术）。在传统技术不变条件下，信息技术及设施是否到位直接关系到生产可能性边界 PPC 的向外扩展。两时期向信息化就绪方向上的 *TC* 变化（因此是有偏技术变化），反映了就绪意义上的技术进步，即先进的信息技术在提高企业或产业生产率方面作用的提高。但仅有就绪测度，测的只是技术现象，而非技术经济现象。

二是创新类指标。除了就绪程度（近于技术扩散）这个意义上的 *TC* 外，还有一类特殊的 *TC*，是指广义的技术进步与技术创新。

技术创新直接改变 PPC，使 PPC 外移。但需要辨析以下歧义，一种 *TC* 测度测的是信息化对技术创新的影响，如研发信息化指标；一种 *TC* 测度测的是信息技术创新对业务上的生产可能性边界的突破；还有一种 *TC* 测度测的是企业内部研发部门的研发产出，甚至是狭义的信息技术专利等。

前面说过，*TC* 不是在测自然科学上的技术成果，而是在测技术带来的生产率变化。因此最后一类指标只能算局部绩效指标。重点还是放在第二类测度上，第一类测度也要通过第二类测度才能看出真正的生产率上的绩效（市场化的绩效）。

（3）*TEC* 中的 *TE* 与 *AE*：应用指标与主体能力测度

从就绪测度（联合国和国际组织的信息化测度基本为就绪测度）转向应用测度是一个很大的进步。应用测度主要转向的是以技术经济为对象的测度。应用在生产率研究框架中，针对的是技术效率变化（*TEC*）中技术效率（*TE*）和配置效率（*AE*）这一子集，以及效率变化（*EC*）这个方向。技术与业务的结合构成了所称"应用类指标"的主体。技术经济学意义上的技术，不同于自然科学意义上的技术，它是由投入产出的"业务"指标显示的，因此与就绪指标完全不同。

第一类应用指标主要是技术普及率、渗透率等指标，我们从 *TE* 和 *AE* 两个方面分析它在体系中的相对位置：

TE 表明的不是就绪状况如何，而是技术是否有效地与业务相结合。从生产率分析角度看，是指技术是否达到有效程度（是否在生产可能性前沿上）。隐含的假定是，与业务结合得越紧密，技术的作用就越可以接近"有效"（把技术的作用充分发挥出来）。

TE 构成技术经济意义上的"能力"，即经济主体的能力。TE 实测的是技术导向应用指标。主体能力测度的对象是技术及应用在与价格结合之前形成的技术意义上的潜在的生产率（力）。在此是指没有与成本、收入结合的生产率，因此它不包括成本效率（CE）和收入效率（RE）的概念。有（主体）能力仍然不等于有效益，就是这个原因。如果只是 TE 在变化，资源配置没有跟着变，信息化只有技术上的效果，而不一定产生技术经济效果。在指标上，如果只测第二信息部门（信息中心、技术维护部门）的能力，而不测给业务成本带来的影响（AA'不变），就属于 TE 的范围。

AE 则是与技术相联系的要素配置的优化，如熊彼特原义的创新（尤其是市场型创新、商业模式的创新）可以被理解为是资源的新的排列组合。

在实测中对应的是业务导向应用指标。如测度业务部门对技术采购的决策权就属于这类指标。这种 AE 上的变化与技术的结合方式，从 Q'点的定位中就可以看到。技术效率在与资源配置结合过程中，可能改变资源配置的方式，如 AA'的斜率发生变化会反过来要求技术与之匹配。在信息化指标中，业务部门对信息技术提出的改进要求，实际就反映了 AA'对 Q'变化的反作用力。

业务导向应用指标还有另一种形式，即测度技术商务服务。如云商务服务有别于云技术服务，数据中心的 CRM 服务指标就不同于数据中心的主机托管指标等。

业务导向应用指标的第三种形式，涉及组织和流程。AE 还可以对应深化应用，最深度的应用可以达到转型的效果。在指标选取上，流程类的指标包括业务流程、协调、组织结构，以及信息资源的整合等，可以归入这一类。

需要指出，前面的模型都是最简化的模型。在实测中，对多投入多产出，可以将简化模型中的任何一个数轴展开为超平面来解释，或采用指数法对数据集合进行归并处理。

（4）TEC 中的 EC：深化应用指标

第二类应用指标是深化应用指标，对应的是 EC 测度。

TEC 中的 *EC* 在生产率变化测算中的位置是面向投入的径向测度。测的是相对于完全效率厂商的单位等产量线 *SS'*，且与等成本线 *AA'* 相关的投入效率之间的比率，是这种比率之比，即效率的时间变化（指 *s*、*t* 两个不同时期 *OQ/OP* 之间的比率）。

TEC 本质上是 *TE* 与 *AE* 效果的结合（EE）。通过指标测度希望观测的变动方向，是看技术是否在从 *Q* 向切点 *Q'* 靠拢及靠拢的程度。

在信息化测评中这指的是测评信息化应用的效率深度。信息化应用只有把技术的效率和配置的效率同时发挥充分，才可能取得真正意义上的效率优化。因此这类应用指标不属于普及率、覆盖率这个层次的外在应用测度指标，而需要共同关注三个方面的效率变化动向：一是 *ICT* 投入对产出的总效率的影响，二是非 *ICT* 投入对产出的总效率的影响，三是 *ICT* 与非 *ICT* 投入的组合，通过改变等成本线 *AA'* 而对产出的总效率的影响。测度等成本线需要观察的是工业化与信息化两化融合的组合度，同时要考虑到现有的投入产出都不是中性的，而是有偏的，总趋势是向信息化的方向偏，但偏到什么程度仍有待观察。现有指标还没有涉及能达到这种颗粒度的精确水平，因此需要在实测中不断积累和探索。

（5）*TEC* 中的效益：实效类指标

在信息化与网络经济实践中，存在"应用不等于实效"的现象。这是技术与经济结合不紧密的一种突出表现形式。从技术经济学角度看，这里的实效有特指，具体指表现在成本、收入与利润三个方面的实际效益。其他的经济上的实效，都是从这三个基本维度派生出来的。面向效果的测度，主要就是通过面向成本、收入与利润的效果的测度。

从以上分析中可以看出，应用之所以不等于实效，理论上的原因在于应用中技术与经济结合主要停留于技术与存量（如数量）的结合，而没有内生于价格。因此虽然也产生一定效果，如提高产量、扩大规模或减少投入、减少浪费等效果，但取得这些效果到底合算不合算，在指标中并没有内生评价依据。

在新的体系框架中，通过引入成本效率（*CE*）、收入效率（*RE*）和以利润为基准的投入产出综合效率，将现有实测中忽略的一大类经济指标，内生进入信息化测评中。从测算理论角度讲，这类指标的共同特点在于增加了价格尺度，作为技术投入与经济存量关系是否具有经济效率（所谓"实效"）

的参照系。

以利润率为基准整合的收入与成本分析，包含了四类基本经济指标，即投入数量（H）与投入价格（W），产出数量（Q）与产出价格（P）。数量分析只有联系于价格分析，才能转化为经济分析。

选取这些经济指标，已经考虑到技术经济学不同于一般经济学分析的侧重点，是按照技术经济范式的要求围绕生产率分析来设计的。

需要说明，信息化与网络经济的实效不限于这些，如还有宏观方面的实效、社会方面的实效，但由于我们是在技术经济学这个范围内讨论问题，因此还是集中在均衡主线上选取指标。有些不通用的二级指标要到细分为宏观、中观和微观的测算时才会具体涉及。

实效分同质性实效与异质性实效。同质性实效属于专业化效率，在 QP 平面求解；异质性实效属于多样化效率，在 NP 平面求解。

实效这个概念，有别于效果这个概念。后面在产业信息化分析中，经常提到一个业内流行的概念"从效率到效果"，是有特指的。其中效率特指同质化的效益（有时也向同质化技术效率即专业化效率方面延展），效果特指异质化的效益（有时也向异质化效能的含义延展）。可见，效率与效果都是实效，只是不同的实际效果而已，这种不同以同质性、异质性划分。

（6）效能类指标：面向投入与面向产出测算

效能是第二类实效，上述实效只是静态实效，而效能是动态实效。

以上的计量，都是基于新古典范式的计量。核心特征是报酬不变（CRS）。信息化与网络经济指标体系创新的第一个方向是跟进前沿，首先是跟上新增长理论范式，核心特征是报酬可变（VRS）。

在现有理论基础上，引导信息化测评从效率测度转向效能测度，虽然有VRS分析在先，不属于基础理论创新，但对于指标体系和应用却是一个重大的新进展。因为现有几乎所有信息化指标体系，都没有系统地解决效能测算这个问题。

我们的主要贡献在于 VRS 内部，区分了两种 SE。在规模效率（S_aE，此前一直被标为 SE，以为是报酬递增的全部）之外，内生了范围效率（S_oE）。从而在发展新增长理论基础上，创新了效能测算体系。借助理论经济学部分对范围经济模型的彻底改写，简化了范围经济的建模并突出了它的思想性。在理论经济学部分，我们是以平均成本（AC'）为例说明范围经济的。以平均成本定义的范围经济不能直接内生技术，需要对产生范围经济的技术条件进行外生的解释。在技术经济学涉及实测时，我们采用了更深入细致的方法，从生产函数入手，展开了对范围经济的更全面的分析。同样，对规模经济的分析，也从单纯经济分析（成本分析）转向技术经济角度的分析，将技术效率与配置效率结合起来。

首先利用距离函数的方法，将规模经济和范围经济定义为 VRS 与 CRS 之间的关系，有效地在规模经济与范围经济中内生了技术。对技术上的规模经济与技术上的范围经济进行了清晰界定。

另外一个拓展在于，在经济技术上的规模经济与经济技术上的范围经济方面，从投入与产出两个角度定义效能，将成本上的规模经济（规模成本递减）与范围经济（范围成本递减）与收入上的规模经济（规模收益递增）与范围经济（范围收益递增）分开来测算。由此产生了原来没有的一大类新的指标，即效能类指标。效能类指标作为一个体系，尤其是其中的范围经济效能体系，在显现索洛悖论显示不出来的信息化与网络经济产出方面，扮演着无可替代的核心角色。在下篇的分析中我们将从各方面展示这一点。

效能类指标在实测中出现得还很少，还需要在实践中不断创新探索。在企业信息化测评，特别是中央企业信息化中涌现出来，并在中国实践中广泛采用的灵敏度指标，突出体现了效能测度的特点。这类指标对应的实践，包括在智慧化、柔性化、复杂性、生态化、正反馈、分布式网络等信息化与网络经济特征的归纳中。目前这类指标还只是现象归纳式的，我们通过建模已指出了效能类指标的解析特征：它们的实测取值都是关于两期效率的（理论上是 VRS 的）；与效率变化（EC）的概念相区别，它们都是相对于存量（数量或品种）而变化的；它们都是关于固定成本均摊的。

（7）区分 ICT 与非 ICT 投入产出

指标体系思路和方法上的第二个重要创新，则涉及基础理论创新。理论框架上由新增长范式中的规模经济框架，校正为规模经济－范围经济二元框架。通过发展新经济增长理论，为信息化与网络经济的计量提供基础创新保障。

信息化与网络经济作为信息与网络技术（ICT）同经济的结合，不同于工业化条件下的一般技术经济现象，需要采用新技术经济范式来研究，其研究重心在于区分 ICT 与非 ICT 相应的经济效果之间的对应关系。在新增长理论内部，从规模经济的技术经济范式转向范围经济的技术经济范式。

与理论经济学不同，技术经济学对信息化与网络经济投入产出的分析，联系于侧重投入的成本分析与侧重产出的收入分析，以及联系两个方面的利润分析上。由此把整个均衡框架（包括其中的成本函数、收入函数和利润函数）带入信息化与网络经济的测算与评价。

同样是实效测算，以利润率为基准整合的收入与成本分析，具体到区分信息化与非信息化两类指标，派生出八类实效类的指标维度，分别是：P_1对应的是多样性产出 n 的价格，P_2对应的是同质性产出 q 的价格；w_1 对应的是多样性投入 n 的价格，w_2 对应的是同质性投入 q 的价格；n 是多样性产出，q 是同质性产出；h_1对应的是多样性投入，h_2对应的是同质性投入。

现有计量体系和测算方法，都是基于简单性技术经济范式设计的，信息化与网络经济的技术经济分析采取复杂性技术经济范式建立计量体系，建立起以 N 轴为代表的多样性数据显示维度。然而实测中最大的难点在于，N 轴上的取值是统计和经济计量中的一个空白。为了实现以上体现信息化与网络经济特殊性的计量，一个基础性的工作就是研究建立系统的专门数据采集理论，使指标建立在可靠的数据可获得性基础之上。下一章将集中解决这个问题。

4 复杂性技术经济范式与测度

信息化测评可以视为信息技术经济中的复杂性测评的应用。

标准经济学与计量理论的基础，都是建立在复杂性不存在（$N=1$）这一前提下开始进行量化分析的；而信息化与网络经济学与计量理论的根本区别在于从假定复杂性存在（$N>1$）开始进行量化分析。从这个角度看，标准经济学与计量理论是关于简单性的理论；信息化与网络经济是关于复杂性的理论。

将质（包括质的体系）加以量化，遇到的前所未有的难题是寻找可供量化测算的数据，并在此前为打造这类数据确定数据采集方法基础。这是为通过体系创新，建设一个有别于工业化的新经济计量系统所必须付出的劳动。它的难度相当于把中医的气的概念，灌注到西医体系中一样。本章就是为了完成这个任务。

4.1 从技术经济角度看复杂性

从技术经济学的技术和经济两个角度看复杂性，侧重点有所不同。

与理论经济学不同，技术经济学是将技术内生于经济为核心特征的经济学。

从经济学角度研究技术同从自然科学角度研究技术，在技术本身"是什么"这一点上有很大不同。从自然科学角度看，蒸汽机技术与信息通信技术是并列的关系。从通用目的技术（GPT，一般用途技术或通用用途技术）角度看，一个是用于能量转化的通用技术，一个是用于信号转化的通用技术。

从经济学角度看，这两种技术在经济上的通用性体现在，一个是把复杂性转化为简单性的技术，一个是把简单性转化为复杂性的技术。一个是越把复杂性转化为简单性，成本越递减的技术；一个是越把简单性转化为复杂性，成本越递减的技术。

67

在经济学中，复杂性问题主要是一个与均衡相关的定量的问题。

代表性消费者模型是一个将质转化为量，以定量形式研究定性问题的典型。这样的量变，不代表同质性的数量变化，而代表异质性变化本身（只不过是有规律的异质性变化）。例如，这种代表性的质（如将多条需求曲线合成为一个标准化的异质需求曲线）的量值的每个变化，都代表对均衡本身的偏离。说它（质）的均衡，犹如说对均衡的偏离本身如何均衡（实际上在异质均衡即 N 轴维度上以 $AC-MC$ 的频度趋近均衡）。这有点像相对论与牛顿经典力学的关系。本研究比代表性消费者模型走得更远，将质的量化贯穿于均衡框架到数据实测，由此构成整个信息化与网络经济分析与计量的基础。

标准经济学假定了质的维度为 1（即同质化假定），因此所有复杂性现象，如去中心化的分布式连接、扁平化、自组织自协调、涌现生成等网络经济现象都不"存在"（不是实际不存在，而是在理论的视野之外）。而信息化与网络经济面对由信息、网络而生的复杂性经济现象，必须把质的维度从 $N=1$ 这个特例，推广为 $N>1$ 这个一般，从特例经济学变为"普遍经济学"。因此计量的第一件事，要从恢复真实世界中的复杂性数据开始。

信息化与网络经济计量分析与标准分析最大的差别，就在于对质的量化。质从计量角度讲，可以理解为维度，一个维度代表一个不可化约的质。质的量化就是计量维度数。质不可以计算，但维度数却是可计算的。一个系统有多少种不可化约的质，它的维度数（品种数，即 n 值）就有多少。例如，一个团体中 100 个人可分为 5 个帮派，他们之间的质的不同表现为对同样的信号会做出内部一致，而与其他帮派不同的反应，这个团队的维度数（品种数，即复杂度）就是 5。一个系统的复杂程度，首先与它内部的维度数也就是质的区别的程度有内在关联。又比如，一类产品（如咖啡）的货架上，存放 5 种品类的咖啡，分别是原味咖啡、白咖啡、拿铁咖啡、卡布其诺咖啡和摩卡咖啡，不管它们的总量或分别的量有多少，咖啡的品类数是 5。这表明，产品种类数是独立于产品数（如拿铁咖啡有 5 盒还是 10 盒）可以单独计量的维度。系统的维度数越多，系统越复杂。以金融产品为例，对同一个对象贷一笔 100 亿元的款与对 100 个不同对象贷 100 笔 1 亿元的款，总量是一样的，但后者的审查工作量是前者的 100 倍，因为要走 100 遍程序去审查不同的内容。这就是小微贷为什么难做的原因。

对多样性进行测度实际是对质的维度数进行测度，即对区别事物的不同

的质的单位的数量进行测度，以此来标示事物的复杂程度。一个质的维度为 1
的 100 人团队是一个简单性系统，如整齐划一的连队；而一个质的维度为 51
甚至 102（如 100 人有 102 种想法）的 100 人团队，是一个复杂性系统。

对质的量化，往往也可用于对质量的量化。例如，全国 9 亿人只穿中山
装、绿军服、蓝制服 3 种样式的衣服，平均每个品种有 3 亿件的量。这与 9 亿
人穿 30000 种样式的衣服，平均每个品种有 3 万件的量，论总量是一样的，
都是 9 亿件，但生活质量完全不一样。因为在后一种情况下，消费者的选择
多样性扩大了 1 万倍。

复杂性量值同价格结合起来分析，具有重要的技术经济意义。信息化与
网络经济不同于工业化与制造经济的特殊经济性就表现在，系统运作的平均
成本随着复杂度增加而递减（越复杂越轻松灵活），称之为智慧。

因此，对质进行量的测度成为信息化与网络经济计量的核心问题。索洛
悖论测不出的，也主要是信息化与网络经济的质的方面的产出。

本研究把多样性（N）作为质的计量单位，多样性在本研究中没有其他
意思，只代表质。多样性的量（如品种数）就是质的定量化，是对定性的量
化。高尔特（M. Gort）在《美国产业的多种经营和一体化》一文中说："多
种经营是个别企业供给市场不同质的产品和劳务增多。"品种，就是对不同质
的产品的计量单位。也可以倒过来认为，对质本身加以量化，可以通过品种
进行。

4.2　经济复杂性：量的测度

对经济复杂性进行量的测度，指的是在 $N - P$ 平面中，只对 N 的量取数，
而不对 P 取数。在技术经济分析中，这相当于只对投入产出的量进行计量，
但不联系成本与收益计算。只不过这里的投入产出特指异质（多样性）的投
入产出，而不是指同质（Q 轴）上的投入产出。

4.2.1　复杂性指标与数据

（1）复杂性数据所指

信息化与网络经济的技术经济分析不同于标准分析之处，主要在于 N 轴
所代表的多样性维度引入。这带来数据采集上的特殊困难，用什么样的数据
反映 N 的值成为信息化测评的最大难点。直接测度产品品种数固然省事，但

还不能全面反映 N 值所想表达的东西（质的复杂性，如还包括关系等结构上的特征）。因此产品品种也只能当作一个代表性的值，或构成 N 的指数的一个成分指数。构成 N 指数的成分越全面，N 值也就越准确。因此有必要专门展开讨论这个问题。

本章旨在从理论上解决 N 的取值问题，或者说是构成 N 值成分的成分数据采集问题。同样涉及范围经济机理，本章更侧重于通过机理分析，解决 N 值的取数问题。即搞清楚 N 值对应的是什么样的现象，用反映何种现象的成分指标来代表、构成 N 值。

N 值测度的直接对象是多样性，但它本质上代表的是对象的复杂化程度。以往经济学采用的相应数据，一般包括产品种类数（如代表性消费者模型）、中间产品数（杨小凯的超边际分析、国际贸易理论等）、厂商数量（如产业经济学分析），在实际测度中，由于统计数据的缺失，很难采集系统的可比较的数据。品种的经验性代用指标包括商标、广告、品牌、专利等，所能反映的实际存在一定局限。用上述指标反映多样性，仅能反映差异化的程度（差异化不区分同质性与异质性），因为产品品种只是各种多样性现象中的一种。

由于多样化的内涵实际是复杂度（复杂性程度），因此在产品品种之外，还存着许多不直接等于多样性（但与之具有必然的内在关联）的其他特性，一方面多样性内在联系于反映结构复杂性的空间性特征，如网络的结构异质性（如小世界网络结构、拓扑结构、分布式），网络的关系和信任特征（非原子、非契约的有机联系特征），熵（系统的有序与失序程度），自由度，自组织自协调，分享，等等；另一方面，多样性还内在联系于反映质的发展变化的时间性特征（包括心理性特征），如质量（质量阶梯），创新、涌现生成（与水平模型对应的垂直模型特征），定制（个性化），体验（幸福）等。

根据研究的需要，我们只以多样性数据指代复杂性数据。"指代"包含有这样的意思，多样性并不能反映复杂性的全部，但当我们以多样性为标准采集数据时，已隐含假定对象的多样性特征是与其他复杂性特征同时联系在一起的。这就把复杂性同复杂区别开了。有多样性特征的对象，同时具有其他复杂性特征。例如，有机性是多样性的结构方式，多样性只能代表结构中的节点的多样性，但无法直接反映联系的有机性。但这不等于有机性被排除出了多样性，而是通过多样性节点之间的异质范围报酬间接反映，也就是说，网络的正反馈特征可以通过报酬递增特性间接展示。这就把元素复杂但层次间结构简单这种情况排除在外了。

信息化与网络经济分析出于研究需要，把多样性当作复杂性的范式特征，而把其他复杂性特征（如空间与时间的复杂性）作为多样性之上的现象，在多样性范式之上的框架中再给予展开描述。

我们不排斥以多样性之外的指标代表复杂性，之所以用多样性代表其他特性而不是由其他特性代表多样性特征，仅仅是因为多样性可以更好地与经济学研究中的差异性分析传统（特别是张伯仑垄断竞争的理论传统）更好地在均衡的底层维度（理论经济学层面）相容。而多样性之外的其他特性目前都做不到这一点，或者被认为只是自然科学概念，如熵；或者只被认为是其他社会科学概念但根本不被认为是经济概念，如关系。因此一旦采用这些让经济学家感到更加陌生的概念，将使研究看起来更像自然科学或经验之谈，比多样性这一概念更难被一般经济学家接受。仅此而已。

我们首先把反映复杂度的多样性指标分类为技术范式、经济范式与技术经济范式三类指标。与自然科学中的复杂性测度（如生物学中的生物多样性测度、复杂系统科学中的复杂性测度）不同，经济学和国民账户统计学中的多样性，首先是经济指标（社会科学指标），而非自然科学指标。因此自然排除了以自然科学和复杂系统科学方法选取的多样性指标，包括费系尔信息、储存信息指标，Renyi 熵、计量熵指标，自描述代码长度、最小描述长度指标，拓扑机器容量指标，热力学深度指标，Lempel – Ziv 复杂性、随机复杂性等指标。

经济范式与技术经济范式、技术范式（自然科学范式）的最大区别在于内生价格。因此复杂性有了经济与不经济的区分。它研究的不是复杂性，而是复杂性经济不经济。举例来说，自然科学家或计算机专家热衷研究的是用什么技术可以处理最大的复杂性，经济学家关心的则是复杂性的适宜度，即复杂到什么程度成本或利润最合适。复杂性的最大化可能导致亏损，必须寻找复杂性达到均衡的价格，复杂性不足或过度都不"好"。

经济意义上的多样性仍然可以通过多种方式表现和标识，如何将形式各异的多样性数据归属于可供经济分析的指数，就成为本章的专门任务。这一任务在标准经济学和标准技术经济学中并不存在，是信息化与网络经济研究特有的研究领域。

本章的大致思路是，首先把多样性数据（N 值）按经济范式与技术经济

范式的区别，分类为复杂性数据与智慧性数据两大类。二者在理论上的分别由是否内生技术区分。外生技术的多样性数据为复杂性数据，在一般经济学范围研究；内生技术的数据为智慧性数据，在技术经济学范围研究。智慧性特指复杂性经济不经济，其中复杂性成本经济为智慧，经验上的表现为灵敏（SMART）；复杂性成本不经济为不智慧，经验上的表现为迟钝（"工业病"）。

采集 N 值是为了反映复杂性，因此 N 值本质上是一个指数集，而不是一个单纯的数列。由此可以理解为什么我们不局限在品种这一个指标上采集数据，品种代表的多样性也只是代表多样性指数的多种成分中的一个，在特定情况下也可以直接用它来代表多样性。但从经济分析的需要来看，我们需要在复杂性体系内不断扩展这个指数集的成分指标。为简化起见，对这类扩展了的复杂性指标，分别归类于生产成本（复杂性成本）、交易成本（交易费用）、产业成本与组织成本（制度成本）几个方面进行研究，归纳数据采集与将数据联系于技术经济分析的方法。以下主要重点研究指标的选取和数据的可用性质，而把信息化和经济分析留给后面。

（2）**复杂性数据的界定**

复杂性的第一种类别是生产复杂性，准确说是供给产品（这种说法将公共产品包括进来）中出现的复杂性。

1）界定复杂性成本相关的异质性数据。

威尔逊、佩鲁马尔定义：复杂性成本是业务中与太多的零部件、产品、服务、流程、业务范围、工厂、商店、供应商、客户、组织职能、关系等有关的成本，或这些要素之间间接相互作用的成本。此外它们会以库存、报废、能力损失、生产率下降和管理费用增多等形式存在[①]。

根据这个定义，我们可以区分出关于生产复杂性的两类基本数据和一类复合数据。

两类基本数据，我们称为图（gragh）数据。图论所说的图以一种抽象形式来表示若干对象的集合以及这些对象之间的关系。一个图是包含一组元素以及它们之间连接关系的集合，这些元素称为节点，连接关系称为边。

————————

① 威尔逊，佩鲁马尔. 向复杂性成本宣战［M］. 黄震亚，等，译. 北京：清华大学出版社，2011：59.

两节点间有边相连时称这两个节点为邻居（neighbors）①。

一是可以用节点（node）数目直接量度的数据，度量的是多样性的程度，即"太多"多到什么程度的某个单位。如零部件、产品、服务、流程、业务范围、工厂、商店、供应商、客户、组织职能、关系等的数量。例如，海尔的产品线有 1.28 万种，而格力只有 1 种（冰箱），这决定了前者在生产率上更关注效能而非效率；后者更关注效率而非效能。

这类数据可以通过标准的去量纲化公式直接转化为具体的多样性指数，并进一步合成综合的多样性指数，进入 N 值。

二是以边（edge，所谓"相互作用"的实体）形式量度的数据，如要素之间间接相互作用。如果把每一对要素的相互作用当作一条边，由这些边构成的系统是网络，对网络的计量首先是计量边的数量。每一条就代表一种质。一个复杂性系统的边数比简单性系统的边数多，而且结构更多样化。梅特卡夫法则发现，网络的价值等于节点的平方，主要就是由于节点之间的相互作用的边数随节点数量上升而呈指数上升。

这类数据也可以合成多样性指数，但与节点型数据合用时要注意区分性质。如果选择的对象不是节点而是边（路线）的话，经济分析用由边合成的多样性数据更适合分析社会成本。由此我们可以通向小世界网络等复杂性网络关系。

观念的生产本身难以像产品生产那样找到直接的节点与边，但如果我们一定需要从生产角度（而非服务角度）解释的话，也可以观察构成其复杂性的要素，并以多样性节点与相互作用的边等外在形式呈现。例如，英国为了鼓励创新曾设计了一个指标，论文的作者越多（节点越多、合作的边越多），得分越高；作者之间的专业距离越远（合作的边越不同质，知识交叉的范围越广），分值的权重越高。同样，在众包活动中，我们也可以观察到类似现象。

此外，还有一类复杂性数据是复合数据，如"以库存、报废、能力损失、

---

① 伊斯利，克莱因伯格. 网络、群体与市场——揭示高度互联世界的行为原理与效应机制 [M]. 李晓明，等，译. 北京：清华大学出版社，2011：17.
我们需要谨慎地把握好运用图论的度。对经济现象来说，经济学研究的复杂性对象是抽象的质，而自然科学研究的复杂性是具体的质。对抽象的质，只需要概括到量（如品种）的程度，而由自然科学和应用经济学再深入到具体的质里边。

生产率下降和管理费用增多等形式存在"的数据。

我们将复杂性视为成本，则复杂性数据自然就成了复杂性成本数据。联结技术性的复杂性概念与经济上的成本概念的纽带必然是价格。库存等概念中，即使没有出现价格变量，我们也必须知道，以价格表现的效益是转化在物量上的得和失之中的。我们把这种将多样性与经济得失（无论以物量为形式还是以价格为形式）合成在一起的数据，称为复合数据，它们将在指标设计中发挥作用。需要指出的是，在实际生活中，复杂性不只是成本，也可以从相反的需求角度视为收益。例如，个性化是一种复杂性，但它从效用角度讲可以增进收益。

2）复杂性数据的性质。

分析以多样性为形式呈现的复杂性数据，异质性和多维度是采集、辨别与确定这类数据要抓住的计量上的本质特征。

首先，多样性的值，严格意义上来说，是不可化约的维度的维数。复杂与复杂性的不同在于，复杂可以化约，而复杂性无法化约。例如，一个复杂的集体的人数，不同于多样性的数量。即使这个集体有 100 人，如果只有三种不同性质（如性格、利益取向）的人，它的多样性值只是 3；如果有 15 种不同类型的人，它的多样性为 15。这从领导的决策成本可以看出来，100 人中有不同的 7 个小团体与 15 个小团体，前者显然决策成本低，而后者决策成本高，需要至少增设一个中间科层来管理。而如果只是指挥 100 个民工扛水泥，可能一个人就能指挥。

无法将这些构成多样性的维度归并化简，不是指不同维度的维度数不能在量上归并为复杂度（N 值），而是说每一不同维度本身不能在质上归并。具体到经济分析中，N 值取 5 时，实际对应的可能是 5 条具体的有所不同的成本曲线，不是说我们不能得出 5 这个数，或构成 5 这个数的 1、2、3、4、5 之间有什么质的区别（它们之间只有量的区别），而是说这 5 条曲线在具体的质上是不同的。"5" 在这里只是表示质的差异达到了 5，而不是 1（代表同质化）或 10（更加异质化）。研究在量值上达到 5 这种差异程度的系统相对于量值只有 1 的同质化系统，在均衡上有什么变化。

其次，复杂性是一个以相互作用形式连接的问题。复杂性分散在系统中，呈现为多样性，但多样性还有相生相伴的另一面，它"是众多不同维度相互作用的结果"①。维度的众多性以及众多的数量程度本身就是复杂性计量的对象，但如果测度对象只是多样性，却不存在多样性之间的联系，采集这样的数能反映什么问题就值得再考虑。举例来说，从物流配送系统中采集数据反映电子商务生态系统的多样性，从哪一个环节取数有意义呢？快递员具有生态多样性，快递员生活的多样性数据固然可以测得，但这种多样性相对货物流来说，只表现为一些外在的分散性。而如果从配送单中分析货物的品种多样性，并从大数据中发现这种多样性之间反映出的消费偏好间的关联，经过分析可能有助于指导配送企业像沃尔玛的惠宜品牌那样反向收购生产厂家或创造新的产品组合。相反，如果目的是分析快递员的就业状况，去测订单多样性可能就如同隔靴搔痒，找不到联系。

以品种代表多样性要把握的是它背后的东西：品种是复杂系统的节点数，但节点数并不是复杂性，这些节点不可还原（多维性），且处于有机的相互作用中，相互转化和渗透，带来涌现与生成的结果，带来局部之和不等于整体这种边际递变（如报酬递增）的效果。这才是多样性要反映的东西。

3）复杂性数据与复杂性对象的关系。

以复杂性数据把握复杂性对象，存在"可道"与"道"之间相互矛盾的问题，它们之间的关系是"象数"与其本体之间的关系。不能简单用基于分析思维方法的形式逻辑来把握，而需要从基于综合思维方法的辩证逻辑上来把握。

首先，当多样性的数量是指不可化约的节点（或维度）的数量时，这个节点不同于原子论中的原子。不代表非此即彼，而可能是亦此亦彼的。例如情感，具有质的不确定性，这不是悖论，而是现实的。有些被认为是"主观"的现象，实际具有客观性，例如幸福，从选择多样性这个角度看是客观的。

其次，作为"边"的相互关系不同于契约，可能具有你中有我，我中有你的性质，以及相互转化的性质，同时可能存在远近关系不同的性质，等等。从根本上说，这都源于复杂性与简单性的根本区别造成的现象（违反排中律的现象），需要本着"致中和"的原则，运用扬弃典型悖论命题②加以认识和处理。

---

① 威尔逊，佩鲁马尔．向复杂性成本宣战［M］．黄震亚，等，译．北京：清华大学出版社，2011：11.

② 赵总宽．扬弃悖论命题的方法和标准［J］．安徽大学学报：哲学社会科学版，2006（1）．

4.2.2　生产复杂性：产品、流程与组织

对于生产复杂性，威尔逊、佩鲁马尔分类为产品复杂性、流程复杂性和组织复杂性。从"人单合一"的结构出发，我们再补充一个市场（环境）复杂性。

在生产型企业的信息化实践中，海尔强调以变制变，实现人单合一。"人"指供应方，对应这里的产品、流程、组织，"单"指需求方，对应市场环境需求（订单）。以变制变，就是指以人的复杂性（灵活多变）驾驭环境的复杂性（需求多变）。复杂性在这里是中性概念。

我们归纳的生产复杂性包括以下几类：

（1）产品复杂性

一是品种多样性。

指为客户提供的产品或服务内在的多样性，是表现为功能和使用价值的多样性。这里的产品包含服务。产品复杂性包括"外部产品复杂性"，这是展现给客户的复杂性，如手机可以换的彩色外壳的种类，还包括"内部产品复杂性"，如零件的数量、规格、选项等。品牌反映的则是相同产品的价值多样性。

品种数量只是产品复杂性的一种表现形式。品种轴与品种不是一回事，品种轴 N 轴和 N 值都只是指多样性，其数值实际是指指数形式的数，而品种是多样性中的一种（有代表性的一种），品种数如果要转化为 N 值，同样需要指数化。N 值是各种多样性的具体数据的指数化。从这个意义上说，它也可以同品种数有关，也可以无关。

产品复杂性还有一个含义，是指中间产品的复杂性，如中间产品品种数量。一辆汽车可能由几万甚至几十万个零部件组成，其中许多可以归类于中间产品。中间产品品种数量在经济学和技术经济学研究中都有重要的意义。它与分工带来的产业中多样性结构变化（通常的发展是指由简单性结构向复杂性结构发展）是联系着的。产业集群往往在使用权的纽带下结合成复杂性的价值网络的外包关系，从而延长了产品的价值链。

二是技术复杂性：技术、专利与质量。

第一，技术复杂性。技术复杂性包括工程、产品验证、生产规划、运转和制造上嵌入式软件程序的应用，包括研发（技术创新、专利等）、培训（复

杂劳动力技能提高），包括设备智能化（如数控设备、数据采集、柔性制造等）等方面表现出的多样性。

对技术复杂性的计量，在信息技术经济学意义上，关心的不是科学技术，甚至不是研发本身，而是与高附加值相关的智能化制造，如程序复杂性。它主要指向投入和成本上的复杂性。这种复杂性的增加是为获得增值效果或降低成本所必需的。

信息技术在制造中间环节的广泛应用，如在 CAD、CAPP、CAAP、CAE、CAM、CIMS 等环节的应用，大大简化了这些环节的技术复杂性，反过来说，也就大大提高了这些环节通过技术复杂性增值的能力。应注意的是，信息技术复杂性与工业技术复杂性的区别，一般来说这种区别在结构性特点上，工业技术复杂性只是复杂，但不具有复杂性（如与去中心性、涌现等特征无关）。

第二，专利。专利数是 N 指数的一个有用的原始数据来源。无论是实质性的技术专利，还是实用外观专利，都起到使自己的产品有别于竞争对手产品的目的。但在实测中应注意将防御性的专利，即为了防止对手模仿而穷尽变化可能的专利，同真正用于实际产品的专利进行区分。

第三，质量。产品的质量差异也可以归入技术复杂性的范畴。测度质的复杂性，强调的重心不是质量种类的多少，而是在于台阶的由低到高，即质量阶梯。质量差异是有方向性的，指产品或作为产品的服务相对于最低的质量，在质量提高方面有多大的差异。N 值越大，质量越高。而较低的质量差异，是指相对最低质量水平较少差异，也就是较低质量。

质量包括主观与客观两个方面，从产品方面测度的是质量的客观方面。客观的质量又包括产品质量与服务质量，必须转化为质量特性，才能加以测度。产品质量的质量载体是实物，测的是结果；服务质量的载体是行为，测的是过程①。产品和服务的质的多样性就是指质量水平的高度。仿照"质量阶梯"模型被称为垂直模型，我们也可以把质量表示的 N 值作为垂直的 N；而把品种多样性表示称为水平的 N（因品种多样化模型被称为"水平模型"）。

三是创意复杂性。创意复杂性是相对于在满足顾客个性化需求的设计能力上呈现出的多样性。计量这种复杂性的意图是从需求和附加值角度观测复

---

① 李柏文.顾客产品及其质量测度与管理研究［M］.北京：中国社会科学出版社，2012.

杂性，如最终通过个性化、定制实现的多样性。它与技术复杂性最主要的区别在于，创意的复杂性来自人文，包括创意（不同于研发），文化附加值（设计等），劳动的自主性（如 CRM 人员的一线决策能力、与企业核心价值一致的主观能动性、权变能力等），顾问能力（解决方案提供能力、套餐提供能力等）等方面。

内容就是质，内容多样性就是质的区别。但这种质的区别不同于产品和服务的质量，它不是质的等级与阶梯，而是质的多样性本身。具有复杂性的质（内容独特），不等于具有较高的质量（内容优秀）。

创意通常以"与众不同"来表现其特性，与之相反的特性是模仿。从模仿到与众不同，一个内容与另一个内容之间相似部分从多到少，不同之处由少到多。因此创意复杂性是指内容不同之处的多少，当然是指同等信息量级下相比，不能拿短篇小说与长篇小说相比。

（2）流程复杂性

流程复杂性是涉及其产品执行和交付的流程、流程步骤、交付等的数量①。流程复杂性属于 N 值取数范围，却不是品种本身，它与生产的中间环节的复杂性有关。如果把品种数比喻成节点数，流程复杂度相当于边数，它本质上是来自相互作用的结果。

复杂的流程通过重复、增加临时措施等，提高了生产的成本。例如，在小微贷金融产品中，流程的复杂性显著地降低了小微贷对传统银行的吸引力。如一笔 100 亿元的贷款同 100 笔 1 亿元的贷款如果走的流程都一样但收益相同的话，后者成本从理论上说就会上升 100 倍，更不用说实际上对小微企业的征信可能因各不相同而需要增加许多临时措施，导致效率下降。

在复杂的网络中，随着需协调的边（关系）的增加，协调成本会指数上升。这将产生对信息技术在集成应用方面的需求。

在传统的经济中，流程复杂性造成的问题被消化在人力工作之中，而不是借助机器（如电脑）提高效能，结果导致由于流程不畅带来的对市场反应的迟钝。

从数据采集方面看，测度流程复杂性需要从构成流程成本的因素方面去

---

① 威尔逊，佩鲁马尔．向复杂性成本宣战［M］．黄震亚，等，译．北京：清华大学出版社，2011：25.

设置实测指标，如流程中渠道、选项、输入和输出的增加，价值网络合作伙伴的增加、外包、产品服务化，花在流程上的时间和人力成本等。再如客户服务的呼叫中心，由于不能从技术上和商业模式上分别处理客户普遍的问题和特殊的问题，往往造成以客户满意度衡量的服务质量，随电话服务员数量的增多和减少而同步波动现象，而改进流程往往能产生显著的效果。

值得注意的是，由流程复杂性造成的成本往往是无法在传统会计数字中找到的成本。像测经络一样，需要从相互关系方面寻找计量的线索。从某种意义上说，流程可以视为一种非排中的中介。

(3) 组织复杂性

如果说流程更侧重"边"（相互连接）的话，组织则更侧重网络结构，它反映的是边的交织方式。

组织复杂性指在执行流程期间涉及的设施、固定资产、功能实体、组织单元、系统等的数量[①]。

N 的直接含义是多样性，而复杂性不仅只有多样性一种特征，结构复杂性就是与多样性内在相关，但相对独立于多样性的一种复杂性维度。测度组织复杂性则在于把结构复杂性转化为一种间接表现多样性的数量。

组织复杂性与组织的结构特征有关，复杂性组织在结构上是去中心化的、扁平式的、分形的结构。它具有自组织、自协调的功能，具有涌现、生成的特性。因此在是否是中央控制的、是否是科层制的、是否以成文规则为主的等方面寻找计量指标是有必要的。

4.2.3 销售复杂性：品类、交付、信息、区位与环境

销售复杂性是服务复杂性中的一种，主要指流通服务的复杂性。广义的服务复杂性，我们结合一、二、三产业的特性，将在第9.2.3节、10.2.3节和11.2.3节中分别展开详细论述。

技术经济意义上的服务复杂性，主要指构成组合商品（产品＋服务）差异性的服务因素（如构成一物多价的情境因素，这与生产复杂性中作为产品的服务不同），或者说是服务中构成边际成本以上加价因素的情境的复杂性。

---

① 威尔逊，佩鲁马尔. 向复杂性成本宣战［M］. 黄震亚，等，译. 北京：清华大学出版社，2011：26.

服务对应的是使用权（access）而非支配权（ownership），服务"通常并不形成生产中的任何要素的所有权"[①]。产品经济的所谓产品，其实是对支配的另一种说法；与之相对的是使用，从某种意义上说，使用即服务。因此从产品升级到服务形成的本质区别在于：产品按支配（即"归属"）收费，是按买的方式收费；服务按使用（即"利用"）收费，是按租的方式收费。按使用收费同按服务收费的意思是一样的。使用权是生产者与消费者之间的直接关系，而支配权是生产者与消费者之间的迂回关系。服务中生产和消费的同时性、非储性是由此派生的。可以说，工业是支配权为中心的经济，服务业是使用权为中心的经济。

异质性是服务的显著特征。异质性有两个基本来源："一个来源是，服务的接受者是人，因此即使是相同的服务，不同的人将以不同的方式体验它们"；"另一个异质性的来源是，服务的提供者是人，同样可能不会一直传送同样的表现行为"[②]。这意味着使用价值与价值在产品定价中的作用不同。产品对应的是抽象价值（标准经济学中的效用），它通常对应的是 $P = MC$。服务对应的是具体价值（古典经济学中的价值，如边际意义上与效用有区别的价值），它对应的通常是 $P = AC$（准确说是 $AC - MC$ 的部分，构成边际成本以上加价因素）。后者是因"使用"而生出的差异化的价值。

销售服务从五个方面为同一产品的"使用"（利用）提供差异性，即品类服务、交付服务（时间、空间）、信息、区位和环境等。因此其服务复杂性的定量，可以从这五个方面展开，这五个方面的参照系都是消费者，而非生产者。服务提供者根据消费者的不同提供不同的服务，或者说消费者以不同方式"利用"服务，"使用"服务。

（1）品类服务多样性

在产品中，品牌往往代表产品的多样性。而在服务中，品牌进一步细化为品类（category）。品牌与品类同样是对消费者细分人群的目标聚集，但品类比品牌细分程度更高，而且具有时空的动态性。品类竞争的是心智份额（mind share）。"只有在消费者决定了品类之后，才说出该品类的代表性品

---

① 贝当古. 零售与分销经济学［M］. 刘向东，等，译. 北京：中国人民大学出版社，2009：230. 这里的口语意义上的所有权，对应的是学术上的支配权。

② 同上，第233页。

牌"①。因此，开辟新的品类是避开现有品牌的良策，商场不断地调整货架分类，实际是在不断调整心智聚焦点。

采集品类数是测度服务复杂性的一个重要方面。品类可以通过深度与宽度两个角度加以量化。"深度被定义为商品品种内不同商品的数量，而宽度被定义为商品种类的数量"②。这些数据一旦同利润分析结合起来，并同采用的信息技术进行相关，就会具有显著的技术经济含义。例如，电子商务比便利店、超市、百货商场和巨型购物中心具有品类深度与宽度的优势，其程度可以精确计量。

关于商品品类服务的生产函数，目前的研究进一步解释了商品品类服务生产过程中的规模经济③。

（2）交付服务多样性

同样的商品由于时间和地点的不同，而对消费者产生不同的便利性，从而消费者可能给出不同的超过边际成本的可接受价格。

（3）信息服务多样性

信息服务通过对消费者个性化的数据感知，降低消费者的决策成本，而成为增加服务附加值的一个重要途径。

在有些服务如金融信息服务中，信息服务本身就是服务的主要内容，通过信息服务使消费者的感知产生信息对称化或不对称化的变化。

（4）区位服务多样性

区位服务是提供地理便利性的服务。空间经济学将空间距离、运输成本等作为垄断竞争条件下差异化定价的重要因素。

（5）环境服务多样性

对同一产品确定不同价格，需要考虑情境定价（contextual pricing）、价格歧视（price discrimination）因素。

对价格歧视的理解，关键在于如何理解"同等交易条件"。在一级价格歧视中，按消费者所愿意支付的最高价格出售，有可能并非基于客观的交易条件上的差异，而是基于体验进行用户区分的结果，这样的因素就可以归入 N

---

① 张云，王刚. 品类战略［M］. 太原：山西人民出版社，2011：15.
② 贝当古. 零售与分销经济学［M］. 刘向东，等，译. 北京：中国人民大学出版社，2009：162.
③ 同上，第89页。

值的变化。

销售复杂性只是服务复杂性中的一种，关于服务复杂性，我们将在第 11 章展开讨论。

4.2.4　管理复杂度：个体、系统与多义性

管理复杂度与组织复杂度既有联系，又有区别。组织复杂度主要针对的是结构和形式，管理复杂度主要针对的是行为和制度。

对管理复杂度数据的分类，我们依据的是美国项目管理协会（PMI）推荐的标准。该标准将管理复杂性分为三类：人类行为、系统行为和模糊性。人类行为与系统行为相当于图论中的节点与边，而模糊性是二者的综合，它们共同构成了管理的复杂性。

在实践中，海尔的管理 3.0 最接近于复杂性管理的标准。

从技术经济学角度研究管理同管理学的旨趣不同，它并不深入到管理行为在现象上的诸多细节之中，而首先希望在顶层建立一种计量范式，将人与人的关系——社会学的所谓关系，政治经济学所谓生产关系——内化为量。

从新的观点即信息化与网络经济的观点看，计量的对象从点变成了图，即点加边等于图。原有的数量分析在图这个通则中，只是点这一特例；而拓展出边这一新的计量范式是将数量 – 价格二维均衡拓展为品种 – 数量 – 价格三维均衡的计量上的关键。在这里，点是原子论的，点的连接是契约（它的计量特征是边际报酬递减或不变的）；而边是 inter（有机互联）的，点只是相（"虚妄"），是你中有我，我中有你的，因此点的连接不是契约式的，而是关系和信任式的。可以说，点的计量只是同质化的计量，加入边的计量概念后才转化为异质化的计量。因此图的计量的本质在于将同质作为特例，拓展到异质的全局的计量。

（1）个体行为多样性

一是个体行为复杂性。

在组织中，个体行为的复杂性可能付出的最大成本是各种关系作用于个体节点，"阻碍识别清晰的目的和目标"①。

---

① 美国项目管理协会. 项目复杂性管理实践指南［M］. 叶红星，等，译. 北京：中国电力出版社，2014：18.

理性是简单性，非理性是复杂性。通过观测个体行为的非理性因素，如锚定效应、框架效应、沉没成本效应等，可以感知系统的复杂性。

与传统观点不同，"清晰的目的和目标"对个体来说，可能只是原子论意义上的"我执"。个体行为复杂性需要在"无我"中，把自我与他在融为一体。举例来说，个体行为复杂性决定了个人的目标模式与利益相关人具有内在联系。个人动机并不外生于他的社会关系。

二是群体、组织和政治行为复杂性。

群体测度的是参与交互的关系个体的数量。个体可以是个人，也可以是小团体。一个群体是一个由若干关系个体组成的关系主体。

群体可以视为一个系统中的子系统（"小圈子"）。它相当于技术上的局域网。系统中不同群体相互联系组成大的群体（"大圈子"），它相当于技术上的网际网络。一个系统中存在的群体越多，系统越复杂。因此系统中的群体数量可以反映群体行为的复杂性。需要注意的是，这里的群体是按行为划分的，因此群体可能随时出现新的排列组合，要视它们之间的异质性（如采取零和对策、结盟策略或群体思维的情况）而定。

从组织角度看，复杂性的子系统表现出内部自组织（IGP）的特征，相对于其他子系统，它由共同的目标、利益驱动采取相对一致的行动（作为策略行为的政治行为是复杂性行为）。例如，企业的股东、员工等利益相关人，就是不同的群体。利益相关方的数量反映着系统的复杂性程度，子系统彼此之间关联又形成外部自组织（EGP）群体。复杂性系统是由内部自组织与外部自组织通过最短路径优先原则结合而成的系统。

三是沟通与控制复杂性。

关系个体之间的联系是通过沟通与控制实现的。

沟通行为的复杂性，首先要视价值观的多样性、文化多样性而定。系统中的关系个体采取行动所依据的价值维度越多元化，沟通的难度就越大，系统就越复杂，因此测度组织的价值、文化多元性不失为取 N 值的一种方法。价值也包括法律、道德等方面。其次要视沟通行为的多边性而定。一项任务要取得成功，需要沟通的人次越多，任务越复杂。这不取决于价值观差异，而取决于任务的内容。

控制行为的复杂性，要看这种行为属于中心控制，还是相互控制（包括正反馈与负反馈），或去中心化的自我控制。路由器中的"最短路径优先原则"对于理解这种短距离但连续链接的关系是有益的。由于存在"最短路径"带来的计量特征，同样最大边界的网络其内部的复杂性（拓扑关系的密度）也是完全不同的。

四是组织设计与发展复杂性。

关系个体之间根据一定的目标和动机采取协调行动。目标和动机是自动一致，或者不透明，抑或多元化，决定系统具有不同的复杂性。

测度管理的目标一致性。首先是动机的一致性。在机械组织中，目标是从外部赋予的，关系个体缺乏内在的动机，需要外部的刺激才能采取行动。而复杂性组织中，目标是内在的，关系个体与组织的核心价值观具有一致性。如海尔倡导"人人都是 CEO"，强调组织目标与个体目标的一致性。其次是目标是否多元。关系个体与整体不协调、各自为政，也会带来管理的负面的复杂性。

测度管理的信息透明度。一方面是信息对称的程度，另一方面是关系个体之间的信任程度。也可以测度信息中介是否透明和利益对称。

（2）系统行为多样性

一是连通性复杂性。

连通性（Connectedness）代表复杂性中的"边"。边的数量是构建 N 指数的重要数据来源。

首先，"复杂性随连接量增加。如果 n 代表连接组件的数量，那么连接量会按 $n \times (n-1)/2$ 提高。当大量貌似无关的组件被连接在一起时，则复杂性会明显增加。"[1] 因此，总的沟通渠道、信息渠道的数据需要被采集，以了解构成"图"的"边"。

其次，"复杂性也会随项目或项目集组件之间遗漏连接的数量增加。"[2] 为了查明这种情况，观察的数据应特别关注异质的"最短路径"的连接数。举例来说，一个消息沿 A－B－C 以链接方式传递同沿 A－C 传递，A 到 C 的总长度是一样的，但 A－B－C 中包含了 A－B 与 B－C 两个"最短路径"，因此结构比 A－C 复杂。此外还应包括必要的沟通渠道、信息渠道与实际的沟通渠道、信息渠道的数量，以感知它们之间的比例。一个方法是考虑消息的渠

① 美国项目管理协会. 项目复杂性管理实践指南［M］. 叶红星，等，译. 北京：中国电力出版社，2014：28.

② 同上。

道的最远长度，与中间链接的短渠道平均长度的比例。短距渠道比重越高，关系越复杂。

最后，不同结构的子系统（如关系人、机构、合作方）在合作中可能产生复杂性。这种复杂性来自不同子系统的结构的相异性，以及整合决策流程的难度。因此需要了解管理集成的复杂性，就需要采集数据反映整合相异子系统所需要的最大公约数。

二是依赖性复杂性。

相互依赖意味着互为条件。子系统之间互为环境与系统时，环境就成为系统的条件。识别这些互为条件的条件对子的数量，就是在识别依赖性的这种复杂度。

首先是系统与环境之间关系的复杂度。系统可能改变环境，环境也可能改变系统。它们之间存在多少种边，就存在多大程度的复杂性。

其次是系统与系统之间关系的复杂度。在同级的系统之间，同样存在互为条件的情况，它们之间存在多少相互决定的可能，就存在多大程度的复杂性。

最后是系统与子系统之间的关系的复杂度。例如，忽略系统与某一子系统之间隐藏的连接，可能导致行动因不具备条件而失败。

三是系统动力复杂性。

系统动力复杂性是产生于交互的节点之间的连通性与依赖性的复杂性。"系统组件之间的交互可能会引起互联的风险、动用资源、造成新出现的和不可预见的问题，以及不清晰的和比例失调的因果关系。"[①]

管理幅度与管理层级之比，可以从侧面反映这种复杂性。根据有限理性，一个管理层级最多面对的被管理对象（节点）为 7~14 个，超出就要增加一个管理层级。但这还要取决于节点之间的边数及互补关系，边数少而互补性弱的系统的简单性强，而边数多且互补性强的系统具有更多的复杂性。

在管理成本既定下（这一变量的松动恰恰是后面的智慧性分析所必需的），也就是管理方式不变的条件下，同一层次实际管理的节点数越多，N 值

---

① 美国项目管理协会. 项目复杂性管理实践指南 [M]. 叶红星，等，译. 北京：中国电力出版社，2014：30.

越低；节点数越少，N 值越高。因为这里说的节点数是"实际"节点数。举例来说，49 个实际的人，如果按接收信号同步行动的可能性分成 7 类，则这 49 人构成的群体的 N 值只有 7，只需要一个管理层级。如果可以分成 10 类，N 值就变成 10，每一个 N 里对应的实际人数是 4.9，就需要至少两个管理层级。相对少的人具有相对高的复杂性，说明他们的边和互补关系较强。

（3）多义性

在复杂性的系统中，无论是关系个体还是系统整体，它们之间的关系是有机的，是一个意义共同体。个体的意义和整体的意义之间的关系天然就具有模糊性。整体的普遍性的意义（目的、使命）与个体的情境性存在（从排中律角度看）天然地矛盾。但复杂性本身又具有非排中的一面，对于共同目标的意义，在不同情境下具有不同的解释，这种多义性（ambiguity，二义性，又译为模糊性）是意义多样性的表现。多样性程度（N 值）在此表现为解释的多元性程度。具体可以从以下两个方面设计指标测度：

一是涌现性（emergence，又译显露性），是意料之外的自发的或者渐进的变化，它产生于情境①。涌现在日常生活中是指最初没有显露出来，到了那一步才显现出来。所谓"到了那一步"，就是指具体的时间和空间的情境（context）。例如，情境定价（contextual pricing）是指一个价目表（list price）中的一般价格，到了具体的情境下根据具体场合条件进行的定价，是"普遍真理"与"具体实践"结合的产物。

从这个角度看，不能单方面强调整体对个体的意义优先性，因为意义总是具体的。个体的创新是一种以新质取代（代谢）旧质的行为，它也是整体保持活性的内在要求。物竞天择，适者生存，可以理解为个体的涌现、变异，为整体指引了进化的方向。当总的环境与个别的适者的情境在概率上趋于一致时，个体的复杂适应特性就会通过淘汰机制传导到整个系统，使新陈代谢发生。例如，惠普的打印机事业就是以这种方式从边缘化部门到主要的利润部门涌现成长起来的。

对于复杂性来说，整体不是个体的简单之和，个体也不是整体的"原子"。事物的意义存在于整体与个体之间。要对这一特性进行测度，就需要对

---

① 美国项目管理协会. 项目复杂性管理实践指南 [M]. 叶红星，等，译. 北京：中国电力出版社，2014：32.

普遍与特殊两个相反的角度进行综合。"当大量主动的干系人和过程交互时，一个显露性的行为或特点可能出现，这会导致新的行为或新的特点。"①

从计量角度讲，这要求相关数据采集增加一个模块，这就是情境。情境将简单而普遍的系统同复杂而特殊的条件结合起来，从而表现出在前者中无法显露而随后者浮现出的新质。这好比在个体与整体的关系上设置一个 API（应用程序接口），以便同具体的 App（比喻情境）进行锚定。这也好像代数的原理，X 代表一个抽象的数，但它的值只有代入具体的情境后才浮现出来。

二是不确定性。"不确定性是不确定的、不知道一个问题或情境的状态。"② 在有变化和反馈的条件下，系统与其环境相互关联（相互适应，相互作用）必然会产生不确定性。不确定性既可能产生于知道情境不知道从中涌现出什么的方向不确定性，也可能产生于知道目标但不确知它在具体情境下演化成什么状态的路径不确定性。

从经验上看，一个复杂性系统（活的系统）在最简单状态时（如种子状态——比喻简单的复杂性），它的意义（目的）是单一的，只是"生生之德"，这相当于一个分形；当这个复杂性系统变得复杂后，它的分形开始变得多样化。按理说，分形的子系统与总系统应是全息同构的，也就是说目的和意义是一致的（如企业的核心价值观应是上下一致的）。但事实上，作为子系统的分形，又可能产生自己的情境化的意义，这种意义一旦异化于整体，就可能造成系统意义的模糊。如员工做事背离企业核心价值观。这种不确定性是一种负面的代价。

然而，不确定性又不一定完全是负面的。例如，风险投资是风险偏好而非风险回避的，它更加关注机会的多样性、不确定性机会的数量带来的正面的复杂性，风险越大，收益越大；而项目管理则要对变更带来的成本增加进行控制与管理，更加关注变更的可能性；大数据可能对发现不确定性中的相关关系，从中进行因果推断具有特殊技术优势，等等。

商务计量角度关注的不确定，不是不确定性本身，而是不确定带来的损益，更重视测度那些可带来成本的不确定性或可带来收益的不确定性，实际

---

① 美国项目管理协会．项目复杂性管理实践指南［M］．叶红星，等，译．北京：中国电力出版社，2014：32.

② 美国项目管理协会．项目复杂性管理实践指南［M］．叶红星，等，译．北京：中国电力出版社，2014：32.

是个体与整体之间的复杂性关系对成本与收益的影响。

4.2.5　环境复杂度：风险、不确定性与环境变化

微观的环境是指市场和企业环境。一是市场本身相对于企业就是环境，这是指市场需求，如订单；二是构成作为供求总体的企业的环境，是指企业面临的市场环境条件，如要素的条件、外包的条件等。

（1）市场需求：风险与不确定性

与威尔逊、佩鲁马尔所强调的生产复杂性相对的，还有需求复杂性。以消费者为导向的生产，要把需求复杂性当作重要的指引。

在海尔"人单合一"中，人是指供给方，即企业组织；单是指需求方，即市场需求。如果把人当作系统，单相对于人就可以理解为环境。强调以变应变，就是以复杂性的人应对复杂性的单。单有多少种变化，人就应有多少种对策。人单合一意味着供求相等。而计划赶不上变化，则会造成供求落差。

单是由市场订单、客户需求构成的。环境复杂度可以实证化为单的多样性程度，至少包括量的多样性与质的多样性两个方面。

需求的量的多样性具体可以通过三类指标测度：

一是需求在空间上的多样性，是需求多样性的主要表现形式。尤其对于产品的需求，往往是通过对实体的需求表现出来的。其多样性更多地表现为空间的多样性。

二是需求在时间上的多样性，这是指需求的多变性。需求快速变化，可以视为在同一时间内有更多种不同的需求。例如，一年之内时装流行色变化了多少次，可以代表时间上的品种数量。

三是需求的不确定性。不确定性的程度本身也是一种复杂度。奈特在《风险、不确定性和利润》中，特别指出了不确定性与不完全竞争的内在联系，以及确定性与完全竞争的内在联系。不确定性既可能是空间上的，也可能是时间上的。

需求的质的复杂性可以从以下方面观察：

一是个性。需求的多样性主要是通过个性化加以区别，通过定制进行满足的。有多少种个性，就有多大的需求的复杂性。二是品位。三是语境。一个人的个性可以由他经历的语境（上下文）加以锁定，这些语境包括空间定位信息（通过 LBS 采集）、支付信息、交友信息（通过 SNS 采集）。四是

习得。

（2）环境变化

一个系统面对的环境是由无数的条件组成的。当条件过多或条件之间的相互关系过多，以致不可知其具体情境（包括是否会出现新的未知的条件，或已知的条件不知是否发挥作用）时，就出现了不确定性，即不知哪个或哪些条件在系统的发展中会起主要作用。

4.2.6 产业复杂度：产业多样性与服务化

产业复杂度针对的是差异化在产业价值中扮演的增值的角色。这是一个产业高度化的问题。高度化的产业比低度化的产业具有更高的来自差异性的附加值，处在产业价值链的更高端。这里的高度化不是指资本的结构，而是指服务化由低到高的程度，也就是由于服务化的原因造成的因差异化而带来高附加值的潜在可能性。具有产业复杂度不一定就具有较高利润，因为还必须有效化解复杂化带来的成本，只有在均衡水平产品和服务多样化的程度高，才是经济的产业复杂度。因此这里的产业复杂度还只是一种事实描述，而不具有好或坏的经济含义。

首先，产业复杂度代表的是发展的多样性程度，即分工中的多样性程度。

新古典理论在很大程度上忽略了市场发展结构问题。其设想的是一种分工水平既定的市场结构（通常是发达经济的分工结构）。杨小凯的新兴古典经济学则设想了一个分工水平可变（从而专业化与多样化同时增进）的市场结构。分工水平的变化方向是使经济系统从简单性系统演化为复杂性系统。

其次，产业复杂度代表的是市场复杂性，即市场结构的多样性程度。

市场复杂性是相对市场结构而言的。在标准经济学的框架内，存在三种按逻辑划分的市场结构，分别是完全竞争、完全垄断与垄断竞争。

完全竞争市场结构代表的是同质化的市场结构，因为它使竞争趋于同质化，而减少市场的复杂性；而新垄断竞争市场结构是多样性的市场结构，它使应用竞争趋向最大限度的多样化。

测度产业复杂度的一个办法是以市场集中度作为市场结构的测度基准。但这种方法的缺点是只能在同级市场中测度复杂性；由于它不区分平台与应用，可能测度的是复杂与简单，而非复杂性与简单性。例如，同样是市场集中，垄断市场与利基市场的复杂性是不同的。利基市场可能存在完全垄断，因此市场集中度很高；但从无数利基市场构成的整体来看，却可能出现生态多样性。也就是说，系统（利基市场的集合）是复杂性的，但子系统（利基市场）却是"简单"的（犹如分形中的每个微小子集都是简单的）。

信息化与网络经济理论提出新垄断竞争市场结构，从而将以多样性增值业务（App）为代表的复杂性业态（商业生态）纳入结构分析的视野，从而从逻辑上计量市场结构的复杂性。测度这种结构下 App 的多样化程度是 N 值的一个重要数据来源。这样一来，平台的市场份额高就可能不代表市场集中，而代表市场分散。举例来说，腾讯平台在平台上占有较高市场份额，但由于刺激了平台上 App 的充分竞争，造成了 App 的更大的生态多样性，因此应视为一个复杂性系统，而非简单性系统。

现有《反垄断法》应用中的"假设垄断者测试"显然没有注意到这种区别。对平台企业的相关市场认定没有扩展到（包括 App 的）整个商业生态系统，因此效率的边界是不明确的。

最后，产业复杂度还代表服务化程度。

在技术经济学中，测度产业复杂度具有特别的含义。标准理论的效率测度，隐含的前提假设是产业复杂度不变，也就是 $N = 1$。它计量的效率变化，最多也只是规模效率这一类效能变化，即 $N = 1$ 条件下的效率变化，测的是产业化。而信息化与网络经济测度产业复杂度，当然是假设产业复杂度可变。产业复杂度提高的过程，就是服务化的过程。服务化与产业化在真实世界中当然是混在一起的，但我们需要从理论上把它们分开加以抽象。

在标准的效率标准之外，增加了多样性的标准（即 N 值的维度），产业复杂度实质是在多样性条件下观察效率变化。计量范围效率的提高，必须依赖于产业复杂度的数据。进行这种计量分析的实际意义在于，判断服务化中的多样性与均衡水平的溢价水平（垄断竞争程度）的关系，进而为测度信息技术对这种效率和效能改变的贡献提供数据基础。

以此视之，产业复杂度不是指分工中专业化的深化程度（Q 值的细分），也不是指产业集群中的分散度（Q 值的集中分布与分散分布，如集群生产向企业集中的内部化与向外包方向扩散的外部化）；而是指分工中多样化的深化程度（N 值的细分，如中间产品种类的增加），以及平台应用的丰富性程度。前者是产业链现象，后者是价值链现象。前者反映的是产业的规模化程度，后者反映的是产业的生态化程度。产业的量的集中与分散，与质的单一与多样的变化，从纵横两个方面交织形成价值网络的效率和效能变化。

4.2.7 宏观复杂性：质量、幸福与生态

（1）宏观经济复杂性

宏观经济复杂性测度的是经济的质的变化。

首先要区分量变与质变。量变是 Q 值变化，质变是 N 值变化。从技术经济角度看，量的标准是效率（包括规模效率），质的标准是多样性（或叫多样性效率，包括范围效率）。

其次要区分量的变化测度与质的变化测度。复杂性不同于复杂，复杂只是一个量的概念，复杂性则是质的概念。例如，提高经济增长质量有两种含义，一种含义是指经济的增长质量，意即经济增长的质不变，但运行这个质的经济要求是高质量的（例如，粗放要粗放得平稳，实现规模化的效率要更高），量不管有多复杂，仍然是量；另一种含义是指增长中的经济的质量，即带来经济增长的质的提高，是从同质化的质（从而低附加值）向多样化的质（从而高附加值）方向提高。这里测度复杂性是测度质的量，就是把质变加以量化，看有多少种质的不同。

对宏观经济来说，把质的变化加以量化，可以从垂直和水平两方面入手。

垂直的质的变化，可以用创新类的指标来测度。熊彼特学派视创新为新质取代旧质的过程，新熊彼特学派（如阿吉翁的"垂直模型"）把通过创新实现质的提高的现象称为"质量阶梯"。N 值就是质量的阶梯数。提高经济增长的质量阶梯数，从经济运行质量角度看，可能是不稳的（如毁灭式创新），但可以提高宏观经济的质量。

水平的质的变化，可以用品种类的指标来测度。如斯蒂格利茨的"水平模型"（代表性消费者模型），把品种多样化（包括中间产品品种的增加）视为高附加值的差异化溢价的重要来源。

宏观经济的复杂度，还只是经济上的技术性的概念，并没有内在与均衡联系，因此还说不上 N 值高是好还是不好。将宏观经济的复杂度与均衡建立内生联系，将是进一步进行技术经济分析的目标。例如，沿着"以自由看待发展"的理念来寻找合适的计量角色，计量均衡水平下经济包含的选择多样性，如国民幸福指数等。它与总福利的最大区别在于，总福利是同质化的计量，局部之和一定等于整体。但有钱不等于快乐，幸福值要在同样的 GDP 与

每个人不同的快乐反应之间进行权衡（如卡尼曼的"日重现法"）。后面在"5.2.2 系数法：国民幸福总值"中还会详细谈到。

阿玛蒂亚·森提出能力方法，计量标准化的效用与个人的可行选择的结合。从中可以看出包容性意义上的宏观经济复杂性。

（2）环境的多样性

宏观上的环境有别于微观上的环境，它不是指市场和订单，而是指构成整个经济系统的外部环境，包括制度环境和自然环境。这样的环境多样性主要通过两类指标反映：

一是社会环境的多样性。环境是相对的，经济本身存在的系统与子系统的关系、子系统与子系统的关系，都可以在不同层次上作为环境多样性的测度对象。

例如，制度条件的包容性、贸易条件的自由化程度、地域条件的生态多样性等，都可以作为广义的环境多样性的数据采集目标，一切要视计量关心的问题而定。

再如，平台与应用之间构成的生态关系中，平台构成了应用的支撑服务环境，它是否开放、是否分享、程度如何，都构成包容性意义上的环境多样性和复杂度。

二是自然环境的多样性。如果把宏观经济当作一个系统，它的复杂性还与环境的多样性有关。系统的复杂性与环境的复杂性是否匹配，决定了系统的复杂性水平是否稳定和可持续。

例如，滥伐森林、滥捕动物、滥采矿物、破坏生物多样性，最终都会构成对经济系统的不利影响。相反，环境多样性与经济的多样性匹配会带来更加可持续的发展。

4.3　复杂性经济：技术－经济测度

如果说复杂性是 N 轴的读数，智慧化则是加上 P 轴后，经济曲线（如需求曲线与成本曲线）的移动，这种移动的方式与信息技术具有内生关系。

我们把复杂性分为客体现象和主体现象，作为客体现象的复杂性是技术复杂性，作为主体现象的复杂性则是商务复杂性。前面讨论的作为 N 值的数据，反映的是商务复杂性。它是信息化与网络经济测度的反映商务现象的基础数据。至于技术复杂性，由于我们假定信息技术相对于工业技术都是复杂性技术，因此不刻意细分，仅在 TC_n 指标设计时略有涉及。客体复杂性不等于化解复杂性的技术，还没有涉及信息技术化解复杂性的能力。信息化与网络经济计量分析将测度信息技术化解复杂性的能力。

商务复杂性也还不等于经济复杂性，因为它只是 N 值数据，只是业务复杂性，没有同价格相联系。复杂性经济测度既要与技术联系，又要与经济联系，因此测度的主要是对象的技术经济性。

信息化与网络经济从技术经济角度要测度的复杂性经济，第一要测的是信息技术化解复杂性的能力（即生产力），而不是测信息技术本身（即技术），如软件评测；第二要测的是商务复杂性同价格相联系后转化为经济复杂性，在成本、收益和利润方面的得失，即复杂性经济不经济，而不是商务复杂性本身（不是 N 值本身，而是 $N-P$ 组合，如异质成本曲线和需求曲线）；第三要测的是信息技术化解复杂性的能力与复杂性经济的关系。信息化与网络经济本质上是智慧的经济，意思是说它同工业化和制造经济相比，在生产力作用下，效能曲线的斜率正负相反（具有范围效率特有的变化率）。我们把这种关系称为智慧化。

4.3.1 复杂性经济机理

（1）自动化、智能化与灵活化、智慧化

复杂性经济指灵活化与智慧化，在现象上的最高表现形式为基于灵活化的智慧化。

我们将信息技术与经济结合的效果，分类为工业化效果与信息化效果。工业化效果方面分为专业化效率与专业化效能，称专业化效率为自动化效应，专业化效能为智能化效应；信息化效果方面分为多样化效率与多样化效能，多样化效率称为灵活化（或敏捷化、灵敏化），多样化效能称为智慧化效应。

自动化与智能化的联系在于，它们的作用都是相对于机器（简单性系统）而言的。自动化准确说不是机器本身的变化，而是人的本质力量对象化的变化，但它毕竟是以对象化这种客体形式存在的。在信息化语境中，一般不说人的自动化（如泰勒制）与智能化（涉及人主要说人的智能化设备，如智能化头盔）。这也是更广义上的自动化、智能化与灵活化、智慧化的区别。

自动化与智能化的区别在于静态效率与动态效率。其中动态是指相对于规模变化而言的。智能化是指自动化效应（专业化效率）不变条件下相对于

系统复杂程度（不是复杂性程度）增加而产生的规模经济效果。在真实世界中，智能化往往伴随着效率（专业化效率）的提高，但这是伴生现象，不是智能化的必要条件。因为可以通过无自动化效应的智能化来反证。自动化是指规模不变条件下的专业化效率提高，因此是静态效率。规模一旦改变，专业化效率实际还可以继续提高，但不属于规模经济本身的效果。这个静态不是指时间不变这一静态本身，如技术变化（TC）涉及的参照系，而是指时间中的规模不变，即两个时间点上规模相同。

智能化与智慧化的区分在于，智能化提高的是机器的效能，智慧化提高的是人的效能，前者涉及的是复杂，后者涉及的是复杂性。复杂与复杂性的主要区别在于结构（是否去中心化、拓扑化）、行为（是否能够自组织、自协调）。人工智能与机器人是否具有智慧是一个有争议的问题。我们认为人工智能与机器人具有智能，这种智能具有准智慧（类人）的特征，但仍把它归于机器一类（其中人工智能作用于人的部分可归入人）。按这一标准衡量，产业化主要涉及机器体系效率和效能的提高，服务化主要涉及人的体系的效率和效能的提高，因此与产业化对应的效能主要是智能化，与服务化对应的效能主要是智慧化。说产业化对应的效能"主要是"智能化，是因为在局部（如人力资本）还存在智慧化的可能（如研发信息化），但在智能化这个整体下的局部的智慧化并不改变整体的性质（如研发信息化为专业化设计服务，智慧化是手段，智能化是目的），这与服务化中的设计（以智慧化为目的）具有本质区别。

自动化与灵活化都属于效率范畴而非效能范畴，区别在于同质性与异质性。自动化是同质性效率，即专业化效率；灵活化属于异质性效率，即多样性效率（口语常简称多样性）。自动化是相对于机器说的，灵活化是相对于人来说的。灵专指人具有的特质，因为只有人有灵魂（自由意志）。说机器人灵活，只是形容它像人那样灵，反应快，不等于说它有灵魂。

灵活化与智慧化的联系在于它们都是与多样化相联系的；区别在于灵活化是指复杂性程度既定（但 $N > 1$）时的效率，而智慧化是指复杂性程度不断提高时的效能。举例来说，同时应对不同目标相对于只应对一个目标，需要的是灵活性，但目标越多灵活性越下降，不属于智慧化；只有目标越多相对越灵活时，才称为智慧化。这是因为灵活属于"小聪明"，不要求多高的知识（固定成本）；而智慧依赖于知识，将知识运用（均摊）于每一情境下，相当于每一情境所需知识的平均成本被摊薄,所谓一通百通,举一反三就是指这种情况。

(2) 复杂性与经济的技术经济结合方式

技术经济学研究的不是复杂性,而是复杂性经济。复杂性只是一种技术性现象(至少从技术经济学角度看,先不考虑自由意志),而复杂性经济还是不经济,也就是复杂性增加到底会导致经济系统中收益超过成本还是成本超过收益,才是技术经济学要加以测度和研究的。

灵活化与智慧化虽然不是技术本身,而是技术变化带来的人的能力的变化,但我们仍把它们归入"技术性"因素——存量因素 n。要把灵活化、智慧化与价格这个参照系相联,由对 N 的分析转化为对 $N-P$ 平面的分析(如对需求曲线、成本曲线的分析)。

复杂性经济的测度与单纯对 N 值的测度相比,要增加一些新的框架结构因素。

从大的方面说,这分为技术与经济结合的几种情况:

第一种情况是没有技术因素介入(TC 不变),而复杂性有效率(TEC)且复杂性经济(S_oEC 范围报酬递增),指没有技术上的复杂性经济,但存在经济上的复杂性经济,它直接等于上一节所谈复杂性经济(范围经济在技术不变下的特例),如美国零售商西尔斯 1906 年前后实行的基于分享铁路线大仓储基础设施的传统范围经济。

第二种情况有技术因素介入(TC),而复杂性有效率(TEC)且复杂性经济(S_oEC 范围报酬递增),它显示的是信息技术应用导致范围经济,对应信息化测评中的转型效应。

第三种情况是没有技术因素介入,而复杂性无效率($\overline{TEC}$)或复杂性不经济(S_oEC 范围报酬递减),这是传统工业化经济的特征。

第四种情况是有技术因素介入,而复杂性无效率($\overline{TEC}$)或复杂性不经济(S_oEC 范围报酬递减),这是指信息技术没有与业务产生"化学反应",没有产生转型效果。它对应的是信息化测评中的自动化效应。

(3) 作为灵活化、智慧化的信息化经济

复杂性经济对应信息技术产生灵活化、智慧化效应这一方面的信息化经济,是作为灵活化、智慧化的信息化经济。

复杂性经济是信息化经济中的一个方面(相对于产业化的一面,即服务化的一面），它的技术经济计量不是信息化与网络经济计量的全部，而是专指对其中不同于工业化经济、最能体现信息化与网络经济的特殊性的技术经济效果的计量，是内生复杂性的部分，对应后面说的服务化经济。另一部分分析涉及的是产业化经济，是指信息技术与经济结合的另一种方式，即不体现信息化与网络经济的特殊性，相反，体现的是与工业化与制造经济相同的一般性，也就是拿信息技术不当信息技术而当工业技术对待和应用时的经济效果。例如，拿计算机当打字机使用，它提高了效率，但只是提高了打字机的效率。这不是智慧化经济（服务化经济）的计量对象，而是产业化经济的计量对象。

当我们把复杂性作为经济现象时，智慧化可以视为在其上叠加的主体化部分的技术经济现象。复杂性经济与智慧化经济没有本质区别，在形式上，前者更侧重经济范式，后者更倾向技术经济范式。智慧化经济的本质，是复杂性技术（不仅包括 ICT，也包括知识、技艺）与复杂性经济的结合。智慧化经济测度比复杂性经济测度多了一个技术维度。广义的技术，包括了 ART（技艺），知识经济、创意经济、体验经济都可以纳入智慧化经济的范畴。信息化经济可视为其中一种特定的智慧化经济，把广义的技术更限定在 ICT（信息通信技术）之上。狭义的信息化测评主要测的是这种信息化经济。

4.3.2 技术视角：智能化和智慧化技术

在区分了技术与生产力的不同之后，我们来看从生产力角度计量的智能化和智慧化（实际它们也是自动化与灵活化的延伸）。解析一下对智能化要测度什么，以及其与测度复杂性（N 值）有什么不同。注意，经济学并不研究和计量智能化等这一部分对象，这只是技术经济学尤其是信息化与网络经济学的研究和计量对象。

我们仅以商业智能为例说明这个问题。IBM 在电信业推进的商业智能（BI）要求通过技术处理将信息转换为知识。商业智能是在正确的时间将正确的信息交给正确的用户以支持决策过程的技术应用。

智能化的技术方面体现在，要对数据进行收集、管理、分析以及转化；其经济方面体现在，要把数据变为可用的信息，从而获得必要的洞察力和理解力；将技术与经济结合为智能化这种生产力效果，就是要更好地辅助决策和指导行动。注意，生产力效果分析只是技术经济学中效率分析中偏技术的部分，其涉及经济部分的特征只是涉及业务应用有无，但不涉及成本与收益多少。

并不是所有技术都等量齐观地提高生产力。通过技术经济计量，可以显示先进的信息技术在成功地收集、分析、理解信息并依据信息进行决策方面优于落后的信息技术的定量分析结果。举例来说，对电信业务相关的技术来说，这涉及 BOSS（业务操作支撑）系统、CRM（客户关系管理）系统、Call Center（呼叫中心）等可测度对象。

设计测度智能化的指标，需要参照以下步骤：

第一步，分析有哪些业务潜在地可以同信息技术相结合，明确外延。

在具体案例中，这样的业务有：客户分析，包括的分析项有客户组成分析、客户价值分析、客户流失分析、客户稳定度分析；业务分析，包括的分析项有业务分布分析、业务收益分析、业务服务分析（业务服务质量分析、业务服务成本分析）、业务趋势分析；经营分析，包括的分析项有竞争对手分析、成本分析、收益分析；综合管理分析，包括的分析项有单位考核分析、个人考核分析。此外，还包括市场分析、客户服务分析、网络分析、资源情况分析、财务分析，等等。

在设计中运用这类指标元素时，难度在于如何辨析出有效的复杂度显示点。之前，我们已经解析出了各种数据采集维度，但把指标加以标准化使之可通用，实现起来较难。由于各种业务差别较大，在具体设计指标时还要进行具体分析。

如果是一般的面上的测评，建议采取国家颁布的两化融合管理标准体系中的标准分类对业务进行分类，以便于通用。但即使是这样，要想测出具有技术经济意义的智能化应用指标，仍需要依业务复杂性进行细致处理。

第二步，分析哪些技术可以具有与业务结合的潜力。

在这个案例中，要实现技术对业务的增进，就需要有商业智能工具和技术。商业智能定义为下列软件工具的集合：终端用户查询和报告工具，提供多维数据管理环境的 OLAP（联机分析处理）工具，数据挖掘（data mining）软件等。技术服务商为此提供的商业智能解决方案包括前端工具、在线分析处理工具、数据挖掘工具、企业数据仓库、数据仓库管理器和数据预处理工具等。

技术元素在指标设计中的应用相对简单，因为我们不是进行自然科学意义上的技术分析，因此不需要对信息技术本身的智能化水平进行专业分析。如果效果更好一点，可以从信息技术中将智能技术专门选出来作为候选。但这样做需要谨慎，因为智能化不光限于智能技术，诸如移动技术（如互联网技术）、物联网和GPS（全球定位）等都是相关技术，如果全面分析需要综合考虑取舍。

第三步，分析有哪些技术被应用于哪些业务。

在信息化测评中，这通常被称为应用指标。常见的指标类型包括普及率与覆盖率，进一步的指标包括对应用阶段和水平的判断。

从实测的经验来看，由谁决定技术的采用（如由技术部门决策，还是由业务部门、协调部门决策）对技术应用的效果起着至关重要的作用。由于智能化涉及的虽然是技术本身，但也与业务相关，因此这方面的考虑是必要的。

但是，设计得太贴近具体情境也有问题。进行案例分析可以，但如果进行比较，比较的范围越大，通用性就会越差，甚至产生关公战秦琼这样的不可比的问题。因此还要对不同指标进行归类，包括在指数化中进行权重的平衡等。在这样做的时候，一个总的原则是在技术变化（TC）这个总的项目下，以及技术效率变化（TEC）中的技术效率（TE）与配置率（AE）的范围内来进行提炼与抽象，以及进行标准化，以有别于我们下面将要谈到的技术效率变化（TEC）中经济效益分析的角度。

4.3.3 经济视角：作为成本的交易费用

前面谈到通过技术化解复杂性，探讨如何将技术与化解复杂性联系在一起，但这只是技术的可能性，至多是技术效率变化中与存量相关的可能性。这种技术性的可能性还需要转化为商业上的现实性，这就需要加入成本的考虑。下面将讨论化解复杂性的技术可能性与商业估价的结合，把技术意义上的智能化、智慧化问题转化为商业意义上的效率与效能问题。这个问题包括成本、收益和利润分析。为了简化，我们仅从成本角度进行分析。这里的关键是引入一个新的概念，这就是作为商业复杂性的交易费用。

交易费用概念的提出本身，针对的就是新古典理论假设。新古典理论假设的经济世界是一个没有交易费用的简单性系统。提出存在交易费用这一新的前提条件，指向了企业产生的原因，在于利用科层制企业化解复杂。可是科层制企业也是一种简单性系统，只不过是复杂的（分了层的）简单性系统。因此可以说科斯制度经济学的理论边界是以简单性制度化解复杂（性）资源配置问题。而我们放宽制度经济学的边界假定，把复杂性也包括进来，认为制度也可以是复杂性的（如也可以是扁平化、去中心化拓扑结构的），以适应解释信息化与网络经济现象的需要。

在交易费用理论看来，因为市场是复杂的（还没有认识到它同时也是复杂性的），因此需要用企业替代市场。实际是用一种复杂的简单性系统，替代一种简单的简单性系统。交易费用理论只考虑了科层化的企业（复杂性报酬递减）可以化简交易费用这一个方面，没有考虑扁平化的复杂性系统（如商业生态系统，包括其中的信任——而非信用机制）可能实现复杂性报酬递增这一技术和制度创新。

信息化与网络经济的问题意识完全不同。它除了有与新古典化的企业理论在化解交易费用方面相同的关注点外，特殊关注的是网络这种复杂性组织和结构在化解市场复杂性方面的作用，包括企业网络化之后（如海尔），组织（"人"）对市场（"单"）复杂性的化解。在方法上，我们需要把代表复杂性的 N 值，正式同产出方面的价格联系起来进行计量分析。

（1）结构复杂性：新兴古典理论的解释

从复杂性角度重新理解交易费用问题，首先应意识到市场不仅是复杂的，而且是复杂性的。交易费用对应的可以是市场复杂性的成本。

首先，看拓扑结构对复杂性的意义。

分工从结构上看不是线性现象，而是一种拓扑结构的小世界网络现象，因此，分工带来的协调费用不光是一种复杂成本（由量的叠加带来的"多"的成本），也是复杂性成本。

复杂与复杂性最直观的区别在结构上。新古典理论对市场持一种结构不变的预设，以分工标示结构，偏重的是专业化。在方法上，对分工专业化采用的是内点解，这要求相当理想化的条件。假设的是市场可以平滑、无摩擦地配置资源，这本身就要求过滤掉研究对象的任何质的差别，使之简单化。

由这种方法论前提推论出的自然是规模化现象，实际是简单性在量上的复杂叠加。但规模化无论沿专业化方向叠加得多么复杂，仍然是简单性系统。因为它的成本上的任何变化都无关于质，而只关于量。

新兴古典经济学开始打破市场结构（在此指市场的发展结构）在质上不变的预设，其分工理论与斯密原理论相比，明显引申出另一个维度——多样化。如果说新古典理论的分工只是专业化，新兴古典理论的分工就同时是专业化和多样化。多样化在方法上表现为超边际分析，在量变之外突出了两种不同状态之间的质的跳跃。

从实证方法看，超边际分析大量将"边"数引入了经济分析。对专业化多样性的角点解，内生了对品种——实际是节点之间的关系——的质的分析。分工结构在多样性维度上的变化本身，可视为 $N > 1$。N 值加大的过程，实际就是分工中多样性程度——但不一定是专业化程度——提高的过程。分工多样性提高了市场的发展结构的复杂性程度。

其次，看交易费用对组织拓扑性质的意义。

向国成、韩绍风提出一种方法，将分工可变条件下的复杂性结构与收益成本计量联系起来："求解各种分工结构给定时的资源配置问题，也就是各种分工结构下的相对需求和供给结构以及效用水平；然后在角点之间进行总效益费用比较。"①

这里的给定结构相当于 $N = 1$；而角点数即 N 值（只不过是以一对一关系形态体现出的具体的 N）。多样性内含于且独立于专业化，以致看上去给人一种印象："规模经济来自范围经济。"② 按照信息化与网络经济的基础理论，问题已经很清楚，这是一种"品种－数量"底平面的长尾现象。因此可以明确地进一步将范围经济从计量上独立出来——在"品种－价格"平面上——进行分析。

这意味着，交易费用可以区分为专业化的协调费用与多样化的协调费用两种情况。前者是同一产品不同功能的、不可彼此替代的前后工序之间的垂直的协调，如协调同一种咖啡在咖啡豆研磨、加水、煮沸、调制等环节。后者是同类功能的可替代的不同产品之间的平行的协调，如协调生产不同的咖啡，如拿铁咖啡、卡布其诺咖啡、白咖啡等。

从指标测度看，它们都涉及如下可选数据采集项目："每个人的专业化程度、经济社会结构多样化程度、贸易依存度、商品化程度、市场个数、经济一体化程度和生产集中度。"③ 而按照结构的观点，我们需要将专业化与多样化分开来看待。

① 向国成，韩绍风. 小农经济效率分工改进论——超边际经济学之应用研究 [M]. 北京：中国经济出版社，2007：60 – 61.

② 同上，第66到67页。

③ 同上，第60页。

以生产集中度为例，较低的集中度是否意味着较高的复杂度呢？这需要具体分析。原来仅由苹果公司一家生产的平板电脑，演变为多个国家、不同厂商（如三星、联想等）生产的不同的平板电脑，市场集中度的下降代表着产品品种的增加。但同一种需要多道工序的产品，当内部协调费用低于外部协调费用时，专业化分工集中于大企业的车间之间；而当内部协调费用高于外部协调费用时，专业化分工分散到整个产业集群。但仅从最终产品品种来看，这两种结构的复杂度可能是一样的。而从新兴古典经济学观点看，中间环节的延长代表着中间产品品种数的增加，这至少代表着复杂程度的增加。当然，从企业内部集中分层结构转向集群的分散扁平结构而言，又可以说正在转向复杂性结构。由此可见，对集中度这样的指标，需要结合进一步的计量尺度才能运用于复杂性分析。学界对从结构角度解析复杂性有一些微词，由此也可以看出一些端倪。结构的方法只是各种方法中的一种，其他方法如行为的方法等也不能排斥。

（2）交易费用在何种意义上是复杂性成本

交易费用在何种意义上可算是复杂性成本？这个问题与问什么是业务上的复杂性是不同的。它是在问业务上的复杂性以何种途径增加了成本，或增加了哪一部分业务的什么成本。

第一种复杂性成本是协调复杂性成本。交易费用一般被认为主要指流通成本，但从理论经济学提出这个问题的本意来看，这一限制是不必要的。分工专业化带来协调的要求。企业内部的分工专业化也会存在协调问题。因此企业生产中（而不光是产权之间）同样可能存在交易费用，也可认为这是（企业）内部交易费用。这是指协调各生产环节的成本，也可以说是流程成本。广义上说，则指企业与企业之间（如在集群和外包情况下）进行产业链、价值链生产协调的成本。

光测度生产环节的复杂性是不够的，还需要把这种复杂性与企业的成本结构联系起来。比较 N 值与成本曲线的关系，细分出这类成本，将来在与技术（如集成技术及应用）进行相关分析时，会产生明显的有意义的技术经济分析结论。

第二种复杂性成本是交易复杂性成本。这是交易费用最直接的含义。交易本质上是人与人的关系。在从厂商到消费者中途发生的成本，尤其由于信息不对称产生的成本，许多都是交易费用。张伯伦把这类成本一概归为销售成本。广义的服务成本也可以归入这个范围。

交易的复杂性固然带来作为成本的交易费用，但也可能直接转化为服务的收入。一般认为总的交易费用上升，而单位交易费用下降是进步的标志。这相当于从总的交易费用中，区分了作为价值创造的净收益的交易费用和作为成本的交易费用，并将后者扣除了。

这时交易的复杂性与收益、成本的关系意外地变得复杂了。因为在实测时很难测出二者的区别。一种方法是区分标准化的交易与差异化的交易（如前述五种差异化增值来源）。

这在围绕"成本病"的技术经济分析中有明显意义。在没有与信息技术进行关联之前，"成本病"显得十分突出；与信息技术进行关联之后，"成本病"可能消失了。因为信息技术和工业技术与劳动力的结合方式是不同的，这时我们甚至可以倒过来检验，到底是服务中的哪一部分属于交易复杂性成本（是那些适用通过信息技术应用降低成本的部分）。

第三种复杂性成本是决策复杂性成本。决策是按照目的与意义决定资源配置选择的信息行为。可以理解为系统与环境之间相互选择的成本。当系统指企业而环境指市场时，环境复杂性加大了企业的决策成本；而当系统指消费者而环境指可选商品和服务时，业务复杂性（如品种多样性）加大了消费的决策成本。决策复杂性是相对于选择而言的，一般来说，选择越多，质量越高；但选择越多，决策成本越大。

以大数据为例，更大量的数据比更少的数据在更高的决策质量水平上，构成了更高的决策成本。首先，从庞杂的信息中辨别意义，需要付出智慧化的成本（同等复杂性程度下更少的决策成本，或同样决策成本下更大的复杂性）。比如，分析情境信息对于理解消费者的意图，以便实现情境定价，至关重要。其次，辨别什么样的手段与目的相互匹配，需要为获得洞察力而付出的成本（去粗取精，去伪存真）。这种成本主要发生在理性的繁杂与感性的便捷的矛盾之中。需要穿透信息迷雾，从经验式的相关关系中进行有效的因果推断，为此要付出信息加工处理的成本。最后，辨别工具性功能的复杂性的成本，如处理大量数据所花费的成本（其中甚至包括数据中心的电费与降温费用）。

第四种复杂性成本是组织复杂性成本。将交易费用理解为组织成本，主要针对的是管理幅度与管理层级之间的节制关系。

　　按传统的制度经济学的理解，在企业边界之内，成文法（如制度和规则）具有内生的管理效力，人们认同并遵守这种规则，导致企业管理的交易费用低于市场上不同产权主体之间的协调管理的成本。

　　然而，在简单性组织中，管理幅度越大，管理层级要求越高。可以认为管理层级的增加就代表着组织成本的增加。而管理幅度——实际是管理多样性程度，即管理范围（scope）——代表着管理复杂度。

　　但是在复杂性组织（主要是有机化组织）之中，复杂性管理存在一种可能，就是管理的平均成本和边际成本随管理复杂性的增加而递减。表现在形式上，就是随着管理幅度的增加，科层制反而向扁平化方向演化。

　　当管理收益既定时，管理复杂性成本的边际递减就是管理效能的提高。我们把这种现象同管理效率的提高区别开来。

　　第五种是复杂性成本是制度成本。将交易费用理解为制度成本，是交易费用理论深化后的看法。然而正是在这里，复杂性成本与制度成本的关系产生了歧义。

　　经典的交易费用理论如科斯的理论，是典型的简单性范式的制度理论。这种简单性突出表现在对财产的物化理解上，以企业边界为效率边界。在产权上，多限于大陆法系那种固持于支配权（ownership）的资本专用性观点，而对海洋法系本身重视使用权（access）的传统多有忽视。这导致了对技术上排他（实物资产）与非排他资产（如智慧资产、网络资产）上交易费用的相反理解。

　　以社会资本为例，它（如信任）不能转移支配权，但却可以利用（可以使用）。信任同信用相比，可以有效降低缔约交易费用。再比如，软件如果支配权免费，可以通过服务（按使用权）收费来补偿对软件的投入。这些按经典交易费用理论，都会造成搭便车的效率浪费，但在网络经济条件下却可能是有效率和效能的。

　　新的研究的关键在于，需要从新的视角观察复杂性组织的成本，复杂性成本不同于简单性成本，它的效率边界并非企业的支配权边界，而是产业的使用权边界，因此要平衡本地（以企业边界为效率边界）的支配权与网络的使用权两个方面的得失。

4.3.4　经济视角：测度宏观交易费用

对交易费用进行实测的研究一直在进行①。测算交易费用，学者一般从大类上将其分为宏观测度与微观测度两大类②。张雪艳认为，应区分公共部门与私人部门，按交易部门与非交易部门进行交易费用的分类③。张星月具体提出了中国转换部门交易费用算法和中国交易部门交易费用算法④。我们认为，进一步的改进，首先要区分机械性的分层组织与有机性的自组织的不同。同时要在交易部门之外，将复杂性成本的计量与研究深化到生产部门。

（1）总量交易费用与每笔交易的交易费用的关系

一般认为，总量交易费用越大的国家（发达国家），其每笔交易的交易费用则越小。反过来，总量交易费用越低的国家（欠发达国家），其每笔交易的交易费用一般会较高。诺思曾说过："每一笔交易需要较少成本的国家是高收入国家，而每一笔交易需要非常高成本的国家是低收入国家。"

比如：美国经济和世界上其他高收入国家的贸易部门的收入超过了国民生产总值的50%。这意味着一半以上的社会资源并没有直接用于生产任何东西，而是用于进行整合和协调越来越复杂的政治、经济和社会体系⑤。

（2）宏观交易费用测度思路与方法

宏观交易费用主要包括以下几个方面内容：一是市场启动费用，二是市场运行费用，三是市场维护费用，四是市场失灵费用，五是市场开拓费用⑥。

一种观点认为，可以把交易费用与转换费用区分开来。狭义的交易费用是指生产关系上的交易费用。例如，华列士和诺斯就认为交易费用即处理人与人利益关系的费用，是执行交易行为而投入的劳动、土地、资本和企业家

---

① 笪凤媛．交易费用的测度方法及其在中国的应用研究［M］．北京：中国经济出版社，2011．

② 卢现祥．交易费用测量的两个层次及其相互关系研究述评［J］．数量经济技术经济研究，2006（7）．

　　罗必良．交易费用的测量、难点、进展与方向［J］．学术研究，2006（9）．

③ 张雪艳．宏观交易费用测量的障碍、突破与展望［J］．社会科学辑刊，2007（5）．

④ 张星月．基于SNA的交易费用宏观核算及分析［D］．济南：山东经济学院，2010．

⑤ 袁庆明．微观与宏观交易费用测量的进展及其关系研究［J］．南京社会科学，2011（3）．

　　胡浩志．交易费用计量研究述评［J］．中南财经政法大学学报，2007（4）．

⑥ 王爱学，赵定涛．交易费用经济学的一个新视角：国家宏观交易费用论［J］．国家行政学院学报，2005（2）．

才能的耗费。而所谓转换费用就是生产力上的交易费用，即同人与自然的物质变换相联系的费用，是生产行为中投入的劳动、土地和资本的耗费。交易行为由购买投入品、中间投入、协调生产过程、获取信息、进行市场营销、产权保护等行为构成；而转换行为由对自然物质的开发研究、变换和位移、消费性服务的生产等行为构成（D. D. Norih and J. J. Wallis，1994）[①]。根据这种划分，华列士和诺斯得出关国交易费用所占比重 100 年间不断提高，于1970 年达到 53% 的水平。

从技术经济学视角看，转换费用涉及的是技术效率，交易费用涉及的是配置效率。

设一个经济体的生产函数[②]：

$$Q = f\ (Lf,\ Kf,\ Df,\ ICf,\ La,\ Ka,\ Da,\ ICa,\ E,\ T,\ I)$$

其中，Q 为产出量，L 为劳动，K 为资本，D 为土地，IC 为中间品，E 为企业家才能，T 为技术，I 代表制度，f 和 a 分别代表转换和交易功能。所谓中间品（IC）就是指企业所购买的用于转换和交易的最终产品，如机器设备、办公用具和交易服务。

从这个框架看，交易费用就是 La，Ka，Da，ICa 之和，转换费用就是 Lf，Kf，Df，ICf，E。

由此可以进一步区分两种技术：

一是交易增进的技术（或制度）（transaction augmenting technique or instition，Ta），二是转换增进的技术（或制度）（transformation augmenting technique or instition，Tf）。交易增进的技术变革就是提高交易投入生产率的技术（或制度）变革，转换增进的技术变革就是能提高转换投入效率的技术（或制度）变革。

这无非是技术效率与配置效率所分别对应的技术（或制度）。

从技术经济学的观点看，区分交易费用与转换费用的意义是有限的。这种区分是必要的，但把转换费用划出广义的交易费用却是不必要的。如果把视角从制度经济学转为技术经济学后，其中共性的问题是对专业化伴生的多样性的协调，至于这种协调是发生在生产中还是交易中，这不是问题的实质。

---

① 缪仁炳，陈志昂. 中国交易费用测度与经济增长 [J]. 统计研究，2002（8）.

② 同上。

从生产方式角度来看，反倒是把人与自然关系同人与人的关系综合起来考虑是更为合理的。

对宏观交易费用测度的深入研究，可以结合国民经济核算框架来进行，并与经济增长联系起来研究①。

（3）基于国民核算框架的交易费用测度

进行交易费用的宏观测度，涉及国民经济核算框架的调整。沃利斯和诺思曾批评现有国民收入账户体系，认为它是在假定交易费用无关紧要的前提下发展起来的，因而有必要进行修改。

缪仁炳、陈志昂探讨了交易费用结构，根据中国国民经济统计资料，建立了中国交易费用测算框架。交易费用的宏观测度，首先是进行交易费用国民经济部门的确定，其次是测度各部门内不同组织的交易费用，最后进行加总，以得到整个国民经济交易费用额。

这一方法将所有的从业人员分成两类，一类为提供交易服务的人员，一类为提供转换服务的人员，为他们支付的工资就形成了交易费用和转换费用。将工人和学徒、工程技术人员视作转换性质人员，管理人员、服务人员视作交易性质人员，而其他人员中，一半作为交易人员，一半为转换人员②。

4.3.5　经济视角：测度微观交易费用

（1）生产成本中的复杂性成本

微观交易费用，主要是从会计角度测度到的微观经济主体的专业化协调费用。广义的交易费用包括生产上的转换成本。

德国工业4.0强调的一个理念就是以软件形式固化的技术复杂性在保持德国制造业竞争优势中的作用。乌尔里希·森德勒在《工业4.0》一书中认为，工业4.0实质是为了"控制工业的复杂性"。他指出，"近几十年里，技术开发面临的最大挑战是产品乃至系统无限增加的复杂性""产品的开发和制造所必需的程序的复杂性也在不断增加。传统的方法、手段和结构不足以稳定地控制这种复杂性"。例如，德国工业界认为："如何解决多样性价值和复杂性成本之间的矛盾，已成为当今汽车制造商面临的最大挑战之一。"森德勒

① 李宗轩. 交易费用、交易效率与经济增长的实证研究［D］. 沈阳：沈阳师范大学，2012.
张鹏. 交易效率与经济增长质量的关系研究［D］. 西安：西北大学，2011.
② 缪仁炳，陈志昂. 中国交易费用测度与经济增长［J］. 统计研究，2002（8）.

认为，"复杂的、智能的、网络化的技术体系强迫人们找到新的商业模式"。而对策则是："把现在的手持设备操作的简单性尽可能多地转移到工业开发和生产的过程及产品上去。这通常被称为简单的复杂（Simplexity）。"[①]

威尔逊、佩鲁马尔将生产中的复杂性细分为产品复杂性、流程复杂性和组织复杂性后，结合成本、收益和利润对生产中的复杂性经济问题做了比较全面的研究。它离我们后面提到的技术经济分析只差一步，这就是把技术（特别是信息技术）内生于这种成本和相关经济变化。

（2）交易成本中的微观指标设置与数据来源

交易成本可分为市场型交易费用与管理型交易费用[②]。也有研究从交易技术和交易制度角度，分析决定交易费用的影响来源。

市场型交易费用包含了从发现对象、进行谈判、合约签订、合约履行到交易后果环节的成本开支，具体包括：①合约的准备费用（搜寻和信息费用）；②决定签约的费用（谈判和决策费用）；③监督费用和合约义务履行费用。

管理型交易费用可归纳为：①建立、维持或改变一个组织设计的费用（固定的交易费用）。②组织运行的费用，它涉及两个子类。一是信息费用（与制定决策、监督命令的执行、度量工人绩效有关的费用，代理的费用，信息管理的费用等）；二是与有形产品和服务在可分的技术界面之间转移有关的费用（如半成品滞留的费用、在企业内运输的费用等）。

在实测中，有各种可替代的度量尺度的研究。比如，乔斯科（P. L. Joskov，1987）在对煤炭交易的研究中，用地点间的距离差异、交通工具的选择和煤炭本身的特性，来说明地点和物质资产专用性的变化；约翰和威兹（G. John，B. W eitz 1988）用一位新聘任的、有相关行业经验的销售人员熟悉某一企业产品及顾客所需花费的时间，来度量人力资本投资的专用性。事实上，整个空间经济学在这方面做了大量的探索，都是可以借鉴的。

4.3.6　经济视角：复杂性成本的其他计量角度

（1）质量成本：创新的成本

创新的成本可理解为是为增进有效益的质的复杂性而增加的成本。

---

① 乌尔里希·森德勒主编. 工业 4.0［M］. 北京：机械工业出版社，2015：7.

② 罗必良. 交易费用的测量、难点、进展与方向［J］. 学术研究，2006（9）.

质量不是指微观的产品质量，也不是指宏观经济运行质量，而是指经济中在均衡水平下可承受的多样化、差异化程度，也可以说是质的复杂度。

保证在均衡水平实现经济沿质量阶梯的攀升，是信息化与网络经济的宏观目标之一。

决定质量的内在因素主要是经济学意义上的创新（而不光是指技术意义上的创新）。创新最主要的作用在于达成均衡水平的质量阶梯的上升。这相当于说，在熊彼特所说的旧式经济的"循环流转"意义上的均衡（同质均衡）之上，达成一个作为增量的异质均衡。这个增量在标准均衡价格上相当于高出一个固定成本 FC（$FC = AC - MC$）。

信息化的独特之处在利用信息技术，实现相对于质量的报酬递增和成本递减。从这个角度看，信息化测度质量水平的着眼点不在于经验上的质量现象，而要从全局出发，观测信息技术与总的质的水平的关联。这个总的质的水平反映的是均衡水平的经济能承受的质变的度。如果说差异化指数反映的只是这个质变的形式上的数量，它对应的是差异化指数背后的质的量度。

从管理上说，信息化对质量的测度有别于信息化对全面质量管理的贡献的测度，首先要回答对管理创新能不能有效降低高复杂度管理的成本，并使之具有相对于复杂性的成本递减特性。经验意义上的质量管理，只不过是其中的一小部分。

（2）信任度：复杂性中介摩擦力的降低

信任度主要涉及宏观中介的复杂性经济测度。

分工导致专业化和多样化。其中多样化在传统同质化的技术、制度条件下会加大委托人与代理人之间的信息不对称和利益不对称，从而加大了生产与消费相背离的风险。质的复杂性在三维均衡中的一个重要宏观含义，是达成生产与消费之间的整体对称所能承受的信用或信任水平（相反的则是风险和不确定性）。信任度反映一个经济可以承受多高的质的复杂度而不崩溃。

信任与信用不是一个概念。信任是指信息对称条件下的信用；信用是指信息不对称条件下的信任。信息对称本身特指的是复杂性条件下的点对点的、拓扑结构的信息透明关系。简单性条件下的信息对称（如一个小村庄内人与人之间相互了解）对于我们研究的问题来说是没有意义的。而信用在本质上具有简单性，它第一不要求点对点关系，第二不要求拓扑结构，是在中央控制的一点对多点的简单性网络下形成的信息透明关系。

在这个意义上，我们可以把信任程度视为对复杂性成本的一种度量，而把信用程度仅当作简单性的度量。从经验的含义上说，一个复杂性的社会系统人们之间越信任，就越"显得"简单、单纯；而越不信任，就越"显得"复杂。复杂性系统中的信任关系，不同于简单社会中的熟人关系，而是点对点的熟人关系，加上与熟人的熟人之间的链接，直到熟人与生人之间的关联结成的小世界网络（"六度空间"）。因此，测度信任关系的程度，不等于测度熟人关系（例如，不仅仅是测度通讯录上有多少熟人，如100人等于100条边），而同时要测度这种关系沿最短路径传导的路由潜力（如100的几次方，边与边的链接）。

信任度可以认为是交易费用的一个反向测度。它反映的是复杂性造成的摩擦力的降低程度。因为从理论上说，信任的作用在于降低缔约（以达成信用）的交易费用。缔结契约本质上不是达成信任而是达成信用，即两者之间即使不是熟人，相互不信任，仍可以像熟人或相互信任那样交往，但在生人之间达成这种信用具有较高的人际摩擦力，即较高的交易费用。而信任通过连续的最短路径的关系（"边"）传导，在达成同样复杂性程度的社会关系时具有较小的摩擦力。因此，我们可以把测度信任度当作复杂性成本测度的另一种思路。

反对意见认为，不宜将社会资本（关系和信任）引入经济分析，理由是社会资本不具有排他性，因此无法进行产权交换。这属于简单性系统范围内的自我循环论证。复杂性系统必然具有你中有我、我中有你的非原子论特征，以及一加一大于二的有机整体的特征。这些特征不同于基于原子论的简单性系统，并不能成为它不能成为研究对象的原因。他们观点的实质是反对将简单性系统转化为复杂性系统加以研究，这同我们研究复杂性系统的计量在前提上就不同。

信息对称化的反面是信息不对称。系统的复杂性程度提高，也会带来信息不对称可能的提高。反映在实体经济与虚拟经济（中介）的价值之比上，如信用工具的杠杆化程度反映了以专业化为方向的化解复杂性的程度。它也是一种复杂性成本的度量，与从多样化方向反映复杂性成本的降低是相辅相成的。信任度的提高具有去杠杆化的含义，而泡沫化程度则是杠杆化偏离均衡的程度。

(3) 自由度：复杂性成本的主体测度

自由度是指主体选择度。选择度就是多样性程度在主体上的映射。

多样性在宏观上的另一种表现形式，在于社会经济主体方面的多样性，包括工作机会的包容度，包括文化多样性以及人们多样性体验的满足（或者叫作自由选择）。它们分别代表的是工作机会的选择、文化多样性的选择和个性化的选择，我们可以将它们统称为选择度。

对复杂性成本的测度不同于对复杂性（多样性）本身的测度。从经济角度看，复杂性（多样性）并非越多越好，还要结合成本来考量。只有在均衡条件下，才能说复杂性（多样性）越多越好。这就必然要引入价格的尺度。为了简明起见，我们把均衡条件转化为：假设收益不变，只以成本一个条件作为价格约束，复杂性经济问题就转化成在同样成本条件下复杂性（多样性）越多越好；或者反过来说，达成同样的复杂性（多样性）成本越小越好。

具体来说，在均衡条件下，第一，经济中工作机会的包容度越高，相当于复杂性成本越低；第二，经济中的文化多样性（往往体现于产品内容）越强，相当于复杂性成本越低；第三，经济中用户的选择越强，相当于复杂性成本越低。选择就是指自由，只不过把自由从主观的体验、满意、个性化，转化为客观的选择（选项）来加以测度，这是阿玛蒂亚·森"以自由看待发展"方法的实质（即以 N 看待 Q）。

以上三类可实证测度复杂性成本的成分指标，都是从主体角度选取的。

对技术经济计量来说，"在均衡条件下"这个限制非常重要。自由不是越多越好，如果选择多样性到了因各行其是而天下大乱的程度，说明社会成本不可承受这样多的选项。多样性只有达到这样的程度，即它既达到最大化而社会经济又不紊乱，即成本约束下的最大化，才是我们所说的"在均衡条件下"的复杂性。经济社会进步表现在同等成本条件下，人们可实现的选择现在比过去更多；或者说，实现同样多的选择，现在的成本比过去的成本低。从这个意义上说，复杂性经济是人的自由选择更加丰富的经济。

4.4　信息技术经济：ICT 与智慧化

由于是在讨论复杂性的这一章里，我们不是全面讨论信息技术经济，而仅讨论其中的特色部分——复杂性信息技术经济，也就是 ICT 与灵活化、智慧化的经济效果的结合。

技术经济视角不同于单纯的经济视角。单纯的经济视角只考虑复杂性成本，但没有把复杂性成本与技术内生地联系起来。技术经济视角则要把复杂性成本的提高和降低与技术因素同步起来。由此我们从成本分析转入内生技术的效率分析。

对信息化和网络经济的计量分析来说，这里具体涉及的是信息技术与复杂性经济效率的关系，也就是信息化测评的直接对象。

由于不存在生产力这一概念，在新古典经济理论中，技术对效率是不起作用的。新经济增长理论虽然内生了技术，但这一技术隐含假定的只是工业化技术。或者说，在处理信息技术时，天然假定它与工业技术是没有本质区别的。隐含的意思是，天下所有技术都是一样的，同方向的。这势必导致信息化测评中，把信息技术当作非信息技术来对待，而无法辨别出信息技术内在的、不同的特点。

信息化与网络经济的技术经济分析，认定工业技术与信息技术是具有相反特性的技术。这个相反是指对其相对于多样性的效能曲线的斜率，正负相反。最典型的表现一般来说就是，工业技术 N 值越大（系统越复杂），平均成本和边际成本越递增；而信息技术 N 值越大（系统越复杂），平均成本和边际成本可能越递减（这一数学特征的文字表达对技术效能是指智能，对技术经济效能是指智慧）。现有计量理论对投入产出中智能与非智能、智慧与非智慧特性的定量区别是不敏感的，这是通过我们的研究要第一次解决的问题。

即使是同一种信息技术，由于与经济结合的方式不同，效能方向也可能不同。这里按照信息技术与经济结合方式的不同，进一步将信息技术区分为两种：一种是以应用方式同经济结合的信息技术，特指像工业技术那样起作用的信息技术，具体是指效能曲线与工业技术同方向的信息技术；另一种是起转型作用的信息技术，其所起作用是只有信息技术才能起到的那种作用，具体是指效能曲线与工业技术反方向的信息技术。可以认为，前者是用信息技术所短（即不把信息技术当信息技术，而把信息技术当工业技术来使用）。在这种情况下，复杂的未必是复杂性的，智能的未必是智慧。后者是在用信息技术所长，在成熟的信息技术经济状态下，技术上多样化的同时又是技术经济上智慧的。信息化测评只有将信息技术的一般作用与特殊作用从计量上清楚区分开来，找到信息技术的特殊性所在，才能使自己有别于工业化测评。

前面指出，智慧化经济测度比复杂性经济测度多了一个信息技术维度。信息化测评作为智慧化经济测度，需要在复杂性经济（如复杂性成本经济）与信息技术（ICT）之间建立明确的、内生的计量联系。到目前为止的研究，存在三方面的问题，一是一直把整个经济（而不是整个经济中的复杂性经济）与信息技术进行直接关联，经常把工业技术的绩效直接归入信息技术的绩效中；二是不区分工业技术与信息技术的效能，把信息技术当作工业技术来计量，导致漏算信息技术真正的产出；三是投入与产出分析不全面、不对称，如只在投入上区分信息技术与非信息技术，但在产出上不作区分。

造成这样的现象，除了认识上的原因（对规律认识上的问题）外，在基础研究中没有发现信息化与网络经济独有的数据基础（即研究复杂性经济所单独需要的数据维度）是计量方法本身的原因。前面已经详细分析了 N 值数据——它相当于信息化与网络经济产出的显影液——采集的思路，接下来的工作就应当将这一基础数据同信息技术联系起来，进行信息技术经济计量分析。

越来越多的研究已经发现：信息通信技术的发展使得传统的交易方式、交易模式、交易渠道以及交易双方的信息不对称程度均发生改变，而所有这些改变往往会带来差异很大的交易部门的交易费用和非市场交易费用。（刘瑞华、林福兴，2001）

大量学者注意到信息技术的效率特征及其与交易费用节省的内在联系。Pant 和 Cheng（1990）结合 Williamson（1975）的观点指出，信息通信技术的建立使得信息的传递更为迅速，信息通信技术的发展将会降低交易者的有限理性、交易双方的机会主义行为和市场不确定性等。如信息通信技术的兴起能大量地减少流通费用、允许在相同的时间里有更多的信息沟流通，或在较少的时间里有相同的信息流通等。而 Hendriks（1999）也认为信息通信技术可以发挥消除传统市场上受到空间和时间范围的限制、提供大量信息的方便渠道、改进传统交易的流程（如传统中间商变得可有可无）、确认信息拥有者以及寻找者的位置四项功能。基于信息通信技术的特性，可以说信息通信技术能减少交易双方的信息不对称、促进交易弱势方的信息流通的透明化，能够减少环境的不确定性，从而提高交易效率，降低经济体的非市场交易费用。Malone（1987）则认为非市场交易费用的降低会导致网络市场超于传统的市场。也有学者认为信息通信技术会促成非市场交易费用的降低，导致网络市场（E-market place）的形成（Benjamin and Wigand，1995）。信息通信技术的出现提供信息流通方式的新的途径，与传统市场有着变革性的差异。同时，网络市场与传统市场最终是相互整合的，任何生产商要想充分发挥企业效率，都必须将企业面临的两种市场有效整合，网络市场对传统市场的运输网络产生竞合效果，其经济价值在于生产、储存、传输等各项过程之转换（张蓓琪，2000）。Nicol（1985）指出信息通信技术的投入将大幅度改善企业信息交流、整理分配的效率与能力，进而促进经济活动的高效运作。另外，信息通信技术所提供的资讯网络流通方式能大大节约交易双方搜索信息和交易执行的时间等，有效扩大市场的范围和提高市场的效率，最终大大降低非市场交易费用①。

而另一些学者已开始从效能的观点来观察信息技术所带来的技术经济效果的特殊性。张蓓琪（2000）的研究提出，信息通信技术的高度发展将导致企业规模变小且企业逐渐分散化。原因在于传统市场上的规模经济已经不再明显有效，厂商不需要继续采取传统市场上垂直整合的方式以确保原材料供应的稳定性，信息通信技术的发展更加有利于小型企业的发展。据 Coase（1937）的理论，传统市场上厂商通过扩大其规模使得生产的内部化来降低非市场交易费用。但信息通信技术的发展，传统市场上大企业的规模经济的优势逐渐消失，中小企业往往可采取"商业联盟"的新方法来保持和获得竞争优势。原因在于在网络市场上厂商可以花费相当低廉的成本和很快的速度获取原物料供应商与合作伙伴等信息，与其实际规模大的大小并无直接的相关关系。于是企业会大幅降低零组件、服务等外包行为带来的非市场交易费用，这使得厂商采取联盟生产的利润上升。当这种采取联盟生产过程中的中间商与服务所需的非市场交易费用低于传统市场的内部生产的情形时，厂商的规模会缩小，其变动方式与区位选择也更具弹性。此外，信息通信技术也显著改变了传统市场的营销方式和营销组织管理的创新和改进。例如，零售业部门可经由电话等方式将产品订单快速分送到各个细分的市场以开拓市场、增加货物运送的效率与节省作业时间。这些生产程序的改变或多或少地减少了非市场交易费用。企业主管部门可通过信息通信技术所提供的服务增加对各地分公司及其活动的有效管理，如可将生产活动与管理中心分离，促成劳动

---

① 笪凤媛. 交易费用的测度方法及其在中国的应用研究 [M]. 北京：中国经济出版社，2011.

力的空间分散性等①。

笪凤媛认为，面对当前消费者选择的日益多样化，厂商为了提供即时的且有差异性的产品与服务，满足变动快速与差异性的个别消费者需求，就要求在产业间以及产业内各厂商的分工与专业化将更加细密。对厂商而言，信息通信技术的发展可大大降低生产和非市场交易费用，从而提高企业的效益。而对消费者而言，商品服务质量的提高、价格的降低、个性化需求的满足等所创造的外部经济效果将对企业的品牌形象等长远发展产生显著影响。因此，由信息通信技术提供的新型通讯方式、提高信息服务效率、改善生产技术流程与消除时间和空间限制等变革，不仅对于降低经济体的非市场交易费用有所帮助，甚至对经济体既有的生活方式、产业结构等均会造成一定的冲击②。

不同于以上分析，我们明确指出基于多样性的范围经济才是信息技术有别于工业技术的根本效能特征。

通过对信息技术与技术效率、配置效率、规模效率和范围效率乃至效能的关系的梳理，进一步的工作是对这些技术经济关系（可统称为效率关系）进行分类，并对各类效率进行分解测度。

4.4.1 投入产出的信息技术效率

如果说技术效率是一般，信息技术效率则是特殊。信息技术效率不同于一般技术效率，特别是工业技术效率之处，此前并没有被人们明确指出。

第 3 章中我们曾提到有偏技术变化。信息技术效率实际是有偏技术效率。有偏的方向明显是偏向 N 轴的。如图 4 - 1 所示。新经济增长理论中的技术在缺省选项下相当于这里的射线技术（希克斯中性），工业技术与信息技术是被等量齐观的。这不利于对信息技术特殊性的认识和利用。

有偏技术偏向同质性的 Q，还是偏向异质性的 N，计量方法是一样的。具体到信息技术来说，它同时具有同质技术变化偏向和异质技术变化偏向两种倾向，但二者的分量是不同的。信息技术主要有偏于 N 值一方。因此，图 4 - 1 "信息技术的有偏技术变化方向" 反映的是实际状态。

技术进步的偏向性，最初是根据 Hicks（1932）和 Acemogglu（2007）的

---

① 笪凤媛. 交易费用的测度方法及其在中国的应用研究［M］. 北京：中国经济出版社，2011.
② 同上。

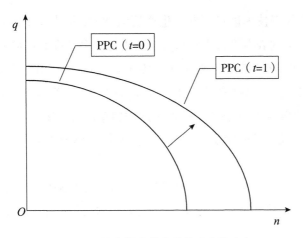

图 4 - 1　信息技术的有偏技术变化方向

理论提出的，原来是针对资本与劳动而言的。根据研究需要，我们把信息化与网络经济的技术进步偏向性界定为技术进步对同质和异质的相对边际产出（记为 *TRS*）产生的影响。*TRS* > 0，则技术进步偏向于同质性（工业化）；*TRS* < 0，则技术进步偏向于异质性（信息化）；*TRS* = 0，则技术进步是希克斯中性的。

这可以用来解释两种现象：一种现象是在非 ICT 投入与 ICT 投入比例不变情况下，技术进步是偏向同质化效率还是多样性效率；另一种现象是在 ICT 投入内部，被当作非 ICT 利用的 ICT（类同质技术）与发挥特殊长处利用的 ICT 投入比例不变情况下，技术进步是偏向同质化效率还是多样性效率。我们侧重研究后一种现象，它的实际意义是通过信息技术对效率作用的有偏方向，看出信息技术与工业技术的不同在哪里，从而更好地把握信息化的本质。

这种变化可以分绝对偏向性和相对偏向性——同质与异质投入比不变与可变两种情况下——分别测度[①]：

技术进步绝对偏向性 *Tb* 为要素投入比不变时，由技术进步所引发要素相对边际产出比 *TRS* 的变化。公式为：

$$Tb = \frac{\partial\, TRS_{\text{NICT,ICT}}}{\partial\, (A_{\text{NICT}}/A_{\text{ICT}})}\bigg|_{k_t = a_0} \tag{4-1}$$

---

① 董直庆，王林辉. 技术进步偏向性和我国经济增长效率［M］. 北京：经济科学出版社，2014：21.

其中，Tb 代表技术进步方向；生产要素 NICT 代表非 ICT 投入（或类同质化投入），ICT 代表 ICT 投入；A_{NICT} 为同质化效率增进型技术效率，A_{ICT} 代表多样性效率增进型技术效率。$K = \text{NICT}/\text{ICT} = a_0$（$a_0$ 为常数）代表经原点直线（要素投入比不变）。这样表示的技术进步偏向性大小衡量的是经过原点直线与等产量线系列交点由于技术变化所引起的斜率的变化率。

$Tb > 0$ 代表技术偏向同质化，$Tb < 0$ 代表技术偏向多样性，$Tb = 0$ 代表技术中性。

技术进步相对偏向性 Tcb 表示要素投入比 k 可变条件下，相对于 $t-1$ 期而言，由 t 期技术进步所引发的要素相对边际产出的变化。公式为：

$$Tcb = \left. \frac{\partial \, TRS_{\text{NICT,ICT}}}{\partial \, (A_{\text{NICT}}/A_{\text{ICT}})} \right|_{k_t = k_{t-1}} \qquad (4-2)$$

$Tcb > 0$ 代表技术偏向同质化，$Tcb < 0$ 代表技术偏向多样性，$Tcb = 0$ 代表技术中性。

这是推广后的情况，可以表现 ICT 投入与非 ICT 投入比例变化对技术有偏性的影响。

ICT 投入应包括信息、知识等在技术上可近于零成本复制的要素。从实践来看，ICT 与非 ICT 在效率影响上的最主要区别还是在于是否可（技术上）零成本复制这一点。在基础业务与增值业务分离的互联网＋新业态中，以多样性为特点的增值业务效率是否充分，在很大程度上取决于基础业务平台提供的固定投入是否是以及在多大程度上是可复制的 ICT 投入。如果是，或大部分是可复制的 ICT 投入，则增值业务可以通过分享经济而获得轻资产运作的条件从而提高多样性效率（效能）。

当然，技术上零成本复制不等于制度上也是零成本，所以还要考虑生产方式、商业模式以及制度（如产权）规则等因素。在缺省条件下，我们假设生产关系与生产力、制度因素与技术因素是相互适配的。

4.4.2 信息技术配置效率

前面指出对配置效率来说，$AE = OR/OQ$，它基本上是由等成本线 AA' 斜率决定的，配置就是指不同投入的组合比例。在方法上，配置效率是面向投入的，限定了产出不变。

但制度经济学上说的配置以及信息化实测中涉及的组织变革，要比这个复杂得多。在把技术经济学与制度经济学进行更深入的整合之前，我们需要简化问题，把制度问题高度简化为投入的组合比例问题，进而计量要素的组合效率，把它当作技术意义上的制度效率。

这个问题特别的复杂，我们先从技术上（制度的技术也就是行政）把配置问题简化为流程与职能的关系问题。以职能代表专业化能力（意思是更有效的职能可以在同样成本下实现更高水平的专业化），以流程代表多样性能力（意思是更有效的流程可以在同样成本下整合、协调更大程度的多样性）。先不讨论多元化、去中心、有机协调这些更深入的资源配置问题。

在进行动态的效能分析之前，我们需要在静态的效率范围内（即设 Q 值或 N 值不变）对投入进行分类。区分用于提高组织（同质）效率的投入，以及用于提高组织协调水平（即多样性效率）的投入。后者是我们研究的重点。

提高多样性效率，是指在同样产出下降低多样性的组织成本。涉及针对分工造成的多样性（N 值提高）进行有机协调、集成、整合，包括进行业务流程重组、组织的松耦合、协调与信息分享等活动的投入与产出的关系。注意，这里的投入还只是技术意义上的，并没有同成本、收入联系起来。从某种意义上说，这种效率还只是能力意义上的效率，也就是说从技术可能性上看投入能达到什么样的产出水平，而无论合算还是不合算。

与此相关的信息化测度，构成了指标中的一大类。特别是集中在集成、协调类的指标中。目前数据采集需要改进的地方是，应采集连续的静态配置效率数据，否则这些数据就只能进行静态效率分析，而无法进行更为重要的动态效率分析，因而还无法实质性地区分信息化与非信息化的特殊绩效。

4.4.3 灵活化：信息化多样性的技术经济效率

信息化技术经济效率，是联系于成本和收入的效率分析。一项投入在技术上具有达到某种产出的能力和可能，不等于它是合算的、有效益的。有效率的信息化转向有效益的信息化，对计量来说，主要是加入价格这个维度计算技术经济效率。具体可以分为成本效率（CE）和收入效率（RE）。

信息技术的复杂性成本效率分析是信息化与网络经济分析中的特殊问题。在此需要略为展开说明。由于特别的原因，我们把复杂性成本效率与收入效率当作一个问题综合讨论。

复杂性成本这个概念，系统见于威尔逊、佩鲁马尔的《向复杂性成本宣战》①，他们这样定义：复杂性成本是业务中与太多的零部件、产品、服务、流程、业务范围、工厂、商店、供应商、客户、组织职能、关系等有关的成本，或这些要素之间间接相互作用的成本。此外它们会以库存、报废、能力损失、生产率下降和管理费用增多等形式存在②。虽然这个定义偏于生产成本（我们前面在讨论复杂性数据采集问题时实际已突破了这个限制），但提出复杂性成本这个问题本身就是一个巨大的突破。因为在标准经济学同质性假定下，是不存在复杂性成本的，而把对应复杂性成本的现象只是当作简单性系统之内原子要素之间的摩擦。

威尔逊、佩鲁马尔也指出了复杂性与复杂性成本的区别。认为"复杂性仅仅是事物的数量，而复杂性成本是与拥有一定数量的事物相关的非增值成本"③。非增值成本无非是均衡水平下的成本的另一种说法，意思是不能简单看付出，不能把所有付出都视为负面的成本，还要联系收益。这就是我们把复杂性成本效率与复杂性收益效率当作一个问题讨论的特别原因。因为它们在实证中是被纳入同一个框架来分析的。

从计量角度看，"复杂性成本随着复杂性的增加，以几何方式增长"④。这主要是因为，复杂性存在于多个维度（产品、流程和组织）；复杂性成本源于这些维度的相互作用；复杂性成本以几何方式增长⑤。也就是说，与基于原子论的简单性系统不同，在复杂性系统中，"边"起着关键的作用。几何就是边的关系，而线性关系只是边数为 1 时的特例。

复杂性成本效率是相对于复杂性的成本效率（CE）。它不同于复杂性成本，本质上是 OR/OP，是结合投入产出关系的技术效率（当然也可以替换为配置效率 OR/OQ），只不过内生了价格。

---

① 威尔逊，佩鲁马尔. 向复杂性成本宣战 [M]. 黄震亚，等，译. 北京：清华大学出版社，2011.

② 同上，第 59 页。

③ 同上，第 30 页。

④ 同上，第 30 页。

⑤ 同上，第 31 页。

　　如图4-2"复杂性成本对鲸鱼曲线形状的影响"所示，复杂性成本如曲线a以几何方式增长。b为不考虑成本时的收入，d对应的是a，c为没有复杂性成本时的利润，c与d之间的差就是复杂性成本。显示了成本、收入和利润之间的几何关系。

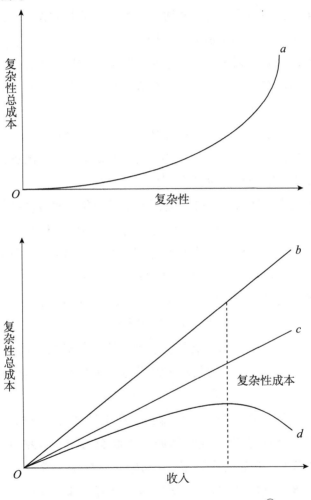

图4-2　复杂性成本对鲸鱼曲线形状的影响①

　　需要注意的是，这个分析的参照物是总成本。按照总成本分析，以图4-2的虚线为界，将复杂性总成本划分为有利的复杂性（虚线左边）和不利的复

---

①　威尔逊，佩鲁马尔．向复杂性成本宣战［M］．黄震亚，等，译．北京：清华大学出版社，2011：30.

杂性（虚线右边）①。前者复杂性报酬递增，后者复杂性报酬递减。

按照将成本与收入（需求）分开计算的方法，复杂性的需求端（收入方面）起到的一直都是增值作用，而在供给端（成本方面）则起到冲抵增值的作用（只是在不同情况下冲抵的强弱不同）。而在合并成本与收入的方法中，反过来在成本中都内嵌了收益，从而根据与收益的相对关系将成本区分为非增值成本（NVA 成本）与增值成本（VA 成本）。

在基础理论部分直到技术经济学基础部分，我们重点分析的成本一直是平均成本和边际成本。这一点要与总成本分析区别开。二者在计量上是一致的，但分析想显示的问题的重点有所不同。这显示了理论计量与实测的不同，总成本分析的优点是在财务上容易计算，平均成本分析的优点是便于揭示背后的原因（如固定成本与平台的作用），边际成本分析的优点是便于微观决策。需要根据不同的分析目的选择方法。

将信息化技术经济效率的分析运用于组织分析，对应的绩效目标分为两个方向。同质化的技术经济效率对应的相当于从传统官僚制（科层制）到现代官僚制的目标转换。前者没有成本约束（如"大政府"，企业"做大"的主张），因此提高的只相当于这里的技术效率；后者加上成本约束，因此提高的相当于这里的技术经济效率，但只是同质化的技术经济效率。

而异质性的技术经济效率对应的是相当于从科层制向扁平化（包括网络化）的组织再造与转型的目标转换。后者对应的是异质性的技术经济效率。在信息化测评实践中，对应的是对于组织的多样性协调、整合能力及其绩效的测评分析。

同样将复杂性成本内生进入信息化的技术经济效率分析，还可以把效率细化为多种子效率进行研究。例如，选取交通交易效率（TRR）、信息交易效率（INR）、教育交易效率（EDR）、市场交易效率（MAR）、金融交易效率（FIR）、政府行为（GOR）六个指标，采用 DEA – Malmquist 指数法测算对全要素生产率效应以及分解值，可以得出关于交易效率的数据。举例来说，交通交易效率（TRR）和信息交易效率（INR）既是和信息技术改变有关的交易效率，也是技术层面上的交易效率。由于运输方式

① 威尔逊，佩鲁马尔．向复杂性成本宣战［M］．黄震亚，等，译．北京：清华大学出版社，2011：61.

的改变和提高所带来的交易效率的提高就是 TRR，通过对我国的交通运输的总里程的测算与统计并进行无量纲化的处理可以得到这一数据；而信息交易效率分别对通信、电话（包括移动电话）和网络总数量的统计和计算得到[①]。

4.4.4 智慧化：信息化的多样化效能

信息化效能是指动态效率，即静态效率随 Q 或 N 变化而产生变化的效率变化趋势。它测的不是效率，而是效率变化，我们关注的重点是其中的效率变化率斜率（递增与递减）。效能依同质性和异质性的不同，分为规模效率与范围效率两种状态。对复杂性效率变化分析来说，重点当然是其中的范围效率这种效能。范围经济实质是内生复杂性的效能。

特别需要注意的是，效能测度与效率变化测度完全不同。效能变化可能根本不引起效率变化，因此我们宁可把效能测度说成是生产率改进测度。生产率改进是指生产率内部的优化，是指同在效率最优状态下效益的进一步的改进。这时起决定作用的不是生产力，而是生产方式。例如，在工业生产力内部是大规模社会化的生产方式，通过同等成本下规模扩大对机器生产力的进一步优化配置；在信息生产力内部是个性化智慧化的生产方式，通过同等成本下范围扩大对智能生产力的进一步的优化配置。

信息化效能测度的重点显然是后者。目前在系统的实测水平上，即使是最前沿的方法也还没有到达这里。现在，我们已经从理论上解决了范围经济测度的对象和方法问题。信息化效能计量的关键在于找到 VRS_1 上 E 点移向 CRS_1 上 B 点的相切点，然后通过距离函数分析复杂性量值（N 值）与 ICT 投入（包括创意投入）H_1 的关系及其与最优值的差距，以此测定信息化效能水平。

以前没有关于复杂性的数据采集标准和方法，现在我们通过前一章的分析已经解决了这个问题，接下来要做的就是与投入数据进行关联分析，发现它与均衡的相对关系。

前面提到的信息技术效率分析，包括相关的信息化静态技术效率测评

---

① 张鹏. 交易效率与经济增长质量的关系研究——新兴古典分工理论 [D]. 西安：西北大学，2011.

（能力测度），已经为第一步分析，即为从技术无效率到技术效率的距离测算提供了基础。第二步分析，就是要在 N 值的各点采集技术效率数据，然后根据 N 的变化顺序进行排列，构成 VRS 前沿曲线，以便同 CRS 前沿进行相切分析。这一步目前还没有任何人做过。只有做出了这一步，才能终极性地回答"索洛悖论"所及信息技术投入的产出去向。

下　篇

信息化与网络经济测评应用：
宏观、中观与微观绩效分析

以往的信息化测评，顶层框架是按工作框架（信息化最高领导机构在信息产业主管部门之上）来设计，把信息经济与信息化的关系处理成信息化是大概念，信息产业（信息经济）是小概念（大概念中的子集）。典型如信息产业部公布的国家信息化指标体系①。

我们的研究，顶层框架则改为按学科框架（技术经济学中的信息化与网络经济子学科）来设计，把信息经济与信息化的关系处理成在信息国民收入这个集合下，信息产业与信息化是并列子集关系。信息产业（信息经济）是存量计量，信息化是系数水平计量，二者之积为流量这样一种总体关系。

信息化中，可以认为产业化（经济）测的是增产，服务化测的是增收（水平高低最终归为价格现象）。以往的测评将增产与增收混为一谈，造成信息化中投入越多越好的浪费现象，以及大量增产不增收的效益低下的现象，是不符合经济学规律的。我们要从理论经济学和技术经济学高度正本清源。

---

① 郑建明. 信息化指标构建理论及测度分析研究 [M]. 北京：中国社会科学出版社，2011.

宏观经济信息化的效率与效能

宏观经济信息化测评，包括了广义的信息化测评与狭义的信息化测评。广义的信息化测评包含了对信息经济这一存量的统计。信息经济的统计将在第6章中分析。狭义的信息化测评不包含信息经济统计，只进行信息化水平（系数）的测评。狭义的信息化测评是我们主要研究的对象，将在第7章中进行总的理论和方法分析（在第二部分和第三部分展开其应用分析）。

信息经济与信息化水平在总的理论框架中，统一于信息国民收入这一新的分析框架。信息国民收入分析将存量（信息经济）与系数（信息化水平）统一为收入（流量）。其中，信息经济的本质是信息价值总量（用 B 表示），信息化水平的本质是信息价格水平（用 H 表示）。

5 信息国民收入测度

5.1 信息国民收入机理分析

国民收入是指财富。信息国民收入是指从信息维度计量的财富。信息国民收入、货币国民收入与实体国民收入，指的是同一个对象（三者在均衡条件下是相等的关系），而不是三种不同财富，只是观察的角度不同。

信息国民收入相对于货币国民收入，存在可见部分与不可见部分（NOE）的分别。货币国民收入是信息国民收入中的可见部分，它通常是由 GDP 的形式使自己变得可见。GDP 的测度是一种产业测度，体现为一产、二产和三产之和。形成三次产业的（以货币计量的）产值（数量存量）的过程是产业化的结果。信息国民收入中的不可见部分不是以 GDP 形式显现的，而是以 GDP 的（以品种计量的）"水平"（价格水平、质量水平、流动速率）的形式显现的，在技术经济学中特指生产率水平的提高。对应经验现象是可持续竞争优势。信息化提高三次产业的（以质为内涵的生产率）水平的过程，我们称为服务化。信息化水平和服务化水平是技术经济统一体中的一体两面，服务化指涉的是商务本体（电子商务中的商务），信息化指涉的是经济的技术中介（电子商务中的电子），即信息流。它们之间相当于商务与电子的关系，共同构成电子业务（商务、政务等）。

货币国民收入是同质性的国民收入，信息国民收入是异质性的国民收入，而服务化水平是异质化的水平，代表的是异质性的信息技术转化为异质生产率的水平（异质性以 N 为参照系维度进行计量分析）。将同质性的国民收入（$Y_{货币} = MV$，M 为货币价值量，V 为货币价格水平）作为存量（以 B 表示，$B = MV$），与异质性的国民收入（$Y_{信息}$）流量连接在一起的系数，我们称之为信息价格水平（以 H 表示，代表信息化水平指数）。也就是说，信息国民收入 $Y_{信息} = BH$。H 作为信息价格水平，等价于信息流通速度，它作用于信息化水平的机理在于信息通过对等透明机制，提高了经济节点之间一对一配置资源的效能，在多样性、差异化水平变化中产生异质均衡水平的溢价，从而对货币价格水平产生胀缩作用。

信息技术以两种方式作用于信息国民收入，一种是产业化的方式，另一种是服务化的方式。产业化的方式是指信息技术以工业化的方式作用于国民经济，形成以货币计量的 GDP 形式的产出。这包括以下几部分，第一部分是增进工业产业，提高工业产值，如电子与通信设备制造业，这是制造业意义上的信息产业；第二部分是增进三个产业的信息化产值，这具体是指在一、二、三产内部发育出信息部门（又称"第二信息部门"）形成的产值，其中一旦这部分业务（如软件与信息服务）独立或外包，产值将计入第三产业即服务业中。例如，宝钢的宝信作为第二信息部门的产值应归入钢铁行业产值，而宝信一旦独立，将成为信息服务业的一部分；第三部分是服务业产值（包括第二部分中服务业的第二信息部门创造的价值）。

服务业与信息业的关系一直是一个疑难问题。出于我们的研究目的，我们将服务业分为两类：一类是与信息技术直接相关的服务业，如信息技术服务业、基于信息技术的生产性服务业、零售电子商务等；另一类是与信息技术间接相关的服务业，如信息服务业、一般生产性服务业、科学研究和地质勘查业等。当然，随着信息化的发展，后一部分会越来越多地转化成前一部分。

在计算信息国民收入时，我们是把传统的 GDP 作为一个存量整体"打包"加入的，因此，即使没有采用信息技术的服务业（如传统形式的音乐四重奏）也是被计算在内的。

服务化不是指产业和产值，而是指造就产业和产值的生产方式。它决定的不是产业的规模（GDP），而是产业的质量（水平）。

一般而言，产业化对应工业化，服务化对应信息化。这是就经济范式而言的，相对的是同质性（GDP）与异质性（质量水平）。但服务化与服务业却不是对应关系，而是交叉关系。服务化有两种形式，一种是信息技术直接相关的服务化，另一种是信息技术不直接相关的服务化。它们之间共同的特点都是指向差异化。内在区别在于技术经济范式不同，前者生产率特征是差异化成本递减（如由人机结合降低了复杂性决策成本），后者生产率特征是差异化成本递增（因人机难以结合而产生"成本病"）。随着信息技术广泛渗透，信息技术范式向信息技术经济范式转变，二者的区别会越来越小。

这样看来，信息产业与服务业的关系就可以基本厘清。信息产业有一部分不属于服务业（如电子与通信设备制造业），而服务业也有一部分不属于信息产业。但它们同时归属在信息化与信息经济的范畴内。它们的联系在于从不同方面贡献于产业中技术经济范式的转移。

我们可以从产业需求、成本降低、收入形式三个方面观察国民收入。服务业本质在于这个产业整体上（相对于制造业而言）满足的是对差异化的需求，它是创造差异性价值的产业。制造业服务化是指以服务业那种制造差异化的方式，为同质化的制造创造高附加值。工业中的信息产业，可以视为是为了降低服务化（差异化）的成本而提供产业化支持（如设备支持）的产业。均衡条件下信息制造业的产值，可以说反映的是其他各行各业服务化的深层需求（即信息化的服务化的需求），因为没有这种需求信息制造业的规模就会萎缩。而信息技术服务业，是把信息技术、产品转化为能力的产业。这一部分产值反映的需求是技术与经济范式结合的价值。传统服务业在信息产业交集之外的部分，可视为满足经济中的差异化需求但由于工业技术经济范式原因而成本较高（具有"成本病"）的部分。这一部分随着信息技术经济范式的引入和转型变化，越来越与一、二、三产业共同融入信息国民收入中（就像当年实体经济越来越融入货币经济中来一样）。而第二信息部门推动的就是这种融合与转型，它的产值代表的是经济中产业化向服务化转变的需求。而随着数据业务主营化，第二信息部门将在外包、独立中日益介入信息服务业，直到各行各业都成为信息服务业。这时的收入形式，我们称之为信息国民收入，它是现有 GDP 与一定质量水平结合形成的新流量（新收入）。

5.2 信息国民收入计量：流量与系数

5.2.1 收入法：信息国民收入流量

（1）国民账户体系中的价格与质量核算

国民账户体系（SNA）是工业时代的产物。最新一版（SNA2008）是在工业时代即将过去的时候总结的工业化统计共识，反映的是工业时代对财富的理解。认识一件事情，往往只有在它完成的时候，才看得比较全面与清楚。人类对工业化时代财富的理解，即使到了工业化的完成阶段也还在不断完善之中。信息化与网络经济的财富观，就更不用说，只能说还在摸索阶段。信息国民收入反映的是对信息化时代的财富的新理解，也可以说是最初的理解。

我们首先要做的，是在原有的 SNA 中寻找发现的线索。对流动性的新的理解，往往是财富定义更新换代的切入点。财富的外在形式尽管发生着非常大的变化，但财富的流动却始终具有某种一致性。物质财富建立在物质流基础上，工业财富建立在资金流基础上，信息财富理应建立在信息流基础上，而贯穿其中的流动性却是一致的。流动性就像太极中推动事物变化的"中"道一样，起着在财富存量与流量之间进行转化的作用。

在工业时代，人们对流动性的理解是依托货币这一中介完成的，货币的价格则代表着货币这一流动性中介的流通速度。我们就从这里开始。因为我们有一个大胆的猜想，信息时代的财富（信息国民收入）实际是财富在流动中的另外一种显现方式，是依托信息这一新的中介，在某种我们现在还没有完全认识清楚的新流动性——其已知经验特征包括多样性、复杂性、去中心化、小世界网络、有机联系、对等透明等的作用下形成的另外一种国民收入。这种流动性显然与货币的流动性既有联系，更有本质区别。与 GDP 所代表的货币国民收入相比，新的国民收入——我们称之为信息国民收入——相当于把货币国民收入当作存量，以信息流为中介并以其可计量的流速（经济学中常称之为价格水平）为系数转化而成的新的国民收入流量。

这样一个判断完全是基于历史经验。历史上每当重大的产业革命发生时，财富观都会发生一种有规律的变化。这种变化就是，把上一次产业革命的财富当作特例，纳入到一个放宽的条件中重新计量。其中规律是，以流量为通则，存量为特例，把原来的财富流量当作新的存量这一特例乘上一个新的比率（通常是新定义的价格），形成新的流量概念。这可以完美地解释一些现实问题，如 GDP 减速，财富表面上（存量上）是减少了，但实际上（流量上）可能增多。

让我们验证一下这个规律：

农业产业革命对原始实物经济的一种财富上的突破，表现为实物存量变为实物流量。原始实物经济的财富观里只有货物数量（存量）的概念，没有价格（比率）的概念。因为它只是物物交换的经济，价格在其中不起作用。

农业产业革命时代，财富的定义为（在费雪方程中，以下的 Q 为 T）：

Y（国民收入，流量）＝Q（总数量，存量）×P（总价格，比率）

$$(5-1)$$

按新财富观，并非东西越多财富越多。价格反映出东西少了，如果价值更高，财富会更多。

工业产业革命对农业产业革命的财富定义上的突破，表现为把实物流量当作货币存量（M）这一特例，加上了货币价格水平（V），形成新的财富计量。

工业产业革命时代，财富的定义为：

Y（国民收入，流量）＝M（总货币数量，存量）×V（总货币价格水平，比率）

$$(5-2)$$

两种财富的转换关系是费雪方程式：$PQ=MV$

在这里，同是价格，P 是实物价格，而 V 是货币价格，为避免歧义，把货币的价格统称为价格水平，意思是价格的价格。实际对应的是货币流通速度（如利率与存款准备金比率）。

仔细回忆一下，这是凯恩斯《就业、利息和货币通论》中第一次发现出来的。此前，工业产业革命虽然已发生很久，但人们并没有从财富观上找到其中规律。在凯恩斯之前，从费雪到魏克赛尔流行的一直是货币数量说。货币数量说是假设 $V = 1$ 的各种学说的大杂烩（如现金交易说、现金余额说等）。

凯恩斯所持的是收入说（即流量说）。在他的观念中，专业经济学家给政府出主意时之所以缺乏针对性，是因为把财富仅仅定义为他眼中的存量（M）。凯恩斯精明地算计到，在影响 Y 的五个变量中，"只有五个变量中的一个即货币数量，能由国家的货币政策所掌握"。他的对策是把存量分解为 M_1 和 M_2，分别调节其价格水平（准备金比率和利率）。

到此为止，我们发现的规律与实际都是对得上的。

大家都知道，凯恩斯是给政府出主意的，他的政策主张是政府干预。但我们不一定了解的是，凯恩斯政策主张背后是财富观的革命，是从农业产业革命时代的财富观升级到工业产业化革命时代的财富观，并以新财富观作为政策背后的理论基础。今天中国 GDP 降速了，我们给政府出主意，不能就事论事，可以借鉴凯恩斯升级财富观进行政策计算的思路。

信息产业革命时代，我们可以将财富定义为：

$$Y（国民收入，流量）= B（总信息价值数量，存量）\times$$
$$H（总信息价格水平，比率） \quad (5-3)$$

所谓总信息价值数量 B，不是指信息产品的总价值量（即信息是财富要表达的东西），而是指全社会以信息形式表现的总的信用价值量。H 通俗地讲，对应的就是经济发展总的质量水平。它是（实物）价格的（货币）价格的（信息）价格，即信息流通速率，即信用水平。经济泡沫就是指信用水平低下，导致总信用不足以兑现为同等的货币收入或实物收入。

（2）流动性与信息流通速度

现在出现了一个全新的变量 H（信息流通速率），它是指什么，如何才能在数据采集中得到它？目前这个问题刚被提出来，离解决还有相当距离。首先需要在现有流动性指标中，寻找与它相近的统计特征。带着这样的观点返回去审视 SNA2008，我们需要特别仔细地留意旧的世界中留下的某些打上了新世界烙印的线索。

H 的本质是质变水平，对"质"进行量化是其统计要点。

在价格与物量核算中，我们发现 SNA 对价格变化的原因的解释中就留下了这样的蛛丝马迹。提出价格变化的背景是，工业化的世界是一个同质化的世界。根据经济学的同质性假定，价格理应是标准化的。但 SNA 的实际统计中，发现有两类异常，一类叫"由于质量差异引起的价格变化"，另一类叫"不是由质量差异引起的价格变化"。它们都与前面所说信息流动性不同于货币流动性的特征有关。

由质量差异引起的价格变化中，第一种情况的质量实际是指质，特指"各不相同的物理特性"。由于存在这种质的不同，"品种间具有高度差别"。在这种情况下，"不同质量必须被视为不同货物服务处理"。第二种情况的质量是指货物服务本身的不同，包括不同的地理位置、不同的时间，将这种不同视为不同质量处理，"即使它们在物理特性上相同"。销售条件或者环境、氛围，包括不同种类的零售商等，也被视为不同质量处理。

SNA 经济分析假定，如果两个看上去物理上相同的货物服务在价格上不同，那么一定有别的因素造成了质量差异。但用这句话反过来作判断是没有意义的，因为两个价格相同的货物服务，并不能说明一定在质量上没有差异。这样一来，问题就出现了。按 SNA 的方法，"如果货物服务的质量相同但其价格不同，则计算指数所用的相对价格应该定义为该货物服务在两个时期加权平均价格之比，权重是按每种价格出售的相对数量。"[1] 质量相同因此价格相同的问题得到解决。质量不同，价格不同的问题也可以解决。但是，在同一个价格之下，如何区分有多少种不同的质量，这个问题却是无法解决的。

这造成货币国民收入统计与信息国民收入统计的一个原则性的分歧。信息流是针对不同质的节点进行一对一、点对点的精准配置的流动性，它要求对质进行严格区分；而货币流除了价格信息，并不能提供更多信息用以进行不同质之间的区分，而价格信息本身就是同质化的信息（不能从一张钞票上区分一种食品与另一种食品）。

这在宏观上导致对财富理解本身的分歧。如果一国人民只穿三种样式的衣服，乘以 10 亿人口和加权平均价格得出的 GDP，与另一国人民穿 3000 万种样式的衣服，乘以 100 万人口和同样的加权平均价格得出的 GDP，可以是完全一样的。但福利质量的高低仅从 GDP 是无从分辨的。也就是说，质量高的经济与质量低的经济在财富上完全相等。这与人们的经验判断完全不同。

---

① 联合国，等编 . 国民账户体系 2008［M］. 北京：中国统计出版社，2012：348.

在这种情况下，信息国民收入则要具体追问：同样的 GDP，两国的质量系数相差多少？因为如果不考虑其他因素，一国比另一国有更多的选择性，可以享受更多款式的服装，这一国的财富肯定更高。这是一种朴素的直觉，但它指向的正是信息化与网络经济新定义的国民收入所需要捕捉的计量对象。

另一类"不是由质量差异引起的价格变化"反映了另一个问题。它包括三种具体情况，一是缺乏信息，二是差别定价，三是平行市场的存在。表明的是"同样的货物服务有时会以不同的价格出售给不同的购买者"①。对应的是理论经济学中的垄断竞争。这里有个细微的区别，这里的价格不同是由"不同的购买者"（或更准确地说是由购买者的不同）决定的。一旦用加权平均价格处理，会引起实质上的含义变化。它涉及我们后面讨论的收支法 GDP的差值问题。但 SNA 的方法正是采用加权平均价格来处理。

这个分歧也是原则性的。信息国民收入本质上是以品种－数量－价格三维帕累托最优为均衡最优标准的，但 SNA 的计算是以标准理论中数量－价格二维帕累托最优为均衡最优标准的，因此 SNA 的数据一旦放在信息化与网络经济的条件下加以解读，会把"不是由质量差异（而是因购买者不同）引起的价格变化"归入非最优的短期均衡状态处理，而从信息国民收入观点看，这种状态却处于帕累托最优之中。也就是说，由于价格分歧导致均衡点判断的不同。对于政策制定来说，这显然有着非常大的不同。二者之间的差距汇总到宏观上，相当于全社会平均成本与边际成本之差。

经过上述讨论，我们看清一个问题：这就是我们虽然不清楚 H 到底如何统计，但已经知道经过 H 校准后的计量结果是什么。这个结果是将 GDP 乘以 H 形成的新流量中，一定要将上述两种价格变化的影响"补救"回来，使之从 NOE 状态变为显现状态。

需要说明一点，正如货币国民收入（$Y = MV$）的出现并不影响实物国民收入（$Y = QP$）本身的统计一样，信息国民收入（$Y = BH$）的出现也并不影响货币国民收入（$Y = MV$，对应 GDP）本身的统计。不可把信息国民收入当作 GDP 的一种倍增计算，它已不再是 GDP 本身，而是附加了质量评价的GDP。实物财富、货币财富与信息财富不在同一个维度中，它们只是由于中介不同而流动性不同的财富而已。

---

① 联合国，等编．国民账户体系 2008［M］．北京：中国统计出版社，2012：349.

5.2.2　系数法：国民幸福总值

如果说收入法提供的是一个概念跑车，主要是为了说明理论机理的话，系数法则提供了上述收入法（即流量法）的一个可以实测的方案，主要解决了难以实证的 H（信息化水平指数、信息流动性配置水平）的统计数据采集问题。它的立意是从以系数形式测"质"的量值入手，测度质变水平。

我们以生活质量指数来代表 H。生活质量指数在什么意义上是一个可以同增长率相互比较的量值问题，从而可以统一于自然率？

尽管生活质量涉及社会标准、心理标准，但我们从范围经济（异质完全竞争）角度可以把它归结为一个典型的经济标准问题。

国民幸福总值（GNH）测度上最大的困难在于，难以把握幸福的主观性与收入的客观性之间的关联。选择异质完全竞争的核心维度——品种这个指标作为 GNH 的成分指标，可以非常好地解决这个矛盾。品种本身是客观指标，却可用来显示"主观"选择。我们前面已指出，凡是心理上的"主观"这一概念，都可以用"多元"这一客观概念加以替代，而品种就是多元、选择、自由这类客观概念的实证化。

品种，唯一代表的就是选择（而不论它是不是指狭义上的产品品种）。品种与幸福的联系在于，幸福取决于更多的选择；没有选择，就谈不上幸福。同时，品种也与正义的价值具有内在关联，因为正义可以理解为一种多样性价值的平等（而非根据能力等特定标准划分出不平等）。

幸福是 GDP 中未被观测到的最主要价值。

"快乐水车"（hedonic treadmill）把观测方法的矛盾充分暴露出来。此前，人们普遍认为 GDP 的水平一定是幸福的水平，有钱一定快乐；但国际数据显示，人均收入达到 3000～5000 美元后，GDP 与幸福的关系就像水车一样，GDP 滚滚向前，快乐原地踏步，这说明有钱不一定快乐。

人们有理由猜想，幸福藏到一个可以计量它的指标（甚至指标体系）的面纱后面去了。人们发现，GDP 与幸福之间在量值序列上最主要的区别特征在于，GDP 的量以同质（质不变）为前提，幸福值的量以异质（质变）为前提。人们缺乏对质变（如生活质量、经济发展质量）的量化方法是问题症结所在。其中，作为中间价值的生产质量与最终价值的生活质量在测度上又有所不同。在中篇，我们重点讨论了生产质量的显示方法和计量体系，下面我

们将重点讨论生活质量的显示方法。

针对质进行测评，把幸福从显示不出来的状态重新变为显示状态。最初这种方法称为重现法（Reconstruction Method），它相当于在寻找幸福的显影液。

第一种幸福的显影液系统，我们归之为"质"重现法，典型如"酷（COOL）值"，它侧重从产业结构角度观测与幸福相关的产值。青木昌彦针对度量"旧日本"的分析方法的缺陷，高度评价日本酷（Gross Domestic Cool，GNC），将它与GDP相提并论。他相信今天的日本正处于一个"根本性的转型过程"中。"它或许是150年来日本的第三次伟大的转折"（按前两次分别指明治维新和战后奇迹），这是一次"没有航海图的新旅途"。

酷就是口语中说的"酷毙了"那个酷，酷值代表的是快乐值，GNC就是国内幸福总值的另一种说法。在实测中，反映的是日本以动漫、流行音乐、电玩游戏、家电产品、时装和美食等日本流行文化为代表的文化产业对制造业的替代。从理论上说，文化产业的供给对应的就是幸福快乐需求的直接满足。日本酷从产业角度显示出满足幸福需求的能力。

第二种幸福的显影液系统叫日重现法。由美国国民幸福值的主持制订者、2002年诺贝尔奖获得者卡尼曼，在《描述日常生活体验的调查方法——日重现法（DRM）》（*A Survey Method for Characterizing Daily Life Experience：The Day Reconstruction Method（DRM）*）中提出。

这种重现法的思路是对生活质量进行逐日的实证还原，然后将每人每日的快乐值汇总为一个幸福总值。例如，它可以比较喝一杯咖啡与散一次步之间，快乐值哪个大哪个小。这种方法强调排除GDP来测幸福值，它坚持不把幸福还原为标准化的效用。统计部门将GDP转化为人均GDP来刻画幸福，解决不了快乐水车问题，因为总的同质性与分别的同质性都是（马歇尔意义上的）效用，而非（边沁的快乐与痛苦意义上的）价值。

与日重现法相对的是"量"重现法，即把"质的变化程度"本身完全标准化为一个量。例如，产品或服务由一种质变为多种质的状态形成的数（品种数）。

最近中国社科院经济学部创新工程"信息化测评体系创新研究与应用"在梳理内生差异化的文献中发现一条新的线索，可以用品种指数当作异质性的量值，在均衡水平测度幸福值。

这种方法的理论根据是阿马蒂亚·森"以自由看待发展",对应的计量方法是其能力理论。能力理论讲的是,同样的(马歇尔意义上的)效用,可以满足不同的(边沁意义上的)价值(他称为能力,即能满足幸福的选择能力)。品种的总数对应阿马蒂亚·森的"能力集"(capability set,"能力集"包含可供选择的实际生活内容项组合的信息)。其中逻辑通俗地说,如果花同样多的钱,可以选择的品种较多,人的幸福值就会较高。

举例来说,3种衣服乘以5亿人(单一品种大规模生产)与3万种衣服乘以5万人(小批量多品种生产)对应的GDP(总的效用)可能是相同的,但花同样多的钱,人们可能拥有的选择却是不同的。以往的计量方法是把15亿件衣服当作一个品种,乘以价格计入GDP。这就把实际影响幸福值的关键量值——人们有多少种选择被省略掉了。将差异化内生进入GDP,这比人均GDP更接近对幸福快乐的多元化主体价值及其异质特征的描述。

从"以自由看待发展"角度看,在当前中国人均收入水平(超过5000美元)条件下,社会在均衡状态下可以满足多少差异化需求决定着主观幸福有多少客观基础。互联网对于这种以多元化的快乐为特征的幸福的增进作用突出表现在通过促进复杂网络水平的合作,有效降低经济差异性(主体价值多元化)的成本。

(1) 以品种测度国民幸福总值

重现法的优点是能有效区分宏观上的幸福与微观上的快乐,但缺点是难以同现有的均衡体系对接。这会导致GDP与幸福值各测各的,当要在它们之间进行比较和转换时,就会形成"语言"不通。为了解决这个问题,我们第一次提出在纯粹经济学的均衡框架范围内沟通GDP与幸福值的思路,将GDP与幸福值统一地纳入"品种－数量－价格"三维均衡体系来加以标准测度。

1)品种测度是人类发展指数思路的推广。

用品种测度幸福与联合国人类发展指数(HDI)形式不同,但实质完全相同,体现的都是"以自由看待发展"的理念。

二者都源于阿玛蒂亚·森的能力理论。通俗理解就是"有钱不等于快乐"。能力理论"以自由看待发展",认为收入不等于幸福。要从测效用,转向测价值(偏好)。不光要测收入,还要测出同一收入(代表发展)可以用来实现多少种不同的偏好(beings and doings)(代表自由)。学理上,(选择)自由先于(功利主义)幸福,因此对自由的测度可蕴含幸福的测度。

品种，正是阿玛蒂亚·森说的能力的一种理论抽象，相当于他说的"能力集"。不同之处在于，阿玛蒂亚·森说的能力是选择具体目标的能力；品种则把能力抽象为能力的数量（即一共有多少种可实现的能力）。把能力集理解为品种的集合，以自由看待发展，在指标上可"变形"处理为以品种看待GDP。通过测度同一GDP中包含多少种选择，观察人类获得自由的水平。

品种可以反映同一元钱对不同人的不同意义。表现出有钱与快乐之间的关系：同样收入条件下，人的选择越多，实现最贴近本义（满意）的选项的概率越大；人的选择越少，越远离人的本义的实现。例如，全国人民只能选蓝、绿两种颜色的衣服，与可选二百种颜色的衣服，满意的概率有客观不同，幸福水平也不可同日而语。

2）与GDP有内在关联，却又独立于GDP。

HDI三个具体指标——期望寿命、识字率（入学率）、人均GDP，是阿玛蒂亚·森参与设计的。它相比GDP加入了社会因素。但测度效果与他的初衷比有相当距离。尤其是人均GDP，没有独立于收入，甚至不如基尼系数敏感。幸福测度受此挫折走向另一极端，偏向主观的满意度测度。与这种经验式测度不同，同各种满意测度比，品种测度相当于把满意的"意"（所要满足的意义）抽象为意义的数量（一个品种代表一个质上不同的意义）。例如，每一次创新代表一个不同的质，每一个由于质的差异而造成的市场区隔理解为一个不同的质，从而得出一个代表质的差异程度的意义总量（即自由的范围——一定经济范围内人类获得自由的总量）。

如果不求精确，在经济内部大致可以这样理解：GDP是数量与价格之积，幸福是品种与价格之积（选择的总价值量）。总福利含义从数量与价格之积变为再乘以品种，性质上从总效用变为总效用与总价值的合体。

GDP与幸福之间存在一目了然的内生关系。举例来说，同一个GDP由2万种商品构成还是2亿种商品构成，对GDP本身没有任何区别（因为设$N=1$，所有产品同质，数量与价格之积不变）。但对人要满足的意义来说，完全不同。每个人认同的意义不同，体现在商品上表现为选择不同质的产品。总价格不变条件下，由较多品种、较少数量构成的等量的总福利，比之较少品种、较多数量构成的等量的总福利，将意味着更高的幸福值，从而也意味着较高的新定义的财富值。这就是以自由看待发展和能力集指导下的财富测度与传统GDP增长测度的实证上的不同。

这也符合经验上由托夫勒总结的人类经济发展由单一品种大规模生产转向小批量多品种生产的生产趋势；同时符合人类从同质化的物质需求满足日益向异质化的文化需求满足发展的消费趋势。这个过程就是人类从较不自由向更加自由转变的过程，是幸福提升的客观基础，与人类发展指数的取向是一致的。可以认为，HDI 是品种测度的特例，它相当于品种测度中同等收入水平下可以选择的不同的寿命水平、知识水平这类具体的品种大类。而阿玛蒂亚·森的本义是选择越多越好。HDI 只取寿命、知识指标等是受统计指标限制，而不具有理论上的必然性。

（2）品种测度的可行性

迪克西特与斯蒂格利茨 1977 年提出的 D－S 模型，在经济学中第一次实现了品种与收入、均衡关系的内生化，由此解决了在均衡水平上计量品种的技术性难题。

均衡条件下，品种不可以通过主观意愿增减，不像满意度那样容易造假或出现样本偏离，因此比满意测度更为客观。原因在于，统计测度的品种一定是供求平衡、市场结清后的品种，是客观的。

人为从供给方增加品种、提供虚假的选择多样性，会受到市场惩罚。同时，供给受生产方式的制约。小批量多品种的生产方式一定是发展方式转变的结果。一般规律是，在规模经济条件下，品种多样化会提高生产成本（迪克西特、斯蒂格利茨，1977）；在范围经济条件下，品种多样化会降低生产成本（潘泽，1982）。真实的平均成本曲线由范围经济到不经济的 U 形轨迹构成。需求不变条件下，如果在范围不经济的情况下，规模再不经济，产品多样化会因偏离均衡而受到抑制。

从需求方看，人们会为差异化产品更多付钱，因为差异化会带来更高的幸福感。但这要受到收入条件的限制。经验规律是，人均收入 3000～5000 美元以上，或总收入中可自由支配收入占到 60% 之上，是多样化需求开始跃过同质化需求的临界点（这两种需求对应张伯仑的双需求曲线，多样化需求曲线即垄断竞争中为差异化支付溢价的那条需求曲线），特定情况下（如体验经济、成瘾性行为）甚至出现需求曲线向上。从经验上，将来人们可以通过对个人信息（负面说法有时称为"隐私"）的透明偏好，看出收入和需求偏好的关系。

联系均衡进行品种测度，有助于克服满意测度的根本局限。多数满意指标都与均衡无关，与经济只有外在关系，不可能（在初次分配内）通过经济本身的调节作用与幸福相互作用。实质问题是，幸福等于欲望减去满足。联系均衡，欲望就会受到供给（实质是为获得幸福肯不肯付出劳动）的制约。而不联系均衡，包括满意测度、主观幸福（SWB）测度，难以区分正常欲望（有支付和劳动付出保障）与贪欲（只索取不付出）的度，会鼓励不正常攀比。范围经济认为幸福是人（特别是底层民众）的自主选择，而非福利国家的单纯再分配，幸福需要靠劳动者自己创造，而好的制度要使他们得到最低门槛的创造机会和条件。

品种测度本身也有局限，它只在经济范围有效，不涉及"快乐水车"（hedonic treadmill）等联系于心理、社会因素的现象。如果要超出经济范围测度幸福，就需要有心理类指标（如满意测度、SWB 测度）及社会类指标，辅助进行全面分析。但品种测度结果会为心理、社会测度中的超常欲望提供一个正常欲望的"自然率"参照系。

政策含义是一旦超出自然率为提高国民幸福总值，就需要考虑采取文化手段（如印度通过印度教降低欲望水平）、宏观经济手段（如通过二次分配调节基尼系数）、社会手段（如"等贵贱、均贫富"）进行调节。而品种测度的直接政策作用是提供数量信号指示，通过市场手段利用供求关系使欲望与满足达到平衡，并在均衡中使幸福值上升（以自由看待发展）；通过微观机制，在一次分配中解决幸福问题；仅在市场失灵后，再求诸宏观和社会手段。

选择品种这个指标，可以同时兼顾国民幸福总值指标选择上的四种经济学的考虑：

其一，是不是经济指标。国民幸福具有经济和社会双重性，在经济指标外附加社会指标，无疑是可操作的办法。但这意味着 GNH 外生于经济，容易造成 GNH 与 GDP 的对立，排斥幸福的经济内生因素。而品种测度是经济自身指标，它与收入有内生联系。品种不像满意度那样越高越好，有均衡规律从供与求两方面进行反向相互制约。

其二，是不是事实判断。满意测度与 SWB 测度诉诸价值判断，品种测度只是事实判断，同 HDI 一样，客观参照性强。二者可以结合。

其三，是否是累积性指标。品种测度利于形成时间序列的累积值，而满意测度与 SWB 测度难以进行时间序列中的基值比较。

其四，可否从微观推导宏观。卡尼曼的日重现法包括英国的方法，以快乐值推幸福值暗含了微观宏观同构假设，是否准确高度依赖于样本代表性。品种测度虽也是微观测度，可全面统计，可以直接得出宏观数据。

5.2.3 支出法：未被观测经济（NOE）

以收支法测度未被观测经济（NOE）所反映的实质问题在于，我们将 N 值变化在宏观上带来的国民收入之差，理解为收入法与支出法国民收入之差，并将这个差视为信息化与网络经济对应的 NOE 的一个近似值（至少是一个相关变量，也就是说可以在时间序列中通过指数形式反映发展变化程度的量值）。

这一方法来自芬斯特拉（2012）。在"产品种类与实际 GDP 的度量"中，芬斯特拉区分支出法实际 GDP 与产出法实际 GDP，并定义"两个实际 GDP 的差——消费方面和生产方面——等于贸易收益"①。贸易收益在这里可以被理解为是一个隐喻。根据张伯仑以生产成本代表同质性（单一性、无差异）成本，以销售成本代表异质性（多样性、差异化）成本的历史传统，这里的贸易收益可以直解为多样性收益。因此贸易收益主要被定义为"取决于种类多样化的收益"②，可以通过内生品种 N 来测度。

（1）国内收支测量法：来自差异化的贸易收益

根据国民经济核算体系（SNA），产出法 GDP 称为实际 GDP，而支出法 GDP 称为实际国内总收入（GDI）。产出法 GDP 主要反映生产方面，代表一国生产者的产出水平；支出法 GDP 主要反映消费者方面，代表一国代表性消费者的生活水平和福利。在标准工业化条件下，二者在数据上应是一致的。但随着信息化与服务化的发展，二者之间的差值开始具有越来越明显的经济含义。差值背后存在着代表信息化与网络经济收入效应的 NOE。

以 GDP 的收支差异测算 NOE，可以追溯到国民账户收支测量法。1980年，MacAFee 将 NOE 定义为"所有未被国民账户常规核算，未计入收入法核算的 GDP 值但产生收入的经济活动的统称"③。由于信息国民收入也以某种形式（流量或流速④）"产生收入"，而这种收入同样"未计入收入法核算的

---

① 芬斯特拉. 产品多样化与国际贸易收益 [M]. 陈波，译. 上海：格致出版社，上海人民出版社，2012：99.

② 同上，第116页。

③ 徐蔼婷. 未被观测经济估算方法与应用研究 [M]. 北京：中国统计出版社，2009：80.

④ 我们把通过流速（如价格水平）影响收入称为收入效应，而影响流量则直接是指收入本身。

GDP 值"，因此我们有理由把由信息化与网络经济产生的 NOE（GDP 之外的"收入"）与收支差联系在一起来研究。

MacAFee 发现在调查统计中，人们一般不会隐瞒支出，却有许多理由隐瞒收入，这造成了国民收入的支出与收入之间的不一致。其中特别提及自雇佣工人的收入在收入统计中被遗漏。而这一部分人恰恰具有较高的差异化能力（与信息化和网络经济中的 DIY、创客等十分相近）。

支出法与收入法的结果差异真的只是统计误差造成的吗？统计学家经常是这么认为的，因此他们面对这个问题时，主要致力于从方法上弥合这个差值，让这个差值尽量在技术上不存在或降到最小。但正如经济学家博利厄和巴特士曼研究认识到的那样，"实际 GDP 与实际 GDI 所呈现出的不同运动轨迹却是有经济意义的"[1]。通过比对数据，他们发现机械仪器业、贸易业和金融保险业三个行业是造成 GDP 与 GDI 误差的问题行业。其中，贸易业的差值"似乎与产品销售加价的核算有关""一定程度上可以视这些差值代表了国内产品的加价，它就是针对国内行业产业两种估计之间差值对应的抵消项"[2]。

这三个行业都是与信息和信息技术密切相关的产业，都与流动性有内在联系（半导体行业降低了社会信息流动的成本；贸易业在信息流、商流、物流的流通中提供着差异化服务；而金融保险业通过加工信息流化解不确定性，提供资金流的增值），具有高附加值的特征（其中机械仪器业在观测期的高附加值主要是由半导体行业当时的高利润带动的）。考虑到信息化与网络经济对收入的影响主要是通过 GDP 存量与信息国民收入之间的系数（反映流动性的价格、流通速率）而起作用的，这三个行业的情况更证明了我们的一个大胆假设：GDP 与 GDI 误差的差值实际上反映的是多样性方向（N 值方向）上的NOE 产出，是流动性差值。

其中的机理在于，GDI 由于是从消费支出角度计算的，它真实反映了差异化带来的加价水平，这种加价是通过成本加成和消费者剩余的形式进入实际收入的。在微观上相当于 $P = AC$ 这一机制下形成的收入。但国内统计并不区分价格中哪些是基本价格（$P = MC$），哪些是加成后的价格（$P = AC$），对

---

① 乔根森，兰德菲尔德，诺德豪斯编. 宏观经济测算的前沿问题：国民经济账户的新设计 [M]. 伍晓鹰，等，译. 北京：北京大学出版社，2013：290.

② 同上，第 318 页。

不同价格往往取平均值。而在无法取齐的领域就会有一部分加成，通过支出形式被统计进来，显得高于收入。GDP 只反映了同质均衡意义上的收入（数量与价格之积），微观上相当于 $P = MC$ 这一机制下形成的收入，而不反映品种意义上的收入（收入流动，正是这种流动造成了 $AC - MC$ 这一差值，对应成本加成或消费者剩余），会把差异化加价当作对标准状态的偏离，并将其校正回 GDP 状态。

在经济总体的实际收入测度中，实际 GDI 变化和 GDP 物量变化之差，一般是指涉及出口价格与进口价格比率的贸易条件变化。我们出于特别的原因（经济学上而非统计学上的原因）把这个问题从进出口贸易中抽象出来，推广为一般贸易条件变化问题来讨论（下一节再回到国际贸易问题上来）。

根据信息化与网络经济的特殊机理给出了另外的解释：我们认为，GDP 反映的是数量 – 价格二维均衡下的标准经济，GDI 反映的是品种 – 数量 – 价格三维均衡下的实际经济。把 GDI 校正回 GDP，在逻辑上相当于把垄断竞争校正回完全竞争，把多样性带来的收入流动视为对 GDP 的一种短期扰动加以过滤。通俗地说，人们心甘情愿为差异化的产品和服务付出（比同质性完全竞争情况下）更高的价钱，但这被认为是不正常的；假如非要把人们实际付出的比完全竞争水平更高的支出视为正常基准，则统计上的自然倾向是倒过来认为总收入有所遗漏（如企业瞒报收入）而使结果不"正常"。这种认识和做法实质上否定了因多样性效用增加带来的差异化溢价形成的国民收入的存在。这给以收支法测度信息国民收入带来一个现实的困难，这就是来自传统观点的数据干扰。许多统计学家由于只是抱着"统计误差"的态度来看待 GDI 与 GDP 的不一致，认为它们不是真的不一致，而只是算得不对，因此进行种种技术性调整使这个差距人为缩小，而失去了通过这个差值（在真的不一致时）正常反映多样性、差异化收入的部分有效信息。以往不从国内贸易角度解析 GDI，很大程度上是因为在国内市场上较难从统计角度区分同质化与异质性之间的市场区隔，不区分基本价格与加成后的价格。而现在我们宁可把国际贸易条件当作一般贸易条件的一个隐喻，要从中实质性地进行同质性与异质性的区分。

信息化与网络经济的本质就是以流动性为中介，通过多样性、差异化的供求活动形成的经济（供是指信息产业，求是指服务业，其活动表现为信息化和服务化）。在这一过程中，大众创新正使资本与劳动的对立得以扬弃，表现在流动性中介上，就是高增值的利率机制与高流动性的现金机制的对立正在渐渐失去意义（如表现为金融脱媒），信息（网络）成为配置资源的主导机制，新的流动性将带来存在（M_1）与本质（M_2）之间"致中和"方向的变化，国民收入中新流动性的增加在产品和服务上表现为以多样化形式存在的收入胀缩运动（按传统概念从负面称为风险和不确定性），构成了差值的本质。对应经验上的现象，原有货币国民收入正在（原始信息与信用性的知识对流的）信息流动性作用下，一对一精确地实现经济的个性化、差异化等多样性变化（"生生之谓易"）。这种流动性变化对原有货币国民收入在宏观上产生类似通货紧缩与膨胀的变化，但胀缩的对象不是货币而是原子世界与比特世界的吻合度（在主观上表现为人们的信心与信任），它就是多样性的度。信息化与网络经济以多样性为内在经济特征，但多样性不是越多越好，它受到收入与成本的约束。人均收入越高，消费的多样性偏好越强，人们越肯为差异化效用付出相对于同质性完全竞争的溢价；人均收入越低，消费的多样性偏好越弱，人们越倾向于低价获得同质性产品与服务。同时，产品与服务越多样化，以知识、社会资本为代表的社会固定成本的要求越高，越需要降低大众创新的门槛，以可承受的增值应用（多样化服务）成本提供多样性；而产品与服务越同质化，越强调通过批量化生产降低成本（无论是 VRS 还是 CRS）。在一个适度的多样化度上，实体经济与虚拟经济是完全符合的。GDP是实体经济（我们设 $V = 1$，将货币虚拟经济也归入这个广义的实体经济）的尺度；而 GDI 因为联系于需求价格（而这个价格又深受多样化度 H 的影响），偶然地成为了虚拟经济的尺度。

对于差值，我们现在要做的正好相反，通过支出法与收入法之差还原显现信息化与网络经济通过多样性变量的中介对原有 GDP 带来的增量。

借助芬斯特拉的方法，我们先顺着原有经济学家的统计思路，以支出为基准（即假设价格变化不影响效用，同质化还是异质化在收入中不作区分），倒过来看差值背后的收入法测度对象在成本上的差别，以及在收入中被隐去的 NOE。

图 5 – 1 "实际 GDP 的度量"中，设两条技术可能性边界（技术上有偏，偏向多样化的 n，这是信息技术的典型特征）上，分别与 $P_1 P_1$ 与 $P_2 P_2$ 相切于 A 点与 B 点。由于数量 q 的增加，相对价格下降，形成新的价格为曲线的斜率 $P_3 P_3$，产量从 B 点移至 B'，表明商品的同质特性（数量）与异质特性（品

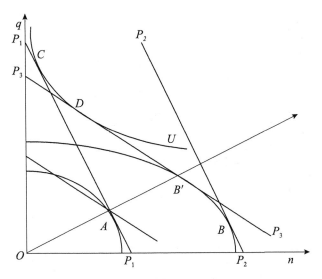

图 5-1　实际 GDP 的度量

种）的相对产量没有变化（在长尾曲线上同一条过原点的射线上，即批量与品种之比不同）。此时看效用曲线 U，它分别与 P_1P_1 与 P_3P_3 相切于 C 点与 D 点，C 点与 D 点表示的代表性消费者的效用没有变化。

这代表消费者福利既定，支出法实际 GDP 并没有改变。然而产出法实际 GDP 却出现了增长（两种商品组合的同比例增长），$OB'/OA > 1$。这种增长的来源是信息技术应用，它造成技术有偏于多样性的变化，导致多样化的成本（比如平均成本）相对下降（范围成本递减），消费者在同等效用下享受了更多的多样性（D 点在 C 点右侧，n 值更高），这表明经济质量明显提升（以更小的批量、更少的 q 值满足了更多的品种，即更大的 n 值，经济变得更加贴近消费者体验，更加精准）。问题在于如果以不变的支出法 GDP，去同步不同技术经济条件下的收入法 GDP，则信息化与网络经济的收入效应将不会显现。

为了显示信息化与网络经济的收入效应，需要把视角转过来，显示作为 GDI 与 GDP 之差的贸易收益。贸易收益的实质是什么？从克鲁格曼到芬斯特拉的理论，有一个标准说法，贸易收益来自多样性与差异化（来自垄断竞争）。这来自张伯仑的理念。

如图 5-2"度量贸易收益"所示。贸易收益是预算线 $P_1'P_1'$ 和 $P_3'P_3'$ 之差。条件倒了过来，生产条件不变（同一条 PPC），消费条件发生了变化（不同的无差异曲线）。忽略国内贸易与国际贸易主体的区别，我们看到，一

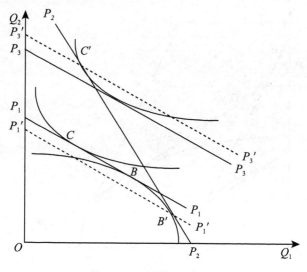

图 5-2　度量贸易收益

个在 B 点生产、C 点消费的经济主体，得到效用 U；而另一个经济主体在 P_2P_2 的贸易条件下，在 B' 点生产、C' 点消费，得到效用 U'。双方的生产能力没有差别（在同一条 PPC 上），但由于两个经济主体之间存在的收入差——预算线 $P_1'P_1'$ 和 $P_3'P_3'$ 之差——不同收入主体对价格的接受度不同。因此在 P_2P_2 的价格高端，产生了贸易收益——也就是差异化收益。C' 点的消费相当于对应的是另一条效用曲线 U'。P_3P_3 对应的是假如没有贸易，由第二个经济主体自己生产时的影子价格。对于国内贸易来讲，这种情况存在于不同经济主体之间由代表差异化的销售成本而造成市场区隔（进入门槛）的条件下。这就好比一个人在一线城市工作，挣高工资，却跑到低收入的乡村消费一样。

换个角度讲，这两个经济主体，一个相当于在同质完全竞争条件下生产与消费，而另一个则在同质完全竞争条件下生产而在异质完全竞争条件下消费一样。宏观上的贸易收益，就相当于微观上均衡价格在 AC 与 MC 之间的差额。

明白了这一机理，我们可以通过 GDP 支出法与产出法之差定义和测度信息化与网络经济收入效应，而不再像一般统计学家那样，把这个差值当作"误差"去刻意掩饰。至此，我们实际已在三维均衡背景下将 GDI 重新定义了，主要是希望引进对国内贸易条件变化带来的消费者剩余的测算，具体是以价格缩减还是数量重估价方式调整需要更专门的研究。这里只是提出思路。

(2) 国际贸易：李嘉图、贸易收益与产品多样化

回到本意的 GDI 计量，看国际贸易中，通过进出口统计反映的差异化收入效应。这种差异化收入效应，构成了信息国民收入的重要来源，也反映了信息化与网络经济对国际贸易的关键影响。对信息化与网络经济计量研究的意义在于，差异化收入效应代表的是信息化与网络经济的商务本体，而对信息化与网络经济进行技术经济研究，前提是对其进行经济研究。将研究结果与信息技术进行相关分析，才能建立起关于信息化与网络经济的正确的技术经济概念。国际贸易收益最初只是与多样性的经济范式相连而并未与新技术范式相连，信息化与网络经济由于在技术上降低了多样性的成本，使得国际贸易中的贸易收益越来越成为一种新技术经济现象。

国际贸易收益问题的理论渊源可以追溯到李嘉图模型。生产率比较是李嘉图理论的主题。研究不同市场的主体之间存在生产率差异，因而产生生产率上的比较优势，这是李嘉图理论贯穿的主线。最初比较优势的来源更多从禀赋方面解释，越到后来生产率研究的重心越移向了全要素生产率。生产率比较的不同主体既可以是两个国家，也可以是两个不同的市场。李嘉图当年之所以要拿两个国家作隐喻，因为国与国之间市场是分割的，要素不能充分流动。在实际的统计中，国与国之间的贸易收益是相对容易界定的。GDI 统计不同于 GDP 统计的一个最主要之处，就是将进出口比率计入在内。

李嘉图理论的本意是在比较出口国产业内差异化产品最低商品价格的比较优势与进口国对于产业内差异化商品的需求所决定的生产率形势。前者由单位生产成本决定，取决于产业内垄断竞争厂商的异质全要素生产率、国内要素价格以及该产业要素密集度。对异质全要素生产率，新李嘉图模型结合垄断竞争理论采取了两种生产率的概念：一个叫确定性生产率，一个叫随机震荡生产率。后者反映的是个别厂商差异化的竞争优势。

在信息化与网络经济中，线下市场相当于一个同质化的市场（斯密式的市场），而线上市场的根本优势在于它是差异化的市场（张伯仑的垄断竞争市场）。差异化的根本市场优势在于个别厂商能否在成本上稳定地造就一种从CRS 角度看不可思议的成本优势。这个优势旨在保证厂商把差异化作为成本比较优势。这在以前是不可想象的。

克鲁格曼的研究表明，"对某些市场结构来说，可作出贸易在有规模经济时有利可图的推断——的确，存在着我们通常的比较优势想法不曾注意到的额外得益"[①]。李嘉图最初的比较优势理论，是建立在完全竞争基础上的。克鲁格曼指出的是在这种比较优势理论中看不到的"额外得益"，具体就是指规模经济与报酬递增以及与之对应的多样性带来的贸易收益。新李嘉图模型已经注意到这一点，将垄断竞争市场结构（就是克鲁格曼说的"某些市场结构"）包括基于产品品种考虑的生产率测度方法纳入进来[②]。克鲁格曼明确把贸易收益与多样性内在联系起来："如果贸易后生产规模和消费者可得到的产品多样性一般而言大于贸易前，则一个国家从贸易中得益"；或者说："如果相异产品产业的世界产出大于某国在自给自足条件下这些产业的产出，则该国从贸易中得益"[③]。

芬斯特拉的研究则把重点放在国际贸易收益中的产品多样化上。芬斯特拉把 GDI 与 GDP 之间差值的产生定位于（进口国的）支出价格，而非（出口国的）收入价格。在同质完全竞争下收入价格上的 GDP 已达到均衡时，由于存在一个具有差异化成本优势的外部市场，仍能存在一个更高的支出用于进口，从而与不考虑这个更高支出而统计出来的 GDP 存在一个差值。这个差值就对应 GDP 统计上的支出法与收入法统计之差。

赫梅尔斯和科莱诺（Hummels and Klenow，2005）提出"贸易的范围边际"（extensive margin in trade，又译为贸易的广延边际）作为度量进出口品种的方法，它指的是由于商品种类的变化，即由于产品种类而不是每种商品消费量的变化导致了进出口的变化。范围边际相对于集约边际（随每种商品消费量而变化），二者关系是范围与规模的关系。

经过品种调整的 GDP 等于企业的本国收入和国外收入的整合（A_d 是企业在国内销售时的移动参数，A_x 是企业在国外销售时的移动参数）：

$$GDP_n = A_d \tilde{M} + A_x \tilde{M}_x \qquad (5-4)$$

---

① 赫尔普曼，克鲁格曼. 市场结构和对外贸易——报酬递增、不完全竞争和国际贸易 ［M］. 尹翔硕，等，译. 上海：上海人民出版社，2009：196.

② 谷克鉴. 新李嘉图模型：古典定律的当代复兴与拓展构想 ［J］. 数量经济技术经济研究，2012（3）.

③ 赫尔普曼，克鲁格曼. 市场结构和对外贸易——报酬递增、不完全竞争和国际贸易 ［M］. 尹翔硕，等，译. 上海：上海人民出版社，2009：208.

图 5-3"梅里茨模型中出口产品多样化对 GDP 的贡献"中，当不存在出口时，GDP 的位置在 A 点（角点，出口为 0），随着（由产品多样性决定的）出口的出现，该点向 C 点移动，该移动产生的贸易收益等于 $[1 -$ 进口（出口）份额$]^{-1/(\omega+1)}$。明显可以看出，GDP 从 A 点向 C 点的移动扩大了收入（贸易收益）。

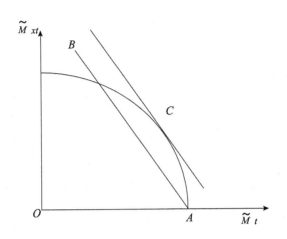

图 5-3　梅里茨模型中出口产品多样化对 GDP 的贡献

从微观上分析，这一贸易收益来自企业得自产品多样化的成本加成，这种能力代表的是企业较高的生产力。出口企业以产品多样化获得的加价能力代表的生产力高于国内企业，因而获得出口竞争力，实质上反映的是生产力改进提高了生产和服务质量，从而获得了更高附加值。芬斯特拉在建模计量"经过产品种类调整的 GDP"时，已经将这种通过加价能力代表的生产力内生到 GDP 计算之中①。

表 5-1"1996 年实际 GDP 与贸易收益"直观地反映了产品多样化带来的收益。其中，中国"未经品种修正的国际贸易收益"与"品种修正后的国际贸易收益"相比，从 20% 提高到 29%，这反映出产品多样化带来的收益在 10% 左右。

---

① 芬斯特拉. 产品多样化与国际贸易收益 [M]. 陈波，译. 上海：格致出版社，上海人民出版社，2012：54-55.

表 5 - 1　　　　　　　　　　1996 年实际 GDP 与贸易收益①

	人均实际 GDE（美元）	未经品种修正的实际人均 GDO（美元）	未经品种修正的国际贸易收益（%）	品种修正后的实际人均GDO（美元）	品种修正后的国际贸易收益（%）	产品多样化带来的收益（%）
刚果（金）	245	177	28	158	35	7
塔吉克斯坦	775	606	22	552	29	7
中国	2353	1893	20	1664	29	10
巴西	5442	4266	22	3762	31	10
马尔他	10420	6178	41	6176	41	0
德国	17292	12916	25	11114	36	10
挪威	20508	20508	0	18323	11	11
美国	23648	18519	22	16207	31	10
146 个国家			21. 4		30. 7	8. 4

注：GDE 为国内总支出，GDO 为国内总产出。表中人均实际 GDE 等于人均实际 GDP。

　　李嘉图理论是国际贸易理论的基础。早期的李嘉图模型更强调禀赋在国家之间比较优势中所起的作用，新李嘉图模型越来越将比较优势的重点从先天条件转向后天条件，强调全要素生产率比较。信息化与网络经济理论要补充的一点是生产率比较中的效能因素分析。包括克鲁格曼和芬斯特拉在内，作为贸易收益来源之一的报酬递增都是特指规模经济。而信息化与网络经济强调报酬递增产生贸易收益的途径主要是范围经济。同是把产品多样化作为核心变量，二者的主要区别在成本的效能相反（生产率的效能变化的斜率方向相反）。规模经济隐含的成本条件是相对于品种增长的平均成本递增（因此才需要用规模经济来补贴固定成本造成的均衡价格之差），而范围经济认为相对于品种增长的平均成本递减，因此不需要以规模经济作为均衡的必要条件。

　　附带说明，李嘉图模型原来说的比较优势比较的只是劳动成本，服务于劳动价值论。新李嘉图模型扩展到全要素禀赋。如今的 O2O 再次出现新情况，一是作为要素的数字化的固定成本（如平台）可以零技术成本分享，从面向增值应用的使用租金中获得补偿；二是增值应用的主体成为差异化成本的主

　　① 芬斯特拉. 产品多样化与国际贸易收益［M］. 陈波，译. 上海：格致出版社，上海人民出版社，2012：121.

要载体，在生态系统中可能以轻资产运作形式降低差异化成本。这可能从新李嘉图模型绕一圈回来，在更高层面上回归李嘉图模型的劳动成本解释，只不过主角变成了异质的创造性劳动，他们才真正是差异化的比较优势之源。

在发展的早期阶段，人们难以察觉信息化与网络经济对 GDP 的这种关键性的影响。其实稍做反思就可以意识到，既然由 GDI 和 GDP 的差值反映的出口竞争力主要由产品多样化决定，那么，哪种技术和哪种技术经济范式对提高这种能力最有利？显然是信息技术和信息技术经济（网络经济），我们的整个理论都在说明它们在降低多样化成本方面的独特之处。

对贸易收益的计量，与信息化与网络经济的计量是内在一致的。计量指标可以建立在三个领域范围，一是技术，二是技术经济，三是经济。贸易收益属于经济范围。在现实中，出口产品多样化作为经济现象，既可以是应用信息技术的结果也可能不是。但随着信息化的深化，厂商在竞争中会发现应用一种擅长降低多样性成本的技术，比应用传统技术更有生产率上的技术比较优势，随着厂商就绪信息化技术指标（就绪指标）的数据就会反映出厂商面向信息技术的生产率改进倾向；随着竞争的深化，厂商又会发现只是技术上降低多样化成本，会在出口竞争中输给从技术经济角度降低多样性成本的厂商，于是技术的改进就会深化为技术经济改进，即同时提高技术效率和配置效率，发生我们所说的转型与商业模型式创新（转变增长方式）的改变，这时的贸易收益就会更多与信息化方式的改变产生内在相关；最终，新技术经济范式的内生化会带来经济范式的改变。人们会发现，取得贸易收益不再仅仅是一种传统经济行动，只有那些应用信息技术以信息化方式从事出口的企业，才最具有范围经济的生产率效能比较优势，才会在国际贸易中生存发展与胜出。这时国际贸易收益的经济指标，就会与信息化与网络经济计量完全融为一体。

当然，我们也必须看到用支出法测度信息国民收入的局限。现有的支出法不是为统计信息国民收入而设计的，因此它在机理上就存在着一定的局限。这突出表现在："福利的增加可能不与支出的增加成比例"。[①] SNA2008 说明"用支出测度福利的条件"时指出，支出法虽然在总量变化与福利变化之间建立了联系，但同样效用对穷人与富人带来的相对福利增加可能不同，SNA 由

---

① 联合国，等编. 国民账户体系 2008 ［M］. 北京：中国统计出版社，2012：14.

于"没有针对从消费中获得的福利进行质量调整",因此"无法对此进行区分"①。阿玛蒂亚·森的能力方法从理论上解决了这个问题,但实测上却遇到困难,需要解决系数法中的品种指数采集后才能进行实际测算。

5.2.4　增量法:对GDP的修正

计算信息国民收入还有一种完全不同的思路,这就是增量法,指将主要的未观测经济折算成GDP的形式,作为增量形式的存量与现有GDP相加。

增量法具体方案各有不同,但有一个总的特征,它更多是以消费者的实际获得为标准确定财富。无论这种获得是主观的还是客观的,是经过市场还是未经过市场(也可能是经过网络)的。这些增量往往属于SNA中"非付费服务和福利"项下,SNA承认其"增加了社会中其他个体的福利",但从SNA的设计目的出发"剔除这些服务"②。

增量法在原则上应等同于支出法,这意味着这些增量在学理上都可以被解释为异质现象(N值本质上是异质性的刻度,它外在于市场但内在于网络)。原则上,通过新增存量的相加与新增系数(无论是以价格水平形式,还是品种指数形式)相乘,得出的收入总量应是相等的。但实际情况要复杂得多。

(1)基于经济表现与社会进步的衡量

2008年,法国总统萨科齐邀请诺贝尔经济学奖得主斯蒂格利茨和阿玛蒂亚·森成立"经济表现与社会进步衡量委员会",专门研究修改GDP。

斯蒂格利茨、阿玛蒂亚·森关于修改GDP的建议,包括着眼于收入和消费而非生产,综合考虑收入、消费和财富,重视家庭角度,更加重视收入、消费和财富分布,把收入标准扩大至非市场活动五个方面,是非常有道理的。核心都是在价值取向上从物向人转变。

第一条建议是着眼于收入和消费而非生产。意思是,不要为生产而生产,要考虑到消费,从只重生产不重生活变成同时兼顾生产和生活,我们可以看到原来的有效消费不足问题症结就在为生产而生产。在计算GDP时,收入与生产之间可能存在不一致。

---

① 联合国,等编.国民账户体系2008 [M].北京:中国统计出版社,2012:14.
② 同上。

　　第二条建议是综合考虑收入消费和财富。要从收入、消费和财富角度同时获得家庭经济状况的信息，建立围绕财富的资产负债表。不仅要考虑存量，还要充分评估价格水平变化的影响。

　　第三条建议强调重视家庭这个角度。这点非常耐人寻味，我们注意到家庭经济中没有失业问题，或在家庭经济为主的时候没有失业问题；家庭不再成为主要生产单位才会有失业问题，需要考虑包括家庭经济在内的整体经济。

　　第四条建议是更加重视收入消费财富分布，它强调平等参与而非贫富差异过大。仅仅考虑平均的收入、消费和财富并不足以反映实际，还需要考虑收入、消费和财富的实际分布。

　　第五条建议是把收入标准扩大到非市场活动。非市场活动中，我们会看到一些非常有意思的东西，比如说一个保姆给你做菜会增加 GDP，但是你老婆给你做菜不增长 GDP，因为你要给保姆工钱，却不必给老婆工钱。关键在哪儿呢，家务劳动是非市场活动，GDP 只计算用钱来结算的市场活动。但从财富角度看，即使非市场活动也是可以提高幸福感的，也应计入财富。

（2）整体经济：社会收入总值（GCI）测度

　　非市场的经济创造的福利处在 GDP 之外，却在国民幸福总值之中。这意味着这样的问题：如果人们的经济行为可以创造财富，但不能增加 GDP，从事这样的活动如何将其纳入财富测算？

　　按照 SNA2008 体系，"住户为自身最终使用而进行的服务生产都不在 SNA 的生产范围之内"[①]。但从信息国民收入的计量目的来说，这部分是应该计量在内的。

　　非市场的经济活动创造财富却不创造 GDP（GNP）的情况，主要包括家庭经济和产销合一经济。我们分别来看。

　　第一类，家庭经济。GDP（GNP）算法中存在一个典型的"漏算"问题。举例来说，同是做一顿饭，保姆做一顿饭，增加 GDP（GNP），爱人做一顿饭，GDP（GNP）却没有变化。但从福利角度看，爱人做饭，显然付出了劳动，创造了价值，也提供了效用，满足了需求。从 GNH 的角度看，从以人为本的角度看，家务劳动增进了总福利。"漏算"的原因，是因为 GDP（GNP）只计算市场活动，而不计算非市场活动，不计算"自给自足"的部分。将来

---

① 联合国，等编 . 国民账户体系 2008 ［M］. 北京：中国统计出版社，2012：109.

3D 打印和 DIY 一旦盛行，两个人互相提供一对一的服务，进行物物交换，不走市场和货币，从自然率角度看当然无可厚非，但从 GDP 角度看却是一种损失。

将家庭部门与市场部门的贡献计算在一起，叫作"社会收入总值"（Gross Community Income，GCI），这是澳大利亚经济学家斯诺克斯创造的一种统计方法。斯诺克斯将家庭部门与市场部门视为一个完整的经济，称为整体经济（Total Economy）。贝克尔也将家庭部门当作与市场部门同等重要的经济体，打通为一体来研究，并以此为特色。

第二类，产销合一的新经济。SNA 排除了对"自己动手"（DIY）的经济活动的统计[1]，但这一部分却体现了信息经济的重要特征。

信息经济是农业经济的否定之否定，都具有生产者与消费者一对一响应的"自给自足"的特征，区别仅在于农业经济中的自给自足是非社会化的自然村经济，不具有效率，而信息经济中的"自给自足"是充分社会化的高效率的地球"村"经济。生产者与消费者完全统一，本来是市场经济的理想境界。富于讽刺意味的是，一旦真的实现，其创造的典型财富可能无法计入 GDP（GNP），但 GCI 可以很好地把这种发生在真实世界的这类财富显现出来，成为 GNH 的重要组成部分。

从发展的观点看，新经济中可能出现类似家庭部门的高级"自给自足"经济。一是 P2P 经济。如 P2P 一旦发展成一点对一点，一点对多点，多点对多点间的物物交换或劳务直接交换，当场结清而不通过市场结算，就会增强 GCI 计算的现实必要性。二是巴比鲁克说的互联网礼品经济。如自由软件运动中的合作创新，增加社会福利但不增加 GDP（GNP）。三是在家办公发展到"在家办公间"阶段，即在家办公与在家办公的直接出清式合作。四是消费者参与生产的定制活动，使消费活动直接成为生产活动。五是消费者定价发展到互通有无、互助合作阶段。六是消费权资本化，等等。我们还可以不断例举下去。这类现象之所以层出不穷，是因为第三次浪潮本质上就是向产销合一方向运动的历史过程。

发展整体经济中高度社会化条件下的"自给自足"经济，实质是通过互联网缩短生产者与消费者距离来提高国民幸福总值。至于如何将这部分经济

---

① 联合国，等编. 国民账户体系 2008 ［M］. 北京：中国统计出版社，2012：111.

活动中创造的非 GNP 价值计入国民幸福总值，这个问题已在统计上解决。这就是用"社会收入总值"（GCI）法来进行统计。

尽管国际社会对家庭经济的统计近十年才开始得以关注，但事实上，早在克拉克和库兹涅茨之前，他们所追随的国民收入统计大师科格伦就已指出，"为了考虑整个人口，就有必要将人口按职业分为两组，即养家糊口的人和靠人生活的人或者非养家糊口的人"。这就为社会收入总值的统计方法提供了依据。在 1974 年、1976 年和 1987 年三次普查数据基础上，1990 年澳大利亚统计局开始进行官方的家庭部门经济统计，统计结果表明家庭部门占了国内生产总值的 47% ~62%。

社会收入总值方法对家庭部门的统计包括三种方法，第一种方法利用普通家庭劳动者的市场工资率并且与每周的家庭工作总时间相联系；第二种方法包括应用各种家庭专业人员与投入单个家庭工作的时间的市场比率；第三种方法是估计那些实际从事家庭生产的人的机会成本。

社会收入总值的统计模型成功地将休闲纳入了经济范畴，如斯诺克斯指出的，"这个模型的主要特点是一个，具有自己的一套内部关系的复合家庭，一方面构成了家庭经济（Household Economy），另一方面构成了家庭的休闲活动。市场和家庭经济中生产出来的商品和服务与家庭休闲时间结合起来所产生的新的和再生劳动力，通过家庭经济又进入整体经济之中。我们已知家庭经济具有相当的规模，例如在 1860—1990 年这一时期它占澳大利亚社会收入总值（Gross Community Income）（市场与家庭收入的总额）的 34.8%"。

5.3　对信息化本体的测度

5.3.1　信息化测度本体

信息化的概念有广义（大）与狭义（小）之分。大的信息化包括信息化（小）与网络经济，在经济上对应的就是上一节所论信息国民收入。

政府的信息化工作所指的就是大信息化，而且把与"化"相关但不是"化"本身的各种要素（如信息基础设施、信息资源开发利用、信息技术产业、信息技术应用、信息化人才、信息化政策法规等）都包括在内。但从学理上讲，这些要素是否属于信息化本身看法是有分歧的。例如，按北美产业分类体系，中国原信息产业部所主管的"信息产业"，其中大部分都只是制造业，应属于工业化范畴。上海市的信息化部门和学者在相当长的时期内，也不承认信息产业是信息化的一部分，主张在信息化测评中将信息产业划出去。尽管上海信息产业非常发达，对信息产业也非常重视，但这与学术上对信息化概念的划分是两回事。相反的意见更多出于理论之外的考虑。例如，中国、印度这样的大国与新加坡这样的小国不同，如果把信息产业划到信息化的概念之外，担心加重对美国技术和产品的依赖，从而提高本国信息化的成本门槛。一些以信息产业为支柱产业的地区，也希望将信息产业纳入信息化定义范围，以加强自身的比较优势，等等。

这类问题真正成为问题，或者说在技术经济的计量上有理论意义的地方，仅在于到底将信息化界定为流量、存量还是水平。不同的定位，量化的对象是不同的。我们在上一节已将这个公案"断"为：流量＝存量×水平。这是大信息化的概念（本研究只涉及经济，不涉及其他）。

小的信息化，只着重在"化"本身。"化"实际是指生产方式转变，小信息化的本身或说测度对象应是生产方式。但生产方式历来不是各国统计部门的统计对象，而只是学者的研究对象，有时是政府倡导的方向。"化"是指从一种状态向另一种状态的转变。具体到信息化，它或者是指结构转变，或者是指水平提高。前者是指国民经济从工业化的现代化状态向信息化的现代化状态的转变；后者是指将现代化的水平从工业化水平（第一次现代化水平）提高到信息化水平（第二次现代化水平）的过程。

"化"在计量上特指系数（也称指数、水平等）。"化"的第一个特点是中介的转化。举例来说，工业化指货币价格水平（V）对实体经济（PQ）的调节从局部到全局的转变过程（货币化过程）。GDP 这个指标实际是货币化水平的一种隐晦的表达方式。市场货币结算之外的实体产出，在 GDP 中是"不存在"的。工业化的过程，实际是这种有实体产出但不计入 GDP 的活动（如农民的自产自销、自给自足）越来越少，而实体经济被 GDP 覆盖（被货币结算覆盖）的水平越来越高的过程。在此过程中，"化"的依托中介实际是指流动性本身。信息化不同于工业化之处，只不过在于流动性从主要依托货币逐渐向主要依托信息的方向演化。

同时我们要注意"化"的第二个特点，即经济实体生产方式的转变过程。从表面现象看，工业化表现为结构比重中制造业产值或就业占比上升的过程。现象背后的实质是产业化的范围和比重的扩展过程。因为深入推敲，一产与三产也存在工业化现象，它们并不是以制造这种形式化的指标来显示，因此用产业作为指标是不合适的。一产与三产的工业化是通过从小生产向大生产的转变这样的形式（即产业化的形式）来显现。大生产所体现的"化"的内涵相当于"用工业那样的方式"（或首先产生于工业的方式、在工业中体现最为典型的方式）来生产，这才是"化"的内核。

信息化是信息对国民经济覆盖程度越来越高的过程，用货币化水平或GDP水平显然都无法聚焦要测度的对象。仅仅用信息产业作为标志，显然只能聚焦于存量，而无法聚焦于"化"本身。借鉴工业化从测工业转向测一、二、三产的产业化，信息化也应从测服务业（信息业）转向测服务化，以反映信息化与工业化的实质性的不同。

基于这样的考虑，我们认为信息化的测度本体是服务化。以此观之，以往我们进行的信息化宏观经济测度测度的还不是信息化本体，而只是对信息化本体有直接甚至间接关系的影响因素。虽然这样的测度也有意义，但信息化一旦深入，它就会偏离主题。

按远近关系，与服务化最直接相关的产业应是现代服务业，而不是信息产业。在信息产业中，关系最直接的是信息服务业，其次是信息技术产业，最后才是信息技术制造业。以往用信息技术制造业占国民经济产业比重关系去说明信息化，实际隔了好几层。依这样的数据决策，信息化非常容易被论证成了别的事情。最极端的情况是成为了论证用产业化的方式发展某一类制造业的必要性，这就好比论证什么叫工业化，结果变成描述船坚炮利，最后变成测船和炮本身，反而与工业化没有什么关系了，把问题自我边缘化了。这样的理论和方法在早期对信息化还有一定的正面意义，但在"互联网＋"时代，当各行各业都存在信息化需求的时候，仅用各行各业需要多少信息化工具来描述信息化本身就越来越脱离实际了。

所以，我们有必要跳出产业存量的视角，研究适用于一、二、三产业的生产方式转变（"化"本身）的测度理论和方法。从技术经济角度看，就是从测度技术深入到把经济本身作为本体来测度与计量，对信息化从服务化这一商务本体来测度与计量。

（1）信息化与服务化的一体化关系

信息化与网络经济有无限的经验上的特征，鉴于本研究定位于基础理论，因此最大限度地删繁就简，把所有枝杈砍掉，只留下最粗的骨干。把工业化

与信息化的区别简化到只剩产业化与服务化这一正一反一对矛盾的程度，将贴近真实世界的经验分析留给应用研究和政策研究去做。

信息化与服务化的关系以及（现代）信息业与（现代）服务业的关系，是计量中最令人困惑的问题。跳出来站在更超脱的高度上看，信息业与服务业实际是一体的，信息化与服务化是一体的，是同一事物的两个不同侧重面。从技术和供给角度看的同一件事是信息业和信息化，从经济和需求角度再看就是服务业和服务化。

香港学者黄少军较早指出这一点，认为"宏观统计上经济的'服务化'所掩盖的实质是经济的'信息化'""现代社会服务化的本质实际上是'信息化'"[1]。这种一体化关系被一些传统服务不能归入信息活动这一现象所掩盖。澄清的关键在于对"现代"（现代化）的理解。黄少军提出一个区分现代与非现代的标志，认为"信息是可以积累的，而传统意义上的服务却是不可积累的"。按这一标准，可以把服务化等同于信息化。修脚虽然也具有差异化特征，但由于这种差异化不是因信息而起，不随信息而发展，也不因信息而取得额外附加值，所以不归入我们这里所说的服务化的范围。对这类服务，应算在大的产业化范围内工业经济的统计子目下。

大的产业化与服务化从外部区分看，是工业化与信息化的区别。在信息化内部，小的产业化与服务化则是工业化促进与信息化带动（即工业化促进信息化与信息化带动工业化）的区别。对整个经济而言，信息经济中的"产业化"相当于"工业化促进"，一方面代表以形成实体产值的形式促进信息化的发展（因为会导致信息经济所占比重相对于工业经济不断上升）；另一方面代表以信息技术应用带动工业化中的产业化继续发展。信息经济中的"服务化"相当于"信息化带动"，一方面代表以提高水平的方式通过增加工业经济所不具有的超额附加值，带动工业化的发展；另一方面代表借助信息技术，通过以信息化方式促进服务化转型。

在信息化测评中，对信息化的产业化效果通常以应用指标测度，对信息化的服务化效果通常以转型指标测度。区别在于判断测度对象的信息化属于体变还是用变。用变而体不变，这个体就是指产业化；用变体也变，这个体就对应服务化。

---

① 黄少军. 服务业与经济增长［M］. 北京：经济科学出版社，2000：7.

当然，说产业化是用变，这只是相对于信息化而言。产业化当年相对于农业化，也是一场体变，而非在农业化的体上只进行一些船坚炮利式的应用变化。所以辨别用变与体变，要看参照系是什么。

（2）从产出上区分产业化与服务化

信息化测评在大的范畴上说属于复杂性测评，这种总体上的复杂性是其内部简单性效率与复杂性效率的矛盾的统一体。简单性效率是产业化效率，复杂性效率是服务化效率。

在信息化测评中区分产业化与服务化，在方法上具有很强针对性，在于它把测度重心从投入转向了产出。

在投入与产出之间，选择从产出上区分产业化与服务化，相对的是从投入上区分（广义的）工业化与信息化。

从投入上对工业化与信息化进行区分相对简单，一般是分为非 ICT 投入与 ICT 投入（6.1.2 节所谈及的系数法，就产生于这个视角）；而从产出上进行区分，是至今从理论到实践还没有解决的问题。索洛悖论表明理论界包括统计界至今还无法将信息化产出与工业化的产出进行区分。具体表现为，将投入进行 ICT 与非 ICT 区分后，将总量产出作为一个整体与这两种投入进行关联，这一点可以在计量上实现，但无法凭借产出自身特征区分产出对于投入的具体归属。无法辨别哪些产出归于信息化的投入，哪些产出应归于工业化的投入；在信息化产出内部，无法区分哪些是应用的产出，哪些是转型的产出。因此信息技术看得见投入，但在统计中看不见产出，形成了生产率悖论。本研究希望为解决这个问题提供一种新的思路。

本课题所研究的产业化与服务化，当联系于技术时，研究对象一律只限于信息技术的产业化与服务化，不研究工业技术的产业化与服务化（传统服务业归到这里）。因此凡是提到产业化与服务化，不特别说明都是指信息技术（应用与转型）的产业化与服务化。

产业化本来是指工业化，服务化是指信息化，这说的是生产方式（即生产力与生产关系的结合体、技术与经济的结合体）。工业技术与信息技术作为生产力，在与商务结合中存在两种生产方式内在矛盾的可能，其中不排除应用与转型不统一的现象。也就是说，信息技术既可以通过规模经济的方式作用于商务，也可以通过范围经济的方式作用于商务，但最终后者会成为矛盾的主要方面。

前者的含义是应用信息技术，但生产方式还是传统工业化的，还没有实现转型；后者的含义则是不仅在应用水平上利用信息技术，而且将信息技术内化于商业模式及制度，实现从用变到体变的转型。二者你中有我，我中有你的状态，叫作工业化信息化两化融合。两化融合是一种常态，但它有发展方向。这个方向一定不是生产率中规模经济的成分越来越大，而一定是范围经济的成分越来越大。同理，工业技术同生产方式的结合也有规模经济与范围经济双重性。钱德勒《规模经济与范围经济：工业资本主义的原动力》一书已揭示了这一点。长期以来，工业化一直以规模经济为主，表现为社会化大生产的发展。而范围经济作为新经济因素，是从漫长的工业化过程中，从工业化内部成长起来的。信息技术推动生产率中的范围经济成分，从工业经济生产率中的次要矛盾发展为主要矛盾，从而使工业经济实现向信息经济的转变。限于本课题的研究范围，我们不再展开这个话题，而把重点放在对信息化内部产业化与服务化这对内在矛盾的分析上。

(3) 将产业与"化"从产出上区分开

从产出上区分产业化与服务化，要区分两类对象，一类是产业，如工业、服务业；另一类是"化"，如产业化、服务化。无论是产业还是"化"，都既可以产生前一类结果的产出，如通过产业化形成工业或服务业；也可以产生后一类结果的产出，如工业可以是产业化的结果，也可能是服务化的结果（如制造业服务化）；服务业可以是产业化的结果（如服务业的产业化），也可以是服务化的结果（如知识密集型服务业）。但彼此之间存在同质与异质的区别。

归类于"产业"的产出，测的是存量状态即产值。产业化在此意义上与工业化同方向，与工业经济同义，其产出的结果是工业化经济，包括一产、二产和三产中的同质性经济；服务化与信息化同方向，与信息经济同义，其产出的结果是信息化经济，包括一产、二产和三产中的异质性经济（包括生产异质性产出工具的信息制造业和满足异质性需求的现代服务业）。

而归类于"化"的产出测的是过程，即系数（或称水平），如信息化水平测度。在技术经济学的意义上具体指生产率的变化；产业化的"化"是效率化、规模化的变化过程，即从非效率（如自然生产）转向效率（如机器生产），从非规模化（如小农生产）转向规模化（如社会化大生产）的过程；服务化的"化"是多样化、范围经济化的变化过程，即从非个性化转向个性化、从同质化转向异质化（如定制化）、从迟钝（如"工业病"）转向灵活（如智慧）的过程。

5.3.2 产业化与服务化是分工的两个基本方面

产业化与服务化的区分，在实践中对应的是解决工业化与信息化两化融合中两种不同的生产方式，理论上对应的是专业化与多样化的区分。

专业化与多样化是分工的两个相反相成的方面。杨小凯曾说："多样化和专业化的发展是分工发展的两个方面。"[①]

产业化与服务化这种区分，在理论上依据的是专业化与多样化的区分。产业化发展的是专业化，服务化发展的是多样化。二者融合在一起，你中有我，我中有你，但抽象出来分别看各有其主要方面特征。

杨小凯的说法来自斯密，但它符合斯密的本意吗？因为我们从没有听标准经济学说过斯密的分工由多样化和专业化两个方面构成。核对斯密的原文，斯密在《国民财富的性质和原因的研究》第二章中曾说："人们壮年时在不同职业上表现出来的极不相同的才能，在多数场合，与其说是分工的原因，倒不如说是分工的结果""人类如果没有互通有无、物物交换和互相交易的倾向……那么工作差异所产生的才能的巨大差异就不可能存在了""使各种职业家的才能形成极显著的差异的，是交换的倾向"。

杨小凯说的多样化，显然就是指斯密说的"各种职业家的才能形成极显著的差异"。因为杨小凯说过："……不同专家之间的差异性越来越大，这也从另一方面增进了经济结构的多样化程度。"[②] 所以杨小凯的说法并不实质性地违背斯密的意思。

由此我们可以认为，产业化与服务化的区分是从分工这一根本上生发出来的基本现象，只是以往这种现象并没有得到人们上升到经济学根基高度的认识。

杨小凯超边际分析针对既定分工水平的新古典范式，将分工多样性带来的结构变化（发展）与专业化同时内生进入经济分析。杨小凯曾说："多样化和专业化的发展是分工发展的两个方面。"其中，多样性可以用 n 来计量：

---

① 杨小凯. 经济学原理 [M]. 北京：中国社会科学出版社，1998：237.

② 同上。

"当分工随交易效率上升而发展时,不同专业的种类数 n 上升,……不同专家之间的差异性越来越大,这也从另一方面增进了经济结构的多样化程度。另外,n 也是买卖贸易品的市场个数,它的增加也会增加市场结构的多样化程度。"[①]

专业化与多样化的计量对象不同。表面上看,二者数量的增加都给人带来多样化增加的印象,实际是不同的。专业化数量的增加是纵向分工,指同一种"极显著的差异"内部不同职能的职能数的增加;而多样化数量的增加是横向分工,主要指每一个"极显著的差异"与另一个"极显著的差异"之间外部关系构成的集合,即实现同样职能的可选主体或方式的数目的增加。例如,专业化是指同一商品在生产、加工、销售、服务等不同职能间的分工,是指可区分和独立出的不同职能的数量;而多样化是指同一产品的销售职能,可以在多种渠道(主体)——连锁店、百货店、超市、购物中心等——以可选的不同方式实现,是指实现同一销售功能的不同渠道之间的分工。一个明显区别在于,前者"极显著的差异"之间不能相互替代(无选择),而后者"极显著的差异"之间可以相互替代(有选择)。

同是分工,专业化是指职能不同而质相同(追求最大化和唯一的最优点),分化的是职能,增加的是产出(同一选择下的规模);多样性是指职能相同而质不相同(追求多样化,而没有唯一的最优),分化的是质,增加的是选项(可选择的范围)。追求可选择范围的扩大与选项的增加,相当于在追求情境最优,如情境定价下的一对一的满意。

正是在这一意义上,钱德勒提出了规模经济与范围经济的区别。其中范围经济,就来自斯密关于市场范围的说法。只不过我们认为范围一词,不仅可以运用于具体的企业多角化经营,而且可以指涉渗透在经济所有环节中的多样化现象。它的本质是复杂性(异质化)的量变,而规模一词表示的是简单性(同质化)的量变。

5.3.3 信息化指数测度的对象

从产业化与服务化的区分,我们可以赫然看出信息经济测度的对象是产业,是以产业产值形式表现的 GDP,是信息化与网络经济内部产业化的结果;

---

① 杨小凯. 经济学原理 [M]. 北京:中国社会科学出版社,1998:237.

而信息化测度的是服务化，它不宜以产值形式测度而应以价格（水平）① 的形式来测度。因此，应把以前泛称为信息化测评的工作，细分为信息化测度与网络经济（信息经济）测度两个门类。

与马克卢普、波拉特的信息经济测算相对的，是小松崎清介（1985）开启的信息化指数测算。这是从对象到方法完全不同的两种测算。信息化指数到底测度的是什么？30 年来，随着信息化指数测度在各国的广泛开展，这个问题越来越成为问题。最大问题在于，各种指标、数据层出不穷，但测的是什么却越来越模糊。笔者担任执行主编的《信息化水平测度的理论与方法》在 2001 年收集了信息化指数门类下的各种方案，但由于缺乏基础理论上的必要突破，这一问题一直遗留至今。

今天，我们认识到，当聚焦于信息财富（信息国民收入）时，信息化不同于信息经济在于，它不是状态（信息经济、信息社会是状态），而是状态的变化（所谓的"化"，就是从什么状态到什么状态）。如果把状态当作存量，状态的变化就相当于价格，二者之积为流量。它们之间是这样一种关系。因此，信息化的测度单位应是水平（即系数、价格、流通速度、质量水平、转型程度，等等）。信息化测度的本质是信息化水平测度，测度对象就是信息化水平。而现有各种信息化指标测度的普遍是信息化状态，通过信息化状态间接反映信息化水平。

信息化指数测度表面上看起来被当作"指标体系方法""存在主观评价的缺陷"（杨仲山，2009），实际是因为现有国民经济核算不支持状态变化测度，而只能在现有核算方法之外另设指标体系；而所谓"主观评价"只是选用的系数在科学性上有待提高给人留下的主观印象，而非系数本身是"主观"的；至于"评价"则是确实的，因为系数必然在流量水平带来对存量的相对估值的浮动，因此存在评价问题。比如，一对"客观"的 GDP 值，如果加上了质量系数的"评价"，就会显现出一个低质量的 GDP 存量同另一个高质量的 GDP 存量有所差别的价值评估。这种相对性并非一定是"主观"的，而可以是客观的。

我们把信息化带来的状态变化，理解为产业化水平与服务化水平的综合

---

① 价格水平在现象上具有附加值的表面特征，也可以实际折算为附加值，但它对于 GDP 的"增值"效果本质上是由价格水平（不一定是货币价格水平）提高带来的。

变化，而以后者主导变化。其现代化实质，从技术上看是工业化向信息化的转变，从商业上看是产业化向服务化的转变。

测度服务化，实质是在对"质变的量化"进行测度，因此测度的是经济（包括社会服务）质量的变化（提高）。本课题一直从均衡的最基本问题开始，将质变纳入原来同质性假定的均衡体系中进行测度，到现在终于归结为以服务化来测度信息化水平系数（信息化指数）的问题上来。

需要指出，现有的实际存在的信息化指数并不完全是这种理解上的"状态变化"测度，而夹杂了"状态"测度，特别是将信息产业等纳入指标，实际带有状态测度的成分其机理已经由测状态变化演变为测状态，通过状态值间接反映状态变化；即只是通过指数间的变化（如年度间的相对变化）间接地反映状态变化（如现代化水平的提高）。但在更专业的分析中，还是应该把二者先区分开，再进行合成。否则的话，一旦用等权重加总，由于没有区分存量与系数，其中的含义就可能发生畸变，导致把存量和系数混为一谈，带来逻辑混乱。

需要特别说明，服务化效果指标只是经济指标，本身并不内生信息技术，也不能完全归因于信息技术（因为还有非信息技术带来服务化效果的可能）。完整的信息化指标需要将服务化效果指标与信息技术数据进行相关分析，合成技术经济型指标，以确定由信息技术带来的服务化效果。

6 信息经济存量：产业计量

信息服务在这里是指信息技术应用，信息服务的产业化效果指信息技术应用于一、二、三产中，带来的对同质产出（GDP）的效率提高（增长）及规模经济效果水平。它增进了一、二、三产的 GDP（而非信息国民收入，信息国民收入由产业化与服务化共同构成）。

6.1 信息经济计量：定义与统计口径

信息经济统计协调针对和待解决的问题，包括以下三个方面：

一是现有三次产业划分无法聚焦信息经济。

信息产业与服务业在反映信息经济特征上不对应。由信息产业代表一产、二产之后的第三次产业，还是由服务业代表一产、二产之后的第三次产业，缺乏共识。

二是信息经济与信息产业的关系不明确，难以体现全面发展要求。

信息产业经常被理解为信息技术、信息设备和围绕信息采集、处理、传输与利用而产生的服务产业。

但这样的定义未与提高经济增长质量、经济结构优化及发展新兴业态等内涵内在结合，无法适应信息经济全面发展、信息化广泛应用、"互联网＋"的形势带来的统计要求。例如，没有反映信息经济不同于工业经济的服务化、差异化、高附加值的内在特征。

三是工业经济与信息经济的联系与区别的机理缺乏基础理论研究支持。

现有统计难以满足学术研究需要。例如，对工业经济与信息经济的联系与区别及信息经济与信息化的联系与区别，缺乏基础理论深入研究的支持。如没有对产业化与服务化进行学术区分，没有对产业与工业进行学术区分等，难以在理论上透彻解释信息产业和信息化在提高经济增长质量中的作用机理等。

反思三次产业划分，需要比较工业化、工业经济与信息化、信息经济统计方法的异同。

由于信息化对应工业化，信息经济对应工业经济，因此重新认识和借鉴工业化、工业经济的统计机理，确定信息化、信息经济的统计方法，是必须解决的问题。

工业化的更准确的含义是产业化，工业经济统计的是产业（industry），而不是工业。

我们采纳周宏仁观点："industry 没有一丝一毫独指'工业'或'第二产业'的含义……将'工业'限定为第二产业，也是我们自己的定义。""工业化的更准确的含义是产业化，不仅要发展工业，即第二产业的产业化，也要发展第一和第三产业的产业化。"[①] 工业化是指一产、二产和三产的产业化。产业是产业化形成的结果。工业经济是指一产产业、二产产业和三产产业。

以工业产值比重和就业比重衡量工业化水平仅具有代表意义，但并不全面。例如，工业产值比重近年下降并不代表工业化水平下降，相反，代表的是上升，因为由产业化形成的一产、三产产值在上升。

结论是：工业经济统计的是按产业化标准划分的一产、二产和三产。因此，与信息经济对应的工业经济的统计口径应为一产、二产和三产中归类于"产业化"门类的产值。

而信息化与信息经济的统计口径则不同。信息经济与信息化经济可以认为是同一个概念，它是指经过信息化而完成、实现的经济状态。但信息化却不是一种经济状态而只是转化过程，因此更适合用指数来表示而非用产值来表示。

6.1.1　信息经济与信息产业、信息化的关系

从统计角度讲，信息产业是一个模糊概念，它可能同时包含两种口径的统计，既可能是以第二产业为主（如中国的信息产业主要指电子工业，包括电子设备与通信设备的制造业，而电信运营业之所以包含在内，更多是因为它归属于原信息产业部管理，因此中国信息产业可视为某部管理下的信息产业，它不包括文化部管理下的信息业），也可能是以第三产业为主（如北美产

---

① 周宏仁. 信息化论［M］. 北京：人民出版社，2008：279-280.

业分类系统，将中国统计的信息设备制造业划出信息产业范围，归入第二产业）。

信息经济同样也是一个具有多重含义的概念，尤其是它与信息化是什么关系，至今没有共识。有人把信息化当作一个总的概念，把信息经济中的产业和应用当作信息化的要素；也有人把信息经济当作与信息化不同的概念。事实上，在标准统计中，只有工业、信息产业，没有信息经济、工业经济、信息化、工业化这样的概念。信息经济的统计概念还只停留在学术理论范围内。我们有必要重新梳理关于信息经济的统计概念。

（1）作为国民收入整体的信息经济

第一重含义的信息经济是指整个经济。这个意义上的信息经济，在统计上直接等于信息国民收入。则工业经济与它在时间上是并列关系（$MV = BH$，意思是在信息化出现之前，工业经济就是经济的全部，即 MV；信息化状态下，信息经济就是经济的全部，即 BH）；在空间上是特例（$Y = MV = BH$，但 $H = 1$，则 Y 等于 $MV = B$ 这一特例）与通则（$Y = BH$，H 可变）的关系。

这一口径的统计特点与工业经济的统计口径既有联系，又有区别。联系在于都同时包括第一产业、第二产业和第三产业。例如，说工业经济不是指第二产业经济，而是第一、第二、第三产业的整体。而信息经济等于第一产业、第二产业、第三产业的产值（GDP）乘以 H。对比之下，它们之间的差异在于 H 是否可变。在工业经济条件下，即使 H 已内生进入财富统计，由于 $H = 1$，有它与没有它计算结果是不变的。

实际国民收入的统计应符合扩展费雪方程：

$$Y = MV = BH \qquad\qquad (6-1)$$

其中的 Y 区分货币国民收入（$Y_\text{工}$）与信息国民收入（$Y_\text{信}$）。$Y_\text{工}$ 基本单位是"元"，$Y_\text{信}$ 基本单位是"某一质量水平（H）的元"。$Y_\text{工}$ 与 $Y_\text{信}$ 换算关系是，设 $Y_\text{工}$ 为"某一质量水平（H）的元，且 $H = 1$"，因此直接省略为"元"。实质意思是，V 代表货币流动性（以元计量）与 H 代表信息流动性（以质量计量）。二者转换关系在于，V 是同质性的流动性，H 是异质性的流动性（熵的流动，即信息流），以元代表的同质流动性是 variety 的值（n 值）为 1 时的信息（熵流）；以信息为代表的异质流动性是 variety 的值（n 值）大于 1 时的价值流（即货币流）。货币流（价值流）与信息流都是流动性，前者是同质流动性，后者是异质流动性。

完整的实际国民收入，应等于信息化与网络经济的专业化产值与服务化水平之积，加上非信息化与网络经济的专业化产值与服务化水平之积。二者之和等于完整的实际国民收入的全部。我们在后面统计的信息化与网络经济的产业化和服务化产出，并非财富的全体，要统计全体，还要加上非信息化与网络经济的产业化和服务化产出。

利用信息化与网络经济投入所获得的专业化产出可以观察到，"信息化与网络经济"与"非信息化与网络经济"二者的比重将随信息化发展，而出现前者比重越来越大，后者比重越来越低的现象。

从理论上看，产业结构量度的本质是产业化结构量度。GDP 量化的对象实质上就是产业化。以产业化来测服务化，看到的只能是服务化"折射"在产业上的投影。在这种折射中，必然失去的信息是异质性收入这一点。索洛悖论中未显现的产出，如对市场响应的敏捷程度、决定三维均衡——均衡的 $P = AC$——的消费者剩余的质量提高等，它相当于异质性的投入产出产生的同质性成果（异质性投入也会带来同质性产出）。后面一、二、三产业三部分的产业化产出之和，应等于信息化投入的同质产出总量，它们与一产、二产的同质化产出（产业 GDP）共同构成 GDP 总量。

用三次产业的结构，包括信息业占比的方式表现的是产业化形式的财富中，由于整个国民经济的信息化而带来各产业对信息业和服务业的需求的比重，是以第二次浪潮的计量形式表现第三次浪潮的印记。

（2）作为信息化经济的信息经济

第二重含义的信息经济是指信息化经济。这个意义上的信息经济等价于服务化经济。统计的对象就是可变的 H（信息化水平指数）本身。信息化指数所反映的信息化水平与之具有内在关系。它的实践基础，在微观上对应的是在工业化的价格水平（货币价格水平）上的溢价现象（MC 之上超额的价格）；在宏观上对应的是转型（所谓"化"）现象。溢价来源于转型，即工业生产方式向信息生产方式的转变。因此信息化经济通过指数所反映的，可以视为转型这样一类现象。

与信息化经济对应的是工业化经济，即产业化经济，如农业产业化是指以第二产业的生产方式，从事第一产业。通过区别 H 的变与不变，可以区分工业化生产方式与信息化生产方式。工业化是 $H = 1$ 的生产方式，信息化是 H 可变（$H > 0$）的生产方式（在此暂不讨论 H 可变，但 $H < 0$ 的农业生产方式）。

　　生产方式转型过去并非国民经济的统计对象。因为前面说过，现代统计是工业化的产物，隐含的不言而喻的前提是工业化万古常存（必然推论是，如果信息化出现，它必然在统计上等于不存在，这一命题又称索洛悖论），在工业化之外不存在（具有统计意义的）其他经济。例如，只要不通过货币交换（如家庭经济，物物交换、DIY 等），即使它产生效用，仍然不进入统计。这是 SNA2008 的基本原则。

　　国家社会科学基金项目"信息经济核算方法研究"也将信息经济的统计方法与信息化指数方法分开，认为"目前的信息经济测度方法从根本上可归属于两类不同的研究模式"，认为后者是一种"动态测度"和对信息经济的"间接测算"[1]。

　　凡是涉及流动与转型需要"动态测度"的部分，在现有统计中往往是隐形的。例如，质量变化（质量高还是质量低）、多样性变化（品种多还是品种少）、社会资本变化（信任或不信任，关系去中心化还是中心化）、体验变化（满意还是不满意，幸福还是不幸福，以人为本还是不以人为本）、信息条件变化（信息对称还是信息不对称）、行为变化（主体是灵敏还是迟钝），等等，都不会在微观上计入财务报表，不会在宏观上计入 GDP，都只能间接测度。在 GDP 中可以显现的，都只是这些隐形因素以产业化方式可显现的部分，因此只是部分而非全部。

　　H 指数涉及的经验现象在宏观上还包括结构优化（分工专业化与多样性）、产业升级、转型、转变增长方式等涉及转型的变化。

　　以往的经济统计，只有当上述现象产生产值结果时才会有所反应，它不对产值的生产方式来源作出区分。例如，农业产业化获得的产值，一般计入第一产业，不会因为是产业化这样一种"方式"而计入工业产业。同样，以第三产业的方式（服务化方式）从事第一、第二、第三产业，也不会将其效果计入第三产业。

　　这样的统计成系统地忽略了一大类现象，这就是结构性变化。回顾对工业化的统计，涉及结构的生产方式性质变化，主要通过货币化来观察（产业结构只是间接观察，工业产值增加并不涉及是以小生产方式增加的，还是以规模化方式增加的）。因为产业化是通过专业化起作用，专业化的直接统计

---

① 杨仲山，屈超. 信息经济测度方法的系统分析［M］. 北京：科学出版社，2009.

变化反映在货币化上。然而，货币化适合产业化的统计，但并不完全适应服务化的统计，尤其是以多样化为特征的服务化的统计。正如测度货币化程度与测度金融业产值是两回事，测度经济意义上的信息化程度（即作为信息化的商务本体的服务化的程度）与测度信息业产业也不是一回事。信息化作为一种生产方式，真正改变的是国民收入的质量，然而加权平均价格方式计算的 GDP 本身并不包含质量信息（特指由广义质量引起的价格变化所反映的质的差异），因此一个经济体质量高还是质量低从 GDP 本身是看不出来的。

我们把这一重意义上的信息经济，当作"信息化与网络经济"这一词组中"信息化"对应的统计对象，以"服务化"这一总的计量类别来反映。在实践中，信息化指数经常被当作政府推进工作或厂商推销产品的工具或手段来利用。如何回归信息化的学理上的本意（如通过生产方式转换获得效能提高的实效）来测度信息化，仍然是没有解决的问题。

（3）作为部门产出经济的信息经济

第三重意义上的信息经济是指信息部门经济，主要涉及行政权力的划分。例如，信息设备制造业、软件与信息服务业、电信运营业等意义上的信息经济，属于信息产业部门主管的信息经济；广播电影电视等意义上的信息经济，属于广电总局主管的信息经济；图书意义上的信息经济，属于新闻出版总局主管的信息经济；戏曲之类的信息经济，属于文化部主管的信息经济。而技术之外的人文意义上的创意（如艺术化的产品外壳设计和体验），则是归属部门不明（不如说是归属市场和消费者"主管"）的信息经济。波拉特说的第二信息部门意义上的信息经济，则是指各行各业内部的信息部门创造价值而形成的信息经济。

其中问题最大的是第二信息部门这类划分。在"互联网＋"时代，当大数据推动各行各业的数据业务主营化时，第二信息部门会从成本中心变为利润中心，一旦这一部门的数据业务收入超过 50%，即超过所在行业传统主营业务收入（如在电信业数据业务超过语音业务收入，在金融业第二支付数据业务收入超过第一支付金融业务收入），产业分类就会发生紊乱。

这种意义上的信息经济是工作业务概念而非经济学概念。保留它们的合理办法是保持数据在子类上的原始分类，不作汇总；信息经济仅作为虚拟概念，代表对其中某些子类的集合的定义；把集合中将哪些子类划归信息产业名下的权力分别交给经济学家、统计部门和主管部门，由他们自己根据自己的需要去定义。

北美产业分类体系没有将信息设备制造业归入信息产业，这也存在潜在的理论和政策争议。因为新兴国家尤其是大国，往往倾向于发展自主的、相对独立于美国的信息技术和设备产业。例如中国，如果将电子信息设备制造业和通信设备制造业划出信息产业，原信息产业部将遇到信息产业"没有产值"的怪事。一些以发展硬件信息产业为比较优势的地区，往往也倾向于将信息制造业纳入信息产业统计。

（4）作为技术经济的信息经济

第四重含义的信息经济是技术经济意义上的信息经济。从技术经济学角度定义，信息经济是指主要以 ICT 为技术基础，从事信息产品生产、信息服务，提高服务化效能的经济。它包含技术、经济活动和生产方式三方面的含义，其定义结构是"技术－经济（技术经济）"，包括三个方面，一是技术特征，二是经济特征，三是生产方式特征。

第一，从技术上看，主要以 ICT 为技术基础是说互联网为代表的信息经济的生产力基础，不同于蒸汽机为代表的工业经济的生产力基础。但说"主要以 ICT 为技术基础"，不同于说"利用 ICT"或"基于 ICT"，因为那样会排斥传统信息技术（非数字化的信息技术）[①]，尤其是排斥文化创意。这一说法体现科技与人文并重，技术创新与文化创新并重的精神。

第二，从经济上看，"从事信息产品生产、信息服务"这个说法主要针对两种极端倾向，一种是北美产业分类体系，只强调信息服务，将信息技术制造业排斥在外；一种是相反倾向，只强调信息技术产品生产，把信息技术服务以外的信息服务特别是文化产品排斥在外。

这里的信息是广义的，叫信息只是简称，包括信息技术、数据、知识及其相关软硬件等。例如信息服务，不是指电子商务中与物流服务、资金服务相对的信息流服务，而是泛指电子商务服务，也包括内容服务、娱乐服务等。

----

① 排斥传统信息技术，从产业政策角度看也许是有利的，可以加快淘汰落后产能。但从学术上不易讲通为什么传统信息业不是信息经济。尤其是发展不平衡的国家、地区、阶段进行比较时，容易产生问题。因此波拉特一直坚持将传统信息业，如造纸业算入信息经济。另外，产业政策带有强烈的主观性和政府主导特征，各国、各地、各发展阶段条件不同，不利于进行统计比较以及经济比较分析。

信息产品生产也不光是指内容产品，而包括信息技术及其制造产品的设计、策划、采集、加工、制造、传输、营销、分析、处理等方方面面。具体所指，在后面的行业分类代码中可以看到。

第三，提高服务化效能的经济是指信息经济不同于工业经济的生产方式特征。生产方式是"技术－经济"结合体，因此它是对上述技术和经济两方面分述特征的综合，也具有将信息化的含义融入其中的意思。效能是指生产率一定时，随经济条件（量的变化或质的变化）而变化，突出技术经济效率变化的特征。服务化限定了这种变化主要依据的是哪一方面条件——是指经济系统向复杂性方向变化，而非向粗放的量化增长方向变化。因此"提高服务化效能"针对的是工业化的"提高产业化效能"（即规模经济）。例如，按这个标准，农业产业化就不符合信息经济的条件，应归入工业经济。当然，由于前面的一个限定词"主要"，这里也没有完全排斥信息经济有提高工业化水平的从属的意思，但显然这不代表矛盾的主要方面。后面会通过产业化与服务化的区分，分别分析其技术经济成分和贡献。这第三个特征在产业统计上虽不易区分，但在技术经济分析中却有明确的计量含义。因为可以结合投入变量分析 VRS 前沿与 CRS 前沿的关系，明白无误地将工业化与信息化精确区分开。

6.1.2　基于产业的信息经济计量

（1）加总法：信息产业＋现代服务业

第四重含义上的信息经济是我们推荐的概念。把它进一步简化为统计概念，就形成加总法的可统计口径。

可统计的加总法信息经济口径划分，根据的是信息化与网络经济的理论经济学与技术经济学原理，从产业化角度根据投入产出关系进行的内涵分类（依据质进行的分类），指信息化与网络经济的专业化产出。它是一个生产概念（存量概念），而非生产方式概念（系数或水平概念）。这样统计的信息经济包括三个部分，一是信息制造业的全部投入产出形成的 GDP；二是一、二、三产业中由第二信息部门的 ICT 中间投入所产出的 GDP（它有别于异质性产出），三是信息服务业产出的 GDP（有别于非信息服务业的 GDP）。在马克卢普《美国的知识生产与分配》中，第一部分对应"信息机器"；第二部分对应产业内"信息服务"，包括内部培训、内部研发、广告和公共关系以及批发业务中的信息服务，第三部分对应独立的"教育""研究和开发""传媒"和产业间"信息服务"（包括技术与软件服务，政府服务等）。

这样的分类要求具有覆盖全部外延的含义，即存量的信息经济（等于产业化的信息经济）乘以系数上的信息化经济（等于服务化水平或信息经济水平）等于信息国民收入；从信息国民收入中扣除服务化的信息化经济，就应等于信息经济的产值。此外别无信息化与网络经济未统计的对象。

这样的信息经济，对应"信息化与网络经济"中"网络经济"这个词。因此，"信息化与网络经济"与"信息化与信息经济""服务化与信息经济""服务化与网络经济""网络化与网络经济""网络化与信息经济""信息化与服务经济""网络化与服务经济"等完全是一个意思。

(2) 系数法：区分 ICT 与非 ICT 投入

以上方案主要限制条件是要保持统计门类的完整，特点是对现有统计改动小，利用现有统计数据就可以快速计算结果，但缺点是不够精确。如果除去限制条件，可以根据投入产出关系打破行业门类，更精确地在全社会水平或在产业和区域内部的 GDP 中，将信息经济从非信息经济中区分出来。简单地说，就是打破一、二、三次产业的划分，在同一产业内区分出信息经济和非信息经济，将它们加总，形成总的信息经济与非信息经济的计量结果。

打破一、二、三次产业的划分，区分每一个产业（包括门类和大类等）中的信息经济与非信息经济成分，需要考虑投入与产出两个方面，在每一个方面分别计算信息化与非信息化成本。包括在投入方面，区分 ICT 投入与非 ICT 投入；在产出方面，区分产业化产出（产值）与服务化产出（溢价）。

信息产业的投入产出，从统计上讲原则上归类于信息经济。但从经济学机理上，还是需要分开来看。首先，从投入方面，需要区分 ICT 投入与非 ICT 投入。ICT 投入算入信息经济自不待说，非 ICT 投入（如计算机制造的厂房和机械工具）带来的产值，按理来说应算非信息经济的产出，即传统制造业的产值。但这一部分无论从占成本的比例还是从采集必要性角度看都可以忽略不计。其次，在产出方面，ICT 投入与非 ICT 投入都可能带来产业化的产出，其中非 ICT 投入对应的产值部分（如设备中可以归属于机械的产值）比例不高，而产出中归属于 ICT 的投入带来的产值更为主要；在服务化产出方面，非 ICT 投入带来的溢价可忽略不计，溢价主要来自 ICT 投入（智能投入、研发投入或信息技术服务投入等）。

非信息产业中（如一产、三产和非 ICT 的二产中），也可以区分 ICT 投入与非 ICT 投入，产业化产出与服务化产出。首先，从投入方面，需要区分 ICT 投入与非 ICT 投入。非 ICT 投入（如物质投入）带来的是非信息经济，这容易理解，而 ICT 投入带来的既可以是信息经济（如效能提高和范围经济），也可以是非信息经济（如只是带来效率的提高和规模化产出）。但为简明计，可以把 ICT 带来的传统产业产出归入信息经济，而把非 ICT 投入带来的传统产业产出归入非信息经济。其次，在产出方面，可以进一步区分产业化的产出与服务化的产出。ICT 投入与非 ICT 投入都可能带来产业化的产出。在 ICT 投入对应的产值中，对应一、二产中的农业服务业、设备服务业，三产中的现代服务业的产出，从理论上说，原则上应视所在产业中信息附加值所占比重来确定产值的归属（属于信息经济还是非信息经济），但也可粗略地凭投入直接确定产出的归属。同样，ICT 投入与非 ICT 投入都可能带来服务化的产出（即溢价效果）。当然，由非 ICT 投入带来溢价效果（如传统创意投入带来的民间工艺品的溢价）由于比重较小，可以忽略不计。重点是测度由 ICT 投入带来的一产、二产（扣除 ICT 制造业的重复计算）和三产中的范围经济效果（包括需求方面的溢价和供给方面的差异化成本递减）。第三产业的服务化效果，显然不同于服务业产值。根据理论经济学部分讨论的原理，服务化效果特指以服务业的完全竞争均衡价格为基准，存在于基准之上的溢价。在现代服务业中，我们将大部分这种溢价归属于信息经济。在条件允许情况下，我们希望在服务价格指数的结构中体现这种溢价。

用信息经济与非信息经济的划分来确定信息经济，在方法上有一个天然的弱点，即无法进一步在非信息经济中，将农业经济与工业经济区分开。而根据 3.2.5"全要素生产率增长来源辨析"的方法，对农业经济要分开成本与收益来测度，以测定其同等收益条件下成本递增这一不同于信息经济的关键特征。这一点在测度农业信息化时是有用的（因为要区分低效的小农的定制与个性化服务与高效的信息化的定制与个性化服务的不同）。

工业与信息化部信息产业研究院《中国信息经济研究》课题组提出的"信息经济的测算方法"，从投入决定产出的角度，通过测算中国 ICT 的总资本存量和地区资本存量，加总网络基础设施、硬件与软件、新兴产业及传统产业中信息经济部分，得到我国信息经济总体规模。这一研究虽然没有区分产出自身的不同（如产业化与服务化的不同），但有一个突出的优点，可以通过系数对不同产业划分出信息经济与非信息经济的不同，而无须调整产业分类标准。

按照课题的定义，信息经济包括信息产业和传统产业中的信息经济两大部分。其中，信息产业包括信息基础设施、电子信息制造业和软件业、新兴信息产业等。计算的第一部分为信息产业增加值。所定义的信息产业主要包括电子信息设备制造、电子信息设备销售和租赁、电子信息传输服务、计算机服务和软件业、其他信息相关服务，以及由于信息技术的广泛融合渗透所带来的新兴行业，如云计算、物联网、大数据、互联网金融等。信息产业增加值按照国民经济统计体系中各个行业的增加值进行直接加总计算。计算的第二部分为传统产业中与信息技术相关的部分，它指代传统产业中的信息经济，具体指信息技术对传统产业增加的边际贡献。课题把不同传统产业产出中信息技术的贡献部分剥离出来并进行加总，得到传统产业中的信息经济总量。课题的核心是增长核算账户模型和省际 ICT 资本存量测算。

1）增长核算账户模型。

"中国信息经济研究"课题采用增长核算账户框架（KLEMS），针对计算 ICT 资本存量、非 ICT 资本存量、劳动以及中间投入。定义 GDP 是所有最终需求的总和。对于非 ICT 资本存量，课题采用 Goldsmith 方法进行测算。

课题定义技术进步为希克斯中性。省份 i 在 t 时期使用不同类型的生产要素进行生产，这些生产要素包括 ICT 资本（CAP_{it}^{ICT}）、非 ICT 资本（CAP_{it}^{NICT}）、劳动力（LAB_{it}）以及中间产品（MID_{it}）。希克斯中性技术进步由（HA_{it}）表示，在对各种类型的生产要素进行加总之后，可以得到单个投入指数的生产函数，记为：

$$OTP_{it} = HA_{it}\ (CAP_{it}^{ICT},\ CAP_{it}^{NICT},\ MID_{it},\ LAB_{it}) \qquad (6-2)$$

其中，OTP_{it} 表示省份 i 在 t 时期内的总产出。为了实证计算的可行性，把上面的生产函数显性化为以下的超越对数生产函数：

$$dOTP_{it} = dHA_{it} + \beta_{CAP_{it}^{ICT}}dCAP_{it}^{ICT} + \beta_{CAP_{it}^{NICT}}dCAP_{it}^{NICT} + \beta_{MIDit}dMID_{it} + \beta_{LABit}dLAB_{it}$$

$$(6-3)$$

其中，$dX_{it} = \ln X_{it} - \ln X_{it-1}$ 表示增长率，β_x 表示不同生产要素在总产出中的贡献份额。$\overline{\beta}_{it} = (\beta_{it} + \beta_{it-1})\ /2$，且有以下关系：

$$\beta_{CAP_i^{ICT}t} = P_{CAP_{it}^{ICT}}CAP_{it}^{ICT}/P_{OTP_{it}}OTP_{it}$$

$$\beta_{CAP_i^{NICT}t} = P_{CAP_{it}^{NICT}}CAP_{it}^{NICT}/P_{OTP_{it}}OTP_{it}$$

$$\beta_{MID_{it}} = P_{MID_{it}}MID_{it}/P_{OTP_{it}}OTP_{it}$$

$$\beta_{LAB_{it}} = P_{LAB_{it}}LAM_{it}/P_{OTP_{it}}OTP_{it} \quad\quad (6-4)$$

其中，P 表示价格。$P_{OTP_{it}}$ 表示生产厂商产出品价格（等于出厂价格减去产品税费），$P_{OTP^{ICT}_{it}}$ 和 $P_{OTP^{NICT}_{it}}$ 分别表示 ICT 资本和非 ICT 资本的租赁价格，$P_{MID_{it}}$ 和 $P_{LAB_{it}}$ 分别表示中间投入产品的价格和单位劳动报酬。根据产品分配竞尽定理，所有生产要素的报酬之和等于总产出：

$$P_{OTP_{it}}OTP_{it} = P_{CAP^{ICT}_{it}}CAP^{ICT}_{it} + P_{CAP^{NICT}_{it}}CAP^{NICT}_{it} + P_{MID_{it}}MID_{it} + P_{LAB_{it}}LAB_{it}$$

$$(6-5)$$

在完全竞争市场下，每种生产要素的产出弹性等于这种生产要素占总产出的收入份额。在规模收益不变的情况下，各种生产要素的收入弹性之和恰好为 1。

$$\ln(OTP_{it}/OTP_{it-1}) = \bar{\beta}_{CAP^{ICT}_{it}}\ln(CAP^{ICT}_{it}/CAP^{ICT}_{it-1}) + \bar{\beta}_{CAP^{NICT}}\ln(CAP^{NICT}_{it}/CAP^{NICT}_{it-1}) +$$
$$\bar{\beta}_{MID_{it}}\ln(MID_{it}/MID_{it-1}) + \bar{\beta}_{LAB_{it}}\ln(LAB_{it}/LAB_{it-1}) + \ln(HA_{it}/HA_{it-1}) \quad (6-6)$$

此外，全要素生产率可以表示为：

$$TFP = \ln(OTP_{it}/OTP_{it-1}) - \bar{\beta}_{CAP^{ICT}}\ln(CAP^{ICT}_{it}/CAP^{ICT}_{it-1}) -$$
$$\bar{\beta}_{CAP^{NICT}_{it}}\ln(CAP^{NICT}_{it}/CAP^{NICT}_{it-1}) - \bar{\beta}_{MID_{it}}\ln(MID_{it-1}) - \bar{\beta}_{LAB_{it}}\ln(LAB_{it}/LAB_{it-1})$$

$$(6-7)$$

2）省际 ICT 资本存量测算。

在"永续存盘法"的基础上，考虑时间－效率模式，即资本投入的生产能力随时间而损耗，相对生产效率的衰减不同于市场价值的损失，在此条件下测算出的则为生产性资本存量。

$$K_{i,t} = \sum_{x=0}^{T} h_{i,x}F_i(x)I_{i,t-x} \quad\quad (6-8)$$

根据 Schreyer（2004）对 IT 资本投入的研究，其中，$h_{i,x}$ 为双曲线型的时间－效率函数，反映 ICT 资本的相对生产率变化，$F_i(x)$ 是正态分布概率分布函数，反映 ICT 资本退出服务的状况。

$$h_i = (T-x) / (T-\beta x) \quad\quad (6-9)$$

式中，T 为投入资本的最大使用年限，x 为资本的使用年限，β 值规定为 0.8。

$$F_i(x) = \int_0^x \frac{1}{\sqrt{2\pi \times 0.5}}e^{\frac{(x-\mu i)^2}{0.5}}dx \quad\quad (6-10)$$

其中，μ 为资本品的期望服务年限，其最大服务年限规定为期望年限的 1.5 倍，该分布的方差为 x. 25。其中，i 表示各类不同投资，在本研究中分别为计算机硬件、软件和通信设备。关于基年 ICT 资本存量，该研究采用如下公式进行估算：

$$K_t = \frac{I_{t+1}}{g + \delta} \qquad (6-11)$$

其中，K_t 为初始年份资本存量，I_{t+1} 为其后年份的投资额，g 为观察期投资平均增长率，δ 为折旧率。

3）传统行业中信息经济测算的步骤。

第一，定义 ICT 投资。为了保证测算具有国际可比性，同时考虑中国的实际情况，剔除了"家用视听设备制造""电子元件制造"和"电子器件制造"等项目，确定了 ICT 投资统计范围，见表 6-1。

表 6-1 中国 ICT 投资统计框架

分类	计算机	通信设备	软件
项目	电子计算机整机制造	雷达及配套设备制造	公共软件服务
	计算机网络设备制造	通信传输设备制造	其他软件服务
	电子计算机外部设备制造	通信交换设备制造	
		通信终端设备制造	
		移动通信及终端设备制造	
		其他通信设备制造	
		广电节目制作及发射设备制造	
		广播电视接收设备及器材制造	

第二，确定 ICT 投资额的计算方法。在选择投资额计算方法时，课题采用筱崎彰彦（1995，1998，2003）提出的方法。其思路是以投入产出表年份的固定资产形成总额为基准数据，结合 ICT 产值内需数据，分别计算出间隔年份内需和投资的年平均增长率，二者相减求得转化系数，然后再与内需的年增长率相加，由此获得投资额的增长率，在此基础之上计算出间隔年份的投资数据。具体公式如下：

$$IO_{t_1} \times (1 + INF_{t_1 t_2} + \gamma) = IO_{t_2}$$

$$\dot{\gamma} = \dot{IO} - \dot{INF} \qquad (6-12)$$

其中，IO_{t_1} 为开始年份投入产出表基准数据值，IO_{t_2} 为结束年份投入产出表基准数据值，$INF_{t_1t_2}$ 表示开始至结束年份的内需增加率（内需 = 产值 – 出口 + 进口），$\dot{IO}$ 为间隔年份间投入产出表实际投资数据年平均增长率，INF 为间隔年份间实际内需数据的年平均增长率，$\dot{\gamma}$ 表示年率换算连接系数。

第三，确定硬件、软件和通信设备的使用年限和折旧率。课题仍采用美国的 0.3119，使用年限为 4 年；通信设备选取使用年限的中间值 6.5 年，折旧率为 0.2644；由于官方没有公布软件折旧率的相关数据，同时考虑到全球市场的共通性，课题选择 0.315 的折旧率，使用年限为 5 年。

第四，计算我国 ICT 投资价格指数。通常以美国作为基准国。

$$\lambda_{i,t} = f\left(\Delta \ln P_{i,t}^{U} - \Delta \ln P_{K,t}^{U}\right) \qquad (6-13)$$

其中，$\lambda_{i,t}$ 为美国 ICT 资本投入与非 ICT 资本投入变动差异的预测值序列；$\Delta \ln P_{i,t}^{u}$ 表示美国非 ICT 固定投资价格指数变化差；$\Delta \ln P_{k,t}^{u}$ 表示美国 ICT 价格指数变化差。

第五，计算 ICT 的实际投资额，测算中国 ICT 的总资本存量和地区资本存量，加总网络基础设施、硬件与软件、新兴产业及传统产业中信息经济部分得到我国信息经济总体规模。

6.1.3 加总法信息经济的统计分类与代码

（1）界定加总法口径的信息经济

信息经济是一个动态发展的概念。其动态性表现在与产业的隶属关系上。与工业经济最初只体现于工业发展，随后一、二、三产业构成的经济全部成为工业经济一样，信息经济最初只体现于信息产业发展上，随着信息化发展，将来的一、二、三产业都将成为信息经济。何种产业为信息经济，不是固定不变的，主要取决于该产业中信息所创造价值的比重的变化。当前，信息经济的界定既要考虑历史、现状，也要考虑未来变化。

在我国统计中，狭义的信息产业（不同于北美产业体系的信息产业）是指代码为 39 的"计算机、通信和其他电子设备制造业"，可以视为供应端的信息产业。

美国的信息产业主要范围圈定在第三产业（服务业），而将信息技术制造业全部划出去，归入第二产业（制造业）。我国的信息化和信息产业主管部门主张将信息技术设备制造业归入信息产业，依据的是"信息化六要素"，实质性的考虑是认为信息技术和产品制造是独立自主的信息化（信息经济）不可缺少的环节。像中国、印度、巴西这样的大国要成为信息强国，有效降低信息产品价格和信息化技术普及门槛，也不能离开信息技术产业的高度发达，像新加坡之类高度依赖美国信息技术产品的小国那样发展信息化。因此，信息经济全面发展不可能将信息技术产业划出信息经济范围。

建议将文教、工美、体育和娱乐用品制造业（代码24）归入信息经济。理由如下：第一，信息强国初衷是追求高附加值，高附加值既可能来源于信息技术（技术创新），也可能来源于信息文化（创意）。英国创意经济就是以后者为重心实现信息强国的代表。科技与人文不可偏废，信息经济发展才能全面。第二，既然文化、体育和娱乐业（门类R）作为服务业已纳入信息经济，按与信息技术产业对等的做法（将信息服务对应的信息技术制造纳入信息经济），也应将对应的制造业纳入信息经济。

然而，仅以信息技术制造业为主体确定信息产业和信息经济，而把服务业大部分排除在外，又会走向另一个极端。广电、文化等产业不属于信息技术产业，但属于信息业和信息服务业，其高附加值来源除了信息技术创新，还有信息文化创新（创意）。不能排斥英国通过发展创意经济实现信息经济发展这种不同于美国模式的道路。因此，应把基于信息活动创造价值的现代服务业纳入信息经济的范围。

现代服务业的定义，按李强的界定，主要指"依托信息技术、现代化科学技术和技能发展起来的包括信息、知识和技能相对密集的服务业"[1]。"现代服务业的一个显著特点就是充分运用现代信息技术和其他高科技来提供直接或者间接的服务，所以现代服务业一般是知识和技术密集型的产业"[2]。可以说是需求端的信息产业。

表6-2显示了用"2012年国民经济行业分类"（GB/T 4754—2011）调整代码后显示的李强副局长对不同口径的服务业门类代码的比较。现代服务业10大行业门类的划分依据的主要是北京市统计局现代服务业分类标准。这是我们进行服务业中信息经济分类的关键依据。2009年中国按10大行业门类划分的现代服务业，其增加值占整个服务业增加值的比重为60%（发达国家

---

① 李强. 中国服务业统计与服务业发展 [M]. 北京：中国统计出版社，2014：114.

② 同上，第115页。

占 70% ~ 80%）。在现代服务业（信息经济服务业）之外的其余服务业，为传统服务业（工业经济服务业）。

服务业中信息经济行业分类，主要解决波拉特的"第二信息部门"没有对应行业分类代码的问题，可以在不新增指标条件下直接得出与"第二信息部门"对应的统计结果。

表 6-2 2012 年国民经济行业分类（GB/T 4754—2011）中的服务业门类代码

分类	名称	现代服务业	生产性服务业	知识密集服务业	高技术服务业
信息经济服务业	信息传输、软件和信息技术服务业	I		I	I
	金融业	J	J	J	
	房地产业	K	K		
	租赁和商务服务业	L	L	L	
	科学研究和技术服务业	M	M	M	M
	水利、环境和公共设施管理业	N			
	教育	P		P	
	卫生和社会工作	Q		Q	
	文化、体育和娱乐业	R		R	
	公共管理、社会保障和社会组织	S		S	
工业经济服务业	农、林、牧、渔服务业	A（农业）			
	开采辅助活动	B（采矿业）			
	金属制品、机械和设备修理业	C（制造业）			
	批发和零售业	F			
	交通运输、仓储和邮政业	G			
	住宿和餐饮业	H			
	居民服务业、修理和其他服务业	O			
	国际组织	T			

注：李强. 中国服务业统计与服务业发展［M］. 北京：中国统计出版社，2014.

从长远发展看，从统计标准上将一产服务业、二产服务业纳为信息经济待选行业具有一定必然性。第一，未来将农、林、牧、渔服务业归入现代服务业的原因在于，虽然这些行业目前的信息化水平不高，但从长远看，农业服务化将成为农业信息化的主要商业形式，农业服务业发展将成为农业服务化的主要产业实现形式。农业电子商务将对农业产业化起到引领带动作用。第二，未来将金属制品、机械和设备修理业纳入现代服务业统计的理由是，考虑到制造业服务化是两化融合重要内容，维修服务成为制造业重要的增值来源①，也是"互联网＋"、智能制造、工业4.0、工业互联网的重要发展领域。

按"信息经济＝信息产业＋现代服务业"的粗略口径定义，优点是在门类一级就可以直接统计信息经济。缺点是不够精细，尤其是"计算机、通信和其他电子设备制造业"与波拉特信息经济界定中的第一信息部门差了整个一块，即非信息部门的信息产出。为此，我们对大类、中类和小类进行拆分，可以重新组合成一个更具体口径的"信息经济"统计范围界定：

狭义信息经济＝现代信息制造业＋现代信息服务业

广义信息经济＝（现代信息制造业＋传统信息制造业）＋

（现代信息服务业＋传统信息服务业）

具体见表6-3。

表6-3　2012年国民经济行业分类（GB/T 4754—2011）中的制造业门类代码比较

信息经济制造业（狭义）			信息经济制造业（广义）			工业经济制造业		
门类	大类	中类	门类	大类	中类	门类	大类	中类
C			C			C		
							13-21	（全部）
				22			22	
					222、223			221（222、223）②
				23				（23）
					231-233			（231-233）
	24			24				
		241-246			241-246			
							25-33	

---

① 安筱鹏. 制造业服务化路线图［M］. 北京：商务印书馆，2013.

② 括号中代码表示按狭义信息经济口径应算入工业经济的行业，下同。

信息经济制造业（狭义）			信息经济制造业（广义）			工业经济制造业		
门类	大类	中类	门类	大类	中类	门类	大类	中类
				34			34	
					347			341–346、(347)、348、349
				35			35	
					354、356、358、359			351–353、(354)、355、(356)、357、(358)、(359)
				38			38	
					381、383、385、389			(381)、382、(383)、384、(385)、386–388、(389)
	39	（全部）		39	（全部）			
	40	（全部）		40	（全部）			
							41	（全部）
							42	（全部）
				43	（备选）		43	
						D	全部	
						E	全部	

在精细定义的信息经济中，服务业也进行了调整（但范围比制造业小得多）。例如，建议将互联网零售（5294）从传统服务业（批发与零售业）调整进信息经济，计算机和办公设备维修（802）从传统服务业调整进信息经济；物业管理（702）、天然水收集与分配（763）由于更侧重实体经济，从现代服务业调整出信息经济，等等。

（2）总体思路与设计方法

将信息经济从大框架上界定为"现代信息制造业＋现代服务业"（大类级颗粒度的"信息经济"），作为信息经济行业分类标准的依据。再具体根据统计局现有标准，对中类和小类标准进行调整，形成中等分辨率、可统计的信息经济（中小类级颗粒度的"信息经济"）。

可以在宽窄两种口径中选择信息经济的定义范围：

信息经济（窄）＝现代信息制造业＋现代信息服务业

信息经济（宽）＝（现代信息制造业＋传统信息制造业）＋

（现代信息服务业＋传统信息服务业）

具体进行标准分类可分三步：

第一，制造业中的信息经济分类，第一方案以现代信息制造业（即"计算机、通信和其他电子设备制造业"代码39）为主体，建议包括文教、工美、体育和娱乐用品制造业（代码24）；第二方案在第一方案基础上，建议按照波拉特"第一信息部门"标准补充传统信息制造业，共同构成制造业的信息经济分类标准。

除信息技术制造业外的传统制造业中划入信息经济的类目，主要参考波拉特《信息经济》（中国展望出版社，1987年）中"第一信息部门"的分类标准。其特点：一是将信息服务对应的设施和设备制造业，一律划入信息经济。二是除了现代信息制造业，也包括传统信息（如纸媒信息）设备制造业。

第二，服务业中的信息经济分类，第一方案以现代服务业（北京统计局口径10个大类）为主体；第二方案在第一方案基础上，补充非现代服务业大类中符合波拉特"第二信息部门"标准的中类和小类，排除现代服务业中不符合"第二信息部门"标准的中类和小类，共同构成服务业的信息经济分类标准。

第三，由制造业的信息经济行业加服务业的信息经济行业共同构成信息经济行业分类标准体系。

同时确定信息经济行业的调整标准（即现有工业经济行业一旦信息附加值比重稳定超过50%后，可划入信息经济），建议在传统服务业（主要是一产、二产服务业，如代码05、43）中提出待选信息经济行业，暂不列入信息经济行业分类，待其中的相关行业信息附加值比重超过50%后，优先划入信息经济。

为便于讨论，按照信息经济口径宽窄的不同，提出较窄口径的方案（方案一）与较宽口径的方案（方案二）。两个方案均以现代信息业为核心，区别在于是否包含传统信息业。

方案一以现代信息业为核心，不包含传统信息业。现代信息业包括现代信息产业与现代服务业。现代信息产业中的"现代"主要指ICT（信息通信技术），但同时也包括信息文化（如创意），将技术创新与文化创新同时包含于信息活动中。现代服务业中的"现代"，主要指与ICT和文化创意结合的部分，而排除掉修脚理发等纯粹依靠传统劳动力的服务业。

选择窄义口径信息经济，主要考虑未来信息产业主要是依托 ICT 发展，淡化非 ICT 的信息产业（如纸媒产业）。

方案二不仅包括现代信息业，而且包含传统信息业。其中现代信息业的口径完全同于方案一，只是增加了传统信息业（如造纸业）。

选择广义口径信息经济，将传统信息业加入信息经济统计，主要考虑信息技术（技术创新）与信息文化（创意）在信息经济发展中的平衡，以及中国实体经济与虚拟经济发展的不平衡。

方案一共两个，方案一与方案二，分别见表 6 - 1、表 6 - 2。

信息经济行业分类标准与代码简表按门类、大类、中类、小类划分。

第一，分类分为正式标准与待选行业。未在"说明"中指明备选的，为正式建议的属于信息经济的分类。备选的大类、中类在"说明"中指出。

第二，大类中列出选中的中类，在大类项下指出排除的中类。排除的中类，在逻辑上归入工业经济（农业也归入工业经济），剩余自然经济（未货币化的经济）不在统计序列之列。

第三，表 6 - 1、表 6 - 2 只列到中类，涉及拆分小类的，在中类说明中列出选择的小类。被选择的小类之外的为排除的小类。

未来在有条件的情况下，对信息经济的进一步改进可以考虑以下四点：

第一，信息经济行业分类标准的扩大。一、二、三产中的服务业（其中第三产业中的服务业，即服务业的服务业，指支撑服务业），待其中信息服务比重超过 50% 后，优先划入信息经济。

第二，建议在标准中增加与互联网零售（5294）对应的互联网批发，以涵盖 B2B 业务；新设物联网（CPS 即信息物理系统）、嵌入式软件、可穿戴设备等标准和指标，加以统计。

第三，增设第二信息部门指标，以反映"互联网＋"和数据化对各行各业的影响。不同于制造业与服务业统计在于，软件产出、销售和服务是一次性的，但以平台等形式应用带来的外部性和网络效应超过了一次性买断的价值。现在均计入原产业，而未计入信息经济，应区分租与买，按服务、使用收费的价值对等估算免费的价值。

第四，建议在后续研究中采用系数法（通过区分行业中的 ICT 与非 ICT 投入产出，确定同一行业中信息经济成分比重系数的方法），对各行各业进行更加精确的信息经济附加值比重测算。可以预见，信息经济行业的行业比重，最终将随信息经济全面发展而不断增加。

表6－4　　狭义信息经济行业分类标准与代码简表（方案一）

代码				类别名称	说明
门类	大类	中类	小类		
A				农、林、牧、渔业	本门类包括01～05大类，其中05待选，建议暂不列入信息经济但作为备选，待其中信息服务比重超过50%后优先划入信息经济
	05			农、林、牧、渔服务业	建议暂不列入信息经济但作为备选，待其中信息服务比重超过50%后优先划入信息经济
		051		农业服务业	建议暂不列入信息经济但作为备选，待其中信息服务比重超过50%后优先划入信息经济
		052		林业服务业	建议暂不列入信息经济但作为备选，待其中信息服务比重超过50%后优先划入信息经济
		053		畜牧服务业	建议暂不列入信息经济但作为备选，待其中信息服务比重超过50%后优先划入信息经济
		054		渔业服务业	建议暂不列入信息经济但作为备选，待其中信息服务比重超过50%后优先划入信息经济
B				采矿业	
	11			开采辅助活动	建议暂不列入信息经济但作为备选，待其中信息服务比重超过50%后优先划入信息经济
C				制造业	制造业中划入信息经济的类目，其特点是将现代信息服务对应的设施和设备的制造，一律划入信息经济。以现代信息技术制造业为主
	24			文教、工美、体育和娱乐用品制造业	建议作为文化创新驱动的创意活动的基础，保留在信息产业之中
		241		文教办公用品制造	

续　表

代码				类别名称	说明
门类	大类	中类	小类		
		242		乐器制造	
		243		工艺美术品制造	
		244		体育用品制造	随着可穿戴设备发展，体育用品越来越成为信息产品
		245		玩具制造	
		246		游艺器材及娱乐用品制造	
	39			计算机、通信和其他电子设备制造业	
		391		计算机制造	
		392		通信设备制造	
		393		广播电视设备制造	
		394		雷达及配套设备制造	
		395		视听设备制造	
		396		电子器件制造	
		397		电子元件制造	
		399		其他电子设备制造	
	40			仪器仪表制造业	
		401		通用仪器仪表制造	
		402		专用仪器仪表制造	

代码				类别名称	说明
门类	大类	中类	小类		
			403	钟表与计时仪器制造	
			404	光学仪器及眼镜制造	
			409	其他仪器仪表制造业	
		43		金属制品、机械和设备修理业	暂不列入信息经济但作为备选，待其中信息服务比重超过50%后优先划入信息经济
F				批发和零售业	本门类包括51和52大类，指商品在流通环节中的批发活动和零售活动。建议在标准中增加与互联网零售（5294）对应的互联网批发，以涵盖B2B业务
	51			批发业	
			514	文化、体育用品及器材批发	
			517	机械设备、五金产品及电子产品批发	选择5177计算机、软件及辅助设备批发、5178通信及广播电视设备批发
	52			零售业	
			529	货摊、无店铺及其他零售业	选择5294互联网零售；选择5295邮购及电视、电话零售
G				交通运输、仓储和邮政业	本门类包括53～60大类，选择60大类中的602
	60			邮政业	
			602	快递服务	因电子商务物流配送而归入信息经济
I				信息传输、软件和信息技术服务业	本门类包括63～65大类。全部纳入信息经济（大类以下说明从略）。全部纳入信息经济的根据：a.属于现代服务业；b.属于知识密集型服务业；c.属于高技术服务业

代码				类别名称	说明
门类	大类	中类	小类		
	63			电信、广播电视和卫星传输服务	
		631		电信	
		632		广播电视传输服务	
		633		卫星传输服务	
	64			互联网和相关服务	
		641		互联网接入及相关服务	
		642		互联网信息服务	
		649		其他互联网服务	
	65			软件和信息技术服务业	
		651		软件开发	
		652		信息系统集成服务	
		653		信息技术咨询服务	
		654		数据处理和存储服务	
		655		集成电路设计	
		659		其他信息技术服务业	
J				金融业	全部纳入信息经济（大类以下说明从略）。全部纳入信息经济的根据：a. 属于现代服务业；b. 属于生产性服务业；c. 属于知识密集型服务业

代码				类别名称	说明
门类	大类	中类	小类		
	66			货币金融服务	
		661		中央银行服务	
		662		货币银行服务	
		663		非货币银行服务	
		664		银行监管服务	
	67			资本市场服务	
		671		证券市场服务	
		672		期货市场服务	
		673		证券期货监管服务	
		674		资本投资服务	
		679		其他资本市场服务	
	68			保险业	
		681		人身保险	
		682		财产保险	
		683		再保险	
		684		养老金	
		685		保险经纪与代理服务	
		686		保险监管服务	
		689		其他保险活动	
	69			其他金融业	
		691		金融信托与管理服务	
		692		控股公司服务	

续　表

代码				类别名称	说明
门类	大类	中类	小类		
		693		非金融机构支付服务	
		694		金融信息服务	
		699		其他未列明金融业	
K				房地产业	排除 702 物业管理，其余全部纳入信息经济（大类以下说明从略）。部分纳入信息经济的根据：a. 属于现代服务业；b. 属于生产性服务业
	70			房地产业	
		701		房地产开发经营	
		703		房地产中介服务	
		704		自有房地产经营活动	
		709		其他房地产业	
L				租赁和商务服务业	全部纳入信息经济（大类以下说明从略）。全部纳入信息经济的根据：a. 属于现代服务业；b. 属于生产性服务业；c. 属于知识密集型服务业
	71			租赁业	
		711		机械设备租赁	
		712		文化及日用品出租	
	72			商务服务业	
		721		企业管理服务	
		722		法律服务	
		723		咨询与调查	

代码				类别名称	说明
门类	大类	中类	小类		
		724		广告业	
		725		知识产权服务	
		726		人力资源服务	
		727		旅行社及相关服务	
		728		安全保护服务	
		729		其他商务服务业	
M				科学研究和技术服务业	全部纳入信息经济（大类以下说明从略）。全部纳入信息经济的根据：a. 属于现代服务业；b. 属于生产性服务业；c. 属于知识密集型服务业；d. 属于高技术服务业
	73			研究和试验发展	
		731		自然科学研究和试验发展	
		732		工程和技术研究和试验发展	
		733		农业科学研究和试验发展	
		734		医学研究和试验发展	
		735		社会人文科学研究	
	74			专业技术服务业	
		741		气象服务	
		742		地震服务	
		743		海洋服务	
		744		测绘服务	

续　表

代码				类别名称	说明
门类	大类	中类	小类		
		745		质检技术服务	
		746		环境与生态监测	
		747		地质勘查	
		748		工程技术	
		749		其他专业技术服务业	
	75			科技推广和应用服务业	
		751		技术推广服务	
		752		科技中介服务	
		759		其他科技推广和应用服务业	
N				水利、环境和公共设施管理业	排除763后全部纳入信息经济。部分纳入信息经济的根据：属于现代服务业
	76			水利管理业	
		761		防洪除涝设施管理	
		762		水资源管理	
		764		水文服务	
		769		其他水利管理业	
	77			生态保护和环境治理业	
		771		生态保护	
		772		环境治理业	
	78			公共设施管理业	
		781		市政设施管理	
		782		环境卫生管理	

代码				类别名称	说明
门类	大类	中类	小类		
		783		城乡市容管理	
		784		绿化管理	
		785		公园和游览景区管理	
O				居民服务、修理和其他服务业	
	79			居民服务业	
		797		婚姻服务	
	80			机动车、电子产品和日用产品修理业	
		802		计算机和办公设备维修	
		803		家用电器修理	
P				教育	全部纳入信息经济（大类以下说明从略）。全部纳入信息经济的根据：a. 属于现代服务业；b. 属于知识密集型服务业
	82			教育	
		821		学前教育	
		822		初等教育	
		823		中等教育	
		824		高等教育	
		825		特殊教育	
		829		技能培训、教育辅助及其他教育	
Q				卫生和社会工作	全部纳入信息经济（大类以下说明从略）。全部纳入信息经济的根据：a. 属于现代服务业；b. 属于知识密集型服务业

门类	大类	中类	小类	类别名称	说明
	83			卫生	
		831		医院	
		832		社区医疗与卫生院	
		833		门诊部（所）	
		834		计划生育技术服务活动	
		835		妇幼保健院（所、站）	
		836		专科疾病防治院（所、站）	
		837		疾病预防控制中心	
		839		其他卫生活动	
	84			社会工作	
		841		提供住宿社会工作	
		842		不提供住宿社会工作	
R				文化、体育和娱乐业	全部纳入信息经济（大类以下说明从略）。全部纳入信息经济的根据：a. 属于现代服务业；b. 属于知识密集型服务业
	85			新闻和出版业	
		851		新闻业	
		852		出版业	
	86			广播、电视、电影和影视录音制作业	

代码			类别名称	说明
门类大类	中类	小类		
		861	广播	
		862	电视	
		863	电影和影视节目制作	
		864	电影和影视节目发行	
		865	电影放映	
		866	录音制作	
	87		文化艺术业	
		871	文艺创作与表演	
		872	艺术表演场馆	
		873	图书馆与档案馆	
		874	文物及非物质文化遗产保护	
		875	博物馆	
		876	烈士陵园、纪念馆	
		877	群众文化活动	
		879	其他文化艺术业	
	88		体育	
		881	体育组织	
		882	体育场馆	
		883	休闲健身活动	
		889	其他体育	
	89		娱乐业	
		891	室内娱乐活动	
		892	游乐园	

代码				类别名称	说明
门类	大类	中类	小类		
		893		彩票活动	
		894		文化、娱乐、体育经纪代理	
		899		其他娱乐业	
S				公共管理、社会保障和社会组织	全部纳入信息经济（大类以下说明从略）。全部纳入信息经济的根据：a. 属于现代服务业；b. 属于知识密集型服务业
	90			中国共产党机关	
		900		中国共产党机关	
	91			国家机构	
		911		国家权力机构	
		912		国家行政机构	
		913		人民法院和人民检察院	
		919		其他国家机构	
	92			人民政协、民主党派	
		921		人民政协	
		922		民主党派	
	93			社会保障	
		930		社会保障	
	94			群众团体、社会团体和其他成员组织	
		941		群众团体	
		942		社会团体	

续　表

代码				类别名称	说明
门类	大类	中类	小类		
		943		基金会	
		944		宗教组织	
	95			基层群众自治组织	
		951		社区自治组织	
		952		村民自治组织	

表 6-5　　　　广义信息经济行业分类标准与代码简表（方案二）

代码				类别名称	说明
门类	大类	中类	小类		
A				农、林、牧、渔业	本门类包括 01~05 大类，其中 05 待选，建议暂不列入信息经济但作为备选，待其中信息服务比重超过 50% 后优先划入信息经济
	05			农、林、牧、渔服务业	建议暂不列入信息经济但作为备选，待其中信息服务比重超过 50% 后优先划入信息经济
		051		农业服务业	建议暂不列入信息经济但作为备选，待其中信息服务比重超过 50% 后优先划入信息经济
		052		林业服务业	建议暂不列入信息经济但作为备选，待其中信息服务比重超过 50% 后优先划入信息经济
		053		畜牧服务业	建议暂不列入信息经济但作为备选，待其中信息服务比重超过 50% 后优先划入信息经济
		054		渔业服务业	建议暂不列入信息经济但作为备选，待其中信息服务比重超过 50% 后优先划入信息经济

代码				类别名称	说明
门类	大类	中类	小类		
B				采矿业	
	11			开采辅助活动	建议暂不列入信息经济但作为备选，待其中信息服务比重超过50%后优先划入信息经济
C				制造业	制造业中划入信息经济的类目，主要参考波拉特《信息经济》中"第一信息部门"的分类标准。其特点是将信息服务对应的设施和设备的制造，一律划入信息经济。除了现代信息制造业，也包括了传统信息（如纸媒信息）设备制造业
	22			造纸和纸制品业	对应波拉特《信息经济》标准"信息货物制造业"中的（2621）造纸工厂、（3554）造纸机器。排除221纸浆制造
		222		造纸	
		223		纸制品制造	
	23			印刷和记录媒介复制业	
		231		印刷	对应波拉特《信息经济》标准"信息处理与传递服务业"中的（2753）"制版与金属印刷"等，（2732）"印刷图书"、（2789）"装订图书"等
		232		装订及印刷相关服务	
		233		记录媒介复制	
	24			文教、工美、体育和娱乐用品制造业	对应波拉特《信息经济》标准"信息货物制造业"中（3579）一般办公机器，（3952）铅笔、蜡笔、图画材料，参考"信息活动的基础设施"中（25）"办公大楼必需品的供应""不受法律管制的信息交流工具"
		241		文教办公用品制造	
		242		乐器制造	

代码				类别名称	说明
门类	大类	中类	小类		
		243		工艺美术品制造	
		244		体育用品制造	随着可穿戴设备发展，体育用品越来越成为信息产品
		245		玩具制造	
		246		游艺器材及娱乐用品制造	
	34			通用设备制造业	
		347		文化、办公用机械制造	对应波拉特《信息经济》标准"信息货物制造业"中（3579）一般办公机器
	35			专用设备制造业	
		354		印刷、制药、日化及日用品生产专用设备制造	对应波拉特《信息经济》标准"信息处理与传递服务业"中的（2753）"制版与金属印刷"等，（2732）"印刷图书"；选择3541制浆和造纸专用设备制造，对应波拉特《信息经济》标准"信息货物制造业"中的（2621）造纸工厂、（3554）造纸机器；选择3542印刷专用设备制造，对应波拉特《信息经济》标准"信息处理与传递服务业"中的（2753）"制版与金属印刷"等，（2732）"印刷图书"；（3555）"印刷机器设备"。排除3543、3544、3545、3546、3549
		356		电子和电工机械专用设备制造	选择其中3562电子工业专用设备制造，对应波拉特《信息经济》标准"信息货物制造业"中"电子消费货物或中间货物"的（5065）"电子零件与电子机器"等。（3674）"半导体、有关半导体的器件"，（3679）"通用电子零件与电子辅助设备"
		358		医疗仪器设备及器械制造	波拉特《信息经济》标准中将部分医疗设备（如3693）列入"信息货物制造业"中的"电子投资货物"

续　表

代码				类别名称	说明
门类	大类	中类	小类		
		359		环保、社会公共服务及其他专用设备制造	
	38			电气机械和器材制造业	
		381		电机制造	选择 3819 微电机及其他电机制造
		383		电线、电缆、光缆及电工器材制造	选择 3831 电线、电缆制造、3832 光纤、光缆制造
		385		家用电力器具制造	选择 3857 家用电力器具专用配件制造作为待选，暂不列入信息经济但作为备选，待其中智能家居应用配件或信息附加值比重超过 50% 后划入信息经济
		389		其他电气机械及器材制造	选择 3891 电气信号设备装置制造
	39			计算机、通信和其他电子设备制造业	
		391		计算机制造	
		392		通信设备制造	
		393		广播电视设备制造	
		394		雷达及配套设备制造	
		395		视听设备制造	
		396		电子器件制造	
		397		电子元件制造	

代码				类别名称	说明
门类	大类	中类	小类		
		399		其他电子设备制造	
	40			仪器仪表制造业	
		401		通用仪器仪表制造	
		402		专用仪器仪表制造	
		403		钟表与计时仪器制造	
		404		光学仪器及眼镜制造	
		409		其他仪器仪表制造业	
	43			金属制品、机械和设备修理业	暂不列入信息经济但作为备选，待其中信息服务比重超过50%后优先划入信息经济
F				批发和零售业	本门类包括51和52大类，指商品在流通环节中的批发活动和零售活动。建议在标准中增加与互联网零售（5294）对应的互联网批发，以涵盖B2B业务
	51			批发业	
		514		文化、体育用品及器材批发	
		517		机械设备、五金产品及电子产品批发	选择5177计算机、软件及辅助设备批发、5178通信及广播电视设备批发
	52			零售业	

代码				类别名称	说明
门类	大类	中类	小类		
		524		文化、体育用品及器材专门零售	对应波拉特《信息经济》标准"信息货物的批发与零售"中（5996）"照相机、照相用品、小型计算机商店"。选择 5241 文具用品零售、5242 体育用品及器材零售、5243 图书、报刊零售、5244 音像制品及电子出版物零售、5246 工艺美术品及收藏品零售，5247 乐器零售、5248 照相器材零售、5249 其他文化用品零售，排除 5245
		527		家用电器及电子产品专门零售	选择 5271 家用视听设备零售，对应波拉特《信息经济》标准"信息货物的批发与零售"中（5732）"收音机、电视机商店"；选择 5272 日用家电设备零售；选择 5273 计算机、软件及辅助设备零售，对应波拉特《信息经济》标准"信息货物的批发与零售"中（5996）"照相机、照相用品、小型计算机商店"；选择 5274 通信设备零售；选择 5279 其他电子产品零售
		529		货摊、无店铺及其他零售业	选择 5294 互联网零售；选择 5295 邮购及电视、电话零售
G				交通运输、仓储和邮政业	本门类包括 53～60 大类，选择 60 大类中的 601、602
	60			邮政业	
		601		邮政基本服务	
		602		快递服务	
I				信息传输、软件和信息技术服务业	本门类包括 63～65 大类。全部纳入信息经济（大类以下说明从略）。全部纳入信息经济的根据：a. 属于现代服务业；b. 属于知识密集型服务业；c. 属于高技术服务业
	63			电信、广播电视和卫星传输服务	

代码				类别名称	说明
门类	大类	中类	小类		
		631		电信	
		632		广播电视传输服务	
		633		卫星传输服务	
	64			互联网和相关服务	
		641		互联网接入及相关服务	
		642		互联网信息服务	
		649		其他互联网服务	
	65			软件和信息技术服务业	
		651		软件开发	
		652		信息系统集成服务	
		653		信息技术咨询服务	
		654		数据处理和存储服务	
		655		集成电路设计	
		659		其他信息技术服务业	
J				金融业	全部纳入信息经济（大类以下说明从略）。全部纳入信息经济的根据：a. 属于现代服务业；b. 属于生产性服务业；c. 属于知识密集型服务业

代码				类别名称	说明
门类	大类	中类	小类		
	66			货币金融服务	
		661		中央银行服务	
		662		货币银行服务	
		663		非货币银行服务	
		664		银行监管服务	
	67			资本市场服务	
		671		证券市场服务	
		672		期货市场服务	
		673		证券期货监管服务	
		674		资本投资服务	
		679		其他资本市场服务	
	68			保险业	
		681		人身保险	
		682		财产保险	
		683		再保险	
		684		养老金	
		685		保险经纪与代理服务	
		686		保险监管服务	
		689		其他保险活动	
	69			其他金融业	
		691		金融信托与管理服务	
		692		控股公司服务	

代码				类别名称	说明
门类	大类	中类	小类		
		693		非金融机构支付服务	
		694		金融信息服务	
		699		其他未列明金融业	
K				房地产业	排除702物业管理，其余全部纳入信息经济（大类以下说明从略）。部分纳入信息经济的根据：a. 属于现代服务业；b. 属于生产性服务业
	70			房地产业	
		701		房地产开发经营	
		703		房地产中介服务	
		704		自有房地产经营活动	
		709		其他房地产业	
L				租赁和商务服务业	全部纳入信息经济（大类以下说明从略）。全部纳入信息经济的根据：a. 属于现代服务业；b. 属于生产性服务业；c. 属于知识密集型服务业
	71			租赁业	
		711		机械设备租赁	
		712		文化及日用品出租	
	72			商务服务业	
		721		企业管理服务	
		722		法律服务	
		723		咨询与调查	

代码				类别名称	说明
门类	大类	中类	小类		
		724		广告业	
		725		知识产权服务	
		726		人力资源服务	
		727		旅行社及相关服务	
		728		安全保护服务	
		729		其他商务服务业	
M				科学研究和技术服务业	全部纳入信息经济（大类以下说明从略）。全部纳入信息经济的根据：a. 属于现代服务业；b. 属于生产性服务业；c. 属于知识密集型服务业；d. 属于高技术服务业
	73			研究和试验发展	
		731		自然科学研究和试验发展	
		732		工程和技术研究和试验发展	
		733		农业科学研究和试验发展	
		734		医学研究和试验发展	
		735		社会人文科学研究	
	74			专业技术服务业	
		741		气象服务	

代码				类别名称	说明
门类	大类	中类	小类		
		742		地震服务	
		743		海洋服务	
		744		测绘服务	
		745		质检技术服务	
		746		环境与生态监测	
		747		地质勘查	
		748		工程技术	
		749		其他专业技术服务业	
	75			科技推广和应用服务业	
		751		技术推广服务	
		752		科技中介服务	
		759		其他科技推广和应用服务业	
N				水利、环境和公共设施管理业	排除763后全部纳入信息经济。部分纳入信息经济的根据：属于现代服务业
	76			水利管理业	
		761		防洪除涝设施管理	
		762		水资源管理	
		764		水文服务	
		769		其他水利管理业	
	77			生态保护和环境治理业	

代码				类别名称	说明
门类	大类	中类	小类		
		771		生态保护	
		772		环境治理业	
	78			公共设施管理业	
		781		市政设施管理	
		782		环境卫生管理	
		783		城乡市容管理	
		784		绿化管理	
		785		公园和游览景区管理	
O				居民服务、修理和其他服务业	
	79			居民服务业	
		797		婚姻服务	
	80			机动车、电子产品和日用产品修理业	
		802		计算机和办公设备维修	
		803		家用电器修理	
P				教育	全部纳入信息经济（大类以下说明从略）。全部纳入信息经济的根据：a. 属于现代服务业；b. 属于知识密集型服务业
	82			教育	
		821		学前教育	
		822		初等教育	

代码				类别名称	说明
门类	大类	中类	小类		
		823		中等教育	
		824		高等教育	
		825		特殊教育	
		829		技能培训、教育辅助及其他教育	
Q				卫生和社会工作	全部纳入信息经济（大类以下说明从略）。全部纳入信息经济的根据：a. 属于现代服务业；b. 属于知识密集型服务业
	83			卫生	
		831		医院	
		832		社区医疗与卫生院	
		833		门诊部（所）	
		834		计划生育技术服务活动	
		835		妇幼保健院（所、站）	
		836		专科疾病防治院（所、站）	
		837		疾病预防控制中心	
		839		其他卫生活动	
	84			社会工作	
		841		提供住宿社会工作	
		842		不提供住宿社会工作	

续　表

代码				类别名称	说明
门类	大类	中类	小类		
R				文化、体育和娱乐业	全部纳入信息经济（大类以下说明从略）。全部纳入信息经济的根据：a. 属于现代服务业；b. 属于知识密集型服务业
	85			新闻和出版业	
		851		新闻业	
		852		出版业	
	86			广播、电视、电影和影视录音制作业	
		861		广播	
		862		电视	
		863		电影和影视节目制作	
		864		电影和影视节目发行	
		865		电影放映	
		866		录音制作	
	87			文化艺术业	
		871		文艺创作与表演	
		872		艺术表演场馆	
		873		图书馆与档案馆	
		874		文物及非物质文化遗产保护	
		875		博物馆	
		876		烈士陵园、纪念馆	

代码				类别名称	说明
门类	大类	中类	小类		
		877		群众文化活动	
		879		其他文化艺术业	
	88			体育	
		881		体育组织	
		882		体育场馆	
		883		休闲健身活动	
		889		其他体育	
	89			娱乐业	
		891		室内娱乐活动	
		892		游乐园	
		893		彩票活动	
		894		文化、娱乐、体育经纪代理	
		899		其他娱乐业	
S				公共管理、社会保障和社会组织	全部纳入信息经济（大类以下说明从略）。全部纳入信息经济的根据：a. 属于现代服务业；b. 属于知识密集型服务业
	90			中国共产党机关	
		900		中国共产党机关	
	91			国家机构	
		911		国家权力机构	
		912		国家行政机构	
		913		人民法院和人民检察院	

续　表

代码				类别名称	说明
门类	大类	中类	小类		
		919		其他国家机构	
	92			人民政协、民主党派	
		921		人民政协	
		922		民主党派	
	93			社会保障	
		930		社会保障	
	94			群众团体、社会团体和其他成员组织	
		941		群众团体	
		942		社会团体	
		943		基金会	
		944		宗教组织	
	95			基层群众自治组织	
		951		社区自治组织	
		952		村民自治组织	

6.1.4　信息经济与三次产业关系

(1) 新口径信息经济与三次产业关系

农业经济、产业经济（工业化、产业化形成的二、三产业构成的工业经济）、服务经济（信息化、服务化形成的二、三产业构成的信息经济）与原有一产、二产、三产的划分关系如下：

工业经济（工业化的产业经济）：以制造业为主，制造业扣除信息产业（电子设备制造业、通信设备制造业，即 C39 计算机、通信和其他电子设备制造业）；加传统服务业（B、H、N、T）。

信息经济（信息化的产业经济）：以服务业为主，将"现代服务业"纳入信息经济，服务业扣除传统服务业（B、H、N、T）；加信息制造业（C39计算机、通信和其他电子设备制造业）。

信息经济的专业化产出与一产、二产、三产构成的三个产业的划分，从理论上说应具有内在相关性。

一方面，信息经济的专业化产出本质上反映的是对差异化能力（准确说是通过技术和技术产品的功能实现的降低差异化成本的能力）的供给；另一方面，第三产业比重的不断提高反映的是差异化需求的满足，反映的是社会在产业化水平上对服务化需求的不断提高，以及社会以服务业的形式满足经济中一、二产之外的服务化需求，导致服务业发展和重要性的提升。

（2）服务化与服务业的统计关系

服务化与服务业发展也存在着内在关系。

服务化是指一、二、三产业内多样性需求提升，通过溢价带来多样性的收益不断上升的过程。对多样性需求的上升，导致在一、二、三产业的高端出现新的产业增长点，导致产值的上升；对多样性需求的上升还导致供给方面的反应，信息技术产业作为赋能部门，由于提供降低多样性成本的工具，在这种能力供不应求的刺激下不断创新发展，导致全产业产值的不断增长；再由于信息技术的通用技术性质，这种技术在各行各业的应用普及，导致轻资产运作的增值应用呈现范围报酬递增和范围成本递减现象，增加了一、二、三产附加值的提升。如此循环反复，使信息化与网络经济渐渐成为经济的主导形式。

从可操作性出发，制造业服务化产值与现代服务业中的产业化产值，建议采取相互补偿的办法，不再细分。第二信息部门创造的信息化价值，原则上应归入信息经济。但实际统计中很难从原产业中区分出来，因此仍归入原产业统计。其中有两种情况例外，一是第二信息部门创造的产值（如数据业务产值，或信息附加值）整体超过原主营业务时，所在企业应整体划归现代服务业；二是如果第二信息部门从原部门独立出来，应归入生产性服务业，进而归入现代服务业。而服务业中现代服务业中形成的产业化的产值，为保持按门类完整分类，计算为现代服务业产值，不另外划出归入传统服务业。不排除传统服务业随信息化深化，逐步转为现代服务业，从而使整个服务业归入信息经济。

(3) 信息产业与服务业的统计关系

信息经济的本体形成于 ICT 的供求。仅以 ICT 与非 ICT 的投入来区分工业经济与信息经济是不充分的，主要缺陷是解释不清信息产业与服务业的关系；只有联系工业经济产出与信息经济产出，才能更好说明信息产业与服务业的对应关系。

信息经济可分为两个基本的方面，信息技术产业（第一信息部门）与信息技术应用（第二信息部门）。第二信息部门实际是 ICT 的需求部门，构成现代服务业的主体。

从统计角度将信息经济定义为信息经济 = 信息产业 + 现代服务业。这是信息经济颗粒最粗（到门类一级）的定义。这一定义从供给与需求两个方面概括了信息经济的特征。信息产业反映的是 ICT 的供给，现代服务业反映的是 ICT 的需求（信息技术应用）。

其中逻辑是：第一信息部门产出信息技术产品，各行各业是信息技术产品的需求方，这种需求导致提供信息服务的第二信息部门的产生，第二信息部门的独立，形成以信息服务为主的现代服务业。

因此，从信息经济高度上，信息技术产业与现代服务业具有相同内涵，只不过角度相反。原有理论以投入为中心立论，系统地忽略了以需求为中心立论的解释力。

北美产业分类体系主要从服务业角度划分信息产业，将 ICT 制造业划出信息产业归入传统制造业，也是不全面的。虽有利于从服务化角度揭示信息经济的特征，也更能揭示需求在信息经济发展中的地位和作用，但同样割断了投入与产业的联系，容易把 ICT 制造业的发展当作脱离信息经济大背景的孤立现象。

6.2　信息技术经济：增长模型

对信息经济的计量，还可以从增长模型角度，计量为信息技术经济。以张才明的理论为代表。

张才明构造的新的信息技术经济增长模型为：

$$Y = A \times K^{\alpha} \ K_i^{\alpha'} L^{\beta} \ L_i^{\beta'} \ S^{\gamma} S_i^{\gamma'} \qquad (6-14)$$

其中，

$$\alpha + \beta + \gamma + \alpha' + \beta' + \gamma' = 1 \qquad (6-15)$$

Y为社会总产出；A，α，β，γ，α'，β'，γ'为系数；其中α，α'，β，β'，γ，γ'分别为非信息技术资本、信息技术资本、非信息技术劳动、信息技术劳动、非信息技术进步、信息技术进步的产出弹性系数；K为非信息技术总资本投入量；K_i为信息技术总资本投入量；L为非信息技术劳动总量；L_i为信息技术劳动总量；S为非信息技术进步；S_i为信息技术进步。

特点：

——资本：区别 ICT 与非 ICT 投入；

——劳动：双劳动；

——技术：双技术。

6.2.1　函数模型的计算步骤与方法

这个模型也可以简单地用函数表示为：

$$Y = F\ (K,\ K_i,\ L,\ L_i,\ S,\ S_i) \tag{6-16}$$

这表示社会总产出是 K，K_i，L，L_i，S 和 S_i 组合的函数。

这里大致介绍一下这个模型的简单计算步骤和方法[①]。

根据数学一般方法，考虑时间因素 t，公式可以变为：

$$Y_t = e^{\sigma} \times K_t^{\alpha}\, K_{it}^{\alpha'}\, L_t^{\beta}\, L_{it}^{\beta'}\, S_t^{\gamma}\, S_{it}^{\gamma'} \tag{6-17}$$

其中，令

$$A = e^{\sigma} \tag{6-18}$$

1）首先对式（6-16）取对数，则式（6-17）变为：

$$\ln Y_t = \sigma + \alpha \ln K_t + \alpha' \ln K_{it} + \beta \ln L_t + \beta' \ln L_{it} + \gamma \ln S_t + \gamma' \ln S_{it} + \varepsilon\ 。 \tag{6-19}$$

其中，

$$\alpha + \beta + \gamma + \alpha' + \beta' + \gamma' = 1; \tag{6-20}$$

Y_t 为时间 t 的社会总产出；σ 为常数；α 为非信息技术总资本的产出弹性系数；α' 为信息技术总资本的产出弹性系数；β 为非信息技术劳动的产出弹性系数；β' 为信息技术劳动的产出弹性系数；γ 为非信息技术进步的产出弹性系

[①]　这是一个多元回归分析和数理统计的数学计算问题，本文不作详细的介绍，详细的计算过程和方法可参考相关数学方面的教材：钱颂迪. 运筹学 [M]. 北京：清华大学出版社，1990；吴翊. 应用数理统计 [M]. 长沙：国防科技大学出版社，1995.

数；γ' 为信息技术进步的产出弹性系数；K_t 为时间 t 的非信息技术总资本投入量；K_{it} 为时间 t 的信息技术总资本投入量；L_t 为时间 t 的非信息技术劳动总量；L_{it} 为时间 t 的信息技术劳动总量；S_t 为时间 t 的非信息技术进步；S_{it} 为时间 t 的信息技术进步；t 为时间年限；ε_o 为白噪声误差；计算时可以和 σ 合并为一个常数。

这个方程式里，在做实证分析时，t 表示的有几年，则该公式意味着是有几个方程组成的方程组。

2）分别列出 Y_t，K_t，K_{it}，L_t，L_{it}，S_t 和 S_{it} 的实际值，可以取一个时间区间的数据为样本数据，如可以取 1986 年到 2005 年 20 年的实际数据。

3）把上面 Y_t，K_t，K_{it}，L_t，L_{it}，S_t 和 S_{it} 的实际值相应的求出 ln 值，并且列出作为新的样本数据。

4）确定样本数据和置信区间，进行回归分析，计算出各常数和系数。

5）对上面的回归方程结果进行显著性和可信性检验。

6）检验显著并可信，回归分析获得成功；方程可以用于实际计算。

在实际计算时，这里有一个问题，就是如何界定非信息技术进步 S_t 和信息技术进步 S_{it} 的值的问题，有了这个值并且能够完全列出来，那么用上面的步骤和方法是完全可行的。

6.2.2　信息技术经济增长计算模型

假定，任何信息技术进步和非信息技术进步的目的或最终效果就是全社会经济增长，而这种经济增长又是信息技术进步和非信息技术进步通过对各自的资金和劳动的投入产出效率的提高来实现的，也就是说，技术进步是一种提高资金和劳动效率的手段和工具，通过资金和劳动的综合效率提高来实现经济增长。只是信息技术和非信息技术对资金和劳动投入的投入产出的综合效率提高的倍数是不一样的。为了简洁明了，假设技术进步与资金和劳动投入产出效率之间存在一个简单的比率函数关系。同时参考模型

$$Y = A \times K^{\alpha} L^{\beta} S'　　　　　　　　(6-21)$$

其中，

$$\alpha + \beta + \gamma = 1　　　　　　　　(6-22)$$

分别进行信息技术和非信息技术两种情况的论述，但考虑综合效率和保持弹性系数在运算模型中的存在，如果只是简单地把 S' 定义为 $Y/(A \times$

$K^\alpha L^\beta$），那么在后面的运算中将无法得出弹性系数γ和γ'。为此，笔者把非信息技术进步的值定义为：

$$S_t = m \times Y'_t \times （K_t \times L_t）^{-1/2} \qquad (6-23)$$

其中，

S_t为时间t的非信息技术进步的值；Y'_t为时间t的非信息技术的社会总产出；K_t为时间t的非信息技术总资本投入量；L_t为时间t的非信息技术劳动总量；m为非信息技术进步对非信息技术投资和劳动的效率的影响系数，其值为大于0的常数。

同样，笔者还把信息技术进步的值定义为：

$$S_{it} = n \times Y_{it} \times （K_{it} \times L_{it}）^{-1/2} \qquad (6-24)$$

其中，

S_{it}为时间t的信息技术进步的值；Y_{it}为时间t的信息技术的社会总产出；K_{it}为时间t的信息技术总资本投入量；L_{it}为时间t的信息技术劳动总量；n为信息技术进步对信息技术投资和劳动的影响效率，其值为大于0的常数。

式（6-23）和式（6-24）中，其中的Y'_t是时间t的非信息技术的社会净产出，Y_{it}是时间t的信息技术的社会净产出，这是因为信息技术进步也好，非信息技术进步也好，都会促进全社会的经济增长。在信息技术经济学的范畴里，信息技术进步首先应该是促进信息技术产业的发展，即首先表现的是信息技术领域的经济增长，然后通过信息技术产成品的利用，促进非信息技术领域的经济增长，从而实现整个社会经济的增长。比如，电脑信息技术由原来的P386技术进步到P586技术，首先是表现为同等资金和劳动情况下，电脑的产值和销售收入的增加，然后这些生产出来的P586的电脑在社会经济活动中被消耗，促进了全社会的经济增长。因此，任何一种信息技术或非信息技术对社会经济增长的促进是有两个阶段的，即第一个阶段是信息技术产业内部的经济增长，第二个阶段是通过信息技术产成品的消费和利用带来其他非信息技术产业部门的经济增长，实现整个社会经济增长。因而本文中，上面两个函数公式即式（6-23）和式（6-24）中，Y'_t是非信息技术的社会净产出，Y_{it}是信息技术的社会净产出。

当然上面两个函数公式即式（6-23）和式（6-24）还是相对比较简单，也比较粗糙，要确切地准确反映它们之间的关系还有待于进一步研究，但即式（6-23）和式（6-24）基本上反映了信息技术进步和非信息技术进步对资金和劳动的利用效率的影响，m 和 n 作为技术进步对综合效率提高的一个因子，也应该确实存在。因而笔者认为：上面的公式可以看作是合理的，计算起来也是可行的。

把式（6-23）和式（6-24）分别代入信息技术经济增长模型可以得到如下公式：

$$Y_t = e^{\sigma} K_t^{\alpha} K_{it}^{\alpha'} L_t^{\beta} L_{it}^{\beta'} S_t^{\gamma} S_{it}^{\gamma'}$$
$$= e^{\sigma} K_t^{\alpha} K_{it}^{\alpha'} L_t^{\beta} L_{it}^{\beta'} \left[m \times Y'_t \times (K_t \times L_t)^{-1/2} \right]^{\gamma}$$
$$\left[n \times Y_{it} \times (K_{it} \times L_{it})^{-1/2} \right]^{\gamma'} \qquad (6-25)$$

其中，

$$\alpha + \beta + \gamma + \alpha' + \beta' + \gamma' = 1 \qquad (6-26)$$

Y_t 为时间 t 的全社会总产出；Y'_t 为时间 t 的全社会非信息技术总产出；Y_{it} 为时间 t 的全社会信息技术总产出；σ 为常数；α 为非信息技术总资本的产出弹性系数；α' 为信息技术总资本的产出弹性系数；β 为非信息技术劳动的产出弹性系数；β' 为信息技术劳动的产出弹性系数；γ 为非信息技术进步的产出弹性系数；γ' 为信息技术进步的产出弹性系数；K_t 为时间 t 的非信息技术总资本投入量；K_{it} 为时间 t 的信息技术总资本投入量；L_t 为时间 t 的非信息技术劳动总量；L_{it} 为时间 t 的信息技术劳动总量；m 为非信息技术进步对非信息技术投资和劳动的效率的影响系数；n 为信息技术进步对信息技术投资和劳动的效率的影响系数；t 为时间年限。

两边取自然对数并展开，上述方程可变为：

$$\ln Y_t = \sigma + \alpha \ln K_t + \alpha' \ln K_{it} + \beta \ln L_t + \beta' \ln L_{it} +$$
$$\gamma \ln m + \gamma \ln \left[Y'_t (K_t \times L_t)^{-1/2} \right] +$$
$$\gamma' \ln n + \gamma' \ln \left[Y_{it} (K_{it} \times L_{it})^{-1/2} \right] \qquad (6-27)$$

上式移位，方程可变为：

$$\ln Y_t = \sigma + \gamma \ln m + \gamma' \ln n + \alpha \ln K_t + \alpha' \ln K_{it} + \beta \ln L_t + \beta' \ln L_{it} +$$
$$\gamma \ln \left[Y'_t (K_t \times L_t)^{-1/2} \right] + \gamma' \ln \left[Y_{it} (K_{it} \times L_{it})^{-1/2} \right] \qquad (6-28)$$

上式合并同类项，同时由于 σ、$\gamma \ln m$、$\gamma' \ln n$ 客观上都是一个常数，因此可以令：

$$\varepsilon = \sigma + \gamma \ln m + \gamma' \ln n \qquad (6-29)$$

则上式可变为：

$$\ln Y_t = \varepsilon + \alpha \ln K_t + \alpha' \ln K_{it} + \beta \ln L_t + \beta' \ln L_{it} +$$
$$\gamma \ln \left[Y'_t \ (K_t \times L_t)^{-1/2} \right] + \gamma' \ln \left[Y_{it} \ (K_{it} \times L_{it})^{-1/2} \right] \qquad (6-30)$$

其中，

$$\alpha + \beta + \gamma + \alpha' + \beta' + \gamma' = 1; \qquad (6-31)$$

Y_t 为时间 t 的全社会总产出；Y'_t 为时间 t 的全社会非信息技术总产出；Y_{it} 为时间 t 的全社会信息技术总产出；ε 为常数；α 为非信息技术总资本的产出弹性系数；α' 为信息技术总资本的产出弹性系数；β 为非信息技术劳动的产出弹性系数；β' 为信息技术劳动的产出弹性系数；γ 为非信息技术进步的产出弹性系数；γ' 为信息技术进步的产出弹性系数；K_t 为时间 t 的非信息技术总资本投入量；K_{it} 为时间 t 的信息技术总资本投入量；L_t 为时间 t 的非信息技术劳动总量；L_{it} 为时间 t 的信息技术劳动总量；t 为时间年限。

式（6-31）中，除了 ε、α、α'、β、β'、γ、γ' 系数外，其他的值都是可知的，因此方程可解，取适当的样本数据，利用回归方程进行估计检验是可以计算出来的。

7 信息化计量：专业化与多样化水平

我们对信息化的计量，从技术中介计量变为商务本体计量，相当于从计量"电子"转向计量"商务"，从而从商务这个本体上，更好把握"电子商务"。举例来说，将电子商务个性化定制现象剥离为信息技术（电子）与范围经济（商务本体）两部分。范围经济作为商务本体，在工业化和信息化中同样存在。信息化测评要研究的是有信息技术与没有信息技术，范围经济的效果会有什么不同。

从技术经济角度看，本研究提出的信息化测评理论与方法与现有各种信息化水平测评最大的创新与改进在于，从以测技术（包括测技术产业，如电脑与网络）为主，转向了以测商务本体为主。而对信息化商务本体的测度，从测应用深化到测转型。在测度转型上，从脱离均衡的现象测度深化为基于均衡逻辑的全局测度。

从商务本体这个角度看，信息化测评的绩效实际是信息技术如何帮助业务提高专业化水平和多样化水平。信息化水平测评要解决的以往不能解决的实际问题，是区分信息技术投入对经济中的增产与增收的不同的产出贡献。为此，需要把产业化与服务化分开计量，再加以合成。

在最宏观的层面，我们将经济分为工业化（产业化）与工业经济，信息化（服务化）与网络经济，以产业化对应分工的专业化趋势，以服务化对应分工的多样化趋势。又将信息化与网络经济内部分为信息经济（网络经济）与信息化（服务化），分别是存量与系数（水平）的关系（二者之积为信息国民收入）。广义的信息化测度分信息化与信息经济两个方面。上一章分析的是信息经济的计量（存量产出计量），本章转入信息化的计量（水平指数计量）。本章讨论窄义的信息化测度，它分产业化（即信息技术对产业化的影响）与服务化（即信息技术对服务化的影响）两个方面。

在信息化计量中，我们将信息化从水平指数上分为两种水平状态，一种是产业化水平，另一种是服务化水平。它相当于信息化内部的一个"小工业化－小信息化"对立统一关系。这是因为，信息化是对工业化的扬弃，而不是单纯的否定。产业化体现了扬弃中肯定的一面，服务化体现了扬弃中否定的一面。

对应到价值水平①上（水平指数不过是价值水平的另一种表征形式），产业化对应的是价格构成中 $P = MC$ 的部分；服务化对应的是 $P = AC$（经济学上指差异化定价），实际对应的是 $FC = AC - MC$ 的部分，我们称为"超额附加值"。二者合在一起，就可以看出信息化在"水平"这个维度上的全貌。

信息化与网络经济的均衡理论有一个根本的观点，认为工业化与信息化的均衡点不同，前者稳定在二维均衡，后者稳定在三维均衡。而"品种－数量－价格"三维均衡，分别是由两个二维均衡——"数量－价格"和"品种－价格"——维度合成，产业化在理论经济学上对应的是前一个二维区间，服务化对应的是后一个二维区间。它们的合成过程，是在数量－品种底平面投影为长尾曲线的过程。这是本章分析与基础理论的联系所在。

7.1 信息化测评的基本逻辑框架

7.1.1 信息化测评术语界定

信息化测评的独特技术经济学原理，用传统术语简单说就是：把完全竞争与垄断竞争的结果先分开测评，再以均衡价格为基准合成。意图在于识别出垄断竞争中一种由于信息技术作用而与工业技术作用相反的成本曲线，并以此为准把信息技术的产出同工业技术产出，从总产出中识别、区分出来。通过这种办法解决索洛悖论中信息技术产出"消失"的难题。

这一理论主要基于一个实践中的发现：平均成本随差异化程度提高而降低现象，仅（或主要）存在于信息化之中；工业化的常态是平均成本随差异化程度提高而提高。

总的方向是突出面向信息化效果进行测评。这里说的效果不是 TEC 中有特定含义的"效果"，而是口语意义中说的效果。在这里，具体化为从技术经济学计量的效果，也就是与生产率相关的效果。我们把生产率扩展为绩效，

---

① 称价值水平而不称价格水平是因为它对应三种价格水平：实物价格水平 P、货币价格水平 V 和信息价格水平 H，分别反映不同存量资源的流动性。

在一般"技术－经济"分析（生产率分析）之外，特别加强了经济效果（如 CE、RE 等）的分析。

在绩效测评中使用以下的术语有所特指。

效率与通常用法不同。通常用法的效率，在本研究中称为专业化效率，是同质化的效率；与效率相对的是多样化效率，对应口语中说的多样化。

效益这个概念特指 TEC 中的经济效率，包括成本效率、收益效率和利润率。效果这一概念不是学术概念。在引用 IT 人士的说法中使用"效率与效果"并称时，效果专指多样性，而实效特指经济效率（EE）。

效率向效能的改进称为深度应用。深度是指从商品层面深入到资本层面，以是否存在报酬递增划分。具体以固定成本与平均成本关系为准划分（从不存在固定成本，向存在固定成本转变）。如专业化向规模化转型，多样化向范围化转型，而不是指结构转型。

转型以结构为标准划分，指在结构之间转变（主要指从简单性结构向复杂性结构转变，如专业化向多样化转型，规模化向范围化转型）。例如，区分复杂与复杂性，复杂属于简单性结构，复杂性属于复杂性结构，而不是指效率与效能之间的转型（如专业化向规模化转型）。从专业化（同质化效率）转向范围经济（异质性效能）的飞跃式变化，称为变革。优是可持续的强（可持续竞争优势），指 $AC - MC$ 达到可均衡水平。

创新视其种类分别归入各类变化，如 TC（技术创新）、AC（制度创新）、TEC（服务创新、模式创新）等类别。

7.1.2　与基础理论的结构对应

本研究的顶层问题域如图 7－1 所示。由分工派生出专业化与多样化两个分支。对应产业发展，专业化对应经济产业化，多样化对应经济服务化；对应微观市场结构，内部产业化对应完全竞争，内部服务化对应垄断竞争。

信息化测评在技术经济学中的学科对应关系如图 7－2 所示。就绪指标对应的是技术经济学中的技术，包括 TC（技术变化）；应用和效能指标对应的是技术经济学中的经济，包括 TEC（效率）与 VRS（效能）。

指标按生产率标准的形式分类如下：

TC：就绪类指标与客体能力；TEC 中的 TE：应用指标与主体能力；TEC

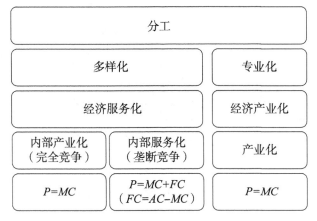

图7-1 信息化与网络经济的问题结构

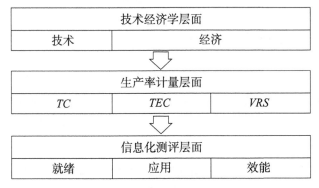

图7-2 信息化测评在技术经济学中的相对位置

中的 AE：资源配置应用；TEC 中的效益：实效类指标（静态成本、收入与利润）；SEC：效能类指标。

本研究指标按技术作用和经济作用分类。按技术作用的不同，将信息技术分为专业化技术（提高专业化效率和效能的技术）与多样化技术（提高多样化效率和效能的技术）两类。按经济作用的不同，将经济分为产业化与服务化两类，产业化在 QP 平面计量，服务化在 NP 平面计量。二者在 QN 平面合成（在 P 轴上，分 $P=MC$ 和 $AC-MC$ 两段合成）。

其中，配置效率（AE）包括制度效率，SEC 包括制度效能；效益包括成本效率（CE）、收益效率（RE）；SEC 以产出分析为主。如图7-3所示。

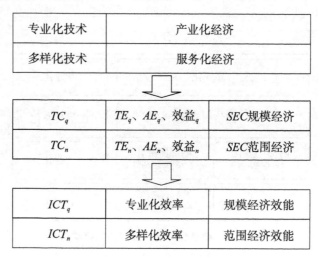

图 7 – 3　信息化指标结构

7.1.3　与生产率计量的结构对应

本研究采用的生产率模型是具有四种来源的全要素生产率模型:

TFP 变化 = 技术变化×技术效率变化×效能变化×产出混合效应

依托技术经济学机理,信息化测评的逻辑结构是"TFP 变化 = 技术变化×技术效率变化×效能变化×产出混合效应"。但信息化测评并不是进行 TFP 本身的测度,而是依托这一结构建立经验性的调查指标设计,进行经验性的实测。意图在于,第一,使经验性的测评内在于技术经济理论逻辑,加强指标之间与数据之间的逻辑联系,从而使指标体系整体更具经济学意义,解决现有实践中"没有理论的测评"的问题;第二,在理论指导下进行数据解读与评价,更有效地说明信息化的技术经济问题,加强数据分析的指导性。

(1) 测评对应的 *TC* 的结构

如图 7 – 4 所示,目前的其他研究最新的进展是将技术投入分为 ICT 与非 ICT（NICT）两类。

但本研究最大的不同,是把 ICT 投入的产出（技术作用）分为多样化与专业化两类,其中多样化对应 ICT_n,专业化对应 ICT_q。

(2) 测评对应的 *TEC* 的结构

本研究的应用指标是重点研究对象。如图 7 – 5 所示,将应用分为三类,第一类是技术应用指标,对应 *TEC* 中的 *TE*,其中又分为专业化与多样化两

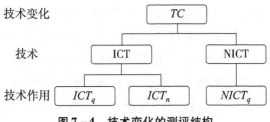

图7-4 技术变化的测评结构

类，分别放在产业化部分和服务化部分研究；第二类是资源配置应用指标，对应 *TEC* 中的 *AE*，分专业化与多样化分别研究；第三类是经济效率指标，又称效益指标，也是分专业化与多样化研究。

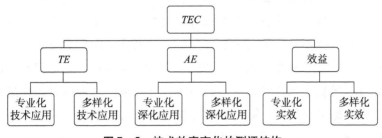

图7-5 技术效率变化的测评结构

效益分为成本效率（*CE*）、收入效率（*RE*）以及利润率，分别在专业化和多样化两个领域中研究。其中专业化领域的利润称为不良利润（零利润下的不可持续利润）；多样化领域的利润称为良性利润（又称"好利润"，是可持续利润）。详见企业信息化测评中的财务分析。

（3）测评对应的 *SEC* 的结构

在效能部分（*VRS*），我们的研究与他人相反，从以投入研究区分 ICT 与 NICT 为重点转向以产出研究为重点，规模经济对应 ICT 内部的 NICT（指类似工业化投入效果），范围经济对应 ICT。

7.1.4　生产率计量与综合测评关系

在本项研究中，信息化的生产率计量与信息化测评既有联系也有区别：计量与测评你中有我，我中有你。

信息化计量与信息化测评都基于同样的技术经济学原理与全要素生产率机理。计量本质上是定量的，以量化为货币化的统计、财务数据为基础；

测评本质上是定性的，主要是对非货币化的、定性的经济行为的量化，分析侧重作用方向。定位于行为定性，不完全是出于方法论上的原因，还含有内生复杂性结构的考虑。我们把复杂性结构暂时归结为一种定性对象。在以品种初步定量化的基础上，在具体分析中将结构复杂性转化为半经验性的定量结果，例如，将拓扑结构的边数——复杂性中的错综关系，如社会资本中的关系——转化为 N 值。对信息化计量来说，信息化测评侧重的不是精确结果，而是要素之间的逻辑互动关系与逻辑，可以认为是生产率计量的现实说明。

我们的研究定位于指标测评的支撑服务，因此更多提供的是方法论上的支持，更加侧重研究为什么要设计指标，根据什么框架和逻辑设计指标，应设计什么样的指标，而不在于全面设计具体指标。在实际应用中，人们应举一反三来根据具体测评需要实际设计指标。这与实测时的思路有所不同。实测时往往要把数据可获得性当作一个前提条件。指标很必要，但数据得不到或需要花很多经费才能得到，这样的指标往往被放弃。但基础理论研究更多考虑的不是数据可获得性，而是数据在指标上的必要性。涉及指标的可能性更多受限于另一方面的问题，即某一领域实践成熟一些，理论研究多一些，因此有条件抽象概括出一些通用性较强的指标；某一领域实践初起或变化较快或理论研究少一些，因此只能设计出一些具体的、不太通用的指标。这不是由于前一种指标比后一种指标更为必要，而主要是条件有差别。像我们一、二、三产指标中同一结构模块的指标内容差异较大，主要是由于这个原因，需要进一步的研究来完善。

计量本质上是逻辑的，测评本质上是经验的。计量的数据依据模型和公式严格计算，测评更多侧重指数化的水平评价。信息化测评的个别数据采用计量方法获得与计算，而多数数据还难以纳入生产率公式直接计算，更适合按生产率公式的原理对生产率计量结果进行说明、印证与评价。

计量针对生产率改进，测评针对绩效改进。传统的计量更多侧重生产方能力的提高，测评更多侧重需求方偏好的满足。

我们所研究的信息化测评与传统综合指标评价法也有所不同。传统综合指标评价法的最终目标是形成综合指数，对测评对象得出一个总体的水平判断，因此总体要求化繁为简。为此，经常用极简指标，如十几个、二十几个指标说明问题。其中还可能采用代用指标（用相关度较高的一个指标代指另一个指标的状况），这对于指导工作没问题，但对经济学分析来说指标和数据的强度都不够，而且经济学分析要求对数据的结构、逻辑敏感，一般不采用代用指标。

我们所研究的信息化指标主要为信息化与网络经济的数量分析服务，因此指标设计不是要求化繁为简，而是要求尽量展开。实际应用到要求以最少指标反映问题的综合指标设计时，多余指标、数据可以不用。但在经济分析需要时，对应的分析项目需要有可用数据。这就好比统计年鉴不是只得出一个 GDP，而是要求全面一样。全面设计的好处是展开思路，深入细节。如果要化繁为简地应用，可以从中择取必要的指标，组成简化的指标体系。

信息化测评指标多好还是少好，不能一概而论。对综合测评方法来说，只要质量能有充分保障，当然是反映同样结果的指标越少越好。但对经济学研究来说却不是这样。研究者不是只要一个总的指数结果，当需要对问题的结构进行细致分析时，仅有少数指标"代表"全面情况就显示出局限来。由于我们的研究定位于指标背后的经济学和技术经济学逻辑梳理，因此展开对指标的讨论就成为必然。这不意味着我们认为用这种理论指导实测时，指标设计应越多越好。大量的指标只是起到举一反三的作用，实测可以从中挑选合适的指标，或仅仅当作启发指标设计思路时的参考。由于研究定位于指标设计的支撑服务，因此也不强调对这些指标在本研究中进行指标体系的"组装"，以避免干扰实测的思路。自然，权重问题在本研究中也无从提起，虽然我们知道它对于实测来说是多么重要。

另外，定位于支撑服务的指标研究与定位于实测的指标研究，兴趣点有所不同。第一，如果定位于实测，注重的是具有可操作性的完整指标。而我们定位于支撑服务，更注重指标设计的思路和方向，往往只举出一个设计指标的思考领域，举出的例子也只是为了说明这个方向对应的实践是什么，而把根据这个方向性提示设计具体指标的任务留给读者。目的是不干预实测的具体工作，不限制实测者的思路。第二，虽然我们展开的指标分支比较详细、具体，但研究的目的不是要面面俱到，而是在探讨指标设计的方法论，如按什么样的思路展开指标，用什么样的指标说明什么样的问题，设计出来的指标可以反映什么样的问题。因此实际列出的指标都是举例说明性质的，不同于工作手册，希望读者在这些方面能够举一反三，灵活应用。

7.2 产业化与服务化区分的理论意义

7.2.1 产业化与服务化的质的区别

本研究同现有其他信息化测评的最大区别，在于它执着于对实效的测度。这个实效有所特指，不是指一般的收入（如无差异的 GDP），是指（具有质的差异的）产出效果。目的是从产出实效上区分归属信息化的实效与归属于非信息化（主要是工业化）的实效。

现有最前沿的研究也只是区分了投入，即 ICT 投入与非 ICT 投入。但由 ICT 投入得出的产出与非 ICT 投入的产出是同样的产出。例如，由 ICT 投入带来的 GDP 同非 ICT 投入的 GDP，同样都是 GDP，彼此没有质的差别，只是在量上把它们按比例分开。

而我们的研究将产出区分为同质性产出与异质性产出，相当于区分了完全竞争带来的实效与垄断竞争带来的实效，二者具有质的区别。对应到产业层面的实效，我们称前者为产业化效果，后者为服务化效果。前者是存量效应，后者是溢价效应。由前者代表工业化的产出效应，后者代表信息化的产出效应。

以理论经济学论域划分，产业化效果主要在由数量与价格关系构成，包括存在固定成本的同质均衡框架下分析；服务化效果主要在由品种与价格关系构成，包括存在固定成本的异质均衡框架下分析。而产业化与服务化二者之间的相互转化（如信息化与工业化两化融合）则通过改进的 D－S 模型和品种－数量平面的长尾曲线来分析。以技术经济学论域划分，对产业化的生产率分析，侧重对技术与同质生产率（一般意义上所说"效率"）关系的分析；对服务化的生产率分析，侧重对技术与异质生产率（一般意义上所说"多样性"）关系的分析。

产业是产业化形成的结果。工业化不仅形成产业化的制造业，而且形成产业化的农业和产业化的服务业。在农业经济中也存在工业，但那只是没有产业化的工业即手工业，是作坊式的生产，不属于工业化。而产业化的农业属于工业化。

产业化与服务化一样，也是一个过程，是产业从小生产（自然经济）转化为社会化大生产的过程。"化"的标志从交换中介看，就是货币化的过程。

GDP 统计的前提就是货币化，从理论上说未经货币结算的就不在货币国民收入的范围之内，就认为是还没有充分社会化的活动。与之类似，服务化是产业从社会化大生产向大规模定制转化的过程，"化"的标志从交换中介看就是信息化的过程。信息化的经济过程以信息为交换中介而发生、发展，信息所起的作用与一般等价物相反，是一对一精准化、异质化过程。未经过异质化处理的过程，将被认为还没有被纳入到国民收入的增值状态。我们今天的经济虽然还没有发展到这种状态，但它是可以预期的。

7.2.2 以产业化、服务化区别工业化与信息化

产业化与服务化，分别是工业革命与信息革命的主题。产业化代表的是社会化大生产的历史趋势，服务化代表的是（由差异化开始的）个性化定制的历史趋势。虽然产业化过程中也包含着服务化，服务化过程中也继续着产业化，但它们之间有主次之分。正如我们不能说工业化的历史使命主要是个性化定制，那样就会与农业革命混为一谈，我们也不能说信息化的历史使命仍然是社会化大生产，虽然信息化代表的社会化水平可能一点也不弱于工业化（如网络可以比实体市场在更大范围更迅捷、便利地配置资源）。

信息化要以工业化为基础，第三产业的发展要以第二产业的发展为基础，如信息和知识产业的发展要以 ICT 制造为基础设施的基础，以整个制造业的高度发达为应用基础。其中包含着以社会化大生产为基础的含义。所谓以产业化的方式推进信息化，就具有这样的意思。这是对的。但不能由此得出结论，信息化发展就是为了发展信息技术及产品制造业，就是为了发展制造业，甚至更广义地说，是为了以工业化的方式从事第一产业、第二产业和第三产业。这就会陷入单纯技术观点的工具论和单纯应用观点的功利论，无法深入到转型（从用变到体变）的实质中去。

信息化脱离它的技术含义，更准确的业务上的含义是服务化，它测度的对象不是产业；而信息经济统计的对象是产业（industry），不过不只是服务业，也包括信息制造业。认为信息化的更准确的含义是服务化，相当于说电子对应的商务主要是服务化，而非主要是产业化。产业化只是服务化的基础。将服务化加以产业化可以形成服务产业和制造产业，但不等于说服务化等于产业化。在微观上，产业化同"商品化"（"商业化"）这个概念是联系在一起的。商品化（"商业化"）对工业化来说，是一个褒义词；但对信息化来

说，有可能演变为贬义词。派恩在使用商品化（"商业化"）这个词时，明显带有贬义。他主张"降低商业的商业化程度"①。从体验经济观点来看，商品化代表着同质化、规模化，而与定制、更不用说个性化格格不入。他认为，价值创造过程是在商品化（通过同质化以降低成本）和定制化（通过差异化以提高价值）之间反复循环的过程②。

我们赞同吴敬琏的一个关键判断："ICT 革命是一个'服务业的故事'。"③我们把这里的服务业，扩展为服务化。不光服务业是 ICT 革命的故事，为服务业提供支撑的 ICT 产业，包括受惠于服务化的农业，也是故事的一部分。可以将 ICT 革命分为两类现象，一类是信息经济，另一类是信息化，前者对应服务化形成的产业，后者对应服务化。产业化是（产值）数量变化，服务化是（价值）水平变化。事实上，现在人们常说的工业，其实只是产业（industry）。这个词本不应译为工业。工业化的本意就是指产业化，而不只是制造业的发展，产业化是一、二、三产业的产业化过程。把工业化仅仅理解为工业在三个产业中所占比重的上升是不准确的。正如把信息化理解为信息产业在三个产业中所占比重的上升，也是不准确的。因为都排除了本产业之外的产业发生的"化"的转变。例如，农业产业化也是工业化，是农业的工业化过程，指的是以工业生产方式（即工业化方式）从事农业，而不是指把第一产业搞成第二产业。固然，工业会随着工业化发展而出现比重上升现象，信息产业也会随着信息化发展而出现比重上升现象，但它只是工业化、信息化本身的一部分（赋能的部分）。

作为服务化产业的信息经济是产业现象，可以通过产业存量（产值状态）来测度；作为服务化的信息化本身却不是产业状态，它是产业状态的变化（"化"指变化）。如果说产业状态是存量，状态变化就是系数，二者之积形成流量。可见，信息化不宜直接测度为存量状态（另论，从略）。

吴敬琏说的服务业只是隐喻的说法，准确说是由服务化形成的产业（industry）。与工业化的产业一样，它也由一产、二产和三产相关门类构成，不同在于它是一产、二产和三产中归类于"服务化"的门类的总和。

服务业与制造业的区别，一般被理解为是差异性与同质性产业的区别。

①　吉尔摩，派恩二世．真实经济［M］．陈劲，译．北京：中信出版社，2010：16.

②　同上，第 54 页。

③　吴敬琏．中国增长模式抉择［M］．上海：上海远东出版社，2008.

服务化与产业化的区别，对应分工多样化与分工专业化、差异化与同质化的区别，因此是产业差异化与产业同质化的区别。在中国社科院创新工程项目"信息化指标体系创新与应用"研究中，我们将这种区别在理论经济学层面定位为"品种－价格"构成的差异化均衡与"数量－价格"构成的同质化均衡之间的差别①。根据诺贝尔奖得主斯蒂格利茨的测算，二者的均衡价格等于一个固定的 $AC - MC$ 之差②。在服务化的微观实践中，这个差价所得可以归因于体验。

结论是：信息经济统计的是按"服务化"标准划分的一产、二产和三产。因此，与工业经济对应的信息经济的统计口径应为：一产、二产和三产中归类于"服务化"门类的产值。

由此，我们对三次产业划分进行了实质性的重新分类，将产业化的产业门类归入工业经济；将服务化的产业门类归入信息经济。

产业化（原译工业化）与货币化同步，服务化与信息化同步。货币是产业化的中介，它使工业经济走向同质化（一般等价，降低同质化成本）；信息是服务化的中介，它使信息经济走向智慧化（一对一透明，降低异质性成本）。

需要指出，信息化对应服务化、工业化对应产业化这种关系是相对的。信息技术可以同时带来服务化的效果与产业化的效果，工业技术也可以同时带来服务化与产业化的效果，只是前者更加侧重服务化效果，后者更加侧重产业化效果。同时，信息经济与工业经济也同样可以对应产业化与服务化的产出存量。例如，前者包含信息制造业和现代服务业的存量，具有更多溢价；后者包含一般制造业和传统服务业的存量，更多显现为数量型增长。

7.2.3 产业与产业化、服务与服务化的区别

在统计信息化与网络经济的整体经济表现时，需要充分考虑到，现有的统计体系是在工业化过程中形成，并且是为了工业化而设计的。如果不充分考虑这一点，在信息化与网络经济的统计上，就不会摆脱比附的做法，会出现统计对象与统计方法的矛盾。

其中的矛盾之点在于，GDP 统计是一种产业化统计，而信息化却是服务

---

① 姜奇平，高邦仁. 新常态的经济学《3%》［M］. 北京：企业管理出版社，2014.

② Dixit, A. K. & J. E. Stiglitz（1977），"Monopolistic Competition and Optimum Product Diversity"，*American Economic Review*，67（3），June.

化现象，更多是一种价值（价格）水平现象，信息化、服务化的效果最突出表现在提高质量水平从而产生溢价（高附加值）上。

产业化统计落到统计的呈现形式上，统计的是财富的产业状态。一产、二产和三产这样的划分本身就体现了 GDP 统计尺度的一个特殊视角，就是以产业的产值形式来呈现财富的存在。服务化的效果，虽然按照信息国民收入的理念具有财富效应，但却并不一定完全以产业化的产值的形式呈现（如流动性加速的效果在原有收入口径中就不会呈现，而边缘化为风险和不确定性）。历史对工业化（即"产业化"）的测度，虽然侧重于对产业的测度以及对三产比例关系的测度，但作为"化"有一个不同于农业化的鲜明特点，它必须是通过市场结算的，但（在经济学水平而非统计学水平）隐含了是数量与均衡条件下的价格（实际是完全竞争价格）的乘积，而在理论上潜在地排除了垄断竞争价格。信息化与网络经济理论由于特别的原因和特别的论证，认为垄断竞争价格可以在异质性均衡条件下稳定存在，因此与一般产业统计不同，要通过价值水平——对实体经济是指实物价格水平，对货币经济是指货币价格水平，对信息经济是指信息价格水平——的变化找出高于 MC 而达到 AC 的溢价部分，作为新的均衡下财富计量的基准。

在理论经济学中，我们已经把产业化与服务化之间差异的根源，归纳为同质性的数量与异质性的品种之间的差异。所有异质性方向上的财富增进，只能从（数量与价格）存量方面呈现，而在流动速率（品种的"水平"，如质量水平、体验程度、信任度等）上的表现则注定成为 NOE。上面的分析都致力于从发现和建立新的统计尺度——核心是让 H 得以呈现，并加入新流量（信息国民收入）测算——的角度来归纳信息化与网络经济的财富统计；本节则从另一个角度——一个看上去相对传统的角度——来归纳信息化与网络经济的财富表现。区别在于，前者是按信息国民收入口径（新口径）来统计（加入了 H）信息化与网络经济，而后者则是按货币国民收入口径（老口径）来统计信息化与网络经济。

直观的区别，老口径好比从驾驶室的前挡风玻璃直接看事物，新口径好比从后视镜间接看事物。直接是指产业统计（产值统计）与产业化是同方向的；间接是指产业统计（产值统计）与服务化是反方向的。服务化对财富的增进主要是贡献于 H，但它也会间接地贡献于 GDP；但在这里，不是统计这种间接贡献，而是统计在新口径的收入中，通过均衡点传导过来的对旧口径的收入（只是新口径收入中的存量）的需求，以及对这种需求进行满足导致的 GDP 产出。换句话说，服务化主要贡献于富于价值的流动性，但当社会产生了对这种流动性的需求时，为了使这种流动性顺利实现，势必带来有助于新流动性的技术、设备的产业（第二产业，如电子与通信信息设备制造业）的发展（GDP 增加），势必带来一、二、三产业中第二信息部门的发展（GDP 增加），势必带来一、二、三产业本身 GDP 增长水平整体上的提高。因此说，从后视镜中统计的信息化与网络经济不是在统计服务化（H），而是在统计服务化的产业化效果，即产值，实际是 GDP 中因服务化需求而产生的产值。

从旧口径收入——对应新口径中的存量——即产值角度统计的信息化与网络经济，在反映结构变化中具有一定的客观性。信息化与网络经济越发展，第三产业占 GDP 的比重越高，这说明的是一类问题；信息化与网络经济越发展，第二产业中的信息技术制造业占 GDP 的比重越高，这说明的是另一类问题。前者与信息化与网络经济的商务本体——服务化——是一致的、对应的；后者与信息化与网络经济的技术经济实体相对应。

除了以产业作为产业化的结果，以产值的方式统计产业化之外，另一种计量也是本课题研究重点推荐的计量方法，是把它同服务化一样作为"化"来计量。计量的对象不是存量而是"化"，即生产率变化。产业化作为"化"同服务化作为"化"，最大不同在于生产率变化的含义不同，产业化的"化"是指生产率上的同质效率与规模经济上的变化；而服务化的"化"是指生产率上的异质效率与范围经济上的变化。我们在后面的章节再进一步展开。

这样，我们在分类的顶层有一个大的逻辑结构。第一层是货币国民收入与信息国民收入的关系，它分为工业经济与产业化，信息经济与服务化两个方面。

工业经济是大的产业化的结果，信息经济是大的服务化的结果。这里的产业化和服务化都是针对整个国民经济，而不是指局部。以往工业经济定义就不明确，定义明确的只是工业（包括制造业等）；工业化或产业化定义也不明确。我们在这一章明确了，是产业化过程中形成了产业，这些产业都是以产业化的方式形成的，计量方式是产业产值。这是大的产业化与工业经济意义上的产业的对应关系。我们第一次增加的只是对工业经济与信息经济中产业分类的新的划分，明确哪些产业应归入工业经济，哪些应归入信息经济，它们之间转化的条件是什么，等等。当然，服务化在工业经济的形成中也起

作用，但这不是本研究的重心。简单说，从代码分类中对农业服务业、某些工业服务业的划分中就可以看出，我们是把这一部分经济暂时归入工业经济的，主张随着其中服务化比重超过产业化比重时再改变归属。

第二层是信息经济与信息化内部分析。我们研究的重心是大的服务化下形成的信息经济。在大的服务化——即相对于国民经济整体而言的服务化——概念内部，细分出内部的产业化与服务化（小服务化）的作用机理。在大的服务化概念下，服务化等于信息化，但内部不是这样，而是分为信息化的产业化与信息化的服务化（小服务化）两方面，它们共同形成了信息经济的产业，它们形成的产业和存量是第6章的研究对象；而它们本身是如何形成这些产业的或形成产值的生产方式（表现在计量上则是价值水平），则是第8章之后的研究对象。二者的关系是存量与水平系数（如数量和价格）的关系。

第三层是信息化内部分析。在第8章后，我们不再讨论存量，而转为讨论水平。将水平分解为信息化内部的产业化与服务化，这里的产业化与服务化是小产业化与小服务化，特指信息技术条件下的产业化与服务化，信息技术条件下的产业化也不再与工业经济的形成相关，而仅仅指信息经济的产业化实现方式，产业化在价格水平上只相当于完全竞争价格部分；而信息技术条件下的服务化仅指信息经济的服务化实现方式，在价格水平上对应超额附加值部分。二者共同构成信息化的（价格）水平。

7.3　产业化水平：效率结构与生产率分解

产业化计量与产业计量不同，测的是水平系数，而不是存量（产值）。它是指工业化"化"到什么程度、什么水平。它不光与工业有关，而且与农业、服务业都有关。例如，农业产业化水平，是工业化水平在农业这个局部的体现。以存量进行测度的思路和依据是农业产业化作为工业化一部分，必然体现于工业。因为对农业的工业化的需求增加必然导致对工业品（例如工具）的需求的增加，从而转化为工业产值。而如果从水平（系数）角度测度，取数却不在工业，而在农业本身从非标准化、非社会化、非规模化，向标准化、社会化、规模化方向转变的程度。二者并不矛盾，只是角度不同。

产业化计量不同于产业计量，其重心落在"化"的计量，计量的对象是生产率变化。产业化与服务化在这一点上是相同的，不同在于产业化计量的生产率变化是同质性的生产率变化。生产率分解在此强调的是在产业化机理基础之上的技术经济分析。

在此有必要辨析产业化与服务化在形成信息化指数中各自起什么作用，以什么形式表现出来。信息化中的产业化不同于信息化中的产业，是指价格水平，而不是指存量；是指在信息化中，以工业化的方式形成产业的水平；相对的信息化中的服务化，则是指在信息化中以信息化方式形成产业增值的水平。

7.3.1 产业化的效率结构

产业化效果有两种基本的含义，一是指产业，即产业化带来经济存量意义上的产值，二是指技术经济意义上的生产率水平提高。信息技术对经济增长也就是产值贡献的测算已在前面介绍，这里侧重从生产率分析的角度解析一下产业化测度的结构机理。这两种测度是一致的，但后者带有这样的含义：它强调从前者的产出中扣除了服务化溢价。当前者是在完全竞争均衡水平测度（事实上也只能如此）时，二者的数值是一样的；但后者却可能留有另外一种可能，这就是存在垄断竞争（异质完全竞争）均衡水平上的服务化溢价（见下节）。

在第3章3.2.5"全要素生产率增长来源辨析"中，我们从生产率来源中辨析出四种生产率变化来源，一是技术变化，二是技术效率变化，三是投入效能变化，四是产出效能变化（即 OME）。产业化效果是指这四类变化中，相对于 Q 轴变化的分析，因此它与服务化的区别是同质异质之间的区别。

由于我们已在理论经济学和技术经济学层面上将范围经济设定为规模经济的对称形式，对它们的测度就只有对象的区别，而没有方法的区别。

在第3章中，我们提出了以下指标分类，包括 TC：就绪类指标与客体能力测度；TEC 中的 TE 与 AE：应用指标与主体能力测度；TEC 中的 EC：深化应用测度；面向效益的测度：实效类；效能类指标：面向投入与面向产出。这些分类没有进一步区分同质性与异质性的投入产出。现在我们将同质与异质、Q 与 N 分开测度。

7.3.2 产业化的生产率分解及其测度

作为生产率改进的产业化效果，是上述分类中各自的同质性的部分，需要针对 Q 轴以及 $Q-P$ 平面取数。测度的范围在 $Q-P$ 平面。具体测度的是同质性技术与经济之间的生产率关系。这里的技术，可以有两种理解，一种理解是指工业化技术，另一种理解是与工业化技术同方向的信息技术（简称"类同质技术"）。视具体测评什么而定。如果是测度比较工业化与信息化的技术特点不同，可以把前一种理解的技术当作测度对象；如果是测度信息技术内部专业化方向与多样性方向的不同，可以把后一种理解的技术当作测度对象。本课题采用的是后一种理解。两种理解只是测度对象不同，方法没有区别。

在信息技术内部，区分专业化方向的信息技术与多样性方向的信息技术既有形式上的意义，也有实质性的意义。实质性的区别在于，前者指向的是信息技术的用变（量变），反映的是信息技术与工业技术本质上相通之处，体现的不同只是程度的不同而非质的不同；后者指向的是信息技术的体变（质变），反映的是信息技术与工业技术本质上的不同之处，体现的是信息技术在性质上的特殊性。形式上的区别在于，前者引起的变化只是同质性变化；提高的效率只是同质技术效率和规模效率，带来的经济变化主要是产值变化和经济增长；后者引起的变化则是异质性的变化，提高的效率更多是异质技术效率和范围效率，带来的经济变化主要是质量水平的提高和结构优化。

经济增长本质上是生产率的提高。除了研究信息技术对经济增长的总的贡献外，我们还可以从技术经济角度，将类同质技术的投入产出关系细致地区分为生产率的四个来源，具体测度其五方面构成因素。

（1）TC_q：就绪类指标

首先，可以用就绪类指标（对应 TC）对企业和社会采纳信息技术的客观条件进行测度。包括对信息基础设施的测度，对电脑数、带宽等的测度。

在就绪类指标中区分出技术性质的不同是困难的。信息技术本质上是一种降低复杂性成本的技术，对信息技术的支出可以视为付出的一类技术性的复杂性成本。这种付出导致企业就绪意义上的技术变化（TC）。而在信息技术内部，仍存在着是与降低自动化（机械性）成本结合，还是与降低复杂性成本结合的区别。当然二者经常是你中有我，我中有你。

信息化的基础设施是就绪指标的核心。其指标涉及信息化平台（硬件如服务器、计算机、存储设备、网络设备如带宽、软件等）、支撑环境（集成框架、应用平台、数据库、数据仓库中、安全系统等）、网络（固网如内联网、外联网，移动网络、物联网以及网站等）。

（2）TEC_q：应用类指标

其次，可以利用应用指标测度主体能力（对应 TEC 中的 TE 与 AE）。类同质技术在这方面的显著特点是提高了经营主体的专业化能力。马克卢普在分析计算机的经济效果时，曾举例说明："新技术可以节约原料、仓库面积、铁路运输、货运车辆、运货卡车、流动资金等。这些节约可以如同减少每一产出单位所需要的劳动一样，减少每一产出单位需要的土地和资金。"[①]

应用类指标构成信息化指标的最大门类，其技术经济标准的核心是效率（包括有效配置），主要包括以下内容：

第一类是制造与生产信息化。

一是标准与信息编码体系信息化应用；二是产品管理信息化应用，如PDM；三是产品设计信息化应用，包括 CAD、CAPP、CAAP、CAE 等；四是生产过程信息化应用，包括数控应用、自动化控制等；五是产品生产制造系统信息化应用，包括 CAM、CIMS；六是生产管理系统信息化应用，包括生产上的 ERP、MIS。

第二类是经营系统信息化。一是供应链管理系统（SCM），包括计划、采购、库存管理等；二是客户关系管理系统，包括 CRM、客户呼叫中心；三是销售管理；四是电子商务，包括电子商务平台、网上营销、采购、支付系统，物流配送。

第三类是管理系统信息化。一是管理信息系统（MIS）；二是办公自动化（OA）；三是财会管理系统；四是人力资源管理系统；五是后勤管理系统；六是设备管理系统；七是系统信息资源集成。

第四类是决策支持信息化。一是决策信息系统；二是决策支持系统；三是决策优化支持；四是商业智能。

从以上应用类指标中，测度的主要是信息化的应用价值和功能价值。

（3）TEC_q：配置类指标

测度的对象是 TEC 中的 AE，如果说 TE 更接近人与自然的关系，AE 则更接近人与人的关系（主要表现在生产和服务的要素的关系中），前者是技术关系，后者是组织关系，包括市场与网络资源配置、组织效率，等等。信息化推动的技术应用一旦深化为组织、管理、商业模式乃至战略上的变化，用变

---

① 马克卢普. 美国的知识生产与分配 [M]. 孙耀君，译. 北京：中国人民大学出版社，2007：271.

就渐渐发展为体变，特别是当这种体变体现在应对复杂性时。

配置效率对企业有深浅之分。浅层的配置效率，主要是企业生产要素的配置效率。信息化在其中的作用是帮助企业进行合理的要素组合，推动企业从物质投资驱动，转向知识与人力资本投资驱动（创新驱动）。

深层次的应用，涉及的主要是要素（客体）背后人（主体）的变化。人作为生产与服务的核心要素，主要通过组织发挥作用，组织效率的变化是最大的 *AE* 变化。

在产业化方向上的深化应用，其技术经济效果指向的主要是信息化的自动化效应。ERP、MIS、OA 和 BI 系统沿着专业化的方向提高组织效率。选取这类指标测度的更多是应用之间的集成。在服务化方向上的深化应用，则更多指向灵活化效应。通过大数据、云计算等，沿着多样化的方向提高组织效率。

例如，中央企业近年推进的向集团企业的大集中，包括数据大集中、财务大集中及向中央控制方向进行的应用集成，都属于自动化这个范围。解决的主要是信息孤岛问题。

然而，信息化的深层应用还不仅限于此，信息技术与企业价值的深度结合，意在把企业信息化引向企业生存、发展和创造的根本价值，解决企业信息化因偏离企业核心而被边缘化的问题。这就要求信息化的效率从技术关系，深化到企业人际关系的核心中去。

高层次的信息化是一把手工程，一个标志性的特征是将信息化战略融入企业战略，给企业带来实质性变化。在测评的时候，会发现在这样的企业中，信息化战略与企业战略是同一个战略，信息化规划与企业规划已融为一体。可以通过领导力指标的设置，从领导、战略、规划、预算等各个角度显示出这种价值，使之成为可测和可把握的。对这类价值，根据信息化战略与企业战略关系的不同，可以进一步区分为战略价值与转型价值。

信息化战略问题分形式与实质两个方面。

从形式上看，信息化战略价值的核心是加强企业核心价值观的保持力。通过信息化将企业核心价值观固化在企业行为中，保证核心价值观在企业内部上下左右高度一致，形成覆盖良好的企业文化和全面有效的激励机制。这里隐含的意思是不管企业战略对还是不对（假定老板总是对的），信息化战略要为企业战略服务。

从实质上看，信息化战略价值，是赋能于企业的可持续竞争优势。这意味着更深层次上的转型，它推动企业从配置资源的简单性组织转型为复杂性组织，以此使差异化竞争战略从不可持续（只是机会主义的战略和策略行为）转变为可持续（使企业赢在基本面上，而不是把希望寄托在"招儿"和"术"上）。

从这个意义上说，信息化对企业的战略价值就是补基业长青这个"人参"。围绕核心理念，信息化帮助企业在文化、策略、产品、目标、权限、管理政策、组织结构、奖励制度等各方面进行持续性的价值创新，摒弃不符合核心理念，特别是不适应市场需求变化的部分，使企业贴近用户最终价值，持续驾驭市场变化。

（4）TEC_q：效益类指标

面向效益的测度，在技术与应用测度基础上把重心转向了经济，与 TE、AE 相比，主要多出的是内生了价格。应用类的指标测的虽然是业务，但只是业务行为，测出的只是投入与能力上的产出，但还不是真正的经济效果。测信息化经济实效要从成本、收益与利润分析三个方面入手，与投入产生关联才能得出具有经济意义的结果。

在基础理论中，我们已经指出了信息化与工业化的不同。原有的工业化的理论世界（$P=MC$）之外的真实世界相当于 $P=AC$，被认为是"短期"的，因此是不可持续的。这一空间的任何绩效都只是短期策略行为的结果，不具有理论经济学的意义。然而，信息化与网络经济理论指出，$P=AC$ 就是信息化的理论世界（当然更是它的真实世界），企业通过信息化可以把对旧世界来说的所谓超额附加值，作为可持续竞争优势的绩效稳定在均衡水平。信息化这一水平因素的提高，使真实世界发生的最大变化，就是从同质化的 $P=MC$ 的世界升级为差异化的 $P=AC$ 的世界。

但长期以来信息化测评面对效益时，只测度一个实际价格（P）派生的各种指标（成本、利润、收益等），没有对这个 P 进行效益来源的区分，没有区分 $P=MC$ 与 $P=AC$。在大多数（90%以上）情况下，测的实际还只是同质化效益（相当于 $P=MC$），而没有观察出 $AC-MC$ 的存在。这是导致索洛悖论出现的理论经济学根源。

我们改进后的信息化测评，在效益上从均衡价格高度，鲜明地区分了由专业化派生出的同质化效益（$P=MC$）和由多样化派生出的异质性效益（$AC-MC$）。第一次区分了 TEC_q 指标和 TEC_n 指标，从而第一次从产出上区分出了信息化与工业化的不同所在，进而区分出了信息化内部产业化效益与服务化效益的不同，使人们认识到信息化对于经济结构进行优化的本质。

在这一背景下看产业化的效益，它具有特指含义。这类效益对应的是信息化的自动化效应。我们将在此后章节中结合一、二、三产业实际展开讨论。

（5）SEC_q：效能类指标

效能类指标是指动态效果指标，在这里主要包括面向投入与面向产出的规模经济的效果的测度。测度的实际是信息技术与做大做强之间的技术经济关联。做大做强是一个比喻，做大是指规模，做强是指利润。测利润就同时包括了对成本和收益的测度。

具体方法在这里不展开，我们后面将结合产业信息化测评，分产业详细展开。

7.3.3　产业化与规模经济测度

两化融合从生产率的角度看，实际是规模经济且范围经济，即沿长尾曲线的发展。产业化与规模经济的结合，就是 SEC_q 的测度对象。

这里的产业化，是指信息化的产业化效果，与工业化的产业化相比仍有本质区别。工业化中的产业化的技术与生产力基础是工业技术，信息化中的产业化的技术与生产力基础是信息技术。当信息技术服务于工业化的目的时，技术手段相对于业务目的的关系是外在的；同时，技术手段的这种外在性，对于业务本身的性质来说也会产生很大影响。

具体来说，信息化中的规模经济与工业化中的规模经济，至少出现了新型与传统的区别。这种新型的表现形式就是智能化。

智能化不同于工业化中的自动化，它虽然还没有像智慧化那样主要提高多样化溢价部分效能，但已深度作用于产业化中专业化效能的提高（如通过智能协调显著降低了复杂的成本，使专业化中的复杂变成简单）。而在传统工业化条件下，实现规模经济仅仅是简单性系统内部量的变化，还不足以应对简单性系统变得复杂（不是复杂性）带来的职能协调成本及交易费用上升的影响。

7.4　服务化效果的机理：多样性效率与经济剩余

服务化的效率与效果不是一回事。要提出的问题是"该怎么做才能让它们既有效率又有效果"①。提出效果问题的问题意识在于理解多样性（复杂性）与价值的关系："价值的主要源泉潜在地与我们既有必要也有可能应对的生产过程日益增长的复杂性相关"，因此"有效应对这些复杂性的能力尤其重要"②。

服务化效果测度不是从 ICT 投入角度观测信息化，而是从产出角度测度应归属于信息化的特定产出。通过理论经济学与技术经济学的分析，我们已将这种特定产出锁定在差异化带来的溢价现象上。溢价对应的行为是转型，从实效角度表现信息化的量化特征。与产业化的测度对象（存量）不同，它测度的是过程和水平（系数、指数）。这当然不意味着服务化的指标只能从价格现象范围内选取，但一定是与价格现象（如成本与收益）有关的。与现有的信息化指标（特别是就绪指标）比，突出的变化是从技术指标变为技术经济指标。

服务化效果，从理论经济学角度讲是指由异质性造成的信息国民收入的质量水平系数的变化（即对质变的量化），质量水平可以从质的意义上"浮动"价格水平（区分高质量与低质量、高附加值与低附加值），并以这种"浮动"来表现（通过 BH "浮动" MV）；从技术经济学角度讲，服务化效果是指差异化带来的生产率改进，它的本质是多样性效率，包括是由范围效率定义的效能。

服务化效果测度存在着突出的困难。标准理论难以从收入上区分一个高质量的价格水平与一个低质量的价格水平（它只能区分高的价格水平与低的价格水平）的不同。市场实际价格并不区分哪一部分价格代表同质均衡，哪一部分代表异质均衡（消费者剩余中符合三维均衡的部分）。在找到技术性的数据采集方法之前，我们先要了解其中的机理。我们将从消费者剩余与生产者剩余的补偿（Compensating Variation，CV）这个突破口切入问题。

7.4.1 二元经济剩余

总剩余最大化，是帕累托最优的经济有效率的一个重要标志。然而完全

---

① 盖雷，加卢主编. 服务业的生产率、创新与知识：新经济与社会经济方法［M］. 李辉，等，译. 上海：格致出版社、上海人民出版社，2012：60.

② 同上.

竞争的范围从同质竞争（纯粹竞争）推广为广义完全竞争（张伯仑完全竞争）时，消费者剩余和生产者剩余的结论需要推广到适应三维曲面。

根据标准理论①，消费者剩余是需求曲线以下、市场价格以上的区域；生产者剩余是市场价格以下、供给曲线以上的区域。效率的标志是总剩余最大化，此时 $P = MC$。这实际是两个条件，一是 $MR = MC$，二是 $P = MC = minAC$。

如图 7 - 6 所示，帕累托最优要求消费者剩余与生产者剩余最大化，分别为 EDP_0 和 P_0DF，以 $MR = MC$ 时的 D (P_0, q^0) 为均衡点。如果定价偏离 D 点，如定在 P_e，消费者剩余就被压缩为 EAP_e，对消费者来说，会有一个 P_eABP_0 的额外付出，以及 ABD 的损失（对应 $q^0 - q^e$ 的产量所得减少）；如果定价在 P_c，对生产者来说，会有一个 P_0BCP_c 的额外付出（机会丧失），以及 BDC 的损失（潜在的生产力浪费），生产者剩余就只剩下 P_cCF。

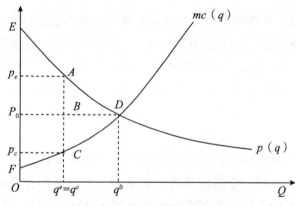

图 7 - 6 消费者剩余与生产者剩余

设 (p, q) 为需求曲线上的任意价格 - 数量组合，我们可以将标准理论中的消费者剩余 CS 与生产者剩余 PS 表示为②：

$$CS + PS = \left[\int_0^q p(\xi)\,\mathrm{d}\xi - p(q)q \right] + \left[p(q)q - tvc(q) \right]$$

$$= \int_0^q p(\xi)\,\mathrm{d}\xi - tvc(q)$$

---

① 杰里，瑞尼. 高级微观经济理论［M］.3 版. 北京：中国人民大学出版社，2012：144.

② 同上，第145页。下式也可简写为：$CS + PS = [UQ - PQ] + [PQ - \int_0^q PdQ] = UQ - \int_0^q PdQ$。
由于均衡条件：$U'(Q) = P(Q) = AC = MC$，此时总剩余达到最大值。

$$= \int_0^q [p(\xi) - mc(\xi)] d\xi \qquad (7-1)$$

求出总剩余最大化的 q 值，一阶条件为

$$P(q) = mc(q)$$

异质完全竞争满足 $MR = MC$，但不能在 PQ 平面满足 $P = MC = \min AC$。但当拓展标准理论，把 $P = A'C > \min AC$ 视为与 $P = MC = \min AC$ 处于同一曲面时，我们把异质竞争视同完全竞争。

标准理论中，A 和 C 理所当然地处在与 D 的同一平面，结论当然是成立的。但对于三维均衡来说，A 和 C 有可能处于 PN 平面上，它与 D 就有可能处于同一均衡曲面。

对于同质 – 异质二元函数来说，$N = 1$ 时，与标准理论的解释完全相同，但与标准理论关于总剩余解释最大的不同在于，当 $N > 1$ 时，对消费者剩余来说，如果 A 与 D 处于同一均衡曲面，定价在 P_e 时，同质的消费者剩余为 EAP_e，异质的消费者剩余为 P_eADP_0，总的消费者剩余是不变的；对生产者剩余来说，如果 C 与 D 处于同一均衡曲面，同质的生产者剩余为 P_eCF，异质的生产者剩余为 P_0DCP_e，总的生产者剩余也是不变的。合在一起，总剩余当然也是不变的。

问题就出在定价的条件上，$P(q) = mc(q)$，只计算了 q，而把 n（质的维度）整个遗漏了。以质为基础定价的方法叫"情境定价"[1]。

7.4.2 消费者剩余的异质补偿

如果把异质性因素考虑在内，消费者剩余的计算原则，仍然是维持总效用的最大化。不过，这一总效用不同于标准理论，它是二元效用函数。原来价格提升引起的效用损失，可以通过补偿性差异（Compensating Variation, CV）的方式，转化为异质子效用的增加，从而维持原有的总效用最大化目标不变。

这样一来，价格相对于同质均衡价格的提升，就不再意味着效率上的损失，而应被理解为消费者为异质效用（如个性化、差异化的需求）而付出的正常支出。经验性的研究已能证明消费者收入的增加，在一定限度上（比如

---

[1] 多克特斯，等. 情境定价：新市场形势下的制胜定价方式 [M]. 马跃，译. 北京：商务印书馆，2014.

人均 3000～5000 美元以上）显著改变人们在同质需求与异质需求之间的偏好。在实测中要注意将人均收入作为一个内生条件来看待。

沿用二元支出函数，我们的预算约束为：

$$p_1 q + p_2 n \leqslant m \tag{7-2}$$

支出价格分为同质性支出价格 P_1 和异质性支出价格 P_2 两部分。

对于二元效用函数 $U(q, n)$，包含两个子效用，分别是同质子效用 U_q、异质子效用 U_n。假设消费者需花费 $E(p_n^0, p_q, U_0)$ 来达到效用 U_0。此时由于产品的差异化、个性化，导致总价格上升，为了达到同样的总效用 U_0，消费者至少要支出 $E(p_n^1, p_q, U_0)$。这时必须看到，原有的效用隐含了 $N=1$ 的假设，同质效用在总效用中的数量并没有变化，但已由全部效用，下降为二元子效用之一。提价导致了 U_n 的增加，它改变的不是总效用中的同质部分，而是改变了异质的部分。可以说，价格上升部分，通过异质性效用增加，"补偿"了同质的消费者剩余部分的损失。补偿的量，可以表示为：

$$CV = E(p_n^1, p_q, U_0) - E(p_n^0, p_q, U_0) \tag{7-3}$$

在 PQ 平面，下图中的 A、D 与 P 轴上恢复的 P_n^1、P_n^0，正好构成消费者剩余的补偿性差异区域 $P_n^1 A D P_n^0$。

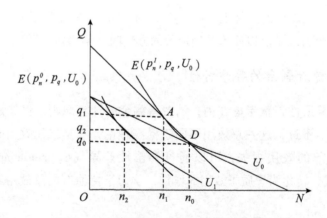

图 7-7　长尾曲线上的异质性补偿性差异

如图 7-7 所示，最初的消费组合是 $D(q_0, n_0)$，当异质价格（n 的价格）上升时，因异质原因导致提价至 P_n^1，消费者如果移动消费组合至 (q_2, n_2) 会经历效用损失（U_1）。此时他获得 CV 的异质补偿，可以保障总效用 U_0 不变。通过 N 的提价，实际发生的变化并非消费者剩余上的损害，而只不过是消费组

合从 D 移到了 A，即从相对多品种、小批量的组合，调向相对少品种、大批量的组合。

需要说明的是，如果包括异质价格和同质价格在内的总价格发生了变化（如提升），消费者剩余问题仍然是存在的。可以看出与标准理论的区别：标准理论相当于把这里的异质价格提升，直接当作了总价格提升，因此结论是产生消费者剩余方面的损失，提价是无效率的；而三维均衡理论认为在标准理论设定的这种情况下，从总价格中区别出异质价格的提升，认为它不导致消费者剩余方面的损失，只是改变了效用组合的构成，因此从广义完全竞争角度看是有效率的。由此推论，垄断竞争均衡虽然不符合帕累托最优，但却可以符合广义完全竞争的最优。反倒是帕累托最优，未必是广义完全竞争最优。

7.4.3 "短期"生产者剩余

接下来看生产者剩余的同类问题。分短期与长期生产者剩余分别讨论。

短期的生产者剩余是指相对于不生产的情况，厂商得到的利润加上固定成本 FC。

从标准理论看，这当然是没问题的。但从三维均衡角度看，"短期"生产者剩余的结论却是可疑的。问题在于，固定成本在异质条件下存在的潜在补偿作用被标准理论忽略了，这一点在短期生产者剩余理论中表现尤为突出。

短期生产者剩余与固定成本的概念紧密绑定在一起，我们需要驱散其中的迷雾。但在这样做之前，我们需要先回顾标准理论的说法。

如果将短期内停产的价格记为 P_0，厂商在价格 P_1 下获得的额外的利润被定义为生产者剩余：

$$PS = \Pi(p_1, \cdots) - \Pi(p_0, \cdots) = \int_{p_0}^{p_1} y(P) \, \mathrm{d}P \qquad (7-4)$$

当厂商在价格 P_0 处什么也不生产时，存在一个固定成本 $P_0 FC$，它是厂商的负利润。生产者剩余是当前利润加上短期固定成本，在同质–异质二元投入情况下，我们发现实际发生的是：

$$PS = \Pi(p_1, \cdots) - \Pi(p_0, \cdots)$$
$$= P_1 y_1 - v q_1 - w n_1 + v q_1 = P_1 y_1 - w n_1 \qquad (7-5)$$

一般地，生产者剩余由收益超过可变成本的程度决定。具体到这里，存在的固定成本是异质投入成本（当然，改为同质投入成本也一样）。

结合经济思想史的知识，我们产生了第一个疑问：什么藏在固定成本之后？

直接说我们的想法。固定成本（在经济思想史中）的实际意思是构成门槛的额外成本。采用固定成本这个概念，只不过是因为固定成本显得不可逃脱，而且在同质性条件下也普遍存在，因此被用来指代那些张伯仑意义上的"生产成本"（即同质成本）之外的想摆脱又无法摆脱的成本。想摆脱，是因为其异质性；无法摆脱，是因为其刚性或现实存在。

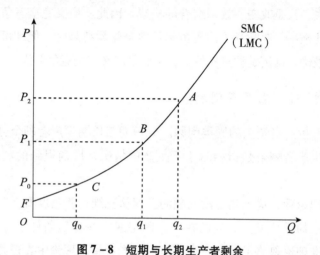

图 7-8　短期与长期生产者剩余

回到张伯仑的语境看，固定成本这个语形背后的语义实际是异质成本，实质是把异质成本当作了固定成本。在上式中，wn_1 明显就是这种情况。这可以解释为什么固定成本总是在涉及同质化的纯粹竞争的例外的时候出现。固定成本成为异质因素的替罪羊。

根据标准理论的设想，不生产时，利润所得是负的固定成本 FC。这已附加了 $N=1$ 的前提假设。但当 $N>1$ 时，情况有所不同。在只考虑同质竞争，仅在 PQ 平面确定的 $P=MC$ 条件中，没有将曲面均衡考虑进来，从而遗漏了异质的额外成本（$A'C$）、额外收益（$A'R$）对广义完全竞争全局均衡的作用。

了解了这一点，我们就需要对固定成本进行两分。把同质固定成本与异质固定成本当作两个问题，而不是像标准理论那样当作一个问题来处理。对同质固定成本 vq 来说，标准理论的原结论不变，但对异质固定成本 wn 来说，需要辨析一个标准理论遗漏的问题：与 wn 对应的额外收益（$A'R$）需要被考虑进来。

当标准理论说"什么也不生产"时，是没有异质生产概念的，换句话说，有异质生产和没有异质生产，有额外收益和没有额外收益，在标准理论看来是一样的（因为前提上已设定了 $N=1$）；更要命的是，如果这种情形真的存在，它多半会被归结成（同质）固定成本的经验现象或异常情况，当作"什么也不生产"一样对待。在 $P=MC$ 的条件中，没有包含异质性的投入与产出。异质性就像在索洛悖论中那样，消失得无影无踪。

但是，可以肯定地说，与异质固定成本对应的额外收益，是现实存在的。它可以被作为对 P_0CF 的补偿，而被计入异质的生产者剩余，从而被计入总剩余。至少当同质投入 vq 被视为全部可变时，wn 作为唯一的固定成本，应考虑它带来的额外收益。

接下来的疑问是：异质成本是如何补偿生产者剩余的？

思考张伯仑说的销售成本，有助于我们理解这个问题。销售成本的实质是为异质性、差异化而付出的成本，无论它与销售有关还是无关；同时，销售成本是与同质的生产成本相对而提出的，对于实际销售中发生的同质竞争成本，若按问题的实质而非形式来处理，反倒是应该列入 vq。同时，销售成本是一种进入门槛，这一点在寻址模型中表现得格外明显，它具有固定成本的建模"功能"（无论如何都要付出，是不可变的——实质是不可替代的）。成本的可变不可变，从建模的功能看，无非是可替代不可替代，从这个角度讲，异质因素都是以品种为单位不可替代的（可替代——可变——就成为同一个品种了）。

异质成本，或者额外成本，通过差异化提高收入或降低成本，以此补偿生产者剩余由于价格提高而受到的损失。在经验中，这种补偿实际表现为投入产出内部结构的调整（q 与 n 组合关系在均衡曲面上的排列组合）。"短期"这个概念扣除同质因素外，可直接替代为"异质"这一概念。

以为短期生产者剩余由其收益超过可变成本的程度决定，如果放在三维均衡中看，这种说法相当于，短期生产者剩余是由不包括额外收益（不计算异质收益）的收益超过同质可替代成本的程度决定的。一旦投入与收益都成为同质－异质二元的，上述说法就必须附加条件才能成立，这个条件是，在同时包含同质与异质竞争（将 $A'C$、$A'R$ 考虑在内）的曲面均衡条件下，将异质投入补偿，计为生产者剩余之内，加以扣除。

7.4.4　长期生产者剩余：李嘉图租金与异质投入

是不是异质因素只在"短期"起作用，对长期生产者剩余没有影响呢？不是这样的。在长期，当固定成本不再是问题时，异质因素的作用仍然存在。

对于图 7-8 "短期与长期生产者剩余"来说，假设把短期成本曲线替换为长期成本曲线，如果均衡价格在 P_2，实际价格在 P_1，则虽然固定成本的影响不存在了，生产者剩余 P_2ABP_1 仍然存在。但以生产者剩余没有最大化来判断市场无效率，仍然要谨慎。因为还可能有因为异质因素没有被考虑而忽略的补偿存在。

长期生产者剩余：是指一个行业投入的供给者所得到的在该行业产出为 0 时的收益之外的收益。它是长期供给曲线以上与均衡市场价格以下部分的面积。简单说，就是当前的收益与行业产出为零时的收益之差。

与讨论消费者剩余的补偿性差异同理，由于异质投入的加入，仅仅提高投入的价格，不足以完全解释长期生产者剩余，须考虑异质投入带来的补偿性影响。标准理论没有考虑到的一种可能是可以实现的：在生产可能性边界上，调整同质投入与异质投入的比重，在维持产出水平不变条件下，提高一种要素的价格，而由同质–异质组合的改变完全补偿生产者剩余。

这时，我们需要辨析真正的长期生产者剩余与异质投入作用的区别。也就是区别李嘉图租金的作用与异质投入所得的区别。李嘉图租金造成了长期生产者剩余的无效率，按标准理论解释，凡稀缺性（准确说是带刚性的稀缺性）都会带来租金。与对于短期固定成本的思考方式一样，对于稀缺性，我们也可以把它理解为一种（与归属相对的）利用上的排他性而具有的刚性。同质的租金带来无效率，这一点没有异议。

但异质的"租金"，情况却比较复杂。异质投入是否可竞争，是问题的关键。如果可竞争——按可竞争市场理论的标准，这是指有沉淀成本却无进入门槛——异质投入可以带来生产者剩余的补偿；但如果不可竞争，进入有门槛，异质投入与同质但稀缺的投入一样，都可能产生租金，从而降低效率。

这样一分析，就可以看出，帕累托最优的效率，在长期生产者剩余上也出现了漏算。算漏了当异质投入可竞争时，对生产者剩余造成的补偿。

以上分析都指向了一个共同的方向，既然总剩余最大化存在这么多问题，那么帕累托最优将不能再称为最优的标准，因为它同广义完全竞争最优相比，也可能存在无效率。

三维均衡理论一个最主要的改进，就是针对标准理论未对异质与垄断等进行有效区分，将异质性从同质垄断中区分出来，纳入完全竞争。标准理论把竞争的限度限制在同质假定上，而把异质性当作非竞争因素加以排斥或还原。三维均衡理论则认为，异质性（品种）带来的只是产品性质的区别，但不是可竞争性的区别[①]，它把以往认为不可竞争的异质市场，通过对异质性的标准化，分离出可竞争因而可以有效率的部分，分离出了异质的完全竞争，从而拓展了竞争的范围，把完全竞争的领域从纯粹竞争的同质领域，扩展到广义完全竞争的异质领域。

7.5 服务化的效用法：服务附加值

了解了作为信息化商务本体的服务化对应的经济学原理后，信息化指标设计首先需要设计出扣紧内涵的"概念跑车"型的指标，其次才是设计技巧性的代用指标。服务化效果可以从需求与供给两方面设计，需求方面要采集的指标，是差异化带来效用提升从而导致溢价的指标。服务价格水平如果能区分完全竞争均衡价格与垄断竞争均衡价格，就可以充当这一角色。

7.5.1 基于服务价格指数的宏观测度

这对应宏观上服务业比重上升部分与 GDP 降速之差，来自垄断竞争的消费者剩余与报酬递增：相对于完全竞争的 GDP（收入法 GDP），与垄断竞争的"短期"收益（相对于差异化消费者计算的支出法）之差。

以价格指数形式反映经济服务化水平，这时的价格不是 GDP 内部价格，而可视为相对于 GDP 的价格，是信息价格水平。

（1）异质消费者剩余

以消费者剩余理论为基础，可以确定经济的差异化溢价水平。

消费者剩余（consumer surplus）又称为消费者的净收益，是指买者的支付意愿减去买者的实际支付量。消费者剩余衡量了买者自己感觉到所获得的

---

① 三维均衡理论也有别于鲍莫尔、潘泽等的可竞争市场理论，主要是它们的可竞争是指同质竞争，因而把相对我们所说的异质的品种，处理为同质的多产品。而三维均衡理论讲的可竞争是指多品种异质竞争。价值论正好相反，突出表现在可竞争市场理论的范围经济是同质的（在我们看来在 Q 轴上计算 N 是一种错位），而我们的范围经济是异质的。

额外利益。简单地说，就是买者卖者都希望从市场活动中获得收益。

消费者剩余＝买者的评价－买者的实际支付。当消费者意愿支付的价格高于实际买价时，会获得一个正的消费者剩余，它的来源是差异化，因此我们把它当作差异化的计量指标。

在标准最优条件下，消费者剩余应为0。正的消费者剩余，是消费者出价高于最优水平的结果。但是从三维均衡角度看，这个高于的部分，有两种情况，一是达到三维的帕累托最优，二是高于这个最优。只有后者才是偏离三维最优的。

偏离三维均衡的差异化不是我们所要的指标，我们要重点锁定的是从异质完全竞争角度看均衡的消费者剩余水平。它的区间应是高于同质完全竞争的需求价格，位于异质完全竞争均衡水平上而又低于偏离三维均衡的需求价格。

这一部分的消费者剩余是可以归因于差异化的有效价格水平，用它可以反映微观水平上均衡差异化水平。

举例来说，饮品与饮品包装共同构成商品的价格。饮品本身相同，但饮品包装不同。饮品服务价格指数就反映了异质消费者剩余。在英国，饮品包装服务包括波普甜酒包装、软饮料包装等若干子类业务，英国国家统计局通过对这些子类业务的代表性企业进行价格调查，作为编制英国服务业生产者指数的数据基础。对全部的32个服务行业指数加权汇总，得到总指数。

（2）服务价格指数

以服务价格指数为差异化指数的代表，是测度服务化带来附加值的通用方法。

服务价格指数可以用来反映宏观上的差异化水平。假设制造是提供无差异化的活动，而服务是提供差异化的活动。这就包含了把服务中的无差异化产出归入制造（或更确切说是产业化），把制造中的差异化产出归入服务（或更确切说是服务化），而假设二者数量相抵得出差值，则服务价格指数就可以用来反映整个经济的差异化水平。当然这只是理论抽象。

服务价格指数可以有多种形式，首先是生产者价格指数（producei price index，PPI）形式，即服务业生产者价格指数（SPPI），反映的是一定时期内服务业产品出售或购买（也称产出和投入）的价格以及服务所收取费用价格的变动情况。英国、日本等发达国家广泛采用这种方法计算服务价格指数。

其次是服务项目价格指数，反映一定时期内城乡居民所购买的服务项目价格变动趋势和程度的相对数。服务项目价格指数的数据来源是服务业消费者价格，而不是服务业生产者价格，反映的是居民家庭购买的服务价格水平的变动情况。

服务项目价格指数调查范围包括家庭服务及加工维修服务、医疗保健服务、个人服务、车辆使用及维修费、市区和城市间交通费、通信服务、学杂托幼费、文娱费、旅游和租房价格。从经济学角度看，服务业消费者价格有利于更直接地表现消费者的自差异化的效用。

第三种形式是服务业采购经理指数中的由价格指数表现的企业利润变化。价格指数具体指服务业收费价格指数与中间投入价格指数。收费价格指数是反映服务业企业提供服务的收费价格或销售商品的销售价格总体水平变化的指数，是服务业 PMI 指标体系中的特有指标。中间投入价格指数反映的是企业生产经营或提供服务过程中购买的主要商品或服务的价格总体水平的变化（而非企业成本费用变化）。将这两个指标结合起来分析，可以反映企业的利润变化[①]。

相对而言，第三种形式的服务价格指数方法，由于结合投入分析产出，因此更符合我们的分析目的的要求。

(3) 英国编制 SPPI 的质量调整方法

英国编制服务业生产者价格指数时，采用以下方法进行质量调整[②]。

1）重叠法（overlap）。

重叠法分析新旧两种服务的价格变化，假定二者价格变化的差异全部由质量变化所引起。假定二者重叠期是 t 期，老产品的价格变化为服务产品从 $t-1$ 期到 t 期的价格变化，新产品的价格变化为从 t 期到 $t+1$ 期的价格变化，则 t 期两种价格变化的差异就反映出服务产品的质量差异。

重叠法适合分析质量渐变，理论意义较强，但对技术和商业模式毁灭性创新的分析不太适合。

2）可比替代法（comparable replacement）。

如果两种产品不存在质量差异时，可以直接比较二者价格来计算服务价格指数。比如理发店的业务内容和营业场所等并未发生变化，仅由于并购而

---

① 李强. 中国服务业统计与服务业发展［M］. 北京：中国统计出版社，2014：327－328.

② 陈丽洁. 英国服务业生产者价格指数的编制及借鉴［D］. 大连：东北财经大学，2012.

导致名称发生变化，结果导致价格变化，可使用可比替代法来进行质量调整。

3）数量调整法（quantity adjustment）。

服务产品的某一属性的数量发生变化从而引起价格变化的情形下，可以剔除因数量变动对价格所造成的影响。这种方法适用于固定成本相对较低，且数量变化会引起质量变化的服务产品。

4）生产成本差异法（differences in production costs）。

如果新老产品没有出现重叠期，可以使用生产成本差异法进行质量调整，将新老产品的质量变化归结为生产成本的差异。

5）Hedonic 方法（Hedonic approach）。

当服务中涉及货物交易，且货物的特征较容易进行量化处理时，将影响价格的各种产品特征作为虚拟变量，用回归的方法估计出产品特征变化对价格的影响，在总价格变化中将这部分予以剔除，然后利用调整后的价格数据编制 SPPI。

对比 SNA2008 在价格变化与质量变化上不分制造业与服务业的平均加权处理方法，上述服务业生产者价格指数中的质量调整有助于将异质消费者剩余与同质的制造业生产者价格区别开来。

将质量调整效果同信息技术投入联系起来，可以得出能区别产出效果的信息化指标，可以用来测度信息化中的服务化实效。

（4）对行业水平的服务化的解释

以服务业价格指数为代表的差异化指数不是越高越好，其水平应高于同质化均衡水平，但不应高于异质性均衡水平，必须以品种与数量的均衡价格为尺度。高于这个水平会产出超额利润，对测度个别厂商的服务化效果有意义，但对测度行业服务化水平无意义。

一般来说，工业生产者价格指数与服务业生产者价格指数（特别是服务业消费者价格）结合起来，可以近似地观测完全竞争与垄断竞争价格之间的关系。

工业生产者价格指数是衡量工业企业产品出厂价格变动趋势和变动程度的指数，被用来衡量生产者在生产过程中所需采购品的物价状况。这项指数包括了原料，半成品和最终产品（美国约采用 3000 种东西）三个生产阶段的物价信息。

消费者价格是在这个"成本"价格之上一层层加成上去的。按照张伯仑关于生产成本与销售成本的区分——用它们分别代表无差异的成本与差异化成本——PPI 应反映生产成本，而从生产到消费者之间的服务（"销售"）所加之成，应归入差异化的服务成本。当然，要考虑出厂价格已包括生产成本之上正常的生产利润等。

从整体上看，服务业在 GDP 中比重的提高，必然伴随服务价格指数的持续上扬。但如果联系劳动生产率来看，在"成本病"条件下，生产率会存在一个（与制造业比重上升时劳动生产率提高相比的）系统的向下偏离。也就是，服务业比重提高，但劳动生产率并不像制造业那样相应增长，这就是所谓"服务业增长之谜"。我们关注的是，在这个总的偏离中，在成本因素（"成本病"范围）之外，由于需求方面的差异化形成的稳定的消费者剩余。这一部分应归入异质完全竞争来解释，而非标准理论所认为的那样是对帕累托最优的偏离（实际是偏离了二维的帕累托最优，但符合三维的帕累托最优）。

当经济的差异化程度提高时——这往往意味着经济质量的提升——应该是服务价格指数趋高，而生产者价格指数走低。当然，超过了均衡水平，这也会导致经济的泡沫化。

7.5.2 基于成本加成的微观测度

以成本加成作为差异化指数的代表，是测度服务化带来附加值的更简单、更微观、更富于操作性的方法。

成本加成被一般人普遍当作基于成本的分析方法。但由于成本加成中的成本是给定的，要变动的是加成而不是成本，因此我们这里主要是把它作为联系于需求的价格确定方法。我们认为成本加成是基于消费者剩余，直接在既定成本之上的加价。反证可知，如果不存在垄断竞争，在边际成本或平均成本之上加成，都将是（理论经济学上）无意义的，因为价格将直接被确定在 MC。这里排除了政府管制价格，在同质垄断基础上（高于 MC）确定成本的成本加成，因为其中的加成不代表差异化溢价。

（1）成本加成的机理

成本加成的理论背景是垄断竞争（异质完全竞争）。经济学家阿巴·勒纳（AhhaLerner）1934 年使用价格减边际成本再除以价格的加价率来测定垄断势力，被称为勒纳的垄断势力度。

垄断势力度、企业需求弹性与成本加成率具有内在联系。

需求的价格弹性度量了需求量对于价格变化的敏感性，即某种商品的价

格上升1%，该商品的需求量将会发生多大的百分比变化。用公式表示为[①]

$$E_d = (P/Q) \times (\Delta Q/\Delta P) \qquad (7-6)$$

由厂商利润最大化 MC = MR 条件得出：

$$\frac{P}{MC} = \frac{E_d}{1 + E_d} \qquad (7-7)$$

实证结论都能发现用各种指标（如市场集中度、赫分戴尔指数等）衡量的市场竞争程度的加强对成本加成具有显著的负向影响（孙辉煌，韩振国，2010）[②]。这意味着同质完全竞争会使成本加成能力降低直至消失。

不难理解，以垄断竞争为微观基础的后凯恩斯主义强调由成本加成定价决定价格水平。D – S 模型也以成本加成定价。进一步的推论是，垄断程度决定加成幅度，成本加成定价引发市场结构的变迁（王珏，2003）。一个存在加成定价的市场，应该处于垄断竞争（异质完全竞争）市场结构中。

（2）边际成本加成与平均成本加成

成本加成是企业在产品单位成本的基础上加上预期利润作为产品的销售价格。销售价格与成本之间的差额就是利润。成本加成分平均成本加成与边际成本加成（刘鹏举，2012）：

平均成本是企业在生产经营一单位产品时所花费的固定成本和变动成本之和，在单位产品的平均成本加上一定比例的单位利润，就是单位产品的价格，用公式表示为：

　　　　单位产品价格 = 单位产品成本 + 单位产品预期利润

根据企业产品平均成本确定产品价格，规定成本加成率为 r，成本加成定价为[③]：

$$P = AC\ (1 + r) \qquad (7-8)$$

边际成本加成定价法，在定价时只计算变动成本，而不计算固定成本，在变动成本的基础上加上预期的边际利润，用公式表示为：

　　　　单位产品价格 = 单位产品变动成本 + 单位产品边际利润

① 刘鹏举. 我国制造业企业边际成本加成的变动特征——基于制造业行业面板数据的实证分析 [D]. 大连：东北财经大学，2012.

② 孙辉煌，韩振国. 不完全竞争、R&D 投入与成本加成变动——基于中国工业行业的实证研究 [J]. 科学学研究，2010（7）.

③ 魏泽娥，陈刚，丁胜春，耿军霞. 大规模定制产品的成本——加成定价方法研究 [J]. 黑龙江对外经贸，2007（7）.

如果说边际成本加成定价还可能发生在完全竞争条件下，平均成本加成定价更多发生在垄断竞争条件下。在完全竞争条件下，采用变动成本加成定价法，一般价格要低于包括了平均成本总成本加成法。

信息化测评通过成本加成观察溢价现象，主要看信息技术和信息化应用到底在多大程度上使企业产生高于平均成本的附加值。

应区分三种情况，第一种情况是成本不变，加成来自于单纯的需求差异化因素；第二种情况是需求不变，加成来自于平均成本的递减（规模经济或范围经济）；第三种情况是需求因素与成本因素同时发生作用。这里涉及诸多变量关系，不细致展开。

（3）对成本加成的信息化观测

按现有理论（包括新经济增长理论、后凯恩斯主义理论等），成本因素在加成中起的作用是负面的。多样性的增加会有利于在需求方面增进效用从而提高价格，便会在成本方面增加一个相当于固定成本的压力，加成会部分地用于折抵这部分成本。差异化与规模经济结合起来，可能产生一个高于平均成本的价格，从而产生超额利润。在这种情况下，信息化测评要观测的是信息技术在供给方面的产业化影响与需求方面的服务化影响的作用的权衡。

而按三维均衡理论，成本因素在加成中起的作用不排除是正面的。在这种情况下，信息化测评要观测的是信息技术在供给和需求两方面的服务化影响的作用，这时会出现多样性的正反馈现象（如成熟的电子商务中的因小而美）。

值得一提的是，在具体分析中，信息化与成本加成的关系，同研发与成本加成的关系是同方向的。其中的方法可以相互借鉴。孙辉煌，韩振国基于Hall 的研究建立模型，实证分析了 R&D 投入对行业边际成本加成的影响。结论认为，R&D 投入对成本加成具有正向影响。首先通过 R&D 投入创新出具有差异的产品或新产品，可以降低产品的需求弹性，并能够将价格维持在一个较高的水平；其次，R&D 投入活动引起生产率水平的提高，降低单位产品的生产成本，促使成本加成率的提高。我们同样可以认为，ICT 投入也可以创新出差异化的新产品，并降低单位产品的成本，由此提高加成率[①]。

---

① 孙辉煌，韩振国. 不完全竞争、R&D 投入与成本加成变动——基于中国工业行业的实证研究 [J]. 科学学研究，2010（7）.

成本加成中的第二种情况，涉及成本作为内生变量，因此重点在下节讨论。

7.6 服务化的成本法：范围经济

以上是从需求方面，讨论对信息化与网络经济溢价的观测。以下再从成本方面补充。

信息服务化的本质，从成本角度讲，就是造就差异化从成本不经济到成本经济的转变。它包括提高均衡水平的多样性程度和降低既定多样性程度下均衡水平的交易费用。交易费用在此被定义为协调多样性所需的成本。

长期以来，这是经济学（更不用说统计学）对待实践问题上的一个盲区。在信息技术革命发生前后（从《规模经济与范围经济》到《信息改革美国：重塑美国的力量》），钱德勒观察过工业化条件下的范围经济，也观察过信息化条件下的范围经济，证明范围经济作为现象是存在的。但这种学术判断仅限于经济史研究范围，没有进入理论经济学的核心。主流经济学家仅承认差异化可以从需求方面带来提价这种效果，没有认识到差异化可以从供给方面降低成本这一效果。这使信息化与网络经济理论研究长期得不到基础理论的支撑，反映到信息化测评上，迟迟没有取得对索洛悖论的实质性突破，以在计量中显示出信息化实效的最具特殊性、代表性的一面。随着本研究在理论经济学上的突破（提出多品种范围经济），对信息化与网络经济的标志性效果——范围经济效果的计量，也就提到议事日程上来。

以下通过对生产成本与交易成本两方面的解析，说明范围经济的实测机理，从而从成本计量方面完成测评方法的构建。

7.6.1 均衡水平的复杂度与生产者剩余

交易费用本质上是一项来自多样性的成本。分工带来专业化与多样性的分离，超边际度既代表了分工的水平，也反映了结构的复杂度。随分工这种结构复杂化而提高的专业化提高多少效率，随这种结构复杂化而提高的多样性就需要克服多少摩擦。

在信息化与服务化中，多样性需求所得构成异质消费者剩余，而多样性成本所得则构成异质生产者剩余。本来，在传统条件下，多样性在成本上不存在所得，而带来的肯定是所失，因此也就无所谓异质生产者剩余。如果出现生产者剩余，一定是存在未被利用的生产能力，是一种效率不充分状态。信息化与网络经济改变了这种情况，是范围经济带来了均衡水平的异质生产者剩余。因此我们在分析服务化的成本之前，首先需要了解异质生产者剩余。

生产者剩余（producer surplus）等于厂商生产一种产品的总利润加上补偿给要素所有者超出或低于他们所要求的最小收益的金额。从几何的角度看，它等于供给曲线之上和市场价格之下的那块三角形面积。生产者剩余是生产者的所得大于其边际成本的部分。

生产者剩余 = 卖者得到的收入 – 卖者的实际成本

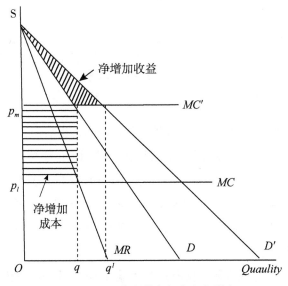

图7 – 9　消费者剩余与生产者剩余

当我们把消费者和生产者的剩余加在一起时，可以得出：

总剩余 = 买者的支付意愿 – 买者的实际支付 +

卖者得到的收入 – 卖者的实际成本

在同质化完全竞争条件下，价格等于边际成本且等于平均成本的最小值。有几个前提，首先，价格等于边际成本，这意味着价格不受 dd' 的作用影响，也不受 DD' 的作用影响，因此边际收益与价格是一回事，否则价格就可能提高。其次，价格要等于平均成本的最小值，仅仅等于平均成本是不够的，这只是垄断竞争长期均衡的条件。只有等于平均成本的最小值，才消除了"过剩的生产能力"和"过多的进入（产品多样化）"。价格高于平均成本，与高

255

于平均成本最小值有细微区别，后者是进入问题的关键，主要与固定成本有关。前者还与需求上的多样化有关。

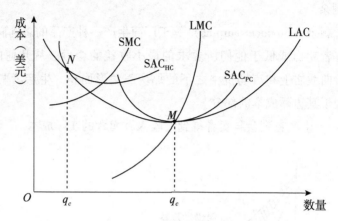

图 7 – 10　生产能力过剩

注：LAC 与 SAC 交点高于 M 点，存在所谓"生产能力过剩"。

D – S 模型提出的问题是：以垄断竞争长期均衡为参照，"进入"（表现为 N 值）——也就是短期均衡与长期均衡之差（P 中 M 与 N 之差，或者说 SAC 与 LAC 之差）——是由什么决定的。这个问题的答案，表面上归给了固定成本和规模经济，实际指向的是异质性。其中，固定成本这个说法是可靠的，而规模经济则只是一个局部原因。这里异质性是指异质消费者剩余，范围经济造成了这种剩余。

这一分析告诉我们的是，从异质性均衡的角度看，如果说差异化带来的消费者剩余可以解释为差异化带来的溢价，则差异化带来的生产者剩余，可以归于差异化带来的较低的成本。信息技术与服务化（无论是制造业服务化还是服务业的现代化）的结合，正好就凑成了这种条件。然而，从计量上印证这种变化，还有赖于更实证的复杂性经济计量与分析。

7.6.2　有利复杂性与不利复杂性

我们先在本节中将复杂性同成本关联，再在下节中同技术关联。这里的分析目的是从复杂性经济分析中发现符合异质均衡的生产者剩余。

为此，我们先要把复杂性的界定向经济定义靠近一步。威尔逊、佩鲁马尔采用了一个办法，把复杂性区分为"有利"与"不利"；把成本分为增值（VA）

和非增值（*NVA*）。有利和不利作为价值判断，都是相对于利益而言的。

VA 是指对客户增值的成本，*NVA* 是对客户非增值的成本。复杂性成本被认为近似等于 *NVA*，因此 *VA* 则主要指简单性成本（与其说是增值，不如说是转移价值）。这样定义复杂性成本，与一般会计理念不同。一般会计理念对于成本，都是从个别、局部到整体加总，而复杂性成本的计算相反，是从整体到局部。因为根据前面给复杂性成本的定义，它是由节点和边结合而成。它显然不等于节点的总和，而要把边的因素考虑进去。

图 7–11 "*VA/NVA* 成本分类及有利/不利复杂性分类"显示了复杂性与 *VA* 及 *NVA* 的关系。我们看到，并非复杂性就一定是不利的，在 *C* 点之前，复杂性有利于收益。过了这一点，*NVA* 成本的增长超过了增量收入，累积收益开始下降，复杂性成为不利的。

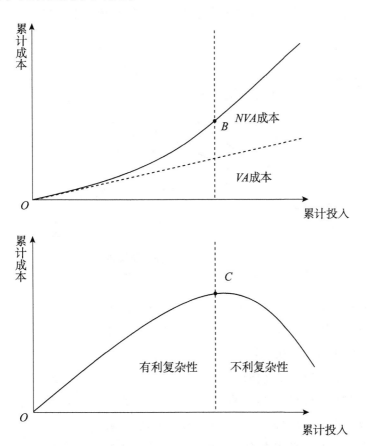

图 7–11　*VA/NVA* 成本分类及有利/不利复杂性分类

来源：威尔逊、佩鲁马尔。

从经验中得知，信息技术作为自动化技术应用时，往往节省的是简单性成本（这里的 VA），使之更加低损耗地转移到消费者价值中去，产生的实效是自动化效应；而信息技术作为智能技术应用，往往节省的是复杂性成本（这里的 NVA）。

　　我们看到，即使在成本符合范围经济的区间，总的复杂性成本也是上升的，只不过相对于收益，它还是有利的。

　　图 7 – 12 "收入的多层面视角"中，"收入 – 利润"同位线指如果没有成本时，收入与利润的重合线。这张图对工业化与信息化都适用。我们补上虚线表示信息技术的作用。在产业化条件下，当收入不变时，利润随着复杂性（N 值）上升而下降，是正常的演进。因为复杂性从原点开始起，就一直扮演从收入中扣除利润的角色。只是由于复杂性还有利的一面，即通过差异化需求机制提供了一个溢价，在收入高于成本时，使利润始终存在。

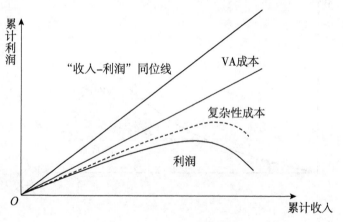

图 7 – 12　收入的多层面视角

注：根据威尔逊、佩鲁马尔原图改。

　　如果总的复杂性进一步累积，产业化与服务化的表现就不一致了。在成本范围经济作用下，复杂性的总成本虽然继续上升，但相对平均成本和边际成本，却可能出现递减。此时的利润仍可以处于递增状态（报酬递增）；但在产业化条件下，当规模经济的作用释放殆尽后，相对于复杂性增加（N 值加大），报酬却通常出现递减。辨识两者的细致区别，是识别信息化产出实效的最后一步。我们将在 15.2 一节再回到这个问题上来。

　　综上，如果没有成本作为参照物，复杂性本来是中性的，无所谓好坏。

在收益既定条件下，成本增加的幅度如果超过了利润，复杂性对利润增加就开始构成阻力，直到收益下降，生产变得难以为继。信息技术的特殊作用与核心作用，就在于改变这个点的到来。从理论上说，成本范围经济一直持续到某一具体产品或服务的生命周期结束，也不是不可想象的。到那时，使生产终止的原因，将不是成本，而是竞争对手的毁灭式创新或消费者方面的原因（如市场饱和或遇到收入的约束）。

我们在后面的分析中，将深化到具有固定成本均摊导致平均成本下降时的复杂性成本分析。

7.7　服务化水平：供求机理与生产率分解

7.7.1　服务化测度机理

下面将信息化与网络经济的主要方面（"体"的一面），即复杂性经济的方面单独提出来分析。信息化与网络经济在实际发展中确实还具有简单性经济的一面（例如支持同质化的传统"中国制造"的一面），但它是矛盾的次要方面，我们把它当作服从、服务于工业化与货币经济规律的一面（"用"的一面）来看待。把分析的重点放在信息化与网络经济的特殊规律上来。

复杂性经济即范围经济，正如简单性经济即规模经济。简单性经济是指复杂性程度不变（同质性假定）条件下的经济，是围绕数量变化结合价格分析的定量分析，是对定量的量的分析；而复杂性经济是指复杂性程度可变（极限情况下同质性数量既定）条件下的经济，是围绕品种变化结合价格分析的定性分析，是对质（定性）的量的分析。

定量的经济与定性的经济，只是形式上对称，但反映的内容完全不同。如果把它们统一在流量概念中，前者反映的是存量，后者反映的是流速（价格）。如果把它们统一在逻辑框架中，前者反映的是数量与价格的关系，后者反映的是品种与价格的关系。而在实际计算和经验中，后者作为价格现象，是一种特殊的价格现象，是信息价格水平现象，对应到前一种价格，相当于溢价（溢价值固定等于 $AC - MC$）。溢价可以近似认为是信息价格水平对货币价格水平的膨胀或紧缩。在经验中表现出的是差异化带来商品、服务价格的稳定提高，或经济结构调整带来附加值的提高（而无论同质性效率是否提高，因此是自动化之上的财富效应）。

复杂性经济或服务化经济，不是表现为产值存量的经济，而是表现为水平系数的经济。复杂性经济对应的产业现象是服务化，简单性经济对应的产业现象是产业化（中国人单独将其译为工业化）。以往的标准分析是针对产业化的，我们将以这种标准分析为参照，重点研究服务化的复杂性经济。信息化与网络经济学研究复杂性经济，是在研究电子业务中业务的经济性。在信息化和网络经济中，常提 IT 战略与企业战略的结合，企业战略就属于经济范式的范围。这有别于下一节将讨论的作为技术经济范式的智慧化经济（相当于由电子与商务结合而成的电子商务）。

测度服务化现象，前提是测度产品和服务的差异化水平。测度差异化水平，分为需求与供给两个对称的基本角度。差异化水平从供求两个方面作用于均衡与经济绩效，一是需求的差异性，直接影响需求价格；二是供给的差异性，直接影响生产和交易的成本。

复杂性经济分析的重点在成本上，因为关于差异化的分歧主要不在需求上（人们一致认为差异化对需求的影响是提高价格），而集中在成本问题上。规模经济因为全部隐含着品种上范围不经济的假定，与范围经济的成本曲线在品种的报酬递增区间的方向（斜率方向）是相反的；而两种理论对需求差异化的经济影响（差异化有助于提高价格和收益）的分析没有任何差异。当然，全面的分析要在平衡需求与供给之后得出结论，看差异化从需求方面对提价的影响大，还是从供给方面对增加成本的影响大。如果影响在同方向，会出现正反馈的放大。

在生产率改进的三个来源——技术变化、技术效率变化（技术效率，配置效率）和效能变化中，差异化分析当前主要的研究空白在效能变化分析。技术效率可以通过相关分析，外生地形成信息化测评指标。这种分析主要适用于对企业战略与企业绩效的解析。只有从企业战略与绩效中辨析出复杂性经济，信息化测评才有可能将就绪类数据、应用类数据同它们起作用所产生的特殊效果联系起来。当然这还不是全部，在后面的智慧化经济分析中，我们还将介绍将技术内生于效能的测度。

为了着手进行复杂性经济分析，或者称服务化效果分析，第一步工作应是确定指标，获得数据。与产业化分析不同，服务化的指标和数据在统计和计量体系中是系统性缺失的。

7.7.2 服务化的效率结构与生产率分解

服务化效果有两层基本的含义，一是指经济存量意义上的产值，二是指技术经济意义上的生产率。前者体现在信息经济的测度中，后者是本课题研究的重点。

在第 3 章 3.2.5 "全要素生产率增长来源辨析"中，我们从生产率来源中，辨析出四种生产率变化来源，一是技术变化，二是技术效率变化，三是投入效能变化，四是产出效能变化（即 OME）。服务化效果，是指这四类变化中，相对于 N 轴变化的分析。因此它与产业化的区别是异质与同质的区别。

由于我们已在理论经济学和技术经济学层面上将范围经济设定为规模经济的对称形式，对它们的测度，就只有对象的区别，而没有方法的区别。

在第 3 章 3.2.6 中，我们提出了以下指标分类，包括 TC：就绪类指标与客体能力测度；TEC 中的 TE 与 AE：应用指标与主体能力测度；TEC 中的 EC：深化应用测度；面向效益的测度：实效类；效能类指标：面向投入与面向产出。这些分类没有进一步区分同质性与异质性的投入产出。现在我们将同质与异质、Q 与 N 分开测度。

作为生产率改进的服务化效果，是上述分类中各自的异质性的部分，需要针对 N 轴以及 $N-P$ 平面取数。具体测度的是异质性技术与经济之间的生产率关系。这里的技术，可以有两种理解，一种理解是指工业化技术的范围经济式的利用。举例来说，美国最大零售商西尔斯利用沿铁路线大仓库实现商业固定成本的分享，从而实现范围经济，就是在工业技术条件下实现基础设施分享。它与数字范围经济，即通过网络分享商业基础设施（如复制虚拟柜台给网商）当然在技术效率上不可同日而语。另一种理解是对信息技术的范围经济式的利用。视具体测评什么而定。如果是测度比较工业化与信息化的技术特点不同，可以把前一种理解的技术当作测度对象。如果是测度信息技术内部专业化方向与多样性方向的不同，可以把后一种理解的技术当作测度对象。本课题采用的是后一种理解。两种理解只是测度对象不同，方法没有区别。

在信息技术内部，区分专业化方向的信息技术与多样性方向的信息技术，既有形式上的意义，也有实质性的意义。实质性的区别在于，前者指向的是

信息技术的用变（量变），反映的是信息技术与工业技术在生产方式的本质上相同之处，其中的不同只是程度的不同而非质的不同；后者指向的是信息技术的体变（质变），反映的是信息技术与工业技术本质上的不同之处，体现的是信息技术在生产方式性质上的特殊性。形式上的区别在于，前者引起的变化，只是同质性变化；提高的效率，只是同质技术效率和规模效率；带来的经济变化，主要是产值变化和经济增长。后者引起的变化，则是异质性的变化，提高的效率，更多是异质技术效率和范围效率；带来的经济变化，主要是质量水平的提高和结构优化。

经济质量提高本质上是多样性生产率的提高。我们可以从技术经济角度，将异质性技术的投入产出关系，细致地区分为生产率的四个来源，具体测度其构成因素。

这里遇到的第一个问题是如何确定服务化的生产率是什么。产业化的生产率是什么意思，不需要特别辨析，因为它就是标准理论所指的生产率，即基于同质性假定（不存在多样性）的生产率。但服务化的生产率却应有所特指，是相对于多样性而言的。

这与讨论服务业的生产率异曲同工。计量效率和生产率首先要确定产出。然而正如沃尔夫所说的，随着"服务产品越来越多样化""产出变得越来越具有异质性，使得对其度量越来越难"。服务业生产率低增长问题很可能是一个"度量问题"①。让·盖雷在《生产率概念在服务业中的误用：法国和美国的比较》一文中，指出问题的关键在于要"将服务视为过程和转化（transformation）"，"度量产出要考虑与交易商品相关的服务，而不仅仅是交易的商品数量本身"②。这与我们的看法是一样的，我们认为产业对应的是存量状态，而服务化对应的是状态的变化，适合表现转化（所谓的"化"）的不是存量，而是系数（"需要乘上一个复杂系数"③）。这一个系数，作用应相当于给原有的价格指数赋予一个"权重"（使"价格指数能够准确反映价格以及服务组合的权重"④）。由此可见，复杂度（而不是产量）应成为整个服务化的生产

① 盖雷，加卢主编. 服务业的生产率、创新与知识：新经济与社会经济方法 ［M］. 李辉，等，译. 上海：格致出版社、上海人民出版社，2012：31.

② 同上，第45页。

③ 同上。

④ 同上，第48页。

率测度的参照系。盖雷称之为"实例混合复杂"指数（c，相当于我们术语中的n），有别于"实例数量"指数（q），用以"反映一般实例复杂性的变化"。由商品与服务构成的商品组合为"两个指数相乘，$q \times c$"[①]。这与我们的定义是完全一致的。

（1）*TC*：就绪类指标

首先，可以用就绪类指标（对应 *TC*），对企业和社会采纳信息技术的客观条件进行测度。包括对信息基础设施的测度，对电脑数、带宽等的测度。设置相关指标的计量的目的在于测度用于化解复杂性的信息技术的就绪状态的前后变化。

TC 的参照物，就是多样性（N）。从一般的信息技术、信息技术产品（装备、软件等）、信息技术服务（包括解决方案）和信息技术基础设施中，分离出专门用于降低复杂性成本的部分，这是一项新的工作。

什么样的信息技术系统是服务于服务化方向的呢？可以直接想到的，是那些有助于推动组织向复杂性系统转变的投入。

移动、大数据、CPS（信息物理系统）、SNS 等同分布式计算、小世界网络相关的信息技术，与原有的基于台式机–内部服务器的企业信息化的信息技术就绪条件，显然有着不同的指向。

在企业信息化内部，集成、流程等内部网络关系的指标，如有可能，应按它们所服役的系统的结构性质来进行分类。服从于中心控制的、科层制结构的集成系统，与服从于去中心化的、扁平结构的集成系统，应归入不同的就绪类别中。复杂性系统具有自组织、自协调的功能，同是平台、生态型组织的平台具有开放、分享的特征，通过使用而发挥服务作用；而传统组织的平台具有封闭的特征，通过拥有而发挥作用。

（2）*TEC*：应用类指标

其次，可以利用应用指标测度主体能力（对应 *TEC* 中的 *TE* 与 *AE*）。异质性技术在这方面的显著特点是提高了经营主体的多样化能力。

TE 指标侧重的是生产和服务各职能环节上的技术应用。而 *AE* 指标则侧重人、财、物的资源配置，涉及流程、组织等。

---

① 盖雷，加卢主编．服务业的生产率、创新与知识：新经济与社会经济方法［M］．李辉，等，译．上海：格致出版社、上海人民出版社，2012：49.

(3) *TEC*：配置类指标

TEC 中的 EC：深化应用测度；变革效应。

转型价值也是一种战略价值，但在这里强调的是信息化战略对企业战略的能动作用。这里的信息化战略不同于应用战略，它主要驱动企业从战略上发生质变，从工业化企业转型为信息化企业。

这种核心价值的转变，体现在"从企业信息化到信息化企业"这个命题上。它来自企业实践，张瑞敏很早就提出这样的理念。信息化企业的重心在企业本身，信息化企业是指时代的企业。而企业信息化，只不过是信息化企业中多个局部中，由 CIO 分管的那个局部。"信息化企业"（而不是企业信息化）理念的提出，说明领先企业开始认识到信息化的全局价值。"国资委"从提倡企业做大做强，转向要求企业做强做优，也反映了对企业转型的认识，慢慢在向"时代的企业"方向靠拢。

从前沿观点看，信息化对于企业转型的价值，主要体现在 21 世纪企业所要实现的不同于 19、20 世纪企业的价值取向上，这种价值取向使企业从追求做大做强，转向做强做优。首先，要驱动企业向智慧方向转型。网络时代比工业时代市场复杂，智慧化的作用是要四两拨千斤地化解复杂性的挑战。信息化不光要发挥市场在配置资源方面的基础作用，还要充分发挥网络（包括数据、智能）在配置资源方面的主导作用。要达到的目的，是在比工业化时代更复杂的需求多样化条件下，解决企业灵活适应市场的问题。其次，要驱动企业向创新方向转型。要从物质投入驱动的粗放型增长，转向创新驱动的高质量的发展。信息化有助于转型创新本身的模式，在熊彼特式创新（精英创新、研发创新）基础上，进一步推动费尔普斯式的创新（草根创新、全员创新）。目的是通过创新，提高企业面向不确定需求，主动驾驭市场的能力。最后，要驱动企业向社会责任方向转型。网络时代强调企业对利益相关者的责任，通过对生产资料归属与利用关系进行创新，将免费的普遍服务与增值的赢利有机结合起来，取得社会效益与经济效益的统一。信息化将驱动企业向实现企业社会责任和商业模式统一的方向转型。注重信息化转型价值，会为企业带来价值高于自动化效应、应用效应之上的变革效应，使企业脱胎换骨，跟上互联网时代。

当然，在实践中，对企业转型的认识是有反复的。很多人还不能接受要"跟上时代"这种超前认识，更习惯于将变革选项排除，将信息化定位于应用，重"用"变，而轻"体"变。在测评实践中，也出现了一些错误认识，认为测评信息化的全局性价值，是信息化部门在同业务部门甚至领导部门"抢功"。但时代毕竟是在向前发展，在国际化市场竞争激烈的行业，在具有国际竞争力的世界一流企业中，也在产生由一把头直接推动的"互联网战略"转型。中国企业之间正在拉开现代化水平的差距。

（4）*TEC*：效益类指标

面向效益的测度，即实效类指标，包括联系于成本、收益与利润的信息技术作用分析。

本研究在这里的最大创新，是对产出进行了简单性效果与复杂性效果区分。简单性效果是指专业化的经济效益，复杂性效果是指多样化的经济效益。复杂性效果不是指效果本身是复杂的，而是说通过复杂性机制产生出的差异化增值效果。

其中，对复杂性成本、复杂性收益和复杂性利润进行了开拓性的分析。在企业信息化部分，还进一步进行了理论经济学与战略财务的深度分析。

（5）*SEC*：效能类指标

效能类指标在此指范围经济指标，*SEC* 中的 *S*，在此特此范围经济（scope）；在产业化中，*SEC* 中的 *S* 特指规模经济（scale）。范围经济测度分面向投入与面向产出。我们主要面向产出进行测评。

与产业经济学中现有的范围经济分析，既有联系，又有区别。联系在于同属范围经济，都坚持固定成本均摊导致平均成本下降这样的定义；区别在于范式与方法不同，现有方法是同质性的多产品范围经济，因此属于简单性分析；我们采用的是异质性的多品种范围经济，属于内生复杂性的分析。

7.7.3 对服务化的范围经济测度

对服务化的效能测度，即范围经济测度是信息化测度的一个难点。

首先，需要区分技术上的范围经济与经济上的范围经济。技术上的范围经济是指生产率中的范围效率，它没有结合价格进行分析，分析的只是 VRS 与 CRS 的关系。经济上的范围经济的不同在于，它在技术范围经济的基础上，结合价格（主要是成本）进行范围经济分析。二者关系可视为技术分析与经济分析的关系，技术经济学需要将二者结合起来进行分析。

其次，技术性的范围经济，按标准方法如距离法分析固然可以。但数据难以获得是一个突出问题。如果通过调查取数，理论上说，需要沿时间轴至少取两点以上的静态效率数值，进行比较，得出它的效率变化率，即过两点的曲线斜率。斜率的方向（报酬递增还是递减）具有明显的理论意义。

最后，基于成本的范围经济，通常以平均成本分析为主，也有通过边际成本来进行观察的。成本弱增性是范围经济的标志性特征，它的来源主要是对固定成本的均摊。

范围经济对于以往的信息化测评来说，还是一个空白。根据定义从固定成本均摊角度来进行测度，比较有可操作性。

具体来说，资源共享类的指标，对于测量范围经济具有关键意义。共享的资源，可视为业务的固定成本投入。那么唯一需要新设的，就是对范围的量度。意图是测度同一资源，在多大范围内复用。以范围的量除以资源投入，就成为计量成本弱增性的简易办法。

范围的量，就是 N 值。它可以是分享资源的企业的个数，也可以是均摊成本的业务种类数，以及各种经济复杂性数据。

复杂一些的方法，要进一步区分以下情况：

一是分享的资源具有技术上的排他性。这多是指分享实物资产，包括资本。需要计量使用者成本，包括机会成本、折旧等。

二是分享的资源不具有技术上的排他性，但具有制度或市场上的排他性。如知识产权、品牌等无形资产。这时要将许可使用的费用列入成本。这里也有潜在的机会成本问题。

三是分享的资源不具有技术上的排他性，也不具有制度或市场上的排他性，但分享者需要根据一定的商业模式，付出一定比例的使用费。这里存在多种多样的情况。

1）最重要的是平台与增值业务（APPs）分离，应用开发者需要从收入中提取一个比例的金额，作为租金返归平台（即固定成本投入者）作为补偿。这时需要注意，要将风险计量进去。比如，300 人分享平台资源，多数没有收入，因此也不需要交纳使用费。只有 3 人有收入，按 30% 返还使用费。这个使用费有别于租金，有可能要将租金在 300 人身上均摊。理由是，这 300 人虽然没有收入（可能亏损），但他们分担了试错的风险（包括平台的风险，因为平台在收取 30% 的使用费时，是零风险的，说明已转移给资源使用者，换句话说，通过让资源分享者试错，才得以保值增值）。

2）在云服务模式下，如 IaaS、PaaS、SaaS 等。与上述情况类似，需要把租金作为成本计量在内。

3）虚拟企业和外包，要视跨企业分享的资源的不同，根据具体情况确定平均成本的均摊。

当然，更加全面的范围经济分析，不光可以进行成本分析，也可以从收益角度对报酬递增进行计量。

7.7.4　对服务化的智慧水平测度

研究服务化的智慧化问题，意味着我们已把问题集中于提供多样性、差异化价值的领域中来，是在研究提供多样性价值是否能做到平均成本递减，以及如何计量这种绩效。以往的主流理论没有提出这样的问题，天然认为提供多样性价值的边际成本只能是递增的，顶多认为如果从需求角度可以获得足够高的价格，可以抵消这种递增的成本而获得利润。

对服务化的智慧水平测度，针对的实际问题是"成本病"问题。由服务业引发的"成本病"问题，实质是技术（特别是信息技术）是否可以同差异化的人力资源结合而实现范围经济的问题。服务化的智慧水平高，意味着服务提供者与信息技术结合的程度高，从而"成本病"轻甚或不存在；服务化的智慧水平低，意味着服务提供者与信息技术结合的程度低，从而"成本病"重。

信息技术在此提高的不是传统意义上的劳动生产率（同质性效率），而是多样化的效率，或者直白地说，在提供同样的多样性收益时，不断降低其平均成本和边际成本。

7.8　产业化与服务化的合成：增产＋增收

我们所研究的信息化水平，是指信息技术条件下的经济绩效水平，分为产业化水平与服务化水平。分别对应信息化水平中的同质性水平与异质性水平，信息化水平是二者的合成。对应经验，信息化水平是增产能力与增收能力的合成，增产是指零利润（这符合同质化完全竞争的均衡条件），增收特指利润（这符合差异化垄断竞争的均衡条件，即高于边际成本定价的部分）。将增产（零利润价格）与增收（加成价格）合成，形成的就是实际价格。增收部分，是信息化创造的新价值，对应的是质量提高的价值。表现在宏观的真实世界中，对应服务业在同质化劳动生产率上低于制造业却持续获得 GDP 比重上升（因而只能归入多样化效率提高即信息化特殊作用）的那部分价值。

通过对产业化与服务化的综合测评，可以获得总的信息化水平。综合测评这里不是指测评的内部方法，如指数法等。它的意思在这里是指产业化与服务化——专业化效率与多样化效率——的原理上的综合。

信息化与网络经济的理论经济学部分，已指出了这种综合——实质是完全竞争均衡与垄断竞争均衡的综合——的机理和计量方法。简单地说，以均衡价格为基准，它假定完全竞争为 $P = MC$，垄断竞争为 $P = AC$，而在三维均衡中，$P = AC = FC - MC$ 是一种稳态均衡。则服务化的效果，通过 $FC - MC$（相当于成本加成），叠加在产业化的均衡价格 $P = MC$ 上。二者的关系，形象地说，就是增产与增收的关系。

质量较低、结构较差的经济，往往是增产而不增收（低附加值）的经济；而质量较高、结构较优的经济，增产又增收（高附加值）。这个增收，不是指完全竞争零利润范围内的增收，而是因为具有较高的比较优势与可持续竞争优势而获得的高于成本的稳定附加值。以往的信息化测评，没有从绩效上指出信息技术与这种稳定高附加值之间的内在联系，通过将服务化剥离出来，现在解决了这个问题。把它与产业化绩效进行合成，旨在还原出真实的经济效果。例如，在真实世界中，超额附加值，更不用说基于均衡的超额附加值，是不能离开独立的价格独自显示的。服务化绩效只是一种理论抽象，通过综合与合成得到的均衡价格，将成本价格与超额附加值合成为真实价格。需要指出，在真实世界中，信息化的产业化可能作用于超额附加值，如来自专业化的溢价；服务化也可能作用于基本成本，如降低专业化协调成本。这里将产业化与服务化分开，是为了理论抽象的需要。先理清它们之间的基本关系，待研究细化后，可以进一步分析它们之间的交叉作用。

理论经济学和技术经济学上的效率，与企业微观意义上的效率含义不同。在标准理论中，前者的最高效率是零利润；而后者则是利润越高，表明效率越高（因为不计算机会成本）。单独企业的绩效高，并不等于产业的绩效水平高。如果调查的样本足够多，或样本质量足够高，我们就会看出，个别企业的微观上的高绩效，在产业水平是无意义的，因为它必以其他企业的低绩效为平衡，在整体概率使绩效回归正常值。

但问题并没有结束。我们的研究的贡献在于，指出在高于零利润的绩效中，有一类绩效是可持续的，属于可持续竞争优势。这就是服务化的绩效。在宏观上，它是结构优化、产业升级的稳定结果，而不只是企业机会主义的战略或策略行为。

以往的信息化测评，系统地忽略了这个问题。带来一个普遍存在的问题，企业信息化水平高，无助于产业信息化水平的提高。因为战略与策略行为的结果，最终会为战略与策略行为的失败方绩效的下降所抵消。这导致政府推进企业信息化变成无用功。

而我们解决这个问题的基本思路在于从结构上进行矫正。最根本的矫正，是把信息化测评的总体架构，对应于以均衡为支撑的技术经济学逻辑上。形成以下的"技术－经济"量化逻辑。经过这样的调整，一些纯机会主义的绩效将被剔出产业信息化水平分析之外。这就是我们的产业信息化水平测度看似微观，但实际具有宏观价值的原因所在。

7.9 信息化水平综合测评

7.9.1 指标按生产率标准的形式分类

综合测评的综合，在这里是指对产业化与服务化的综合。

在这项研究开展以前，信息化测评对服务化效率与效能的测度几乎是空白。而这是被索洛悖论遗漏的信息化产出的最核心部分。因此这一部分的测评对整个信息化与网络经济的定量分析的创新具有战略意义。在进行综合之前，先理解这种方法论的实质，有助于具体测评的开展。

我们可以简单回顾一下破解索洛悖论的主要思路脉络。长期以来，信息化投入后，其产出在经验上感觉得出来，在现象上也可以进行归纳（例如对范围经济现象可以测评），但在现有计量体系中却不能显现，因此对索洛悖论来说，它是"不存在"的，从深层含义来看，这是指在理论上不能存在。也就是说，人们即使从经验性的信息化测评中"发现"了这种产出，它在理论经济学意义上仍然是"不存在"的。

我们解开这个谜团的主要思路在于，从实践中发现信息化与网络经济是一种复杂性现象。例如，智慧是轻松化解复杂性，而不是化简复杂性——使复杂性变成简单性。轻松不是化简，它是在保留复杂性的前提下，使处理复杂性的平均成本递减这样一种现象。将实践上升为理论，我们认为在理论经济学上内生复杂性范式本身，是破解索洛悖论的理论源头。

顺着这一源头，我们在技术经济学上，将信息化技术经济学中的技术范式，从源头上区分为简单性技术范式（对应工业技术）与复杂性技术范式（对应信息技术），再将复杂性技术（ICT）区分为提高专业化效率（对应分工专业化的简单性效率）与提高多样化效率（对应分工多样化的复杂性效率）两个相反相成的方面。我们认为索洛悖论隐含的理论，系统地而不是经验性地遗漏了关于复杂性的所有产出，是从理论上而不是仅仅在方法上遗漏了对于复杂性的所有产出的主动计量。

进一步信息化测评中，将信息化的产出，区分为产业化（对应简单性）与服务化（对应复杂性）。还原了被索洛悖论遗漏的全部统计项目，并沿着全要素生产率分析的结构，将所遗漏的生产率绩效，区分为效率（效率本身）与效能（效率的变化率）。

在此基础上，我们将信息化指标分为如下五层结构：

TC：就绪类指标与客体能力；TEC 中的 TE 与 AE：应用指标与主体能力；TEC 中的 EC：深化应用；TEC 中的效益：实效类指标（静态成本、收入与利润）；SEC：效能类指标。

其中每一层结构，都进行了专业化（产业化）与多样化（服务化）的区分。前者以下标 q 区分，后者以下标 n 区分。

由此一共构成图 7 – 13 中第二层结构中的十个模块，也就是把信息化指标按其技术经济学属性不同分为十类。

信息化水平综合测评要综合的是两种不同的生产率，将专业化与多样化融合在一起。

7.9.2　指标按技术作用和经济作用的分类

按技术作用的不同，将信息技术分为专业化技术（提高专业化效率和效能的技术）与多样化技术（提高多样化效率和效能的技术）两类。

按经济作用的不同，将经济分为产业化与服务化两类，产业化在一平面计量，服务化在一平面计量。二者在一平面合成（在 P 轴上，分 $P = MC$ 和

$AC - MC$ 两段合成）。

其中，配置效率（AE）包括制度效率；SEC 包括制度效能；效益包括成本效率（CE）、收益效率（RE）；SEC 以产出分析为主。如图 7 - 13 所示。

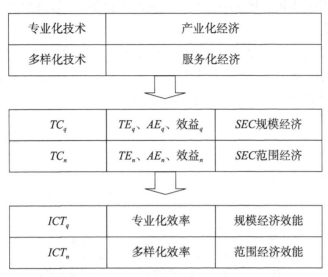

专业化技术	产业化经济	
多样化技术	服务化经济	

| TC_q | TE_q、AE_q、效益$_q$ | SEC规模经济 |
| TC_n | TE_n、AE_n、效益$_n$ | SEC范围经济 |

| ICT_q | 专业化效率 | 规模经济效能 |
| ICT_n | 多样化效率 | 范围经济效能 |

图 7 - 13 信息化指标体系的学科结构示意图

对应实际效果，信息技术作用于商务本体，产生的专业化效率对应自动化效应，规模经济效能对应智能化效应；多样化效率对应灵活化效应，范围经济效能对应智慧化效应。

自动化效应与智能化效应，主要针对同质化的客体（产业化体系及其实体机器体系），统称专业化效应（或产业化效应），都属于简单性范式下的效率与效能；灵活化效应与智慧化效应，主要针对异质化的主体（服务化体系及虚拟知识体系），统称多样化效应（或服务化效应），都属于复杂性范式下的效率与效能。

图 7 - 14 所示为信息化指标体系技术效应与经济绩效的对应关系。这里需要说明的是，规模经济为什么对应的是智能化。规模经济在工业化和信息化条件都存在，但规模的呈现方式有所区别。信息化条件下的规模经济（新型工业化），是指随规模变大，系统变得复杂（不是复杂性），而更加经济。这里的复杂是指规模，用 q 测度（复杂性是指范围，用 n 测度），例如，一个特大企业，可能很复杂（枝叶繁多），但却不具有结构复杂性（不是去中心化的拓扑结构，例如构成 n 值的边数或标度数很少）。这时信息化的规模经济，

是指同等协调成本可以适应更大规模的复杂职能（同等成本下业务更加繁多，分工更加专业化，业务繁多的规模——分工专业化水平——在递增），实现平均成本在职能复杂化中递减（枝叶越繁多成本越相对减少）。我们把这称为智能化。典型如在机电一体化基础上加入嵌入式软件，可以在移动中处理繁多的 M2M 关系。

信息化水平综合测评在这里要综合的是两种不同的技术作用，与两种不同的经济效果。既不因为信息化的特殊性而忽略了它与工业化相通之处，更不因为信息化具有与工业化相通而否定其独特性。

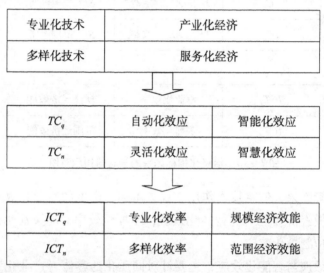

图 7－14 信息化指标体系技术效应与经济绩效的对应关系

第二部分
产业信息化的效率与效能

产业信息化是一种技术－经济范式演进现象。技术－经济范式（tech-economic paradiagm）这一概念是由 G. 佩雷兹在 1983 年提出的，它是技术范式与经济范式的结合，"超出了技术轨迹，并且影响全系统的投入成本结构、生产条件和分布"①。信息技术是一种新范式的技术，即复杂性范式的技术。它与两种经济范式结合，一种是传统的工业化的经济范式，即专业化的范式；另一种是新兴的信息化的经济范式，即多样化的范式。信息化中的产业化是信息技术范式与专业化经济范式结合形成的技术经济范式的产业表现形式；信息化中的服务化是信息技术范式与多样化经济范式结合形成的技术经济范式的产业表现形式。

产业经济信息化的计量研究采取有限目标，主线是产业的结构优化，将信息化效果按性质加以结构化处理，以突出信息化不同于工业化所在。为此，把信息化从产业效果上区分为产业化与服务化两个相对方向，产业化是产业分工沿专业化方向的演进，服务化是产业分工沿多样化方向的演进。以往的产业信息化测评，更多是着眼于前者，侧重信息化对产业增长的贡献；新的研究更强调信息化的特殊性，重点研究信息化对质量提高的贡献。在这个有限目标之外从轻处理的主题包括常规的增长（包括劳动生产率）、就业方面及其产业结构统计计量，把它们都打包在产业化项下，不进一步展开。

从基于均衡的效率改进角度看，将信息化指标区分为产业化与服务化两

① 雷小清. 服务业信息化研究 [M]. 北京：经济科学出版社，2014：68.

273

类指标，分别测度的是同质性效率的提高与异质性效率的提高，从中观测信息化对专业化效率和多样化效率的改进。将多样化效率从专业化效率中区别出来，是同以往研究的最大不同，意图在于显现信息化对应的商务本体的独特不同所在。

产业化是指专业化和规模报酬递增方向上的效率改进，如低成本规模化，是产业通过专业化，扩大规模而降低成本，从而提高效率的效率改进过程；服务化特指多样化和范围报酬递增方向上的效率改进，如低成本差异化，是产业通过多样化，扩大范围而降低成本，从而提高质量的效率改进过程。

信息技术同时作用于这两方面的效率改进，而以后一种效率改进为特殊性所在（即多样化效率是工业化不具有或不显著的效果）。现有信息化指标普遍没有对二者进行区分，造成绩效分析的结构性问题，即绩效产出中归因不明（归因于工业技术改进与信息技术改进不明），反过来造成指导信息化提高效益方面的推进着力点不明。

突出服务化的微观含义在于首次明确可持续竞争优势的来源。竞争优势以往只是战略和策略，产业结构中的超额附加值，不具有均衡上的意义（因完全竞争利润为零）；而本章论证的是可持续的超额附加值。可持续是指均衡水平可持续，即认为平均成本之下的利润，在服务化结构中是可持续的，因此不再仅仅是战略和策略上可行的，而且是基于均衡可行的，这为产业的结构优化提供了关键理论支持。

工业化水平与信息化水平在生产率的标志上，表现为"三产"的产业化水平（分工专业化水平，相关货币化水平与 GDP 水平，工业在产业结构中比重）与"三产"的服务化水平（分工多样化水平，负标志是交易费用水平）的区别。信息化条件下，总的交易费用上升，单位产品和服务的交易费用较低，交易费用对应的"范围"（多样性）较大（质量较高）。

8　一般产业信息化测评

本书中的产业信息化测评，仅限于绩效测评（不包括认识评价、工作评价、环境评价、政策评价等内容）。绩效测评的内容不同于生产率计量的内容（如产值增长、劳动生产率、就业等），本书中的信息化测评，更把此前的生产率计量，当作产业化这一个方面打包看待，而侧重产业化与服务化的对比。

产业信息化测评的逻辑结构如图 8-1 所示，是一个"技术-经济"结构。

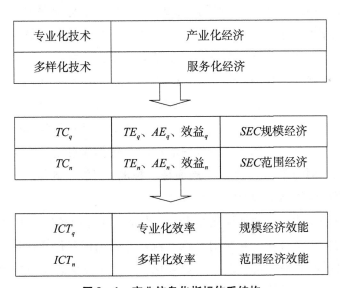

图 8-1　产业信息化指标体系结构

第一层是技术经济学中的"技术-经济"双模块结构，每一模块分同质、异质二元。

需要说明，在真实世界中，同质化、异质化是相对的，同质化的事物中有异质性的因素，异质化的事物中有同质性的因素，而且对立的两极总会依一定条件而相互转化。把它们从概念上分开，是理论抽象的需要，不应以具体现象上的理由，否定抽象的必要。例如，信息化相对于工业化，具有更多的复杂性、异质性的特点（如小批量多品种）。但不能反过来说，工业化相对于信息化，复杂性、异质性的特点更多（如更加个性化）。

第二层结构是技术经济学生产率计量（全要素生产率计量）的"技术－经济"结构，每一模块分同质（q）、异质（n）二元，对应信息化指标的结构分类。与技术对应的是两类 TC 指标（就绪指标）；与经济对应的是效率（TEC）、效能（SEC）两大类指标。效率内部分为三类指标：对应技术应用（TE）、管理应用（AE，含组织、制度配置）和效益（CE、RE 等）；效能对应投入、产出两类 VRS 指标（侧重产出，投入主要对应计量）。

第三层结构是信息化测评的"技术－经济"结构，与第二层一一对应的 10 个小类的信息化测评指标，从绩效测评角度，测度 ICT 与经济绩效的关系（经济绩效又分为效率与效能两部分）。

本书中的信息化测评，与一般信息化测评采用的指标并无差异，但结构上更加突出"技术－经济"特征。表现在，一般信息化测评中，把技术指标只是并列地作为一个子集，当作等权重的因子，加入到总指数中。而在本书的结构中，对技术与经济的关系，进行了有技术经济学意义的结构化的生产率解释，因此将技术与经济分别摆在相对又相关的位置上处理。

在实测中，这种"技术－经济"结构关系，又分三个层面设计，第一个层面是纯技术的就绪指标；第二个层面是"技术－经济"效率层，分别观测信息技术对专业化效率和多样性效率的作用（包括信息技术在应用、配置和财务绩效三方面的作用）；第三个层面是"技术－经济"效能层，分别观测信息技术对规模经济与范围经济的作用。

对产业信息化，有两种量化方式。一类是产业计量量化，主要是 GDP 统计体系内的生产率计量，包括对产值、就业及其结构变化的计量，多见于经济学界学者分析。另一类是产业测评量化，主要是以信息化指数综合评价方法，辅以一些统计数据，进行技术、经济混杂的调查，多见于信息化界学者分析。有兼用二类方法者，也有截然分开的，例如雷小清《服务业信息化研究》，全书信息化量化分析没有采用任何一个信息化测评指标体系采集的数据，全部采用的是产业计量特别是生产率计量的数据。

产业计量量化方法在结构上的特征，一般是将信息化数据（如 ICT 投入，或信息化指数）与产业数据（产值、就业、劳动生产率等）进行相关对比，分析信息化对产业经济发展的贡献。这种方法的优点是采用了标准经济学方法与国际上成熟的计量经济方法，表述规范，易于进行学术比较与交流。但是标准理论的盲区，也自然成为它的研究盲区。主要有两方面问题，一是所有分析都可以归入产业化分析（GDP 导向的产业分析与产值分析），但对服务化的量化成为盲区和死角，不利于宏观上指导结构优化与微观上指导可持续竞争优势（高附加值分析），解释前沿实践方面显得乏力；二是结构化分析成为它的突出短板。这里的结构不是指产业结构，而是指复杂性结构。这类标准分析由于没有分析复杂性结构必需的关于边的分析的方法，不能区分经济的简单性结构与复杂性结构，因此无法从产出上对信息化与非信息化的结果进行区分。由于高附加值是一种复杂性结构现象，信息技术对经济的影响主要在于结构性改变的作用（例如互联网使企业出现扁平化、离散化的结构性趋势，使产业出现平台共享与增值收费互补的趋势等），对结构性变化不敏感的方法，对新经济现象往往缺乏计量显示度，容易陷入"索洛悖论"和"成本病"怪圈。

由于本书突出强调结构（内生复杂性结构于经济学）及结构优化（向结构中高增值的复杂性一端升级），需要从方法上辨析经济的简单性结构与复杂性结构（对应"增产"结构与"增收"结构），因此在异质生产率计量方法成熟之前，更多采用带有行为分析色彩的信息化指标评价方法，以便加强服务化数据的计量显示度。

在指标评价法中分析产业信息化，既可以把整个产业作为一个整体来研究，也可以分一、二、三产业分别研究。基于新经济现象初起阶段，自下而上归纳特征的需要，我们主要侧重对一、二、三产业并对其分别进行产业信息化分析。在此之前，先简要介绍一下产业整体信息化的指标体系测评现状。

目前利用综合评价法从整体上进行产业信息化测评的指标体系，在国际上并不多见，国内主要有三套较为常见的系统。

第一套是袁文榜的方案①。一级指标为产业信息化指数；二级指标为信息化硬件装备及研发状况、信息化人员就业状况、信息产业化和产业关联信息化；三级指标按二级指标分类，分别如下：

1）信息化硬件装备及研发状况。包括：

①业内电脑拥有量。

---

① 袁文榜. 产业信息化的测评分析 [J] . 2007 (7) .

②业内联网普及率。

③业内数据库容量。

④业内标准化生产设备拥有量。

⑤业内先进科研设备拥有量。

⑥业内相关报刊拥有量。

⑦业内专业软件普及率。

2）信息化人员就业状况。包括：

①业内专业计算机人员比例。

②业内就业人员高学历比例分布。

③业内脑力劳动比例。

3）信息产业化。包括：

①信息化产业在各产业中的产值比。

②信息化产业对国民收入的贡献率。

③信息化产业对产业结构升级的贡献。

4）产业关连信息化，包括：

①物流发展水平。

②企业信息化发展水平。

③主导产业信息化水平。

④传统产业信息化水平。

这套指标比较注重信息化的供给方面，特别突出了信息产业化，提出信息化产业这个近于第二信息部门的概念。其中隐含的逻辑是，在均衡条件下，供给反映了需求。各产业对信息化的需求，从信息提供活动形成的产业规模中可以看出。

第二套为曾卫林的方案"我国产业信息化测评体系（德米特模型）"①。方案从产业信息化基础设施、产业信息化应用水平、产业信息化人力资源、产业信息化绩效水平、产业工业化发展水平和产业信息化发展环境六个方面展开。

1）产业信息化基础设施。包括：

①业内电脑拥有率。

②业内服务器拥有率。

---

① 曾卫林. 我国产业信息化测评体系的完善及应用研究［D］. 北京：北京交通大学，2009.

③业内数据库容量。

④业内图书、期刊、报刊拥有量。

2）产业信息化应用水平。包括：

①业内联网普及率。

②业内办公自动化普及率。

③业内互联网主页拥有率。

④业内 ERP 普及率。

⑤业内专业软件普及率。

⑥业内管理信息系统普及率。

⑦业内电子商务普及率。

3）产业信息化人力资源。包括：

①业内专业计算机人员比例。

②业内就业人员大专以上学历比例。

③业内脑力劳动比例。

4）产业信息化绩效水平。包括：

①业内信息经济占本产业总产值比重。

②业内国内企业信息化排名前 500 强企业数。

③业内信息化建设投资占总投资比重。

④业内科研经费占总投资比重。

5）产业工业化发展水平。包括：

①产业经济总产值占全国 GDP 比重。

②业内平均每企业所拥有的固定资产价值。

③业内国内企业 500 强企业数。

④产业工业自动化程度。

⑤产业物流业发展水平。

6）产业信息化发展环境。包括：

①国家政策对本产业扶持力度。

②产业信息化标准体系建设程度。

这套方案突出特点，一是专门将绩效列为基本指标，二是强调工业化，如自动化。其绩效明显侧重产业化、专业化方面的绩效，而没有涉及多样化、服务化方面的绩效。其"业内信息经济"的提法也近于第二信息部门。产业信息化标准体系指标有一定前瞻性。

第三套指标为王君、杜伟的方案"传统产业信息化水平测评模型"①，指标体系由产业信息提供能力与需求能力水平两大部分组成。

第一部分产业信息提供能力，分为五类，分别是：

1）产业信息技术装备水平。包括：平均每企业微电子控制经费

2）产业科技创新实力。包括：

①全员劳动生产率。

②有技术开发机构的企业占全部企业比重。

③技术开发人员占从业人员比重。

④科学家和工程师占技术开发人员比重。

⑤技术开发经费占产品销售收入比重。

⑥新产品产值占工业总产值比重。

⑦新产品利税占利税总额比重。

⑧微电子控制设备占生产经营用设备原价比重。

⑨产业人均创利税水平。

⑩工业增加值率。

3）产业人力资源密度。包括：

平均每企业拥有的职工人数。

4）产业技术装备密度。包括：

①平均每企业技术改造经费。

②平均每企业所拥有的固定资产价值。

③平均每企业购买国内技术经费。

5）产业管理资源及效益水平。包括：

总资产贡献率。

第二部分产业信息需求能力水平，分两类：

1）产业市场效益动力。包括：

①产业销售额。

②产业利润水平。

2）产业增加值产业规模水平。包括：

---

① 曾卫林．我国产业信息化测评体系的完善及应用研究［D］．北京：北京交通大学，2009．

①产业固定资产净值。

②产业拥有企业数。

这套指标的突出特点是将供给与需求联系起来看产业信息化。其中一些指标，如新产品方面的两个指标，以及信息需求方面的指标（特别是产业利润水平指标），可以在一定程度上反映服务化的特点与水平。该方案在绩效分析方面明显有所加强，指标设计对投入产出的微观结构有所显示；强调科技创新，但对组织转型等较少涉及。

现有产业信息化指标与所有信息化指标一样，其分类结构更适合进行总指数合成，而不适合进行技术经济分析。例如把投入与产出、系统与环境、工作与经济等都并列在一起，仅通过权重作为联系纽带，无法区分信息技术与经济中的同质化与差异化，效率与效能，无从显示范围经济等。目前对产业信息化整体的测评，产业化的测评稍强（但对规模经济的测度仍需加强），服务化的测评明显偏弱，还需要加强网络信息技术类指标、管理应用类指标、多样化效益和范围经济效能指标的设计和数据采集。

我们根据技术经济分析的需要，重构了指标的逻辑关系。以信息化指标第二层结构的十个模块——同质（q）、异质（n）二元的 TC 指标（就绪指标）；效率（TEC）类的技术应用（TE）、管理应用（AE，含组织、制度配置）和效益（CE、RE 等）指标，以及效能（SEC）指标——来重新组织各个指标，梳理其技术经济逻辑。这些指标经过加工，从理论上说，是可以进行全要素生产率分析的。当然，这不是我们设计指标的主要目的。我们的目的还是要使经验性的信息化测评更接近有理论的测算（Measurement with theory）。

下面从简单性（专业化）、复杂性（多样化）角度，分产业化、服务化两大类问题，进行产业信息化的系统梳理。由于产业化对应的是目前的标准理论、标准方法，90% 以上的现有研究都集中在这一领域，我们只是采纳现有理论方法，不再展开分析，直接进入信息化指标的研究；而对于服务化，由于从理论到方法都是现有研究盲区和空白，因此先从机理上分层次进行展开分析，最后再回到信息化指标本身的研究上来。

产业信息化指标的研究分一产、二产和三产，分别进行研究。需要说明一点，分行业进行研究，一个重要考虑是因为目前信息化指标的实测还在初起阶段，在国内发展不过一二十年，许多规律和理论需要在实践基础上总结。而一、二、三产的测评实践发展不平衡，因此其指标除了可以梳理出在框架

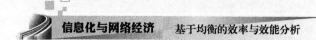

上的一致性之外，许多内容彼此不同，带有强烈的行业属性和经验属性，这是不足为奇的。我们也希望通过行业特殊性指标的归纳，将企业信息化测评中大量属于行业性的指标筛选出来，归入行业指标来分析，而区分、总结出更通用的、超脱具体行业特性的企业指标，留待最后一章研究。

9 农业信息化绩效

农业信息化测评的总体思路，是根据信息化的产业化效果与服务化效果分别测评，再进行合成。简单地说，产业化效果主要围绕农业增产设计指标，服务化效果主要围绕农民增收设计指标。其中的技术经济逻辑是，产业化以完全竞争为假设，均衡条件下为零利润，主要效果是提高专业化效率（同质化的劳动生产率），表现为产值提高（产量增加）；服务化以垄断竞争为假设，其均衡条件下存在超额附加值，表现为农民增收。因此这里的农民增收有特定含义，它应是农业可持续竞争优势的体现，即超额附加值须符合稳定均衡条件方可持续，而非有的农民增收，有的农民减收，总平均后持平甚至减收。

这种思路不是我们独有的，白万平就采取了同样思路："在刻画短期经济效果时，可以用信息化实施前后的农业产值年增长率对比描述信息化促进农业增效情况，以农民增收速度的对比反映信息化促进农民增收效果。"①

当然，实际情况要复杂得多。产业化与服务化不可能只有增产和增收两种效果，而是你中有我，我中有你。但理论经济学和技术经济学要求高度抽象，信息化测评虽非面板数据意义上的经济计量，而更多是经济行为的定量化（定性问题定量化）分析，但我们的指标体系设计思想还是要靠近基本面的原理。

与技术经济学计量对应的农业信息化测评，主要是绩效测评。在一般的信息化测评中，投入与产出是并列关系，都算做成绩。例如，投入越高，得分越高。这从政府指导工作角度看，可以鼓励人们加大投入，努力工作。但从经济学角度看，如果不对供给做出需求的约束，过度的投入可能造成浪费。因此在绩效测评中，我们调整了信息化测评的指标分类结构，投入变成了产

---

① 白万平. 新农村信息化建设效果评价指标体系研究［J］. 安徽农业科学，2008，36（31）.

出的背景，产出变成了投入的约束条件。

同样的指标，对数据测度来说差别不大，但对数据评价来说，就会有很大区别。这是综合指标评价法与生产率计量方法的实质区别之一。综合指标评价法会将投入与产出都算作成绩，加以累加，形成指数；技术经济学方法却不会进行累加，而是要进行投入与产出之间的均衡计算。我们研究的是绩效，需要将综合评价法向技术经济学的原理上靠，因此不难理解它在结构上与生产率计量是一致的，而不同于一般综合评价法。

9.1　产业化促进：信息化带动农业产业化

9.1.1　农业信息化的产业化效率

（1）产业化背景下看农业信息化建设

农业信息化建设是在产业化与服务化两个背景下展开的，仅从产业化背景下看农业信息化，看到的更多是信息化与农业增产（高效农业）及农业规模化的联系。

盛旗锋对农业信息化建设的评价，就是从这个视角看问题的[①]。他强调推进农业规模化和产业化经营，推动农业信息产业的发展。

盛旗锋认为：规模化和产业化的农业是推动农业信息化的基础。家庭承包经营制下的土地集体所有、农户平均占有决定了农业只能沿用分散经营的小农生产模式。在这种超小规模经营状态下，农户受自身经济实力限制，农业投资能力低，新技术不能发挥应有的作用，严重限制了农业的规模化发展，同时也限制了我国农业产业化发展的水平和速度，并成为农业信息化的最大障碍。因此，在稳定家庭承包责任制的前提下，必须深化农村土地产权制度的改革，逐步实行土地使用权的流转制度，使土地适当集中到有产业化能力的农业专业户手中，以形成经营规模，造就一大批农业大户，为农业规模化和产业化经营创造条件。政府在扶持农业产业化经营时，可以在税收和资金支持方面，采取一些措施促进农业生产规模化，使农业生产效率不断提高，才能刺激信息化的需求。他根据国家信息化体系六要素和对农业信息化建设的总体分析，界定了农业信息化水平测度评价指标体系的总体框架。

---

① 盛旗锋. 农业信息化建设与评价研究 [D]. 安徽：安徽农业大学，2005.

农业生产规模化需求刺激信息化的需求。当然不能认为农业对信息化的需求，只来自生产规模化这一个方面。甚至在产业化内部，规模化也只是其中一个原因。从技术经济学角度看，通过农业专业化提高农业生产和经营效率，提高农业劳动生产率，发展高效农业，同样会从产业化方面产生对信息化的需求。忽视了这一点，容易忽视效率提高这一基础。

在产业化背景下看农业信息化，从技术经济学分析角度要注意区分效率（专业化效率）与效能（规模化效率）两个不同层次。它们分别对应 TEC（技术效率变化）指标和 SEC（规模效率变化）指标。

（2）农业信息化促进农业产业化的机理

农业产业化本身，是农业的工业化过程。这种工业化就体现在产业化中。从带动主体来看，具有工业化特征的公司（龙头企业）是农业产业化的带动力量；从产业发展看，产供销一体化、种养加一体化发展，延长了农业的产业链、价值链，从而创造出比单纯的农业生产更高的价值，典型如加工的价值、销售的价值；从结构演进看，农业产业化是农业分工专业化发展的过程。

从效率角度看，农业产业化是按照工业化规律进行农业生产，提高劳动生产率，提高专业化效率的过程。鉴于标准理论就是专业化效率理论，有成熟的研究，因此本书凡涉及产业化的部分（包括农业产业化、制造业产业化和服务业产业化），都不再进行详细的机理展开分析，只提及现有结论的要点，只在现有研究比较薄弱的服务化部分展开进行机理分析。

农业信息化的发展必然会促进农业产业化的发展（刘小平，2010）[①]。

第一，信息化可以提高农业专业化的效率，从而促进农业产业化的发展。

信息化至少从三个方面有助于提高农业专业化的效率，一是信息技术应用本身提高专业化效率；二是信息技术应用降低专业化的协调成本（同质协调成本）；三是通过降低专业化的协调成本，进一步提高分工水平（不是指从多样化角度，而是从专业化角度）。

提高专业化效率的信息技术应用，可以在农业生产管理、农业经营管理、农产品市场流通、农业资源环境以及农民生活消费等方面给农业产业化提供有效的支持（刘小平，2010）。在这些环节中，我们都可以发现、测度出信息技术应用在技术变化、技术效率变化（包括技术效率、配置效率和效益）方

---

① 刘小平. 农业信息化与产业化协调发展问题探析 ［J］. 湖北农业科学，2010.

面的绩效。

第二，信息化还可以提高农业专业化的效能，从而促进农业产业化的发展。

在农业产业化中，信息技术应用可以有效带动产业化主体（如产业化龙头企业）的规模经济，提高产业化主体的市场竞争优势①。包括：

1）统一产品规格，实现产品规格标准化，通过标准化推动规模化。

2）大量采购原材料，降低单位产品购入成本。

3）提高企业管理人员、技术人员的专业化技能。

4）有利于企业创新，特别是推动新技术的采用，实现规模报酬递增。

5）使企业具有较强的竞争力，特别是成本领先方面取得比较优势。

农业信息化的产业化绩效与服务化绩效互补，产业化绩效在中国当前农业现代化条件下发挥主导作用，这是与制造业信息化、服务化信息化完全不同的。

与农业产业化的发展相比，中国的农业信息化相对滞后。这种滞后不是表现在个别地区、个别农民不能运用信息技术于农业（相反，在许多地方，如沙集、遂宁等地，农民网商自下而上发展往往相当超前），而体现在农业的现代化定位，整体上还仅定位在实现工业化上（农业产业化即农业的工业化），这与全国的现代化定位（信息化驱动工业化，或信息化带动工业化、工业化促进信息化），具有一个现代化的代差。这客观上造成中国农业工业化（产业化）在战略层，而信息化处在战略执行层，是为工业化（产业化）服务的。这决定了中国农业信息化目前的两个计量特征，一是在产业化与服务化之间，信息化的绩效更多发挥在产业化一边，农业信息化的产业化效率是主导性的；二是农业信息化水平显著低于工业和服务业的信息化。信息技术在应用于产业化，并为产业化服务时，受产业化水平低的影响，提高专业化绩效还有很大的提高空间。

在提高专业化绩效方面，信息化潜力主要表现在，一是信息技术应用在推动农业结构（如种养加结构）调整方面潜力较大；二是信息技术应用在提高产业化经营龙头企业效率，提高带动农民家庭经营实现社会化能力方面潜力较大；三是信息技术应用在提高农业专业服务组织（包括合作经济组织）作用方面还有较大潜力；四是信息技术应用在提高分散经营的农户的规模化

---

① 刘婧. 农民专业合作社的规模经济和范围经济研究［D］. 陕西：西北农林科技大学，2012.

生产方面还有较大潜力。

反映到农业信息化的绩效测评上来,根据信息化与网络经济原理,我们将绩效分为同质与异质两个方面,即产业化绩效与服务化绩效。在实测中,白万平的思路与此完全吻合,他建议测度农业增产,用"农业产值比上年年均增长百分比"来测度农民增收,得到"农民收入架道多元化,收入比上年年均增长百分比"。以下我们讨论的产业化效率(效能),相当于对前一个指标的指数化展开;后一节讨论的服务化效率(效能),相当于对后一个指标的指数化展开。

其理论含义在于,产业化效率是同质化效率,因此假定的微观条件是同质完全竞争,因此作为绩效标志的均衡价格,只能是 $P = MC$。这就意味着"增产"的特定含义,不包括增收($P = AC$),经验中由增产得到的增收部分($AC - MC$),视同围绕价值的上下扰动,在大样本和高质量样本条件下,将向 $P = MC$ 收敛。相反,服务化效率是异质化效率,因此假定的微观条件是异质完全竞争(即垄断竞争),作为其绩效标志的均衡价格,特指 $P = AC$。则"增收"的特定含义,就是指 $AC - MC$ 区间的超额附加值,对应差异化的产出。如果农民通过差异化,没有得到 $AC - MC$(例如价格低于 MC),或高于 AC(超额利润),都视为围绕价值上下的扰动。

当然,这只是为了技术经济理论分析的方便,我们承认实际情况要复杂得多。实际上,采用综合评价法的信息化测评,已经比生产率计量对真实世界要贴近得多。我们现在采用的方法,相当于把综合评价法测评的绩效对应的总的实际价格,在理论上进行了对应增产的价格与对应增收的价格的区分,因此二者的合成,对应的才是综合实测的结果。

9.1.2 信息技术与农业产业化绩效

(1) 对农业信息化的产业化绩效的结构化解析

现有农业信息化指标体系,一般沿用国家信息化六要素为框架结构的较多。例如刘世洪《中国农村信息化测评理论与方法研究》(2009)。该著作结合我国农村的实际情况,从农村信息资源、信息基础设施、信息技术应用、信息产业发展、信息化人才、信息化外部环境 6 个方面,采用 25 个指标,衡量和描述我国农村信息化的发展水平。再如高雅、甘国辉的"农业信息化评价指标体系",从农业信息化基础设施、农业信息化技术装备、农业信息化应用水平、农业信息化主体水平、农业信息化对农业发展的贡献以及农业信息

化政策环境 6 个方面来测评①。

　　农业信息化测评理论研究成果较多，仅从题目上就可以看出内容的丰富，如《农业信息化建设与评价研究》《农业信息化指标体系》《农业信息化评价指标体系初步研究》《农业信息化评价研究》《基于 DEA 及超效率 DEA 模型的农业信息化评价研究》《基于主成分分析法的农业信息化水平评价研究》《基于主成分分析法的农业信息化评价研究》《基于二元语义的农业信息化水平评价研究》等。在实测方面的成果有《四川省农业信息化测度及其对第一产业的影响分析》《宁夏农业信息化发展水平评价指标体系的构建》《永泰县农业信息化发展与评价研究》《河南省地市级区域农业信息化发展水平评价及分析》《陕西省县级农业信息化评价指标体系构建及评价研究》等。

　　我们的研究，主要目的不是设计指标，而是对现有研究进行指标分类，旨在搞清指标之间的技术经济逻辑，对指标设计进行理论和方法论支撑。

　　在信息化指标技术经济结构中第二层结构的十个模块中，信息化的产业化水平测评，属于同质（q）、异质（n）二元系列中同质这一元的指标，共计五类，包括 TC 指标（就绪指标）、效率（TEC）类的技术应用（TE）、管理应用（AE，含组织、制度配置）和效益（CE、RE 等）指标，以及效能（SEC）指标（如图 9 – 1 所示）。

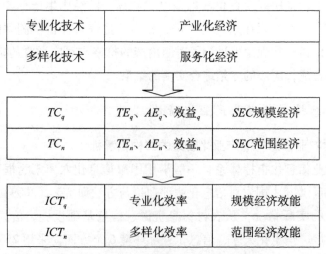

图 9 – 1　农业信息化中产业化绩效指标结构

　　① 高雅，甘国辉. 农业信息化评价指标体系初步研究［J］. 农业网络信息，2009（8）.

(2) 农业产业化的信息技术就绪（TC_q）测评

即使是最简单的农业信息化指标体系，如只有 4 个指标的农业信息化指标体系[1]，也会包含就绪指标。如单位面积内的人口电话机数、电视机数、计算机数、上网微机数等。

农业信息技术就绪的指标，首先，可以归类在农业信息化基础设施项下；其次，也可以通过农业信息技术，甚至农业信息产业发展来加以测度。

第一，面向农业产业化的信息化基础设施。

信息化基础设施在经济上具有固定成本投入的含义。在最广泛的意义上，不仅包括技术基础设施，也包括商业基础设施（如 IaaS）。但在信息技术就绪项下，主要指技术基础设施。对于商业基础设施，我们建议放在效能测度中，与平台（P）、软件（S）、大数据（D）等一同，作为固定成本投入加以计量。

农业信息化基础设施主要是指支持农业信息资源开发利用及农业信息技术应用的各类资源。包括计算机网络、电视网和电话网，如光纤电缆、无线信号覆盖、卫星通信、移动互联网、物联网（物理信息系统）等，以及相关的软硬件设备设施，如服务器、PC 机、打印机、电视机、电话机等[2]。

此外，还包括信息化的农业设施，如用于农业生产经营的全球卫星定位系统、地理信息系统、遥感系统、自动控制系统、射频识别系统等，数字化、智能化的农业生产设施装备；农业应急信息系统，农业自然灾害和重大动植物病虫害的预测、预报和预警系统，以及乡村信息化基础设施。

在这里要注意城乡基础设施建设的不同特点。一是农业信息化基础设施主要建设在农村，最后一公里接入问题，比城市更为突出。无线网络与有线网络具有不同的建设成本与效益特征。例如在印度，铺设有线光纤网络的成本是难以承受的。但利用更先进的技术，发展无线广域网络，却更适合网络在农村的覆盖。二是农业网络建设要考虑农村特点，测度的指标可能要考虑技术上的多样性，例如移动互联网（智能手机）、WiFi、物联网等。三是在进行水平比较时，对基础设施指标的单位要注意。例如，比较新疆与上海的光缆，如果单纯比人均光缆长度，由于新疆地广人稀，测出的结果都会高于上

---

[1] 学文. 农业信息化指标体系 [J]. 中国特产报, 2003 (6).
[2] 王小昌. 陕西省县级农业信息化评价指标体系构建及评价研究 [D]. 陕西: 西北农林科技大学, 2010.

海。但如果分母是地域面积，上海的光缆密度会超过新疆。要根据具体的测评目标来选择分子与分母，否则结果就会出现异常。

第二，面向农业产业化的信息技术采纳。

农业产业化中的信息技术，属于技术创新意义上的技术变化（TC），它是农业产业化的技术条件。技术变化的意思是以时间为参照，看之前用了什么技术，之后用了什么技术，这样的技术变化称为技术采纳，应从技术创新的角度加以测评。

这里的技术创新不是指信息技术本身的技术创新，而是相对于产业化的各种技术创新（包括农业技术创新）中的一种。技术创新对于专业化效率的提高，发挥着服务创新所不能替代的特殊作用，是信息化的技术经济分析观测的重要目标。

信息技术采纳是指组织作出信息技术投资的决策（Cooper 和 Zmud，1990）[1]。这里的决策，实质意思是选择，即决定是与否。这是技术采纳与技术扩散概念的区别所在。

在指标设计上，可以通过信息技术投入的决策，包括投入技术研发、技术运维等方面决策的指标，从定性转化为定量，来直接测度技术采纳。

企业的战略、创新与管理等诸因素，都影响着技术采纳。因此仅是技术采纳，就可以单独形成指标体系。聂进从战略管理、组织、环境和技术四个方面，归纳了信息技术采纳方面的 17 个指标，可供参考。

第三，面向农业产业化的信息部门发展。

信息技术采纳，必然表现在信息技术投入上，可以用包括技术研发、技术运维等方面的指标来测度。

在产业水平测度信息技术投入，势必涉及一些指标中经常出现的所在产业中"信息产业""信息经济"和一些类似的测度项目。例如，"农业信息产业增加值占 GDP 比重"，它具体包括"农业信息服务业产值"（指邮电、广电等涉农信息服务业的年总产值）"农业信息产业增加值占 GDP 比重"（指农村邮电、广电等涉农信息服务业的增加值占 GDP 的比例）这样的指标[2]。这些实际是农业第二信息部门的概念。

---

① 聂进. 中小企业信息技术采纳影响因素研究［M］. 北京：科学出版社，2010：14.
② 高雅，甘国辉. 农业信息化评价指标体系初步研究［J］. 农业网络信息，2009（8）.

是否把信息产业（包括第二信息部门）列入信息化指标体系，国际和国内都有一定争论。反对者（主要是一些小国和市场经济发达地区）认为，信息化主要是应用，应用者按社会分工，不必自己生产信息技术和产品。这确实是需要考虑的一个方面。但如果自己生产可以明显降低整体应用成本（这种现象也很常见，例如通过打破信息技术供应商的垄断，从而引起价格的显著下降，降低使用者成本），计量信息技术本身的产业化产出，也是有相当意义的，例如，它可以反映信息化应用进入门槛的高低。

农业产业化规模对农业信息技术及其服务产业化的利弊得失有重要影响。产业化进程越规模化、社会化，对产业化的支持活动的规模化、社会化的需求就越高。目前，就中国的情况而言，农业信息化中信息技术及其服务等支撑活动的专业化还处在起步阶段（甚至规模偏小的农业服务业在统计上划归服务业后不久，又划分回了农业，参见 6.1.3 节的分类代码）；但从长远来看，随着农业部门内部信息技术投入的增加，信息技术产品、服务的提供，将从企业内活动，专业化外包，一直发展为独立的农业信息服务业。因此，这类指标在供给方面，具有一定的技术经济意义。

（3）农业产业化的信息技术效率变化（TEC_q）测评

TEC 分析主要是应用绩效分析。从结构上看，包括两类，一类是存量分析（Q），在此特指数量 q 分析；另一类是流量分析（PQ），在此特指 PQq 分析。前者又细分为技术效率（TE）与配置效率（AE）两类；后者又细分为成本效率（CE）和收益效率（RE）两类。

1）农业信息技术应用的技术效率（TE_q）。

农业信息技术应用是农业信息化专业化技术效率提高的基础。

技术经济学意义上的技术效率，不同于自然科学意义上的技术效率，它是指技术与经济结合的效率。但在 TE 水平上的经济，首先是指存量，即技术与业务存量结合（先不考虑价格）的效率。在这里具体是指信息技术与产出（产量）结合的效率，即专业化信息技术的产出效率。

信息化专业化技术效率的提高，目标是"促进农业的持续、稳定和高效发展"[1]。这类绩效目标，对应口语中说的增产，显然属于产业化的范围。

---

[1] 王小昌. 陕西省县级农业信息化评价指标体系构建及评价研究［D］. 陕西：西北农林科技大学，2010.

技术效率（TE）不同于技术变化（TC），技术变化是指技术采纳（是否采纳），技术效率是指技术采纳之后，技术在多大程度上发挥作用。而这又同技术与业务的结合有内在关系。从实测中获得的经验看，有一类指标对测度技术效率的高低比较敏感，这就是技术采纳的决策者由哪些部门构成。一般来说，企业（如农业龙头企业）内部由技术部门负责技术采购，往往倾向于投入越多越好，尤其是当这种投入不受产出约束时；但如果业务部门加入到技术采购决策中来，他们在争夺企业投入资源中，受部门利益影响，往往倾向于优先采纳对本部门业务有帮助的技术，这客观上导致信息技术采纳的技术效率得以提高。

在信息化测评中，对于技术效率，第一，采用信息技术应用的普及率与覆盖率指标加以实测。它假定的是，信息技术的广泛应用，有助于提高专业化产出。当然，这要与真实世界的具体情况区分开。一些企业为信息化而信息化，应用走形式，这种现象是存在的。但从长期来看，这种情况是不可持续的。因此又可以认为在长期均衡条件下"不存在"（在高质量样本中，对基本面的偏离会通过概率调节相互抵消）。

可以根据对农业产业链、价值链的分类，从农业生产管理、农业经营管理、农产品市场流通等方面，展开对信息技术应用的测度。

第二，对于专业化技术效率来说，可以通过对信息技术对业务带来的自动化效应加以测度。对农业信息化来说，主要应反映在提高产业化主体的自动化，如机械化水平等方面。

第三，信息技术还提高了农业科技的研发与推广应用效率。包括提高农业科技推广成效。开发应用作物生长、畜禽水产养殖、节水灌溉等农业智能系统，利用信息技术测土配方施肥，推广诊断施肥和精准施肥，提高肥料施用效益，提高农业安全生产水平。

当然，对这种技术性的效率能产生什么样的经济效益，要有清醒认识和适当估计。例如，仅仅是水果上网销售，只是销售的技术效率提高，但如果不改变相应的商业模式（如以客户为中心），可能造成更高效率地犯错误（效率高而效果差），也不是没有可能。

农业产业化中还存在一类与工业、服务业产业化不一样的情况，这就是增产不增收现象。由于农业受自然条件和生产周期影响较大，仅仅提高生产的专业化水平，提高生产效率，在产品过剩条件下，由于许多农产品不宜长久存放，可能经济上的效果适得其反。如放大供求信号，出现市场大起大落现象。信息技术帮助提高专业化技术效率，在经济上是否合算，必须与其他条件综合考虑。对 TE 型的指标，需要考虑与其他变量之间匹配的问题。我们主张的方法与传统综合指标方法的一大区别，就是特别强调指标与指标的技术经济定量关联，围绕均衡来评价指标，而不是仅靠测度结果，孤立地定效果的好坏。

2）农业信息技术应用的配置效率（AE_q）。

配置效率是指对生产要素的排列组合变化引起的投入产出效率变化。可以从三个角度考虑设计指标进行测度。一是农业信息资源的利用程度；二是农业技术集成应用水平；三是导致有偏配置变化的组织变化。

第一，农业信息资源利用指标的针对性，是相对于资源配置选择而言的。没有选择，这个指标就没有意义。选择是指，对于同样的产出而言，到底是采用信息资源多一些效率更高，还是采用实体资源多一些效率更高。

有学者认为，农业信息资源是农业信息化基础结构运载的实质内容，对其开发和利用也是信息化建设的核心内容，是农业信息化建设取得成功的显著标志[1]。

虽然一般来说，信息资源多多益善，而且信息化测评在实测中也是把信息资源数量当作一个正面的指标加分的，但从技术经济学角度看，问题要复杂得多。一是需要考虑信息的质量，也要考虑信息的成本；二是需要考虑信息的生产要素归属，是归于劳动（包括人力资本）资本，还是生产函数中的"余值"；三是需要考虑区分数据（未加工信息资源）、信息（数据经过加工后形成的产品）、知识（资本化的信息）与智慧（主体化的知识）等信息的层次；四是需要考虑对信息的技术特性（如网络数据、结构化数据、非结构化数据，物联网、SNS 数据等）进行区分；五是需要考虑对信息资源的社会特性（公共数据、公益数据、商业数据、个人数据、隐私数据等）进行区分；六是需要考虑农业信息资源的商业价值，如生产信息、销售信息、客户信息及各种商业分类信息的不同，等等。由于存在太多的不确定性，对信息资源的配置效率的测评，还需要更细致的分类研究。

---

① 王小昌. 陕西省县级农业信息化评价指标体系构建及评价研究［D］. 陕西：西北农林科技大学，2010.

信息资源的开发利用，重在合理开发利用。因此信息资源指标的设计，不应是导向信息资源越多越好（当然更不是越少越好），而应以均衡为标准，合理配置。

第二，技术配置是配置效率的第二类问题。技术配置是不同于信息资源配置的另一类问题。信息技术本身作为生产要素之一（这是不把它放入 TC 而放在 AE 测度的原因），它以孤岛的方式应用，还是以集成的方式应用，以紧耦合的方式应用，还是松耦合的方式应用，效率上有很大差别。例如，农业产业化中，产供销是否能形成一体化的专业化协同优势，集成应用非常重要；再如，当以松耦合方式应用信息技术时，标准化指标就变得非常重要。

对农业产业化来说，技术配置效率具有特殊重要性。因为产业化的目的之一就是要整合分散的农户家庭经营，信息技术应用能否在整合中形成合力，对于产业化水平高低具有至关重要的作用。信息技术不同于农业技术本身，它的主要作用不是提高农业本身的专业化效率（当然这种作用也是存在的），而在于降低农业专业化后职能分割造成的协调成本，从而间接为农业专业化效率的提高创造技术上的条件。为了加强农业产业化的职能协调，降低纵向交易费用，信息技术在集成自身的同时，还在农业技术和农业职能的协调方面发挥着不可替代的作用。

在传统农业一家一户分散作业的生产方式基础上进行集成，同在集中化的工业中进行集成，要求和难度是不同的。在中国，农业产业化中的信息技术集成，与工业产业化中的技术集成（如数据大集中），最大的不同在于现代化阶段不同所带来的问题不同。农业产业化集中解决从分散到集中的技术配置效率问题，任务相对比较单纯；而工业产业化既要考虑提高集中的效率（这是工业化的任务），又要考虑不能因为集中而产生对分散化的网络不适的问题。而分散经营惯了的农民，很少会对网络的分散特点产生不适。因此设计这个指标，要区分农业与工业因产业发展水平不同而带来的不同，不宜用一把尺子测不同对象。举例来说，同是 BI，二、三产业中的中央企业往往考虑较多的是生产指挥中心的智能化，需要防止的是过于集中控制而导致业务节点上的活力不足；而对农民网商来说，他根本不存在数据大集中的问题，也没有多少内部专业职能需要他去协同，BI 对于他来说，更多是系统的神经末梢如何灵敏反应市场和客户（而且是新客户）的问题，他更多要考虑的是如何利用公共或公益的大数据平台与电子商务的生态系统，取得产业链和价值链上 App 一级的职能协同。指标测度内部集成与外部协同的侧重点应有所不同。

第三，专业化人力资源配置效率。人力资源配置效率，可以从专业化与多样化两个方面解析。其中专业化人力资源配置效率相对简单，相关研究中有大量研究，有许多常规指标可以直接采纳。例如：

农业科技人员比重，指每千人中为农村信息化服务的科技人员人数，反映农业信息化科研人员的规模，用来测度农业信息化人才情况。

万人农业专家系统和农业数据库拥有量，指区域内农业专家系统和农业数据库数量/区域内总人口数（万人）。

区域内农业信息工作人员数/区域内农村总人口数农业技术推广人员比重。

区域内农业技术推广人员总数/区域内总就业人口数农村信息员数量比重。

此外，类似指标还有单位面积内人口中的第二产业人口数、大学生数、信息从业人员数、上网人数等。

需要指出，配置效率与专业化人力资源数量不是一个概念。配置效率是相对于选择而言的，也就是投入人力资源的机会，要同投入其他资源的机会进行比较。

这意味着，不是信息化的专业化人力资源数量越多越好。要符合本地农业的发展水平，以提高效率为准。效率的高低，可以用核心指标，即农业增产效果为参照系。对农业增产的贡献越高，评价越好。

农村人力资源的形成，与城市相比，有两个不同特点，一是返乡农民工在农业电子商务发展中，具有举足轻重的地位，其信息化技能往往是自发习得；二是农民之间的互动机制对培训具有一定替代作用，例如沙集镇农民主要通过邻里串门实现了电子商务的知识扩散，靠相互模仿无师自通，与城市正规学习完全不同。这些既不同于城市学历教育，也不同于政府组织的培训。在指标设计中应充分注意这些特点。

第四，组织的职能协同效率。要不要将组织和制度纳入分析，在技术经济学内部存有争论。反对意见认为技术经济学是生产力经济学，不将生产关系和制度纳入分析范围。但我们却主张将组织问题纳入技术经济学分析。理由主要是从结构角度考虑，信息化与网络经济由于要将复杂性内生进入经济

分析，必然要求对结构问题敏感。在我们看来，复杂性与简单性本身就具有技术含义，不能脱离组织结构进行分析。例如，扁平化组织结构与科层化组织结构，在 SEC 上，可能具有完全相反的斜率，这意味着它们的效率变动趋势可能相反。

具体到关于农业产业化的信息化测评，这个问题主要涉及推进产业化的农业服务体系、乡村经济组织与农业企业的职能协调的效率提高。

在中国农业中，存在两种低效率的组织方式。一种是计划经济时代形成的由政府主导的自上而下的农业服务体系（包括政府农业部门、乡镇的农业专业化合作机构等），其低效在于官僚化的科层制组织方式，难以降低部门与职能分割造成的偏高的专业化协调成本。另一种是自然经济中自然形成的一家一户的农户家庭经营自组织、自服务机制，其低效主要源于分散经营造成劳动生产率达不到工业化水平。以龙头企业为代表的具有工业化特征的农业企业，成为产业化的主要市场化带动力量，其专业化效率明显高于政府和农户，但与真正的现代企业相比，在管理水平上仍有明显的差距。此外还有村级集体经济组织和其他产业化主体，也在不同程度上发挥对经济的组织作用。

农业信息化在这一背景下带动产业化效率的提高，主要体现在对这三类主体职能效率的提高上。

一种意见认为，在现阶段，农业信息化需要依靠"公益性"的手段去建设和服务，逐步引导社会资源进入。因此，政府应该成为农业信息化建设的主体，农业信息化的建设和开发任务，理所当然成为政府和职能部门义不容辞的责任（崔岩，2007）。农业部门在一些公共信息系统建设方面，如粮食生产预测预报、粮食安全监测、重大动物疫情监测和应急处理、动物标识及疫病可追溯信息系统、饲料安全管理等方面提高效率，将产生积极的公共效益；在直接面向农民的综合信息服务体系建设方面，在构建农业产加销信息一体化服务体系方面，也会发挥较大的公益性作用。

但产业化主要是一个市场经济起资源配置决定性作用的过程。信息化推动产业化，最终还是要通过市场主体提高效率来解决。在这方面，信息化测度的主要指标，应包括农业产业化龙头企业信息化建设方面的指标，如 ERP、流程再造等，显示在加强内部职能协调方面的绩效；包括反映提高农业产业链协调效率方面的指标，如信息化促进农业产加销一体化服务的指标等。与工业组织不同，龙头企业除了要通过信息化提高自身专业化效率，还需要通过信息化提高对分散农户的组织效率。

此外，测度社会组织作用发挥情况，也是测度组织配置效率的重要方面，包括"行业组织、专业协会参与的服务方式""研究机构、教学组织参与的服务方式"等①。随着社会网络的兴起，农业社会化服务的功能有很大一部分将从政府主导转向社会组织。

3) 农业信息技术应用的经济效率（CE_q & RE_q）。

自动化只是在技术上提高了效率，流程再造只是在组织上提高了效率，但它们在经济上是否提高效率，还必须内生价格，比较成本和收益来观察。

第一类是成本效率（CE）。

对产业化效率来说，沿着成本领先战略方向，降低农业社会化的成本，是增产的关键。信息化指标设计可以把成本效率（CE）作为产业化效率的测评重点。

对于农业产业化成本的分类，可以作为指标设计的一种展开思路。可以观察的成本效率包括：

测度农业生产资料电子商务节约的成本，包括各类电商平台依托现有各部门的农村网络渠道、站点，开展化肥、种子、农药、农机等生产资料电子商务，带来集约化效果。

测度信息化降低龙头企业农业经营成本，如销售、加工、服务过程中的库存成本、资金周转成本等，这里还应包括"企业＋农户"利用信息技术加强对农户的企业化管理、社会化服务（如提高专业化经营水平和统一经营，沟通产销信息）从而降低小农分散经营成本。

测度信息化降低龙头企业自身的农业管理成本。

测度信息化降低产业链协调成本，如降低农产品交易费用，进一步促进农业专业化分工，等等。

第二类是收益效率（RE）。

测评的第一种方式，测度信息技术与农业特性相关的产出效率的关系，包括②：

通过信息化提高农业资源（土地、劳动力等）使用效率，例如观察订单农业发展水平、承租返包发育水平等。

---

① 周蕾，温淑萍．宁夏农业信息化发展水平评价指标体系的构建［J］．图书馆理论与实践，2010（6）．

② 向国成，韩绍凤．小农经济效率分工改进论［M］．北京：中国经济出版社，2007．

信息化提高农户兼业化（即农户家庭内分工）水平。

通过信息技术应用，提高农户间职能专业化水平，如生产与经营活动分工的专业化水平。

通过信息化（如增加光缆线密度）提高农户的农产品交易效率。

通过信息化提高农业地区间分工水平，包括提高主要粮食作物区域专业化发展水平，提高主要经济作物区域专业化发展水平，提高林牧副业区域专业化发展水平。

通过信息化提高农业产业化的组织化水平，等等。

测评的第二种方式，利用工程建设评价方法考察农业信息化对效率的提高[①]。

农业信息化工程建设评价是考察信息技术在农业生产、管理、销售、消费的各环节应用中，对农业专业化效率提高的情况的方法。根据石元春对农业信息工程技术的分类[②]，将指标设计为：农业信息管理指标（AIM 指标）；地信息监测指标（GIM 指标）；精细农业指标（PA 指标）；智能农业指标（IA 指标）；农业信息服务指标（AIS 指标）。俞守华、区晶莹据此曾对广州市农业信息化进行过实测。

测评的第三种方式，利用投入产出指标评价农业信息化效率。

李思通过设计农业信息化的投入指标与产出指标，对其中的投入产出关系进行数据包络分析（DEA）评价，测度农业信息化综合效率、纯技术效率和规模效率的最优状态[③]。

其中投入指标包括：邮电主营业务总量（亿元），农村用电量（万千瓦时），农村电话用户数（万户），移动电话用户数（万户），农村电视覆盖率，农村广播覆盖率，联网用户数（万户）。产出指标包括：Y，农业增加值（亿元）、农民人均收入（元）。

这给人们一个启示，将信息化测评指标与投入产出计量模型结合起来进行量化分析，这代表着信息化测评深化的方向。

（4）农业信息化的产业化效能（SEC_q）测评

信息化对农业产业化最主要的绩效提高，来自规模经济。根据定义，规

---

①　俞守华，区晶莹，等．农业信息化评价研究［J］．农业系统科学与综合研究，2007（8）．

②　石元春．我国农业信息化发展战略［J］．科技导报，2003（8）：3－5．

③　李思．基于 DEA 及超效率 DEA 模型的农业信息化评价研究［J］．湖北农业科学，2011（3）．

模经济不是指效率提高（虽然在真实世界中规模经济经常实际伴随效率提高），而是指效率不变条件下，仅仅由于规模变化而带来的平均成本下降。上述李思采用的 DEA 方法，就是测度投入产出规模经济的一种方法。

对农业产业化来说，要把信息化增进效率同增进规模经济分开。在一般的产业化分析中，人们往往效率与效能不分，泛泛地把工业化都说成是提高专业化水平、提高效率（劳动生产率）和提高规模化生产水平。但它们实际是不同概念。专业化相对的是多样化，产业化的效率和效能都属于专业化范围；效率在此是指专业化效率，而规模化则是指专业化中的规模效率。采用同样技术，技术效率不变，只是土地规模变化，也可能产生农业规模经济。例如使用拖拉机，在家庭小规模地块上经营，与在集中连片土地上经营，发动机的效率没有变化，柴油的单位消耗也相差不大，但后者却可能产生规模经济。这只不过是因为同样一笔固定投入（农机设备）被均摊在同质的但更大规模的使用用途之上。专业化效率的提高，可能伴生规模效率的提高（如农业劳动生产率提高要求规模经营）；规模效率提高，也要求专业化效率的提高（如经营农场同小农经营相比，要求提高机械化效率或社会化分工的协作效率，例如变手工作业为机械作业）。但二者实现报酬递增的参照系不同，从计量角度，需要把它们分开，与不同的参照系（时间变化、规模变化等）结合，分别计算，再加以合成。

因此测评信息化对农业产业化绩效中的规模效率（专业化效能），在设计指标时，需要扣紧定义，聚焦在固定成本与边际成本（假定产出不变）与产出的关系上。规模效率中的成本递减，等同报酬递增。但考虑如果假定成本不变计量产出递增，不如计算成本均摊直观，一般人们还是从成本分析入手分析规模经济。

向国成、韩绍凤混杂效率与效能，细致讨论过农业规模经济[①]，刘婧结合农民专业合作社功能，对规模经济进行过分功能的研究[②]。我们在此基础上，将结论推广后，对信息化带来的规模经济效果，从指标测评角度进行如下归纳：

1）信息化驱动农业规模化生产。

向国成、韩绍凤区分了专业化与规模化，即我们所说的专业化效率与效

---

① 向国成，韩绍凤. 小农经济效率分工改进论 [M]. 北京：中国经济出版社，2007.

② 刘婧. 农民专业合作社的规模经济和范围经济研究 [D]. 陕西：西北农林科技大学，2012.

能。指出当一个农民在一定技术条件下效率充分时可耕耘1.3公顷，如果规模只有0.67公顷时，他的一部分劳动就会闲置。这时规模不经济的含义是"按劳动力的机会成本来计算，产品的平均成本就会提高"。而规模从0.67公顷扩大到1.3公顷时，技术和效率没有改变，但却产生了规模经济，这时变化的是"总产量提高，单位产品平均成本就会减少"。

由此可见，在区分专业化效率与规模效率（即专业化效能）基础上，测度信息化的产业化效能，指标应准确聚焦在规模变化中，信息技术应用带来的单位农产品平均成本的减少，而不是泛泛测成本的减少。

2）信息化驱动产业化一体化水平提高。

农业的产业化从大农业角度看，一个重要方面就是产供销、种养加一体化水平的提高。这种一体化伴随着规模效益的提高。信息化提高产业一体化经营的效能，成为其产业化效能的重要表现。可以从两个角度进行测评：

一是测度信息化对农业龙头企业规模化经营的推动。信息化在其中所起作用主要是内部职能的协同水平。但直接测企业流程水平，是在测专业化效率，而非规模经济。因此准确的测度聚焦点，应是流程水平提高对企业规模做大的贡献，具体可以用企业收入增长水平作为参照。

二是测度信息化对产业链规模做大的贡献。农业产业一体化不是只有农业企业规模化一种规模经济形式，也可能通过产业链协同，在区域一体化和专业集群一体化规模做大中实现。因此指标也可以聚焦信息化对产业链水平上的规模经济的推动。例如，大闸蟹产业形成规模后，产业链充分展开，从养殖、防病、运输保鲜、销售（又分连锁经营、特许经营）、防伪等诸多产业链一体化，或区域一体化（如阳澄湖大闸蟹产业）中企业、农户、服务部门等的整合，信息化在其中的主要应用是企业间外部整合，如电子商务，降低产业链的协同费用、交易费用。

例如，新疆溢达纺织是一家从事棉花育种、种植、棉花加工、纺纱、织布、染色、成衣、销售完整产业链的产业化龙头企业集团。企业处于产业链中间，通过信息化平台建设，通过标准化实现了整个产业链信息流、物流与资金流的整合，实现了快速发展，成为新疆投资规模最大的外资投资企业[①]。

---

① 工业和信息化部信息化推进司、电子科学技术情报研究所. 工业企业信息化和工业化融合评估研究与实践（2010）[M]. 北京：电子工业出版社，2012：191.

3）信息化驱动农业产业化技术集成和分享。

测度通过信息技术手段，技术知识被多少农民分享，可以作为测度规模经济效能的信息化指标。

一是可以测度利用信息技术进行农业技术推广产生的规模效率。农业实用技术属于专业化技术，利用信息化向农户推广这种专业化技术，从而使农户分享技术知识这一固定投入意义上，具有规模经济效应。

二是可以测度通过信息技术手段，专家向农户提供专业化指导的人次。农户与相应的高校、科研教学单位以及本行业的专家和学者建立联系，提供技术培训和专业指导，将专家资源（知识资本）均摊到农户人头，产生知识的规模经济。

例如在农业部三农综合信息服务体系中，"三农信息通"包含有农户与专家的一键拨打专家在线咨询服务，计算服务人次，可以作为农业信息化的规模经济指标之一。

三是可以测度信息化设施和设备的复用指数，包括农业网站信息资源的利用程度等。

4）信息化驱动农业产业化市场信息集合和披露。

信息资源，尤其是农业市场信息，是可以通过信息技术手段，与个体农户进行分享的。个体农民如果自己去采集和获取这类信息，成本较高。通过专业化的农业信息服务者传播市场信息，可以提高信息总的利用率。这方面的指标测评可以从多个角度展开。

一是测度农业信息网站的信息分享效能。从理论上说，如果能测出网站采集、分析、传播信息的成本低于个体农户总体上的信息成本的程度，就可以测出其中的规模经济。

在中国，农业具有特殊性。为了保证增产目标，政府提供了大量在各国由市场提供的公共信息服务。指标设计也需要关注这方面的效益。例如，由各级农业主管部门主办的农业门户网站，一方面，要把各级政府部门的政策信息、价格信息等通过网络向农民传播。另一方面，也提供农产品供求信息发布、网上办事、专家咨询等多种服务[①]。对这类网站的测评，较常见从政务

---

① 王小昌. 陕西省县级农业信息化评价指标体系构建及评价研究［D］. 陕西：西北农林科技大学，2010.

公开、信息服务、网上互动、信息更新 4 个方面进行评价。从技术经济角度，还需加强成本分析，包括分析改进网站建设方法，实现整合投入，克服重复投入带来的绩效提高，以及公共服务对被服务对象（其中有些也是服务者）带来的固定成本均摊效果。

二是测度农业信息公共或公益服务的水平。信息产品天然具有技术上的公共产品的属性，公共和公益的市场信息中介机构在分享信息资源方面发挥重要作用。例如农业部三农综合信息服务体系建设，利用信息技术降低市场统计数据采集、检索所需成本，方便农户获取经济信息，测度其中的社会经济效益，具有规模经济的意义。

需要特别指出的是，目前信息化测评包括一般统计存在一个突出问题，即对公共与公益信息服务（如免费模式），普遍只计投入，不计产出。这从技术经济学角度看是不科学的。因为相当于把公共服务培养税基、商业服务开辟租金来源的效果，从统计分析中系统地忽略了。解决这个问题需要理论和方法上的创新。建议从固定成本均摊角度，来显现这种被隐形化的产出。当固定成本均摊到专业化方向上时，即这里讨论的规模经济。

5）信息化驱动农业产业化中的学习能力提高。

产业化中存在一种现象，大批量生产产生"学习效应"，即随着规模化的重复生产，单位成本随着经验的积累而沿着"学习曲线"（学习的平均成本曲线）下降。向国成、韩绍凤认为，"学习曲线"说明的不是规模经济，而正是专业化经济[①]。对学习效应，我们在后面范围经济分析中还会深入讨论，仅就规模经济而言，定义并没有限定均摊固定成本的范围，因此我们认为，经验的习得固然主要提高的是专业化效率，但也存在专业化的效能（即规模效率）。根据情况不同，我们可以把信息化提高与学习有关的专业化效能进行归类：

一是测度信息化提高专业化技术能力而带来的学习成本递减。我们赞同这样的看法：信息产品在生产过程中由于规模报酬的存在，可以产生学习曲线，提高技术人员能力，这是规模经济的源泉（刘婧，2012）。

二是测度信息化提高农业产业化总体经营能力，节省学习成本。信息化（如大数据应用）提升了经营能人的决策能力，特别是理性判断能力，"将

---

① 向国成，韩绍凤. 小农经济效率分工改进论 [M]. 北京：中国经济出版社，2007：67.

社员的群体经营管理能力提升到这些经营能人的高度，这就降低了社员个体在经营方面的成本"（刘婧，2012），有利于产业化中规模经济的实现。

6）信息化驱动农业产业化提高管理效能。

信息化在提高管理效能方面产生规模经济，可分别设计指标从以下不同角度进行测度：

一是通过信息化管理提高龙头企业管理水平，从而扩大企业规模，包括扩大分散经营的农户加入产业化的规模。

例如，广东温氏食品集团是一家以养殖业为主，兼营食品加工、贸易的畜牧养殖业上下游一体化发展的大型企业集团。公司采取高度集权的组织管理，利用信息化手段进行业务管理，搭建了可根据业务发展拓展的信息化平台，由总部自上而下直接指挥，一管到底，形成智能化的"公司＋农户"模式，实现了跨地域的规模化生产，其中养鸡规模占据亚洲第一。

二是通过各类服务平台（包括电子商务平台、批发市场）信息化管理水平的提高，增进中小企业和农户的整合水平和专业化组织水平，从而扩大产业链的规模。

三是通过农业专业合作组织（包括供销合作服务组织、科技服务组织、金融服务组织、专业协会等组织）、公共服务体系和各种规模化经营主体（包括村镇集体经济组织）管理的信息化，整合各种分散投入要素，分摊管理的固定投入，以集成方式降低管理的平均成本，使规模经济的实现成为可能，从而发挥信息化在农业增产中的保障作用。

7）信息化驱动农业产业化技术创新和产业开发。

随着研发信息化水平的提高，农业专业合作组织、农技部门和农业院校，可以在较短的时间内批量完成产品产业开发。通过搞新品种试验示范基地，组织产品整理的能力，开展和普及技术辅导，形成较大生产力，促进产业规模化发展（刘婧，2012）。

为此，可以对信息化推动农业产业化中的规模化开发，包括开发平台的分享效果进行测度。

8）信息化驱动农业产业化活力增强。

小农经济条件下，农户联合作业降低生产经营成本的可能性，受制于产业化水平有限而难以实现。农业产业化中，通过产前、产中和产后诸多环节的统一经营，有效降低了成本。但统一经营与分散经营之间存在的协同，受

制于工业生产方式的局限，仍难以达到理想统一，表现在农业产业化活力不足。一方面，随着职能分工的深化，交易费用不断上升；另一方面，随着龙头企业规模的扩大，产生中间环节膨胀、做大与做活难以兼顾为特征的工业病，对复杂市场难以像企业规模较小时那样灵活反应。这些都在一定程度上抵消规模经济的效益，在深层次上制约专业化分工的发展，使农业产业化进一步发展出现现代化瓶颈。

信息化通过模式创新，将标准化与定制化结合起来，将作业和经营环境同步与按需生产结合起来，实现规模经济与范围经济的结合，可以有效将规模经济推进到更高阶段。如"互联网＋农业"，将推动农业新业态的形成，推动农业长尾曲线的实现。

在信息化测评中，可以从农业生产方式转型角度，测度农业与各种互联网商业模式结合在高质量、高效益规模化方面的效果。例如"互联网＋农业"、"物联网＋农业"、农业社交网络、农业数据业务发展在大规模定制方面的效果等等。

总的来说，在信息化测度中，对围绕产业化推进的农业信息化的测度还是信息化为工业化服务。与服务化测度比较，在产业化中，信息化是手段，工业化是目的；而在服务化中，信息化既是手段，又是目的。信息化既要为工业化、产业化服务，更要为信息化、服务化提供服务，而后者更能体现信息化不同于工业化的方面，我们将在服务化测评中进一步解析。

9.2 服务化带动：农业多样化与效率改进

9.2.1 农业服务化的实践背景

以服务化驱动产业化，是与信息化驱动工业化相一致的新的现代化选择。从这个意义上说，农业服务化代表着农业现代化的新方向，应成为"互联网＋农业"的中心议题。"互联网＋农业"将充分释放服务化潜力，将农业现代化提升到新水平。

(1) 农业服务化要解决的问题

从生产方式来看，农业家庭经营是按一产的生产方式发展农业，农业产业化经营是按二产的生产方式，农业服务化经营则是按三产的生产方式发展农业。

如果说农业产业化主要解决农业的社会化大生产（规模经济）问题，"互联网＋农业"则更多是在农业产业化基础上，进一步解决农业家庭经营的多样性价值与精准对接市场的复杂性要求之间的矛盾。例如，农业名特优新产业具有较高的附加价值，互联网可以有效降低订单农业的复杂性成本（传统订单农业难以应对复杂情况），在农业领域解决多样性价值与复杂性成本的矛盾。

从更广的背景看，在通过农业产业化提高农业生产率的基础上，进一步提高农业现代化水平，需要信息化提供新动力，依托互联网平台开辟更加适合农民增收的增值渠道。推动"公司＋农户"，向"网络＋农户"转变，有效化解产业化条件下形成中间层层得利的公司与农户的利益矛盾，让农民与增值业态直接结合。"互联网＋农业"的特色在于通过平台服务与增值服务互补的服务化新业态，系统地开辟农民增收的新方向。家庭经营与互联网在个性化定制上具有螺旋式上升的历史肯定关系，小生产的个性化定制增值性好，但成本性弱；"互联网＋"能起的主要作用就是以网络化方式补上社会化的课，把家庭经营的个性化特点从弱势变为优势。

农业服务化的实践基础是信息化、电子商务助力和引领的"新三农"转型。遂昌模式开启了服务驱动型县域电子商务发展模式；浙江省的"电商换市"已成为全国首创的省级电商兴农村、行业电商化的战略部署。从农业电子商务的微观实践看，互联网在帮助农民与市民对接特色商品（如一村一品）上具有特别的优势，不同于产业化的大宗商品交易。有利于推动农业从同质化的产业化，向差异化的服务化方向转型升级，形成中国特色的家庭个性化定制自主经营与产业化大生产对接之路。

（2）服务化与产业化之间的带动与促进关系

以服务化带动产业化，以产业化促进服务化，实现融合发展。服务化与产业化之间的关系是带动与促进的关系。

农业产业化的本质是"工业化＋农业"，"互联网＋农业"的本质是"信息化＋农业"，要处理好二者之间的关系。基于信息化驱动农业现代化这一定位，结合农业产业化，中国"互联网＋农业"之路，应是工业化与信息化两次现代化的统一。相对于农业产业化，这意味着现代化的提速，要把发动机马力提高到"工业化任务基本完成"之后新要求的马力上来，否则全局都按信息化的马力带动，只有农业还按工业化的马力带动，就会不协调。信息化驱动，就是指要加上一台马力更强的发动机，让信息化与工业化两台发动机一起拉动农业。

第一，进一步提高农业生产率，服务化要比产业化效率更高。

服务化不完全等于电子商务化，但它首先是电子商务化。电子商务不光是做小买卖，而是要解决新的商业基础设施问题。具体说，要把农业从依靠农田水利基础设施的第一代思路，"要想富先修路"的第二代思路，转向电子商务平台等服务基础设施的第三代思路。

新商业基础设施在农业中的普及与应用，使得信息逐渐成为与土地、资本和劳动力同等重要甚至更为重要的核心生产要素，形成分布式协同特征的信息生产力，优化重构传统的农业生产与流通关系。信息生产力融入现代农业技术并进行集成化组装，进而释放出信息经济下农业升级的巨大能量。

第二，以市场机制的农业服务业的发展进一步提升农业位势，以机制保障农民增收。

产业化是中国制造时代的农业发展思路，以一产的二产化来推进现代化无疑是十分必要也是完全可行的。但在中国经济急剧向服务化升级的新形势下，需要以农业服务化的发展以及一产的三产化，进一步提升农业在整体经济中的位势，推进现代农业发展。

正如梁春晓所言："如果我们没有足够强大的服务业，我们就不可能有更好的更优的增长方式，我们也就无从谈什么从中国制造到中国创造，从中国制造到中国创造之间必须经历一个中国服务，因为服务是专业化分工的结果，所有经济的发展和经济化都离不开专业服务。"

在产业化机制下，我国农业形成了自上而下的服务体系。这种服务体系建设向服务业发展，是向市场经济的惊险一跃。服务化不同于服务体系之处，首先在于它是完全在市场经济基础上发育形成的，有助于与政府主导的服务体系形成互补，共同发挥社会服务作用；其次，网络本身配置资源的作用就不亚于实体市场，它可以比实体市场更精准地、一对一地更好地在分散的农村空间配置资源，这是农业向信息经济的伟大一跃。信息经济全面发展，不可能单把农业落在后面，离开"互联网＋农业"，信息经济无法得到全面发展。

由电子商务带动或驱动下的农业服务业的发展，将形成三类服务业态。一是农业电子商务服务交易服务。二是农业电子商务支撑服务，"指的是几乎所有电子商务交易都会用到基础的电子商务服务，像物流快递、网上支付、云计算等公共服务"。值得注意的是，支撑服务或平台服务，是中国相对于世界各国的竞争优势所在，中国农业一旦与这样的世界级商务引擎结合，将产生巨大的能量。这一能量不亚于整个农业产业化的能量。三是农业电子商务衍生服务，特指基于平台上的应用（App）服务，包括交易之外的其他产业链、价值链上的增值服务。值得注意的是，农业商务衍生服务是农民成为增收主体的关键。通过免费的支撑平台，服务于以农民为增收主体的衍生服务，这是克服产业化中公司与农户利益矛盾的根本解决之道。在农业之外，"互联网＋"还可以为农民从事二产、三产提供有力的服务保障，促进农村城镇化与城乡一体化的发展。

第三，通过服务化实现农业转型、效能提升和质量提高。

服务化不同于服务业，是指以服务业的生产方式搞农业，以信息化的方式搞农业，是家庭经营与产业化矛盾在更高层次上的解决。服务业或信息化的生产方式，在于将定制（家庭经营方式）与大规模（产业化经营方式）有机结合为一体（大规模定制）。

农业服务化也不限于农业服务业，可以将三产的经营方式引入到一产之中。比较农业、工业和电子商务的效率可以了解其中机理。一产生产方式的特点是小生产，二产生产方式的特点是大生产，三产生产方式的特点是小生产（定制）与大生产（大规模）的结合。服务化中的平台经营主要提高大规模生产和社会化服务的成本领先竞争优势，服务化中以农民为主体的衍生服务主要提高定制生产（如订单农业）和增值性服务的差异化竞争优势。

9.2.2 机理：高附加值农业的可能性

农业服务化的理论基础，从技术经济学角度看，就是关于农业多样化的效率理论，即基于复杂性量度（N 值）的农业技术经济效率理论。农业服务化的水平，直接决定于分工多样化效率的高低。而研究这个问题，长期以来缺乏关于多样性的效率理论作为支撑。

这是一个没有解决，甚至没有被提出的理论问题。因为按标准理论，只有同质化标准化才谈得上效率，多样性天然性就不具备效率，因此根本不存在多样性是否有效率这一问题。

不过，这只是被蒸汽机技术引发的标准化方向的连锁反应遮蔽了眼界的洞穴之见，与信息技术引发的相反的个性化方向的连锁反应的实践渐行渐远。

在智慧化的实践中，复杂性程度越高，相对成本越低，正在成为日常实践；在创新驱动的发展中，个性化越来越具有高附加值的经济性。随着这类现象在经济中所占比重越来越高，多样性效率这个问题也就从不值得讨论变成值得讨论的问题，并且可以进行实证的量化分析，且使多样性效率由可计量变得可管理。

农业多样化效率，是相对农业专业化效率而言的。它体现了服务化与产业化本质的不同。将多样化与专业化作为分工的两个相对方面，是新兴古典经济学的贡献。

向国成、韩绍凤在农业领域具体应用了这种区分，以分析农业多样化效率，取得了突出的成就。他们把农业专业化与效率改进，与农业多样化与效率改进当作两个完全不同的问题，是非常有见地的。与杨小凯略有不同，他们把多样化，改成专业多样化。把杨小凯的专业化与多样性构成分工的两个方面，修改为"专业化和专业多样化是分工的两个基本方面"①。这略微偏离了杨小凯的本义（杨小凯说的是分工多样化，而非专业多样化；所涉及专业化直接是指分工专业化），不过也许更接近斯密的原意。我们还是更倾向于在杨小凯本义上使用多样化这个概念。在沿着向国成、韩绍凤的分析框架来展开下面的研究时，我们保留了这一前提上的不同。

我们分析农业服务化，明确把分析对象限于农业多样化，而非农业专业多样化。认为"专业多样化是指一个社会的不同专业数的多少"，并没有把专业化与多样化区分开。因为"不同专业数"既可以表示专业化，即纵向的职能分工（职能主体不可相互替代），如播种、施肥、收割（采摘）、加工、销售之间，不可相互替代，不能用采摘来实现播种；也可以表示多样化，即横向可选的同一职能专业选项（职能主体可以相互替代），如在收割环节，可以采取人工收割、联合收割机收割等多种方式完成同样的工作，它们彼此可相互替代，例如可以用联合收割机替代人工收割，实现的是同一个收割职能。

区分农业产业化与农业服务化的不同，对技术经济学来说，重要的在于区分专业化效率与多样化效率的不同。

向国成、韩绍凤主要结合交易效率、学习费用来讨论创新导致农业多样化对小农经济效率改进的意义。具体来说，假定多样化从消费方面增进效用，

---

①　向国成，韩绍凤. 小农经济效率分工改进论［M］. 北京：中国经济出版社，2007：61.

而增加一个品种会带来固定成本的增加（"固定的学习费用"或交易费用），均衡结构的比较静态分析，要在损益二者之间进行权衡。

在现实中，这针对的是偏远山区的农民生产具有多样化特征的土特产品，是否可能突破自给自足状态而参与分工，这必然导致以多样化为标志的结构的复杂化的问题。农业电子商务主要通过降低针对复杂性的交易费用而使农民的多样性生产从均衡水平的不经济变为经济。

向国成、韩绍凤从两种情况讨论了成本问题，一种情况是存在固定学习费用。这是关于固定成本（FC）的具体讨论。指出从需求多样性方面提高效用，导致多样化经济，而"过高的固定学习费用抵消了多样化经济的好处"，而生产方面由于多样化增加导致"专业化程度降低，又增加了固定学习费用，存在多样化经济与增加固定学习费用的两难冲突"①。另一种情况是不存在固定学习费用，但存在交易费用，"面临多样化经济与交易费用的两难冲突"。

向国成、韩绍凤提出的第一个命题是："在一定的交易效率水平下，如果分工者的专业化水平因多样性而降低，面临多样化经济与增加固定学习费用的两难冲突，当固定学习费用过高，抵消多样化经济的好处时，农业多样化发展不能改善分工者的真实收入或实际效用水平；反之，减少生产者承担的固定学习费用，农业多样化发展能改善分工者的真实收入或实际效用水平；如果在一定的交易效率水平下（$k > 0$），多样化经济胜过交易费用增加导致的效用损失，则农业多样化发展就能够把自给自足者纳入分工体系，并改善其真实收入或实际效用水平。"

这里的"专业化水平因多样化而降低"，是一个具有一定现实性的表述，已接近我们对分工多样性的判断，而不再是所谓"专业多样性"问题了（否则前一半"专业"导致后一半"多样化"效率降低于理不通）。虽然多样化的增加，并不必然导致专业化水平的降低（例如在技术进步情况下），但出现这种情况也是完全可能且常见的。这一假设是为了用固定学习费用替代 D - S 模型说的规模经济，相同之处在于都涉及固定成本（FC）。D - S模型中规模经济的作用在于冲抵造成多样性价差（$FC = AC - MC$）的固定成本，而这里的固定学习费用则在于多支出了一个固定成本。二者差别在于效率的形式，这里涉及的效率只是技术经济效率，而 D - S 模型涉及的则

① 向国成，韩绍凤. 小农经济效率分工改进论［M］. 北京：中国经济出版社，2007：152.

是技术经济效率随规模的变化（即同质化效能）。

分工多样性导致固定学习费用增加，这是一个可能具有理论真实性的假设。它相当于我们说的复杂性成本递增。但现实中还有另外一种可能，即复杂性成本递减，就是分工多样性造成固定学习费用的减少。在江苏沙集，农民之间的学习（不会电子商务的农民向擅长电子商务的农民学习），由于熟人社会亲戚关系的存在而极大地降低了成本。例如电子商务领头人孙寒的知识，是由于亲戚连锁串门引起的连锁"泄露"而传播开的，因为村里所有人之间都存在或近或远的亲戚关系，学习过程在口耳相传中自然完成，不存在固定学习费用或学习的门槛。就一般情况而论，异质范围经济的定义本身就是相对于多样性的平均成本递减，这里的平均成本当然也包括作为进入门槛的固定学习费用。

在第二种情况下，交易费用成为主角。在多样化中起权衡作用的，从固定成本变成了交易费用。意思是假设不存在"专业化水平因多样化而降低"这种情况，也就是说专业化水平独立于多样化，包括随多样化增加而同步增加或不变，按我们的理论则是技术经济效率在 Q、N 两轴同步变化，影响成本的因素变成职能纵向协调（专业化内部协调）或职能横向协调（多样性内部协调）所需交易费用。前者是相对于复杂的交易费用，后者是相对于复杂性的交易费用。

第二个命题是："在农业多样化发展中，如果交易效率提高到使每个人的专业化水平至少不比过去低，则农业多样化发展有利于把自给自足者纳入分工体系，有利于提高参与分工农民的效用水平或真实收入水平，有利于缩小农民之间乃至全社会的收入差距。"[①]

上面是说交易效率一定（产出既定），现在当交易效率提高时，再看多样化的效率。

与 D–S 模型以规模经济冲抵固定成本（多样性成本）相比，这里提出以专业化水平提高冲抵多样性成本，在效率分析上是一个进展。因为从前面 3.2.4 有关规模效率与范围效率的讨论中，我们已经明白无误地看到，规模经济并不改变效率本身（因为 VRS 前沿上各点的效率是一样的），它改变的只是相对于规模（x）的效率，而专业化却改变效率本身。因此，即使没有规模

---

① 向国成，韩绍凤．小农经济效率分工改进论［M］．北京：中国经济出版社，2007：154.

经济，专业化也可能导致效率的提高，尽管只是同质化效率的提高而冲抵多样性成本（在此具体指交易费用）的增加。D－S 模型所说规模经济不是一个必要条件。

但是，这里的分析又有一定局限。向国成、韩绍凤认为"规模经济来自范围经济"，"用范围经济来解释规模经济在本质上还是一个专业多样化的问题，或者说是专业化方向与范围的选择问题"[1]。背后逻辑是，通过专业化提高效率，以及在此基础上通过规模经济提高规模效率，可以冲抵需求方面的范围扩大而导致的多样性成本的上升。可以很容易举出反例：3D 打印的范围经济完全与规模经济无关。事实上，我们在理论经济学部分早已指出，规模经济与范围经济是可以相互独立的。情境定价、一物一价都是其现实对应。

事实上，在成本一定下交易效率的提高，存在两种情况，即多样性产出增加或专业化水平提高。从上下文看，向国成和韩绍凤更强调的是专业化水平的提高。

9.2.3　农业多样化测度

农业多样化测度可以从两个角度解析，一是农业产品多样性，二是农业结构多样化。前者是从节点角度观测，后者是从边的角度观测，分别构成专用于复杂性分析的图论的两个基本方面。

多样化只是服务化的形式，服务化才是多样化的实质。通过农业服务化要实现的是比产业化水平更高的、有利于靠避免同质杀价而获得额外附加值的生产率。

（1）农业多样化元素测度

对农业信息化中复杂性的测度与一般信息化测度一样，也面临着数据采集难的问题。对农业多样化取数，不是为了多样化本身，不代表多样化测度的对象本身这一局部，对农业服务化有多少统计意义。因此要保持指标测度对象与研究对象之间适当的距离。指标采集与大数据全样本采集不同，它只是全样本中的一些代表，以多样化代表均衡水平下农业系统承受复杂性的水平。而这种水平的高低，决定着农业服务化可以达到什么样的水平。最后我们还要分析信息技术与之的效率关联，以完成最终的技术经济效率分析。

---

① 向国成，韩绍凤．小农经济效率分工改进论［M］．北京：中国经济出版社，2007．

在农业多样化数据采集指标上，向国成、韩绍凤认为，"农业多样化主要包括产业链多样化、产品多样化和职能多样化"。这可以视为测度农业多样化的三类指标。产业链多样化是指不同产业链种类数的增加；产品多样化是指同一产业链内的产品多样化；职能多样化则是指分工产生的专业化的职能的数目。

产业链多样化和职能多样化在我们看来，更多属于专业化，虽然它们也有中间环节由少变多的问题（所谓"专业多样化"，毋宁说是同质化专业数的增加），但由此产生的交易费用应归类于同质化单元内部的协调，其效能主要通过规模经济来体现，应归入上一节的研究范围。真正归于异质性农业多样化的应是农业产品多样化。鉴于实际分析中，"只以产品多样化为代表"[①]，我们暂时忽略在这个问题上的分歧。

广义产品多样化指标可以细分为两类指标，一类是多样性产品指标（客体指标），另一类是多样化能力指标（主体指标）。

第一类客体多样性指标，可以分产品、技术、服务等多个方面加以细化测度。

第一，农业产品多样化是最标准的指标。农业产品多样化在实测中指的一般是分工条件下农产品加工品种数。例如，美国每年向市场推出的新食品种类有 1.2 万 ~ 1.5 万种。美国玉米深加工量占玉米加工量的15% ~ 20%，可加工出 2000 种产品。而我国玉米的深加工比例不到玉米加工量的9%，只能加工 100 多个品种，仅为美国的1/20[②]。从这个数据中，我们可以看出，增加同一品种内的初级加工量与增加品种的深加工量，具有本质区别。前者增加的是产业化价值，后者增加的是服务化价值。我们称后一种情况为与制造业服务化对应的农业产品服务化。增加品种的深加工，使农业分工结构向分工多样化方向演进，增加了其结构复杂性，从中提供了额外的附加值。这是农业产品多样化背后透露出来的经济信号。

第二，服务多样化也是一个基本指标。这个指标背后的实测指标可以采用农业服务业的就业人数占农业总就业人数之比（或占农业服务业之外农业——种养业包括农牧渔等——就业人数之比）。例如，1960 年在美国农场就

① 向国成，韩绍凤. 小农经济效率分工改进论 [M]. 北京：中国经济出版社，2007：141.
② 范小建. 新形势下推进农业产业化的思考 [J]. 中国农村经济，2003（3）.

业的人数是 700 万，为农场服务的就业人数是 1600 万，1975 年两者分别是 300 万和 1720 万，到了 1986 年，两者分别为 200 万和 1820 万①。

农业服务业多样化是商品化农业向定制化农业发展的重要标志②。服务多样化是农业服务化中的重要一环，是农业服务化在农业服务业中的重要体现。农业服务涉及的内容很多，可以包括产前、产中、产后的各项服务，如第三方播种服务、防疫服务、收割服务，以及教育服务、科技服务、生资供应服务、销售服务、信息服务、金融服务、保险服务等。如果把服务多样化纳入农业服务体系的概念，需要辨析农业社会化服务与定制化服务的区别。农业社会化服务，是指产业化，其中一个重要特点是增收部分主要归于专业性公司而非农户；而农业定制化服务，才是指服务化，增加部分主要归于农户，名特优新农产品中的许多都可归入这一类。上述服务中，许多既可以归入专业化服务，也可以归入多样化服务，需要具体辨析。

由于信息化是对农业化（小农化）的否定之否定③，因此服务化与小农化相比，具有"再小农化"的特征。再小农化是对小农化这种低水平多样化的否定之否定，在社会化（如互联网的全球化连接）基础上实现了高水平的多样化。

研究再小农化问题的专家范德普勒格从商品化角度比较了多样化与商品化的区别。如表 9-1 所示④。他认为，"多样性从一开始就涵盖在小农阶级的概念之中，而不是后来附加的"。

从其中，我们可以感觉出，服务多样化与服务社会化并不是同一个方向。服务社会化更多属于商品化，而服务多样化则是与再小农化的趋势一致。

表 9-1　　　　多样化与商品化程度对比（艾米利亚-罗马涅，1980）

	小农农业模式	企业农业模式
劳动力（通过劳动力市场组织的劳动投入的比例）	14	35
机械服务（代理商提供的全部机械服务的比例）	23	57

---

① 樊亢，戎殿新. 美国农业社会化服务体系 ［M］. 北京：经济日报出版社，1994：157-158.
② 吉尔摩，派恩二世. 真实经济 ［M］. 北京：中信出版社，2010.
③ 否定之否定在此指：产业化否定小农化，服务化否定产业化，因此服务化是对小农化的否定之否定，在螺旋式上升的更高阶段肯定小农化的多样性。在实践中，这种否定更多是扬弃（否定一半、肯定一半），如在产业化中保持家庭多样化经营，在服务化中保持规模化的社会化。
④ 范德普勒格. 新小农阶级——帝国和全球化时代为了自主性和可持续性的斗争 ［M］. 北京：社会科学文献出版社，2013：139.

续　表

	小农农业模式	企业农业模式
短期资本，主要指可变成本（由短期信贷提供的短期资金的比例）	0	9
中期资本，主要指机械化和牲畜（由中期信贷提供的中期资金的比例）	8	37
长期资本，主要指土地与建筑（由长期信贷提供的长期资金的比例）	3	19
土地（租赁土地的比例）	17	32
饲料（购买的饮料的比例）	24	67
奶牛（购买的奶牛的比例）	1	14

来源：范德普勒格。

第三，技术多样化是一个重要指标。技术多样化是指实现同一任务的技术选择多样性的增加以及工艺改进。

技术分专业化技术与多样化技术。同一种技术，在不同层次看，也可能有归属的不同。就技术本身看，它提高的可能是专业化效率；但同一专业内多种同类技术，又呈现出多样化的特征。例如，美国的饲料业在 20 世纪 70 年代生产的品种比第二次世界大战前增加一倍多，很多饲料有 3～4 种料型，如完全饲料、精饲料、补充饲料、基础混合饲料和预混饲料等，以满足农场主的多样选择①。饲料技术相对于自然放养来说，是一种专业化技术；但多种专业化技术在实现同一类功能方面，显示出多样化的特征。

设计这类指标，测度的对象应有别于专业化技术的纵向分工，而应侧重于横向分工中的专业化技术的数量。看中的不是专业化，而是有多少种专业化的选择。

表征技术多样化的另一类指标则与专业化技术无关，而以多样性技术为对象。

"技术是用来提高效率的"，这是一个粗略的说法，它带有二义性。技艺也是技术中的一种，却不一定以提高效率（专业化效率）为取向，而可能提高的是多样化效率。李约瑟研究的中国古代技术，有许多属于这类技术，范

---

① 樊亢，戎殿新．美国农业社会化服务体系［M］．北京：经济日报出版社，1994：154.

德普勒格称之为匠人工艺（craftmanship）①。

如范德普勒格所指出的："在小农农业中，这种手艺是至关重要的，其中，地方性知识是一个不可分割的要素，劳动和生产过程的工艺特征推动了这类知识的发展和丰富。"与构成专业化技术的标准化知识相反，地方性知识是一种高度情境化的知识，情境的即时性与本地性，是这种知识难以充分表达的原因。师傅带徒弟中传递的就是这类知识。菜谱所反映的"技术"与大厨师的手艺，代表的是不同的东西。菜谱记录的知识是标准化的，而大厨师的手艺却不同，就是因为其中的主体是不可标准化的非同质性的东西，它以与众不同的特色而非标准化获得高附加值。

设计这类指标，应注意抓住其可显现特征来设计实测指标，如技术中包含的人力资本特征、波兰尼意义上的个人知识特征（包括默会知识、"欢会神契"等激情）、社会资本特征（关系与信任）以及质量特征等。其中特别应该注意的是，以往这些特征往往被当作非市场的表现被误读。在同质－异质二元均衡框架下，市场只是交换商品的地方，因此更适合配置"商品化"（标准化）的技术；与市场并列的资源配置方式是网络，它可以配置异质的技术，工艺意义上的多样性就是异质性的表现。后者不一定是市场的，却可以是经济的，突出表现就是它具有额外的附加值。经济可以包括同质性的、商品化的市场与异质性的、多样化的网络，因此错误不在于工艺不属于市场，而在于市场把另一种——而且可能是更高价值的另一种——经济排除在外。

第二类主体多样性指标，可以细分为创新能力、学习能力、协调能力等来测度。

第一，观测农民的创新能力及其影响因素。向国成、韩绍凤正确地指出，"农业多样化发展需要发明创新和发现创新的有机结合"②。发明创新，更多指专业化技术创新，更多依靠专门化教育；而发现创新更多指市场创新，如"发现别人没有看到的市场需求潜力和机会，并建立某种产品的新供求关系；又如在某种产品的使用和消费过程中看到它存在的问题，并提出解决问题的需要"③。

对提高专业化的创新能力来说，产权（支配权）保护可能是重要的；但

---

① 范德普勒格. 新小农阶级——帝国和全球化时代为了自主性和可持续性的斗争［M］. 北京：社会科学文献出版社，2013：139－147.

② 向国成，韩绍凤. 小农经济效率分工改进论［M］. 北京：中国经济出版社，2007：167.

③ 同上，第165页。

对于提高多样化的创新能力来说，支配权的分享和对使用权的利用，将更加重要。农民善于利用和使用（而非支配）资源的特征，决定了其多样性创新能力高于工人。对农业资源的使用权（access）的制度保护，中国比较有特色，而西方（尤其在大陆法系国家）往往更加关注的是支配权（ownership）。中国的租佃制、家庭联产承包责任制将土地支配权与使用权分开，充分调动了农民利用土地资源的积极性，对利用服务资源也是一个启示。

第二，观测农民的学习能力及其影响因素。对复杂性经济来说，学习费用构成了农业的主要固定成本，有效降低固定学习费用，或有效提高农民的学习能力，都可以显著提高多样化效率和服务化水平。人力资本这个概念，应归于学习能力项下。

测度影响农民人力资本提高的各方面制度因素，如教育、医疗等常规指标，对分析服务化水平有巨大的帮助。这里想强调的是，农民的信息与知识分享网络，包括围绕网络的制度建设，对农民学习能力具有关键性的影响。现代农民与传统小农虽然都具有网络学习的特征，但区别在于，传统小农只在家族网络中学习，而现代农民可以在全球互联网中学习。指标的重点，不应只限于观测个体学习，关键是观测分享，如众包模式。

第三，观测农民的协调能力及其影响因素。协调能力高，化解交易费用的能力就强，就更有利于分工多样化，从而在农业服务化中获得更多额外附加值。

交易效率是一个模糊概念，因为它既可能对应专业化协调，也可能对应多样化协调。一般使用交易效率，都是对应前者。但在这里，要测度的却是后者，是针对分工多样化而非分工专业化的协调能力。

二者有一个本质区别，提高专业化交易效率的协调，通常是中央控制的简单性系统的协调，而提高多样化交易效率的协调，通常是去中心化的复杂性系统的协调，也可以说是自协调。显然，测度农民的自协调能力，与测度其集中控制性协调能力不是一个概念。

范德普勒格注意到"小农农业主要通过短链的和分散的方式与当地社会进行联系和流通"[①]。若按工业化理论，短链和分散协调，交易效率肯定低于长链和集中协调。但在互联网的技术实践中，路由器采取"最短路径优先原

① 范德普勒格. 新小农阶级——帝国和全球化时代为了自主性和可持续性的斗争［M］. 北京：社会科学文献出版社，2013：5.

则",进行点对点的分散连接,可以实现高效的自协调。对小世界网络的研究也表明,类似病毒、谣言的传播,采用的正是短链和分散的传播模式,其效率高于长链、集中的广播模式。对农业来说,"世界上85%的粮食产量是在小区域内以短链的和分散的方式流通的"。以至于反映农业化文化的《论语》,也可以视为对短链的、分散化协调方式的一种描述。

由此我们可以得出一个结论,观测农民的协调能力及其影响因素,不能简单照搬工业化建立在原子论和契约论基础上的制度理论,而必须考虑复杂性网络的技术和社会特征。

对于影响农民自组织协调的因素,包括技术基础设施、商业基础设施(如交易平台、信任平台)和制度对社会自组织的包容等,都应该成为指标考虑的因素。

(2) 农业多样化演进的结构变化

与多样性视角(节点性视角)具有同样重要意义的是结构性视角。如果说农业多样性表现的是农业复杂性系统中节点的丰富性,结构反映的是节点之间的连接("边")的关系的复杂性。在超边际分析中,个体间的每一次分工,带来的实际是一对新的节点之间的边的出现。因此越分工,结构就会越复杂。其中,分工形成的"边"有两类关系,一类是纵向分工形成的专业化的边,另一类是横向分工形成的多样化的边。后者演进,形成了点对点的拓扑结构等具有复杂性特征的结构。

目前难以对农业结构中的"边"进行直接度量,但可以从产业分工这一点切入进行粗略观察。分工发展过程是农业系统结构从简单性向不断复杂化,直到复杂性系统的过程。较低的产业分工水平,代表着较为简单的结构,较高的产业分工水平代表着较为复杂的结构。

农业结构变化的分工主线,从中国农业的结构性变化中反映得较为典型,体现为从品种单一的以种植业为主的结构,向多种经营的农牧渔业全面发展的结构演进。又可以进一步细分为种植内部的结构变化、向养殖业的结构变化,以及向加工、服务的结构变化①。其中,中国农业服务业所占比重相较发达国家尚低,但在电子商务作用下,整个农业向农业服务化方向的演进正在快速起步。

---

① 向国成,韩绍凤. 小农经济效率分工改进论 [M]. 北京:中国经济出版社,2007:154-161.

第一，种植业内部从单一以粮食作物为主的结构，转向多种经济作物和农业多种经营，是农业多样化的开始。

以农作物播种面积作为指标观察，根据《中国农村统计年鉴》，中国粮食播种面积占比从1978年的80.33%，下降到2000年的68.39%；棉花播种面积占比从1978年的3.24%，下降到2000年的2.59%。与此同时，油料、蔬菜、果园等经济作物的种植面积，分别由3.15%上升到8.85%，由2.22%上升到8.73%，从1.10%上升到4.71%。这一过程的分工多样化，表现为替代性专业即横向分工的增加。

第二，农业结构从以种植业为主的单一产品结构，转向农林牧渔全面发展的结构，代表了农业多样化的发展。

1978年，我国农业是以种植业为主的单一生产结构，种植业在农业总产值中的比重为80%，而牧业占15%，林业只占3.4%，渔业只占1.6%。到2005年，种植业比重下降到48.7%，牧业比重上升为33.7%，渔业比重上升为9.2%，林业相对稳定。从1978年到1998年，农业总产值平均每年增长5.7%，其中有33%是农林牧渔业结构调整所做的贡献[①]。

农业从种到养的结构变化，仍然属于替代性分工，但已开始有了纵向分工的变化。

第三，大农业结构中的分工向初级产品、加工产品和服务业方向演变。

大农业指包括农业，农业加工业，农业服务业构成的广义农业。如向国成、韩绍凤所指出的："加工业和服务业的发展是我国大农业系统专业多样化的突出表现。"他们指出这样一组数据：如果以农林牧渔增加值为1，1995年，我国农林牧渔、农业加工和农业服务增加值之比是1∶0.30∶0.01，到2000年发展为1∶0.62∶0.02[②]。

大农业内部从农业一产向农业二产、三产的发展，具有更多延展性分工，也就是纵向分工的特点。但不可否认，在纵向分工中，农业内部也在不断出现替代性分工的横向变化，使农业分工多样化得到不断发展。

第四，电子商务使农业结构中出现再小农化的复杂现象。

长期以来，中国受限于人多地少的条件，分工并不发达。直到中国制造

① 钟甫宁，朱晶．结构调整在我国农业增长中的作用［J］．中国农村经济，2000（7）．
② 向国成，韩绍凤．小农经济效率分工改进论［M］．北京：中国经济出版社，2007：159.

业和城市化突然加速发展，带动农村剩余劳动力转移，这种情况才发生较大转变。就在这一过程进行当中，农业产业化还在深化发展之时，电子商务不约而至，使农业现代化出现了服务化加速的结构性变化。

一直以来，农户家庭经营都被视为低效率的。家庭经营虽然在专业化方面是低效率的，但在多样化方面又是高效率的。家庭经营的多样化效率，先是被较低的社会化水平所抵消，接着又被产业化中专业化导向所掩盖，但当信息革命对工业化"专业化效率高而多样性效率低"这一弱点进行冲击时，与先进的信息生产力发生了交集，在服务化上找到了结合点，从而发生了否定之否定的化学变化。

服务化强调多样性效率，强调从差异化中获得额外附加值，这与农户家庭经营的理念是一致的；所不同的是，互联网上的服务化，比产业化的社会化水平更高，它不是屈从于农民传统的小生产（与社会化对立的小生产），而是将小生产改造为兼具工业化优点的社会化水平更高的再小农化。例如，大规模定制是大规模社会化条件下的个性化定制，而不是单纯的个性化定制。在现实中，这种发展趋势表现为在一些农业的工业化还没有完成的地区，出现了向信息化方向跨越式发展的迹象。在现象上表现为，最传统的小农与最现代化的互联网在电子商务上结合起来。例如江苏沙集东风村的农民，以家庭个体经营形式进行全球化的家具生产销售。这种缺失工业化中间环节，类似硅谷和班加罗尔，直接从农业进入信息业的发展模式，具有与产业化不同的理论含义。

令情况变得复杂的是，中国的工业化虽然接近基本完成，但农业的工业化过程（农业产业化）还正在深化，因此农业现代化面临着两种相反的作用力，一种是产业化的作用力，推动农业纵向分工的深化；另一种是服务化的作用力，推动农业横向分工的深化。这种作用力的相反性在结构上，同是使分工结构变复杂（不同于复杂性），专业化是使简单性结构变得更复杂，多样化是使复杂性结构变得更复杂。前者消耗的是专业化交易费用，后者消耗的是多样性交易费用（后者无法用非信息化的方式有效降低）。二者改进效率的方式不同，例如，可以采用"因为信任，所以简单"的方式降低多样性交易费用，却不可能用它来降低专业性交易费用（而只能通过信用方式去做）。下面的农业服务化效率分析，就将深化这个问题。

9.2.4　农业服务化效率与效能分析

在取得多样性数据的条件下，可以归纳一下对农业服务化效率进行分析的框架性思路。如果说，农业多样化是一个技术性概念，主要用于基础数据采集，农业服务化则是一个商业性概念，主要用于对农业多样化进行经济效率分析。

农业服务化要解决的实际问题主要是增收，计量对应的是农业获得的额外附加值。这分微观和宏观两个方面，一是农民增收，二是农业相对比较效益的提高。

农民增收，对于产业化来说之所以成为问题，在于产业化中实际增收的往往是公司而非农户，公司与农户的利益矛盾并不一定能通过政策校正来解决，因为有客观经济规律在起作用。公司是社会化大生产的主体（不能认为农户比公司更代表社会化大生产），是产业化的稀缺要素。让家庭经营的农户在产业化中获得比公司更多的分配上的利益，会导致稀缺资源配置扭曲。农户在产业化中固然也会增收，但前提是与公司相比，只占做大的蛋糕中的小部分，二者的相对利益差距随产业化强度的提高可能扩大，而不是缩小。除非农户都变成公司，自己来搞产业化，但这不现实。这就是产业化在解决农民增收问题上的根本局限。

服务化解决农民增收的思路不同于产业化。首先它着眼的不是 $P = MC$ 这个定位的收入，而是额外附加值，即 $P = AC$ 的差异化收入。差异化不是公司所长，却是农户所长。但以往精准农业、订单农业等差异化、多样性的农业难以推行，主要是缺乏产业化基础，没有社会化的农业只是小农的农业。而服务化依托信息化，为农业提供了比产业化更高水平的社会化能力，由互联网免费平台（如电子商务平台）提供原来由公司提供的产业化职能，在此基础上，稀缺因素由公司，转向了特色农业中不可复制的农户的多样性能力。这就是一村一品、名特优新农产品在网上受欢迎的原因，这也是使增收的重心，转回家庭农户的关键。

农业相对于工业与服务业的比较效益低，是传统工业化的必然结果。因为不同产业的生产率存在客观差距。如果农业的劳动生产率不如工业，而比较效益却比工业高，工业就会萎缩，而向农业社会倒退。但这只是问题的一个方面。这里的效率，在我们的技术经济分析中，实际指的是专业化效率。

农业的专业化效率低于工业，在耕地有限条件下除非农业剩余人口充分转移后实行农场制，农业的比较效益自然会低于工业。但是，服务化所指超额附加值，针对的不是专业化效率，而是更加依赖于人力资本（我们称之为知本）的多样化效率，是指在专业化效率提高基础上[①]，进一步获得高于产业化（甚至包括工业）的附加值。它可以导致中国农业通过服务化，从服务业的高端，通过差异化，获得高于标准化的一般工业（如传统中国制造）的附加值。

在工业经济的条件下，基于超额附加值提高农业比较效益是不可能的。因为超额附加值本身就不可能使经济处于均衡状态。农业如果获得超额利润，这笔利益早晚会通过剪刀差机制返回工业，以实现均衡的生产率发展。但信息化与网络经济的理论经济学分析已指出了情况的变化：在增加了多样性维度的三维均衡中，经济体可能增长出一块介于 AC 和 MC 之间的收入，从原来二维帕累托均衡中的非均衡，变为三维帕累托均衡。为此，我们有必要重新进行与上述逻辑不同的效率分析。这就是有别于工业化观点的关于多样性的效率分析，从中发现通过服务化走向农业现代化的尚未被揭示的新路径。尽管在现实中，农业服务业中的信息经济成分比工业还要低（在波拉特时代就是如此），但互联网时代正在开始改变这种情况，各地大量农民通过电子商务增收的实践提出了一个理论要求：分析信息技术与多样化、服务化之间的效率关联，从而揭开农民增收之谜。这样的要求已经从非现实，变得现实起来。

农业服务化效率分析，与农业多样性效率分析从技术方面看可以视为同一个问题。只是服务化更侧重经济含义，如成本和收益方面的考量。

农业服务化效率的计量通过投入产出关系表示。在供求关系中，需求方出价可视为对生产者的投入（补偿）；供给则对应产出能力。需求和投入条件是既定的，假设的都是"多样性经济"——在这里特指提高多样性由于增加消费者效用，从而具有提升价格的能力，因此增加收益（即增加所谓"超额附加值"）。

由此可以把问题简化为收益一定下的供给条件分析。供给的增加来自两种能力，一种是专业化供给能力，一种是多样化供给能力。这两种能力的效率都分别来自增加产出与减少成本之间的权衡。

---

① 这一条件是否具备，在经验上可以通过观察收入水平确定。一般而言，一国中低收入阶段，工业化未完成，往往意味着专业化效率不充分。但进入中高收入阶段后，伴随普遍的产能过剩，工业化完成，往往意味着专业化效率达到较高水平。

（1）成本减少导致效率与效能提高

假定产出不变，效率提高完全来自成本减少。或是专业化效率提高导致成本减少，或是多样化效率提高导致成本减少。进一步分析可以区分出效率改进和效能改进。一共有四种情况：

第一种情况，成本减少来自专业化效率提高，从而导致总的多样性效率相对提高。服务化的效率提高在这种情况下不是由于信息化的特殊作用，而是由于产业化发展的基础好。这种情况表明的是，多样化本身是缺乏效率的，只是由于专业化的优势足够，而使多样化总的来说得大于失。

第二种情况，成本减少来自专业化效能提高，即规模经济。这要求多样性经济达到一定规模，才能是有效率的。这是由于规模经济带来的成本上的节约，足以冲抵多样化在供给上增加的成本，因此导致总的成本减少。而"显得"多样性经济是有效率的。

服务化中这类情况的计量特征是效率随着业务规模的扩大，有一个从无效率向有效率的转变。

第三种情况，成本减少来自多样性效率提高，即异质效率提高。表现为由于异质协调能力提高而使交易费用减少。

对服务化中这类情况的计量，应注意信息技术应用的作用。例如，信息技术应用提高了业务集成的效率，或使流程变得更加协调合理，或由于互联网应用提高了销售、客户服务能力。

第四种情况，成本减少来自多样性效能提高，即范围经济。它涉及异质性固定成本的均摊。例如有较好的分享机制，构成固定成本的固定学习费用出现边际递减。

对服务化中这类情况的计量，需要特别关注平台在分享信息、知识和数据资源方面对应用的支撑作用。

（2）产出增加导致效率与效能提高

假定成本不变，效率提高完全来自产出增加。或者是专业化效率提高导致产出增加，或是多样化效率提高导致产出增加。进一步分析也可以区分效率改进和效能改进。这里包含四种情况：

第一种情况，产出增加来自专业化效率提高。这是向国成、韩绍凤分析到由专业化所得，弥补多样化所失的情况，计量分析需要权衡其中的得失。

多样化所失是指，多样化虽然在需求方实现多样化经济，但同时增加了生产方面的成本，如生产复杂性成本。如果这些成本的增加（在由多样化经济抵消后仍多出的成本），可以通过专业化水平的提高，从产出增加方面加以抵消，则多样化总体是经济的（而不光是需求端的多样化经济），多样化总体是有效率的。

第二种情况，产出增加来自专业化效能提高，即规模经济。这属于进一步的效能分析，指以规模经济在产出和供给方面的所得，弥补多样性需求引致的供给方面的固定成本增加带来的损失。这是 D–S 模型的典型分析思路。

这里引出了第一种情况不包括的固定成本的情况。如固定学习费用增加。如果专业化效率不仅没有因多样性经济而降低，而且在效能上反而有所增进，如存在产出的规模经济，那么经过得失权衡，多样化总体上可以是有效率的；但如果规模经济不足以冲抵固定成本增加，多样化总体上也可以是无效率的。D–S 模型认为结果是不确定的，需要结合具体条件分析。

第三种情况，产出增加来自多样性效率提高。这里不考虑固定成本，主要观测业务本身的效率，例如，知识和数据分析本身是否就可能提高产出，特别是多样性产出。如果投入的是人力资本，更可能出现这种情况。对应的实际是订单农业。

第四种情况，产出增加来自多样性效能提高，即存在范围经济，通过其在产出和供给方面所得的增加，弥补多样性需求引致的供给方面的固定成本增加所失。这是异质范围经济理论的典型分析思路。精准农业是农业范围经济的主要实现方式。

例如，多样化增值应用借助平台分享实现轻资产运作。对服务化中的这类情况，观测的重点不是效率本身，因为它的实现不取决于效率，而取决于效率随多样性量值增加的变化趋势。

（3）专业化与多样化效率的互补

此外，还要考虑专业化与多样性相互补贴的情况，这是指专业化或多样化一方的效率下降得到另一方效率上升的补偿后得到的总的平衡状况。

第一种情况，多样化效率降低，以专业化效率的提高弥补。

农业服务化提高了农业分工多样化水平，但可能导致多样化效率降低，在多样性经济条件下，这多半是由于协调水平跟不上所致，这必然会导致复杂性成本的上升。在这种情况下，分工专业化效率的提高幅度如果超过了复杂性成本的增加，从总水平来看服务化是有效率的；相反，则是无效率的。

如果计量分析中出现这种情况，说明农业服务化还比较传统。例如，农业服务业还主要是按工业化的方式经营，更多依赖物质投入和传统组织方式等。

第二种情况，多样化效率降低，但以专业化效能的提高弥补。

同样是农业服务化提高了农业分工多样化水平，但导致多样化效率降低，当服务化规模较小时，分工专业化效率的提高幅度不能超过复杂性成本的增加，服务化是无效率的；但随着服务化规模的扩大，分工专业化效率的提高幅度超过了复杂性成本的增加，服务化则是有同质化效能的，或者说针对规模是有效能的。

在实践中，这是指以规模经济在产出和供给方面所得的增加，弥补多样性需求引致的供给方面的固定成本增加所失。这是类似 D－S 模型分析条件的情况（但增加了交易费用设定）。

服务化的效率如果主要是来自专业化效能，那么说明业态不仅传统，而且要求的工业化水平更高。这通常表现为农业服务组织只有达到一定规模，才能取得效益。

第三种情况，专业化效率降低，但由于多样化效率提高，弥补了专业化水平降低的损失。

如果由于多样化导致专业化水平降低，就不存在向国成、韩绍凤命题 2 所分析的以专业化效率补偿多样性所失的问题，更不存在前面所说的 D－S 模型分析的前提了；但符合他们的命题 1 所设想的第二种情况。即多样化经济胜过交易费用增加导致的效用损失。准确地说，是多样化效率提高胜过交易费用和专业化水平降低之和。

多样化导致专业化水平降低在经验上很容易理解，一心不可二用，说的就是这种情况。但如果一心二用后得到的总效用高于分心而导致的效率下降和协调二用的成本，那么这样的服务化一定是多样性有效率的。

第四种情况，专业化水平降低，且存在固定成本上的付出，以多样化水平的效能提高来弥补。

这是向国成、韩绍凤命题 1 中分析到的交易效率一定条件下出现的第一种情况。分析主要涉及以固定学习费用为代表的固定成本与多样性经济的权衡。

在这种情况下，由于存在固定成本（通常是异质固定成本），又无法通过规模经济加以化解,多样性效率在一般情况下并不能使服务化变得有效率,除非随着业务范围扩大,固定学习费用等可以(比如通过分享)摊薄,以范围经济方式使服务化从无效率变得有效率。

在信息化测评中,这肯定将涉及虚拟平台在其中所起的作用,因为只有虚拟平台产生的效能才主要是范围经济而非规模经济;而且应当密切关注服务化效能的特殊体现方式,例如 App 应用,因为它比较能体现存在固定成本与不存在固定成本的区别。

以上几种常见情况,并没有概括全服务化效率的全部,但通过这些主要的计量分析项目,我们就可以最后通向信息化测评,将信息技术与农业服务化进行关联,完成基于信息化的农业服务化的技术经济计量分析。

9.2.5 信息技术与农业服务化效率改进

(1) 对农业信息化的服务化绩效的结构化解析

在信息化指标技术经济结构中第二层结构的 10 个模块中,信息化的服务化水平测评,属于同质(q)、异质(n)二元系列中异质这一边的指标,共计五类,包括 TC 指标(就绪指标);效率(TEC)类的技术应用(TE)、管理应用(AE,含组织、制度配置)和效益(CE、RE 等)指标,以及效能(SEC)指标[①]。

(2) 服务化的信息技术就绪(TC_n)测评

存在专门针对服务化的信息技术吗?对这个问题不能简单回答是或不是。

就信息化指标设计而言,如果回答不是,则意味着 TC_q 和 TC_n 是同一套指标;如果回答是,则意味着对服务化需要另外设计一套就绪指标。

就信息技术本身来说,它既可以作用于产业化,也可以作用于服务化。即使设计出两套指标,所测度的信息技术,仍可能产生交叉的影响。也就是说,看似更擅长于造成服务化的经济效益的技术,也完全可以用于为产业化的目的服务;反则更适合于产业化的技术,也完全可以用于为造就服务化的经济效果而服务。

就研究进行区分的本意来说,信息技术本身就具有两面性,它既可以当作工业技术来使用,举例来说,打字机是一种工业时代的产物,拿电脑当打

---

① 这里的 S 不是指规模(scale),而是指范围(scope)。

字机，从技术上也不是不可以；信息技术更可以当作信息技术本身来使用，意思是发挥出它本身独具的，而不是与工业技术通用的作用。例如，打字机不能进行智能计算，但电脑却可以，因此用电脑所长不是把它当打字机，而是当作智能设备。

产业化与服务化，作为商务本体（电子商务中的商务），是按技术的经济用途或经济目的来区分的，而不是按所利用的技术本身来区分的。从这个意义上说，TC_q和TC_n确实可以认为是一致的。特别是TC_q完全可以作为TC_n来看待。

不过，信息技术本身也有一个发展过程，技术与技术之间也不是等量齐观的。信息技术总体上来说，属于复杂性技术。根据"简单性－复杂性"的程度判断技术，有的技术更接近简单性一端，有的技术更接近复杂性一端。例如，同是互联网的核心技术，IP 技术与 WEB 技术相比，WEB 技术更具有小世界网络、无标度网络这样的复杂性网络的特征。IP 技术可以服务于与互联网特长相反的用途，如中央控制的广播模式，可以提高广播模式的效率；但 WEB 更适合离散化的 P2P 拓扑结构，如果非用于中心化结构，不是绝对不可以，但要难得多，而且要付出更多的效率长项上的损失。再如，同是数据，结构化数据与非结构化数据相比，非结构化数据的复杂性特征更强，这也是不争的事实。

从这个意义上讲，TC_q和TC_n又不是一回事。我们将在TC_q基础上，为TC_n补充一些更加适配的就绪指标。补充的标准是，TC的方向更具有异质性，结构复杂性，多样性的特征。

除了TC_q指标可以全部用于TC_n外，主要为TC_n补充的指标有以下几类：

第一类是面向农业服务化的信息化基础设施，IT（信息技术）类的就绪指标。

一是农业大数据基础设施建设。

二是农业云基础设施建设。

三是农业语义网基础设施建设。

四是农业移动互联网发展。

五是物联网（信息物理系统）。

六是信息可追溯系统等应用基础设施。

第二类是面向农业服务化的信息技术采纳。

一是信息技术与生命技术的融合技术，包括生物软件工程、碳计算、基因技术等。

二是人工智能，包括大数据（数据挖掘）技术。

三是 WEB 技术，包括语义网、XML 等下一代移动互联网技术。

四是智能手机、可穿戴设备和机器人技术。

五是生物网络技术。

第三类是面向农业服务化的信息部门。

一是商业基础设施，包括各层次的、各种形式的商业生态网络。

二是信息资源基础设施及产业，包括农业门户网站、数据仓库、空间地理信息系统、物联网基础设施等。

三是农业信息技术运维服务业、商业服务业与商业支撑服务业（如上市服务平台）。

四是文化等创意和内容基础资源与产业。

文化条件在信息化中的作用经常被人们忽视。文化基础设施与研发基础设施对创新——也就是对多样化的供给——起着同样重要的作用。只不过一个是"文科"的多样化资源，一个是"理科"的多样化资源而已。对农业来说，以异质性、复杂性为核心的中国文化传统，对于农民接受以异质性、复杂性为核心的信息技术，具有深远意义。

（3）服务化的信息技术效率变化（TEC_n）测评

在服务化经济测度中，一个需要注意的问题是，要把多样化效率与多样化效能（范围经济）从概念上区分开。多样化效率是指质的提高的效率（如质量提高的效率），暗中假定的是质可变，但在计算时，质是一个定数（固定的 N 值）；而多样化效能则是指质变的效率，是说多样化效率不变条件下，N 值变多或变少（范围的数量变化），对总体效率的影响。举例来说，四重奏演奏的效率，是多样化效率，而非专业化效率。四重奏的曲谱是异质的内容，曲谱本身不变，这是说质是一个定数，多样化效率是指演奏质量水平。同一个曲谱，演奏质量有高有低，这是多样化效率的不同。而多样化效能相当于同一个演员，一天晚上演奏一个曲子，还是十个曲子，对演奏质量的影响。

对农业服务化来说，例如在三农综合信息服务体系的"三农信息通"中，专家在线咨询能否针对农民提出问题的内容进行有效解答，属于多样化效率（内容效率）；而随着农民提出的问题种类的增多，专家的知识资本（学习成本）的平均曲线是升是降，这属于多样化效能。如果平均成本下降，专家现

有知识就足以应对，且在增量部分农民学习收益大于专家学习成本，就属于范围经济，而非多样化效率。

我们可以从三个方面具体设计指标测度信息技术应用对农业服务化带来的多样化效率的提高。由于前面我们已对服务化的经济效率部分进行了展开解析，因此不再像信息化的产业化指标那样展开，只解决最后一步，即将经济效率与信息技术进行关联。

1）农业信息化的多样化技术效率（TE_n）。

多样化效率主要是异质性投入与异质性产出的关系。信息技术在农业中的应用，首先体现在多样性技术效率的提高上。这个过程可以分为异质性产出的增加，与异质性投入成本的降低。

第一类指标，信息化提高农业服务化的多样化效率。

农业服务涉及的内容很多，如第三方播种服务、防疫服务、收割服务，以及教育服务、科技服务、生资供应服务、销售服务、信息服务、金融服务、保险服务等。信息技术在这些环节的应用，都可能提高农业的多样化技术效率。

一是信息技术应用提高农业生产多样化的效率。例如提高增加品种的深加工能力。

二是信息技术应用提高农业服务多样化的效率。例如通过电子商务提高差异化销售的能力。

第二类指标，信息技术应用提高农业产业化向服务化转型的能力，可以测度农业产业链延长中信息技术在服务环节的应用水平。

农业信息化在其中推动转型的作用，不同于制造业转型，也不同于在产业化基础上的转型。因为可能存在两种情况，一种情况是转型之前的基础是小农经济，一种情况是转型之前的基础是产业化。

前一种情况下测度的重点应是效率提高。小农经济具有多样化特征，与农业信息化在小农经济基础上提高多样化效率，具有某种现象上的相似之处，例如个性化服务都是非标准化服务。区别二者的标志是效率，小农的非标准化服务是无效率的，而信息技术本身是标准化的，由标准化的技术提供非标准化服务，效率要高于小农经济。

后一种情况下测度的重点应是多样化增加。产业化是同质性的，服务化是异质性的。从产业化向服务化转变，信息技术主要作用于生产服务过程中异质性、多样性的增加。例如同是销售服务，应用网络技术后，从较少品种较大批量销售，转向较多品种较小批量销售，从因大而美，转向因小而美，就属于可以测度的转型效率。

第三类指标，信息技术促进多样化技术效率的提高。

多样化技术在此有两种含义，一种含义是农业专业化技术的种类数量增加，另一种含义是农业技艺的增进。

技艺是指异质的技术，如生产技巧、匠人工艺、诀窍等。农业技术中存在大量经验形态的技术，例如编筐、烧瓷、酿酒的心传方法等。技艺也是技术的一种，却不一定以提高效率（专业化效率）为取向，而可能提高的是多样化效率。

2）农业信息化转型的多样化配置效率（AE_n）。

信息化对农业服务化效率的另一种增进途径是提高服务化的配置效率。这是指改变要素组合增加的效率。可以通过设计几类指标评测这种绩效。

第一类指标，反映农业生产要素的转变。

一是测度数据、信息和知识要素投入在农业生产和服务中占比的增加。

二是测度信息技术在服务环节的应用引起的农业投入的结构变化。

农业服务化与产业化相比，是一个投入和产出的重心日益从生产环节向服务环节转移的过程。服务化比重越高，包括信息技术在服务环节投入的增加，都会改变农业生产方式。

三是测度掌握信息技术的农业服务人员在农业总就业人数中的比重。

农业服务业的就业人数占农业总就业人数之比，可以反映农业人力资源的结构变化。测度农业服务人员掌握信息技术的比重增加，可以侧面为矫治服务业"成本病"提供数据支持。

第二类指标，反映信息化增进农业主体多样性的情况，可以细分为创新能力、学习能力、协调能力等来测度。

一是观测农民的创新能力及其信息技术影响因素。

二是观测农民的学习能力及其信息技术影响因素。

三是观测农民的协调能力及其信息技术影响因素。

第三类指标，反映网络化的组织、制度因素变化。

一是观测农民通过互联网增强自组织自协调能力的情况。

二是观测农民通过互联网增进社会资本（关系与信任）的情况。

三是观测互联网对农民质量意识、品牌意识和诚信意识的提高。

四是观测虚拟经济形态中对农业资源的使用权（access）的制度创新，等等。

3）农业信息化转型的多样化经济效率（CE_n & RE_n）。

实践中的农业产业化与学术意义上的产业化相比，有一部分已属于服务化的范畴。主要是产业链、价值链向服务环节延长的部分。当然农业服务业还不同于农业服务化，服务化是指多样化服务，而农业服务业中大部分是社会化服务。信息化对农业社会化服务的绩效，我们是放在产业化中测评，这里则将多样化服务从社会化服务中区分开，区分标准就是经济效率（CE & RE）侧重的不同。社会化服务的经济效率，主要体现在增产（企业增收）中；而多样化服务的经济效率，则主要体现在农民增收中。

第一类指标，测度通过信息化扩大优质农产品市场份额的效益

一是利用信息化引导农民调整产品结构，扩大优质农产品生产比重。

二是扩大名优农产品的市场份额。可以测度农民利用互联网扩大农产品品牌宣传力度的能力，以及通过互联网推广特色产品的绩效。测度通过加强对互联网和大数据的应用，提升商品质量和服务水平。还可测度促进贫困地区特色农副产品、旅游产品销售带来的增收效果。

三是通过互联网和大数据分析，提高"订单农业"和精准农业水平。

第二类指标，测度通过电子商务提高多样化产品与大市场的对接效益。

一是测度新型农村日用消费品流通网络建设水平，用现代信息技术推动传统生产、经营主体转型升级。

二是测度推进农村高附加值产品电子商务的水平，包括发展特色农产品、农村手工艺品及乡村特色旅游等服务，提高产品服务化附加值的能力。

三是测度农村服务业发展水平，例如增加农村电子商务综合服务功能，在完善农民网络购物功能的基础上，叠加手机充值、票务代购、水电气费缴纳、农产品网络销售、小额取现、信用贷款等。

四是测度利用社会网络提供增值应用带来的效益。例如农民利用微博、微信等自组织的社会网络，实现差异化高增值的应用服务，带来超额收益。

第三类指标，通过信息化推动创新，提高农民增收能力。

提高农民创新能力是使差异化可持续的关键，也是农业（包括农民、农业企业和农业产业）获得可持续竞争优势的关键。我们将创新分为技术创新

与服务创新，其中技术创新主要作用于产业化效益，服务创新更多作用于服务化效益。可以从以下方面设计指标进行测度：

一是测度利用信息化增进人力资本，从而提高农民增收能力的情况。

这方面有许多现成的指标可供参考，如万人农业专家系统和农业数据库拥有量，测度区域内农业专家系统和农业数据库数量/区域内总人口数（万人）；又如区域内农业技术推广人员总数/区域内总就业人口数等。

当然，测度多样性知识的指标需要有别于测度专业化知识的指标，例如知识管理、DaaS（数据即服务）、AaaS（分析即服务）类的指标需要多加以考虑。

二是测度互联网为农民服务创新、技术创新提供的机会。包括根据市场需求对扩散技术再创新提供的机会，对商业模式创新带来的机会，对设计、经营、管理等方面带来的服务创新机会等。还可以测度农业科技推广普及系统沟通供需双方，使科研成果迅速转变为现实生产力，增加农民收入的能力。

三是测度互联网在提高农民创业能力方面的作用。特别是可以测度互联网分享经济为农民创业提供的轻资产运作中的机会。

四是通过信息化加强商业创新，提高农业可持续竞争优势。

差异化作为竞争优势，在理论经济学（完全竞争）意义上是不可持续的，因此只能算战略或策略行为。如何使差异化成为农业的可持续的增收来源，需要有基本面的突破。从根本上说，就是要造就一种使差异化相对于工业化（产业化）效益更高的稳定的条件。信息化通过商业创新，造就出大规模定制这样一种新的竞争条件，将产业化的成本领先优势与差异化的增值优势相互结合，取长补短，转变生产方式这一基本面，使农业比较利益在更高现代经济水平上超过传统工业，从而使农民增收的竞争优势从不可持续变为可持续。根据这一机理，测度信息化对大规模定制的作用，有助于揭示农民增收获得稳定性的基本面上的条件。

（4）农业信息化的服务化效能（SEC_n）测评

以上提到的都是多样化效率，而非范围经济。范围经济是效能变化，而非效率变化，或者说，是范围（系统复杂性）可变前提下的多样化效率变化。

李长河将他的商业模式总结为 $1+N=P$ 的纱布经营商业模式（这里的 N 即我们所说的 N 值），即"公司加散户共同打造桥一芳纱布品牌"，桥一芳棉织厂凭借着小批量、多种类、个性化定制的模式已经入围 2012 年网商评选百佳网商，更成为农村电子商务发展的典型代表。李长河的成功在于依托农村当地的产业基地优势，通过电子商务打开了通向巨市场的空间，李长河成为其中的纽带将小散差的当地散户纱布生产资源规范整合起来有效实现小生产对接大市场。

从李长河的案例中可以发现，小生产对接大市场，不一定都是规模经济，也可能是范围经济在起作用。区别就在于小生产是指同质化的小规模生产，还是差异化的小规模生产。农业产业化实践中，实际已包含了大量属于服务化的实践；在服务化实践中，在多样化效率之上，已自发产生了大量多样化效能的实践。电子商务在为"小批量、多种类、个性化定制的模式"提供支撑服务方面，带来明显的范围经济性。

刘婧认为，若说规模经济是与比较优势联系起来，那么范围经济是与竞争优势联系的。范围经济带来的竞争优势为①：

1）成本优势：可以降低企业的固定成本、可变成本和交易成本。

2）差异化优势：企业不断开发有关的新产品，实际上是延长了核心产品的生命力。

3）生产营销优势：多品种的产品可以扩大企业的营销路径，提高企业的整体竞争力。

4）抵御风险的优势：企业生产适应不同季节的产品或互补品时，能够有效地保持生产与销售的稳定性。

测度信息化对农业服务化带来的范围经济竞争优势以及农民增收效果，可以分别从以上四个方面（略作调整）入手。

第一，信息化带来生产成本优势和增收效果。

在生产经营过程中，联合生产两种或者两种以上的产品可以分摊固定成本，从而降低可变成本。

一是利用信息化方式分摊固定成本，也即分摊固定资产的折旧费用。

二是利用信息化方式降低可变成本，不只是从总成本的角度能够降低可变成本，主要表现在可以通过降低采购成本和人力资源成本来提高资源的使用率。

---

① 刘婧. 农民专业合作社的规模经济和范围经济研究［D］. 陕西：西北农林科技大学，2012.

第二，信息化带来差异化优势和增收效果。

一是推动产品的多样化，从产品的外观、功能、品种、规格及所提供的服务方面提升产品的多样性，能使消费者更好满足其偏好，并区别其他的类似产品。例如，可以测度农业产业化龙头企业、农民专业合作社提高信息化及信息服务能力，通过农业电子商务，建设各地特色种养业、特色产品信息平台，促进"一村一品"的效果。

二是推动服务的多样化。可以测度电子商务涉农服务平台上，通过 API（应用程序接口），拓展 App 增值应用服务的效果。

第三，信息化带来渠道服务优势和增收效果。

一是利用现有的品牌优势，通过互联网（如微信、移动客户端、社交网络等）口碑传播扩大市场。

二是发挥新媒体的市场营销优势，为新产品开拓市场。从产品、价格、地点、促销手段和传媒等方面加强分销服务，促使同样的销售渠道销售多种产品。

三是发挥电子商务平台直面消费者的优势，提供比网下更多样化的商品选购、网上支付和线下配送服务。

四是推动产销企业与第三方电商支撑服务商联姻，共享第三方的购物网站、第三方物流和仓储资源，使优质农产品第一时间送达消费者处，节约企业的信息、物流运营成本。

第四，信息化带来创新优势和增收效果。

一是提高技术创新优势。范围经济的受益者更加重视科技创新。持续的科技创新可以通过应用新材料、新工艺和新技术实现，将这些创新贯穿于整个流程，最终提升其可持续竞争优势。例如，"三农服务通"通过 App 定制平台，利用模板扩展专家在线支持服务，使更多农民分享专家知识。

二是提高服务创新优势。包括市场创新、商业模式创新、业态创新，以创造多样化产品和服务的新组合。

三是提高文化创新优势。包括在创意、设计、体验等诸多环节，提高内容和文化附加值。

从实践来看，范围经济对农民增产确实具有明显效果。夏津薯类农村专业合作社在推进电子商务过程中，对社员实行"六统一"管理，即：统一签订订单合同，统一繁育种苗，统一安排生产基地，统一技术培训，统一回收

加工，统一销售甘薯，让社员的收益有了保障。加之选用优质种苗，产品的质量好，给社员的收购价格也高于其他收购商。村民看到了实惠，纷纷要求加入合作社。不到 800 户的邹庄村已经有 420 多户加入了合作社，社员的亩产收入提高了 500 ~ 600 元。

以上是从直接的增收效果来测度农业信息化的范围经济，也可以更深入一步，从总成本的技术经济机理角度来测度。总成本等于固定成本加可变成本。范围经济的共同特点是通过固定成本分享分摊平均成本；与固定成本对应的可变成本被定义为总成本去除折旧、利息（资本使用成本）和租赁费（使用费）。

刘婧通过对山西省 44 家果蔬样本合作社的实证分析证明，一个合作社联合生产多种产品或服务产出比多个合作社单独生产这些产出更能节省成本。通过资产专用性分析农民专业合作社的范围经济的存在得出：农民专业合作社在场地专用性、物质资产专用性、专项资产专用性及品牌资产专用性上的专用程度较低，这意味着农民专业合作社存在范围经济[1]。

从投入产出的成本分析角度，李彦把农业的范围经济分为投入服务化与产出服务化[2]，我们在此基础上可以提出补充的两大类信息化测评的范围经济指标。

①信息化在农业投入服务化方面带来的效能。

投入服务化是指企业或农户的投入由实物要素为主向以服务要素为主转化。信息化在其中所起的范围经济方面的作用，主要在于推动服务要素的分享，以降低相关市场内的平均成本。服务化的主要经济作用在于增收。例如，使农业新品种提升品质，具有更高的生产以外环节的附加值。结合农业实际，具体可分为以下方面：

一是良种服务，为农民提供粮食、畜禽、水产、苗木等优质高效种子苗。

二是农资服务，为农民提供化肥、农药等农业生产物资服务，保证农民用上放心农资。

三是农技服务，发展以农业科研院所、农业企业、农业专业性服务组织为主要内容的新型农技服务体系，为农民提供高效适用种养模式和技术。

① 刘婧. 农民专业合作社的规模经济和范围经济研究 ［D］. 陕西：西北农林科技大学，2012.
② 李彦. 推动成都农业服务化特色化发展的调查研究 ［J］. 今日中国论坛，2013（19）.

四是培训服务，培育新型农民，拓展农民增收致富道路。

五是信息服务，为农民及时提供政策信息、市场行情及先进高效种养技术等急需的信息服务。

以上服务一般由农研所、农技站或公司提供给农户，或由农民专业合作社统一提供，但真正能做到统一提供良种服务、农资服务、农技服务、培训服务和信息服务中的一项或者几项的农民专业合作社只是极少数，大多数农民专业合作社更重视销售环节服务[①]。

但遂昌经验说明，一旦同互联网的商业基础设施共享结合，可有效推动上述各项服务的普惠化。

遂昌网店协会通过寻找上游供应商、生产基地和一些零散贫困农民，将他们的产品资源集中到会员仓储配送中心——麦特龙分销平台，并且他们会做好产品包放在网上，店主们只要将产品包放在自己的网店里卖，接到单之后他们再来麦特龙分销平台上下单，连物流这个步骤都省了。遂昌网店协会提供统一采购，统一仓储，统一配送，统一物流，统一包装物料，统一服务的公共服务，这些公共服务起到分享固定成本投入的作用，让农民做到零库存，零风险，低（固定成本）门槛进行网店创业。

信息化测评可以沿着商业基础设施这种固定投入的分享，测度农业服务化在良种、农资、农技、培训和信息服务方面的范围经济投入效能。

②信息化在农业产出服务化方面带来的效能。

产出服务化指直接为顾客服务，或提供作为差异化产品的服务，例如农产品销售中的位置服务、交付服务，提供的是同样产品由于位置不同、便捷程度不同而需要附加的服务。如果说投入服务化的范围经济主要表现在成本的直接减少上，产出服务化的范围经济则更多表现在同等成本条件下得到更多产出或更高附加值的产出上，它的直接价值来源是用户个性化效用（偏好）的增进，表现为满意度、体验值的增加。

信息化作用于提高农业产出服务化的效能，可分为一些常见的差异化服务：

一是流通服务。通过发展农产品批发市场、农产品超市等物流载体，为广大农民及时提供优质齐全的农产品交流平台和服务，或提供销售渠道等服务。

---

① 李彦. 推动成都农业服务化特色化发展的调查研究［J］. 今日中国论坛，2013（19）.

二是营销服务。为农产品提供市场调查、定位、定价和推广等系列服务，以打通市场、提高附加值。

三是休闲服务。满足人们回归自然、休闲娱乐和体验农耕文化的需求，促进农民增收。

四是保险服务。对农民的种养产品实施政策性及商业性保险，减轻农民因灾害引起的经济损失，增强农民应对各种灾害的能力。

但同时也需要测度信息化对上述差异化服务效能是否提高。

③信息化分享异质性资源的能力与程度。

同是分享固定投入，如何区分规模经济与范围经济？区分的标准是同质性与异质性，可以从投入与产出两方面加以区分。从投入看，固定成本如果是实体资产（如道路、厂房等），对它的分享与均摊产生的主要是规模经济；固定成本如果是无形资产（如知识、社会网络等），对它的分享与均摊产生的主要是范围经济。此外，API 也是重要区分标志。由 API 产生差异化的增值应用，是范围经济的独有特征。从产出看，如果固定成本被分享在同质化的业务上，产生的主要是规模经济；如果被分享在异质性、差异化、多样性的业务和主体上，产生的往往是范围经济。这只是为了理论分析的方便而做的相对的区分。我们可以分为几类分别测度：

一是测度信息化推动信息基础设施分享的能力。

例如有些指标体系中设计有"农业信息化投资占同期固定资产投资的比重"，指一定时期内农业信息化产业投资总额与同时期内区域内固定资产投资总额的比重，反映区域发展农业信息化产业的投资力度和政府对农业信息化产业的支持力度；"网络资源数据库总容量"，包括各类农业专家系统和农业数据库的总容量，由各地区涉农网络数据库总量及总记录数、各类内容（学科）网络数据库及总记录数构成，反映数字信息资源建设的基础状况；"涉农网站信息更新周期"，指涉农网站平均每次更新信息的间隔时间，具体指网页的最后更新日期与当前时间之间的时间差，以此测度网络信息的及时程度[①]，等等。

互联网中的基础技术支撑服务平台（包括基础性的技术、系统如操作系统、中间件系统以及工具和框架等）也可以归入信息基础设施来测度。

---

① 高雅，甘国辉. 农业信息化评价指标体系初步研究. 农业网络信息［J］. 2009（8）.

二是测度信息化推动分享异质性资本的能力。

在产业化条件下，订单农业与精准农业很难实现。理论上的原因在于无法实现农业范围经济。农业范围经济的实现，有赖于服务型资本（信息网络、社会网络）的介入。信息化为服务型资本的介入提供了最主要的条件①。

三是测度信息化推动人力资本与学习的形成。

人力资本具有学习效应，知识积累作为人本身的固定成本投入，其学习的平均成本可以在解决实际问题中分摊。但在设计指标时要区分人力资本中专业化的同质性知识资本与多样化的异质性知识资本的不同。方法有许多，一个简单的区分方法，是从知识资本的产权形态，把知识分成主要按支配权（Ownership）获益与主要按使用权（Access）获益两类。前者是以标准化的物化结果形式存在的知识，如知识产权、专利等；后者是以异质无形的过程形式存在的知识，如默会知识、个人知识、网络智慧、技艺、创新、创意、知本、智慧等。

在实测中，要考虑农民独特的学习特征。例如，农民关于电子商务的知识，许多并非通过正规教育和培训获得，而具有"干中学"（如农民工在打工中获得知识）、网络化学习（在关系网络中以互动方式习得）、众包（以草根方式共同解决复杂性问题）等特征。需要结合结构分析与行为分析来设计指标。此外，还需要结合信息消费测度人们的网络学习，如测度个人、单位或集团消费中信息消费的绝对值和相对值等。

四是测度信息化推动信息化资源分享与普遍服务的情况。

首先是信息化公共与公益资源的共享，包括农村电子商务基础设施如农村宽带、公路等建设；包括农村物流服务网络和设施建设。测度重点不是就绪状况，而是公共资源被服务应用使用的量化情况，以及通过分享对增收能力的提高。

其次是信息化的公共与公益服务的共享。例如政府和公益部门鼓励电商、物流、商贸、金融、邮政、快递等各类资本参与农村电子商务发展所做的支持第三方平台创新和拓展涉农电商业务的投入；区域性农村电商协会等行业组织，以及专业服务机构，为农村电商发展提供咨询、培训、技术支持、网

---

① 梁春阳. 论农业信息服务绩效评价体系的构建——兼评我国农业及农村信息化测评模型研究[J]. 图书馆理论与实践，2012（9）.

店建设、品牌培育、营销推广、物流解决、代理运营等公益服务。此外，还包括像政策性服务这样的公共服务。例如对农业信息化的金融扶持、互联网市场秩序维护、培训、创业支持等。

最后是商务平台资源的分享，包括应用服务平台与基础业务支撑服务平台。电子商务中的商业基础设施，也列入这个范围。

范围经济效能测度中的一个疑难问题，是如何区分公共、公益与商业的分享行为。从现象上看，三类信息化投入都具有支配权免费，异质固定成本均摊，从而降低异质平均成本的范围经济特征；区分主要在于固定成本的投资主体获得回报的方式上，也就是使用权收费部分。

我们结合一个案例来分析。董建军在研究电信运营企业的农村信息化评价指标体系时发现，电信运营信的农村信息化整体投入中，一部分投入为平台类业务建设运营投入，今后可以采取收费的方式获取收益，这部分投入为生产性投入；而其他支农通信设备采购费、宣传费用、各类下乡费用是纯粹的公益性投入，是无法获取直接收益的，这部分投入为非生产性投入[①]。

例如，某电信企业农村信息化整体投入 110 万元，其中只有平台类业务投资 20.2 万元以后可以采取收费的方式获取收益，对这部分生产性投入要进行传统效益评价，即直接效益评价；而其余 89.8 万元为信息化试点村建设赠送的电脑、手机等信息化产品投入，这部分投资为纯粹的公益性投入。

对平台类业务，可以设计平台类业务拓展指标测度绩效。具体指标可以设计为"平台类业务用户数""平台类业务普及率"。对应企业内部财务影响，可以实测"产品种类：针对农村市场的产品种类是否健全""产品组合能力：产品与产品之间协调组合能力如何，是否适合捆绑推广营销"两个指标。以此可以推知"农民增收：对于农民收入和农民素质提高的促进作用"。

其中逻辑不难想象，按照财务计算，平台作为固定成本，被均摊到"产品种类"和"产品组合"之中。只要倒过来计算农民的使用成本，就可以推知平台分享对农民增收的贡献。因为如果不分享平台，农民在每个品种之上，都要在现有可变成本投入之上，增加一个对固定成本的投入。因此固定成本投入与农民分别在每个品种之上进行投入的差，就是对农民增收的（来自固定成本投资节约，或者说进入门槛降低的）贡献。范围经济则表现在平均成

---

① 董建军．电信运营企业农村信息化后评价指标体系［J］．现代电信科技，2009（6）．

本的均摊程度，因此由"平台类业务用户数""平台类业务普及率"决定。N值越大，平均成本越低。

与纯粹公共与公益性投入的差别在于商业服务可以存在"今后收费"的收益。"今后收费"的实质，是固定成本的租赁费（使用费），它被包含在农民的可变成本之中。商业的账平还是不平，要取决于扣除折旧和利息（机会成本）后，租赁费能否抵消固定成本。如果平台的用户过少，或平台增值业务无法普及，平台提供者就会遇到商业亏损，反之则可以获得赢利。在互联网平台实践（尤其是上市公司的平台实践）中，我们可以看到，这种以租代买式的分享经济，从增值服务获得的租金收入，远远超过平台投入，因此它在商业上是可以成立的。这反映了范围经济作为可持续竞争优势，而不仅仅是竞争优势的突出特点。

至于公共与公益性投入形成的固定成本的分享，不存在"今后收费"的收益，但同样也产生范围经济效果。只是按使用权收费的方式不一样。对公共投入的平台分享来说，投入的是税，分享使用不收使用费，但会形成税基，通过税收增加，得到正的收益。对于公益投入的平台分享来说，它的原则是可以经营，但不以赢利为目的。因此平台服务以成本定价，向使用者收取低价使用费，是达到均衡的原则。对电信运营商来说，将它分类在公益性企业还是商业性企业之中，情况有所不同。如果是前者，分享造成的普遍服务作为间接收益，应计入回收的成本进行折抵，因此不需要完全收回固定成本，顶多以收回固定成本投入与普遍服务支出的差额为限度。

会出现的更加复杂的情况是，纯商业性的平台在分享经济中，为大众创业提供了固定成本的分享，但又将"搭便车"的损失，通过以租代买完全收回[①]。这时出现一种外部性：纯商业性的平台在分享中，通过向社会免费提供了固定成本，创造了就业与收入。而这部分就业与收入，原来可能需要政府通过税收支出方式，提供公共服务来创造。政府用同样的钱创造的就业和收入，效率可能远远不如纯商业性的平台。对于与这部分就业与收入的创造所对应的商业行为，政府到底是向平台收税更有利，还是不收税更有利？这是一个新问题，需要在商业企业靠别人向他"搭便车"而赢利，为此而向他收

---

① 与传统的租赁使用不同，由于范围经济中的固定成本投入不具有技术上的排他性（例如可通过云模式运作），因此实际采用的游戏规则是，如果使用没有收益，租金全免；如果使用产生收益，按一定比例分成（一般是三七分成，平台方得三，使用者得七）。

税，以及商业企业以更高效率创造了比这笔税收投入公共服务而获得的就业与收入之间，进行权衡。

总体来看，信息化对于服务化的贡献，可以高度概括在农民增收这一项下。可以把以上所有关于服务化绩效的指标，视为农民增收指标体系项下的分类指标，而把具体的农民增收指标，当作一个理想样本下的标准指标。从理论上说，它们之间的关系应是对应的。也就是说，如果样本足够多，样本质量足够好，农民增收指标测度的结果具有概率上的代表性，这一结果应该与由无数具体的服务化指标通过综合指数化合成，得出的最后指数，具有完全的一致性。

更加进一步说，信息化对农业究竟带来什么样的绩效，如果当作一个指数来回答，应该是将产业化指标形成的指数，与服务化指标形成的指数进行加总合成的总指数。如果以价格水平形式来表示，它们应分别进入实际价格 $P = AC$ 中的 $P = MC$ 部分（增产部分）和 $AC - MC$ 部分（增收部分），而不会出现错位或重合。计量要想达到这样的水平，前提当然是指标所指与真实世界相比，要有一个足够的理论抽象。我们不妨认为，指标测评与真实世界的误差，由于原理上误差的方向相反，例如产业化的一小部分账应算在服务化头上，服务化的一小部分账应算在产业化头上，因此错进错出会相互抵消。

10 制造业信息化绩效

对制造业信息化的绩效测评，可以从两个方面展开，沿分工专业化方向，延展出产业化绩效的测评；沿分工多样化方向，延展出服务化绩效的测评。信息技术在这两个方向都发挥了作用，沿着前一个方向，发挥的是提高专业化效率、专业化效能的作用；沿着后一个方向，发挥的是提高多样化效率、多样化效能的作用。

信息技术与经济的结合，具体到制造业，一方面表现为信息技术的专业化作用与提升产业化绩效的作用的"技术－经济"结合；另一方面表现为信息技术的多样化作用与提升服力化绩效的作用的"技术－经济"结合。

前者对应增产，指在均衡条件下增加产值所获得的收益。它假设的理论经济学条件是完全竞争下零利润的条件。增产对具体企业可能意味着获得利润，但在 $MC=RM$ 零利润条件下个别企业利用战略和策略行为获得的利润，不是我们在产业水平的研究对象。

后者对应增收，指在均衡（品种－数量－价格三维均衡）条件下增加利润所获得的收益。它假设的理论经济学条件是垄断竞争下的超额附加值（$AC-MC$），增收就是指这一部分可以稳定获得的利得。

制造业产业化与服务化是发展的主要线索。

德国提出工业 4.0、美国提出工业互联网，都有针对中国的意思。既是针对中国，就要扬德国、美国所长，克中国所短。这就带来一个问题，中国如何去学习一种专克中国所短的策略？如果不对其中针对中国所短的方面进行独立思考，拿来就用，岂不变成扬短避长？事实上，在当前我国"互联网＋制造"的发展中，就存在盲目照搬德美战略，扬中国所短，避中国所长的问题。扬中国所短，问题倒不大，因为毕竟可以把中国的所短补长；但避中国所长，就会带来很大问题，因为会把本来对德美制造业的超车机会错过。

要辨析清楚问题，第一需要搞清中、德、美三国的"互联网＋制造"，共通之处在哪里；第二需要搞清楚德、美两国制造业的所长在哪里，所短在哪里；第三要分析一下中国如何补短扬长。

（1）中、德、美"互联网＋制造"的共通挑战与机会

"互联网＋制造"（工业4.0、工业互联网、制造业2025）从国外热到国内，反映的是全球范围信息经济全面发展这样一个大趋势和工业业态升级的现实需求。我认为这些名为工业××的趋势，在本质上是信息化现象，而不是工业化现象。就好比说，有人把工业革命的某一段命名为农业4.0，只能理解为是用工业化、产业化的方式搞农业，而不能理解为工业革命在本质上只是一场农业革命。这涉及这场变革到底是体变，还是用变。

"互联网＋制造"起于多样性价值和复杂性成本之间的矛盾（如德国汽车工业）。这是中、德、美"互联网＋制造"面对的共性问题。正如德国专家点出的，"人们将面临的挑战基本上是：把现在的手持设备操作的简单性尽可能多地转移到工业开发和生产的过程及产品上去。这通常被称为简单的复杂（Simplexity）。"

"互联网＋制造"的核心，一是智慧化，二是服务化，都是从解决上述基本矛盾中派生出来的。

智慧化说的是技术范式变化，带来的是技术和生产力上的正反馈，指要素越复杂，决策的能力相对越高。例如大数据，可以做到数据越复杂，洞察力相对越高。而不是工业生产力条件下，对付简单容易，对付复杂困难。面对互联网时代多变的市场，智慧化会使工业发生从迟钝到灵活的转变，提高复杂性条件下工业响应市场的活力。

服务化说的是商务范式变化，带来的是成本上的范围报酬递增，指市场需求越复杂，成本反而相对越低。服务化对应的是产业化，产业化是同质化，服务化是差异化。过去工业和农业都是按产业化的方式发展，效率虽然提高，但附加值较低；工业一旦从产业化转向服务化，可以从同质化制造转向差异化服务中获得更高附加值。

（2）德、美"互联网＋制造"的短长

德国提出工业4.0，可以认为是对美国"教训"进行反思的结果，是为了解决不让中国像掏空美国制造业那样掏空德国制造业的问题。德国人认为，美国制造业之所以让中国掏空，而德国制造业却幸存，是因为美国制造业的中间环节过于简单，而德国制造业的中间环节比较复杂，而且都以嵌入式软件形式加以固化。经过中美制造业的较量，德国认为必须保护和发扬这种相对于中国人的比较优势所在。同时，德国通过观察中国与美国，希望在原有优势上，补移动所短。但方法不是搞移动互联网，而是把移动当作一种新的生产方式。"把现在的手持设备操作的简单性尽可能多地转移到工业开发和生产的过程及产品上去"。

反观中国，看到与德国制造业相比的短处，也在强调智能化。补上智能化的短处是完全应该的。但智能化定位要符合中国实际，一是要定位追赶，缩小与德美的距离；二是不要冒进，不应提出不切实际的目标，要有所为，有所不为。

再看美国工业互联网。美国忽略了中美劳动力工资的巨大差别，导致漏算美国资本家用自动化来代替人工，从而解决不了美国就业问题。这说明美国政客与企业家的不一致。这是这类主张不如德国成熟之处。在这种情况下，中国应冷静观察，美国稳定下来可能会发现技术创新是它相对于中国的比较优势，会把"互联网 + 制造"定位在技术创新主导的可就业的"新硬件"上。

针对美国的优势，中国强调技术创新也是对的。但只是在弥补短板、缩小差距这个意义上是对的。但如果以为中国真能在短期内就可以把技术创新从弱势变优势，那就会忽略这件事的难度。仅仅是中国企业不愿自发地投入研发，而举国用力也无法改变这一点，就值得人们深思。如果不能真正总结出其中原因，或总结出其中的真正原因，并切实解决，将来还会犯政府主导研发冒进的错误。

基于以上两方面的分析，笔者认为中国在学工业 4.0 和工业互联网时，应主要以缩短差距，补自己的短为目标，在局部领域提出高一些的目标。

（3）中国"互联网 + 制造"如何扬长补短

"互联网 + X"，希望能把互联网的成功"加"到各行各业，实现各行各业从追赶到超车的变化。

中国应发挥相对于美、德的市场创新所长，在"互联网 +"中以市场创新为主、技术研发为辅，解决结构优化中的高附加值问题。

在市场创新中，业态创新具有核心重要意义。"互联网 +"就是指一种新业态。即：互联网 + = "基础平台 + 增值服务"（新业态）。

首先，应明确为什么要提服务化。

当前工业最大的现实需求就是从低附加值向高附加值升级。低附加值是同质化造成的，高附加值必须走差异化的路。而服务业相对于制造业，就是提供差异化的产业。服务化因此可以理解为用差异化的思路来发展一产、二产和三产。其中工业互联网主要指工业的服务化，即以服务化的思路来发展二产，用发展三产的思路来发展二产。这是二产发展思路的一个飞跃。又由于服务业存在"成本病"，服务化必须以智慧化的方式来做，也就是通过电脑加人脑，克服服务业"成本病"。这就是工业互联网的现实需求以及满足这种需求的大思路。

其次，服务化的路应怎么走出中国特色？

中国互联网已在实践中摸索出一条以支撑服务业（也就是平台服务业、"重"服务业）为带动力量使产业超越美国的可行之路，将来"互联网＋制造"，也要走这条路。

基础平台与增值应用的分离，相当于重工业与轻工业的分离，是服务业内部支撑服务业（"重"服务业）与应用服务业（"轻"服务业）的业态分离。

新业态的实质在重化服务业。从旧业态中长出增值服务这一价值增长点；以平台（支撑服务业）为新业态重点。其机理是，实现重资本与轻资产的分离，为多样性增值创造轻资产运作的条件，有效降低了创造多样性价值的复杂性成本。

制造业的服务化，尤其是服务的重化，是德国所短，从长期来看，也不见得是美国所长。但它却可以成为中国长期的比较优势和竞争优势。

因此"互联网＋制造"，中国总的思路应是，在德美所长、中国所短之处，缩短距离，咬紧德美；在德美所短，中国所长之处，发力超车。经过长期努力，逐步把自己短处变成长处。

10.1 产业化促进：信息化服务于新型工业化

10.1.1 产业化机理：制造业信息化的专业化效应

制造业产业化概念像服务业服务化一样，表面上都有同语反复之处（犹如说二产的二产化或三产的三产化），这里的产业化和服务化其实都有特别的含义。对制造业产业化来说，信息技术的应用，实现的不仅是工业化，而且是新型工业化。因此二产化，是指新型的二产化，不是传统二产化的意思。新就新在信息科技含量高，也就是（广义）智能化程度高。因此，可以把新型工业化意义上的制造业产业化，理解为智能化（包括自动化），是新产业化之谓。

此前，我们将经济分为存量与（价格）水平，工业经济（工业国民收入 Y）指工业产业（Q 或 M）与工业化（P 或 V）之积。在这一定意义上的工业化就是产业化。产业化与产业不同，工业产业是制造业（二产）；产业化却分一产产业化、二产产业化和三产产业化。本章研究的产业化，是指制造业的产业化。

本节研究信息化为制造业的产业化服务，是指信息技术应用于制造业，提高专业化效率和专业化效能（二者合称专业化效应，或产业化效应）。它与下节研究的内容（多样化效应）是相反相成的。

我们把技术分为工业化技术与信息化技术。工业化技术指专业化技术（属于同质化简单性系统的技术），信息化技术指多样化技术（属于异质性复杂性系统的技术）。但不同的技术，有相互交叉的技术作用：工业化技术以发挥提高专业化效率和效能的作用为主，但也发挥提高多样化效率和效能的作用；信息化技术以发挥提高多样化效率和效能的作用为主，但也发挥提高专业化效率和效能的作用。

信息化为制造业的产业化服务，是指发挥信息技术的工业化作用（提高专业化效率和效能的作用），这种作用表现为绩效主要是自动化效应和智能化效应。实际意思是以信息化为手段，以工业化为目的。在体用关系上，定位于以工业化为体，信息化为用。信息化测评要观察的是信息技术如何像工业化技术那样，帮助制造业更好实现其工业化目的。这与下节的分析将形成对照。当然，技术–经济关系中，还有发挥信息技术的智能化作用为产业化服务这样一种组合。但我们倾向于认为这种作用已涉及体变，也就是说，一旦以制造业智能化的方向为主采纳信息技术，像工业4.0那样，服务的对象将发生从产业化到服务化的质变，因此我们把这种情况径直归类到服务化中。

由于我们将复杂性范式内生进入技术经济学，对技术作用进行了简单性范式与复杂性范式的区分，因此对技术效率，也进行了简单性范式的效率与复杂性范式的效率的区分。将此前标准理论和作为人们的习惯用语的效率，窄化为特指简单性范式效率，称为专业化效率，以区别于作为复杂性范式效率的多样性效率（习惯用语中常称之为多样性）；将专业化效能称为规模经济，多样化效能称为范围经济。

由于中国处在工业化历史阶段，对信息化作用的研究，主要集中于利用信息化为工业化服务，表现为以工业化为体，以信息化为用（如应用）。标准理论，从理论经济学到技术经济学，谈效率仅指专业化效率，而极少甚至完全不提多样化效率。专业化和标准效率理论相对比较成熟，我们在分析其中技术经济机理时，只是点到为止，就不再像分析服务化（多样化）那样展开了，而把篇幅留给作为研究空白的服务化及其多样化效率和效能机理分析。

我们用专业化效应来概括将信息技术用于提高专业化水平所产生的特有的效率和效能。专业化是相对于多样化而言的。专业化效应包括效率层面的自动化效应与效能层面的智能化效应。

工业化技术对制造业的专业化效率的提高主要表现在自动化效应中。

信息技术的自动化有别于工业技术自动化之处在于，工业技术的自动化主要是机械自动化，信息技术的自动化主要是机电一体自动化，发展到现在，正向软件嵌入的机电一体化（CPS）发展。

自动化追求简单性，例如把人的复杂性动作，转化为机器的简单性动作。智能化是简单的复杂。信息技术应用于产业化，有别于工业技术之处在于它产生复杂的自动化效应。智能化是自动化的纵深发展。如龚炳峥所言："目前我国信息化、自动化尚处初级阶段，智能化是工业化与信息化发展的方向，是两化融合的高级阶段，实现工业生产优质、高产、低耗的途径，使产业实现网络化、协同化、自动化和智能化，有利于改变高投入、高消耗、高污染的以外延式扩大再生产为主的粗放型的发展方式，实现增长速度与结构、质量、效益统一"[1]。

自动化一般属于简单性范式，后面服务化中谈到的灵活化则属于复杂性范式。区分二者有一个简单办法，就是看技术是否改变业务的结构，例如从中心化结构（简单性结构）改变为去中心化结构（复杂性结构）。前一种情况就属于自动化，后一种情况属于灵活化。

智能化与智慧化的区分则在于，第一，智能化面对的是复杂，特别是技术上的复杂，智慧化面对的是复杂性，特别是涉及人际结构的复杂性；第二，智能化是产业化的效能，智慧化是服务化的效能；第三，智能化提高的是机器的效能，智慧化提高的是人的效能。

---

① 龚炳铮. 推进我国智能化发展的思考［J］. 中国信息界，2012（1）.

我们在后面将依据这些区分，分别讨论它们应该对应的信息化测评指标。

10.1.2 制造业信息技术应用的产业化绩效

(1) 产业化绩效的结构化解析

本节所讨论制造业信息化中产业化绩效测评的方法论结构，在整个技术经济体系结构中处在专业化信息技术与产业化经济结合这一技术经济模块中；在生产率计量体系中，处于 q 值计量的五组模块中；在技术经济实践体系中，处于 ICT 专业化技术与专业化效率与规模经济效能关系模块中，在实际效果上，处在自动化效应和智能化效应中。

自动化效应与智能化效应的区别，是效率与效能的区别。其中智能化这种效能状态，针对的规模，是指机器系统的复杂程度（有别于复杂化程度）。

在我们的研究中，智能化与智慧化是严格区分开的。智能化是针对客体（如机器）的，比如可以说智能机器人，却不能说智慧机器人；智慧化是针对主体（如组织）的，比如可以说组织智慧，却不能说组织智能。相对而言，产业化是更偏向客体体系的，服务化是更偏向主体体系的。

这里的规模经济有特定含义，特指新型工业化，而不是工业化。对新型工业化来说，规模经济不只是生产的量的增长，更是一种结构现象（但不是复杂性结构现象），是分工导致专业化结构——包括价值链上的横向职能分工与产业链上的纵向职能分工——从简单向复杂演变（但仍在简单性结构中，而不是从简单性向复杂性演变）的过程。新型工业化中的规模经济，除了原有分工结构不变意义上的简单规模经济外，更主要包括由于信息技术加强了职能协调而促进的分工结构演变意义上的规模经济。我们称这种现象为智能化。

智能化与智慧化有一个原则上的、实质性的区别。同是面对复杂与复杂性现象，它们降低平均成本的方向是相反的。智能化的方向是将复杂通过机器处理转化为简单性意义上的简单；而智慧化的方向是将复杂放入更为复杂的智慧（如大脑或网络智慧）中处理转化为轻松。从智慧的本义（smart）来说，轻松处理复杂性，不是化繁为简，而是对复杂性乐在其中，用更复杂来对付复杂，比如用复杂性更高的人（所谓的"灵"）来对付复杂性世界，使之变活（"灵活"）。

（2）信息技术就绪（TC_q）

制造业信息化中为产业化服务的基础设施与技术就绪，除了应具有一般技术就绪的共性之外，不同的地方在哪些方面？我们认为，自动化和智能化是其特殊的方面。因此，在测度制造业信息化在产业化方向的就绪状况时，除了一般的电脑、网络技术和设施指标外，应把与自动化和智能化相关的内容突出出来。其中，自动化不是指机械自动化，而特指使数字化效率提高的技术；智能化则侧重指使专业化效能提高的基础设施。结合龚炳峥的相关研究①，我们对这些就绪指标涉及的项目进行以下归纳。

一般的就绪指标，如信息基础设施（网络环境）、信息技术设备、网络设施（如百人计算机安装量，宽带接入率）、信息化投入等，可以作为不同产业通用指标使用。

这里强调指出一下，除一般通用就绪指标外，其他就绪类指标在产业间与产业内部（产业化或服务化之间）应用时，也是可以相互通用的，只是在具体实测时，可以根据指标体系具体的对象，对指标进行相应取舍，或在权重上进行相应区别。结合产业具体方向突出出来的就绪指标，只是供取舍、加权参考之用。

第一类 IT 类数字化就绪指标的扩展。

一是仪表、控制装置数字化，包括作为实现物联网的数字传感器，半导体非电量（物理、化学、生物等变量和质量分析）的数字测量仪表，RFID 及其读写器，数字化检测仪表。

二是微处理器、微控制器、单片机、片上机、各类嵌入式计算机及软硬件、组件，工控机、PLC 微型化、工业机器人及各种专用机器人。

三是行业电子的数字化应用系统平台，如支撑汽车、航空、家用电子产品数字化应用的系统平台、工业软件等。

第二类 CT 类网络化就绪指标。

一是业务系统网络，如机械设备网络，业务设备智能终端网络，如智能电网、智能交通网络系统。

二是数据中心及软件平台。

第三类业务类智能化就绪指标。

---

① 龚炳峥.关于发展我国智慧企业的思考［J］.中国信息界，2012（1）.

一是信息物理融合系统（Cyber – Physical System，CPS），如"异度物理系统"，指由软件分配的组成部分（如嵌入式软件）、电子组成部分（如传感器、执行器）以及机械组成部分和物质实体构成的信息物理系统。包括移动网络化的机电一体化系统、智能型嵌入式系统与成体系系统。

二是系统生命周期管理体系（SysLM）架构，包括逻辑组件体系、技术体系（如软件、编码结构、处理器、总线系统、传感器、执行器与人机界面设备等）。

三是一般基础技术平台，如移动计算、社会化媒体、物联网、大数据以及分析和优化（如情境计算）平台。

就绪指标中，技术指标与平台指标相对于技术经济分析的关系，侧重有所不同。智能化作为新型工业化中的规模经济效应，要更依赖于平台作用（而不只是技术作用）的发挥，因此智能化就绪指标应多关注平台类的指标。

需要指出，智能化就绪与智慧化就绪，在指标上是比较难区分的。以软件计算为例，它实现的是智能还是智慧，在理论上一直存有争论。BI 是商业智能还是商业智慧，也很难说清。人工智能是否具有智慧，更是见仁见智，等等。第一种办法是，不考虑这些分歧，将智能化就绪指标与智慧化就绪指标当作同一套指标使用。

第二种方法是试图找出智慧化技术和设施的不同之处，使之区别于智能化。例如 IBM 在大数据定义中提出洞察的概念，就近于主客体结合的定义方法。IBM 沿着这一方向，提出智慧计算、智慧地球的概念，并提出一套相应的技术和基础设施框架，将其系统化，可以作为智慧化技术指标的参考。

第三种方法是折中上述两种方法，在技术和设施客体上，不对智能化与智慧化加以区别；但在与经济结合时，再根据主体情况来区别。例如，同样的技术与基础设施指标，当它用于产业化分析时，作为智能化指标使用；当它用于服务化分析时，作为智慧化指标来使用。

以上方法可以视情况采用。

（3）信息技术效率变化（TEC_q）

在自动化基础上应用信息技术，是实现智能化的基础。这里的自动化不是传统工业化中的机械自动化，而至少是机电一体化水平的自动化，面向智能化的自动化更要求以嵌入软件系统为前提的数字化、网络化作为特征。

我们进一步把专业化效率（在此是智能自动化）方向上的 TEC 指标分为

技术类（包括 *TE* 与 *AE*）指标与经济类（包括 *CE* 与 *RE*）指标两类。分述如下：

1）应用的技术效率（TE_q）。

我们将信息技术应用于专业化效率提高的方向，称为智能自动化方向。其技术效率（TE_q）可以从总的应用情况和分别的应用情况（不同业务环节应用技术的情况）来加以测度。总的应用水平，可以从普及率与覆盖率角度测度。

第一，核心业务、主营业务智能化普及率。

龚炳峥建议考察企业核心业务、主营业务智能化普及率，指"智能化技术在企业核心业务、主营业务各环节应用"。

其中，智能产品生产中智能化普及率，是指产品信息化、智能化含量；产品研发设计和生产过程与装备控制中智能化应用普及率，是指智能化功能（自适应、自校正、自诊断等）及智能技术（知识处理、专家系统等）在企业产品研发设计、生产和装备控制中应用的普及率。

第二，核心业务、主营业务智能化覆盖率。

龚炳峥建议考察企业核心业务、主营业务智能化覆盖率，指智能化业务占全部业务总量中的百分比。

其中，智慧产品生产中智能化覆盖率，是指智能化业务占全部业务总量中的百分比；产品研发设计和生产过程与装备控制中智能化应用覆盖率，是指智能化业务在企业产品研发设计、生产和装备控制业务中所占的百分比。

第三，标准化水平。

包括基础标准、标准件、零件库标准、数据交换标准，直至信息化标准等。

分业务的应用水平，可以归纳为以下几类：

第一类指标，信息化应用提高产品生产制造系统自动化效率，信息化提高生产制造专业化效率的指标主要包括以下几类：

一是计算机辅助制造系统（CAM）。

二是计算机集成制造系统（CIMS）。

三是自动控制质量系统。

四是管控数据集成。

五是加工生产过程建模/仿真与优化。

六是生产制造集成。

生产制造集成属于制造业产业化还是服务化？按照集成可以产生一加一大于二的效果来说，它似乎属于服务化，其实不然。

对集成制造的实际作用来看，它有两个特点属于简单性系统特征：一是中央控制，二是集中控制。虽然它面对的是复杂对象的协同，但我们把它归类于专业化协同，而非多样化协同。也就是说，我们认为，以上四个方面协调的只是复杂，而非复杂性。当然这不是绝对的，例如在智能制造中，数据集成与建模仿真越来越具有多样化的特征。

第二类指标，信息化应用提高生产过程自动化效率。

随着计算机辅助设计和自动化生产水平的提高，大大提高自动化的效率，由微型处理机、数控机床、工业机器人组成的生产系统，能使产品从设计、工艺、加工，直到检验包装等全部实现自动化。具体包括：

一是传统数控设备（加工中心、自动化控制系统）。

二是计算机生产过程自动控制系统的应用状况，如全集成自动化（TIA）。

三是生产数据自动收集。

四是生产设备自动控制。

五是产品自动化检测。

六是生产自动化覆盖。

通过采用数控机床、工业机器人、大型自动化成套设备，提高生产装备的检测水平、监控水平、运动控制水平和过程控制水平，提升生产工艺水准和自动化水平，克服时空限制缩短工艺技术准备周期，提高资源利用效率，实现生产过程自动化。

要注意区分信息化的自动化效应与柔性化效应。自动化指的是专业化效率，本质上是同质化的。而柔性化则可以在质的变化中提高效率。

第三类指标信息化提高生产管理系统的专业化效率。

一是企业资源规划系统（ERP）。

二是生产制造管理。

三是项目管理系统。

企业管理如果外包或实行网络化管理（如海尔实行的企业管理市场化、网络化），可以算入服务化，但组织架构不变的内部管理应归在产业化中。可视之为生产附属活动。

2）应用的配置效率（AE_q）。

信息技术应用在专业化方向上的配置效率，主要通过要素和要素集成状况来测度。

第一类指标，反映信息资源开发利用水平。

一是数据中心规模、数据库、模型库、方法库的普及率、覆盖率。

二是商务智能、数据大集中在企业集中决策、集中控制中的应用。

三是数字化财务管理在企业战略会计中的应用等。

我们将企业资源配置中的信息资源（包括知识资源）开发利用机制，按结构类型，分为集中（中枢应用）与分散（一线应用）两类。将前者归入专业化应用，后者归入多样化应用（在指标上归类于后面的 AE_n）。

例如，商务智能（BI）分为两类，一类用于企业高层集中控制用，属于复杂的简单性应用，一类具有一线（如客户关系管理部门）决策功能，属于复杂性应用。

第二类指标，反映制造业信息化中的专业化知识管理水平。

一是显性知识开发与应用水平。包括专利、商标、知识产权等可物化、显性化形态的知识的开发与应用。

二是人力资本开发。包括职工教育培训覆盖率，员工参加教育培训的人数占全体职工总数的百分比。包括参与研发等技术创新的职工及有技术知识的网民占全体职工总数的百分比等。

在这里，我们也对企业知识资源机制进行了简单性与复杂性分类。这里列举的都是简单性范式下的指标。而将知识管理、知本等以过程知识、网络知识为主的，归入多样化配置效率指标中。

第三类指标，反映制造业信息化中企业要素的专业化集成水平。

产业化意义上的集成，是对分工专业化造成的功能分割的协调，对专业化分工资源的集中控制，它包括：

一是信息集成、数据集成。

二是 IT 设备集成与生产机械设备集成。

三是企业资源规划（ERP）。

四是应用集成等。

第四类指标，反映制造业信息化中管控一体化水平。

以集中控制为特点的管理，是一种总体上归类于简单性范式的行为。较高的集中控制水平，往往与专业化效率相连，在企业做大做强中发挥作用。它包括以下一些方面：

一是制造执行系统（MES）与过程控制系统（PCS）水平。

二是产销一体化系统水平，产销一体化系统由销售、采购、库存、生产管理、质量管理、计量等模块组成，注意它与产销一体化不是一回事。

三是业务流程集成水平。

四是供应链集成水平，指供应链企业集成，实现上下游企业数据、过程和供应链的全面集成。

五是价值链集成水平。

要注意的是，要用均衡的全局观点看待此类指标的影响。并非集中控制的水平越高，总的效率越高。在实践中，当集中控制意味着企业以自我为中心（而非以顾客为中心）时，其专业化效率的提高，往往付出多样化效率降低的代价。智能自动化控制有余，而灵活性与节点活力不足。要与多样化效率进行权衡，才能确定总的效率影响。

第五类指标，反映流程再造等组织协调水平。

产业化意义上的流程再造，是对分工专业化造成的组织职能分割的协调。它包括以下一些方面：

一是定位于职能优化的流程梳理。

二是管理流程建设，包括管理信息系统建设等。

三是业务流程建设。例如用ERP的理念梳理企业业务流程，对组织结构、部门职能、岗位职责、权力利益等重新调整、划分和分配。

对包括ERP在内的流程协调信息化的评价，存在一些分歧。不同意见认为，ERP等很难与互联网时代的复杂性网络机制协调（真正网络化的ERP又迟迟未能实现），往往会在专业化分工职能协调方面提高效率的同时，又将新的职能关系固化进既定流程，形成对进一步响应市场环境变化的组织变革的阻力。

我们认为，在产业化这个总的范畴内实现集成与协调，本质上是分工专业化的协调，而非对分工多样性的协调，因此无法预期它实现只有在复杂性系统条件下才能解决的问题。因此不是简单否定集成与协调，而是在提高智能自动化的专业化效率范围内发挥其作用，同时要与提高多样化效率的协同措施（如软件定义的、松耦合的网络协同）配合起来，才能达到综合集成协同的目的。

3）应用的经济效率（$CE_q \& RE_q$）。

TE 与 AE 意义上的应用，提高的只是略去价格背景的技术性的效率。经济意义上的效率，要在存量分析基础上，结合价格分析，才能观察到、显示出。

理论上说，经济效率的分析，是在上述 TE、AE 基础上，结合成本、收益与利润进行的分析。在信息化测评中，经济效率既可以是以货币形式显示的效益，也可以是非货币形式的业务绩效数据，甚至可以是定性行为转化成的定量数据。对信息化测评中的综合效益测度，我们可以进行一个分类归纳。

一是测度企业生产率提高，包括提高智能化水平、提高自动化程度等。

例如：西安长乐电子设备厂采用微电子技术改造机床、改进生产工艺，工效大大提高。改造后的 T68 镗床主要用于加工本厂主导产品 ZL40A 装载机变速箱体 5 个同轴台阶孔。机床经数显控制后，免去了装卸校正板，只要校正一个孔，其余坐标尺寸在移动机床工作台后按图中和表上的读数即可直接镗孔，效益提高 5～8 倍，而且孔距坐标尺寸精度比图纸要求提高 1 级。该厂生产的装载机上的一个端盖，初加工时，加工中和加工后检验都比较困难。利用感应和轴环数显改造机床后，这个问题迎刃而解。该厂原生产 295 型称量机时使用的 3 台 C7620 多刀半自动车床，由于转产和插销控制不可靠，已经闲置 10 余年，经改造不但提高了可靠性，而且提高了控制功能的智能化程度。该厂加工的球销，由于型面复杂，加上材料难于加工，一直是生产中的短线产品。针对这个问题，该厂改造了 CA6140 经济型数控车床，已经正常应用于生产，整个加工过程实现了自动化。实践证明，改造后的机床不但比原工艺质量有所提高，而且效率提高 5～8 倍。

具体可测信息化对劳动生产率提升的贡献。如测度劳动生产率提升率，对比一个会计年度内，企业信息化建设后比建设前对比全部平均劳动生产率增长之比例。

二是测度信息化对直接经济效益提高的贡献。

ERP 的实施规范了北新建材 40 多个业务流程，理顺了业务流程，提高了业务运行效率。其中由于规范了物料管理流程，消灭了账务长期赤字的现象，做到了物料入库及时、单价更新及时，更加准确及时地反映出物料采购成本、生产成本和销售利润。杜绝了公司长期存在的货物还未办理正常入库手续就已出库等各种不规范的情况。特别是营销汽运、铁运流程首次采用信息系统处理，取得明显的效果。

推荐的指标包括：工业增加值占 GDP 比重，第二产业全员劳动生产率，工业成本费用利润率[1]；生产成本降低率，销售增长率[2]。

此外还可以测度投资回报率，指在对应的一个会计年度内，实施企业信息化建设总投入的收益率及投入/产出比。

三是测度信息化的社会效益。

包括信息化提高企业社会责任水平、利益相关者治理水平、信息化安全水平，对商业生态的贡献，对就业的贡献，对社会和谐的贡献，对生态环境改善（如节能减排）的贡献等。

需要注意的是，测度专业化效率方向上的信息化效益，理论上（基本面上）和实际中（真实世界中）的效益含义不同。

例如，理论上说零利润，不等于企业真的没有利润。只是说个别企业的利润，在概率上，会被其他企业的亏损抵销，从而在理论上或基本面上"不存在"，则非实际不存在。信息化测评往往在实测中很难区分哪些利润只是实际上的，而不具有典型意义。除非样本足够多，或样本质量足够好，实测结果才可能与基本面吻合。

从理论上说，这里所测的所有效益，都是零利润这个范畴内的。因此它只有增产的意义，没有增收的意义。如果增收了（具有利润，甚至超额利润），只能解释为是个别企业的战略行为或策略行为形成的偏离基本面（比其他企业更优秀但不符合一般规律，也无法推广经验）的表现。至于实测中存在利润的情况下，可以把利润归入多样化效率部分计量。

（4）产业化效能（SEC_q）

这里的产业化效能是指规模经济。规模经济（大批量生产）本来是工业化的典型特征，信息化代表与之相反的生产方式，以信息技术促进规模经济似乎是一种矛盾现象，但这种矛盾却是现实存在而合理的。认识这种矛盾是合理测度信息技术的规模经济效能的前提。

经济发展本身就是一个矛盾对立统一相互转化过程。规模经济（单一品

---

① 中国电子信息产业发展研究院．中国信息化与工业化深度融合发展水平评估蓝皮书（2012）[M]．北京：中央文献出版社，2013.

② 工业和信息化部信息化推进司，电子科学技术情报研究所．工业企业信息化和工业化融合评估研究与实践（2010）[M]．北京：电子工业出版社，2012.

种大规模）与范围经济（小批量多品种）的矛盾并不自信息化始，它们就存在于工业化发展的全过程中，只是规模经济一直占据工业化生产方式的主导方面，而随着信息化的兴起范围经济才越来越成为生产方式的主导方面。然而在信息化过程（尤其是信息化工业化两化融合过程）中，规模经济也并没有退出历史舞台，它仍然作为一种重要生产方式，或生产方式的次要的方面存在。从某种意义上说，从工业化向信息化转变的过程，对商务本体来说，就是生产方式的内在矛盾相互转化，从规模经济主导向范围经济主导转变的过程。

转变的原因，我们也可以通俗地用增产与增收的关系比喻。规模经济增产但不增收是它被迫从生产方式的主导方面转向次要方面的原因。规模经济通过做大（规模化）来做强（实现利润）在工业化后期阶段，正陷入产值高而利润低的困境（即传统中国制造的困境），原因是充分的完全竞争（$P = MC$）必然导致零利润。因此个别的厂商主观想通过同质化生产降低成本追求利润，但全体的厂商客观上却越来越趋于零利润。只能实现增产，但不能实现增收。零利润是同质化发展到全球化充分竞争后的必然。范围经济通过做优（优质化）来做强（实现可持续利润），实质是利用差异化来实现增收（特指 $P = AC$，$AC - MC$ 这部分稳定的利润），范围经济是使"做优"稳定可持续的生产方式条件。

但如果说增收是二楼，增产就是一楼，人不可能不经过一楼直接上二楼。因此，即使在信息化条件下，规模经济（做大做强）仍有存在的一定必要性。做优做强做大是统一在一起的。由此可以理解，以信息技术促进规模经济的实现，在现实发展中仍然可以是合理选择。

同样，信息技术也有两面性，或者说内在矛盾，主导的方面是与信息化主导生产方式一致的提高多样化效率的方面，在测评中表现为沿着 N 轴发展的方面；次要的方面是与工业化主导生产方式一致的提高专业化效率的方面，在测评中表现为沿着 Q 轴发展的方面。

研究和测评信息技术促进规模经济，实际是在研究和测评以信息技术的专业化作用服务于工业化的规模经济。也可以认为是，以信息技术为手段，以工业化为目的（信息化为用，工业化为体）；或不用信息技术所长，而用信息技术所短，来为信息化打好产业化基础服务。

不是技术越先进，生产方式越先进，经济效益就越好。技术与经济的结合，以适宜为好。无论在工业化与信息化融合阶段，还是在信息化的初级阶段，都必须高度重视产业化的基础作用，充分认识利用信息技术实现规模经济的重要意义。

规模经济或规模报酬递增作为大批量生产经济性的规律，是指伴随着企业生产能力的扩大而出现的生产批量的扩大，以及由此而带来的平均成本的降低和企业赢利的收益递增现象。规模经济的本质在于分工专业化带来的经济性，是一种分工专业化经济或结构经济（林金忠，2002）。准确说，规模经济是分工专业化效率随结构中的规模扩大而变得更加经济的现象。

从技术经济学角度来说，规模经济的核心概念是指在投入增加的同时，产出增加的比例超出投入增加的比例，即单位产品平均成本随产量的增加而降低，规模收益递增。如果细致区分，可以将规模经济分为技术上的规模经济、成本上的规模经济和收益上的规模经济等。

信息化中的规模经济与工业化中的规模经济，既有联系，也有区别。联系在于都具有专业化效能提高的特点，都具有平均成本降低的特点；区别在于信息化的规模经济，是以数字化手段实现的，因此具有智能化效应。其中虚拟企业、虚拟企业联盟、规模化平台经济等现象，是工业化中不存在的。其本质在于，利用无形资本使用的非排他、非专用特性，通过支配权与使用权两权分离，分享使用权，而使整体相关市场专业化平均成本降低，实现规模经济。

信息化测评中，测度信息技术带来的规模经济，可以从以下不同角度设计指标。

1）信息技术递增规模化生产收益。

信息技术推动规模化生产是智能化规模经济的一个基本特征。它通过两种途径实现，需要从这两个方面进行测度。

第一种途径是直接提高规模化生产的效能。专业规模经济也可能带来这样的问题：由于生产过程分化成许多个单一产品的生产企业，则企业外市场交易成本可能较大。第二种途径是通过降低分工专业化的职能协调成本，为进一步的分工专业化创造条件，从而间接地提高规模化生产的效能。

信息化提高规模化生产水平在测评上，可以通过多种指标反映。

一是通过生产的单位劳动生产率提高来反映专业化的规模经济。例如，贵州开磷集团建设"数字化矿山"，10 年前一个矿段 1000 余人生产 40～50 万

吨矿石，现在 200 余人可生产 100 万吨以上。人均生产率以前不到 500 吨，现在已经达到几千吨，将来目标是达到人均一万吨。

二是通过企业规模扩张，如市值、收入规模来反映。其中，市值往往反映市场对企业规模做大的预期，因此观察信息化对市值影响，可作为规模经济发展态势的参考指标。

三是通过市场占有率与销售收入来反映，将信息技术与之相关，可以看出技术与经济的关系，实质是信息技术与"做大"的关系。但利用这类指标进行分析时，也要看到"做大"的局限，因为做大不等于做强（利润高）；利用做大来做强，不一定可持续。要平衡分析增产与增收的关系。

2）信息技术递增智能化制造收益。

智能化制造在此指智能化规模经济的制造。这里的窄义的智能化是指使机器系统具有利用可以程序化的知识的能力（以此区别于非程序化的智慧）。软件系统嵌入机电一体化系统是其突出特征。规模经济的规模在此是指功能复杂化的规模，规模经济在此特指系统效能随功能复杂化的规模提高而提高。其中功能复杂化是指功能复杂而非复杂性。我们将复杂性网络化的智能制造归入范围经济。

测度包括制造业中的嵌入式系统、智能型嵌入式系统等。控制复杂过程，使复杂的过程处理得简单化。测度重点是软件对产品设计的作用，软件对生产规划的作用，软件对生产过程的作用，软件对生产实施的作用，软件对生产服务的作用，以及所有生产流程中的软件集成[①]。

例如，化肥行业广泛利用 DCS 智能控制系统调整生产工艺参数，实现了生产流程的智能控制，降低了设备故障率，减少了废品的产生，有效降低了电能及热能的消耗量，达到降低加工成本的作用[②]。

智能化与智慧化有一个最大的不同（甚至是相反之处），应当在测评中有意识地注意到：智能化从根本上来说是属于简单性的（机器无论具有多少智能仍是机器），简单性范式本身就隐含着复杂性不经济、多样性无效率的假定（而智慧化相反假定复杂性经济、多样性有效率），因此它对于复杂性的根本态度，是将其消灭，转化为简单性。例如认为"重点在于减少复杂性"，为此

① 森德勒．工业 4.0：即将来袭的第四次工业革命 ［M］．北京：机械工业出版社，2015.
② 工业和信息化部信息化推进司，电子科学技术情报研究所．工业企业信息化和工业化融合评估研究与实践（2010）［M］．北京：电子工业出版社，2012：85.

"将系统的功能和逻辑性与实现它们的技术分离开来"。这时的技术－经济关系特点是，技术是信息化的（信息技术），经济是工业化的（表现为自上而下的中央控制）。典型如慕尼黑工业大学提出的 TUM 方法体系结构，用系统工程的方法控制工业 4.0。这个意义上的工业 4.0，并非信息革命（以信息化为目的，以信息技术为手段）而是改进了的工业革命（以工业化为目的，以信息技术为手段）。这样说，不代表智能化制造对于中国来说已经落后。实际上中国工业化还没有达到智能制造的阶段，因此它仍是先进的理念，对于推动传统工业化实现新型工业化，仍具有指导意义和现实价值。

3）信息技术递增内部管理收益。

一是通过内在的规模管理，降低下属分散化组织的协调成本，可以提高制造业企业内在的规模管理。

谢康曾对规模管理做过专门研究。他指出："管理效应是规模经济在企业信息化中的具体体现之一，它是与生产的规模经济相对应的管理的规模经济形式。规模管理能够降低边际管理成本的原因在于信息技术使企业以低信息成本实现共享管理成本，使企业总体管理成本分摊到各个管理环节和流程中。"①

谢康认为，可以内在带来规模管理的技术中，ERP、JIT 和一体化技术软件较为适合对企业全部生产和管理流程及其外部活动提供管理支持，包括企业采购、物料供应、库存、生产流程、销售、财务、人力资源和信息等管理流程；MRPII、CIMS 和 CALS 软件包则注重于将企业内部与外部的各个单项业务管理整合成整体规模管理，将各个管理"孤岛"连接起来。可以作为设计指标时参考。

二是整合一体化经营，扩大企业规模，以企业替代市场。

谢康称之为"规模管理效应扩大了企业最优边界"。指借助信息技术提高企业外部关联企业或组织相互之间获取和处理信息的效率降低企业内部的边际管理成本。例如，利用 JIT、MRPII、CIMS、CALS、ERP，通过外在的规模管理，消除价格发现成本。

这种效能，有人称之为综合规模经济，是指将不同的生产（纵向是迂回生产过程的不同环节，横向是不同迂回生产的产品或服务）组合到一个大企

---

① 谢康. 知识优势——企业信息化如何提高企业竞争力［M］. 广州：广东人民出版社，1999：93.

业（或企业集团）里，从而可以导致市场交易的内部化。这样在市场交易成本较高的前提下，使组合后大企业（或集团）内的管理协调成本低于市场上的交易成本①。

4）信息技术递增无形要素内部分享收益。

信息技术推动实现制造业企业规模经济的另一种方式，是在企业内部分享无形要素，使投入在这些要素上的固定成本，均摊在各个业务中，从而使平均成本递减。可以从以下角度进行测评：

一是信息技术促进专业化数据集成与分享。例如，上海汽车乘用车分公司建立了跨国异地协同 PLM 相关系统产品开发平台，该平台包括一致的 PDM&BOM、ERP、MES、DMS、CRM、SRM、E－HR 等系统平台，实现了产品全生命周期数据和知识最大限度的集成、分享和重用②。

二是信息技术促进知识型产品规模经济。例如通过软件系统的复用，由于每个产品追加的变动成本很小，软件开发成本随着产品产量的增加而均摊，产品的平均成本呈递减之势。使很小的企业都可以获得规模经济效应。

三是信息技术推动学习能力提高。在企业越来越依靠人力资本的情况下，由于知识成本具有一次投入而通过反复应用而均摊的特点，企业通过电子学习提高员工的学习能力，会产生规模经济的效应。

四是通过研发信息化，复用研发资源，提高技术创新效能。例如中信重工机械股份有限公司在产品研发信息化中，通过 4CP（CAD/CAE/CAPP/CAM/PDM）集成设计环境建设，统一了产品设计平台和软件系统等。其中 PDM 系统有效地保证提高了产品数据集成管理和共享的水平。通过 CAD、CAE、CAPP、CAM 间的数据共享，为实现各部门的协同设计提供了良好的平台，提高了设计效能。设计周期缩短了 40%，设计、工艺的技术准备周期缩短了 40%，产品研制成本降低了 12.1%。

五是信息技术推动品牌效益发挥。例如，企业通过互联网事件营销、网页优化等推广活动提高知名度，企业利用其较高的知名度使自己获得与知名度相匹配的市场规模。

---

① 何晓星．论两种规模经济：专业规模经济和综合规模经济［J］．上海管理科学，2003（4）．
② 工业和信息化部信息化推进司，电子科学技术情报研究所．工业企业信息化和工业化融合评估研究与实践（2010）［M］．北京：电子工业出版社，2012：143.

5）信息技术递增虚拟企业发展和一体化收益。

信息技术还可以通过在企业外部分享无形资源，而提高整个相关市场的规模经济水平。

一是通过信息技术实现虚拟企业运作和供应链协作。

虚拟企业本质上是一种独特的产权安排，独占支配权而分享使用权，固定成本按使用收费。举例来说，宝钢供应链管理平台的软件所有权中的支配权（ownership）归宝钢专有，但使用权（access）归上下游100多万厂家分享。由于共用平台这一核心资产，整个上下游企业好像是一个企业一样（如果按传统资产专用性标准），但实际不是（因为上下游企业使用资产，不等于拥有资产）。再如，徐工集团以供应链管理为主线，建立了现代物流管理信息平台，已和489家主要协作厂商建立了数字化物流通道。协作厂商可直接根据徐工集团采购计划形成自己的生产计划，实现了战略协作，基本实现了零库存[①]。

虚拟企业有各种存在形式，主要视平台分享的资产类别而定，包括进行市场信息集合和披露，分享管理软件，分享渠道与品牌，分享知识。

二是通过建立企业生态联盟，使中小企业增加机会。例如北京佳霖恒兴公司采用信息技术后，以前只能代理一个品牌，现在代理7个。下游的经销商，也从以前的2～30家发展到现在的600多家。如此多的代理品牌，再加上经销商，靠人工是无法管理的，一切全赖信息系统的支持。

6）信息技术递增需求方规模经济收益。

信息化规模经济的一个特殊现象是需求方规模经济。这是指以消费者数量为资源，通过分享规模化的用户，降低整体的用户发现成本与流量转化成本。

此外，还可以从成本角度，测度信息技术使规模成本递减的指标。注意，与 TEC 中效益中成本效率（CE）的区别在于，CE 表现在成本减少（效率变化），而 SEC 是指成本递减（效率变化率）。具体可分为以下几方面[②]。

7）信息技术递减单位固定成本。

由于在一定范围内，生产中的固定成本与批量无关，所以在固定成本不

---

① 工业和信息化部信息化推进司，电子科学技术情报研究所. 工业企业信息化和工业化融合评估研究与实践（2010）[M]. 北京：电子工业出版社，2012：116.

② 何晓星. 论两种规模经济：专业规模经济和综合规模经济 [J]. 上海管理科学，2003（4）.

变的条件下，产量越大，每单位分摊固定成本越小。信息化促进这一效果的实现，成为信息化的规模经济效能指标的测度对象。

针对低成本业务扩张的指标，可以反映信息化对规模经济的支撑。例如，河南众品食业股份有限公司以总部标准化产业基地的两化融合为模板，在全国先后复制了 10 个标准化肉类加工基地和 15 个冷链物流产业基地，形成了产业集群，进而形成了以京津唐为中心的华北产业群。规模变大后，同样生产的固定成本不变，因此平均成本被不断摊薄，信息化支撑了企业低成本快速扩张[①]。

8）信息技术递减总量固定成本。

某些生产方式，如化工、冶金、船舶或管道运输等，其容量（或流量）随装置或容器长度的立方倍数而增加，但其表面积随长度的平方倍数而增加。所以如果增加生产装置的长度尺寸，其容量增加的幅度超过其制造所需材料增加的幅度，实现产出增加而固定总成本的投入减少。

这种方法运用到软件基础设施建设的固定成本上也十分有效。例如，伊利软件升级，投入增加了约 10 万元。而企业版增加的"分公司离线和在线结合使用"功能一个月就能省下同一数字的通信费用。又如，通电气公司的信息系统建设在从分散向集成过渡期间，为了避免重复建设，曾以 25 亿美元买下电子数据系统公司，在此基础上建立统一的信息处理系统，全公司分享系统，产出增加而 25 亿美元的投入不再增加，因此这笔固定成本逐渐被分摊在各项应用之中。

9）信息技术递减单位采购成本。

这里有两重意义，一是降低采购人员及采购有关的单位固定成本，二是大批量采购降低购进价格（指批量优惠）。

例如，山东魏桥创业集团电子采购平台，从计划审报、价格审批、订单、到货、入库、出库、验收等各个业务环节集成在透明化的系统中。为了打通询价这一整个采购的瓶颈，改变了以往通过业务员传真询价或是现场招标的做法，采用电子询价、电子报价和竞价三种电子招标流程，彻底解决了询价瓶颈，杜绝了违规现象，降低了招标成本，也使采购价格明显下降。目前平

---

① 工业和信息化部信息化推进司，电子科学技术情报研究所. 工业企业信息化和工业化融合评估研究与实践（2010）［M］. 北京：电子工业出版社，2012.

台注册供应商已超过 3000 家，可采购的物料明细已经超过 20 万种，集团 95％的物料采购工作都通过这个平台进行，实现了批量优惠，降低了采购的单位固定成本。

10）信息技术递减管理成本。

专业规模经济意味着单一产品的大批量生产，省却了许多不同产品生产之间的协调管理，因而专业规模经济所依托的层级组织必定比较简单。

例如，贵州开磷集团通过信息化中的管控一体化建设，实现底层控制信息、中间层管理信息和高层决策信息的高度集成，实现了一体化扁平化管理，提高了企业的专业化管理效能[①]。

11）信息技术递减单位设施成本。

利用云计算在公有云上为企业配置服务器等资源，可以有效分摊单位设施建设所需成本。

例如，亚马逊推出的 EC2，可以让客户自己随需创建服务，使开发者和企业家能够关注于优化应用本身，而不是去分心建设他们的数据库。Animoto 公司利用亚马逊的弹性云平台，三天创建的新服务就从 50 个增加至 3500 个。以往即使有钱，也不可能在如此短时间内准备如此多的服务器。

12）信息技术递减学习成本。

这也可称作专业化分工协作效应。显然，长期专于一项生产，批量越大，越易于积累经验和提高技能，并减少对不熟悉生产的损失和成本。同样，电子化学习可以通过成员的互动交流，迅速缩减生手的学习入门时间。

例如，国际某著名咨询公司通过将长期积累的行业咨询经验转化为程序化的电子模板，可以使刚入行的实习生在短期学习后，迅速进入角色，为 500 强公司提供咨询。

10.2　服务化带动：超额附加值的常态化

对制造业来说，产业化与服务化分别针对的是效率与效果。效率特指同质化效率，指涉专业化效率；效果特指多样化效率，指涉服务化效率。二者在理论经济学上的区别在于，专业化效率的最优是完全竞争均衡定价 $P = MC$，

---

① 工业和信息化部信息化推进司，电子科学技术情报研究所. 工业企业信息化和工业化融合评估研究与实践（2010）［M］. 北京：电子工业出版社，2012：83 - 84.

高于 MC 的价格是无效率的；服务化效率的最优是垄断竞争均衡定价 $P = AC$，它存在一个 $AC - MC$ 的特殊溢价，我们称之为超额附加值。

在真实世界中，制造业服务化带来的高附加值——高于未服务化的单纯制造业的超额附加值，是可以稳定存在的。对应信息化与网络经济的理论经济学结论，就是内生复杂性这一维度的三维均衡是稳定均衡。从这个意义上说，制造业的服务化专门研究制造业的高附加值来源，以及围绕高附加值的生产率计量。服务化带动是指信息技术与这种生产率提高之间的技术经济联系。

10.2.1　制造业服务化机理

（1）制造业分工多样化

制造业服务化（Servitization of Manufacturing）主要是分工多样化的结果，而现有理论绝大多数把它视为分工专业化的结果。这是制造业服务化机理解释上的重大不同。

将分工分为分工专业化与分工多样化两个相对的方面，是杨小凯的首创。专业化对应斯密说的分工的深度（规模，如规模经济），多样化对应斯密说的分工的广度（范围，如范围经济）。信息化与网络经济在基础理论上，将范围经济一律定义为异质范围经济（基于品种的范围经济）。这意味着对服务化的解释，与对产业化的解释有本质上的不同。

专业化是产业纵向分工（职能专门化），多样化是产业横向分工（品种多样化）。信息技术降低前者成本，属于对同质化简单系统的分工协调，降低的是同质性成本；降低后者成本，则属于对异质性复杂系统的分工协调，降低的是异质性成本。

个别理论已经在现象上区分了专业化与多样化，但仍误把分工直接等同于专业化分工。我们称之为泛专业化的观点。例如有"专业化分工的广度（服务种类）与深度（服务专业化水平）"[1] 这样的提法。正确的提法应是分工的广度与深度，或分工的多样化与专业化，因为深度本身就是专业化。在把分工等同于分工专业化的认识下，许多学者也已经注意到服务化与多样化在机理上的内在联系。Katouzian（1970）指出中间产品的范围不断扩大，复

---

① 王江. 生产性服务业的创新战略［M］. 北京：中国商务出版社，2014：21.

杂性不断提高，对服务化的需求会不断增长。一些学者从成本角度认为，复杂的中间投入种类越多，生产力水平越高，但与此相应的交易次数和相关成本越多[1]，服务化可以降低交易成本。沙拉维茨把制造业服务划分为内部服务与外部服务，认为服务化通过内部服务延展，提高制造业企业竞争力，而通过外部服务的复杂化，提高顾客的价值[2]。

未区分专业化与多样化，而以专业化机理解释服务化的观点，我们称之为唯专业化的观点。例如认为，"依据古典经济学的分工理论，生产服务外部化是分工深化、专业化程度提升的表现"[3]。这种观点回避了多样化。它没有直接否定多样化，但基本无视或者说没有意识到多样化的存在。比上述说法更圆滑的说法是，制造业服务化降低分工带来的成本（而不挑明是专业化的纵向协调成本还是多样性的横向协调成本），有利于进一步的分工专业化水平提高（但不提及是在分工多样化水平提高、不变还是下降哪种条件下提高分工专业化水平）。例如弗朗斯瓦（1990）的提法："有利于劳动分工进一步深化，使企业获得了规模经济和专业化经济"[4]。又如波特的观点"专业化而不是规模经济，是企业面临多样化需求竞争环境下的一个重要的战略性选择"。考虑到分工专业化与分工多样化都涉及成本，制造业服务化从协调多样化协调成本角度节省交易费用，可以弥补分工专业化增加的成本，而使总的分工水平得到提高。这里存在多种多样的排列组合，甚至不排除在专业化水平下降情况下提高分工水平也成立。

（2）产出服务化：超额附加值

制造业服务化的研究有一个很好的传统，分产出服务化与投入服务化分别进行研究。这为生产率研究带来了方便。尽管产出服务化与投入服务化有其特殊含义，我们这里还是从生产率投入产出角度来理解，可以把服务化的效率分为投入产出两个方面，产出主要从需求方面界定，投入主要从成本方面界定。

在产出服务化方面，多样化效率主要表现在增值上。推动制造业服务化的经济因素包括，产品服务系统能够获得稳定、高边际利润的收入（Gebau-

---

[1]　朱胜勇，蓝文妍. 第三产业生产服务研究［M］. 北京：经济科学出版社，2013：23.

[2]　郑克强，彭迪云，等. 产业结构服务化拐点的理论探索与应用研究［M］. 北京：中国社会科学出版社，2012：63.

[3]　朱胜勇，蓝文妍. 第三产业生产服务研究［M］. 北京：经济科学出版社，2013：22.

[4]　陈宪，等. 中国现代服务经济理论与发展战略研究［M］. 北京：经济科学出版社，2011：315.

er，2005）；通过服务化获得差异化竞争优势（Gebauer，2007）或通过附加服务销售更多的产品（Mathieu，2001）①。

刘继国认为，制造业产出服务化趋势形成的根本原因，在于"企业期望提高产品差异化优势和财务绩效"②。由于差异化而带来产品价值之上的超额附加值，对制造产品必然起到服务增强（Service Enhancement）作用。

多数学者都注意到服务化与增值之间的内在联系。有一种简单的方法用于增值测度，这就是测企业的利润。因为完全竞争下利润为零，假定样本足够多，或样本质量足够好，一旦测出利润（而且对行业利润具有代表性），理论上就说明是 $P = MC$ 之上的增值。

（3）投入服务化：中间环节增加

在投入服务化方面，多样化效率的基本逻辑分两个方面，一个方面是服务中间环节的增加，另一个方面是制造业交易费用（主要是复杂性成本③）的节约与边际递减。

先看第一个方面，即从提高产出上增进效率的逻辑。

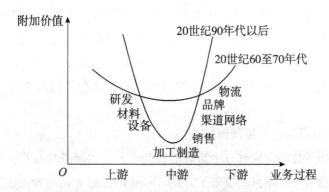

图 10 - 1　基于产品价值链的微笑曲线

在产品的附加值链条中，"微笑曲线"（如图 10 - 1 所示）左端的研发、材料、设备等上游环节，与右端的销售、渠道网络、品牌、物流等下游环节，附加值较高；而中间的加工制造附加值较低。由此可以从经验中得出结论：

---

　　① 黄群慧，霍景东. 全球制造业服务化水平及其影响因素——基于国际投入产出数据的实证分析［J］. 经济管理，2014（1）.

　　② 安筱鹏. 制造业服务化路线图：机理、模式与选择［M］. 北京：商务印书馆，2012：15.

　　③ 专业化交易费用（协调成本）主要在产业化中分析.

"生产者服务是产品价值增值的主要源泉"①。

其次从理论上看，分工多样化是解释服务化现象的最主要理论。一般认为，外包是服务化的标志。与分工专业化导致的迂回路径延长不同，外包延长的不是企业内部的生产迂回路径，而是企业外部的服务迂回路径。这种迂回，体现为服务中间产品品种的增加。

制造迂回与服务迂回代表着分工专业化与分工多样化两种方向，二者的实质区别在于：第一，制造迂回是一个标准化过程，而服务迂回是非标准化的过程（包括服务产业化后"半标准 - 半非标准"，即"平台标准化 - 应用个性化"，而以应用主导增值的过程）。这可以解释为什么"生产服务实际上是人力资本、知识资本和技术资本进入生产过程的'桥梁'"。这是因为，上述服务型资本都是长于增进非标准化过程增值的。第二，生产迂回是在与消费者距离拉长（使成本控制更加专业化）、强化生产者中心之中增进价值，服务迂回是与消费者贴近（使效用偏好更加多样化）、强化消费者中心之中增进价值。一些人由于看到分工导致迂回路径延长，而把专业化与多样化混为一谈，而忽略了产业化与服务化的本质区别，进而认为信息化与工业化在商务本体上是一回事，而无法深入解释信息化生产方式的不同之处。

（4）投入服务化：成本弱增性与范围经济

再看第二个方面，即从降低成本上提高效率的逻辑。

多数学者和标准理论都把制造业服务化当作在成本上降低效率的过程，以致降低的部分，要靠专业化或规模经济来弥补。换句话来说，他们把多样化仅仅当作成本提高过程，而只认为专业化可以降低成本，更直接地说，认为多样化无法降低成本。

但实践已经系统地、而不是零散地证伪了这种判断。信息化实践更是在证明着相反的逻辑：制造业服务化可能仅仅由于复杂性的提高而从供给方面导致平均成本递减。这种现象被称为智慧化。对复杂性经济和智慧化经济，我们在前面章节中提供了一个非常粗略的一般的测评方法。以下我们将结合制造业化服务化更进一步地讨论这个问题。

首先是多样化效率。一般提到效率一词，都是指专业化效率。多样化的投入产出同样存在效率问题，即以较少的投入获得较多的产出，只不过这里

---

① 陈宪，等. 中国现代服务经济理论与发展战略研究［M］. 北京：经济科学出版社，2011：330.

的产出是质的多样性。

企业的差异化战略，实际就是旨在提高多样化效率的战略。多样化效率的提高，从技术经济计量角度看，需要新的维度来观察。一般说的专业化效率，观察的产出往往是数量产出，涉及价格往往只是涉及成本。效率被理解为以较低价格的成本，提供更大的产出数量。多样化效率的观察角度不是这样。多样化产出主要表现在超额附加值上，因此是利润敏感的；价格更多体现在多样性偏好引致的需求价格特征上；产出数量相对来说是一个非敏感的指标。

需要指出，即使从传统观点出发，认为差异化必然导致较标准化为高的成本——这一点从信息技术应用看是不一定的，多样化效率问题仍然存在。因为设成本不变，多样化的产出总有高低之分，这就是它的效率。

我们后面将专门从产出服务化的角度，进一步解析这个问题。

其次是多样化效能，即范围经济，代表性的观点来自安筱鹏的《制造业服务化路线图》。从成本弱增性与范围经济方面，揭示了其中与传统相反的成本机理。

安筱鹏认为，"制造企业服务化转型的本质是企业经营范围的扩张和拓展，从提供产品组合到提供"产品组合＋服务"组合（产品服务系统）"[①]。他在论证范围经济时，援引的是夏基（Sharkey，1982）、鲍莫尔（Baumol，1977）在研究自然垄断时提出的成本弱增性概念。

所谓成本弱增性（subadditivity）也可称为成本次可加性或成本劣加性，它表明由一个企业生产一定数量产品（既可是一单产品，也可是多产品的组合）的成本小于多个企业分别生产同等数量产品的成本之和。对于单一产品的成本弱增性常常表现为规模经济；对于多产品的成本弱增性通常表现为范围经济。在多产品的情况下，成本弱增性主要表现为范围经济性，即联合生产的效率性，或者说，只要存在着成本弱增性，就必然显现出范围经济。

我们在前面章节中曾指出多产品范围经济与多品种范围经济不同。安筱鹏依据的是多产品范围经济，我们依据的是多品种范围经济。二者的计算结果并无区别，只是单位不同。前者的产品对应后者的品种，前者的"单一产品"对应后者的"单一品种"（$N=1$），前者的"多产品"对应后者的"多品种"（$N>1$）。张伯仑曾采用过把品种称为产品的做法，只不过当产品指品种时，张伯仑一律加了引号，变成"产品"，以区别于不加引号的产品一词。

安筱鹏认为，成本弱增性所导致的范围经济从本质上来讲是源于对企业剩余资源的充分利用，这些剩余资源或者闲置资源可以为企业的生产经营活动提供一种外在经济，一种投入用于生产一种产品的同时对其他产品的生产也有帮助。从这个意义上来看，资产的通用性是形成范围经济的重要原因。

就无形资产而言，范围经济还来源于专业人才、知识资源、管理能力等无形资源的充分利用。传统的范围经济思想主要强调通过有形资产的共享而获得，随着知识、技能、管理、商誉等无形资产在企业生产经营中的作用日益重要，对这类无形资产的共享已成为范围经济的重要来源。安筱鹏的这一看法直接照应了前述服务型资本的说法，它不仅作用于提高产出，而且作用于降低成本。

（5）制造业服务化的外延与分类

"微笑曲线"只是制造业服务化的一种示意性分类。为了更好地进行投入产出的计量，需要对制造业服务化进行更加细致的分类。

朱森第认为，生产性服务包括围绕生产制造和加工装配开展的设备成套、工程总承包、交钥匙工程、解决方案、下料配送、检修检测、备件配件供应、上线物流、供应链管理、设备改造、设备租赁、各类服务平台、产品回收、设计研发、管理咨询、生产力促进、商标专利、会计审计、法律咨询、会展、担保、ASP、培训以及电子商务等。

据安筱鹏的分类，能够融入制造环节的服务主要包括以下方面：研究开发、设计、试验；第三方物流、供应链管理优化；工程总承包、交钥匙工程、系统集成、整体解决方案；检测、维修、零部件定制服务；融资租赁、设备租赁，担保、再保险、BOT、BOO；咨询，诊断，评估，审计；呼叫中心、应答中心，远程监控、基于网络的内容服务；软件开发与应用，SaaS、PaaS；产品生命周期结束后的回收、处理、再制造；电子商务；会展、培训；长期协议服务。

由于我们研究的目标是进行技术经济计量分析，而非一般的产业链分析，因此设计指标进行分类，需要从上述分类中，进一步提炼出相对通用的、与投入产出量化特征直接相关的产品与服务组合分类。

按照产品服务系统（Product Service System，PSS），可以将产品与服务的组合分为四类。

一是产品导向的产品服务系统（Product oriented PSS，PPSS），包括开发设计、安装调试、维护和运行等。我们把效用导向的产品服务系统（Utility oriented PSS）如个性体验，也归入这类。

在这类产品服务中，顾客或直接使用"产品"，或以产出的形式直接获得某种效用。无论产品的所有权是否转移，这类产品服务提供的价值，都主要在通过服务对产品效用偏好的增强上。其复杂性价值在于依托实体产品的多样性偏好的满足。

二是服务导向的产品服务系统（Service oriented PSS，SPPS）。例如分销与零售、采购服务、供应链管理、电子商务、运营外包、金融服务、咨询服务等。

这类产品服务不进行产品所有权转移，"劳动产生的效用并未固定或体现在任何物体中"（穆勒，1848），"不含有任何可以转移的获得物"（佩蒂特，1987）而重在服务的使用权转移。其复杂性价值在于提供"特殊使用价值"（马克思），即作为活动的劳动（特别是复杂劳动，而不仅仅是简单的劳动力）。

三是集成导向的产品服务系统（Integration oriented PSS，IPPS）。如对服务环节的整合，以及总集成服务。

这类产品服务提供的服务，使分散的局部服务的价值，在整合为整体后，高于它们在分散状态下价值之和。其复杂性价值在于让整体服务价值大于局部服务之和。

四是应用导向的产品服务系统（Apply oriented PSS，APSS）。如租赁合约，产权和资产服务，IaaS（基础设施即服务）、PaaS（平台即服务）、部分DaaS（数据即服务）与 AaaS（分析即服务）等。

这类产品服务重在对服务资产的使用权转移。交易过程中，实物产品的产权并不转移，仍然由产品服务系统提供者所有；转移后的使用本身，是增值性的应用服务。因此可以视其为对服务的服务。

10.2.2　产出服务化与绩效

（1）增值的基本途径

制造业服务化首先是一种与增值有关的现象，从产出角度定义会更突出这一点。

Vandermerwe 和 Rada（1988）一开始对制造业服务化进行定义时就定义在增值上：企业提供以顾客为中心的结合物品、服务、支持、自我服务及知识的"集成包",为企业的核心业务带来增值。如周静芳、俞安平所指出,"服务作为附加利益重要和主要的构成要素逐渐成为生产厂商之间进行激烈竞争的主要武器"①。

服务化为企业竞争力提高在增值方面带来好处可以归结为三个大的方面②:

首先,服务化有利于厂商与顾客形成稳固的合作关系。顾客忠诚是抵御竞争的最坚实的屏障,制造商在服务过程中加深了与顾客的交流,有助于双方建立起长期的合作关系,这是其他竞争对手难以取代的。

其次,服务化有利于提高产品差异化,增加了竞争对手的模仿难度。服务除了具有无形性和劳动依赖性,还具有一定的区域性,其他企业往往需要在当地进行大量投资才能获得这种能力。

"实体产品日益依赖服务的支持,产品和服务的一体化系统能够为企业带来'差异化'的竞争优势。"周静芳、俞安平进一步从两个方面概括了差异化核心竞争力的实现渠道:"第一,产出的差异化优势。从服务型制造的产品服务系统来看,产品本身的质量、外形、品牌等会形成有别于其他产品的差异化竞争优势。面向应用的产品服务系统可以通过租赁等方式,来形成基于产品质量结合服务的核心竞争力;面向效用的产品服务系统则更突出以服务质量为主的难以模仿的差异化竞争优势。第二,过程的差异化优势。服务型制造通过生产性服务、服务性生产以及顾客的全程参与等环节实现差异化优势,结合价值链中的各个环节来形成对手无法模仿的差异化竞争力。并通过长期的积累,形成企业独具的核心竞争力。"③

最后,服务化有利于厂商掌握物品的有关信息,加快技术创新。在服务过程中,制造商可获得大量关于自身甚至是竞争对手生产的物品的使用和需求信息。把这些知识反馈到制造部门,可帮助企业在设计方面不断完善,使之能跟随市场的变化而迅速调整。

需要注意,在这里,提高企业竞争力,是作为一种产出——虽然是归因于需求方面——而被计量的。

---

① 周静芳,俞安平. 服务型制造的差异化优势及其形成机理研究 [J]. 科技进步与对策,2011(12).

② 陈洁雄. 制造业服务化与经营绩效的实证检验——基于中美上市公司的比较 [J]. 商业经济与管理,2010(4).

③ 周静芳,俞安平. 服务型制造的差异化优势及其形成机理研究 [J]. 科技进步与对策,2011(12).

（2）产品服务系统增值分类

安筱鹏对服务型制造企业通过服务实现增值的途径和空间的概括，如表10－1所示[①]，为测度制造业服务化增值指标，提供了一个有参考价值的框架。

表10－1　　　　服务型制造业企业通过服务实现增值的途径和空间

制造业服务化模式	增值服务的途径	钢铁	化工	装备	汽车	船舶	服装	电子
基于产品效能提升的增值服务	个性化的产品设计	●		●●	●●	●●	●●●●	●●●
	实时化的在线支持			●●●●	●●●	●●●		●●●
	动态化的个性体验				●●●			●●●●
基于产品交易便捷的增值服务	多元化的融资租赁	●●	●●	●●●	●●●	●●●		●
	精准化供应链管理	●●●●	●●●●	●●●●	●●●●	●●●●	●●●●	●●●●
	便捷化的电子商务	●●●●	●●●●	●●●●	●●●●	●●●●	●●●●	●●●●
基于产品整合的增值服务	一体化的成套安装			●●●●				●●●●
	集成化的专业服务	●●	●●●	●●●●	●●●	●●	●	●●●●
从基于产品的服务到基于需求的服务	构建基于动态需求的一体化解决方案			●●				●●●●

注：制造业提供服务的增值的空间：●表示低，●●表示平均水平，●●●表示高，●●●●表示非常高。

我们根据产品服务系统（PSS）分类略作调整，结合安筱鹏的分类，列出以下参考的指标，可供观测增值时作为数据来源。注意，以下不是信息化指

---

① 安筱鹏．制造业服务化路线图：机理、模式与选择［M］．北京：商务印书馆，2012：96－97.

标，而是构成信息化指标中商务本体成分而采集数据所需指标。相当于电子商务中的商务指标（先不考虑与电子是什么关系）。

第一类（PPSS 类，含 UPPS）基于产品效能提升的增值服务指标。

一是实时化的在线支持，包括设备售后服务，设备远程诊断服务，设备实时检修服务，基于无线技术的实时运维服务等。

二是个性化的产品设计，包括个性化产品设计，量身定制产品，产品与品牌体验中心等。

三是动态化的个性体验，包括依托硬件的个人娱乐服务，手机位置服务等，以物品为平台提供体验服务。

在产品服务系统中，企业可以通过产品本身的差异化，在产品的外观、性能、结构、质量等方面形成区别于其他产品的差异化优势。也可以通过提供有助于提高质量的服务，如装配、维修、售后服务等，来形成有别于其他竞争者的差异化竞争优势。

对此，可以通过进一步设计客户导向的实测指标，诸如"设计阶段客户指定产品明细、采购阶段客户指定原材料、加工阶段客户指定工艺过程和装配阶段按顾客要求组装"① 等，得到量化的验证结果。

第二类（SPSS 类）基于产品交易便捷的增值服务指标。

一是精准化供应链管理。包括实时补货，零部件管理，供应商库存管理等。

二是便捷化的电子商务。包括期货电子采购，现货电子采购等。

第三类（IPSS 类）基于产品和服务整合的增值服务指标。

一是一体化的成套安装，包括设备成套、工程承包等一体化的产品整合服务。

二是集成化的专业运营维护，包括集产品设计、方案咨询、系统设计和运维服务于一体的集成服务等。

三是构建基于动态需求的一体化解决方案。

对以上两类指标，可以通过进一步设计实测指标，诸如"客户直接购买成品，生产性服务中的外包业务，生产性服务外包业务的重要性，物料管理

---

① 周静芳. 服务型制造的差异化战略对企业绩效的影响研究［D］. 南京：南京财经大学，2011.

业务外包的比例，零部件生产业务外包的比例，组装业务外包的比例，服务性生产外包业务的重要性"等，得到量化的验证结果。

第四类（APSS类）基于应用服务的增值服务指标。

一是多元化的租赁服务。包括融资租赁，以租代买等。

二是利用服务体系支撑客户提供应用服务，包括电子商务平台支撑服务、云服务等。

测度这些指标数值的意图，在于获得与溢价正相关的数据，说明溢价的具体来源。从而把具体指标数据与整个均衡的逻辑联系梳理出来。

关于PPS对价格机制的影响机理，周静芳有一个较好的说明：

对于具有差异化的产品来说，因为消费者具有各自强烈的个性化偏好，所以该类产品的价格需求弹性就变得较小，消费者对价格的反应也变得比较不敏感，其市场需求基本不会因为企业小幅度的提高价格而下降。因此，差异化产品的涨价诱因很强烈，企业具有一定的价格支配能力。产品的差异化程度越高，企业的定价能力就越强，因此，产品的差异化为企业产品的高端定价提供了强有力的支撑①。

为了进一步验证这种说法，可以对上述各类服务，补充一组来自顾客评价的指标，包括顾客满意度（例如客户的整体满意水平，客户继续购买同种产品的比率）和顾客忠诚度（例如价格上涨，客户减少该产品购买的程度，客户购买本公司其他不同种产品的趋势），加以确认。

需要特别指出，当前信息化测评中，效益类指标设计的一个最突出的问题，就是没有针对增值机理，有针对性地设计问题，采集对应数据。从这个意义上说，上述指标设计思路，提供了一种新的方向，可以同信息技术投入进行相关分析，以得出比过去精确得多的绩效结论。

最后要指出一点，受标准理论影响，许多学者在讨论制造业服务化增值问题时，仅仅把它当作差异化战略来讨论。战略在理论经济学上对应的是短期行为，战略起作用的前提是有其他企业犯偏离均衡的错误，给本企业留下运用战略的机会空间。而从长期角度讲（所有企业都不犯错误），战略是不起作用的（即当所有企业都采取"正确"战略时，战略就会失效）。对服务化增值（$P = AC$ 高于 MC 的部分），标准理论认为它只存在于战略空间，而在长

---

① 同上页。

期完全竞争中不存在；而信息化与网络经济理论却认为这一部分增值在内生复杂性的三维均衡中，可以稳定存在①，因此差异化不光可以是战略行为，而且可以是正常行为，即使所有企业都采取差异化战略，超额附加值仍然可以稳定存在。这就带来测评上的一个特别问题。如果按标准理论来测度，可以不要求样本数量和样本质量，因为战略行为本身就意味着特殊而非普遍；但在信息化测评中，由于认为差异化不是机会主义行为，而是正常行为，因此要求或者保证样本数量，或者保证样本质量，否则得出的结果，就无法说明全局均衡了。

（3）附加值计量

制造业服务化创造出多少相对于制造业本身的溢价，这一溢价与完全竞争定价存在什么样的关系，这是信息化与网络经济的生产率计量需要观测的问题。信息化测评涉及效益，首先就要求有针对性地获得对应的商务本体（在此指溢价）数据。结合现有研究，服务化的附加值相关测度，可以从微观计算与宏观计量两个方面进行着手②。

首先，从企业微观角度来说，可以通过设计相关的指标来量化这种溢价水平。

1）服务企业附加值率。

$$附加值率 = 附加值/总产值$$

这是在附加值已知条件下，最直接的测度。一般来说，附加值率越高，说明服务化效率越高。当然，在微观测度中，附加值可能由服务化以外的其他原因引起，如竞争不充分等。企业采取战略行为本身（如差异化战略），也可能导致所得附加值超过行业平均水平。

要区分附加值是由战略行为引起，还是行业平均现象，对这个数，采集时需要提高样本数量或样本质量。

2）产业价值链中的服务比率。

$$服务比率 = 服务附加值/总附加值$$

---

① 差异化在宏观水平和长期水平持续稳定存在的最明显例子，就是服务业长期在劳动生产率低于制造业条件下，稳定地扩大在 GDP 中的比例，而不受完全竞争均衡的"惩罚"。即所谓"服务业生产率之谜"。信息化与网络经济理论的解释是，存在第三个维度——品种——从而改变了帕累托全局最优的均衡点。

② 周振华. 服务经济发展：中国经济大变局之趋势［M］. 上海：格致出版社、上海三联书店、上海人民出版社，2013.

附加值不一定都是服务创造的，如果可能，还需要从总附加值中，区分出服务附加值。

3）制造企业中非生产性人员的比率。

非生产性人员的比率 = 企业非生产性人员数/企业人员数

这一指标可以从人员角度反映制造企业中服务所占比重。

4）企业外购服务比重。

外购服务比重 = 外购服务支出/服务总支出

外包是服务本身社会化、专业化的一个重要标志，因此也可以用来显示服务化水平。

以上四类比例关系，都可以从结构上显示服务化与生产活动的相对价值关系。

其次，宏观上的产出服务化水平，可以通过服务业部门影响力系数来表示，反映服务业生产活动使其他产业的生产发生相应变动的程度。系数越大，说明服务部门对其他部门产出的拉动作用越大。

服务业部门影响力系数为：

$$F_j = \frac{\sum\limits_{i=1}^{n} \bar{b}_{ij}}{\frac{1}{n}\sum\limits_{i=1}^{n}\sum\limits_{j=1}^{n} \bar{b}_{ij}}, \quad j = 1, 2, \cdots, n \qquad (10-1)$$

分子为里昂惕夫逆矩阵的第 j 列元素之和，表示第 j 部门增加单位最终需求对所有部门产出的总影响；分母为里昂惕夫逆矩阵各列之和的平均数，表示所有部门的最终产品都增加一个单位，对整个国民经济产出的平均影响[①]。

它潜在的理论含义是，一产、二产（甚至三产）对于三产的需求，代表了全社会对服务化的需求。制造业服务化，既可能是内部服务化，也可能是外部服务化。服务业部门影响力系数至少可以说明，制造业服务化中的外部服务化，与外部服务化的整体水平，保持一定的相关关系。

10.2.3 投入服务化与绩效

较早关注制造企业服务化现象的 Vandermerwe 和 Rada（1988）对其定义

---

① 周振华. 服务经济发展：中国经济大变局之趋势 ［M］. 上海：格致出版社、上海三联书店、上海人民出版社，2013：47.

为：企业提供以顾客为中心的结合物品、服务、支持、自我服务及知识的"集成包"，为企业的核心业务带来增值[1]。我们关注的是将服务（包括中间服务）作为成本的"投入"与绩效的生产率关系。

在宏观上，可以通过服务业部门感应度系数，来反映投入服务化与全局的关系。

感应度系数反映了当国民经济各产业部门均增加一个单位最终使用时，某一产业部门因此而收到的需求感应程度，也就是需要该部门为其他产业部门的生产而提供的产出量。

$$E_j = \sum_{i=1}^{n} b_{ij} / (\frac{1}{n} \sum_{i=1}^{n} \sum_{j=1}^{n} b_{ij}), j = 1, 2, \cdots, n \qquad (10-2)$$

服务业部门感应系数越高，说明国民经济对服务业的需求越大。这在某种程度上可反映出经济服务化程度[2]。实际情况是，国民经济越内在地产生通过差异化增值的需求，就越要求投入服务化来解决问题。然而单纯的需求解释（如需求弹性、收入弹性）只是一个方面，令人困惑的问题实际上出在供给方面，服务化的效率天然是低的吗？我们给出新的解释。

（1）服务悖论：与增值相对应的成本

将观察服务化的角度从产出转向投入，关注的中心将从增值转向成本。如果假定服务业比重提高（由于价格提高）是正常的[3]，同效率提高（增长速度提高）相同步对照，出现异常的将不再是增值，而是成本。

其中的逻辑是这样的，服务业中存在着普遍的成本加成（上一节讨论的都是在"正常价格" $P = MC$ 之上加成的各种路径），如果认可这种加成是"正常的"（完全竞争形成的），那么异常就应由工资来解释了。由于在工业化条件下，制造业与服务业的劳动生产率存在差异（服务业由于难以引入机器，难以引入技术与资本，劳动生产率要低于制造业），服务业在工资成本之上加上固定的利润来确定价格水平，在制造业与服务业货币工资增长水平趋同时，物价水平会相应成比例上升。

---

① 陈洁雄．制造业服务化与经营绩效的实证检验——基于中美上市公司的比较［J］．商业经济与管理，2010（4）．

② 周振华．服务经济发展：中国经济大变局之趋势［M］．上海：格致出版社、上海三联书店、上海人民出版社，2013：47.

③ 意思是增值部分从二维均衡角度看，可以被完全竞争理论接受。

如周振华指出的，由于服务部门的需求价格弹性较小而收入弹性较高，随着工资成本的上升，其服务价格势必普遍上涨。因此，服务价格变动，特别是价格上升，具有明显成本推动的特性。

由此，问题就转化为，服务化中的哪些成本因素在制约效率的提高，以及进一步的问题，哪些因素在产出不变条件下可以降低成本，因而提高服务化的效率和效能，以及更进一步的问题，哪些技术因素在驱动服务化效率与效能的提高。最后一个问题就是信息化测评要给予最终回答的问题。

由于技术经济学没有为我们准备好前两个问题的答案，因此为了回答信息化测评的最终问题，我们还必须一步一步从头做起。

Gebauer 等（2005）认为，厂商通过增加服务来获得利润增长的难度比预期的高得多，原因是服务化可能引起企业经营成本和管理复杂程度的大幅上升。他称这种现象为"服务悖论"（Service Paradox）。

安筱鹏认为，产品服务系统（PSS）越复杂，产品对于交易、物流、配送、安装、维修、维护等方面需求也迫切。

对服务化成本，需要建立一个分析框架来把握。在效率的生命周期中，成本存在从递增到递减的变化。这种变化是信息化与网络经济的计量要密切关注的。

陈洁雄认为，服务化是企业多元化经营中的一种模式。服务化与制造企业的经营绩效存在倒 U 型的曲线关系。

最初实施服务化时，企业首先选择发展它本身已具备一定的技术、知识或资源，并且能够满足当前市场迫切需求的服务业务，企业也可以因此发挥较好的陇同效应。在这个阶段，服务化对企业经营绩效有较明显的正向改善作用。但是，服务业务在生产设计和运营管理上毕竟与制造企业存有明显的差异，当涉及的服务范围太广，企业的技术、管理、营销人员就需要投入大量的精力去熟悉新的工作领域和学习新的业务知识。另外，内部机构逐渐增多，使得原有的分工、职责与利益平衡机制可能会被打破，企业的管理、协调难度将大大增加。而资源在部门间的过分分散，也容易削弱原有核心业务的竞争优势。故而，如果企业的服务化超出了它的业务运作能力，就会导致过度多元化或"服务悖论"，企业的经营绩效反而受损[①]。

---

① 陈洁雄．制造业服务化与经营绩效的实证检验——基于中美上市公司的比较［J］．商业经济与管理，2010（4）．

陈洁雄以厂商开展的服务业务数量（Service）这一相当于服务业务品种数的指标，作为服务化指标，与企业经营绩效进行相关实证分析，证明现实中存在 U 型成本现象。

对这种成本 U 型现象，可以这样看待。在发展的第一阶段，由差异化需求引致价格上升，提高了利润；第二阶段，对差异化的过度追求导致复杂性过载，成本上升（并且出现成本病）；第三阶段，通过智能化可以有效克服服务悖论。

（2）成本与能力的相互作用

成本的这种变化，可以从逻辑上视为两种相反作用力运动的结果，假设产出不变（这个产出是指源于需求的附加值这一总的结果），效率主要由投入内部的复杂性供给能力与复杂性供给成本两个相反作用力决定。下面具体分析。

此前，我们分析的服务复杂性成本，主要是交易领域的服务成本。现在，我们结合制造业服务化，拓展基于复杂性的服务成本这个概念。

安筱鹏曾专门研究产品服务系统的复杂性，认为主要分为三个方面[①]：

一是工业产品本身的复杂性。工业产品门类繁多，在工程机械设备、航空发动机、大型通信设备、高速轨道交通设备、重要工业装备、军工产品等领域，工业产品生产工艺复杂、零部件众多、精度要求高、组装加工难度大。工业产品本身越复杂，其对产品销售、安装调试、维护检测、维修再制造等相关服务的需求也就越迫切。全球化的产品生产体系形成了产品维修的空间障碍，促成了企业服务增值战略的形成。

二是基于产品的服务复杂性。工业产品本身越复杂、功能越多，其在交易、物流、配送、安装、维修、维护等方面要求也越复杂，如工程机械设备、航空发动机、电信基础设施、重要工业装备、高速轨道交通设备等，这些复杂工业产品的单价较高，对产品信贷的需求更加迫切；大型工业产品的运输和配送也需要专业化的设备，安装调整需要专业化技术人员；复杂工业产品的运行维护要求高，任何微小的故障都可能带来经济和安全上的极大损失。同时，复杂产品也需要总集成总承包服务。随着大型工业产品实时维护越来越迫切，随着产品智能化水平的不断提高，在线监测和实时维护已成为一个

---

① 安筱鹏. 制造业服务化路线图：机理、模式与选择 [M]. 北京：商务印书馆，2012：50 – 51.

产品的基本功能。同时，全球化的生产服务体系对于产品的服务提出了更高的要求，增加了产品的维修、保养、技术咨询等服务的难度。

三是产品服务系统（PSS）复杂性。随着产品本身复杂性提高和相关服务越来越复杂，产品服务系统的复杂性进一步提高。越来越多的客户在购买产品的时候，会关注产品所带来的服务，而不是产品本身，越来越多的客户会倾向于与产品和服务提供商签订服务合同，而不是简单的产品买卖合同。

对上述三类成本，在规模和范围不变条件下，是否有降低的可能？结论无疑是肯定的。但研究者较少，这里只是提示一下分析所依赖的逻辑框架。

现有方法主要是马姆奎斯特指数方法。其中，自上而下的马姆奎斯特TFP指数，可以解析出技术变化（TC）、效率变化（EC）、生产率变化[1]；而自下而上的TFP指数，分别辨析出的生产率增长来源，包括技术变化（TC）、效率变化（EC）、效能变化（规模与范围）及产出混合效应。

采用可以辨析出四种生产率来源的TFP方法，应作为分析效率（包括下节分析效能）的主要框架：

TFP变化 = 技术变化 × 技术效率变化 × 效能变化 × 产出混合效应

对多样化成本的效率分析，可着眼于技术变化（TC）、效率变化（EC）分析，特别是联系于投入价格的成本效率（Cost Efficiency）分析。成本效率分析属于配置效率分析的一种，只是测算要求获得投入价格信息。用它测算产出不变时，为了成本最小化，要求投入按比例减少的程度。

对此前的成本效率分析，要作一个引申。对投入向量 h 进行同质、异质区分，以 h_1 代表同质投入，h_2 代表异质投入。制造业服务化成本的效率计量当然是专注于异质投入的分析，是将 Q' 定义为 n 的分析。

制造业服务化厂商关于 P 和 Q' 的成本效率可定义为：

$$CE = \frac{w'h_2{}^*}{w'h_2} = OR/OP \qquad (10-3)$$

当由等成本线 AA' 斜率代表的价格比率已知时，可以进一步推算出相应的技术效率和配置效率。

其次，再看对成本提高的反作用力，即服务化存量产出能力的提高。与常规分析不同，我们重点分析创新（特别是服务创新）对制造业服务化能力

---

① 王江. 生产性服务业的创新战略 [M]. 北京：中国商务出版社，2014：63-65.

提高的影响。

常规分析（如"成本病"分析）的效率结构，由劳动生产率提高与服务成本这对矛盾构成。看似普通、正常，实际存在很大问题。用我们的分析框架一检验就一目了然。

我们认为制造业总的效率由专业化效率与多样化效率两个部分构成，其中专业化效率由专业化产出能力与专业化成本的矛盾构成，多样化效率由多样化产出能力与多样化成本（即复杂性成本）的矛盾构成。成本病的分析结构是专业化产出能力与多样化成本之间的矛盾。其盲区在于，忽略了多样化产出能力的存在，无意中暗含了成本既定时多样化产出天然无效率的非现实假定。随着信息技术的应用，使多样化产出能力明显提高，足以抵消复杂性成本的上升。这就是信息化越发展，成本病就越不成为问题的原因所在。

研究专业化效率的提高，如何冲抵复杂性成本的上升，我们把它归入服务化专业化部分来分析，这里重点分析多样性本身的效率，也就是多样性本身的产出能力与成本付出之间的效率关系。

创新本质上是对多样化能力的供给。依照对多样化能力的分类，可以把创新分为以下几类：

第一类是技术创新，多是针对产品的创新，分专业化创新（提高以量衡量的效率的创新）与多样化创新（提高以质衡量的效率的创新）。第二类是服务创新，包括商业创新，多是针对服务的创新。主要是针对人与人（经济）关系的创新。第三类是文艺创新，包括文化创新与艺术创新，是针对产品和服务中非经济需求的创新。第四类是设计创新，主要是针对产品意义的创新。Verganti 提出设计驱动型创新，认为其创新的动力是理解、获取和影响新产品意义出现的能力①。

这四类创新与制造业服务化效率的提高都具有内在联系。第一类技术创新，多作用于制造业产品创新。例如苹果的产品创新，使平板电脑从各类电脑中区隔出自身，造成了产品差异化的效果。第二类创新是所谓服务创新，也可以称为商业创新。例如苹果创新出苹果商城模式，使基础服务与增值服务（App）分离，使增值服务得以实现轻资产运作，降低了 App

---

① 夏长杰，姚战琪，李勇坚. 中国服务业发展报告 2014——以生产性服务业推动产业升级 ［M］. 北京：社会科学文献出版社，2014：108.

多样化服务的成本（固定成本）。第三类创新主要把艺术或文化作为主要的知识资本，投入于产品或服务，使消费成为人力资本积累过程（品牌认知或成瘾性过程）。例如苹果体现的艺术化气质和文化品位，不仅造就了一代苹果迷，而且有效降低了产品研发的成本（乔布斯时代的研发经费仅为6.3%，在美国同类主要企业中排名倒数；具有艺术气质的乔布斯去世后，研发经费提高到23.5%，创新能力反而下降）。第四类创新是创新中的最高级形式，它将价值定位于超越制造产品和服务的体验，并以有形符号加以表征。在工业设计中日益成为主流。例如苹果通过设计，成功地使自己的产品成为美国生产方式的象征。

对制造业服务化来说，研发服务具有特别重要的地位，这是与服务业服务化截然不同的。这也是技术创新与服务创新之争的由来所在。研发服务的产出就是产品多样化本身。因此研发比重的高低，以及研发本身效率的高低，在很大程度上直接决定技术创新产品多样化效率的高低。

测度制造业服务化中的技术创新，一般可以通过研发投入指标（包括研发投入比重指标）、研发人员指标（包括研发人员比重指标）、专利数量指标（在实测中要注意区分原创技术专利与实用外观专利的区别）等来量化。在计量中要注意区别技术效率改变（TEC）与技术创新（TC）。不同国家有不同特点。

测度制造业服务化中的服务创新是重点所在。服务创新测度问题，我们准备在服务业服务化的创新部分再详细讨论，这里介绍一个实测方案，供启发设计思路参考。

乔治·迪德与福兰克 M. 赫尔开发了一套将绩效与组织对应起来的服务创新测评体系[①]。其中的绩效分为四个与技术相关的标志性方面，分别是产品创新和质量；服务传递过程改进；开发和传递的时间减少；开发和传递的成本压缩。组织分为四类：简单手工作坊；机械官僚制；混合制；有机技术组。它们之间的排列组合，决定了对服务创新的评价。

这一方法的优点是突出了组织转型与多样化效率提高之间的逻辑关系，从而将复杂性与结构特征内在联系起来。

---

① 乔治·迪德，福兰克 M. 赫尔．服务创新：对技术机会和市场需求的组织响应 [M]．北京：知识产权出版社，2010：5.

绩效指标的具体设计细化为：

第一类产品创新和质量，分别观测三个指标：一是新特性，二是升级的特性，三是更高的质量。

第二类时间减少，分别观测两个指标，一是服务产品从概念产生到市场测试经历更短的时间，二是服务产品从市场测试到全面传递经历更短的时间。

第三类成本压缩，分别观测两个指标，一是服务产品开发成本压缩，二是服务产品传递成本压缩。

第四类服务传递改进，分别观测五个指标，一是预定现有服务产品的反应时间缩短，二是接受抱怨后的调整时间缩短，三是更好的售后支持服务，四是传递过程的质量更高，如更少的顾客抱怨，五是按服务产品开发过程和程序执行。

组织指标的设计中，四类组织体现了结构从简单向复杂不断升高的趋势。

第一类简单手工作坊，是简单的复杂性组织。以定制为特征，具有小农和手工小作坊的特点。这种组织适合多样性，但成本无可避免地较高。这也是成本病对应的组织状况。

第二类机械官僚制，是简单性组织。简单性组织可能是很复杂的，但这种复杂不是复杂性，因为它具有中心化、科层制等简单性结构的典型特点，它的效率特长在专业化而非多样化。多样化会带来复杂性成本的急剧上升。它比简单手工作坊的优势仅在于专业化成本的降低，可以部分地抵消多样性成本的上升。

第三类混合制，是简单性组织与复杂性组织的混合，适合大规模定制，其中组织简单性的一面适合大规模生产，组织复杂性的一面适合定制，因此是前两类组织的折中。

第四类有机技术组是完全的复杂性组织。复杂性组织可以很简单，但一定要具有分布化、扁平化等复杂性结构的典型特征。

组织指标设计体现的基本判断是："有机组织适用于复杂、动态环境下的竞争，机械组织适用于静态、可预见的市场环境"，"两种组织类型分别对应了两类基本竞争优势——成本节约和差异化创新"[①]。

列举这些指标不是为了推荐指标本身，而是希望人们借鉴其中把效率计

---

① 同上页。

量问题转化为指标测度问题的思路。

10.2.4　制造业服务化的范围经济

在制造业服务化效率问题之上更进一步的问题是效能问题。效率与效能在计量上有一个明显的实证性的划分标志，研究效率可以不涉及固定成本，而研究效能必须围绕固定成本进行。无论是规模经济还是范围经济都如此，因为它们都是由于均摊固定成本，引起平均成本下降而引起的现象；它们之间的区别仅在于在什么上——规模上还是范围上——均摊，有所不同。

服务化的效能就是范围经济。效率在口语上可以表达为效率变化率，这只是为了形象化，但在严格的定义中要纠正这种说法。我们曾经指出，规模效率与范围效率本身，并不提高技术效率。这一点应与效率变化区别开来。说它效率不变，是指技术效率不变；而说它效率变化，特指技术效率随范围变化（品种值变化）而改变 VRS 前沿与 CRS 前沿的相对关系（当 VRS 最优时，与它非最优时的技术效率是一样的）。

此前所说的范围效率测量表示的是向技术最优生产能力范围 $TOPS_1$ 点移动时生产率所能增加的量。它是技术意义上的范围报酬递增，有别于成本范围经济。本节展开这个话题，结合制造业服务化，进一步讨论成本意义上的范围经济。

目前国内只有安筱鹏对这个问题进行过全面深入的研究。他正确地指出了问题的要害："成本弱增性所导致的范围经济从本质上来讲是源于对企业剩余资源的充分利用，这些剩余资源或者闲置资源可以为企业的生产经营活动提供一种外在经济，一种投入用于生产一种产品的同时对其他产品的生产也有帮助。从这个意义上来看，资产的通用性是形成范围经济的重要原因。"[1]

如果我们以集群——介于产业与企业之间的经济体——为相关市场（而非按资本专用性为划分资本使用边界的依据），就会赫然发现，由提供所谓"剩余资源"的平台与分享这些"剩余资源"的应用方共同构成的集群内，正形成一种标准的范围经济的关系：同一个"剩余资源"（例如电子商务平台 P）作为固定成本投入，"用于生产一种产品（如 App）的同时对其他产品

① 安筱鹏. 制造业服务化路线图：机理、模式与选择［M］. 北京：商务印书馆，2012：38.

（如其他 App）的生产也有帮助"；"剩余资源"的所有者按 PaaS（平台即服务，即平台支配权免费，按平台使用收费）的方式，从均摊固定成本的应用服务商处得到租金补偿（按使用服务收费），因此不会出现搭便车现象；PaaS 这一过程有效地使整个集群的平均成本递减，而产生范围经济。

如安筱鹏所说："在企业规模扩张的过程中，我们看到了无形资源尤其是知识资产日益成为企业范围经济的重要来源。无形资产一般包括一个企业的知识资产、人力资产、顾客资产、知识产权资产和基础结构资产。"与钱德勒所分析的实体范围经济不同，技术上非排他性使用的资源，如信息基础设施、信息平台、软件等，一旦转化为通用性的生产资源（以往称 ICT 为通用目的技术），范围经济作为服务化的一条新的降低成本的通道，就会成为服务化的核心现象。

安筱鹏分技术资源、管理资源、品牌资源、渠道资源、客户资源五个方面，细致梳理了制造业服务化中通过分享固定成本资源而导致的范围经济①。如表 10 - 2 所示。

表 10 - 2　　　　　　　制造企业知识资产与范围经济的形成

范围经济的来源	概念的界定	制造企业的优势	共享的资源	节约的成本类型
技术资源	制造企业的产品和提供的服务在开发过程中存在技术上的紧密联系性	更全面地掌握了产品全生命周期过程中的各种技术参数，它是企业提供各种后续服务的基础，如产品交易（信贷服务）、产品配送（电子商务）、产品使用（在线维护）的基础	技术资源、人才资源、管理资源、信息资源	技术研制、开发费用与管理费用
管理资源	企业不同产品或业务，在管理上存在某种交叉和类似点	市场竞争过程中已形成了具有行业特征的企业管理体系、组织模式、管理文化和管理形态	管理资源	人力资源开发、培训费用和管理成本

范围经济的来源	概念的界定	制造企业的优势	共享的资源	节约的成本类型
品牌资源	企业的不同产品或业务有共同的品牌	企业在竞争过程中已经形成了现向特定消费群体的制造业品牌	共享企业商标、品牌、广告和售后服务	品牌宣传成本
渠道资源	企业的不同产品或业务有相似的市场性质、范围和档次	制造企业建立面向消费者的多元化的渠道销售体系和物流配送体系	客户对产品的精准化、实时化的配送要求越来越高，而生产企业比中间企业更了解客户的实现需求，共用统一的销售渠道、销售机构与促销活动	物流配送成本
客户资源	企业的不同产品或业务间有相同的消费群	制造企业在长期的竞争中形成了大量的客户资源，并深刻理解客户的需求和消费行为	顾客也不仅仅只是简单的利润来源，而是成为了公司赢得竞争优势的一项资产。与特定顾客高效率沟通能力与信任水平	沟通企业交易成本

（1）分享技术资源带来的范围经济

企业的技术资源包括研发设备、研究成果、研发人员及研发组织和管理体系，分享这类资源可以导致产品差异化方面的范围经济。

可以从三个方面测度分享技术资源的范围经济效果：

一是测度研发成果分享对研发成本的分摊。企业研究开发技术成果，可以用于多种产品的生产以及服务的提供，从而降低单位产品所分摊的研发成本。

二是测度技术人力资本投入在新产品上的分摊。企业的专业技术人员是研发资源的重要组成部分，他们可以为企业开发出各种新产品，也是实现企业产业和业务扩张的重要资源。

三是测度企业知识资本投入在产品门类上的分摊。企业在长期实践中所积累的各种案例库、知识库，是企业延长产业链、扩展产品门类的重要基础。

（2）分享管理资源带来的范围经济

管理能力包括企业的管理理念、组织技巧、领导技巧、沟通技巧和激励机制方面的内容。随着企业规模的进一步扩大，管理资源在产品和服务之间共享的重要性不言而喻[①]：这些经验能力和技能的一大部分不是针对特定的产品，而具有通用性，可以在多样化的应用中避免重复投入。

测度分享管理资源的范围经济效果，可以测度制造企业的管理系统集成的客户关系管理（CRM）、产品全生命周期管理（PDM）、供应链管理（SCM）等的复用情况。也可以测度制造企业的管理资源的共享，对原料、设备等有形资源利用率的提升。

（3）分享品牌资源带来的范围经济

品牌的整合效应是创造范围经济的重要来源。当制造企业培育起了强有力的企业品牌之后，生产出来的新产品就可以顺理成章地通过企业知名品牌的整合效应迅速打开市场，从而减少了新产品的风险，降低新产品广告和建立销售渠道的各种费用。

测度分享品牌资源的范围经济效果，可以测度品牌分享对新产品广告成本的节省；也可以测度品牌价值对销售渠道费用的节省。

（4）分享渠道资源带来的范围经济

当利用原有的营销网络进行相近产品的营销时，通常不需要增加投资，或者只需增加少许投资，分配和销售的成本会在各产品中分摊，从而节约流通费用。

测度分享渠道资源的范围经济效果，可以通过设计指标测度销售成本在各产品中的分摊实现。

（5）分享客户资源带来的范围经济

可以把顾客资源理解为一种固定资产，这种资产的积累，可以均摊推广多样化产品和服务所需付出的顾客成本。

测度分享客户资源的范围经济效果，可以考虑设计以下指标来实现：

一是测度顾客口碑价值，即顾客由于向他人宣传本企业产品品牌而导致企业销售增长、收益增加时所创造的价值。

二是测度顾客信息价值，顾客信息价值最重要的是企业与顾客进行双向互

---

① 王大树．关于范围经济的几个问题［J］．管理世界，2004（3）．

动的沟通过程中，由顾客以各种方式（抱怨、建议、要求等）向企业提供各类信息，包括顾客需求信息、竞争对手信息、顾客满意程度信息等，它是形成企业提供产品和服务隐性价值的重要来源，是构建企业知识库的重要内容。

三是测度顾客交易价值。即企业在获得顾客品牌信赖与忠诚的基础上，通过联合销售、提供市场准入、转卖等方式与其他市场合作获取的直接或间接收益。

以上这些活动已构成信息化的本体活动（电子商务中的商务），我们只是没有直接点明这些活动的技术背景。

信息化测评的最后一步，就是将经济效率与效能同信息技术进行相关，以最后完成信息化的技术经济计量合成。

10.2.5　信息技术与制造业服务化关系

本节从"技术－经济"计量角度讨论信息技术与制造业服务化效率与效能的关系。

依托技术经济学机理，信息化测评的逻辑结构是"TFP 变化 = 技术变化 × 技术效率变化 × 效能变化 × 产出混合效应"。但信息化测评并不是进行 TFP 本身的测度，而是依托这一结构建立经验性的调查指标设计，进行经验性的实测。它以非货币化的行为数据为主，而以货币化的统计数据为辅，力图揭示被货币化进行了同质化、标准化过滤的数据背后隐含的复杂性。索洛悖论正是由于只对过滤掉了复杂性的数据进行计量，才失去了发现反映复杂性投入产出关系——即信息化特殊的投入产出关系——特点的数据的机会。

由于服务化是以往信息化测评中的商务本体测度的空白，因此我们用前面几节展开它的技术以外的经济机理的研究。信息化测评并不是从本节才开始。不能认为此前几节内容不是信息化测评。以往的信息化测评往往强在信息技术测评，而短于对信息化商务本体的测评。在涉及信息化效益时，往往只是直接进行信息技术与企业一般绩效的简单相关。从技术经济计量角度看，例如从全要素生产率角度看，遗漏了诸如技术效率变化、效能变化、产出混合效应等一系列至关重要的经济指标项目。只有把这些空白补上，我们才能谈论完整的信息化测评。

信息技术作用于我们此前分析的诸多技术经济因素，包括一般技术因素如复杂性，以及产出与成本等经济因素，信息技术对服务化的投入产出关系才能从数据上完整呈现出来。

(1) 制造业服务化绩效的结构化解析

信息化与制造业服务化效率与效能关系，是制造业信息化测评中异质性技术经济计量的主要内容。它在整个信息化测评体系结构中的位置，在理论层面的技术-经济结构中，是多样化信息技术与服务化经济的结合；在技术经济学计量层面的技术-经济结构中，处于基于 n 值的 TC、TEC（含 TE、AE 与经济效益）、SEC 分析结构中，共分为五大类指标；在绩效和效果层面，研究的是 ICT 与多样化效率与效能的关系，其中多样化效率对应的效果是灵活化效应；多样化效能（即范围经济效能）对应的效果是智慧化效应。（如图 10-2 所示）

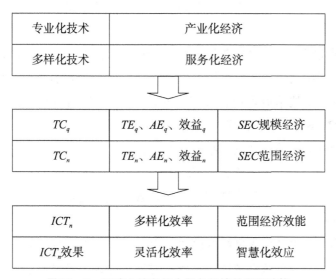

图 10-2 制造业信息化中服务化绩效指标结构

这里需要对灵活化与智慧化稍作解释。灵活化是相对自动化而言的。相同之处在于它们都处在效率层面，不同在于灵活化是异质性的、复杂性的，自动化（实际在此是智能自动化）是同质性的、简单性的。灵活化与智能自动化虽然在表面上很相似，但有本质区别。智能自动化隶属于简单性范式，灵活化属于复杂性范式。智能自动化，只是将本质上属于机械化、简单性的东西，增加了类似复杂性的外部特征。但自动化与灵活化之间的不同，是范式的不同。

灵活是相对机械而言的。人在本质上是灵活的，即使在人被当作机器来管理，而呈现出某种机械化的表象时，他的灵性仍然潜伏在内心深处；机器不然，它本质上是机械的（不具有灵魂），即使在机器被当作人来使用（如机器人），而呈现出某种智慧化的假象（实际是智能现象）时，他的机械性仍然藏在事物的背后。人与机器的这种区别，本质上是复杂性与简单性的区别。同样，服务化与产业化的区别，本质上也是复杂性主导的体系与简单性主导的体系的区别。

灵活化是指多样化效率呈现出来的效果，作为能力就是 SMART。对于信息化指标测评来说，就是灵敏度的问题。

在信息化测评中，灵敏度的概念首先由胡建生提出。在《2003 年度中国企业信息化 500 强调查报告》中，第一次出现企业灵敏度指标及实测结果。标志着中国领先于美国，在世界上第一次将复杂性范式正式引入信息化测评中，意义深远。

与灵活化指标对应的早期代表性的实测指标，是企业（虚拟）财务决算速度。这个指标至今仍在沿用[①]。这个指标不是为了测财务本身，而是为了反映企业采用信息技术后可以在多短时间内对自身经济价值的变化产生反应，是从"技术 – 经济"角度反映复杂性效率的指标。

灵敏度指标只是一个具有指数意义的指标。今天，我们把它变成一个体系，分解成 TC 指标、TE 指标、AE 指标、效益指标、SEC 指标五大类指标，加以深入解析，合在一起就把作为多样化效率现象的灵活化，解析到技术经济学计量分析水平上了。

智慧化，是比灵活化更高的阶段。它们都属于复杂性范式，但一个是复杂性效率，一个是复杂性效能。智慧化对应的是范围经济，但不同于工业化条件下的范围经济，是数字化的范围经济。在信息化与网络经济语境下，特指异质性的数字化范围经济（数字化多品种范围经济）。以区别于同质化范围经济，即可竞争市场学派的多产品范围经济。

智慧化具有异质性（复杂性）和数字化两个基本的技术经济特点。从技术上说，它是复杂性技术（数学化的智能技术）；从经济上说，它是异质性经济（多样化效率）。

---

① 工业和信息化部信息化推进司，电子科学技术情报研究所．工业企业信息化和工业化融合评估研究与实践（2010）［M］．北京：电子工业出版社，2012.

智慧化不同于灵活化而高于灵活化的最基本之处在于：第一，智慧化高在它不仅是效率，而且是效率的模式，是效率变化率的变化方式（递增与递减）。第二，智慧化在信息化的知识及知识行为层面，而灵活化只处在信息及信息行为层面。第三，智慧化要求以知识为固定成本，实现知识的平均成本递减与报酬递增，而灵活化不涉及固定成本与平均成本的变化。

从经验上感知灵活化与智慧化，灵活化是小聪明（情境化的知识），可以应对当下与此在的变化，它的效率高在某一点上。但如果没有基本面上的知识作为底蕴，聪明有时也可能反被聪明误；智慧化是大聪明，是建立在更具普遍性的知识资本基础上的灵活性，因此可以驾驭全局和长远的变化，经常赢在基本面上。SMART（灵智）可以认为是二者的通称，知本也是它的对应概念。

从人力资本角度看，智慧化与对应知本的概念，强调感性劳动与知识资本的一体化（如软件开发中劳动与资本不可分），个人知识（如默会知识、过程知识、隐性知识）与知识（如显性知识、物化知识）的一体化。从认知角度看，强调洞察，如大数据既非感性认识（经验，如相关关系的归纳）亦非理性认识（理性，如因果关系的演绎），而重在通过因果推断（Causal Inference，即通过相关关系发现因果关系），获得洞察（如集感性与理性于一体的直觉判断）。

制造业信息化测评存在的实际问题是，长期以来，人们受工业化经验的熏陶，往往只看到信息技术自动化、智能化效应的一面，也就是信息化眼前和次要的方面[①]，而有选择地无视了信息技术灵活化、智慧化的一面，也就是信息化长远和主要的方面。我们展开分析属于信息化特殊性的方面——这些方面在发展的初级阶段（如工业化未完成阶段）也许显得不是那么急迫，但它具有引领未来的作用——以便从理论上全面把握问题。

按信息化测评的技术经济结构顺序，对 ICT 向制造业服务化生产率的传导作用及其测评，分别介绍如下：

（2）制造业服务化的信息技术就绪（TC_n）

首先声明，制造业服务化的信息技术就绪测评，应将制造业产业化的信

---

① 次要是就信息化全过程而言。不排除对眼前（指工业化阶段、两化融合阶段）来说，从全程来看的次要的方面（例如为工业化服务），就是眼前的主要的方面。学术研究不是只为眼前服务，因此可以把长远的方向，作为议题设置出来。

息技术就绪指标全部作为备选，因此这里不一一罗列。

制造业服务化需要的就绪条件，比产业化更高。我们重点讨论服务化技术与服务化平台方面的信息技术就绪测评。

研究服务化的信息技术就绪指标，需要先明确提出问题，这里进行的是以复杂性范式对技术进行鉴别与区分。但这是什么意思？ICT 同工业技术相比，本身已属于复杂性技术这个大的范围。但实际上，复杂性技术内部仍有复杂性程度的不同。例如，同是互联网技术，IP 技术与 WEB 技术比，IP 技术往往更多同简单性的业务结构（如中央控制的广播模式）相配合；而 WEB 技术往往更多同具有结构复杂性的业务相配合。技术本身发展的趋势，无疑是从复杂性较低的技术，向复杂性较高的技术发展。因此进行区分是必要也可行的。

信息技术中偏于简单性的一端，我们已在产业化的信息技术就绪指标中进行过介绍，而复杂性特征更明显的技术（包括技术平台），我们下面可以做一些探讨，作为设计指标时思路的启发。

1）面向复杂性的信息技术。

可以从两个方向把握技术复杂化的动态。一是 IT，一是 CT（网络技术）。这两种技术合称 ICT，其复杂化的总方向是与生命技术融合。显然，没有什么比生命更具复杂性的现象了。机器与人的融合，是技术复杂化趋向的那个理论上的终点。

在 IT 方面，人工智能应是各种未来总的方向。其中可以作为测评重点关注的技术领域，包括：

一是大数据技术。大数据是人工智能发展中，一个围绕多样性展开的开发与利用复杂性数据，以达到智慧化洞察和意义发现的技术体系。

大数据技术的底层，除了数据源、开源、跨平台基础设施、基础设施外，主要包括数据分析（如 Cloudera、EMC 等）、数据操作（如 couchbase、10gen等）、数据服务（如亚马逊、谷歌等）、结构化数据库（如 Oracle、IBM 的 DB2、SYBASE 等）。建立在上面的"应用程序"应关注六个部分，分别是垂直业务（如 BloomReach 等），运营智能（如 New Relic、Splunk 等），广告/媒体（如 Collective、DataXu、Metamarkets 等），数据即服务，商业智能，数据分析和可视化。应沿着这些方向，观察"技术－经济"间的化学反应。

二是智能应用计算。如智能机器人技术，软件定义的系统，情境计算等面向复杂性的计算。其特点是试图通过面向最终需求，从系统上实现松耦合、随需应变、情境相关的灵活化计算，跨越从智能到智慧的鸿沟。

在 CT（广义网络技术）方面，目前的前沿已不是通信技术，而是各种网络技术。其中可以作为测评重点关注的技术领域包括：

一是移动互联网技术，特别是语义网 WEB 技术。测评此类技术指标，应重点观察它与 C2B 商业的联系。

以用户为中心在工业化时代也是流行口号，但在 WEB 条件下实际产生了特殊含义，我们可以把它想象为，其用户所指，不是一个一个的节点，而是作为一个复杂性系统（而不是仅仅是一个一个的节点）。因此从用户出发，是指从复杂性出发。用户在其中的错综复杂的关系（边）——去中心化的"标度"——才是厂商所要围绕的中心（即以去中心化为中心）。

二是社会网络与社会网络计算。社会网络既是 CT，又是 IT。它是与人际网络结合的、面向结构复杂性本身的技术。不应把社会网络中的用户界面仅仅理解为屏幕，而应理解为一个具有感性可视化特征的复杂性媒介。从复杂性网络（如小世界网络、无标度网络）角度理解它对于商业的影响。

2）面向复杂性的 ICT 服务基础设施。

服务基础设施中的服务不仅仅是指技术服务，而首先是指面向服务，包括商业服务。信息化的商业基础设施也包括在这里所说的基础设施之中。

信息化测评中设计这类指标，需要明确它与智慧化（效能）之间的相互作用关系。

一是测度面向服务的技术基础设施。

包括以云平台基础设施为代表的面向 IaaS（Infrastructure as a Service）的基础设施。如公有云、私有云、数据中心等公共服务器池或私有服务器池。以下三类特别重要：

SaaS：提供给客户的服务是运营商运行在云计算基础设施上的应用程序，用户可以在各种设备上通过客户端界面访问，如浏览器。消费者不需要管理或控制任何云计算基础设施，包括网络、服务器、操作系统、存储等；

PaaS：提供给消费者的服务是把客户采用提供的开发语言和工具（例如 Java，python，. Net 等）开发的或收购的应用程序部署到供应商的云计算基础设施上去。客户不需要管理或控制底层的云基础设施，包括网络、服务器、操作系统、存储等，但客户能控制部署的应用程序，也可能控制运行应用程序的托管环境配置；

IaaS：提供给消费者的服务是对所有设施的利用，包括处理、存储、网络和其他基本的计算资源，用户能够部署和运行任意软件，包括操作系统和应用程序。消费者不管理或控制任何云计算基础设施，但能控制操作系统的选择、储存空间、部署的应用，也有可能获得有限制的网络组件（例如防火墙、负载均衡器等）的控制。

二是测度商务云基础设施。

包括 SOA，建设面向服务的框架。支持服务提供者的声明与服务消费者对服务的引用；支持服务间的远程调用；保持各服务间相对的独立，以及数据共享性；支持服务的合并，拆分和演进；支持服务仓库，管理服务间的依赖关系；当服务被多个应用调用或被多个部门使用后的维护。

包括面向业务（而非仅仅面向技术服务如托管、VPN 等）的商务云基础设施与应用系统。PaaS 和 IaaS 可以直接通过 SOA/Web Services 向平台用户提供服务，也可以作为 SaaS 模式的支撑平台间接向最终用户服务。也包括面向商务业务的 SDN 等。

（3）制造业服务化的信息技术效率变化（TEC_n）

1）多样化技术效率（TE_n）。

信息化测评在此主要针对信息技术应用对产品多样化技术效率的增进。包括以下可供选择的测度内容：

第一大类指标，测度 ICT 对制造生产多样化技术效率提高的作用。

第一类，智能制造与生产过程信息化指标。

智能制造（Intelligent Manufacturing，IM）是一种由智能机器和人类专家共同组成的人机一体化系统，在制造过程中能进行诸如分析、推理、判断、构思和决策等智能活动，使制造系统更加灵活，更具柔性。

信息化提高生产过程服务化效率的指标主要包括以下几类指标：

一是智能数控设备（数控机床/生产线、柔性制造系统、工艺控制系统）应用状况。

二是分布式控制系统（DCS）、数字控制系统（CNC）。

三是程序控制系统（PLC），包括机械部件的嵌入式软件、制造执行系统（MES）。

四是信息物理系统（CPS），包括传感器和执行器、机器对机器通信

（M2M 通信）、设备无线连接、情境计算与软件定义的智能对象开发程序。

五是智能机器人。

六是智能工厂，包括移动智能设备。专家系统技术在制造过程中的应用，可以将神经网络和模糊控制技术等智能计算方法引入产品配方、生产调度等，实现制造过程智能化。

第二类，虚拟制造类的指标。

一是产品建模、模型库管理与模型效验系统开发与应用。

二是数字化设计软件和创新设计工具应用。

三是虚拟一体化产品（CTP）和虚拟一体化生产系统（CTPS），企业产品设计开始走向数字样机，走向综合分析与优化设计。

测度关注的主要效率点在于：第一，通过虚拟制造减少实际模具试加工以及各种高成本的实验投入，以达到降低成本、缩短产品开发周期、增强企业竞争力的目的。第二，提高产品开发的一次成品率、缩短产品开发周期、降低企业制造成本，避免模具报废，实现绿色制造。第三，提高产品品质与性能，缩短产品上市时间，满足用户个性化和多样性需求。

第三类，产品数据软件与技术应用指标。

人工智能技术和智能数据技术的应用，适合于解决特别复杂和不确定的问题。因此，在信息化条件下，企业的生产制造可以在满足顾客多样化、个性化需求基础上，实现"大规模定制"，进而构建柔性化的生产体系[①]。

这类指标主要体现了智能数据技术应用对于提高多样性技术效率的作用。具体可以选择四类指标：

一是数据化编码，指用数据处理机能接受的表示数据或计算机程序的符号形式。

二是产品数据管理系统（PDM）、产品生命周期管理（PLM）开发与应用。

三是数据库与数据仓库管理系统。包括与产品支持相关的用户数据，如LBS 数据、支付数据、SNS 数据及内容数据。

四是数据统计及数据挖掘，包括大数据，数据即服务（DaaS）、分析即服务（AaaS）。

---

① 曲维枝. 中国信息化道路探索［M］. 北京：电子工业出版社，2008.

五是数据软件开发与利用，包括制造业嵌入式软件，软件定义系统（SDS）。

第二大类指标，测度 ICT 对制造服务多样化技术效率提高的作用。

制造业服务包括设计、研发、供应链管理、客户关管理、电子商务等服务环节。信息系统管理与决策本来也属于服务环节，由于它们具有非产业的通用性，因此归入企业信息化指标。服务多样化技术效率指标分以下几小类：

第一类，产品设计信息化应用指标。

产品设计信息化提高效率，应归属于专业化还是多样化呢？首先，设计应归于多样化的大范畴，计算机辅助设计提高了设计活动的专业化水平，应归类于提高制造业服务化的效率，而非制造业产业化的效率。其次，设计本身应归入服务环节。因此应归类于服务化指标。

具体可分为两小类指标：

一是传统的计算机辅助设计指标，具体包括五种指标：计算机辅助设计系统（CAD）应用；计算机辅助工艺规程设计系统（CAPP）应用；计算机辅助装配工艺设计系统（CAAP）应用；计算机辅助工程分析系统（CAE）应用；计算机辅助测试（CAT）系统应用。

通过指标所要测度的效率，主要包括，使得新产品开发周期更短；设计能力更强；协作效率更高；产业化速度更快（这一点显示了服务化效率提高对产业化效率提升的促进作用）。

这类指标所体现的价值，正向集成服务价值方向升级，包括，设计技术正在以三维产品模型为核心，向产品设计、分析仿真、工艺规划、数控加工以及质量检测的一体化方向发展。

当然，不是说这些指标只能反映服务化技术效率的提高，而不能提高专业化效率，而是因为我们首先把设计归入服务环节，因此才把它作为制造业服务化的指标。

二是协同设计指标，包括三种指标：网络化协同设计、网络化计算机辅助开发环境、网络制造平台；产品生命周期管理（PLM），包括与运动控制软件（MCS）的结合、面向产品全生命周期活动的设计（DFK）系统二次开发与应用、系统生命周期管理（SysLM）；并行设计和规模化定制等先进的产品开发技术应用，包括依托先进网络技术的异地设计、虚拟装配等网络化协同设计和网络制造平台建设，提高产品品质与性能，缩短产品上市时间，满足用户个性化和多样性需求。

这类指标所反映的技术效率，主要在于通过网络技术实现产品研制的协同，提高了分工多样化的效率，降低了成本。

第二类，供应链管理系统（SCM）、价值链管理以及价值网络管理应用指标。测度信息技术的以下应用：

一是通过供应链管理系统（SCM），集成计划管理、采购管理、库存管理等，把企业活动与合作伙伴整合在一起。可以具体测度企业上下游合作伙伴（供应商）的信息化程度、行业内信息服务系统的数量和服务适用性等项目；

二是价值链管理。建立以顾客为中心的业务流程，系统设计业务流程，将企业的生产、营销、财务、人力资源等方面，按增值的顺序有机的整合起来；

三是价值网络管理。价值网络通过组件化，将传统的价值链分解开来，企业不再依靠内部资源，取而代之的是企业在各种供应商和合作商之间寻找可以被使用的组件，实现多样化的外包关系[①]。

第三类，客户关系管理系统及其应用指标。

让企业可以最大程度地提高客户满意度及忠诚度，挽回失去的客户，留住现有的客户，不断开拓新的客户，发掘并牢牢地把握住能给企业带来最大价值的客户群。

一是客户关系管理系统（CRM）。

二是客户呼叫中心（Call Center）。

三是销售管理。

第四类，智慧商务、智慧管理应用指标。

龚炳峥建议采用以下指标：

一是智慧管理普及率，指智慧管理、智能技术在企业资源管理（人力资源、财务管理、物资）应用所占比重。

二是智慧管理覆盖率，指智能管理、调度指挥、智能决策、风险管理等智能应用的覆盖率。

三是智慧商务应用水平，包括反映经营智能化的网上销售覆盖率，即基于大数据挖掘的网上精准营销的销售额占企业总销售额的百分比。

---

① 桑福德. 开放性成长 ［M］. 北京：东方出版社，2008：28.

四是智慧商务在网上采购的覆盖率，指基于商务智能、大数据挖掘的精准采购占网上采购总企业总采购额的百分比。

第五类，制造业电子商务多样化应用指标。

一是测度网上营销系统多样化服务，如个性化产品的网上销售，客户可以通过网络在线进行自助式的个性化定制[①]。例如，戴尔可以通过网站销售定制的计算机，客户通过网站，对定制计算机的内存、硬盘、配件、售后服务种类等进行定制。

二是测度网络产品的个性化设计，网络化使产品从以技术质量为中心转向以产品设计为中心，例如，网络产品以市场营销带动设计、生产，"由于设计的差异可能使售价相差几倍"。

三是测度网上网下营销渠道的整合与客户资源开发，例如 O2O 模式在制造业行业的应用。

四是测度制造产品的网络品牌开发。

五是测度物流配送的精准化，包括识别技术无线化、跟踪技术精确化等应用。

更详细的电子商务指标我们在服务业指标中再具体讨论。

2）多样化配置效率（AE_n）。

制造业信息化中的多样化配置效率，主要测度的是要素配置（特别是信息、知识、人力资源的配置），以及组织结构变化。

第一类指标：制造业服务化中的要素配置效率。

一是测度商务智能（BI）实现决策前移的能力。与仅仅用于企业高层集中控制所用的 BI 不同，复杂性的商业智能系统，可以使直接接触用户的一线员工（如 CRM 部门员工）具有随时随地决策功能，而且这种决策应与整个组织协调一致。测度一线员工决策能力以及组织授权水平，有助于测评智力要素配置效率。

二是测度知识管理与组织学习水平。提高学习的网络化水平，有助于提高组织的学习能力，知本水平，以及众包能力，使默会知识、过程知识等资源得到充分的挖掘，最终使企业一线的临机处置能力与灵活性得到提升。

---

① 董新平，叶彩鸿，林承亮，等. 传统制造企业电子商务运营研究［M］. 杭州：浙江大学出版社，2012.

第二类指标，使企业产生灵活化效应的生产制造集成。

生产制造集成中虽然大部分划归产业化，但有一些部分我们把它算入服务化，包括测度先进制造系统，即时制造系统（JIT）、柔性制造系统（FMS）、灵捷制造（AM）、精益生产（LP）发展水平等。

先进制造系统的根本趋势在于把市场需求和消费者当作复杂性系统去加以适应，为此，必须使企业具有灵活性意义上的活力。这种意义上的搞活企业，不同于我们以往在工业化条件所说搞活企业。工业化条件下的企业是简单性系统，搞活一个简单性系统，充其量是在生产关系范围进行调整（改革），以使企业获得自我激励而产生积极性（动机）这个意义上的活力。灵活化却不同，它是使企业发生结构性变化，转化为复杂性系统，通过转变生产方式（从工业化机械方式转向信息化灵活方式），而使企业具有生命力（复杂性系统能力）意义上的活力。

制造技术的发展为信息化生产方式的形成提供了现实的技术基础。柔性生产方式的特点是生产可随时依据需求或竞争的变化而调整，即时制造可以更加快速灵活提供产品，此外，更加精准、精细的制造更有利于满足用户个性化的需求。

第三类指标，企业组织网络化。

结构扁平化，只是复杂性组织的必要条件，但不是充分条件。事业部制结构层次相对较少，但由于它的结构是中央控制的，因此并非复杂性组织。网络化组织不是指企业上网，而是指将组织结构转变为复杂性网络结构。

例如，海尔的网络化组织，要求企业无边界，即企业内部与外部的边界被打破。按工业时代的产权理论，企业是以专用性资本为边界建立的，不享有专用性资本的就在企业外边。但网络时代的产权，发生了归属（支配权）与利用（使用权）的二元核裂变，出现了使用而不拥有这种内外不分的新组织结构。海尔的创新在于，实行平台型的按单聚散，随时按需汇集全球第一流的资源，形成动态优化的利益共同体。利益共同体并不是固定的，根据订单不断优化。按单聚散最终还将发展到随用户动态关系结构的变化而变化。

需要说明，组织结构不是越先进越好，要根据条件是否匹配，看适宜不适宜企业的实际。对测度的数据，要结合实效来评价。

第四类指标，具有灵活性特点的市场结构与新业态发育指标。

一是测度平台化发展水平。

平台化是指新一代服务系统基于业务基础软件平台，建立符合 SOA 标准、支持多种应用模块化、组件化开发利用的支撑服务模式。例如，通过综合管理软件内置开发平台，实现客户在平台上灵活、快速地设计、实施战略和管理。通过构建平台化的管理软件将管理软件产品的重心从各种应用模块的机械性集成向基于商业流程的有机结合（BPP）发展。

在制造业中，应用服务平台（ASP）正成为中小企业和万众创业的重要支撑，为客户提供包括客户关系管理、进销存管理、办公自动化、人力资源管理等在内的商业与信息应用服务支撑，为中小企业间的业务合作、交易和协同，提供数字化、网络化的业务联动支撑平台以及数据共享的行业标准。应用软件服务网络化（SaaS）的趋势越来越明显，客户将按使用交费，通过网络租赁所需的应用软件服务。

随着互联网的兴起，制造业服务化中出现基础业务平台与增值业务分离互补新业态，其灵活性突出表现在增值业务这种高度离散而多样化的应用中。这种新业态的波及范围的扩大，使市场结构发生变化，出现以"平台业务自然垄断而增值业务完全竞争"为特点的"新垄断竞争"市场结构。使市场配置资源向网络配置资源转变。这种变化加强了资源配置的灵活性。

二是测度生态化发展水平。

随着复杂性网络的发展，出现了更新的无中心平台而以应用服务为主形成的基于 WEB 的商业生态网络。商业生态网络以端到端（P2P）方式形成组件化的网络，互为支撑，互为应用，形成复杂性价值网络，体现出以生态面貌——生物多样性形态——出现的商业灵活性，使多样化资源配置的效率达到新的水平。

3）多样化经济效率（CE_n&RE_n）。

多样化经济效率与 TE、AE 的不同在于增加了价格维度，使单纯是与不是的技术效率、配置效率测度，变为好与不好的效益评价。

最通用的方法是采取货币化的数据，这类指标包括：

一是利润增长率。这里的利润特指可持续的利润，即在产业水平由结构优化，进入高增值业态而稳定获得的利润。举例来说，在微笑曲线上，低端制造获得的利润是不可持续的，而在两端的价值链高端（如设计和品牌）获得的，才是可持续的利润。因为这种利润不是微观的策略行为——这种行为通常是不稳定的低概率事件——带来的结果，而是具有高附加值的基本面基础的。

这给信息化测评一个提醒。真正具有技术经济意义的利润测度，不是简单对利润数字进行测评，而要结合其他信息——如企业竞争战略——进行结构分析。

举例来说，如果企业战略是成本领先，利润应假定为是因成本低于其他竞争企业而来，因此是在 $P=MC$ 范围内。则对于基本面分析来说，个别企业由于策略行为而带来的利润，虽然是真实的，但对全局来说，却在 $P=MC$（零利润）范围内。也就是说，这一企业所得，一定要以其他企业所失，在均衡水平达成对冲。相反，如果企业战略是差异化，可以认为利润在基本面结构上来源于 $FC=AC-MC$ 这一区间。在异质的垄断竞争条件下，这一企业的策略行为导致的利润，并不以其他同类企业的所失为代价。比如，在新垄断竞争市场结构下，诸多企业同时达到 $P=AC$（即同时达到超出零利润的水平线之上），市场仍可以达到均衡。这时的信息化测评可以进一步追问，企业采取的差异化战略是哪一种差异化，是规模经济而范围不经济条件下的（如 $D-S$ 模型条件下的）高成本差异化，还是规模经济且范围经济条件下的低成本差异化，甚至是规模不经济而范围经济条件下的成本递减的差异化。后两种情况在利润定性上，就可以从做强的评价，升级为做优的评价。至于是什么具体原因造成的，可以结合 TE、AE 和 SEC 进行分析。

首先是人均经济收益（销售收入和利润）增长率，对比一个会计年度内，信息化建设后比建设前指对比人均企业经济收益（销售收入与利润）增长之比（%）。

其次是单位工业增加值工业专利量（件/亿元）[①]。

针对制造业服务化特点还可以设计如下的指标：

一是使企业增强生产和提供副产品的能力。与企业差异化战略的结合点在于，信息技术给企业开发各类相应的副产品提供了多样化效率的基础。

例如：零售巨人沃尔玛创造的价值中，只有30%来自零售，而70%来自它的副业——信息采集和增值。通过信息采集，提供了进货产品多样化的准

---

① 中国电子信息产业发展研究院：中国信息化与工业化深度融合发展水平评估蓝皮书（2012）[M]．北京：中央文献出版社，2013：4.

确选择。沃尔玛在此基础上还推出了惠宜品牌的多样化产品。

二是从产品为中心向服务营销为中心的竞争模式转变从成本、质量竞争转向争取消费者信心的竞争。与企业差异化战略的结合点在于，Siebel System大中华区执行总裁卢汝文提出"八大黄金原则"：了解你的客户，客户信息是关键性的战略财富；多渠道地服务客户，如 Teller、Call Center、ATM、Web等，优化渠道战略，熟知各渠道成本差异；提供个性化的服务，让有价值的产品和服务针对客户的爱好；优化每一位客户的价值；重视 100% 客户满意度，这是企业首要的衡量标准；发展和维持一个全球的以客户为中心的电子商务架构，把数据储存在一个统一的系统中，确保系统的可拓展性和可升级性等；利用与拓展电子商务系统，让客户、合作伙伴、员工融入该系统；培养一个在电子商务基础上的企业文化。注重客户的电子商务即可帮助企业面对新的竞争现实，提升客户忠诚度的价值。

例如：国外很多企业中，客户服务中心已经转变为利润中心。根据美国直销协会的数据，1996 年通过呼叫中心直接销售和营销产品的总额达到 2440亿美元，或者说占全部 B2B 销售额的 45%。

三是以 CAD 等信息设计技术构成企业产品研发形成差异性的手段。早在1997 年，南海市政府投入 350 万元成立西樵纺织工艺制版服务公司，引进韩国设计的电脑工作站制版系统，使新面料从开发研制到生产成品的周期缩短为 5 天。营业半年，开发出新品种 2000 多个，其中转让成功 400 多个品种。

四是提高企业广告的效用/成本比，降低差异性售后服务成本。1998—1999 年广东美的集团空调事业部对全国县一级 1500 多个销售网进行联网，通过网络进行售后服务，及时处理、交流产品质量和服务的信息。取得较好效果。

五是以低成本为每个消费者提供个性化产品或服务。戴尔公司为客户建立 1500 个个性化主页，使他们可以直接获得公司指定的个人电脑、折扣和付款记录，个人电脑单机销售额年增 70% 以上，远高于 11% 的行业平均增长率。

六是目标集聚，细分市场。海尔的企业信息化没有采取"一步到位"的做法，而是根据细分市场的需要，采取目标集聚的策略，集中发展 CAD 软件。采用目标集聚策略，使海尔成功进入了由惠尔普、GE 占领的美国国内市场。

七是加强客户关系。美国思科公司是在客户服务中心全面实施了 CRM 的一家企业。CRM 不仅帮助思科公司将客户服务业务搬到互联网上，使通过互联网在线支持服务占了全部支持服务的 70%，还使该公司能够及时和妥善地回应、处理和分析每一个 WEB、电话或者其他触发方式的客户的来访。这给思科公司带来了两个奇迹：一是每年公司节省了 3.6 亿美元的客户服务费用；二是公司客户的满意度由原来的 3.4 提高到 4.17（满分为 5 分），在新增员工不到 1% 的情况下，利润增长了 500%。

八是衍生全新的业务领域。与企业差异化战略的结合点在于，包括使新业务在技术上可行，孵化新业务，在旧业务中产生新业务等。

例如：每年有 13 亿出国旅游的人到中国，人们亲自到旅行社办公室询问关于航班、酒店预订及租车价格等信息耗费了太多的时间。而且旅行社办公室不能一年 365 天、每天 24 小时提供服务。网络改变了一切，使公司可以任何时候为世界任何地方的旅客提供服务。国旅（CTS，China travel service）是中国主要的旅行社之一，在国内重要城市都设有办事处。为了保持优势，2001 年公司决定进行结构重组，从一个拥有物理网络的传统旅行社变成一个基于互联网的组织。把网络技术的优势整合到业务之中以后，国旅扩大了国内国外的业务范围，成为中国旅游行业的先锋。现在国旅网站每天吸引了3000 个访问者，由此带来 77 万美元的收入。自从业务上网以后，电子化业务带来的收入成为公司主要的收入来源。旅客可通过网络预订酒店、票、租车及参团。

九是改变企业竞争范围与竞争优势之间的相互关系。与企业差异化战略的结合点在于，传统技术条件下，市场扩张范围越大，信息成本越高；利用计算机信息复制成本几乎为零的特点，可以使扩张中的信息边际成本递减。

例如麦当劳在决定是否增加新店时，即使不再进行客流/人流调查，通常根据其他类似分店的计算机计算结果，就可以确定每分钟的产品生产数量。使扩张中的调查成本出现递减趋势，形成了竞争优势。

十是以更低的进入成本进入相互独立的相关行业。与企业差异化战略的结合点在于，以自身技术流程改造对方行业中的某个被兼并企业，使之成为母公司在该行业中的桥头堡和代言人。

例如海尔集团当年成立计算机事业部，与北京航空航天大学和美国 C－MOLD 公司合资组建北航海尔软件有限公司，主要从事 CAD/CAM/CAE 等软

件的设计和开发。从而成为中国家电业第一个进入软件生产领域的企业，以较低成本进入了一个不同行业。

十一是充分使用各种上下游产品及服务市场收取"准地租"。与企业差异化战略的结合点在于，企业由于发明新技术或采取先进管理技术降低成本而获得的超额利润称为"准地租"。利用 CAD/CAM，MRP2/CIMS 等先进工具或网络化的先进管理方式，可以取得"准地租"。

例如英荷壳牌石油公司、日本八大综合商社等，通过建立跨国信息系统，促进了跨国公司交易的内部化，带动了投资与贸易的一体化，在内部有效延长了技术的有效独占时间，从而延长了"准地租"的收获时间。

（4）制造业信息化的服务化效能（SEC_n）

将此前分析的经济效能同信息技术进行相关，可以从如下角度设计制造业信息化中关于服务化的效能指标。

服务化效能是指范围经济。在经济学中，范围经济存在多种定义，最通行的定义是基于成本定义的范围经济。例如，施马兰西与威利格主编的《产业组织经济学手册》就是根据成本节约来定义范围经济的，丰富了范围经济的含义。范围经济可以同时涵盖产出可变与成本可变的所有情况。这种扩展的实践意义在于进一步突出了范围经济在差异化增值方面的特点。

信息化测评根据这种划分，分别从收益递增与成本递减两个相反角度来设计指标。

1）信息技术使产品导向的服务范围收益递增。

信息技术可以通过加强数据、知识与网络平台资源分享，在产品服务系统中，加强制造业企业的差异化竞争优势。对这类范围经济效果，主要是看如何通过信息化使固定成本分摊在复杂性的应用之中，可以在以下方面设计指标进行测度：

一是测度通过灵捷制造系统等，提高对复杂变化的市场需求响应带来的报酬递增。以灵捷制造（Agile manufacturing）为例。它可以对市场需求反应敏捷、产品服务可以全程面向用户、达到全面的资源共享、充分调动和发挥"人"的作用的优势。

灵捷制造的战略着眼点是使企业转变为复杂性适应系统，从中产生复杂性系统特有的灵活性，而快速响应市场和用户的需求。为此，首先需要在降低分工专业化协调成本基础上，进一步降低分工多样性的协调成本，实现技术、管理和人员的全面、协调集成，使产品设计、开发、生产等并行展开，提高组织有机化水平，以不断提高企业灵活应变能力。其次，要求企业必须提高创新能力，通过迅速设计和制造高质量的新产品，创造性地满足用户不断提高的要求。例如海尔人单合一双赢中的双赢，就体现了这种既适应，又创造的双重活动特征。前者是适应市场，后者是创造市场，无论是复杂性适应，还是复杂性创造，都是从生命体复杂性的基本特征出发的。只有深入理解这种现象，才能更好地测度出信息技术的智慧化效应。

二是测度通过信息化提高小批量多品种生产能力而产生的报酬递增现象。可以测度利用信息技术实现产品设计系统的协同分享，使个性化的产品设计效能提高；也可以测度通过信息化集成应用，推进产品信息化，提高多品种并行生产能力。

例如，重型机械行业由于行业特点，难以实现专业化规模经济，"重型机械产品多为单件、小批量生产，常按客户订单设计，一般以产品为对象生产，制造过程复杂，重复作业比例低，很难采用自动化流水线或专用自动化工装设备进行生产"[1]。徐工集团是中国工程机械产品品种和系统最齐全的大型企业集团，提高多品种生产的效能关系企业可持续竞争优势的发挥。徐工集团从研发设计和产品信息化入手，是产品从制造向创造转型。通过构建统一的数字化协同设计平台，实现产品研发数据、工具的共享，实现了模块化设计、并行工程，增强了生产管理的灵活性，使生产能力提高了40%，使新产品上市周期从半年缩短到三个月，实现了多品种产品的同时排产和混线生产，提高了企业柔性与灵捷制造水平[2]。

三是测度通过信息化平台，实现产品管控从简单粗放向复杂精细的能力提升。例如，长期以来，重型机械行业一直实行以产品为对象组织生产的模式，对产品以下的零件无法进行数字化管理，导致管理粗放。大连重工·起重集团基于 PDM/CAPP/ERP 系统集成，构建了以零部件为管控对象的生产计划与计划执行体系，解决了如何对成千上万零部件的生产进度和生产成本进行有效控制的难题[3]。

---

[1] 工业和信息化部信息化推进司，电子科学技术情报研究所. 工业企业信息化和工业化融合评估研究与实践（2010）[M]. 北京：电子工业出版社，2012：107.

[2] 同上，第115页到116页。

[3] 同上，第110页。

此外，还可以测度通过互联网在线支持，提高设备远程诊断服务、实时检修服务的效能；测度利用大数据、位置服务提高依托硬件产品为平台的体验服务的效能，等等。

2）信息技术使服务导向的产品服务范围收益递增。

一是测度利用信息化产品营销系统，分享平台资源，提高多样化产品的附加值。例如，武钢自主开发产品销售六维价格体系等，瞄准"高附加值、高市场占有率"为目标的产品投入产出、订货品种结构，通过数据挖掘，找出潜在规律，使双高产品比例由 2005 年的 57.26% 提高到 2008 年的 83%①。

二是测度利用信息化，分享供应链平台资源，提高通过营销、客户关系等服务环节增值的能力。例如，中联重科针对不同产品的产销衔接模式，实施灵活的计划策略和供应链策略，建设经销商协同运作平台（DRM）和客户关系管理（CRM）系统，满足按订单生产（MTO）、按设计生产（ETO）等各种业务模式，加强精益、灵捷、创新能力，实现企业从订单到现金能力的提升②。

此外，还可以测度利用电子商务，提高品类服务、交付服务等方面的效能。

要注意智慧化与智能化的不同，智能化可以通过客体（机器）直接实现，而智慧化必须通过主体因素实现，这里最主要的主体因素就是企业战略。如果企业的业务没有把聚焦点放在差异化增值上，没有把信息化战略与企业战略融为一体，仅仅靠技术解决方案，并不能解决智慧化的问题。例如，武钢如果不是定位于"高附加值"这一战略目标，而仅仅定位于成本领先，其六维价格系统就只能大材小用。

李伟与刘常虹一直强调中央企业要将信息化战略与企业战略融为一体。并不能简单理解为只要信息化战略与企业战略（技术与经济）在一起就可以了，还要深入一步，看是什么样的信息化战略与什么样的企业战略最匹配，它们之间的适宜度如何。对于智慧化来说，它显然不是信息技术与做大做强（强调低成本扩大收入规模③）的匹配，而是信息技术与做强做优（强调高附

---

① 同上页，第 54 页。
② 同上页，第 118 页到 119 页。
③ 与规模经济且范围经济相比，其利润往往不可持续，而趋向零利润（垄断除外）。

加值利润的可持续性）的匹配。

对范围经济效果的测度，要注意区别智慧化与差异化战略效果的不同。二者共同之处在于具有差异化、高增值性的特点。在服务导向的产品服务中，这一点表现尤其明显。这也是要测度的东西，确实要测出信息技术与增值通过差异化而建立的联系。

但是，差异化战略经常是不可持续的，除了易被模仿之外，最主要原因在于它的成本经常是范围不经济的，也就是说，往往随着差异化程度的提高，成本会相应上升（包括总成本、平均成本和边际成本）；但数字化范围经济所造成的智慧化效应相反，它的总成本上升，但平均成本会下降，边际成本在一定条件下也会下降，而且出现递减。这才是测评中要区别于差异化战略而关注的独特之处。范围经济及其智慧化效应属于可持续差异化竞争优势。可持续在于有基本面原因的支撑。这一基本面就是固定成本的分享与均摊。因此，对范围经济效果的测度，要高度关注分享固定成本投入这一特征。

3）信息技术使集成导向的产品服务范围收益递增。

测评之前，要区分面向产业化的、规模经济意义上的集成，同面向服务化的、范围经济意义上的集成之间的不同。

面向产业化的、规模经济意义上的集成是一种简单性集成，其简单性的一个突出标志就是中央控制，例如数据大集中，财务大集中，虽然使用了数字化，甚至智能化的手段，但还是为传统工业化的自上而下集中控制的目的服务的。许多企业，财务管到每一分钱，但企业前端的神经末梢失去随机应变、临机处置的能力。使企业通过集权走向极权，以信息化手段更远更有效地偏离了信息化的目标。这种取向，在从农业化（如家族式管理）走向工业化过程（科学管理）中，可以有效提高专业化效率和规模化效率，但当市场需求变化进一步复杂化后，就难以从做大做强转向做优，形成发展瓶颈。研究这个方向的发展，要注意观察企业以事业部制的形式建立中央集权模式的努力，研究事业部制下实际存在的灵活变通是否存在。

面向服务化的、范围经济意义上的集成是一种复杂性集成，这种集成可以保留中心控制，但重心越来越移向节点之间的端到端联系，以及由这种端到端联系（边）形成的错综复杂的拓扑结构，从而形成集成中的分散，达到形散而神不散的效果。复杂性集成有两种典型的结构，一种是完全去中心化的端到端拓扑结构（如海尔的"无领导"的网络化组织），对应技术上无中央服务器的 P2P 结构；一种是有中心控制的端到端拓扑结构，对应技术上有中央服务器的 P2P 结构。

测度集成导向的产品服务的范围经济效果，第一要特别注意辨识集成中的离散化、多元化、因素（如模块化组件、分散的一线决策、授权、能动性）、复杂性结构因素（如跨部门合作、外包，价值网络合作，分布式结构等）是否保存，还是在集成中被消除；第二要特别注意对增值效果的测度。当然，前提是这种增值可持续。最优与最强的区别就在于，同是获得利润，但一般所说做强，只是说当前存在利润（例如完全竞争一时一地也可以获得利润，但最终会趋向于零）；而做优强调利润可持续。按照我们的特殊约定，专业化经济包括规模经济的利润，是"理论"上"不存在"的。对应的是这样的现实，传统中国经济虽然实现了规模经济，但从整体上说仍是低附加值的，它的利润都被粗放的固定投入抵消了。我们要注意发现的是，由于生产方式的转变和战略调整，可持续地（例如因为创新能力提高，或智慧化的知识固定成本分享）出现的增值（超额附加值）。因此，测度可持续增值，要同时测利润和企业战略（如果有能力测出生产方式转变更好），并将二者关联起来。

基于以上考虑，可以设计如下指标测度制造业信息化集成背后的范围经济：

第一，测度通过信息化集成应用，形成一体化的价值网络的能力。例如，成套安装服务的整合具有增值效果，但这种增值可持续不可持续，要看它是否具有垄断竞争的优势（一个最简单的观测点就是看进入门槛的高低，通过创新能力可以测度门槛不被模仿降低的能力）。

第二，窄义的制造业集成服务，包括一体化的成套安装、集成化的专业运营维护、基于动态需求的一体化解决方案等。开放的制造业集成服务，不光是一种资源整合，而且是一种能力的整合。毕竟，不是所有企业都具有提供整体解决方案的能力，可以在开放条件下，将不同企业的核心能力，通过集成，整合在解决方案之中，使用户享受产业链中最佳服务的组合。

对这类集成服务，为了区别于集中控制的集成，可以通过开放集成方面的指标来测度增值效果，如测度外包："客户直接购买成品，生产性服务中的外包业务，生产性服务外包业务的重要性，物料管理业务外包的比例，零部件生产业务外包的比例，组装业务外包的比例，服务性生产外包业务的重要性"① 等，对外包服务的价值网络的集成，得到量化的验证结果。

第三，广义的集成服务，是指制造业的 SOA（面向服务的架构）②，通过集成的服务架构，提供对各种服务的整合，以实现服务的组件化（虚拟化），使产品服务变得智慧化。

与把产品集成作为服务不同，制造业的 SOA 适用于制造企业提供集成的服务，即在异质性环境下，以集成方式提供灵活的产品服务。其灵活性不止是应用上的灵活性，而是复杂化、系统化的灵活性。意思是，要随着业务范围的扩大，而使保持灵活性状态的成本实现递减。因此它要达到的已不是简单的灵活化效应，而是效能层面的智慧化效应。要实现这种范围经济效果，传统的 SOA 也是不够的，需要 SOA 向智慧化方向升级。信息化测评需要从智慧化角度设计制造业 SOA 的测度指标。其中关键是要抓住知识要素的分享在提高智慧化能力方面所起作用。

例如测度面向复杂产品的制造业集群的知识集成。复杂产品是指研发及生产投入大、集成度高、技术密集、客户定制化、单件或小批量生产的大型的产品、系统或基础设施③。这些特征决定了复杂产品具有高附加值，但要使这种高附加值的获取变得可持续，需要 SOA 架构本身上具有内生的创新机制，如复杂产品制造业集群创新运行机制。李慧提出的"能力互补与资源共享机制""集体学习机制""合作信任机制"三种运行机制，为我们提供了设计指标的线索。可以分别测度制造业集群中为了创新复杂产品而在创新网络中进行的异质性知识与能力的分享与互补；基于成员间异质性关系存在而生产的交互式学习；各创新主体间的互动联系与信任关系；等等。广义的 SOA 的服务机制在这里的理论意义在于，使创新——对复杂性产品的智慧化供给——的固定成本投入，在集群范围通过分享而均摊于多样化价值的可持续的创造之中。具体到实测，可以设计测度知识扩散的指标，诸如"您所在企业为获取经济利益（或降低配套成本）而进行知识输出"等，来发现固定成本的分

---

① 周静芳. 服务型制造的差异化战略对企业绩效的影响研究 [D]. 南京：南京财经大学，2011.

② 一般的 SOA 我们放在服务业服务化中展开重点讨论。

③ 李慧. 复杂产品制造业集群创新机理研究：基于核心企业视角 [M]. 北京：中国社会科学出版社，2014：1.

享水平。

第四，信息化中的各类生产、运营等集成系统本身与服务的结合。上面说的是业务意义上的集成服务（产品服务），而信息化本身就具有多种多样的集成系统，对业务服务提供集成的技术服务，如计算机集成制造系统（CIMS）、管控数据集成、生产制造集成、全集成自动化（TIA）、IT设备集成与生产机械设备集成、业务流程集成、供应链集成、价值链集成、生产流程中的软件集成等。以信息化本身为服务，加强产品服务，使之更有效地分享平均成本，产生智慧化效应，这也是信息化测评在制造业服务化效能测度上的一个目标。

要充分认识到，集成不是集权，虽然集成中可能出现集权，但从实践中也可以看出，企业真实的意思还是要通过集成创造价值。因此，集成测度要排除各种信息干扰，把报酬递增作为这一项测度的技术经济要点。

4）信息技术使应用导向的产品服务范围收益递增。

应用导向的产品服务，除了多元化的租赁服务外，主要需要关注利用服务体系支撑应用服务，包括电子商务平台支撑服务、云服务等。苹果商城提供了一个例子，产品（如苹果手机）并非商城的焦点，依托产品的服务（APPs）成为主要的提供物，应用导向（App）导向的产品服务，随着商城平台与开发工具的分享，而产生整个生态系统报酬递增的效果。

测度这些指标数值的意图，在于获得与溢价正相关的数据，说明溢价的具体来源。从而把具体指标数据与整个均衡的逻辑联系梳理出来。

如果说SOA的聚焦点在于企业的服务构架，并不以平台为先决条件，那么应用导向更加关注的是平台支撑下高度分散的应用服务本身。因此，测评API与App之间的接口关系，就成为测度平台分享的一个主要指标。

例如，可以测度设计与制造集成接口水平。集成接口（Integration Interface）在系统集成与适配组件，提高系统灵活性方面具有重要作用。接口标准分为网络编程接口标准、数据库编程接口标准和产品信息接口标准等。可以从多方面对集成接口作用进行测评，包括：设计集成中，提供适应多种类型设计软件的集成接口的能力；制造执行系统（MES）中，集中接口在实施企业敏捷制造战略和实现企业敏捷车间生产方面的基本作用；CMMP（Collaborative Manufacturing Management Platform，协同制造管理平台）中，集成接品在面向离散型装配行业业务中，帮助企业实现管理设计层、计划层、执行层的高效协同，达到快速响应市场需求方面的作用；管理集成中，管理系统提供 COM 及 WEBSERVICE 标准接口，向 PDM 系统、MES 系统、财务系统等提供标准的集成接口，适应不断变化的 IT 应用集成需求的作用。

测度接口能力并不是目的，目的还是在于，当应用导向成为产品服务的主要价值来源时，显现作为固定成本的平台投入，在应用之间分摊，而导致平均成本下降的能力。这种应用导向的特殊之处在于，它是高度智能化的应用，因此具有高度的复杂性。

5）信息技术使技术分享后范围成本递减。

报酬递增与成本递减是一体两面。除了面向复杂性产出的报酬递增之外，测评面向复杂性产出的平均成本递减，也是范围经济分析的重要方面。

依构成固定成本的平台资源性质的不同，首先需要关注的是信息技术与技术平台资源分享的联系。

通过云服务基础设施，企业可以广泛分享技术资源包括软件（通过 SaaS）、开发工具、存储设施，技术开发平台等，通过信息技术分享这类资源可以产生成本递增的范围经济效果。

可以从三个方面测度通过信息技术分享技术资源的范围经济效果：

一是测度利用研发信息化平台分享开发工具、开发软件对研发成本的分摊效果。企业通过信息化平台（包括各种智能设计系统）研究开发技术成果，可以有效降低开发成本；而开发成本作为固定成本用于多种产品的生产以及服务的提供，可以进一步降低单位产品所分摊的研发成本。

例如，宁夏汇川服装有限公司明确以"信息化技术支撑下的服装规模化定制"作为企业核心竞争力。规模化定制生产依赖于服装规格、号型表，定制规模、地区、体型等变更频繁，固定模式的企业号型表难以适应生产设计。汇川公司以信息化技术为保障实施服装号型分档应用，实现了批量定制过程中规格、号型的优选，解决了原来的难题：首先解决了企业号型表结构复杂，号型规格数量大，人工维护困难的问题；其次解决了定制服装规格分散，数量小，人工制作号型表难度较大的问题；最后解决了人工设计号型表周期较长，不适应定制加工快节奏要求的问题。通过该项技术的应用，与传统服装行业相比，形成了可持续的差异化竞争优势，增加了经济效益。在这一案例中，测评范围经济效果的要点在于，比较人工制造号型表所需的成本，与共享号型分档应用的投入，节省部分则为平均成本降低部分，即范围经济效果。

二是测度通过电子学习增进人力资本后，人力资本投入在新产品上的分摊。企业的专业技术人员是研发资源的重要组成部分，他们可以为企业开发出各种新产品，也是实现企业产业和业务扩张的重要资源。

三是测度企业知识资本投入在产品门类上的分摊。企业在长期实践中所积累的各种案例库、知识库，是企业扩展产品门类，实现可持续差异化竞争优势的重要基础。

例如，合并前的中国南车股份有限公司通过分享仿真分析模板实现了范围经济。仿真具有专业复杂性，由各专业的设计和仿真人员分担，知识和经验分散在个体，难以积累和共享，不利于企业知识积累和专家知识库的形成。南车公司建立协同仿真平台，通过模板将专业仿真分析专家的知识、实践经验展现出来，仿真数据可以直接在系统中共享和查询，提高了工作效率，缩短了产品研发周期，产品设计水平和质量显著提高。在测评中比较使用模板与不使用模板的成本，可知范围经济的程度。

6）信息技术使管理资源分享后范围成本递减。

测度管理平台资源分享的范围经济效果，可以测度制造企业的管理系统集成的客户关系管理（CRM）、产品全生命周期管理（PDM）、供应链管理（SCM）等的复用情况。也可以测度制造企业的管理资源的共享，对原料、设备等有形资源利用率的提升。

在中小企业信息化服务体系建设中，服务平台分享导致范围经济的情况十分普遍。中小企业作为一个整体具有产品多样化的特点，如果生产每一种产品，都进行同样的管理软件和系统投入，会出现大量的重复建设。信息化支撑服务商通过服务平台，为制造业中小企业提供商务云服务，包括代运营服务，可以有效地减少制造业企业的管理重资产（固定成本）投入，实现轻资产运作，使商业生态的管理平均成本递减。

从调查情况看，中小企业信息化缺乏资金是事实，但另一方面有资金不愿投入也是事实，关键是自建信息化的投资回报不符合中小企业尤其是小企业信息化的规律。中小企业信息化的矛盾在于"小生产"与大社会的矛盾，需要通过社会化的服务体系，将中小企业融入信息化的社会网络之中，实现资源共享，降低集群协调费用，均摊信息化建设成本。因此，信息化服务体系建设，是整个中小企业信息化建设的突破口。

例如，宁夏汇川服装有限公司在企业联盟内部实施规模化服装定制的

ASP 应用实践，在平台上提供了服装归号、服装 CAPP、设计资源库、投产号型决策、生产流水线排布、号型分档、在线定制等专业化的规模化定制服务。通过 ASP 平台的应用，解决企业联盟信息化内部信息化技术的协同、共享，降低联盟企业的信息化投入，提高整体信息化收益。

7）信息化使经营资源分享后范围成本递减。

一种看法认为，ICT 作为通用目的的技术，使生产、经营资源的通用性不断增强，成为范围经济形成的重要动力。随着信息技术的发展，固定成本的可变性增大了，而资产的专用性却减少了。数控机床、工业机器人、智能仓库及计算机的大规模普及，企业资产的柔性化水平大幅提高，标准化的大批量生产方式逐渐被小批量的柔性化生产方式所取代。

专用与分享都是相对于使用权而言的。在信息化中所说共享，并非转移支配权，而是分享使用权。服务本身就是按使用权收费的活动，服务化也是按使用收费的，如软件即服务模式。这样的可以分享的经营资源包括：在虚拟企业中共享商标、共享广告、共享促销、交叉销售产品、捆绑或打包式销售、互补产品的交叉补贴、共享市场营销部门、共享销售渠道、共享销售队伍或销售办公室、共享服务或维修网络、共享订单处理系统、共享为客户或分销商提供融资的机构、共享输入后勤、共享零部件生产、共享零部件制造设施、共享装配设施（使用同一设备或生产线装配精确度或相关的最终产品）、共享检验/质量控制设施、共享工厂的间接活动（包括维护、车间日常管理、人事部门、食堂等）、共享生产地的基础设施、联合采购、联合进行技术开发（开发相互独立的产品工是将一个产品与另一个产品进行合并）、联合进行产品连接的界面设计（对有技术衔接关系的产品共享界面设计）、共同筹资、共同利用现金、共用会计、共用法律部门、共享政府关系、共享雇用和培训等一切非产权合作，等等。

在信息化测评中，可以重点对三类资源的分享形成范围经济的情况进行测度。

一是信息技术使品牌资源分享后成本递减。可以测度通过网络优化分享品牌资源的范围经济效果，可以测度网上品牌分享对新产品广告成本的节省；也可以测度网络品牌价值对销售渠道费用的节省。

二是信息技术使渠道资源分享后成本递减。可以测度分享渠道资源将销售成本在各产品中分摊实现。需要考虑的是，网络销售正在使渠道发生变革，从自上而下的线性渠道，变成以平台、商业生态系统，包括 WEB 形式涌现的复杂性网络。

三是信息技术使客户资源分享后成本递减。测度分享客户资源的范围经济效果，可以通过测度网络顾客口碑价值、顾客信息价值和顾客交易价值来定。

总的来看，制造业信息化的绩效，可以分别从产业化与服务化两个方面展开，分别测度其效率与效能，显现信息技术带来的自动化、智能化、灵活化和智慧化效应。这两个方面在真实世界是不可分的，只是产业化更多代表与工业化的融合（如第 N 次"工业革命"），而服务化更多代表信息化走向成熟的未来（信息革命）。做强做优须以做大做强为基础，而做大做强须以做强做优为主导。合在一起，就可以感知信息技术推动制造业从产业做大做强，向通过制造业服务化做强做优的方向转变的过程。

11　服务业信息化绩效

11.1　产业化促进：服务业增长的效率

11.1.1　服务业产业化机理

我们将服务业的发展分为产业化与服务化两个相对的方面。

服务业的产业化，是一个"增产"（提高产值）的过程。从技术经济学角度看，产业化是一个提高服务业生产率（或服务业效率）的过程。这里的生产率和效率，特指专业化效率，而非多样化效率。

目前关于服务业效率的研究都只是这种特指的效率。这方面的文献非常多，研究也比较成熟，因此我们不再像对服务化与多样性效率那样展开分析，只是勾勒一个机理轮廓。

（1）为什么服务业发展能对提高效率起重大作用

服务业是因为什么而从制造业中分离出来并发展起来的？一般的回答是因为服务业可以提高整个经济的效率。其中的逻辑最初是由新制度经济学的交易费用理论奠定的。原来的新古典主义经济学可以很好解释制造业，因为其效率只考虑专业化效率的提高一个方面，但难以解释服务业，因为没有考虑交易费用。由于分工专业化提高了交易费用，成为导致服务业产生的诱因。服务业是为降低交易费用而来，通过降低交易费用，而提高了整体经济的效率[①]。

这种解释是粗略的，因此有可能是片面的。因为它可能无助于解释服务业增长之谜，难以解释为什么服务业在 GDP 中占比增加在许多情况下可能导致 GDP 增速下降，包括交易费用上升导致一国大贫还是大富。我们在 11.2 节中再展开这方面的讨论。这里先肯定这种解释正确的方面。服务业在降低交

---

①　吴敬琏. 中国增长模式抉择 [M]. 上海：上海远东出版社，2005.

易费用方面提高整体经济效率这种说法能够成立，在很大程度上，是针对产业化而言的（等于说，它不是针对服务化而言的）。

产业化对应的效率，是专业化效率，而非多样化效率，解决的是分工专业化的问题，而非分工多样化的问题。换句话说，我们要将上述粗略的说法修正成一个更加精确的说法，服务业是为降低同质性交易费用而来，通过降低专业化交易费用，而提高了整体经济的专业化效率。

这种修正的说法与传统经济学的说法没有任何区别，因为传统经济学存在关于多样化效率的盲区，因此效率就等于专业化效率，上述说法表达的是同一个逻辑；交易费用就等于同质化交易费用，这也是同一个概念。然而做出效率区分后，结论上却有重大区别。信息化和网络经济理论不认为降低同质化交易费用是整个服务业产生的基本原因，而只认为这是服务业产业化现象产生的基本原因。

基于这个看法，信息化推动服务业的产业化（对应"商业化"），与推动服务业的（现代）服务化（对应"体验化"），是两个问题，而不是一个问题。由此明确本节与下节是在讨论不同问题。

具体到信息化测评上来，本节的研究首先排除了信息技术在降低复杂性交易费用，从而提高服务业多样化效率和效能方面的作用，以及对这种作用的测评（这是被索洛悖论测漏的部分）；而专门介绍信息技术在降低简单性交易费用，从而提高服务业专业化效率和效能方面的作用（这是现有生产率理论专注的部分），以及对这种作用的测评。这是信息化与网络经济理论与标准理论没有矛盾的部分、共性的部分。

（2）基于专业化效率视角对服务业信息化的研究

目前国内对于信息技术与服务业生产率关系的研究，与国外前沿研究有一代左右的差距。国外同类研究，普遍开始注重服务业效率特殊性方面的研究，如以盖雷、加卢为代表的新一代的服务业效率理论研究，纷纷开始向复杂性、多样化方向转向，开始注重具有复杂性特征的知识、网络对效率所起作用。国内的研究从理论到方法，主要是沿用国外传统（或者说标准）生产率理论，用研究制造业的观点和方法来比附服务业。突出表现在所研究的效率，仅局限于专业化效率，而对多样化效率几乎毫无涉猎。当然，这一局限对本节的研究并无影响，因为本节只是研究服务业效率中的专业化效率。说明这一点，只是为了提醒注意与下一节研究角度的区别。

国外对服务业专业化效率的研究，以传统（标准）生产率理论为基础。代表性的人物是乔根森。乔根森、何民成与斯德尔的《生产率——信息技术与美国经济复苏》，是代表性的研究。其中对生产率的理解，没有任何多样性的含义在内，完全是指同质化、专业化的效率。因此这种效率研究仅局限在一个特定方向上，也就是信息技术对经济增长、服务业增长的影响。

国内研究在服务业效率问题上，除了李江帆、陈宪、张祥等在服务业一般研究中列专门章节讨论外，徐宏毅、刘丹鹭、杨向阳等以专著的形式进行了细致研究。其中杨向阳还采用了国际上比较先进的效率研究框架，进行了深入分析。所有这些研究有一个共同特点，其主体部分都是对专业化意义上的效率或生产率的研究，对多样化问题只是个别提及（详见下节的综述），没有展开。

具体到服务业信息化这个专门方向上来，学者的专门研究包括谭莹、赵汴关于信息化对服务业增长影响的实证研究[①]；方远平、谢蔓关于广东综合信息化水平对服务业增长的影响研究[②]和梁向东、潘杰波、吴艳关于信息化与现代服务业发展的研究[③]。雷小清的《服务业信息化研究》一书是其中最系统、最有代表性的研究。这些研究虽然对服务业信息化过程中的差异化现象有所察觉，但在方法框架和结论上，仍与传统研究没有本质区别。

上述研究的结论大同小异，对服务业的生产率以及信息技术作用于服务业的机理的解析，主要研究内容可以用江小涓的概括来一言以蔽之："第一，ICT对经济增长速度的影响；第二，ICT对经济增长因素的影响，即生产率的提高，这又分为劳动生产率和全要素生产率；第三，ICT对经济效率水平的影响。"而研究结论，则可以用OECD（2003）的关于ICT对经济增长作用的一般机理的结论来代表："第一，提高要素生产率，ICT资本能够实现资本深化，进而提高劳动生产率；第二，提高部门综合要素生产率，快速的技术进步有助于ICT生产部门综合生产率的提高；第三，ICT的应用有助于企业提高

---

① 谭莹，赵汴. 信息化对服务业增长影响的实证研究 [J]. 商业时代, 2009 (13).
② 方远平，谢蔓. 广东综合信息化水平对服务业增长的影响研究 [J]. 岭南学刊, 2013 (5).
③ 梁向东，潘杰波，吴艳. 信息化与现代服务业发展：测度、协同和融合的研究视角 [J]. 系统工程, 2013 (11).

总体效率水平，进而提高综合要素生产率。此外，ICT 还有助于整个经济实现网络效应，降低交易成本和促进创新，进而提高整体经济的效率。"①

梳理服务业专业化效率理论的发展过程可以看出，早期研究（20 世纪八九十年代）认为信息技术对增长没有影响或很少影响，代表是索洛生产率悖论。在 90 年代中后期，随着信息通信技术产业的发展，这种观点逐渐消失。主张者也不再坚持。但实际上，这个问题并没有完全解决。因为生产率悖论这个疑问，还可以在将来某个时候，在更广泛的背景下被重新提出。这个更广泛的背景是指，如果把产业化与服务化当作总的背景合在一起看，效率可分为专业化效率和多样化效率。目前解决的只是专业化效率的问题，而没有解决多样化效率的问题（我们在下节讨论），因此只是解决了问题的一半。但 ICT 的整体影响远不止显示在 GDP 增长、产业发展和专业化效率（劳动生产率）提高方面（我们在下节将系统展示被学者遗漏的另外整个一个方面）。更深层次的问题在于，ICT 及服务业为什么会增长？这势必把问题引向服务化这一源头上来。

在学者中间，周振华与众不同，开始区分服务业与服务化，并把服务化单列出来，在指标体系中进行了单独的分类（"经济服务化"和"企业服务化"），从而通向了我们下一节所展示的新的研究方向。

11.1.2　信息技术与服务业产业化绩效

（1）服务业产业化绩效的结构化解析

本研究所涉及的信息化指标体系，在指标一级至少在形式上与一般的信息化指标差异不大（顶多是补充了大量一般实测在理论盲区上被系统遗漏的指标）。真正的区别在于指标体系的结构，不是按综合评价法的指数法合成，而是按技术经济学的生产率计量逻辑来合成。但这种合成只采用了全要素生产率合成的逻辑，而数据仍然是按综合评价法的方法设计的具体指标中采集的（以非货币化的行为数据为主）。

现有大量服务业效率研究（在我们看来只是服务业专业化效率研究），多是沿着生产率计量模型展开的。所采用的机理、模型与我们与之对应的研究（专业化效率研究）是大同小异的。其中，杨向阳"基于效率视角"对服务

---

① 江小涓，等. 服务经济——理论演进与产业分析［M］. 北京：人民出版社，2014.

业生产率（包括技术效率、技术效率变化、规模经济和全要素生产率）的研究[①]，与我们认同的方法（第三章的结构框架，如图 11 - 1 所示）在框架结构上最为接近（例如专门区分出技术效率变化 TEC）。为节省篇幅，关于服务业的（专业化）效率和效能方面的同样分析和结论不再重复，细节上的分歧不论。

进一步的研究是具体到信息技术上的技术经济型的信息化测评。它可以被视为是生产率计量的一种半定性半定量的应用。从定性的角度看，相当于在展开生产率计量的具体所指；从定量的角度看，相当于内嵌了某些结构化因素（复杂性结构，如关于边的计量）对生产率计量的同质化方法进行补充。

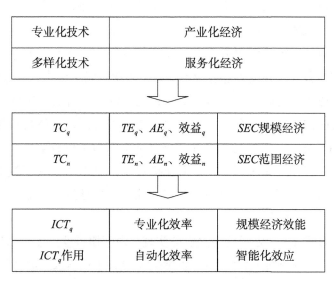

图 11 - 1 服务业信息化中产业化绩效指标结构

信息化在服务业产业化中的技术经济作用（效率与效能）的测评，在理论层面的技术 - 经济结构中，是多样化信息技术与服务化经济的结合；在技术经济学计量层面的技术 - 经济结构中，处于基于 q 值的 TC、TEC（含 TE、AE 与经济效益）、SEC 分析结构中，共分为就绪、应用、配置、效益和效能五大类指标；在绩效和效果层面，研究的是 ICT 与专业化效率与效能的关系，其中专业化效率对应的效果是自动化效应；专业化效能（即规模经济效能）

① 杨向阳. 中国服务业发展方式转变的实证研究——基于效率的视角 [M]. 南京：南京大学出版社，2011.

对应的效果是智能化效应。

对服务业来说，自动化效应与制造业中的自动化效应，略有区别。不是指机器体系的自动化，而针对的是以人力资源为主的服务业中，计算机、网络构成的技术体系（包括设备）与人力结合，而产生的对（同质性）劳动生产率的提高。

测度信息技术的自动化效应，对服务业来说，具有很强的现实意义。因为在信息化之前，服务业长期存在鲍莫尔说的"成本病"，而这种现象后来逐渐消失，主要就是信息化的自动化效应在起作用。自动化效应使服务业初步升级为现代服务业。

智能化效应对于服务业来说，相对于制造业智能化，有些令人费解。制造业主要靠机器体系与机械化的管理体系，智能化是相对于客体的，因此制造业智能化容易理解；而服务业主要靠人与社会关系体系，智慧化是作用于主体的，它与服务业的关系容易理解，但服务业智能化是什么意思呢？

借助工业4.0的理念，有助于解释智能化的深层含义。智能化表面上指机器，但智能化在工业4.0中的深层含义是化繁为简，是指将市场需求方面的复杂（包括复杂性）转化为企业供给方面的简单加以驾驭。人工智能，也是在说让机器"像"人那样工作，而非机器就"是"人。只不过对制造业来说，它是用机器生产机器的体系，化繁为简，主要通过嵌入软件，让机电一体化系统识别、处理复杂情况。

但化繁为简并不一定只能通过机器实现。对于服务业来说，当软件体系与人结合时，也可以帮助人类大大简化所面对的复杂市场需求。但这只是智能化，有别于智慧化。智慧化不能简单理解为化繁为简，它并不是将复杂性转化为简单性，而是在保持复杂性状态下，甚至提高主体的复杂性程度而化解复杂性的挑战。与化繁为简的表面联系在于，由于处理成本的降低（变得轻松），因此智慧显得"像简单那样"处理（并不是真的将复杂性转化为简单性）。

智慧涉及意义（体现、符合目的的内容），意义是异质性的，它本质上不是产业化的对象，产业化对意义的关系是间接的（只是提供实现目的、意义的手段）。信息技术服务于服务业的产业化，是一个实现专业化效能的过程，只是在直接作用于服务业的工具、手段体系。从这个角度说，它产生的是智能化效应而非智慧化效应（智慧化效应在下节再讨论）。

具体来说，信息技术支撑的智能化对服务业来说，主要意味着超越传统服务的局限以及自动化的局限，实现集成化、规模化。例如沃尔玛通过卫星对 POS 机进行智能分析，从而更有效能地分享在途货运配送资源，实现智能化的规模经济。

(2) 服务业产业化信息技术就绪（TC_q）

从理论上说，适应于各行各业的通用的信息技术就绪条件和就绪指标，也同样适用于服务业产业化，因此制造业产业化、农业产业化的就绪指标，许多可以直接拿过来用于服务业产业化。

但是，如果更细致一些，是否可以分辨出与服务业产业化特别对应（不如说联系更密切）的就绪条件和指标呢？孟晓明、陈拥军在分析电子商务与现代服务业协调发展的技术基础时，特别分析过这个问题[①]。

我们在此基础上进一步讨论一下。首先，服务业产业化信息技术就绪指标，涉及的是什么对象或对象关系的组合？孟晓明、陈拥军谈的主要是电子商务、现代服务业、技术这三个概念。我们从技术和经济两个角度来看。从技术上来看，现代服务业与技术实际是有交集的。按照我们在前面对现代服务业的定义中，已经把信息技术作为现代服务业十个产业的先决条件。也就是说，可以近似认为现代服务业就是基于信息技术的服务业。从经济上看，电子商务的含义一直有争议，相关争议主要集中在 EC（电子交易）与 EB（电子业务）之分上。其中抛开无关的争论，对这里的讨论来说有意义的是，交易主要涉及流通，而现代服务业不光是流通业（包括零销、批发，或用美国独特术语"分销"，包括物流等），还包括十大行业中的所有领域，从这个角度说，服务业产业化就绪的范围显然不能仅限于 EC。同时，EC 意义上的电子商务，又是目前信息技术与服务业结合的主要领域之一，有些成果（如商业模式）已经超出了流通业的范围，而成为整个服务业的通用标准。例如支撑服务业这一概念，已将电子商务扩展到"互联网＋"新业态上，成为信息技术与现代服务业十大行业业务的结合方式。

综合考虑，我们倾向于认为，解析服务业产业化领域的信息技术就绪，应以电子商务相关特征为核心，全面解析信息技术与服务业在现代服务业意义上结合的技术和设施基础。参考孟晓明、陈拥军分类，可以考虑从以下分类来设计指标。

---

① 孟晓明，陈拥军. 电子商务与现代服务业协调发展研究［M］. 北京：中国财政经济出版社，2010.

第一类，计算机网络与通信技术指标。

这类指标对于现代服务业产业发展的意义是不言而喻的。其中包括：

一是信息处理与管理技术，包括计算机信息系统，计算机辅助系统，如设计业务中的CAD、教育领域常用的CAI等。

二是网络服务技术，包括移动互联网、视频会议技术、流媒体服务、物联网等。

三是信息安全技术，包括身份认证技术（CA）、加密技术、交易层安全（TLS）技术等。

第二类，业务处理技术指标。

一是测度支付与结算技术发展水平，包括银行卡、移动支付、近场支付、电子钱包、电子发票等。

二是测度物流配送服务技术，是指与物流要素活动有关的所有信息技术，包括物品标识、物品实时追踪，以及相关的GIS、GPS、条码技术、射频识别技术（RFID）等。

三是测度客户关系管理（CRM）技术发展水平。

四是测度服务数据挖掘（DM）技术发展水平。

第三类，信用与征信服务管理技术。

包括开放的信用服务平台、动态信用信息的采集与交换、实时的企业与个人信用信息披露、动态信用评估等。

第四类，面向服务的信息化集成平台指标。

一是测度内部商务处理自动化，如ERP建设水平。

二是测度采购和供应链集成水平。

三是测度市场和销售集成水平，包括电子商城、电子商务支撑服务平台等。

业务集成也可以归入应用。这里把集成系统算入就绪而非应用，主要看中其在增进效能方面的作用（在应用中则主要看中其在效率方面的作用）。

第五类，面向服务的信息化基础设施指标。

一是测度电子商务信用体系建设水平。

二是测度电子商务安全认证体系建设水平。

三是测度电子商务标准体系建设水平。

四是测度在线支付体系建设水平。

五是测度现代物流体系建设水平。

另外，公共服务环境的营造，也可以纳入第五类指标。

需要注意的是，对服务业产业化绩效分析，应注重对平台类指标的测评。伴随电子商务发展的支撑服务业的崛起，为现代服务业的规模经济创造了均摊固定成本的有利条件。当平台可非排他分享时，又引起分享经济的重要变革。这些都通向服务业信息化最有特色的绩效。

（3）服务业产业化信息技术效率变化（TEC_q）

服务业生产率研究是服务经济学的热点。盖雷、加卢主编的《服务业的生产率、创新与知识：新经济与社会经济方法》是其中的代表性研究成果。服务业与制造业的生产率比较是其中一个主要问题。费利、罗萨蒂、特里亚主编的《服务业：生产率与增长》，结合国别分析，对这个问题进行了深入的分析。国内学者也做过大量研究，如徐宏毅《服务业生产率与服务经济增长研究》、刘丹鹭《服务业生产率与服务发展研究》等专著，以及江小涓、陈宪、周振华等人的研究。其中，关于服务业的技术效率变化（TEC），特别是技术效率（TE），杨向阳根据中国的面板数据，进行了具体的生产函数分析[①]。

信息化对服务业效率的影响，国内外也有一些研究。国外针对和围绕鲍莫尔提出的服务业"成本病"理论展开过许多研究。有代表性的如乔根森等人的《生产率：信息技术与美国经济复苏》，以及盖雷、加卢主编的《服务业的生产率、创新与知识：新经济与社会经济方法》等。国内研究最为细致的是雷小清《服务业信息化研究》，分服务业具体的子行业，如批发贸易服务业、零售贸易服务业、金融业、商务服务业、社会和个人服务业、非市场服务业，对 ICT 的影响（对增长、劳动生产率等的影响），进行了具体的生产率测算与研究。

所有这些研究，都集中在专业化效率方面，而多样化效率的研究几乎没有（这一点还不如农业领域对多样化效率的研究）。但集中的研究，也对服务业产业化研究，包括信息技术对服务业产业化的影响的研究，打下了良好的基础，并带来了丰富的研究资源。

信息化测评对同样问题（TEC 问题）的解析，与上述研究既有联系，又

---

① 杨向阳. 中国服务业发展方式转变的实证研究——基于效率的视角［M］. 南京：南京大学出版社，2011.

有区别。联系在于框架结构相同，都围绕生产函数展开；区别在于，信息化指标使用的并非标准面板数据，而是专门设计指标，把一些难以货币化衡量的问题，用调查形式采集数据，并采用将定性问题定量化、非结构化的问题结构化的方法，加以处理。对上述研究也是一种很好的补充。

1）应用的技术效率（TE_q）。

服务业产业化中提高专业化效率意义上的技术效率，主要是通过信息技术应用实现的。与制造业相比，服务业内部行业差异较大，应用的特点差异也较大。因此应用类的信息化指标需要结合行业特点设计。可以分以下四类：

第一大类，电子商务应用。

这一类别的内部分类内容参考荆林波、梁春晓《中国电子商务服务业发展报告 No.1》中对电子商务服务业的具体分类和介绍①，略作调整。

第一类，信息流电子商务应用。

一是测度信息服务应用水平，主要指电子商务网站的交易信息服务。

二是测度数据基础服务应用水平。包括云计算技术服务，云计算商业服务（商业云），大数据与数据挖掘应用。

三是测度咨询服务应用水平。包括专业知识库建设水平等。

四是测度教育培训服务应用水平。包括远程教育、电子学习等。

第二类，物流电子商务应用。

主要是测度物流服务应用，可以将物流（侧重城际）与配送（城内）分开测度。

一是测度各种形式的物流发展的水平，包括自营物流、第三方物流、物流联盟、物流一体化模式等。

二是测度配送发展水平，如覆盖范围、就业规模等。

三是测度物流企业通过信息化整合生产企业的水平。

第三类，资金流电子商务应用。

主要测度金融服务应用。

一是测度信息技术在支付中的应用，如电子支付、近场支付、移动支付等。

二是测度电子商务中金融支付（第一支付）业务发展水平。

---

① 荆林波，梁春晓．中国电子商务服务业发展报告 No.1［M］．北京：社会科学文献出版社，2011．

三是测度电子商务中数据支付（第二支付）业务及衍生数据业务发展水平。

第四类，商流电子商务应用。

一是测度交易平台服务应用。交易平台应用信息技术，可以广泛提高接入平台的企业应用电子商务的效率，特别是从企业的汇集中发挥技术上的网络效应和溢出效应。

在测评交易平台技术效率时，相关市场不应仅局限于平台企业，而且要同时包括平台企业与接入平台的企业。平台企业具有较高市场份额，但由于提高了接入平台的企业的竞争及其效率，因此总的效率是提高的。决定平台本身效率高低的尺度，而转向平台中立。

交易平台服务应用的实测具体可以包括对综合类 B2B 交易平台的测度，对垂直型行业交易平台的测度，以及对面向 B2B 交易服务的平台的测度。

此外，也包括对 B2C、C2C 平台的测度。

测度的重点应是平台覆盖的企业数（有条件的话也可以采用覆盖率指标），意图在于测出信息技术在平台上应用所产生的网络效应。

企业自建电子商务，归入企业信息化测评范围。对其评价不在行业电子商务中考虑。

二是测度代运营服务应用。

代运营服务实质是电子商务外包服务。代运营服务的发展，代表着电子商务发展到一定规模后，运营向自动化、流程化、专业化方向发展的趋势。可以测度几种形式的代运营服务，包括以信息系统建设为主、兼顾运营的服务；以网络分销为主的服务（如古星互联代李宁网络分销）；以网络营销为主的服务（如网站优化等）；全程电子商务代运营服务。

全程代运营的出现，与物流企业整合生产一样，都代表着 C2B 的重要趋势。

第五类，社会服务应用。

一是测度信用服务应用。包括测度信用中介应用水平、第三方支付与信用评价应用水平、信用数据库建设与信息共享水平、网络征信系统建设水平等。

二是测度认证服务应用。包括数字签名技术应用、数字时间戳技术应用、CA 应用、认证信息的更新率等。

三是测度安全服务应用。包括安全技术应用（如防火墙技术、加密技术应用）、电子商务安全业务（移动安全、云安全）、分类安全服务应用（如主体安全服务、信息安全服务、资金安全服务、物流安全服务等应用）。

第二大类，电子服务应用。

这一大类主要指电子服务，即 EB 中的服务业电子业务，涉及行业为除 EC 以外的服务业内各行各业①。

第一类，信息流与知识服务应用。

一是测度信息服务应用。

二是测度信息传输、软件和信息技术服务应用。

三是测度研发服务应用。

四是测度科学研究和技术服务应用。

五是测度教育应用。

第二类，物流与实体服务应用。

一是测度交通运输服务应用。

二是测度节能服务应用。

三是测度房地产服务应用。

四是测度旅游服务应用。

五是测度水利、环境服务应用。

六是测度公共设施管理服务应用。

一种看法认为，旅游业不是典型意义上的服务业，因为所涉及的道路、交通工具、住房、景点都是物产，而不是服务。这是因为忽略了服务的本质不是按物的拥有收费，而是按物的使用收费。从使用权角度看，旅游服务涉及的是对物的利用（使用），而非物的归属。同样情况也适用于房地产。

第三类，资金流与资本服务应用。

一是测度金融服务应用。

应区分电子商务中的金融信息服务与金融业的互联网技术服务。前者主要属于信息服务，互联网在其中主要扮演数据业务角色，例如，资金池、资金托管对于它属于跨业经营，没有相关资质不可从事；后者主要属于金融服务，互联网在其中往往是扮演技术角色。

二是测度租赁和商务服务应用。

需要区分电子商务中的按使用收费（云服务，如 SaaS）、互联网商业模式

---

① 夏杰长，姚战琪，李勇坚. 中国服务业发展报告 2014——以生产性服务业推动产业升级 [M]. 北京：社会科学文献出版社，2014.

中的实体以租代买（如专车、拼车服务）与传统实体资产的租赁服务（如大型设备租赁），包括制造业服务化中依托产品的增值服务。

其中，属于技术效率的应用，主要是指利用技术的非排他性特征提高效率的情况。因此，这里的租赁应用不是指传统租赁本身，而是传统租赁服务利用信息技术提高资源使用效率。

第四类，社会服务应用。

一是测度卫生和社会服务应用。

二是测度文化、体育和娱乐服务应用。

三是测度公共管理、社会保障和社会组织服务应用。

2）应用的配置效率（AE_q）。

服务业产业化中信息技术应用的配置效率，主要涉及两个问题，一是信息技术应用改变服务业人机关系，为矫治成本病创造条件。二是信息技术应用集成提高了专业化职能协调水平。

第一类，服务业从业人员的信息技术配置水平指标。

由于服务业成本病的"病因"，主要是传统服务业过于依赖人工，难以通过机器提高效率。因此，测度信息技术与人力资源的结合，可以反映人机之间资源配置变化带来的效率提升。

一是测度服务业人均信息设备（电脑、智能移动设备等）拥有水平。

二是测度服务业人均信息基础设置利用水平（如人均带宽等）。

三是测度服务业人均信息技术产品（如软件与信息技术服务）配备与使用水平。

四是测度服务业务中人均信息资源开发与利用水平（如测度采集、存储、加工、利用，将数据转化为信息的活动）。

五是测度服务业人均培训时间等。

六是测度从业人员中电子商务师占比，等等。

测度这些指标的目的是为了配合其他指标，显示信息技术对于提高服务业劳动生产率的贡献。

第二类，服务业业务职能的信息技术集成与协调指标。

这类指标反映的主要是服务业分工专业化中形成的不同职能之间通过信息化协调而提高专业化效率的情况。

一是测度 ERP 应用水平。反映服务业（包括电子商务与电子服务）通过

ERP，将专业化职能加以梳理，实现流程优化的情况。例如，通过引入最佳实践模式，固化优化后的流程模式，提高专业化协调水平。

相对于 SOA，ERP 的作用更多在产业化方面，而不是服务化方面。利用这个指标应该注意测评的角度，包括适宜度。ERP 在提高专业化效率的同时，也可能降低多样化效率（如灵活性），因此更适合作为产业化指标来使用。对于以职能为中心设计的组织，ERP 还会带来很大冲击，需要有流程再造的组织行政调整作为配合。流程一旦固化，对新的市场环境变化又会带来流程本身进一步适应的问题。这些因素在测度完后，进行评价时，都需要综合考虑。

二是测度电子商务优化流程的水平。反映现代服务业利用电子商务优化业务流程和资源配置，克服条块分割、技术孤岛与资源孤岛现象，促进企业迅速发展[①]。

互联网时代，企业的职能协调已不限于企业内部，而向业务渠道、客户资源方向延伸，利用电子商务实现一条龙服务，有利于减少业务中间环节，打破地域分割，整合渠道资源，提高产业化协调水平，更快做大做强。例如，沃尔玛通过信息技术整合各个分店的 POS 信息，在途就可以进行货源分配，使货架进货得到及时优化。

在测度集成时，要注意辨析、区分两种不同方向的集成。面向产业化的集成，主要强调向集中的方向协调各个分割的局部，以集中统一方式配置资源，它主要作用于专业化效率的提高和产业做大；而面向服务化的集成，则强调向离散的方向协调，强调原来分立的节点之间点对点的协调，实现复杂性网络集成，它主要作用于多样化效率的提高和产业做优。它们的集成架构和具体技术都有很大区别。我们在 11.2.3 节再分析后一种情况。

3）应用的经济效率（CE_q & RE_q）。

信息技术在服务业产业化中的应用，不仅是在提高技术效率和配置效率，更主要的是提高经济效率。经济效率与前两种效率（主要参照存量的维度）比，多出了价格这一维度。其效率不仅体现在量的多和少上面，而且体现在质（价格）的高和低上面。包括从价格角度看，成本是高还是低；收益是高还是低。我们可以分别来看。

---

① 孟晓明，陈拥军. 电子商务与现代服务业协调发展研究［M］. 北京：中国财政经济出版社，2010.

第一类，降低专业化服务劳动成本的指标。

前面说的针对成本病的配置效率指标，主要是着眼于产出效率。但没有回答信息技术配置得是否越多越好。比如说，把每一位服务员培训成计算机博士，是更增加服务成本，还是降低成本，有无必要？从上面的指标是得不出结论的，因为没有成本的约束条件。

因此，还需要测度信息技术对于降低服务业劳动力相对（产出的）成本。在产出既定时，服务业成本病中的成本可分为两个方面，一个方面是相对于专业化产出的成本，一个方面是相对于多样化产出的成本。这里说的是降低专业化成本。

服务业同制造业在这里有一个不同，制造业的智能自动化主要作用于机器，相对来说工资上升不是问题，而服务业提高专业化水平，主要作用于人，提高的是劳动生产率，也会提高工资成本。在这种情况下，关于提高劳动生产率是否降低劳动力成本，到底测的是什么？具体到这里，我们认为测的应主要是比较劳动生产率。在专业化、产业化中，产出主要以产值（规模扩大）为尺子。当较高收入的服务人员提供较多的服务产出时，可以同制造业进行比较，在同等产出条件下，有信息技术与没有信息技术，服务业的成本有什么样的变化。

第二类，降低服务业产业化成本的指标。

除了劳动生产率之外，信息化测评还可以更为细致地测度信息技术降低服务业产业化的具体成本，包括[①]：

一是测度降低服务的时间成本。主要指电子商务节省建站、技术维护的时间成本和人力负担。例如，"好生意店铺统计"为卖家提供经营数据分析服务。自2008—2010年7月，已为30680位卖家提供服务，累计为卖家节省日常维护时间超过100万小时。

二是测度降低服务的营销成本。指网销营销相对于电视、报纸等传统营销节省的成本。

三是测度降低服务的渠道成本。指电子商务减少传统渠道中间环节而节省的成本。

四是测度降低服务的物流成本。指通过利用电子商务专业物流而节省的

---

① 荆林波，梁春晓. 中国电子商务服务业发展报告［M］. 北京：社会科学文献出版社，2011.

拥有物流体系的成本。研究显示，专业的电子商务物流平台可以为企业节省20% ~30%的物流成本。

五是测度降低服务的信用成本。通过电子商务的信用机制，可以节省大量重复内容谈判时间、谈判资金，降低缔结标准化契约的交易费用。例如，阿里巴巴诚信通积累了超过50万户小企业的信用档案，并设立10亿元的诚信保障金来保障交易，降低了企业分别缔约的交易费用。

这里要注意，信息化测评需要细分信用机制与信任机制的不同。信用是简化的信任（重复博弈中的共同知识），主要针对产业化中标准化交易；信任是复杂化的信用（网络化的个人知识），主要针对服务化中个性化交易。

六是测度降低产业的能耗成本。由于电子商务大量借助信息流替代无效的生产、无效的物流，显著减少了能耗。

中国社科院中国循环经济与环境评估预测研究中心指出，电子商务服务业推动网络零售发展，对减少能源消耗具有明显效应。2009年，我国网络每实现亿元销售额可以减少393吨标准煤能耗[①]。

第三类，提高服务业产业化收益的指标。

一是测度电子商务推动服务业分工专业化水平提高。

二是测度电子商务推动服务规模扩张。

传统分销依靠实体店铺扩张，时间速度缓慢，空间扩展有限。电子商务跨越时空的特性，使交易规模迅速扩大，发展速度迅速提高。典型如"双十一"网购，规模扩张十分突出。

可以具体测度电子商务交易额占社会商品零销额的比重等指标。

三是测度电子商务对商品流通速度的提高。

传统商务商品流通速度较低，主要是由于中间环节较多，交易费用过高。电子商务简化流通环节，疏通信息流、物流、资金流，使得商品流通速度提高，加快了服务业的发展。

关于中间环节增减带来的效率变化，在测评中要全面考虑。在什么情况下中间环节减少有利，在什么情况下中间环节增加有利，要具体分析。这个问题相当复杂。

---

① 中国社科院中国循环经济与环境评估预测研究中心. 电子商务发展的环境影响［R/OL］. (2011). http：//www.csccee.org.

在不考虑多样化情况下（假定多样化效率不变），如果环节减少，专业化效率不变，环节减少当然有利。例如五级批发，变成二级批发，省掉的三个环节只是层层加价，并没起到提高效率的作用，减少中间环节是有利的。相反，如果增加中间环节，效率因此而提高，则环节增加是有利的。例如，在原有中间环节不变情况下，增加了一个信息处理的中间环节，起到降低协调成本或提高附加值的作用。不过，即使如此，判断工作仍没有结束，因为中间环节问题，不仅是静态效率问题，更是效能问题。还要观察平均成本和边际成本变不变。需要更专业的分析。

四是测度提高资金周转速度。传统分销体系中，由于环节众多，资金流转速度往往受到严重影响。通过电子商务进行支付和财务结算，可以加快资金周转速度，或在同样速度下可以支持更大规模的分销。

作为针对 TEC 的电子商务应用综合指数方法指标设计的一个例子，表 11 – 1 为中国社科院信息化研究中心与阿里巴巴集团研究中心共同设计"网商发展指数指标体系"。从中可以看出当要求以较少指标反映综合指数时，实测指标的分布情况。

需要说明，其中的发展规模指数，尤其是电子商务交易额，是测度电子商务的基本指标，又是指标设计的难点。将来需要创造条件，在科学界定的基础上，通过广泛抽样（例如国家统计局采用 3000 样本调查统计），甚至通过网络系统获取全部样本进行大数据级的数据采集和分析。

表 11 – 1　　　　　　　　　　网商发展指数指标体系

一级指标	二级指标	三级指标	编号
1. 发展规模指数	1.1　网商数量	1.1.1　个人网商数量	
		1.1.2　企业网商数量	
	1.2　网上交易额	1.2.1　个人网商交易额	
		1.2.2　企业网商交易额	
2. 普及指数	2.1　单位人口网商数	2.1.1　个人网商/人口数量	
		2.1.2　企业网商/注册企业数	
	2.2　单位网商交易额	2.2.1　消费者交易率＝网购交易额/个人商品零售总额	
		2.2.2　企业交易率＝成交额/GDP 合成	

续　表

一级指标	二级指标	三级指标	编号
3. 经营水平指数	3.1　信用水平	3.1.1　与宝贝描述相符评分	
		3.1.2　卖家服务态度评分	
	3.2　经营活跃度	3.2.1　在线时长	
		3.2.2　更新频次	
	3.3　买家满意度	3.3.1　B2B 万笔交易投诉率	
		3.3.2　淘宝万笔交易投诉率	
	3.4　网货发展	3.4.1　淘宝每日同时在线商品种类/店铺数	
		3.4.2　B2B 每日同时在线商品种类/会员数	
4. 网商生态指数	4.1　网商协同水平	4.1.1　淘宝商盟会员覆盖率	
		4.1.2　B2B 商盟会员覆盖率	
	4.2　物流支撑水平	4.2.1　物流交易笔数	
		4.2.2　买家对动态卖家发货速度评分	
	4.3　电子支付支撑水平	4.3.1　电子支付普及率	
	4.4　网购水平	4.4.1　网购渗透率	
		4.4.2　人均网络消费额	
	4.5　经济技术条件	4.5.1　人均 GDP	
		4.5.2　网民人口比例	
		4.5.3　人均 PC 拥有量	
5. 增长趋势指数	5.1　网商增长率	5.1.1　个人网商总量增长率	
		5.1.2　企业网商总量增长率	
	5.2　交易增长率	5.2.1　个人交易额总量增长率	
		5.2.2　企业交易额总量增长率	

（4）服务业产业化效能（SEC_q）

信息技术在服务业产业化中发挥出的效能是指规模经济，包括规模报酬递减与规模成本递减。

报酬递增是新古典主义经济学与新经济增长理论的分水岭，但却不是信息化与工业化的理论分界线。规模经济和规模报酬递增，仍然是传统工业化特征，而且是主要特征。如单一品种大规模生产。即使内生品种的垄断竞争理论甚至多产品范围经济，仍然不属于严格意义的信息化经济理论（因为隐含着范围不经济或多品种范围不经济，因此只能解释产业化，无法解释市场经济条件下的服务化——否则必得出政府干预结论，如罗默的理论）。

报酬递增是中性的，信息化与工业化在商务本体问题上真正的分水岭，或说非中性的部分，在于报酬递增中的一对矛盾，即报酬递增的两种相反方式。同质化报酬递增（单一品种规模经济）与异质化报酬递增（多品种范围经济）。信息化与网络经济理论独特的、为工业化经济理论所没有的部分，就在多品种范围经济，或者说内生了复杂性范式的范围经济之中。而描述了互联网发展一般规律的长尾曲线，则是矛盾从相反向相成的转化。

这就明确了，这里说的服务业产业化的效能，对应的只是工业化经济学理论中，对应新经济增长理论部分的内容。这是信息技术作用中，传统经济学理论仍具有解释力的最远边界。也就是说，当信息技术按照工业化的规律，或为了工业化的目的而发挥作用时，所遵循的规律，还可以用工业化的理论（如新经济增长理论中的规模报酬理论）来解释。

按照现有新经济增长理论，学者们——特别是超越了新古典主义理论视野的学者——在研究服务业效率问题时，一般或多或少会对规模经济问题进行计量上的解释。例如，杨向阳在基于效率的视角，实证研究中国服务业发展方式转变时，除了对 TEC（相当于我们前面说的 TEC_q）进行了解释，而且对规模经济（相当于我们这里说的 SEC_q）也进行了面板数据分析。其他一些学者，虽然没有像杨向阳那样对效率进行细分，但总的方向是高度一致的。

信息化测评在顺着与上述学者同样的方向进行时（下节再介绍逆着这个方法进行的测度），可以进行同样的面板数据分析，但它更强调用经验性的调查数据来解析其中的结构。我们可以指出这些来自行为描述的指标数据所对应的实践是什么。

信息化测评顺着传统研究方向，对于服务业产业化中的规模经济，可以从收益和成本两个方面设计指标，加以观察：

1）测度规模报酬递增。

传统的人工服务业很难实现规模经济，技术分享难以实现是一个重要原因。电子商务可以替代传统销售渠道。投资一个电子商务交易平台，初始投入（FC）较大，但梅特卡夫法则决定了，接入交易平台的用户节点越多，FC就越会被摊薄。用户不用像传统渠道那样，一户一户分别自建店铺、柜台，而是直接分享平台资源，轻资产运作。同样的 FC，在规模化扩张中不断被摊薄，而产生规模报酬递增现象。可以重点观测以下方面：

一是测度国内贸易的规模化。

通过信息技术促进服务业内部的技术创新，有利于发挥服务业整体的规模化竞争优势，通过实现规模报酬递增，壮大服务产业规模。

二是测度国际贸易中的规模报酬递增。

通过信息技术推动技术创新，促进国际贸易竞争优势的发挥，在全球化的垄断竞争格局中，通过基于规模经济的差异化，面向国际贸易高附加值的高端结构，实现规模报酬递增。这是克鲁格曼基于 D–S 模型的新国际贸易理论的结论。与后面谈的基于范围经济的差异化不同，差异化是从需求端效用偏好开始拉动，而在供给端由规模经济补贴固定成本实现的。它以国际贸易的产业规模为前提条件，促进的更多是产业化（或说是服务化形式的产业化）。

在前面章节中，我们详细讨论了新李嘉图模型与芬斯特拉关于贸易产品多样化的理论。信息化测评要实测的，是信息技术应用与信息化转型对梅里茨模型中出口多样化提高 GDP 的贡献。目前的贸易产品多样化理论，其基础仍是规模经济理论。其逻辑是，由规模化从成本上冲低了多样化带来的成本（相当于 FC）增加。这与基于范围经济的贸易产品多样化理论是相反的。范围经济认为多样化降低平均成本，而规模经济认为多样化提高平均成本。因此在测评时要注意区别于范围经济。测度国际贸易中的规模报酬递增，要识别出多样化成本的上升；信息技术不是作用于这里（服务化），而是转向产业化，用产业化成本冲抵多样化成本。

2）测度规模成本递减。

主要指规模化中平均成本递减。电子商务通过减少中间环节、提高信用水平，降低了交易费用。研究表明，通过电子商务方式提供服务，可以比传统的电话或代理人方式节省一半以上的费用[①]。

---

① 孟晓明，陈拥军. 电子商务与现代服务业协调发展研究 [M]. 北京：中国财政经济出版社，2010：112.

在测评取数时，头脑中应有规模经济的定义，以区分大规模的经济与规模经济的区别。虽然一般来说，规模化的经济都存在规模经济，但这不是必然的。大规模的生产如果不能分享固定成本，使平均成本递减，就不存在规模经济，而可能只是一大堆虽然具有专业化效率，但其报酬与规模大小无关的经济。因此，在测度信息技术给服务业产业化带来的规模经济（智能化效应）时，一定要注意测度资源分享均摊这一基本条件。而不是扩大了经济规模，就一定具有规模经济。举例来说，电信运营商的服务满意度，高度依赖于呼叫中心接线女服务员的数量，接电话解决问题的人多，客户投诉就少；接电话解决问题的人少，客户投诉就多。投诉比例与接线女服务员的数量成反比。这里存在经济规模，但不存在规模经济。规模经济是指，利用 CRM，将客户投诉共性的问题，制作成标准化的解决方案，自动提供解答服务（或机器自助服务）。这样，提出同一问题的客户的规模越大，解决方案的平均成本由于被分摊在每一客户身上而越递减。

雷小清用实证方法对批发与零售领域信息化带来的规模经济进行过研究。认为，"ICT 的运用使传统批发商赖以存在的基础产生了动摇"，"批发企业可以通过职能重构，最大限度地利用原有的组织系统，发挥其对商品与信息的集聚优势，实行全球化的采购，将其目标顾客扩展到全世界，实现规模经济"[1]。对零售业来说，"零售企业通过电子数据交换（EDI）系统与其供应商建立战略合作伙伴关系，降低信息不对称程度，这种供应链上各独立企业之间的合作程度不亚于垂直一体化体系中各部门之间的合作。从而，零售企业可以借助信息技术从分散化经营向集成化、规模化经营，从单一化经营向网络化经营转变"[2]。

11.2 服务化带动：多样性效率与效能

11.2.1 服务多样化的实践背景

对服务化进行多样化效率研究，是上述方向的逆向研究，它是服务业理论研究的空白，但具有非常大的实践意义。因为个性化、多样化不同于传统的"效率"，但却与高附加值具有内在联系，这是人们在经验中，尤其是服务

---

① 雷小清. 服务业信息化研究 [M]. 北京：经济科学出版社，2014：182.
② 同上，第 183 页。

业的经验中，可以明确感知的事实。

服务业的服务化表面上是同语反复（三产的三产化），实际不是，这里的服务化有特指含义，是指现代服务化。同样的服务化，传统服务化是人工的服务化，现代服务化是人机结合的服务化。同样面对多样化的效率和效能，传统的服务化由于人难以同机器结合，而产生服务业"成本病"；现代服务化由于人脑与电脑结合，正在克服服务业"成本病"。

在实践中，服务化或称服务多样化，将通过"互联网＋服务"，强化现代支撑服务业，以激活增值服务的多样性，而创造出更多额外附加值。这种附加值，不同于现有生产函数所说的投入产出意义上的增值（索洛余值），而是指垄断竞争均衡意义上的超额附加值，它是位于统计盲区中的一块被遗漏的增值效益。

以互联网思路发展服务业，一方面要重点发展支撑服务业，为支撑服务营造良好政策环境；另一方面，要在支撑服务业基础上，刺激多样性的增值服务业的发展，发育高附加值的增值业态。

作为现代服务业的一个关键组成部分和先导，服务业的升级可以说是整个服务业升级的一个风向标。互联网促进了现代服务业的发展，其中以平台化、生态化为特色的电子商务支撑服务业深刻改变了流通业的面貌，改变了中小企业发展的商业环境。"互联网＋"将把这一成功复制到流通业之外的所有服务业中。

如果说新服务化微观特征是人工与机器（信息技术）的结合，其产业上的特征则是人工的体系（经济上以 App 为代表的轻资产体系）与技术体系（经济上以平台为代表的重资产体系）的结合。互联网服务业态上的一个关键特征，是基础平台与增值应用的分离。"互联网＋服务"在所到之处，势必将这种业态带入服务业中的各个子行业，包括互联网金融、互联网交通、互联网医疗等，在现有的传统服务业基础业务业态上，长于基于数据业务的增值业务业态来。举例来说，出租车业现有的业态是代步，拉人与运输一车其他物品没有区别；将来在代步形态上发展出数据增值服务，要开发乘客的需求，去购物可以由商场补贴，去餐饮可以由餐馆优惠……代步就发展为出行消费。

基础平台与增值应用的分离，相当于重工业与轻工业的分离，是服务业内部支撑服务业（"重"服务业）与应用服务业（"轻"服务业）的业态分离。这种分离对业态的创新在于，第一，实现重资产与轻资产的分离，为多样性增值创造轻资产运作的条件，有效降低了创造多样性价值的复杂性成本。"互联网＋"带来的一个重大改变是通过提高知识形态的虚拟资产在资本中的比重，将服务业固定成本的构成，从现有由物质投入（如大商场的土木工程）为主，转向无形投入（如软件、虚拟商铺）为主。由于这些无形资产可以零成本复制（例如电子商务的虚拟柜台可以零成本无穷复制），使得增值应用（App）的提供者不必重复构建固定成本，而在"以租代买"的商业模式（即分享经济模式或称云服务模式）下，只需要自身的边际投入（如创造性劳动），就可用轻资产运作方式创造多样性价值。从而有效降低了多样性价值的复杂性成本。

服务业的（现代）服务化过程，这里的"服务化"有所特指。是指分布式多元化的增值服务向更加具有多样性效率的方向发展。服务化表面的意思是像服务业那样发展，或按服务业的方式发展。显然，它针对的是服务业不按服务业的方式发展，而按工业化的方式发展。因此与服务业的（现代）服务化相对照的概念是服务业的产业化。与产业化强调专业化不同，服务化强调多样化，前者针对的是以规模降低成本，后者针对的是以质量提高额外附加值。而多样化的过程，一定是经济质量提高的过程。

服务化将促进服务业"大"生产与"小"生产的有效社会分工。基础平台相当于大规模制造的"大"生产（它在扬弃中继承了产业化、专业化的特点），增值应用是个性化定制的"小"生产。在"大"生产方面，支撑服务业与生产性服务业既有联系，又有区别。支撑服务业肯定都是生产性服务业，但生产性服务业不一定是支撑服务业。因为支撑服务业必须是以平台形式（社会化大生产方式）提供生产性服务，而不靠平台的倍增放大作用直接提供人工形式（小生产方式）服务的只能算生产性服务中的简单再生产（如修脚理发）。中国与欧洲发展电子商务的最大区别就在这里，欧洲各方面条件都比中国好，但电子商务发展不如中国，就是因为中国有阿里巴巴等一批上市平台，相当于服务业中的"重工业"；而欧洲只有应用，没有大平台，就好比搞工业但只有轻工业没有重工业，因此搞成了服务的简单再生产，没有起到对App多样性价值的倍增放大作用。"互联网＋服务"，最核心的就是要解决在世界级平台的支撑下发展服务的问题，把中国的服务业，从整体的小生产状态，提升到世界级水平的社会化大生产的水平之上。在"小"生产方面，思路应是在大生产的水平上，倒过来发展"小"生产——即个性化的、定制的多样性增值服务。传统服务业的问题在于，人工服务虽然增值性强但成本过高（即鲍莫尔说的服务业"成本病"），其实质是多样性价值与复杂性成本相互冲突。"互联网＋"利用平台化解了复杂性成本，通过分离固定成本与边际成本，复制前者，分享给后者，从而战略性地解决服务业的高附加值如何以利润高于成本的新业态方式稳定下来的问题。

"互联网＋"带来的新业态，实质要求在信息生产力基础上转变产业发展方式。过去提转变发展方式、增长方式，都不提新生产力，只在生产关系中空转，极易落空。"互联网＋"的新业态，则把生产力引入生产方式的转变中，为发展方式、增长方式转变提供口号之外的实实在在的基础。从生产力与生产方式关系看，旧业态是规模报酬递增驱动的，面向的是做大，新业态是范围报酬递增驱动的，面向的是做优。由此推论，"互联网＋"要产生实效，需要把文章做在通过创新，降低多样性成本以支持提价竞争，从而实现高附加值的业态转变，在此基础上实现产业升级。

11.2.2　服务多样性效率机理

(1) 租金理论：作为使用权转让的服务

服务业虽然有从工业中学习、继承下来的标准化的部分，形成服务业的专业化、产业化发展，但细究服务业与制造业的不同，在于服务业具有比制造业更多的异质性、多样化的特征。研究服务业不同于制造业之处，往往是经验分析居多，如供求的同步性、更多的差异化、不可存储等，而效率分析需要有更深入的理论依据。

多样化只有从财产权这个源头上进行辨识，才说得清楚。对所有权（产权，Property Rights）中的支配权（ownership）和使用权（access）的辨析，是区分产品（制造业）与服务（服务业）价值不同的关键。

产品与服务的不同，可以从交换中观察。产品交换与服务交换的一个重大区别在于，实体产品交换是支配权与使用权的同时交换，而服务交换只是使用权转移，并不发生支配权的转移。在商业模式上是买与租的分别，买这一行为会转移支配权，而租这一行为不转移支配权。制造业产品对应的是买，服务业服务对应的是租。所以购买服务这个说法是不确切的，只能指购买服务产品而非服务本身。确切说法是按服务付费，即按使用权付费或按使用付费。

与我们的观点最接近的是黄少军的定义，即：服务是一个经济主体受让另一个经济主体的经济要素的使用权并对其使用所获得的运动形态的使用价值①。

这个定义在各种定义中，更触及服务的实质。其中隐含着产品与服务——进而制造业与服务业——在财产权上的本质区别：产品交易是支配权（ownership）的转移，服务交易是使用权的转移。"服务交换就是使用权的交换"②。使用与租是相对应的，租金实际是对财产所有者转移使用（权）价值的收入补偿③。由此我们可以理解，"租赁业是商品使用权转让的典型例子；许可证制度是知识产权中使用权的转让，等等"④。

在服务多样化中，这演化为平台支配权分享而增值应用按使用权收费（以租代买）的二元模式。以租代买的兴起，大大提高了商业的多样性效率。增值应用的多样性由于平台分享而效率倍增，这是超额附加值的价值来源。

回顾这个问题的理论源头，需要回溯到关于使用权（包括对资源的"利用"）和租金的理论。最早的关于租金的权威理论，是李嘉图关于地租的理论。按李嘉图的说法，"地租是为使用土地原有的和不可摧毁的土壤生产力而付给地主的部分土地产品"⑤。"原有的和不可摧毁的"客体，是相对于资本与劳动这些主体因素而言的。

但并非所有自然要素都可以获得租金，例如阳光和空气这样的非稀缺要素就可以使用但不需付出租金。只有像土地这样具有排他性的资源，才可以从租借使用中获得租金。但租金也不是产生于排他性。知识具有技术上的非排他性，知识的支配权所有者仍可以从知识使用中收取租金（"许可使用"），是因为知识对于使用者来说具有稀缺性。

仅仅按客体与主体这种区分，仍不足以准确界定租的本质。对于服务业来说，客体（实物）变成了服务本身，不是租土地，而是租服务（习惯上把租服务称为按服务收费，或按使用收费，如 SaaS "软件即服务"）。

---

① 黄少军. 服务业与经济增长［M］. 北京：经济科学出版社，2000：98.
② 同上，第100页。
③ 同上，第94页。
④ 同上，第94页。
⑤ 李嘉图. 政治经济学及赋税原理［M］. 北京：华夏出版社，2005：43.

康德曾把使用权与支配权两种权利从认识论的角度，分别表述为感性的占有和理性的占有。"同一个事物，对于前者，可以理解为实物的占有；对于后者，则可以理解为对同一对象的纯粹法律的占有。""纯粹法律的占有"这个表述比李嘉图的表述更加准确。后世演化为把使用理解为直接占有，把支配理解为间接占有。

使用以其感性直接性而区别于支配，康德称使用为"可以由感官领悟的占有"①。使用意味着接受服务，必须直接接触才能占有（享受②）服务，这正是 access 的本义（带有"亲自"的意味，与"代表"的含义相反），也是李嘉图模模糊糊表述的"原有的和不可摧毁的"那个东西对应的本义。"原有的"，可理解为原生态的，未经别人代理的。

在服务和接受服务中，服务资源的支配权并没有转移。并不会由于付了理发费，而拥有理发师或拥有排他性地垄断理发师任何时间、任何地点的服务的权利。在服务中，并没有发生与 access 相反的支配关系。与使用相反的是拥有，即可由符号代表的占有。例如，拥有意味着，即使不亲自占有，也可以不允许别人亲自占有。理发只能亲自去，不能代表别人去理发。但拥有却不一定非得亲自占有，只是代表自己的虚置占位。例如，资本家拥有机器，但他可以不直接触摸机器；通过让别人代劳，可以实现自己的占有意志。可见，资本和劳动力也可以存在租的关系。如使用资本（如借贷）与使用劳动力。李嘉图强调资本与劳动介入后的所得不是租金，而是利润，实际模糊了"资本与劳动"本身同关于"资本与劳动力"的支配权的概念。实际上，李嘉图在"论地租"时讨论的情况，是由在租的权利关系之上叠加了买的权利关系而构成的。

在信息经济中，情况变得进一步复杂化。信息服务不是像理发一样，在特定时间、特定地点具有排他性（给这个人理发，就不能同时给另一个理发），而是可以把服务以非排他性的方式（如复制）分发出去，可以让用户在不同时间、不同地点接受服务。租金收入与李嘉图时代相比，会发生一个重大变化，即服务资源的固定成本与可变成本分离，通过在具体的一个一个服务（使用）中，均摊服务固定成本，造成服务的边际成本递减的最终效果。

<hr />

① 康德. 法的形而上学原理：权利的科学 [M]. 北京：商务印书馆，2002：55.
② 法国人权宣言中将财产的使用（占有）称为"享受"，姜奇平. 新商业文明概略（上卷）[M]. 北京：商务印书馆，2012：145、240.

而在传统服务（例如不存在云服务模式的服务）中，每一项服务都需要同时承担固定成本（例如自建服务设施）与可变成本，不太可能像合并同类项那样，把固定成本分离出来加以共享和均摊。

在产业化时代也存在实体的固定成本均摊（如共享大仓储、共享购物中心等），但形成的效能通常是规模经济。在服务化时代由于分享的固定成本主要是知识，形成的效能更多表现为范围经济。这种相对于异质性的范围经济，就是多样化效率的经济机理所在。

理论变化对计量方法产生重大影响。以往的效率分析，不言而喻的产权前提都是支配权与使用权合一，隐含着以支配权为中心，以及资本具有专用性这些条件，而把使用上的分享归入外部性与网络效应；而按照新的理论，结合服务即时供给、即时消费的 access 特性，使用权将成为产权的中心，资本专用性不再是通则，效率的边界（相关市场）扩展到整个权利分享所及的边界（例如，将 APPs 包括进来），支撑分布式增值服务多样化的分享经济，在此基础上引出了以往忽视的多样性效率与效能计量问题。

（2）新问题：服务化的生产率

什么是服务化的生产率，这个问题在这里第一次被提出来。以前提的都是服务业的生产率，其生产率指的是专业化生产率，这是第三产业（服务业）按照第二产业的规律（产业化规律）发展的特有理论。第三产业按第三产业自身的规律（服务化规律）发展，要求讨论属于服务化本身的生产率问题和自己独有的生产率理论。这个生产率不是专业化生产率，而是多样化生产率。

首先说明服务业与服务化的关系。服务业是一种产业，而服务化是指一种生产率改进状态（称"服务"化，是指这种生产率状态更多是"像服务业那样的"生产率的状态，即差异化的状态）。服务化包括对一、二、三产业的服务化，如农业服务化（用第三产业的方式发展一产）、制造业服务化（用第三产业的方式发展二产），这容易理解；然而，服务业的（现代）服务化是指什么呢？

服务业本身不就是服务化的吗？不一定。服务业本身的生产率状态并不总是服务化的，也可能是产业化的。表现在产业规模在数量上的扩张，而非质量的提高。当然，这种数量扩张，对被服务产业来说，经常意味着对那些产业差异化需求的供给；如果是直接面对消费者，则对应差异化效用的提高，

但这不等于服务业自身的服务化。服务业自身的服务化是指服务业从以工业化方式发展转向以信息化方式发展的过程，表现为服务业分工专业化向分工多样化的重心转变，从标准化、"商品化"的低附加值服务业，升级为个性化、定制化的高附加值的服务业。例如，体验业就是定制化的服务业，而非"商业化"① 的服务业。

在现有服务业生产率的研究中，主张对服务业生产率进行重新定义，与提出服务化生产率，要解决的是同方向的问题，不约而同都指向服务数量与质量的关系，认为传统的服务业生产率更多计量的是数量，应该转向更多对质量进行计量。

例如，Vuorinen（1998）认为在处理服务提供的数量和质量时，不可将二者绝对分开。数量和质量两个方面会对服务业全要素生产率构成共同的冲击。他们提出一个加入了质量的公式：服务业生产率 = 输出质量和数量/输入的质量和数量②。

刘丹鹭也认为，"服务业异质性很强"，"很多服务难以把因为质量变化引起的价格变化和纯粹的价格变化区分开来"③。用我们的理论来解释就是，纯粹的价格变化是指完全竞争价格（$P = MC$），而"因为质量变化引起的价格变化"指的就是垄断竞争价格（$P = AC$），也就是服务化引起的价格变化部分，即超额附加值（$FC = AC - MC$ 部分）。光聚焦于前者，会引起计量分析中产出与价格指数衡量不当。

徐宏毅举出一个只考虑数量而不考虑质量的指标案例，以说明应在测度服务业生产率的模型中考虑服务业质量问题：一个医生在 20 世纪 60 年代一天只能看 10 位病人，今天可能还是 10 位，但是由于先进医疗设备和技术的应用，其治好病的人数提高了，即治疗的质量提高了，但由于不考虑质量，该医生的生产率是以看病的人数计量的，其生产率就没有提高。这显然是不合理的。④鲍莫尔曾举过大量类似的例子说明生产率概念对衡量服务业质量是

---

① 在体验经济中，"商业化"是一个贬义词，是"同质化"的同义语，是"个性化"的反义词。吉尔摩，派恩二世. 真实世界 ［M］. 北京：中信出版社，2010：16.

② Vuorinen I. Content and Measurement of productivity in the Service Sector：A Cocetual Analysis with an Illustrative Case From the Insurance Business ［J］. International Journal of Service Industry Management，1998.

③ 刘丹鹭. 服务业生产率与服务发展研究 ［M］. 北京：经济科学出版社，2013：19.

④ 徐宏毅. 服务业生产率与服务经济增长研究 ［D］. 武汉：武汉理工大学出版社，2010.

无效的，像医疗、艺术这样的服务，应另有尺度衡量其绩效。

对生产率进行重新定义的方向在哪里？我们认为应先把服务业的生产率一分为二，分为服务业的专业化生产率与多样化生产率两个方面，再把它们合在一起，构成综合的生产率。同以往方法比，实际就是增加关于多样性生产率的研究。

在服务业生产率问题上，把质量问题，同多样性问题视为同类问题，鲍莫尔是一个代表。他经常爱举的一个例子就是莫扎特弦乐四重奏的现场演奏。弦乐四重奏怎么才叫提高生产率，如果认为越拉越快叫提高生产率，那就太荒谬了。鲍莫尔以此说明："手工技艺难以实现标准化和大规模生产，供给的质量经常高度依赖于供给者与消费者的直接接触"[①]。提示人们要以同标准化不同的思路来思考生产率问题。所谓"与消费者的直接接触"，实际是将消费者当作个性化需求的集合，因此是一个复杂性系统。引申出"与消费者的直接接触"背后的意思，实际就成为与复杂性（市场需求）的直接接触，引入多样性这个新的效率维度，才能解决问题。

其实，服务化的生产率对信息化与网络经济的计量分析来说，是一个很单纯的问题，就是测评 N 轴上的生产率，也就是多样性生产率。

对服务业来说，服务化生产率就是服务业分工多样化的生产率。分工多样化与分工专业化不同，它是产业的横向分工，分工后的厂商在纵向产业链上的位置可能是相同的。例如，中石油与中石化都在加油站为车辆加油，加的油（产品）没有区别，加油这一专业职能也相同，区别只是服务不同（最主要的差别可能是加油站的位置不同）。如果进入加油站市场竞争的厂商增加，这是分工多样化。分工多样化标志性的特征是服务可替代，用户有选择多样性（如司机在中石油加油与在中石化加油，只要不是油耗到了红线只能就近加油，在哪里加都是无所谓的）。分工专业化却不是这样，专业之间不是替代关系。购车、开车和修车这是不同的专业，司机不能像在中石油与中石化间切换那样，用修车来替代购车，或把修车当作驾驶。从这个意义上说，服务化的生产率问题，解决的是如何在不同质的服务之间高效率地选择，或高效率地在（由顾客决定的）不同性质的服务之间灵活切换的问题。专业化

① 盖雷，加卢. 服务业的生产率、创新与知识：新经济与社会经济方法［M］. 上海：格致出版社，上海人民出版社，2012：2.

是深度，多样性是广度。在现实中可能存在专业化效率很高而多样性效率很低的情况。例如一个修车铺，只有一位修车师傅在，他专门负责修油箱，不会修别的，而修别的在行的师傅临时不在。一天下来，来的用户都不是修油箱的，这位师傅修油箱效率虽高，但完全无用武之地。这个修车铺一天接不到活儿的问题不是缺少专业化能力，而是缺乏多样性能力，是师傅不会一专多能。

信息化与网络经济的服务条件是需求多变，厂商就像这个修车铺，无法预料到客户到底需要什么。如果样样能力都要准备，把所有专业的师傅都配齐了，成本无法承受。满足多样性需求与多样性成本上升之间，存在两难选择。这是服务多样化要面对的问题。

在信息化与网络经济的新条件下，与一产、二产的服务化相比，服务业的多样化生产率如果说有什么不同，只不过是其生产率的效能问题比效率问题更加突出。主要是因为支撑服务平台首先出现于服务业，因此反映这个问题的各种现象和数据更早出现而已。

服务业中产业化与服务化的生产率不是截然分开的。分开研究只是为了简化问题，最终还要合成在一起。二者之间的合成关系，可以举价格为例说明。相对而言，服务化生产率更多对应的是增值的部分。可以认为，产业化效率对应的价格区间是 $P = MC$ 部分，而服务化效率对应的价格区间是 $AC - MC$ 这一区间的部分（称之为超额附加值）。将两者分开研究，不代表在现实中，顾客可以离开成本价，单独去付一个加成的价，然后再单独去付一个成本价，而是把二者统一在同一个支付价格之中。也正因为如此，在实测中将二者分开是很难的，需要通过方法的不断改进来实现。

11.2.3 服务多样性测度

在进行服务化效率分析之前，对服务业的服务多样性现象进行数据采集是一大难题。我们尽管在前面谈及服务复杂性的采集，但仅限于产品流通服务。而对一般的服务业服务，还需要进一步探讨。目前这方面的方法五花八门，指标设计中甚至在"测什么"这一问题上仍缺乏共识，数据采集仍在探索之中。

对服务多样性进行测度，研究得比较系统的是法国经济学家盖雷和加卢。他们第一次集中探讨"使服务多样性自成体系的概念、分类和方法论"，而且强调这种系统化要"从衡量和评估服务结果及绩效的角度入手"①。这里我们结合学者关于服务多样性的测度的研究，介绍一些指标和方法，供深化研究参考。

(1) 服务产品多样化测度

将服务当作产品这样的客体对象，对服务产品的多样性进行测度，这是一个最容易想到的服务多样性测度方法。

爱德华·N. 沃尔夫在分析服务产品多样化时指出，服务业的突出特征"可能与服务产品越来越多样化相联系"；而"产出变得越来越具有异质性使得对其度量越来越难"。他意识到服务业生产率数据出现的一些异常，很可能是一个度量问题②。如果把服务多样化作为一个质量指标，用来弥补产业化速度降低带来的度量误差，可能更好地反映财富的实际情况。

金融部门的发展提供了服务产品多样化的一个样本，衍生金融服务产品的发展提高了金融服务的多样化水平。

此前提及的品类服务指标，采集的主要是微观的数据。而且更多涉及的是产品的服务，而不是服务的产品。宏观上的服务业品种数，在统计数据中还难以见到。需要通过改进统计调查不断完善。

(2) 服务主体复杂指数测度

由于服务业是劳动密集型产业，服务业的服务多样化，往往通过主体特征反映出来，相对于机器的标准化、机械化，人力资源具有高度的非标准化、复杂化的特征。增进员工素质，往往就是在增进服务多样化的能力。沃尔夫为此设计了一套反映技能与职业变化的实质复杂指数（Substantive Complexity，SC）测度方法③。

沃尔夫认为人员素质，如智力、口头表达和计算能力，与服务多样性存在内在联系。因此从这三个方面设置指标，来反映服务多样化能力。

衡量人员素质的第一个指标是行业平均认知技能水平（SC 水平）。对 267 种职业中的每一种给出了不同的职业技能衡量标准，可对 1.2 万个工作职业采集工作技能数据提供详细标准。

---

① 盖雷，加卢. 服务业的生产率、创新与知识：新经济与社会经济方法 ［M］. 上海：格致出版社，上海人民出版社，2012：230.
② 同上，第31页。
③ 同上，第17页到23页。

衡量人员素质的第二个指标由一组实测指标构成。一是产业内雇员平均入学年限。数据主要来自人口普查。二是产业"知识生产者"的数量。

设置这类指标的理论根据是，把知识作为主体的沉淀成本，它可以像固定成本一样，"均摊"到对每个实际问题的解决之中，降低处理每个应用问题的分析成本，提高解决不同问题的能力，从而提高服务多样化的水平。

(3) 服务关系测度

如果说，前两类指标测度的都是复杂性结构中的节点，服务关系（Service Relation）测的则是复杂性结构中的"边"。

雅克·德班特和路德维克·迪比亚乔提出了一种用服务关系来测度服务多样性程度的方法。他们的出发点是希望从生产方式切入，区分"标准化的"传统服务业与"高附加值的"新服务业的不同所在（和我们一样，他们也把服务业分成相当于产业化与服务化两部分）。

他们有一个深刻的认识："在服务活动中，不是服务本身而是其共同生产性质，才构成知识生产的核心因素"[1]。也就是说，服务业并不因为它是第三产业，就一定比第二产业先进。服务业"本身"既与传统生产方式相联系，也可能与新的生产方式相联系。只有当服务业采用以"共同生产"为标志的复杂性的生产方式时，才同以简单性为标志的传统服务业的生产方式真正区别开来。

服务业的生产方式是服务化的方式，也就是与标准化相对的差异化的方式，它实质是复杂性经济的生产方式。这种复杂性从结构的观点观察，是通过去中心化的、交互的、点对点的、拓扑化的、短距离关系优先的、超链接的"边"构成的。这种复杂性的边就是服务关系。在服务关系中，这种结构上的转变，与复杂知识走向中心有关。

思路的改变带来方法上的改变。由于侧重点放在复杂性上，指标的设计重点发生了变化。

第一，在信息活动指标上，重点从测度"存储和传送"，转向测度"对更详细、更实时、更复杂信息的需求"和对"更重要的处理能力等方面更强的需求"上。

---

① 盖雷，加卢. 服务业的生产率、创新与知识：新经济与社会经济方法 [M]. 上海：格致出版社，上海人民出版社，2012：59.

"更详细、更实时、更复杂"都是指向更具体而非更抽象（更杂多而非更单一），更感性而非更理性（更本地化而非更普适）、更重质而非更重量的方向。

第二，在知识活动指标上，从侧重简单强调"知识密集型活动"的指标，转向更加关注"知识再应用环境"的指标。前者可以从供给者角度进行标准化，而后者更多取决于需求方的情境。

第三，在主体活动指标上，从侧重单向培训类的指标，转向互动与参与类指标。互动与参与是复杂性分布式网络的边的独有特征。伊曼纽尔·拉泽加十分关注"分布式知识作为组织对环境复杂性的回应"，并在设计这方面的生产率代理变量上进行过研究①。

拉泽加引用社会网络分析方法，研究引用与被引用的关系。设计了对组织成员参与度的指标，简单计数每个成员被其他成员选作建议者的次数，将这一指标与杰出分数（Prominence Scores，统计的是常被引用而很少引用他人的情况）进行联合分析，揭示了社会交流对复杂知识交流网络质量的影响。值得注意的是，参与就是使用的同义词（在英文中都是 access）。在服务中主体的参与，可视为对资源的直接利用。因此可以把参与类的指标，视同复杂性条件下的资源利用指标。

在对服务关系的多样性进行测度与计量中，引入社会网络分析的方法，具有重要意义，有助于揭示服务化中非线性关系中的质量控制机制。在未来的服务化效率和效能分析中，对揭示复杂性网络中固定成本均摊机理，是不可或缺的。

（4）结构复杂度测度

服务关系的测度介于主体与结构之间，是组织内部的结构复杂度。我们至少可以从要素的复杂性和结构复杂性两方面测度服务结构的复杂性。

第一类指标：结构要素的复杂性。

斯蒂格勒等许多学者强调这方面的结构变动，"随着分工日益深化，市场规模不断扩大，产品种类日益增加，产品生产方式的复杂程度和差异性日益加强，以及组织结构日趋复杂。而这些变化使得社会对中间服务（或与生产

---

① 盖雷，加卢. 服务业的生产率、创新与知识：新经济与社会经济方法［M］. 上海：格致出版社，上海人民出版社，2012；110－111.

互补）的服务需求日益增加。这种分工同时也会导致服务的外化（outsourc-ing），反过来又进一步带动了这类服务的需求"①。我们非常赞同这样的分析。当然服务外包中的分工专业化与分工多样化是相辅相成的，不能绝对分开，但我们更加侧重计量分工中复杂性程度变化的数据。

1）中间产品种类数。

在实际研究中，学者往往并不从指标上区分服务业差异化指标与服务业专业化指标，经常把它们当作一回事。正如李文珍所说："体现为专业化程度加深、迂回生产程度提高的纵向分工和体现为中间产品种类数增加的横向分工，均会促进服务业尤其是生产服务业的发展"。例如，中间产品种类数的增加，既可以用来说明专业化，也可以用来说明多样化，主要看它是用在纵向分工分析中，还是用于横向分工分析中。

我们主要将中间产品种类数用于横向分工分析。二者的计量重心是有微妙区别的。要看分工侧重于"广度（extensity）（即服务门类或种类）"还是"深度（intensity）（即服务本身的专业化水平）"②。举例来说，同是分工，产业链的环节从 2 个，变为 10 个，每个环节一个厂商，产业从 2 个厂商变为 10 个厂商。其中增加的 8 个属于深度扩展，产业的迂回程度加深了 8 层；如果这 8 个环节中，其中一个环节的服务门类又从 1 个变为 5 个，每个种类一个厂商，产业从 10 个厂商变为 14 个厂商，增加的 4 个属于广度延展，但产业迂回程度没有变化（还是 10 个专业化环节③，增加的 8 层未变），变化的只是广度变化的部门，市场份额原来归一个厂商，现在要由 5 家来分，规模肯定会下降。我们这里要计量的，不是 2 个变 8 个这种变化，而是 10 个变 14 个这种变化。

2）服务外包中的分工多样化程度。

整个服务业的结构复杂度，则可以通过服务外包程度来测度。服务外包是一种服务业内部分工深化的现象。企业把原来由企业内部承担的工作，转

---

① 李文珍. 基于产品内分工的服务业发展差异研究 [M]. 广州：中山大学出版社，2013.

② 江小涓，等. 服务经济——理论演进与产业分析 [M]. 北京：人民出版社，2014：37.

③ 尽管我们可以称这 14 个厂商都是专业化的，但其中 4 个并没有改变整个产业的专业化程度，而只是增加了多样化程度。至于一些学者把产业从 2 个环节到 10 个环节的变化，也称为专业多样化，那只能说是对专业化层级的定义不同，是从上一个分工层级上看这 10 个环节，认为它们都隶属于同一个更大的专业化分类，是同一个专业化水平造成的。实际这种看法并不准确。检验标准就是前面说的是否可替代（不同于可缺少、可合并）。

给企业外部承担，它引起产业内部市场对企业的替代。

对服务外包的理论性质，理论界有许多不同分析，共同点在于都把它当作一种分工现象。但我们想在分工基础上，强调两个不同侧重点：第一，现有分析普遍把这种分工混同于专业化分工（纵向分工），即产业化现象；但我们想侧重分析的，却是其中的多样化分工（横向分工），即服务化现象。区别在于同一种职能是否有多种（异质的）承包商的选择。纵向分工是一种产业链现象，分工出来的每一个专业化职能，是不能彼此相互替代的，只能由同一种类（同质的）的承包商来承担。例如不能由销售替代生产来完成制造工作，不能让分销商去替代制造商。但横向分工是一种集群现象，集群具有生态多样性，可能有多种选择实现同一个销售职能，所谓条条道路通罗马。服务外包实际上是许多厂商在产业集群中面临多样化选择的情况下，选择异质性、多样化的外包对象的过程。产业集群越具有生态多样性，厂商外包的选择余地越大。这可以解释为什么周边国家虽然具有工资低的优势，中国仍能留住相当一部分制造环节在国内，因为中国的制造业产业集群具有生态多样性的优势（例如表现为配套优势），在中国制造时选择服务外包对象有更多种类的选择。第二，我们认为服务外包是市场（网络）替代企业的过程，当集群与企业之间的外部协调成本低于企业部门之间的内部协调成本时，服务外包就会有很大可能发生。在这种协调成本中，复杂性结构的自组织、自协调能力，是一个突出问题。服务外包与结构复杂性及对这种复杂性的化解具有内在关联，这是与分工专业化不同方向的问题，不是通过规模经济，而是通过范围经济进行协调。强调这两点都是为了说明，与主流的按简单性范式研究服务外包不同，我们主要从复杂性范式角度研究服务外包。只有从这个意义上说，服务外包才属于结构复杂性问题。

3）服务模块化水平。

同是配置资源的方式，网络与市场不同，它分布式地配置资源。市场与政府相比，虽然更强调个体特征，但在价格上，仍然是集中的。如果不能通过完全的寻价，形成统一价格（列表价格，或价目表价格），说明市场竞争是不完全的。而网络不同，它最终将走向情境定价，一物一价。这是由于网络与市场的结构不同。市场的结构是中心化的简单性结构，而网络的结构是去中心化的复杂性结构。去中心化体现在端到端（点对点）整合资源，这种端到端的关系是以短边的形式存在的，而短边与短边之间以拓

扑式结构，形成超链接的连接方式。在这个过程中，产业产生出复杂性结构（它不同于复杂的结构）。服务业在服务化趋势推动下，成为"向可互换商业组件转变的产业"①。这是它与未服务化的服务业的根本区别。产业成为商业生态系统，表现出生态多样化的特点，产业的任何功能都可以像组件一样重新排列组合，出现广泛的"组件外包"。取得竞争优势的关键不在于一个一个的组件本身，而在于产业集群（包括支撑服务平台）对这些组件的协调与组装。

服务模块化指标有两类，一类是构成指标（Formative Indicator），一类是效果指标（Effect Indicator）。构成指标多是客观指标，包括组件通用度、组件可组合度、功能绑定程度、界面标准度和松散耦合程度等。在面向效果的指标中，陶颜、孔小磊针对服务业设计的服务模块化评价指标体系，可供参考②。这一服务模块化评价从服务产品模块化与服务流程模块化两个方面着手，前者包括模块设计、功能绑定、界面标准、可组合性、模块共享、模块增减和模块独立等具体指标；后者包括流程可分、界面标准、流程增减、流程后台、流程组合、流程独立和流程效果等具体指标。产业中服务模块的发展水平高，说明节点之间的排列组合可以更加复杂，更加具有适应性。

通过评价服务模块化水平，我们要测度的就是服务业以结构化方式表现出的生态多样性。服务从这个角度看，是指把事物整合为有机整体的过程。协调的目的首先是为了创造价值，而不光是节省成本。这里的创造价值，是相对于所谓"商品化"（也就是同质化）而言的。通过整合异质性的价值源，达到整体大于局部之和的效果，从中涌现和生成的，是异于商品化的价值，即超额附加值。这里的超额，就是超商品化之"额"（同质完全竞争价格）。需要了解的是，超额附加值正是从分散多元的模块中产生的。从商业生态角度看，App 也可以理解为是一种面向增值的服务模块。

第二类指标：价值网络的复杂性。

除了从节点角度观察服务网络的复杂性，还需要进一步设立指标观察分工结构中"边"的变化。我们可以用价值网络指标来测度分工中结构复杂性中边的变化。

① 桑福德，泰勒. 开放性成长［M］. 北京：东方出版社，2008：39.
② 陶颜，孔小磊. 服务模块化评价指标体系的构建［J］. 技术经济，2015（6）.

对结构复杂性的实际测度遇到核心的难点。多样性数据对复杂性来说，只是以节点为对象的数据。但从研究初衷上讲，多样性只是复杂性的代指。复杂性除了节点之外，还有边，以及节点与边的关系等特征需要取值。采用多样性代表复杂性，只是因为经济学还没有在数据上接受图论的概念，而多样性（品种）是经济学中已有的概念。仅此而已。但在服务业的结构复杂性测度指标设计上，我们试图突破这种限制，根据图论和更新近的复杂性理论，把边的概念（以及后续概念）引入进来，并把"边"的数据转化为节点的数据（N 值）。我们把这样的数据称为网络数据。这里的网络特指由节点和连线构成的图。

网络数据与经济学标准的价格数据、产品数量数据相比，在节点特征之外，还有一些特殊的性质，需要经过采集和处理，转化为计量分析所需要的数据。之所以没有在总论中深入讨论这个问题，是因为我们需要先从经验归纳，一步一步提炼出这种数据的特征，经过实证检验后，才上升为理论。此前，将网络数据用于经济分析的探索已经在近年兴起。"当代世界学术名著"中奇达夫和蔡文彬《社会网络与组织》一书，对此进行了一些重要探索[①]。结合最新的复杂性网络理论，我们可以归纳以下价值网络指标设计值得探索的方向。

1）在复杂性指标方面，围绕基于图论的价值网络进行指标设计。在节点（多样性）类数据之外，首先是关于边的数据。重点观察的是连接结构的复杂性。需要观测和采集以下特征的数据：

一是反映服务化网络的网络密度的数据。这一指标是指"行动者之间实际联结的数目与他们之间可能存在的最大的联结数目的比值"[②]。尽管学者对网络密度对效率的作用是正是反，意见不一，但正说明网络密度作为基础数据的有用性。从均衡角度看，网络密度本身是中性的，正如复杂性本身是中性的一样，至于它是否有利（是否经济），需要在得失之间进行权衡。超边际分析所量化的分工程度，某种意义上可以当作网络密度来看。可以认为，分工越发达，网络密度越大。当然需要注意，比较网络密度需要在同等网络规模条件下进行，这是不言而喻的。

---

① 奇达夫，蔡文彬. 社会网络与组织 ［M］. 北京：中国人民大学出版社，2007.

② 同上，第 35 页。

二是反映服务化网络的网络集中度（centralization）的数据。集中度是测度结构状态的一个经典的指标。网络集中度显示的是网络元素集中（中心化控制，如星形结构）还是分散（去中心结构）状况。它本身也是中性的。网络集中度高有利，还是集中度低有利，需要有具体的参照系来权衡。这里需要注意的是，网络集中度对平台与应用（App）的含义是不同的。平台集中度低，对平台来说，可能意味着虽然竞争激烈，但用户成本较高（例如不兼容）；而应用集中度高，虽然可能意味着是较高质量服务的结果，但更大可能是用户缺少选择，导致多样性方面的效用损失。量化集中度的理论非常发达，这里不占篇幅，需要可以自己去检索。

三是反映服务化网络的可达性（reachability）的数据。"高可达性的网络比低可达性的网络更有效率"。这不是一个中立的指标。网络的互联互通，宽带的快速高效，资源使用的便捷等，都有利于提高效率。这里需要注意的是，可达性与结构类型有重要关系。路由器中以内部自组织（IGP）、外部自组织（EGP）及最短路径优先原则的结构保证了分布式条件下的高可达性。这说明了复杂性网络结构的特殊优势。可达性对应服务增值中的交付，交付的便捷，界面良好等，都是可以增值的因素。

四是反映服务化网络的联结强度的数据。强关系与弱关系是分析网络结构的有力指标工具。一般而言，强关系的复杂性要高于弱关系。在社会网络中，传统观点认为同质化的公共关系比异质性的私人关系更加"先进"，更具有效率；但从复杂性网络的实践看，并不一定是这样。例如，信任关系虽然不如信用关系更符合文本规则，但它可以有效使事情变得简单，节省缔约交易费用。这主要是由于，强关系提高了信任，而起降低摩擦力（交易费用）的作用。这是长期以来新古典理论漏算的实际情况。此外，奇达夫和蔡文彬还比较看重相互性（reciprocity）与传递性（transitivity）平衡。相互性和传递性越强，结构越扁平；而等级制相对缺乏相互性和传递性。前者更显现草根的作用，后者更突出精英的作用。

2）在复杂网络指标方面，需要观测和采集以下特征的数据：

一是反映服务化网络的小世界网络特性的数据，以 SNS 为代表的社会网络化服务，正形成未来服务业的新业态结构。例如微信平台，在整合 WEB2.0 方面，正呈现系统化的趋势。一个服务网络越接近小世界网络特性，它是越具有复杂性的。

二是反映服务化网络的无标度特性的数据，互联网一方面是去中心的，但又不完全是随机网络，而呈现出幂指数函数的度分布特征。度分布实际是边的密集度分布。度分布呈幂律特征，说明一方面网络具有长尾的范围特性，另一方面又具有"短头"的"中心节点"特性。支撑服务平台处于这样的中心节点位置，或偏离这样的"中心节点"，对网络效率具有很大的影响。一个服务网络越具有幂律形式的度分布，它是越具有复杂性的。

三是反映服务化网络的分形特性的数据。分形特性是指局部与整体全息同构的现象，它是复杂性网络的典型特征，带有一定的通用性。例如，海尔"人人都是 CEO"的管理模式及相应财务系统即具有分形特征。在大数据支持下，智能化服务网络可能具有一线服务（如 CRM 服务、呼叫中心服务等）与后台同步决策的特性。这使网络组织对传统企业带来巨大的冲击和变革效应。一个服务网络越具有分形特征，它就越具有复杂性。

3）在社会网络行为指标方面，需要观测和采集以下特征的数据：

一是反映服务化网络的嵌入性（embeddedness）特性的数据。这是指同质性经济关系与异质性社会关系相重叠的现象。例如，关系和信任这类社会网络因素与市场网络的结合。一个服务网络越嵌入社会特性，它的复杂度越高。

二是反映服务化网络的中介中心性（Betweenness Centrality）特性和结构洞特性的数据。中介中心性是指在端对端、点对点的短距离网络中搭桥的中介的作用，它们为那些并不直接联结的行动者充当中间人。结构洞则是指在中介未起作用下，节点之间不直接联结而形成的结构上的空隙。例如，在小微贷中银行普遍采取联保的创新，但在那些社会网络中介不发达或存在结构洞的地带，联保策略就难以起到作用。一个服务网络越具有中介中心性特征，它的复杂度越高。

三是反映服务化网络的平台作用的数据。在互联网条件下，服务化网络的复杂性往往体现在应用层面，而平台在营造应用多样性生态方面起着关键的作用。平台的开放与封闭，与服务化网络的生态有直接关系，平台越开放，生态多样性越明显；平台越封闭，生态多样性越可能受到抑制。因此平台开放的数据，可以用于测度服务化网络的多样性。

四是反映服务化网络的服务创新特性的数据。如果说技术创新更多与专业化相关，服务创新就可以认为更多是多样化相关。测度服务创新，其数据

可以用来分析服务化网络的多样化能力。

需要区分这两类创新。例如，鲍莫尔把创新作为服务业的中间投入，提出奥尔顿定理①，研究的不是服务化效率，而是服务业效率，因此应被归类于服务业的产业化效率之中。

五是反映服务化网络的组织学习特性的数据。从认知网络的观点看，复杂性组织与组织的学习特性内在相关。在德班特和迪比亚乔看来，正由于服务具有越来越明显的多样性（交易的多样性），"生产更多复杂知识的信息活动才走到了前台"，由此才"衍生更为复杂的知识生产"，最终才把服务关系与复杂知识变成同一件事②。服务关系是在"更多复杂知识的共同生产（co - production）"中，由"互补性的能力之间产生认知上的互动（Cognitive Interaction）"而形成的。这反映了服务化的生产方式不同于产业化的生产方式的本质区别。

11.2.4　服务化效率与效能分析

测度服务多样性只解决了服务信息化测度的第一步，建立 N 轴上的参照系；接下来进行的效率与效能分析，将实现第二步，将 P 轴引入进来，进行 $N - P$ 平面上的计量。下节再进行第三步，即引入 ICT，与 $N - P$ 上的经济效率分析结果汇合为技术经济效率计量分析。

现有的效率分析，研究的主要是服务业的效率，而不是服务化效率，它们仅相当于服务业的产业化效率（$Q - P$ 平面上的效率分析）。服务化效率，包含一产、二产和三产的服务化效率。一、二产的服务化效率在前面都已分析过，这里进行三产的服务化效率分析。在分析中，我们还要弥补一个前沿上的研究空白区域，这就是服务化的效能分析。

研究服务化效率问题，并没有脱离信息化测评的主题。因为信息技术的主要擅长，正在于提高服务化效率。信息化测评不能只明确技术上的投入，却不把这种投入同解决经济上的什么问题联系在一起。如果不分析这一问题的商务本体——现有信息化测评的普遍弊端恰恰在于没有聚焦于这种商务本体——后面将信息技术与什么经济现象联系在一起，就会成为盲

---

① 盖雷，加卢. 服务业的生产率、创新与知识：新经济与社会经济方法［M］. 上海：格致出版社，上海人民出版社，2012.

② 同上，第59页。

目的。

服务业的服务多样化效率分析的特殊性在于，它是围绕使用权的效率分析，是针对服务多样性进行的在使用的效用与使用的成本之间的得失权衡。具体来说，服务多样性从均衡角度讲到底是有利还是不利，是否经济，要看收益与成本的平衡关系。使用的效用指向需求或产出收益，使用的成本指向供给和投入成本。

效用方面的多样化经济，是指消费者为享受使用价值的多样化选择而付出的溢价，它带来超过标准水平的价格；成本方面的使用者成本，则是指承受服务多样性而付出的代价。前者超过后者，则服务多样化是有效率的；而后者超过前者，则服务多样化是无效率的。

我们分三个方面分析多样化效率对服务业效率的影响。首先从宏观层面讨论服务多样化的经济得失；其次从微观角度，分别侧重提高多样化的供给能力与降低多样化的供给成本讨论服务多样化的经济得失；最后讨论在效率一定条件下，效能随多样化量值变化而变动的趋势。

（1）需求视角的服务业之谜

在整个服务业的宏观层面讨论服务多样化在价格上的得，与成本上的失，以及二者的权衡，是服务经济学中的一个研究热点。首当其冲的问题是服务业比重与增长率变化的关系。

服务业占比的提高，往往与价格上升联系；而服务业增长率缓慢，往往与成本偏高联系（"服务的成本与价格比其他商品上涨得更快"[①]）。价格与成本的错进错出，就形成了"服务业之谜"：服务业比重的上升，往往意味着GDP增速的下降。在信息技术革命发生之前，这成为各国服务业发展的普遍现象。

对于服务业增长率缓慢，最通行的解释来自新古典理论，将其归结于服务业劳动生产率较低。鲍莫尔的"成本病"理论就是这方面的代表。根据这种理论，服务业是劳动密集产业，由于主要依靠劳动力来满足差异化的需求，它很难通过资本与技术来提高生产率（"需要直接的人工劳力而不容易被机器替代"[②]），这使服务业的生产率低于资本密集的制造业。

---

① 鲍莫尔. 服务业之谜：激增的成本，持续的需求［M］//拉加，谢科特. 服务业的增长：成本激增与持久需求之间的悖论. 上海：格致出版社，上海人民出版社，2012：3.

② 同上，第4页。

鲍莫尔按生产率与增长速度的表现，把产业分为以制造业为代表的生产率上升的"进步产业"（如汽车工业）和以服务业为代表的生产率不变的"停滞产业"（如四重奏表演）。把服务业当作是生产率表现不佳的部门的集合（"服务业是那些生产率缓慢增长部门（生产率增长停滞）的集合体"①）。它们在 GDP 比重的上升，自然意味着 GDP 增速的下降——因为带动生产率上升的部门所占比重下降了。

鲍莫尔在 1966 年就提出"表演艺术成本病"。发现艺术部门"成本持续且累积性上涨"的现象。这种现象在医疗部门、教育部门表现得同样突出。按新古典理论，供给成本高，而导致价格提高，会减少供给。在宏观上生产率低的部门在 GDP 比重中的份额应该减少（例如农业）。但实践却表现出与新古典理论相悖的事实，服务业虽然劳动生产率比制造业低，但价格却持续走高，社会又没有减少对服务业的需求。这导致了鲍莫尔提出的问题："为什么服务价格上涨速度几乎走在了所有其他产品的前面？为什么这没有影响他们在经济体（实际）产出中的份额？为什么消费者愿意花费他们收入的较大份额在这些服务上，尽管其价格不断上涨？"②

我们先剥离出第一个因素即质量（满意）来进行分析。服务部门真的只是转移价值而不是创造价值吗？

被新古典理论注意到的现象是，如果弦乐表演者的工资在增长，而其劳动生产率不变，"这意味着每单位产出的直接劳动成本必须上升"，而且是"累积性与持续性地上升"。鲍莫尔发现："表演的相对成本增加直接取决于汽车产业生产率的相对增长率"。这同李嘉图发现地租的增长与工业化的发展有关一样。租金是为使用而付出的。如果使用的成本在上升，租金也会相应上升。而使用的成本不完全取决于被使用资源（在原有用途上）的价值，还要取决于使用者在新的使用方向上的机会成本。地租随资本和劳动价值增长而水涨船高，实际在分享工业化带来的社会平均利润率，而把"进步部门"的利润转移给"停滞部门"。

租金保持累积性持续上升，除了产业化部门生产率提高之外，还需要对

---

① 鲍莫尔语，见盖雷，加卢.服务业的生产率、创新与知识：新经济与社会经济方法［M］.上海：格致出版社，上海人民出版社，序言第1页。

② 鲍莫尔.服务业之谜：激增的成本，持续的需求［M］//拉加，谢科特.服务业的增长：成本激增与持久需求之间的悖论.上海：格致出版社，上海人民出版社，2012：4.

使用的需求具有弹性上的要求——无论使用的对象是土地，还是四重奏。一种解释是，服务业的收入需求弹性大于1。因此随着消费者的收入提高（一般到人均 3000~5000 美元收入后），倾向于将更大份额的开支用于服务。

问题在于，为什么服务业的收入需求弹性会大于 1 呢？一方面，这要从消费者方面解释。消费者的需求应分为低级需求与高级需求（这不同于传统完全竞争理论把所有需求加以标准化）。随着收入的提高，需求本身在升级，消费者的效用偏好从相对同质化的衣食住行，转向相对异质化的服务；另一方面，需要从供给方面来解释。服务业不同于制造业，价值的重心，由功能转向了质量。如韩太祥所说："服务质量是服务差异性的一种形式"①。这意味着，"仅从服务厂商内部出发，以内部技术标准来定义服务质量是不够的"，"必须依据顾客的满意度审视服务产出，以测量所提供服务的外部效率"②。多样化效率就相当于外部效率，专业化效率就相当于内部效率。

如果直接测效用本身，而不联系于价格，转化为需求分析，一个简单办法，是直接采用顾客满意度指标来测度效用中质量的不同。按照帕拉苏拉曼等人提出的 SERVQUAL 模型，可以将顾客判断服务质量的高低的满意度，分为五个方面的指标来测度。它们分别是可靠性、响应性、保证性、移情性和有形性③。其中期望与感受之间的差距是服务质量的量度④。

如果将效用分析转化为需求分析，一个简单的办法是以价格直接对应服务中质量。鲍莫尔认为，如果认同消费者的边际支付意愿是测度产品质量的最佳方法，也就没有必要大费周折寻找其他方法来测度特定产品的质量提高。"如果质量提高后，产品（实际）价格增长了 20%，我们就无须知道更多，因为这就是所有消费者追求效用最大化时的边际效用上涨幅度"⑤。这一方法是可行的。当然，在实测时要注意理论条件与实际条件的区别。鲍莫尔假定是均衡和完全竞争条件，而这在实测中是找不到的，需要通过样本完善来对数据质量加以弥补。

需要指出，质量问题是一个复杂的问题。它不光是质的多样性问题，也

---

① 韩太祥. 服务的微观经济分析 [M]. 北京：经济管理出版社，2010：103.

② 同上，第 105 页.

③ 李柏文. 顾客产品及其质量测度与管理研究——基于服务业精确管理的视角 [M]. 北京：中国社会科学出版社，2012：61.

④ 同①，第 104 页.

⑤ 詹森. 服务经济学 [M]. 北京：中国人民大学出版社，2013：116.

有一部分属于专业化问题。因此存在专业化的质量与多样化的质量两类问题。前者更多在同质性前提下，讨论质量的量；后者更多在异质性前提下，讨论质的量。我们侧重讨论的主要是后一个问题，但也不否定前一个问题的存在。即使同是讨论质的差异意义上的质量，也存在不同的方法。一类被称为纵向模型，一种被称为水平模型。前者包括熊彼特学派（侧重质量阶梯，或同一种质沿时间变化而发生的性质上的纵向变化，如创新）、寻址学派等（侧重空间差异，或同一种产品在不同空间条件下的差异化）。后者包括新经济增长理论如斯蒂格利茨、杨小凯等的产品多样化理论。

同是从需求、质量出发考察服务业的效率，在综合的结论方面，我们的结论与鲍莫尔的正好相反。

鲍莫尔认为："因为停滞服务的成本一直以远高于经济通货膨胀率的速度持续且累积性上涨，所以这些服务的供给质量与数量都趋于下降。"[①]我们却认为，随着服务化的发展，服务供给质量会趋于上升（即使规模数量趋于下降）。这更加符合人们的经验和常识。我们理解，鲍莫尔说的质量下降是相对于劳动生产率而言的，而我们说的是相对于多样化效率而言的。二者结论相反，但并不矛盾。不过，鲍莫尔显然没有认识到多样化效率的存在。例如，即使是四重奏演奏也有效率问题，一种情况是不针对对象的区别，标准化地演奏；另一种情况是针对不同对象——意大利热情的听众、中国含蓄的听众、专业音乐家、市井小民——做不同的发挥。例如，海顿的 C 大调四重奏，最初在伯爵家里针对小众演奏的方法，不同于后来作为德国国歌来演奏的方法，也不同于将其演绎为流行乐时的演奏方法。这主要是由于听众的不同决定的。针对不同对象而改变演奏方法的能力高不高，也是一种效率，只不过是多样化的效率。多样化的效率高，就可以因人而异地演绎；多样化的效率低，就只能千篇一律地演奏。例如，面对摇滚听众，用国歌风格演奏，显然是多样化意义上的低效率（即不具有变通效率）。

新古典理论对成本病的解释有一个共同点，都把劳动生产率当作了服务业的生产率。因此问题也是共同的：都忽视了多样化效率。从服务化效率这个新视角，看这个以往被当作服务业效率的问题，可以得到一个新的、不同

---

① 鲍莫尔. 服务业之谜：激增的成本，持续的需求［M］//拉加，谢科特. 服务业的增长：成本激增与持久需求之间的悖论. 上海：格致出版社，上海人民出版社，2012：12.

的解释。在缺乏技术和资本时，服务业作为专业化效率的劳动生产率虽然可能是低的，但作为多样化效率的劳动生产率不一定是低的。这在艺术产业表现得尤其明显。人们不能因为英国选择了创意经济的服务模式而非技术创新导向的硅谷模式，就断定英国服务业在走下坡路。多样化效率起作用的方式正好就是通过增进消费者效用而获得超额附加值。硅谷可以赚钱，好莱坞也可以赚钱。钱至少是一模一样的。

再回过头审视，当服务业因较高的价格而使比重上升而 GDP 增速下降时，一种新的均衡已在人们不知不觉中到来了。这是经济由旧的二维均衡向三维均衡转变的过程。生产率的作用已经显示了，只不过是以多样性生产率的提高，在补偿专业化生产率的降低。

在信息技术与服务业充分结合，特别是与人力资本的增进融为一体后，服务业的"成本病"将不复存在。因为信息技术擅长提高多样性效率，恰好与人的个性化创新能力的提高，形成了在人力资本上的新组合。人与机器结合，不再只是专业化的结合，而可能成为（基于创新的）多样化的结合。成本病理论认为服务"需要直接的人工劳力而不容易被机器替代"的结论受到质疑。事实是，人的机械性和低创造性的劳动被计算机替代，使人把能力更多释放于创造（创新）性发挥中，服务的多样化效率由此得到提高，并从超额附加值中取得因为均衡而稳定的回报。

这种解释可以并不涉及计算的改变，毕竟，用收入弹性也可以很好解释服务业价格现象，但重要的是，这种解释给出了现象的理由与逻辑，因此可以用于构造更好的计量模型。

（2）供给视角的多样化与效率

肯定服务（化）创造价值还不够，还需要析出其对成本的节约。为此要剥离出成本病理论遗漏的第二个因素，服务成本存在着未被全面分析的另一面——多样化成本。

标准理论在分析服务成本时存在一种错位，没有区分完全竞争成本与垄断竞争成本——用我们的术语表述，是专业化成本与多样性成本——的不同。一种服务的专业化成本高，不等于多样化成本也高；专业化成本低，不等于多样化成本也低。在供给能力一定情况下，服务效率取决于成本效率，一种服务的专业化效率高，不等于多样化效率也高；反之，专业化效率低，不等于多样化效率也低。

新古典理论忽视了这一点。它分析服务业的劳动生产率低时，指向的问题区间仅只是专业化成本，而遗漏了多样化成本；而分析服务业的价格超高时，仅只指向了多样化经济，而没有分析专业化经济（如规模经济）。因此遗漏了两个分析空间，一是多样性成本的降低（例如艺术家和医生通过学习降低提高技艺能力的成本），有没有可能冲抵专业化成本难以提高的损失（例如艺术家和医生的默会知识难以用机器替代）；二是专业化效率的提高，如规模经济，有没有可能冲抵专业化成本较高带来的损失。

深究问题的理论根源，在于对"效率本身是什么"这个问题的回答，需要超出新古典理论视野的局限。

效率的本意只是投入与产出之比。但新古典理论却大大窄化了这个界定，附加了一个未言明的前提，把它变为同质性投入与同质性产出之比。同质性假定，是效率本身没有的意思。效率这个词，当不加说明时，在口语中一般指的都是专业化效率，或同质化效率；而多样化效率这个概念不存在，一般口语只说多样化。按这样的口语表述，我们可以看出存在这样一个命题：多样化可能是效率不经济的，效率可能是多样性不经济的。

鲍莫尔举的弦乐四重奏的例子是效率不经济的例子。医疗和艺术不是用效率尺度来衡量，而是按多样性尺度（质量尺度）来衡量。从学理上讲，这样的命题准确的意思应当是：多样化效率独立于专业化效率。道理很简单，多样化效率在 N 轴（质的量）上，而专业化效率在 Q 轴（数的量）上。

多样化效率经济而专业化效率不经济是指，多样化从效用方面通过提高质量而提高价格，因此提高了经济性。如果供求的整体经济性是由效用端决定的，那么可能意味着即使同质化成本上并没有效率，由于价格的提升足以抵消成本的上升，因此整个经济是有效率的。

换句话说，存在两种效率，专业化效率与多样化效率——"理科的"效率与"文科的"效率——前者来自技术创新，后者来自服务创新。它们对个性化的态度正好相反，理科的效率抑制个性化，而文科的效率张扬个性化；它们与研发投入的相关性也相反，理科效率的提高，高度依赖于研发经费的多少；而文科效率的提高，更多取决于人的才能而不是研发经费。

乔布斯是科技与艺术结合的典型，实现了理科效率与文科效率两种效率的结合。诡异的是，苹果创新能力最强的时候，是研发投入最少的时候。苹果随着研发投入增长，创新能力却在递减。乔布斯时代苹果研发投入在巨头中排名倒数，远远低于英特尔、诺基亚、谷歌、思科、微软、RIM、IBM、三星、HP，仅高于戴尔（主要依赖英特尔研发芯片）。库克主政后，一举逆转了乔布斯的低研发投入政策，研发开支从乔布斯时代的5.3%，骤然提升到2013年的21.2%，但乔布斯时代那种一骑绝尘、睥睨群雄的创新优势再也难以重现。三星研发投入一直高于苹果，但从没拉近过与乔布斯的距离，却在乔布斯死后急剧追近苹果。

论及其中缘由，直接能看到的是，第一，乔布斯与库克选择的"创新驱动发展"动力明显有别。乔布斯是典型的精神驱动（创意驱动），具有艺术家气质的他琢磨的是，研发经费降低多少，因此创新提高多少；库克是典型的物质驱动（投资驱动），具有商人气质的他琢磨的是，研发经费提高多少，因此创新提高多少。从苹果特定实践看，胜出的居然是乔布斯。第二，乔布斯主张的是毁灭式创新，一直主张搞大版本升级，希望拿着望远镜也看不到对手；而库克搞的是迭代创新，类似谷歌那样不断推出小版本升级。从实战看，苹果追大版本升级难，但追小版本升级易。更不用说遇上专门擅长于小版本升级的小米等中国商家，苹果就好比掉进狼群里。

在收益既定下，多样性成本是否可能是有效率的，多样性成本是否可以通过平衡多样性经济与专业化经济而成为有效率的呢？

前一个问题是指，先不考虑多样性在效用上会带来什么样的益处，也不考虑专业化方面的得失，只观察多样性投入与多样性产出之间的成本关系，多样性投入低于多样性产出为多样性成本有效率，多样性投入高于多样性产出为多样性成本无效率。

后一个问题是指，考虑多样性在效用上是经济的（多样性经济指通过价格提高带来正的收益），但同时存在专业化效率上的损失（指多样化令专业化不经济，例如原有10个厂商平均分布在10个专业化分工环节，一个环节一个厂商；分工多样化导致10个厂商纵向压缩为8个专业化分工环节，其中有两个环节由一个厂商横行扩展为两个厂商），问两相抵消后，如果多样性经济在与专业化经济权衡上不经济（例如两个环节多样性效率提高，不足以抵消两个原来的分工环节消失而造成的损失），再与多样性成本经济平衡，整体是否是有效率的。

对"多样性成本是否可能是有效率的"这样的问题，以往的理论不假思

索给予否定的答案。这不是说他们真的分析过这个问题，而是他们先验设定了问题的答案，因而认为问题没必要也根本不值得提出，直接把否定的答案隐含在了分析之中。相当于认为只有一心一意的专心工作效率高，不认为一专多能的分心工作（"打飞靶"）可以提高效率，不认为灵活性有什么经济价值。即使经过制度经济学（科斯）的完善，认识到不灵活的损失（交易费用的提高带来成本损失）也没有把它同多样化效率问题联系起来。顶多认为存在专业化内部的协调问题。

信息化与网络经济的实践提出了这种理论的反例，从而彻底打破了这种成见。在实践中，多样性效率要解决的问题，不是传统 ERP 流程梳理那种专业化协调，而是在去中心、分布式、短距链接的复杂性生态网络中的多样性协调问题。事实上，在出现异质范围经济这样的效能之前，已经出现异质效率这样的问题。从实践中提出的问题要求理论解答，服务部门的供给效率有什么特殊性（如多样性除了是效用现象外，有没有可能成为一种成本节约现象）。

多样化效率针对的是没有全局唯一最优解的问题。它的效率表现在"见仁见智"中，是一种情境最优，因此在全局上可能要求包容悖谬。这种效率专门作用于 $AC-MC$ 这一超额附加值区间，但对 $P=MC$ 这一区间可能鞭长莫及。人们在好莱坞、意大利足球、游戏娱乐等文化创新的体验经济形式中，以及电子商务生态、微信、众包等分布式服务创新的经济形式中，到处可以见到这种效率的影子。但在所有新古典理论中（包括索洛悖论中），这种效率的影子是看不到的。好在它除了在新古典统计中看不见外，已经随处可见了。

异质效率或叫多样化效率，还可以理解为是一种"文科"效率。在乔布斯的例子中，我们已经看到它的经济价值。多样化也有其效率，但追求的不是像线性规划和运筹学那样的最优化，而是个性化的效率。例如，文艺理论也总结艺术家的生产规律，但不是要大家趋同，而是求异，反对任何以最优化为诉求的形式主义。这不代表艺术家的生产效率低，缺乏价值和质量，而是反对抄袭和雷同。这与追求雷同的效率是完全不同的。从广义上说，社会科学研究活动是一种既具有专业化效率又具有多样化效率的行为。仅仅着眼于提高专业化效率来管理，会扼杀学术的生态多样性和创新性，导致社会科学研究的行政化、机械化。

多样性成本是否可以通过平衡多样性经济与专业化经济而成为有效率的呢？这要具体分析，不能一概而论。整个效率分析要经过以下三个步骤。

第一步是根据服务多样性数据，结合需求价格，分析多样性经济的收益程度，也就是看加成可以在成本上加到什么程度。

在这方面，可以采用鲍莫尔测度服务质量的方法和思路。与其从总的价格中费力地剥离出归属于服务的部分，不如把可以稳定提价的部分，统统归给服务。这也可以算对前面我们提及的成本加成的算法提出的一个简捷的测算方法。而且这种算法在机理上也是说得通的。

第二步是计量多样性引起的专业化经济的变化，通常是负面的变化。具体方法思路是，可以先设定总的产业分工水平不变，则分工多样化水平的提高，一定是分工专业化水平的降低。也就是说，同等数量的厂商，在横向分工中的增加，一定等于在纵向分工中的减少。

接下来要分析横向分工效率的提高与纵向分工效率的降低之间，哪个值更大，它们的差是多少。具体的数据形式是以成本数据为结果。

第三步是用第一步的加成价格减去第二步的成本之差，得出最后的结论。在分工总体水平（包括横向分工与纵向分工两个方面，是二者之和），结果无非是以下几种情况（多样性经济特指效用和需求方的经济）：

第一类情况是多样化经济弱于专业化经济。这是指多样化带来的溢价，不足以抵消专业化经济的削弱（主要指成本的提高）。这是服务业在产业化阶段发展时常出现的情况，服务多样化的增加，削弱了专业化分工，由此引发的纵向交易成本过高，而使多样化经济面临各种挑战。

第一种可能是横向分工效率弱于纵向分工效率，即多样性成本降低，不足以弥补专业化成本的提高，则多样化在总体上肯定是不经济的。意思是虽然多样化经济，但由于多样性成本过高，不足以弥补专业化水平降低的损失，而在分工总体水平上失大于得。

第二种可能是横向分工效率强于纵向分工效率，即多样性成本降低，足以弥补专业化成本提高而有余。多样化在总体上是否经济，还要看横向分工效率高到什么程度，这存在各种可能，一是多样性成本降得足够低，足以抵消多样性经济与纵向分工成本之差，则多样化在分工总体水平有效率；二是多样性成本降得不够低，不足以抵消多样性经济与纵向分工成本之差，则多样化在分工总体水平无效率；三是多样性成本降低，与多样性经济与纵向分工成本之差相等，则多样化总体效率中性。

第三种可能是横向分工效率等于纵向分工效率，即多样化成本降低，正好等于专业化成本提高。由于多样化经济弱于专业化经济，多样化在分工总体水平无效率，意思是虽然多样化经济，但综合了多样化和专业化的成本权衡后，在分工总体水平上失大于得。

第二类情况是多样化经济强于专业化经济。指多样化带来的溢价，足以抵消专业化经济的削弱（主要指成本的提高、增速的减弱）。这是服务经济兴起后的常态。

在这种情况下，无论横向分工的效率弱于、强于或等于专业化经济，多样化在分工总体水平都是有效率的，只是效率高低不同而已。

第一种可能是横向分工效率弱于纵向分工效率，即多样性成本降低，不足以弥补专业化成本的提高。在实践中表现为服务经济中出现的成本病，往往发生在服务经济初起阶段。一方面人们收入提高，服务需求旺盛，但由于企业工业病的广泛存在，产业灵活度不足，服务外包和服务集群发展不充分；另一方面，在服务化同时，工业化基础有所削弱，出现在制造业结构调整同时出现空心化倾向，制造业增速下降。

在这种情况下，多样化在总体上是经济的，但经济到什么程度，还要看横向分工效率弱到什么程度。存在各种可能，一是多样性成本虽然弱，但降得足够低，足以抵消纵向分工成本之差，则多样化在分工总体水平有效率，突出表现是经济质量有所改善；二是多样性成本降得不够低，不足以拉大多样性经济与纵向分工成本之差，则多样化在分工总体水平有效率，但效率较低，经济质量改善缓慢；三是多样性成本恶化，与多样性经济与纵向分工成本之差相等，这是指多样化成本不仅没有降低，反而在横向分工中提高，拉了多样化经济的后腿，则多样化总体效率中性。

第二种可能是横向分工效率强于纵向分工效率，即多样性成本降低，足以弥补专业化成本提高而有余，则多样化在总体上肯定是经济的。意思是不仅多样化经济，而且由于多样性成本降低本身，已足以弥补专业化水平降低的损失而有余，而使服务化多样化在分工总体水平上得大于失。

第三种可能是横向分工效率等于纵向分工效率，即多样化成本降低，正好等于专业化成本提高。由于多样化经济强于专业化经济，多样化在分工总体水平有效率。

第三类情况是多样化经济等于专业化经济。指多样化带来的溢价，正好等于专业化经济的削弱（主要指成本的提高）。服务多样化在分工总体水平上是否有效率，完全取决于横向分工是否有效率，以及效率的高低，主要是多样化成本的高低。

第一种可能是横向分工效率弱于纵向分工效率，即多样性成本降低，不足以弥补专业化成本的提高。在这种情况下多样化在总体上是无效率的。

如果多样化的好处与要付出的专业化代价作用力相互抵消，多样化凭空多出一块成本来，整体上肯定是无效率的。

第二种可能是横向分工效率强于纵向分工效率，即多样性成本降低，足以弥补专业化成本提高而有余。则多样化在总体上是经济的。意思是不仅多样化经济，而且由于多样性成本降低本身，已足以弥补专业化水平降低的损失而有余，而使服务化多样化在分工总体水平上得大于失。

第三种可能是横向分工效率等于纵向分工效率，即多样化成本降低，正好等于专业化成本提高，则多样化经济是效率中性的。

人类历史上出现过三种经济：多样化经济（多样性成本无效率），同时专业化无效率的，是农业经济；多样化不经济（多样性成本无效率），但专业化有效率的，是工业经济；多样化经济（多样性成本有效率），且专业化有效率的是信息经济。由此可以看出，只是多样性经济，而专业化无效率，就会退回自然经济。这显然不是信息化与网络经济的选择。信息化与网络经济在服务化上的选择，是多样化经济，多样性成本有效率，且专业化有效率[1]的结合。

需要说明的是，服务化在总的分工水平有效率时，专业化是否有效率，两个问题是相互独立的。也就是说，在信息化、服务化的发展过程中，分工专业化仍有可能继续深化，经济迂回链条仍有可能继续延长，但到底是不是一定深化、延长，也不是必然、一定的。需要综合考虑技术、环境及其与经济系统的匹配情况。

以上进行的只是效率分析，而不包含效能分析，因此没有考虑规模经济与范围经济的情况。

---

[1] 在信息化与网络经济发展的高级阶段，专业化有效率而无效能（即规模不经济）可能是经济的，如高度网络化社会化条件下的个性化经济。

(3) 服务创新与服务多样化能力提高

服务创新是提高产出能力的关键。以下分析这个问题。

与口语不同，服务创新在学术上几乎是技术创新的反义词，是一种相反形式的创新。二者最大区别在研发经费上。可以近似认为，服务创新是"文科"创新，主要提高的是多样化效率，主要以服务活动为中心，与研发经费多少无关；技术创新是"理科"创新，主要提高的是专业化效率（但也提高多样化效率），主要以制造活动为中心，严重依赖研发经费。

一些学者否认服务创新的存在，这是缺乏道理的。事实上，熊彼特提出创新时，想的主要并不是技术创新，所提创新更接近服务创新，强调要素的"新组合"；一直到第二代熊彼特理论，才将研发纳入创新，接纳了技术创新。学者更普遍的情况是，不否认服务创新，但一提及创新，总是把它与研发活动联系在一起。加卢对此提出了批评，认为"技术创新并不是不重要，而是在于它并不是故事的全部"[①]。

对问题的不同理解直接影响到测度与计量。以往的创新指标更多是围绕生产创新设计的。米尔斯认为，"以制造活动为中心对创新的理解以及据此构建的衡量指标遗漏了很多重要的现象和过程"[②]。这个问题需要得到解决。我们的研究重点不是服务创新本身，而是对服务创新的测度，因此主要看它的外延涵盖的内容涉及哪类指标。

首先，要对服务创新进行大的分类。巴拉萨将服务创新分为三个阶段——效率提高（Improved Efficiecy）、质量改进（Improved Quality）和新服务（New Services）[③]。效率提高应归类于产业化，而质量改进与新服务算入服务化，是相对于市场的创新（New – to – Market Innovation）。鲍莫尔的基于研发的服务业创新被我们排除在服务化分类之外。鲍莫尔把创新作为服务业的中间投入，提出奥尔顿定理[④]，研究的不是服务化效率，而是服务业效率，因此应被归类于服务业的产业化效率研究之中。

接下来，需要辨别计量对象上服务创新不同于制造创新之处，并有针对性

---

① 盖雷，加卢. 服务业的生产率、创新与知识：新经济与社会经济方法 [M]. 上海：格致出版社，上海人民出版社，2012：150.

② 同上，第 141 页。

③ 同上，第 145 页。

④ 同上，第 127 页。

地设计"合适的效率指标"。这时生产率所面临的问题成为，"企业如何确定它们是否将资源投入到可营利的业务上"[1]。综合起来看[2]，这些指标应包括：

一是使用性指标。生产与消费同时发生，具有感性和经验性[3]，其本质在于它是围绕使用价值（即效用，而不是价值）发生的，针对这一点可以考虑测度溢价（包括信任水平），或设计需求导向指标如满意类指标。

二是多样性指标。服务业存在一对一、个性化的专门化创新（ad – hoc innovation），需要设计体现这种多样性的指标。

三是非技术性指标。服务创新的指标更多体现在服务产品、组织、流程、市场等非技术方面，如新服务、新市场、新商业模式等。

四是无形性指标。服务创新主要体现在提高对市场的响应能力[4]等无形因素方面，因此可以考虑用能力指标进行测度。

五是主体性指标。服务创新可能主要来自于熟练员工，而非专门的研发部门，可以考虑用学习类、企业文化类的指标，测度人力资本的提高。

例如，刘丹鹭建议综合制造业创新特征，将服务业创新指标列出五个指标[5]：一是新业务收入占比（包括新市场业务收入与新产品业务收入），二是人均专利数（主要针对生产性服务业），三是产品创新，四是流程创新，五是质量改进。后三个指标主要针对非研发类创新测度的数据采集。这些指标都是针对服务业企业的。

如果在产业水平对服务化效率提高中的供给能力水平进行测度，至少还要考虑另一些中观指标：

一是产业支撑服务水平。主要测度服务平台对多样化的增值服务的支撑水平，这里的支撑水平特指服务平台的固定成本均摊能力（分享水平），它决定多样化应用服务轻资产运作能力的高低。

新古典理论认为服务业难以同资本结合，在互联网条件下已不再成立。电子商务支撑服务平台已承担了产业固定成本投入（商业基础设施建设）的职能，从而起到在不同增值应用之间分享资本的作用。

---

① 桑福德，泰勒. 开放性成长 [M]. 北京：东方出版社，2008. 它不同于、且针对的是"企业在将资源投入到可营利的业务上后，如何更专业化地生产"这类问题。
② 刘丹鹭. 服务业生产率与服务发展研究 [M]. 经济科学出版社，2013.
③ 陈宪，等. 中国现代服务经济理论与发展战略研究 [M]. 北京：经济科学出版社，2011.
④ 雷小清. 服务业信息化研究 [M]. 北京：经济科学出版社，2014.
⑤ 刘丹鹭. 服务业生产率与服务发展研究 [M]. 经济科学出版社，2013.

二是模块化水平。服务模块化（Service Modularization）是服务多样化的产业基础。从理论上说，可以通过服务节点数量、联系数量、替代数量等指标测度①。陶颜、孔小磊构建了一个包括产品和流程方面共 14 个指标的服务模块化评价指标体系。其中，服务产品模块化是指企业根据功能需求匹配关系，将服务产品分解为相互独立的模块，并基于界面规则将之联结形成模块化的服务产品系统的过程。服务流程模块化是指企业根据功能需求匹配关系，将服务流程分解为相互独立的模块，并基于界面规则将之联结成模块化的服务流程系统的过程②。

　　服务业模块化（又称组件化）的意义在于提高服务多样化的效率，因此可以理解，"商业组件改变了提高生产率的本质"③。意思是说，不在于降低专业化成本，而在于提高多样化的产出能力（"提高创新和生产率的关键在于迎接多样性和风险性"④）。测度服务业模块化水平的意义在于为计量服务多样化效率提供多样化能力的基础数据。

　　三是集聚水平。我们所说的服务业产业聚集不等于产业集中，也包括外包、产业内分工多样化形成的价值网络的集群现象，集聚水平代表的是服务业的结构特征。以电信业为例，由单一企业（垄断的运营商）提供单一服务（如语音服务），发展到单一企业提供多样化服务（如套餐服务），再发展到由多样化的企业提供多样化服务（如 App 增值业务），形成了集聚的产业集群。这不仅仅是从垄断企业内部部门之间的职能分工，变为集群内部企业之间的职能分工，更是结构变化，即从产业的中央控制结构向产业的拓扑结构的转变。

　　四是溢出效应水平。服务业的溢出效应是指服务业发展从其他产业之外提高了其他产业的效率。主要表现为三种形式：一是为工业品和农产品生产提供更加专业化的中间产品，二是拓展了工业品和农产品销售市场，三是充当工业和农业转移剩余劳动力的渠道。"服务业主要通过降低交易成本和提高劳动生产率来影响制造业。"⑤ 在计量上，李江帆套用 Feder 的两部门模型，

---

　　① VOSS C A, HSUAN J. Service architecture and modularity ［J］. Decision Sciences, 2009, 40（3）: 541−568.

　　② 陶颜, 孔小磊. 服务模块化评价指标体系的构建 ［J］. 技术经济, 2015.

　　③ 桑福德, 泰勒. 开放性成长 ［M］. 北京: 东方出版社, 2008: 153.

　　④ 桑福德, 泰勒. 开放性成长 ［M］. 北京: 东方出版社, 2008: 152.

　　⑤ 江小涓, 等. 服务经济——理论演进与产业分析 ［M］. 北京: 人民出版社, 2014: 107.

构造的服务业外溢效应模型[①]，可供参考。

在这种理解之下，我们赞同展开"基于需求的服务业集聚"的测度。常用的测度方法包括区位商、相对密集度（集中度）和 Herfindahl 指数（HHI）等[②]。服务业集聚的意义在于，首先，与制造业集聚不同，它不是生产导向，而是需求导向的，因此更多的是横向分工，而非纵向分工，具有服务化的内在倾向；其次，服务业集聚可以通过固定成本分享而在服务化方面带来范围报酬递增。因此，测度服务业集聚，有助于效能分析。

系统的服务创新实测体系，可以参考迪德、赫尔编著的《服务创新：对技术机会和市场需求的组织响应》[③]。

（4）使用者成本与服务多样化成本降低

服务化效率分析适合采用使用者成本作为成本分析的对象。因为服务行为本身就是关于使用而非拥有的行为。测拥有成本与测使用成本的方法是不一样的。测使用成本主要是产权（支配权）不转移条件下的成本分析。这里不考虑专业化的影响，即假定服务的专业化水平既定，只分析服务多样化的成本。

在供给能力一定的条件下，决定服务多样化效率的因素，可以在两个成本层次上分析，一是服务的使用者成本，二是资本服务的使用者成本。我们分别加以介绍。

第一，分析服务的使用者成本。

对以一般人力为基础的服务，常规的成本分析主要涉及人力成本，顶多涉及包括服务设施在内的固定成本[④]。但对服务化来说，要分析的是溢价现象，对应溢价的成本，我们需要假设它是来自一种服务投资。但服务不同于生产，投入的实体资本如何作为服务的成本加以计量呢？方法就是测度实体投入的使用，而非拥有的成本。我们先讨论作为一般方法的使用者成本。

对使用的成本，可以通过两种方法进行观察。一是服务的使用者成本

① 李江帆. 三次产业结构演变与服务经济前沿问题研究 [M]. 北京：人民出版社，2009.

② 刘丹鹭. 服务业生产率与服务发展研究 [M]. 北京：经济科学出版社，2013.

③ 迪德，赫尔. 服务创新：对技术机会和市场需求的组织响应 [M]. 北京：知识产权出版社，2011.

④ 陈宪，等. 中国现代服务经济理论与发展战略研究 [M]. 北京：经济科学出版社，2011.

（user's cost of the service），一是服务租赁价格（rental value of the service）。服务的使用者成本又可细分为两个角度来，一是使用的成本，一是不使用的成本（即机会成本）。阿姆奈特、金斯伯格结合分析消费汽车服务介绍过这些方法[1]。

对服务的使用者成本，在测度上，首先是把服务涉及的投入，如汽车或住房，当作一项资产。分三个部分计量，第一部分是置换使用的机会成本，也就是这些实体投入如果不用于服务，而是改变使用方向，将对应价值用于投资，可以获得的利息。第二部分是当作投资使用的升值，也就是这些实体投入不是当作直接使用，而是当作投资可能出现的升值。例如房产可能出现的自然增值。当然这一部分也可能是负值。第三部分是使用价值的损失，也就是实体投入因老化和磨损而将出现的贬值，如折旧。

当然这种方法的实测结果目前并不理想，原因很可能与服务中竞争的不完全性有关，但至少在理论上是成立的。可以举一反三在代用指标的设计上下功夫。

实际上，服务多样化真正的成本——或者说投入——也许并不是像车与房这样的实产，而是学习的投入。而测学习的成本是相对容易的，这方面的指标多得不胜枚举。道理也讲得通，员工用于学习的时间，"使用"的对象是时间这种资产，这段时间如果挪作他用，也是可以计算机会成本的。

对服务租赁价格进行测度，运用的是租金等值算法来对服务流的成本进行计量。这种计量的理论意义十分明显。租金专指使用的成本。"一项耐用资产的使用者成本等于其租金价值"。按使用收费与按服务收费，其实是一个意思。

需要留意的是，当服务租赁的对象不是像汽车这样的实物，而是非排他性使用的资源（如软件、服务平台代码、开发工具等），且采用云服务模式（如 SaaS）条件下，租金的算法与排他性使用的汽车的租赁不同。平均到每个使用者（增值应用服务者）的租金可能大大下降，但总的租金可能大大上升。

这特别适合高风险高收益的个性化服务。因为使用者分为有收益的使用者（假设占3%）与无收益的使用者（假设占97%），租赁资产（如软件S、

① 格瑞里奇斯. 服务部门产出的测算［M］. 上海：格致出版社，上海人民出版社，2013.

平台 P 和基础设施 I) 只向有收益的使用者收取租金（占其收入的 20% ~ 30%），而不向无收益的使用者收取租金，因此平均到每个使用者的租金不到 0.2% ~0.3%。但少数有收益的使用者创造的收入，由于非排性使用的积累，绝对值可以是一个天文数字。苹果商城模式就是一个实例。

第二，分析资本服务的使用者成本。

如果说，关于服务多样化的边的计量，经由社会网络分析，逐渐接近了对服务化的资本层面（社会资本）的计量。对服务化中的资本使用成本的测度，则为服务化的效能分析打下了直接的数据基础。

在服务业中，资本使用对于服务多样化起什么样的作用？这是一个很难的问题。以往的分析更多把服务业的效率同劳动生产率联系在一起计算，而不是同资本和全要素生产率（TFP）联系在一起分析。"成本病"等一系列长期争论的问题，都是建立在服务业单纯依赖劳动力投入而难以同技术、资本结合这一前提之上。但随着以服务平台为代表的支撑服务业的兴起，技术和资本对高风险领域服务业的密集投入，以及人力资本等无形资本在投入中所占比重的提高，研究资本对服务化的影响就成为必然。

不算复杂知识这类明显超出传统会计报表口径的资产，单论标准的资本本身，在服务化投入计量中也存在诸多新情况。例如，服务化是高收益和高风险的，这两高均来自其多样性，多样性既可能带来额外附加值，作为代价，也可能给资本带来额外附加的风险。在技术创新与制度创新下，形成了风险投资制度与分享经济的创新，对资本的投入产出机制与计量方法都带来新的挑战。

按照产业化的传统观点，资本是以买的方式—资本专用性的方式—发挥作用的。按这种观点，资本对生产的贡献，最佳度量方法是依靠以总存量或净存量为基础的方法来进行，但在服务化中，资本有可能是以租的方式—资本服务的方式—发挥作用的。在服务业中，资本通过支撑服务平台为服务提供服务，这将成为服务多样化的一个重要动力来源。因此，按照面向资本服务—使用而非拥有资本—的方法来分析资本的贡献，也许是更为符合要求的。

伯纳德·查恩·库恩与南野·马尔德在对法国运输业资本存量与生产率关系的分析中，提出了按服务而非存量来进行计量的系统方法。更准确说是把分析重点转向"资本存量提供的服务"。这一方法最初由乔根森和格里利谢斯于 1967 年提出，他们定义资本服务为资本服务量与使用者成本的乘积，以

永续盘存法（Perpetual Inventory Method，PIM）来计算（净）资本存量的服务量。

与资本存量相联系的使用者成本 S_t 被库恩等定义为[①]：

$$S_t = (\frac{1 - u_t z_t - k_t}{1 - u_t})[q_{t-1} r_t + q_t d - (q_t - q_{t-1})] + q_t T_t \qquad (11-1)$$

其中，u_t 表示 t 年的公司税率，z_t 表示一个货币单位投资在 t 年由于税收目的的折旧抵扣的现值，k_t 表示 t 年的投资税收抵免，q_t 表示 t 年的资产价格指数，r_t 表示 t 年资本机会成本，d 表示反映了资产经济寿命的折旧率，T_t 表示 t 年的财产税率。中括号内的第一项是资本成本，第二项是重置成本（折旧），第三项是资本损失或资产增值。

资本服务等于资本服务数量（净资本存量）与资本使用成本的乘积。这里的使用成本也可以简化理解为真实利率加上折旧减去真实资本增值（$q_t - q_{t-1}$）。

第三，分析服务型资本的使用成本。

服务型资本是指人力资本、知识资本、社会资本和网络资本等无法转移支配权，但可以分享使用权的资本。

使用的机会成本，表现为资源利用是否充分。而最充分的利用，就是对固定成本的反复使用。服务型资本往往具有使用上的非排他性，可以分享使用和反复使用而不降低其使用价值（还可能通过扩大使用范围而增进其使用价值，如梅特卡夫法则所示）。

服务多样化的程度，取决于资本，特别是作为固定成本投入的资本的分享程度。高度分享降低了使用者成本——指作为重资产投入的 FC 的成本。

对服务业来说，资本服务是对于服务的服务。为服务提供资本，主要是平台的使用。其回报可以通过资本的使用付费，即租金制度解决。

这时会出现与实体资本使用不同甚至相反的情况，随着使用者的增多，租金补偿一旦超过服务型资本的投入，有可能使得使用成本成为负值。

例如，设基础平台与增值服务共同构成相关市场，服务多样化的均衡价格为 $P = AC$。服务型资本等于平均成本 FC 投入。$FC = AC - MC$。租金来自增值业

---

① 盖雷，加卢. 服务业的生产率、创新与知识：新经济与社会经济方法 [M]. 上海：格致出版社，上海人民出版社，2012：74.

务对 FC 的使用，租金总和一旦达到 $AC - MC$，使用者成本为 0，而 $P > AC$ 时，服务型资本的使用者成本为负。搭便车问题自然消解。我们下面用几何解进一步说明这种情况。

（5）服务化效能分析

与一般计量工作者只关注操作、技巧不关注方向、实质相比，德班特和迪比亚乔非常明确地意识到多样性这个计量问题具有价值论内涵，是与"交易的多样性"内在联系在一起的。他们指出："价值的主要源泉潜在地与我们既有必要也有可能应对的生产过程日益增长的复杂性相关，即要应对增长的限制、递减的收益和负的外部性，必须通过在复杂知识生产的基础上，不断地引入新的解决方案"[①]。

价值论上的优势，使他们在方法上取得了有针对性的突破。他们认为要解决的问题就是"既有效率又有效果"。他们抓住了在我们看来问题的关键。如江小涓指出的："服务提供的'效率'与'效果'往往发生矛盾甚至出现尖锐的冲突"；"服务业的健康发展是'效率'（对于供给方）与'效果'（对于需求方）的均衡"[②]。

在经验中，将效率与效果区分来，一般是指在实践中区分（供给方的）成本与（需求方的）增值。IBM 全球高级副总裁桑福德在谈"生产率的量化"时，把二者形容为分母与分子[③]。节支与增收看上去是一回事，但在特定语义下，它们具有相反的性质。

从产业化的角度看，节支就是增收。其中隐含的前提是，还有别的竞争对手比自己成本更高，如果以相同价格出售，只要比竞争对手成本更低，更低的部分就等同于（不如说"看上去似乎有点像"）增收的效果。这个逻辑虽然在工业化的大多数时期都符合实际，但随着工业化走到尾声阶段，问题也暴露出来。且不说理论上 $P = MC$ 就是零利润的，在实践中也出现了反例。在"节支等于增收"起作用的条件（同质化）边界之外，异质性的完全竞争中出现不等于（同质化）节支的另一种增收，即来自创新造就的差异化带来的增收。而从差异化效用中获得的超额附加值，在服务中越来越稳定地出现。这不同于产业化制

---

① 盖雷，加卢. 服务业的生产率、创新与知识：新经济与社会经济方法［M］. 上海：格致出版社，上海人民出版社，2012：60.

② 江小涓，等. 服务经济——理论演进与产业分析［M］. 北京：人民出版社，2014：54.

③ 桑福德，泰勒. 开放性成长［M］. 北京：东方出版社，2008：149 - 158.

造。用桑福德的大白话说就是："分母不能低于零，而分子却可以无穷大。"①意思是成本可以低至 $AC - MC$（如批零差价）为零，但不能再往下；但由多样化带来的效用增值（表现为价格高于 $P = MC$ 的部分）却可以无穷大②。因为"向客户传递创新性和差异性，这才是客户最关心，最愿意花钱购买的东西"。

她得出的判断是："提高创新和生产率的关键在于迎接多样性和风险性"，这可以解释为什么成长型企业的领导者"同时热衷于'多'和'新'"，效率追求"多"，而效果追求"新"："网络时代的特点就是重视新奇的，对成本、效率和收益率漠不关心"。这话虽然说过头了，但鲜明地突出了网络经济的不同之处。

之所以独立于同质化成本——不排除同质化成本也下降，我们上面讨论过同质化成本下降时对总效率的影响——这种增值现象越来越稳定，是因为均衡条件发生了根本变化——异质均衡与同质均衡本身开始出现在同一个市场之中。服务业由更高价格而导致在三产结构中比重上升，就是这一规律起作用的表象。

在这一背景下，面向效果，在实践中更多是指贴近最终用户，在理论上更多指聚焦于多样化经济。

在指标测评中，面向效率测度与面向效果测度是不同的方法。信息化中也有面向实效的信息化的呼声。但效果或实效指什么，由于没有精准定义，因此是根据指标设计者的个人理解而经验性地确定的。最常见的是把赚到钱当作实效。这样的计量，局限性很大。

我们提出面向效果进行信息化测评，实际是在针对面向效率测评的不足。张瑞敏曾把这个问题更直截了当地归结为中国企业效率高而效能低。因此，这里的效果，实际指的就是效能。在前面章节中，我们从技术经济学计量角度提出了一个人们在经验和直觉上难以辨识，只有从数学上才能辨析出来的问题。当效能发生变化时，效率可能是不变的。因此仅仅提面向效率，在方法论上就解决不了更深层次的面向效果的测度问题，更不用说从实测上解决了。这里的效果是指独立于效率的另一组变量（对应张瑞敏所称"打飞靶"中的飞靶），在这里，就是多样性量值的变化。

---

① 桑福德，泰勒. 开放性成长［M］. 北京：东方出版社，2008：150.
② 当然严格说是不能无穷大的，它的三维均衡上限是 AC。

为了说明其中的机理，让我们再一次回到基础理论，进一步分析服务使用权的变化，从实证角度明确服务化中特定含义的"增收"（或所谓"效果"）的价值来源。

存在三种效用曲线，U_o代表所有者效用曲线，U_r代表租赁者效用曲线，分 U_{r1} 和 U_{r2}。前者为产品排他使用（技术上不可复制）时的租赁者效用曲线，后者为产品非排他使用（技术上可复制）时的租赁者效用曲线。$Q(q, n)$ 为数量（含产品数量和品种数量），P_u代表以价格表示的效用，P_r代表租金。Q_n表示具体的规模 q 或范围 n。

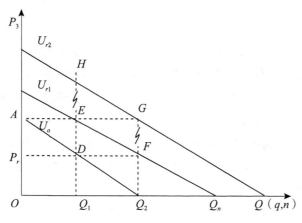

图 11 - 1　使用权让渡和效用增加

图 11 - 1 是黄少军原图的扩展①。财富所有者拥有（ownership）Q_2数量的财富，整体效用是 OAQ_2；如果他将 $Q_2 - Q_1$ 数量租赁给别人，他只享受（使用，access）Q_1数量的财富，因此他的效用为 $OADQ_1$，加上他的租金收入 OP_rDQ_1，相比于自用，他的效用增加为 DFQ_2。租赁者获得财富的使用权后可从中得到（获得、直接占用，使用）的效用为 Q_1EFQ_2，减去付出的租金 Q_1DFQ_2，净效用增加为 DEF。社会福利净值为 $DEFQ_2$，正好等于租金收入。到此为止，我们的分析与黄少军都是一致的。我们认为，对同一物质财富来说，买（ownership，自用）与租（access，租用）的当期收益是相等的。用黄少军的语言表述，"由使用权转让所形成的服务收入的增加反映的是效用的增加而不是实际

---

① 黄少军. 服务业与经济增长 [M]. 北京：经济科学出版社，2000：95. 原图没有 U_{r2}，即，没有考虑非排他使用的情况。

物质财富的增长"[①]。

但接下来的分析就不同了。黄少军进行的只是效率分析，而我们要进展到效能分析。首先，黄少军定义的 Q 是指物质财富（如住房）。我们取消这个设定，把它推广到所有财富，以将数据、信息和知识财富包括进来。它们之间存在（技术上而非制度上）排他使用与非排他使用的性质区别。其次，在非排他使用——即使用对象可零技术成本复制分享——时，一种新的效用曲线——U_2——出现了。图中的折断线表示，它是可以无限延长的。

在这种情况下，租出他用的收益不再等于买来自用的收益，而是 N 倍于自用的收益。分享"使用"而带来的租金收入可以远大于"拥有"的收入。举例来说，一人拥有实体房屋，有自住与租出两种选择，租出可获得 2000 元租金，但自己将无处可住，还需要花 2000 元到别处租房住。可见，拥有与租赁的当期收益是相等的。但如果是虚拟房屋（如阿里巴巴的店铺），拥有与使用的收益就完全不对称了。只拥有不租赁，自己享受使用权，则只可得到一份相当租赁的收入 Q_1DFQ_2（假设市场完全竞争）；但如果把虚拟房屋租赁给 N 个网商，就可能从网商处得到 N 份租金（N 乘以 Q_1DFQ_2）。变化在于，我们可以把 $DEGF$ 理解为可无限延伸部分（将折断线移到 ED 中间，与 GF 同步延伸），实体外租的租金相当于平移到 HEG（HE 固定长度）。$DEGF$ 代表 N 份的 Q_1DFQ_2，相当于通过复制产生租金的机会，而倍增租金。这是李嘉图做梦也不会想到的事情。土地不可以复制，但信息是可以复制的。所以从土地中收取租金，与从信息中收取租金是不同的。从信息中收取租金，对应服务化中的增值服务（如平台根据使用权，向 App 服务收取租金，一般占 App 总收益的 20%～30%）。

注意，在 $DEGF$"复制"、倍增 Q_1DFQ_2 的过程中，如果存在固定成本 FC（如平台），那么 FC 一般是不随 GF 的延长而增加的，但平均成本 AC 却在不断下降。这就是在纳斯达克市场上资本人希望看到的情况，业务无限扩张，而固定成本 FC 却相对不变，报酬递增的效果就会出现。

U_2 外移时，效率可能并没有改变，但如果存在固定成本，则效能会完全改变。随着 U_2 外移，Q_n 的值不断加大，不是存在规模经济（当 Q 代表 q 时），

① 黄少军. 服务业与经济增长［M］. 北京：经济科学出版社，2000：95.

就是存在范围经济（当 Q 代表 n 时）。这是中国互联网在业态上领先于欧洲互联网的关键所在。

熟悉产业经济学就可以知道，这里的固定成本，可以指代一切构成进入门槛的条件。这种条件的作用与新古典主义完全竞争的作用正好相反，是使同质化成为不可能，而使差异化得以保持的条件。我们在此最关心的是构成潜在效能指标和可以成为效能分析数据的那些指标，从服务创新，到分享平台，再到组织学习，等等。

转回服务化效能的改进机理，我们可以看出，"所有权结构对服务有决定性的影响"[1]。服务化不仅存在因小而美（服务化有效率），而且存在越小越美（服务化有效能）。关键在于，$EDGF$ 随 N 值的提高而不断倍增，前提是对固定成本的使用权分享。这时的所有权结构发生了变化。

首先是技术特性决定了所有权的生产力基础。云计算造成云与端的分离，为固定成本与可变成本的分离创造了技术条件。云计算内生为商业上的云服务，为固定成本与可变成本采用不同收费方法获得补偿创造了商业条件。最后，分享经济将云服务内生为新的所有权结构。

在这种称为分享经济的新所有权结构中，产品拥有与服务使用形成了分离互补。用 SaaS（云计算中的软件即服务）来验算，它的特点是：产品（软件）不收费，而按服务（使用）收费。在服务化的深化阶段，这种模式进一步演变为承载固定成本的平台不收费，而使用平台的高度差异化的增值应用（App，越小越美的主体）收费。而平台按固定成本的使用效率（多样化效率），向 App 服务收取租金（$DEGF$）。这种租金——不同于实体租金在于可以通过无穷复制 Q_1DFQ_2 而倍增——足以补偿作为准公共品的平台被"搭便车"（免费使用）的损失而有余。FC 的自然垄断，通过 App 在 $AC-MC$ 区间的异质完全竞争，实现了 FC 的报酬递增与平均成本递减，从而实现了异质范围经济。因小而美由此转化为越小越美。从上述分析中可以看出，"小"获得的收益来自于效用上的多样性，而可以独立于规模。因为 Q_n 中 q 与 n 是或的关系，不是并的关系。当 n 值加大时，即使 q 值不变，不影响异质范围经济的出现。例如，在 3D 打印和情境定价条件下，一物一价是可以实现三维均衡的。

---

① 黄少军. 服务业与经济增长 [M]. 北京：经济科学出版社，2000：100.

（6）复杂系数：实例混合复杂性（CMC）

除了像上述方法所介绍的，将服务化效率分解到它的构成因素进行测度外，有没有可能对服务化效率进行总体上的综合测度呢？

我们回到 7.4 "服务化效果的机理"中提出的基本问题，用服务业计量这一个案，来深化对服务化效率问题的讨论。

前面曾指出，服务化的问题，本质上不是效率问题而是效果问题（产业化的问题才是效率问题）。这一命题有多方面的含义，这里首先展开其中一个含义："随着经济复杂程度不断提高，生产率概念渐行渐远"[①]。这是盖雷研究"生产率概念在服务业中的误用"时，得出的一个结论性的意见。基本否定了传统生产率计量方法对复杂性现象分析的适用性。

做出这一判断是基于这样一个悖论性的事实：服务业是差异化的，而生产率分析的对象是标准化的，二者存在天然矛盾。生产率适合测度标准化生产，但服务业"一般的趋势则正相反：趋于多样化，非标准化、多样服务、供需双方的个性化与定制化，互动的需求也在不断提高"。因此要"放弃标准化产品（或服务）这一在处理上更完善更方便的旧概念和旧方法，而要去把握定制化和专业化服务的多样性"[②]。

在更抽象的层面上——也就是更接近基础理论的地方——我们曾把这个问题概括为 $Y_{信} = BH$。即信息国民收入等于信息价值量与信息流通速度之积。$QP = BH$，商品价值量与商品流通速度之积等于信息价值量与信息流通速度之积。当 $H = 1$ 时，即信息流通速度不变时（相当于 $N = 1$，即同质性假定），$B = QP$。信息价值量存量就等于商品价值量与商品流通速度之积这个原有流量。传统生产率分析仅仅是针对 QP 的，它假设复杂性不存在。H 在这里成为一个传统分析没有的新的内生变量。它实质就是复杂度。出现的新情况是，如果复杂度发生变化（如 N 大于 1，或 H 可变），原有的存量分析（$B = QP$）离实际就会"渐行渐远"。

为了在服务业的效果分析——实质上是异质效率分析或多样化效率分析——中解决这个问题，盖雷与我们的想法一样，都是在原有存量（盖雷设为实例数量 q）基础上，加一个表示复杂度的系数（"合适的加权系

[①]　盖雷，加卢. 服务业的生产率、创新与知识：新经济与社会经济方法［M］. 上海：格致出版社，上海人民出版社，2012：53.

[②]　同上，第51页。

数"，盖雷设为实例混合复杂程度 c），形成新的流量（盖雷设为服务产出指数 o）。

$$o = qc \qquad (11 - 2)$$

盖雷认为，"度量产出要考虑与交易商品相关的服务，而不仅仅是交易的商品数量本身"。相当于度量 $Y_{信}$ 应考虑 H（在此指 c），而不仅仅是 QP（在此指 q）。为此，"可能需要乘上一个复杂系数"（相当于 H 的 c）[①]。

这种方法，盖雷称之为"实例混合法"（Case Mix Approach，或译个例加权法）。实例（case）是指非标准化的研究对象，即服务。与之对照的是标准化的研究对象，即产品。两者"存在本质性差异"，他将服务与产品区分开，视为过程和转化（transformation）。针对其多样化的质的差异，对这种差异度进行抽象，这个抽象过程就是混合（mix），结果是形成可比较的复杂性的程度（复杂性权重 c）。

此外，盖雷还用服务密集度 i 表示质量，加入服务产出指数：

$$o = qci \qquad (11 - 3)$$

在我们看来，复杂度与密集度可以表达为同一个指数 $ci = H$。

因此，$o = qci$ 这个公式可以作为 $Y_{信} = BH$ 在服务业的具体应用。H 相当于 ci 合成的指数。

盖雷以医疗为例，每一个实例（case）都有质的不同，"必须先根据医务治疗的复杂性对病人进行分类，尔后据此进行加权"。这与滴滴打车采用"滴米"为货币化任务加权的思路异曲同工。运用实例混合复杂指数后，"更加看重结果（医疗效果）而不是每次住院和治疗中服务的运作效率"[②]。它抽象出的是质的差异化程度本身，并内生了情境。

值得注意的是，盖雷称实例复杂度为"服务产出的剩余部分"，我们理解，就是 $P = AC$ 高于 $P = MC$ 的部分。而当人们把服务当作产品时，具体就是指服务定价中的 $P = MC$ 这一部分（它是服务产业化效率的计量对象）。

如果格外重视质量——这里的服务密集度——的特殊影响的话，可以采用享乐回归技术（Hedonic Regression）来测算质量变化。

---

① 盖雷，加卢. 服务业的生产率、创新与知识：新经济与社会经济方法［M］. 上海：格致出版社，上海人民出版社，2012：45.

② 同上，第 51 页到 53 页。

设一项服务的价格 P 是该服务每个特性 X_i 的价格 b_i 的函数：

$$P = b_o + \sum_{i=1}^{K} b_i X_i + e_i \qquad (11-4)$$

可以研究质量特性 X_i 变化 1 个单位所引起的价格的百分率变化[①]。

11.2.5 信息技术与服务化效率改进

(1) 服务化绩效的结构化解析

雷小清在研究服务业的新技术–经济范式[②]时，曾定义技术–经济范式为"一定社会发展阶段的主导技术结构以及由此决定的经济生产的范围、规模和水平"。服务业信息化中的产业化与服务化是新技术–经济范式的两种不同产业表现形式。

这种新技术–经济范式表现在图 11-2 第一层结构中，就是产业化与服务化两个方面，一是由专业化技术（复杂性技术范式的信息技术中发挥同质性技术作用的一面）与产业化经济的结合，形成产业化效果，这是上节的研究对象；另一是由多样化技术（复杂性技术范式的信息技术中发挥异质性技术作用和的一面）与服务化经济的结合，这是本节研究对象。

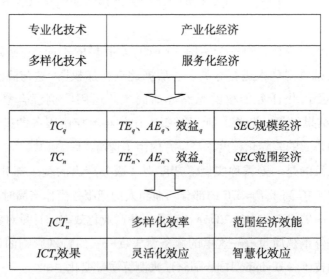

图 11-2 服务业信息化中服务化绩效指标结构

---

① 格瑞里奇斯. 服务部门产出的测算 [M]. 上海：格致出版社，上海人民出版社，2013：113.
② 雷小清. 服务业信息化研究 [M]. 北京：经济科学出版社，2014：68.

在第二层结构，也就是与全要素生产率公式对应的结构中，服务化指标对应基于复杂性量值（品种 n）的 TC、TE、AE、效益（CE、RE）和 SEC 五组指标。这五组指标不是按照信息化要素来分类的，而是依照生产率的解析结构来划分的。其中 SEC 中的 S，在这里是指 Scope。

第三层结构显示了信息化指标对应的经济效果，其中 TE、AE 和效益指标对应的是信息技术对经济带来的多样化效率，它产生的是灵活化效应；SEC 指标对应的是信息技术对经济带来的多样化效能，即范围经济效能，它产生的是智慧化效应。

对服务业的（现代）服务化来说，智慧化效应不光是客体成本效应，最终体现在企业主体上，要使企业主体成为智慧化企业。因此，还要包括与范围经济效能对应的企业智商的测评。

（2）服务化的信息技术就绪（TC_n）

服务业中服务化的信息技术就绪指标，包括信息技术和信息基础设施指标，除了与此前的服务业产业化的就绪，包括一产、二产的就绪相通，因此可以直接拿过来用的指标以外（基础技术中，有一些对服务化特别重要，如远程和路由访问 RRAS、路由技术如 OSPF、IGP、EGP、WEB 技术、ebXML 等），我们想开放性地讨论一下它非通用的、不同的方面，即适合服务化特性的技术条件。

第一大类，适用技术。

适用技术在这里特指服务适用信息技术。服务业应用信息技术有一个特殊之处，往往不是技术越先进越采纳，而是技术越适合服务越采纳。如夏长杰指出的："企业选择技术并不是看重技术本身，而是看中技术创新对企业竞争优势和竞争力的作用。"[①]适用，也是复杂性范式本身的一种具体体现。强调情境、场合对一般技术带来的灵活化要求。

根据 Bets 1998 年的分类，以及夏长杰对现代服务业关键技术发展趋势的整理，可以将现代服务业的适用技术分为五类，分别从适用角度设计服务化的技术就绪指标，并用于不同服务用途的测度。

第一类，测度服务产品信息技术。即测度有助于改善服务或服务销售、改善服务提供方式的信息技术。比如提供精细服务，是企业看重的一个因素。

---

① 夏长杰. 高新技术与现代服务业融合发展研究［M］. 北京：经济管理出版社，2008：98.

适合精细服务的信息技术往往成为服务适用技术。

虚拟现实（VR）是所有这一类技术中的代表。VR 的本质在于，第一，是对真实的使用（access，介入、参与、沉浸、接触、进入）；第二，不是对于真实的拥有（ownership）。一个综合性的事物总包含三重存在，实体的存在（具体的存在，如食品）、价值的存在（抽象而普遍的存在，如货币）与意义的存在（既普遍又具体的存在，如快乐体验）。VR 的独特性在于，可以通过符号的形式，将意义的存在，从其实体的、价值的存在中剥离、独立出来。例如，娱乐业需要使人们产生依赖与迷恋的多媒体技术、VR 技术；软件业需要移动电脑的人性化界面设计技术；医疗业需要轻便自助式电子设备，需要精细判断病人身心功能的技术。

第二类，测度服务生产信息技术。即测度有助于将数据、信息、知识转化为最终服务产品过程中所应用的信息技术。

例如，金融业需要具有安全功能、秘书功能以及电子钱包付费功能的技术，需要用于账户身份识别的技术；休闲业需要能够实现自动租赁服务的技术。

第三类，测度输送技术。即测度有助于产品（包括无形的数据、信息和知识）的取得、储存、传递给客户所需要的技术。比如，服务作业时间是企业选择技术时的主要应用考虑，因此有利于快速传递的信息技术应适于被采纳。

例如，物流业需要零存货配送系统、弹性化生产的信息技术，需要电子交易柜台、数据库营销等技术；多媒体业需要网络下载取代书本及杂志的技术。

第四类，测度沟通技术。即测度利用计算机网络构建企业内部、外部沟通渠道，加速信息传播、决策制定的信息技术。

例如，多媒体业需要电子报及电子博物馆技术；经营管理业需要管理决策支持系统，需要商业情报系统相关技术；教育行业需要利用网络教学，有效利用课件等知识资源的技术，等等。

第五类，测度管理技术。指测度有助于规划、反馈、评估运营活动的信息技术。

例如，多媒体业需要灾害侦测、防盗、安全系统方面的技术；经营管理业需要虚拟网络运营系统，等等。

这里指标中指涉的信息技术可能是同样的，但不同在于，采集数据是从应用、使用的角度来对技术进行分类的。为的是更有针对性地与服务化业务对应。

第二大类，面向灵活性的服务架构。

一直到这里，才重点展开面向服务的架构，是因为它虽然在一般产业化、农业服务化、制造业服务化，直至服务业产业化中都有运用，但论起面向灵活性，最合适不过的是服务业的（现代）服务化，因为它是在差异化行业以差异化方式做事，对灵活性要求最高。我们说的面向服务的架构是广义的，它代表一切现在和未来的面向灵活性的服务架构，SOA 只是技术发展到现阶段的一种具体形式。广义 SOA 的实质，是在系统级解决灵活化效应问题。也就是说，不是在招数层面个别地实现灵活性，而是在道的层面系统地实现灵活性。

第一类，SOA 指标。SOA 即面向服务的架构，如果用一个词概括它的特质，这就是灵活化。

正如 IBM 副总裁卡特所说："对所有引领企业向灵活应对发展的领导人而言，SOA 是一个关键因素，是具有灵活性的 IT 使能器和核心灵魂。"[①]

SOA 在技术上强调以接口形式，按照组件化、松耦合、可复用的方式，系统灵活地进行服务的配置。SOA 成功的要点不在技术本身，而在于业务。但它在技术方面也是很重要的。SOA 所涉及的技术和技术架构，可以从以下方面设计测度[②]：

一是测度语义网就绪，如 XML 与 WEB 服务的就绪状况。这是一个比较高的标准，并非所有互联网服务都符合这个条件（典型如许多 IP 服务）。WEB 服务可以直解为复杂性服务。WEB 的所指为复杂性网络。它是一种支持端到端互操作，且形成错综复杂关系的开放标准网络。WEB 服务的技术基础是 XML（Extensible Markup Language），这种语言通过支持对象元数据、服务器 API 而支持语义与商务服务。由此形成 WEB 服务中的一些典型特色，如网络应用编程接口（API）。这使得情境化的语义发掘，从不可能变为可能。使服务从面向（具体）功能、面向价值（普遍性），深化为面向意义，实现（标准化）服务向（个性化）体验的飞跃。

---

① CARTER S. SOA & WEB2.0——新商业语言［M］. 北京：清华大学出版社，2007：37.

② 顾春红，于钦. 面向服务的企业应用架构——SOA 架构特色与全息视角［M］. 北京：电子工业出版社，2013.

二是测度面向服务的模型框架（SOMF）。由于要系统地、而不是零敲碎打地解决灵活化问题，框架变得十分重要。框架在此是指跨部门、跨项目的应用，使服务变得可复用的设计构件，它为构件（组件）复用提供了上下文关系。面向服务的模型框架（SOMF，Service – oriented Modeling Framework），涉及以下技术结构，包括背后所指向的能力（亦即将来人们改变了 SOMF 后仍要面对解决的问题）：

——门户框架，包括门户生命周期管理，动态界面应用接口等。

——网页应用插件框架，包括应用生命周期管理，灵活界面交互接口等。

——应用插件框架，支持标准/定制技术框架。

——应用基础框架，包括应用配置、应用框架接口等。

——流程管理框架，包括人工任务配置、动态通用流程。

——开发框架，包括代码自动生成，封装，软件定义的系统等。

——产品框架，包括流程引擎、规则引擎、信息平台、消息流平台，等等。

与人工服务的个性化、定制不同，服务要想产生智能灵活化效应，就需要发挥技术在其中的作用。服务业成本病就是因为没有技术同人的服务产生化学反应而产生的。SOMF 不是技术本身，而是在背后支撑灵活化的系统。它是面向复杂性结构的。标准经济学不能内生复杂性的一个重要原因，在于它所面对的现实，缺乏"技术 – 经济"范式意义上的结构复杂性。在信息化与网络经济的技术经济分析中，需要特别留意商务本体分析中新引入的结构性因素（n 值只是其计量表象）的技术对应物。SOMF 最大的技术性的意义在于使复杂性落地化为可由服务者把握的结构性因素。

三是测度企业服务总线（ESB）的就绪。企业服务总线是 SOA 的神经中枢，相当于服务的路由机制。ESB 将复杂性从结构转化为行为。通过它，可以实现服务间的消息路由、协议转换、格式转换等复杂性网络（如小世界网络）功能。包括以下方面：

——连接有价值的资产。

——为服务交互端到端的可见性提供服务监控功能。

——传输远程文件、确保连接服务质量等。

ESB 的职能，不同于分工专业化的分立职能，它的职能本身就是流程，是关于流程的职能，也就是协调分立职能的职能。这是结构起作用的特殊方式。结构以"波"的方式进行"粒"之间的连接，"波"就成为结构的职能。

四是测度面向服务架构的 BPM 的就绪。业务流程管理（BPM）是从 ESB 切入到服务业务的集成机制，它是面向业务流的、使业务流程变得灵活化的机制。面向服务的 BPM，对提高服务化效能具有重要价值。

五是测度服务组件架构（SCA）就绪。SCA 提供开放的、技术中立的模型，用于执行按业务功能定义的 IT 服务。

六是测度服务数据对象（SDO）就绪。SDO 是对 SCA 的补充，提供共同的数据规范，将紧耦合的数据，按标准拆解为松耦合的数据，使 API 机制更好发挥作用。

七是测度服务仓库就绪，包括服务注册中心的就绪。这是关于服务复用的机制。如果把服务比喻成书的话，服务仓库就好比图书馆，注册中心好比图书馆的检索卡片库，可以指出所需复用的服务所在的位置，以便灵活调用。

SOA 本身是技术机制，应归在技术类。但它与一般技术不同，是面向服务的。只有通过业务才能发挥作用。它牵一发而动全身，存在安全上的挑战，因为 SOA 也会带来负面作用，因此在就绪测评时，需要测、评分开，评价需要结合业务测评进行。

第二类，基于人工智能技术的知识管理等知识基础设施。将知识管理从管理中摘出放入基础设施类别是因为，知识管理系统具有企业基础设施的公共服务系统功能，可以将员工个人知识转化为企业共同知识，促进个人知识之间的充分交流与共享，并从中涌现出新的知识。

可以测度大数据基础设施，包括 DaaS、AaaS 的条件。也可以测度服务创新的环境等。

第三类，商业基础设施。信息化服务基础设施是指具有复杂性结构的支撑服务平台。它是作为商业生态系统的商业基础设施。

把电子商务看作基础设施是阿里巴巴所首倡。"在淘宝网，消费者感受到是由互联网、云计算、电子商务服务平台、网上支付、物流快递这一整套体系所搭建起来的新的商业基础设施。"梁春晓认为，"当我们把电子商务当成基础设施的时候，这个基础设施上承载的经济活动的种类和规模会越来越大。"作为基础设施的电子商务，实际是指支撑服务业。

例如，七匹狼由于实行客服中心、电商以及实体商店的统一，顾客的接触点包括目录、电话、网页、邮件、POS 机及手机，需要将各种管理集成在统一的平台上，因此要求把 IT 架构当作基础设施来建设。

对以电子商务支撑服务平台为代表的服务基础设施进行测评时应注意到，这种基础设施既有技术的属性，又有经济的属性，它可以促进资源的共享，它本身也正在构成可分享的固定成本。

第三大类，软技术。

如果说适用技术适应的是用途（技术是普适的，而情境是权宜的），软技术的灵活性则体现在技术本身（技术本身就是异质的、非标准的，而无论情境是怎么样的）。

软技术在这里指软信息技术，即非自然科学、非实证科学类的技术，例如与人文具有内在联系的技术性手段。它与技术的联系，在于它们都是实现人类目的的手段。软在这里的意思，与湿的喻义一样，隐喻的是人文，是非程序化的技术。

什么是信息技术，甚至什么是技术，看上去似乎很简单，深究可能产生不同认识，值得稍微展开一下进行讨论。有一种说法，认为语言是人类历史产生以来最成功的信息技术。由此引申，例如技艺算不算技术，艺术算不算技术，人工智能中的智慧本身算不算技术，等等。实质在于是否可以从科学与人文两个角度来认定人类的工具体系。这个问题之所以有意义在于智慧本身有可能是二者的合体。

这个问题有现实意义，例如如何理解创新，要不要把创意（人文创新）与服务创新纳入信息化问题的考量范围？对信息化测评来说，这个问题更加现实。中国互联网的许多创新，都不属于传统的技术创新的范围，但又是典型的信息化现象。苹果模式是科学与艺术的结合，如果不计量人文方面因素的贡献，超额附加值的主要部分可能被排斥。

如果仅仅从技术经济学角度看，只要是具有投入产出特征，都可以归入生产率问题的研究范围；凡是可以归入余值的，都可以视为"技术"。而对于信息化测评来说，既然无形的默会知识、隐性知识，甚至波兰尼所说的"欢会神契"这样的情感因素，以及社会资本、文化因素、知本等都可以纳入投入，为什么不能扩大范围，把更多的人文因素——只要它对于异质性、个性化、定制等高附加值产出（$AC - MC$ 的部分）具有关键的贡献——都纳入效率与效能计量研究呢？尤其我们将复杂性范式内生进入经济学，已经为这种扩展提供了认识上的前提。

举一个最极端的例子，具有上千年发展历史的文学艺术理论，无非是在研究大数据发展到最高阶段所要解决的同样问题，如何将操控人的潜意识和情感行为转化为某种用途——如喜剧研究如何让人笑，悲剧研究如何让人哭。只不过这种"科学技术"没有与经济相结合，成为技术经济分析——例如，如何让人因对快乐成瘾而心甘情愿地掏钱。

信息化中动漫、游戏等体验产业的成功，包括一些商品的文化附加值的提高，与其说是技术在起主要作用，不如说是关于内容和意义的"技术"——关于人性解析的技艺——在起主要作用。如果仅仅测度纯技术的就绪，往往不得要领。事实上，人工智能本身如果要达到智慧化的高度，最终恐怕必须与人文、生命这些方面达成融合。

基于这些非常实际的考虑，我们突破常规，提出一些异类的就绪指标，希望启发人们向另一个方向开阔思路。

第一类，性智技术指标。"性智"是钱学森复杂性理论中的一个概念，它是相对"量智"（科学技术）而言的。原意是，认为自然科学本质上处理的是同质的对象，重在数量的变化；而社会科学本质上处理的是异质的对象，重在性质的变化。钱学森认为智慧是量智与性智的结合。文艺创作、文艺理论、美学以及各种文艺实践活动，主要表现为"性智"。从某种意义上可以认为，性智正好是智慧与智能之差，即机器人工智能在趋向人类智慧彼岸时无限接近又永远达不到的部分[①]。对于主要影响情感、体验的技术（ART），可以从以下方向观察：

一是观测各种实现个性化满意的"技术"。人类对于性智中的"技术"研究长达上千年，其中包括大量关于如何使人满意的方法，对于提高服务化的满意度，许多比自然科学技术更为有效。举例来说，大数据至今无法解析出如何让人因高兴而满意，但几百年前的喜剧理论已将笑分解为几十种，找到其中规律，可以指导人们如何让顾客（观众）因高兴而满意。

可以从满意度测评入手，探索发现达成满意的各种手段的"技术"，不排除人文"技术"。举例来说，苹果手机中的情感因素，往往体现在对技术性细节的把握中，需要从体验经济的角度发掘有效的工具箱。

---

① 巴拉巴西院士认为，大数据最终可以预测人类行为的93%，但有7%（自由意志）永远不可能达到。

二是观测各种有助于实现高情感社交行为的技术。"性智"与人际情感行为有关。对于社会网络（如 SNS）的行为调适具有较强的可操作性（例如 FACEBOOK 借鉴礼品经济建立强关系复杂性社交网络）。

信息化测评如何设计这类指标，现在还没有成熟经验，需要在实践中摸索。我们的建议是沿着复杂性科学的方法（如图论）和互联网的基本技术（如路由器）原理，对社会网络进行解析，以发现规律（如幂律现象、无标度现象、网络洞现象等）。

第二类，技艺指标。技艺就是范德普勒格所称匠人工艺（craftmanship），可以归类为一种个性化、本地化的知识，是异质性的资本。在工业化条件下由于强调标准化，技艺并不受重视。但在信息化条件下，特别是在服务化条件下，强调接触顾客的一线员工的差异化服务对于增值的重要性，因此在高度协同的复杂性网络中，技艺的重要性被重新发现。

技艺指标的实质是测度技术的生态多样性。一个组织的技术生态多样性越丰富，它的多样化效率就会越高，也就是说它增值的技术可能性越高。例如，杨明洁发起"新手工艺"的项目，对数十种传统手工艺进行实地考察、采集，与匠人沟通发掘手工艺的内涵，从中选择有代表性的，进行创新设计。其中包括缂丝、刺绣、竹编篾帽、藤编、固东荥阳纸伞、乌铜走银、慢轮制陶、贝叶经制作等传统工艺。这使得设计获得较丰富的文化内涵。又如，"东家"是一个手艺人、工匠手艺交流分享社区，签约匠人 1000 人，注册用户 10 万多。其电子商务定位于：以匠心出发，从非标品辐射标品，从手工品走向半手工品的文化服务。前景被业界看好，2015 年 5 月获得 500 万元人民币天使轮融资，投资方为阿里巴巴十八罗汉之一吴泳铭、原高管许吉等。

对于技艺可以重点观察以下两个方面：

一是测度高附加值、高品质设计占设计总附加值或企业增加值的比重。特别关注在数字化设计中人文背景的设计师（如设计专业、文科专业）占设计师总数的比重。"创研通过一年多来的深入研究，认为中国现代设计行业可以从广泛意义上说是'匠人'行业"；"无论从工作的方式还是工作的形式来看，设计师都应该称之为'手艺人'"[1]。

二是测度创客占员工的比重。创客指出于兴趣与爱好，努力把各种创意

---

① 姜奇平，张子建，米士杰. 设计信仰：职业的力量 [M]. 北京：商务印书馆，2012：164－165.

转变为现实的人。创客既包括硬件 DIY，如 3D 打印机、基于电路板的新硬件再创造等，又包括软件开发者、艺术家、设计师等诸多领域的能工巧匠。在企业内部，他们是富于自主创造精神和创新能力的员工，可以创造性地解决客户的问题，一对一地为顾客提供个性化服务。但创客不同于小农工匠，他们依托企业、商业生态所分享的数字化平台、软件工具，作为创意实现的手段，可以通过互联网众包方式聚焦网络智慧，以远高于小农的效率和效能，帮助他人，实现自我。

要注意，测度企业内的创客，需要结合分配制度，看企业是否能为这样的富于创造性的员工分享剩余。例如海尔为员工划分了五级报酬，可以根据员工有效的具体创造行为即时分享剩余，支付高于股东的报酬。

第三类，智慧型文化。钱学森提出"大成智慧"，认为它是机器与人结合的产物。它既是技术，又是文化。

智慧的服务化要求有相应的文化背景作为支持。信息化测评将文化作为一种基础设施来看待。这是由于，服务化高度依赖于服务者的智慧，知识可以通过学习获得，智慧却难以通过培训提高。文化的作用在于让人潜移默化，无师自通。这对于人来说，具有固定投入的特征。企业文化的智慧含量越多，它潜移默化在员工行为中的机会越大，文化作为固定投入被均摊的可能越大。

尽管信息技术对服务业也像其他行业一样，会提高服务化的多样性效率与效能，但许多研究都表明，由于服务业的特殊性，非技术性的因素、文化的因素，对服务业的灵活化、智慧化，同样产生重要影响。这种影响比其他行业更为突出和明显，我们认为这也是信息化就绪的一部分。

总的来说，对服务业来说，服务化的就绪指标，除了常规的技术指标外，需要有文化方面的指标作为补充。智慧通向意义，有目的的内容从主体方面，加强着智慧化。

(3) 服务化的信息技术效率变化 （TEC_n）

这里是 D－S 模型，包括整个现有新经济增长理论，更不用说新古典主义经济学的观察盲区。如果严格定义范围经济，它甚至是整个经济学的死角[①]。但却是实践最活跃的区域。

---

① 因为就算范围经济的解释覆盖了多样化效能，由于严格定义范围经济，可能出现效率不变的情况，则多样化效率这个问题域本身就奇怪地隐身了。也就是说，有多样化效能，但没有多样化效率。政策后果是把本来可以由市场解决的问题，推给了政府干预（补贴 FC）。

按照传统理论的逻辑，多样化本身就是技术无效率的，因为只有以标准化去掉多样性，才谈得上效率。因此提高多样化技术效率问题本身，会被人们视为一种语义矛盾。但信息技术的实践中出现越来越多的反例——从灵捷制造到 SOA——不断证伪这一点。信息化与网络经济理论终于从范式变革高度，提出多样化效率问题，而把原来作为通则的效率归结为与之相对的专业化效率这一特例。由此，信息化测评得到了一个关键的理论上的解放，第一次将索洛悖论不肯纳入计量的现象——多样化效率——纳入理论与方法论研究的视野。在这一背景下，产生了分析多样化效率中的技术效率的必要性。我们结合服务业的实践，来介绍服务化的技术效率测评。

我们首先需要从 SOA 的定义，深入反思多样化技术效率的本质。根据维基的定义，SOA 是沟通一个或多个能力实体的一种机制，而这种沟通是由指定的接口提供，并且完全符合服务规约所制定的约束策略。这个定义从中文看平淡无奇，只不过在说明一个普通常识。

但其英文，足以使人大吃一惊。原文是：A mechanism to enable access to one or more capabilities, where the access is provided using a prescribed interface and is exercised consistent with constraints and policies as specified by the service description.

原来，这个定义的原文，把我们精准地引向了对服务本源的思考。第一，面向服务的机制，实际是一个使用权（access）的机制。这里的 access，并不是沟通的意思（虽然在 access 的数十种字典义中，确有沟通这一含义）。Access 实际是针对 ownership 而言的，是说服务并不是拥有资源，而是使用资源。因此服务机制不是一个拥有资源的机制，而是一个使用资源的机制。第二，使用（access）的对象对服务来说是能力。服务并不是要使用"物"（实体），而是要"使用"人。因此服务机制应通过人的行为发挥作用。所谓面向服务，是指面向利用人的服务能力。第三，能力是一个集合，即能力的集合（capabilities）。使用（access）这一复数的对象，要通过接口（interface，又译为界面）机制起作用，以便适应各种不同的能力，同时又符合一定的元规约（例如 XML）。对应的是 API。

由此我们可以看清灵活化服务的本质与效率要求。基于 XML 的 WEB 服务，本质上把原有的以服务者为中心的服务，倒置为以被服务者为中心的服务。服务之所以需要灵活性，在于使用（access）的真谛在于面向消费者复杂性开放，这种复杂性在决定着服务向哪里释放能力。灵活性不是目的，是满足复杂性需求这一目的，在要求供给方具有灵活性。如果没有被服务群体需求上的复杂性，就只需要标准服务，而根本不需要个性化，也不需要灵活性。

在技术上，SOA中的服务并不指向细节（拥有的实体）而是指向引用（对细节的使用）。XML作为一种服务描述（the service description），关注的不是服务的具体内容，而是被服务群体需求的本质，即消费者复杂性本身。

1）多样化技术效率（TE_n）。

在技术效率层面，我们把上述意思概括为面向语义的效率取向。面向语义在技术上，就是面向语义网（WEB）。面向语义是面向服务的真实意思所在，实质是面向意义（而不是面向功能和价值）。语义就是需求，在此实际是个性化需求。可以说，多样化效率的本质就是面向语义的效率。面向语义，包括面向情境语义与语用语义两个方面。前者指向的是客体（条件），后者指向的是主体（意义）。

服务化作为一种高度主体化的现象，它的技术应用具有特殊性，更多从服务对象、服务需求出发定义技术效率。同是作用于服务化中差异化增值的目的，我们把这样的多样性技术效率分为两类，一类是面向情境语义的功能上的多样性效率，另一类是面向语用语义的内容上的多样性效率，可以分别通过应用指标解析。

第一大类，面向情境语义的应用效率指标。

这里已经到了工业化技术的极限之外，工业化技术无论其专业化效率多么高，它本身不可能面向情境语义，不会具体问题具体分析。信息技术应用也不是所有都可以达到面向情境语义的水平，更多的应用只是从实践中归纳出普遍规律体现于程序之中，由程序设定条件，却无法使程序自身产生智慧，灵活应对程序中所无的情况。

面向应用服务的SOA表明，适用技术的技术效率发挥，往往不在技术本身效率的高低，而在于应用效率的高低。在SOA中，效率并不外在于应用，这体现了多样化技术效率的本质特征。或者说，从本质上讲，多样化技术就是情境化的技术（上下文敏感的技术），它的效率是情境化的效率。

我们以SOA应用服务为代表，归纳对适用技术进行业务匹配这样一种应用。SOA 可以直解为个性化服务体系。在这里，我们关注的并不是 SOA 本身，而是个性化服务的体系化，观察按照沿着 SOA 方向的思路，服务是如何以情境为转移，一对一精准地提供给需求者的。这样提出问题，已经超出了新古典经济学的思考范围。新古典主义理论也强调供给符合需求，但那是指在市场广泛寻价中，磨掉个性化棱角后，在共性和普遍性基础上的供求契合。

我们可以从应用功能角度①，分别观察服务化的效率（个性化、多样化效率）是如何在新古典理论之外实际地实现的。

第一类，测度界面交互服务应用。与一站式服务的原理一样，用户多样化的服务需求，需要在扁平化的界面上以可视方式集成。SOA 的门户服务通过界面集成展现不同信息来源，通过可视化提高界面的用户体验及定制化以体现灵活性。可以观察用户界面的动态生成，例如 WSRP、复合应用服务、门面接口服务等。

第二类，测度业务流程管理（BPM）应用。BPM 是实现业务灵活性的关键。这里的流程包括页面流、工作流、信息流、业务流和消息流。其中业务流整合可以视为是分工多样化的具体协调方式。可以重点观察流程的服务化，即将流程服务本身封装重用，以调整业务颗粒度，并以信息服务形式呈现的服务协同。

第三类，测度中介服务应用。包括接口标准转换（适配服务、协议转换、格式转换），动态规则路由等，可以支持在不同情境之间进行服务转换。

第四类，测度信息集成服务应用。特指在异构数据源环境中，对五大企业数据——元数据、主数据、操作数据、非结构化数据、分析数据——的信息集成。包括集中管理控制 XML 数据，通过服务数据对象应用程序接口（SDO API）提高数据重用灵活性。

此外，还可以测度通用应用服务，包括接口调用，中间件等。测度人员角色关联服务，包括松耦合角色关联，人员动态分配等，例如通过使用流程 API 动态处理人工任务分配等。

当然，情境性的技术应用不只限于 SOA，情境计算、软件定义技术，如 SDN（软件定义网络）、SDD（软件定义数据中心）、SDS（软件定义系

———————————
① 顾春红，于万钦. 面向服务的企业应用架构——SOA 架构特色与全息视角 [M]. 北京：电子工业出版社，2013.

统），等等的应用，都具有由用户端主导、使系统具有灵活性的特点。

第二大类，面向语用语义的应用效率指标。

语用语义是指意义层面的内容。内容的效率问题，是所有效率分析中最高端，也是最难解的问题。

内容具有高附加值（例如为产品注入文化品位或情感内容，可以提高产品的附加值），在于它本质上是有意义的。当然，内容的意义有高低之分，越是体现人的目的性的内容，意义越高。有意义的之所以具有高附加值，在于它能够从根本上决定什么是有价值的；但反过来说却不能成立。因为价值毕竟是手段，手段一般总是被目的决定。符合目的性的内容位于价值链的高端。由此可以理解为什么能从情感上打动人的，往往顾客更容易掏钱，也更觉得钱花得值。

内容的特殊性在于，所有的服务意义上的内容，与抽象价值形态不同，都是个性化、定制的（除非把内容抽象化，使之不再是"服务"）。产业化中的"制造"，即生产一模一样的产品，在内容业叫作"抄袭"。内容上的差异化程度，甚至超过了小农经济。小农以非标准化方式产出的苹果，还允许其中某一个与另一个完全重样，而作者创作的内容产品，不允许有任何整体上的重复，如果他还想卖出价钱的话。

内容服务与 SOA 有一个重大区别，提供服务的主体是不可化简的，要求以（作者的）复杂性面对（读者的）复杂性。一旦化简，就会陷入程式化（例如法国古典主义、清代八股文模板），而索然无味。内容服务甚至要求服务主体（作者、设计者）具备更高的复杂性能力（如智慧）。如果服务主体（如作者、设计者）可以提供高度的复杂性服务（如脱口秀等体验服务），仍然能够保持轻松状态，他就是充满智慧的。

有信息技术的帮助，内容的多样性效率大大提高，内容的灵活性可以达到商业化的要求（如个性化定制，如进入日常生活的实用工艺)[①]；网络突出了群体智慧，增进了受众的参与（access）。

与人工的内容生产（包括在产品上附加内容，如设计）不同，信息技术与内容生产的结合，在技术上要求应用接口、平台和商业生态，来提高文化

---

① 在文化成为产业之前，它只是小众的活动。一个很有个性的作者，其生产内容的效率，从接受者（他们的口味具有十足的生态多样性）角度看是低下的，表现为曲高和寡，或流行只是个别现象，受欢迎的作者不能多到足以形成产业。

多样性的效率。这样的可以提高多样化效率的技术应用，可以从以下方面观察。

第一类，创意设计服务应用。创意设计服务与前面在产业化中提及的专业化设计（如 CAD 等技术设计）不同。专业化设计是面向功能的，而创意设计是面向意义的。功能对用户具有同质性和通用性，而意义是异质的和独特的。信息技术在创意服务中的应用，看中的是对多样性效率的提升。

信息技术强化了设计中的符号系统的作用，驱动产品功能设计向产品语意设计的升级，驱动设计重点从现实世界转向虚拟世界，从单向传递信息向双向互动转变，最终走向以用户为中心的设计。可以重点测度以下应用：测度产品语意设计应用；测度建筑设计中的应用，包括工程和室内设计应用；测度广告、动画设计中的应用；测度工业设计中的应用（在此主要指创意设计）。

对创意服务中信息技术的应用，需要侧重观察多样化效率的技术特征，如网络传播、交互性、可视化，特别是语义网特性。

第二类，内容服务应用。内容服务在此特指以内容为产品，由媒介传送的服务，它具有双重的虚拟的性质。第一，内容本身是虚拟的、以符号形式存在的；第二，媒介是虚拟的、以网络形式存在的。这是它与产品设计的区别。与广告、动画设计的区别在于内容是独立的产品。

新媒体是信息技术条件下内容服务应用的主要领域。测评信息技术在内容服务中的应用，主要是测评信息技术在报纸、图书、广播、电视中的应用。

但在这里怎么测评技术应用，需要讨论。

媒体在网络时代长期找不到自己的定位（例如纸质媒体在新旧媒体融合发展中长期处于困境），主要是由于把信息化仅仅当作技术，而不是当作其经济本体（服务化）来理解。表现在难以从产品的思路，转向服务的思路。

产品的思路，必然围绕内容的拥有（ownership）转，而服务的思路则转向围绕内容的使用（access）转。Access 在这里，主要是利用其"参与"这个含义。参与即对内容的"使用"（利用）。

这决定了，在服务化项下测度技术应用，不能变成产品思路的测度（那可以放在产业化项下测度），而首先要着眼于服务化对技术的特殊要求。具体说，应围绕 access 来测，access 是新媒体提供服务不同于传统的特殊性所在。

Access（参与、利用）在信息技术上包括两个最基本的方面，一是交互

（对应技术上的互操作，P2P 等）；二是用户生成内容，UGC（User Generated Content）；三是以用户为中心的内容服务架构。例如内容服务中的应用替代。应重点观察信息技术在这三个方面提高多样化服务效率的情况。

第三类，文化服务应用。

一是测度文学、艺术、音乐和表演中的应用。纯文艺不光是文化产业，而且属于文化事业。非盈利的部分、社会效益的部分不是我们绩效分析的重点。这里只是就文艺活动中具有产业属性的部分进行信息化测评。测评的重点不是产品生产效率（包括版权中的效率问题），而是服务的多样化效率，即信息技术与服务的多样化效率之间的关系。

文艺产品的市场化，在信息技术作用下，面临业态的变化，以增加服务的附加值为追求，从产品业态向服务业态升级，出现基础业务（产品业务）与增值业务（服务业务）分离互补的趋势。以文艺作品的数字化衍生服务为代表的 APPs，将成为服务化高端发展的主要趋势。

信息技术提高服务多样化效率，主要针对这一问题领域。所以要测的，不是出好作品的问题，而是有了好作品，如何在云计算、平台化、API 化的技术应用中，发挥最大服务效力的问题。也就是如何利用信息技术，从好作品的"短头"中长出个性化服务的"长尾"的问题。

二是测度工艺美术，实用艺术中的应用。纯艺术同实用的产品与服务功能结合，是服务化的另一个方向。在工艺美术，实用艺术产业化基础上，产品的工艺美术化，实用艺术化开辟着高附加值服务化的新方向。电子商务应用，使商家可以把原来用于交易费用的成本，转移到多样化服务增加附加值上来。可以测度信息技术应用对商家从同质化低附加值转向多样化高附加值的推动。

例如，珂兰钻石的产品与周大福没有什么区别，但价格相差很大。珂兰钻石决定走品牌路线，但如何让价格提高上去，却成为难题。卖钻石，商誉和品质都很重要，但二者都需要大量投入，而珂兰钻石并没有雄厚资金支持。他们采取的办法是，利用微博、社交网站进行服务口碑营销，同银行网上商城合作，树立良好信誉；通过电子商务与进货源头对接，极大压缩了从看货商、批发商到切割中心的六七个环节。珂兰钻石没有降价打价格战，将节省下来的费用用于个性产品定制，一是推出比传统品牌多几倍的产品种类，其中"天使之翼"的工艺品对戒设计以情动人，大受欢迎。以高品质保证了提

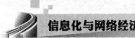

价竞争效果。二是延伸品类到几万个 SKU（产品统一编号）。SKU 编码规则复杂，传统经商难以定制化。珂兰钻石用 20 人的技术团队专门进行后台系统的开发维护，解决了个性化定制难题。三是采用会员制，针对会员需求的多样性，开发了专门的子品牌。经过这一套组合拳，珂兰钻石从同业中脱颖而出，成为知名品牌，成功筑起维持高附加值的竞争壁垒①。珂兰钻石在工艺品领域的成功，主要是依靠信息化有效提高了多样化效率。

三是测度产品的文化附加值应用。电子商务有一个独特优势，内容与渠道一体化。利用这一特性，在产品功能之上，叠加与功能对应的内容，有助于激发用户的需求，从而提高服务附加值。可以测度信息技术在其中所起作用。

例如，御泥坊被称为"互联网第一面膜"，通过网上的内容营销，使产品得以畅销。御泥坊的产品原料全部来自湘西隆回县的滩头。名字中的"御泥"，来自湘西边陲小镇的一个古老传说。戴跃峰拿到产品的网络代理权后，深入采风，大量收集关于御泥的传说，通过网上宣传，使产品因平添了一分神秘色彩而大卖，成为淘宝商城化妆品类目销量第一品牌。戴跃峰最终以网络代理身份反向收购了生产厂家，成功的主要原因在于产品的附加值已主要来自内容服务。御泥坊随后被定位于以民族文化引领时尚②。

第四类，生活方式服务应用。

生活方式是意义的日常生活体现。它因为涉及的是价值作为手段所要趋向的目的（例如幸福、快乐、选择自由等），因此对价值具有自上而下的统治力。把握了生活方式，就把握了高附加值的一个重要源头。可以在以下领域观察信息技术在其中起作用的方式：测度时装、旅游、体育等应用；测度休闲娱乐、游戏等应用；测度手工艺品、DIY 及创客应用。

例如，JONEAA 牛仔裤是一个比较突出独立个性的品牌，以刺绣拼接、装饰来宣泄其不羁而大胆的风格。销量不大，但对特定人群具有较稳定的影响力。经过大数据分析，可以辨识出它的网购用户是 30～34 岁的男性非主流人群，消费层级中偏高。JONEAA 针对这一目标人群，开发了独有的明星与杂志广告品牌宣传模式，用明星的生活方式吸引目标人群，取得较好效果。

① 艾瑞学院. 商变——传统企业电商就该这样做［M］. 北京：机械工业出版社，2014：78.
② 阿里研究中心.灯塔点亮网商路［M］. 北京：电子工业出版社，2011：115.

所有以上所说的信息技术效率都有一个特点，它们不是一般人们所说的效率（即专业化效率，因为"只此一次"的应用谈不上这种效率），而是（处理许许多多"只此一次"的应用的）多样化能力。信息技术在应用中，在同样的成本条件下，可以处理更多"只此一次"的应用，提高的是因多样化而获得高附加值的能力。

2）多样化配置效率（AE_n）。

多样化配置效率是这样一种多样化效率，它不是由于技术本身变化引起的效率变化，而是由于技术应用引起资源配置的变化而引起的效率变化；在这里，它指的是系统在应对灵活性上显示出来的效率。系统在配置多样化应用（APPs）时，效率高为灵活，效率低为迟钝。

我们把服务业服务化中的多样化配置问题，分为人力资源配置与业务配置等方面来解析。

第一类，灵活化能力的人力资源配置。这里的测评主要是针对另一类成本病问题。一般的成本病针对的是劳动生产率，亦作用于服务业产出的专业化、同质化的劳动生产率。但这里的成本病，针对的是劳动在差异化增值方面表现出的灵活性，即在应对灵活性上，由于人机无法结合而带来的提高灵活性的成本过高的问题。它不是关于增产的生产率，而是关于增收的生产率（或者说是关于减产但增收的生产率，因为个性化定制势必降低批量，关于如何提高批量化生产规模的劳动生产率在此无用武之地）。有了信息技术与人的结合，服务业提高收益这方面的效率提高了。信息技术与之的关联，可以通过以下方面观察：

一是测度服务业人均信息设备（电脑、智能移动设备等）拥有水平，包括服务人员与顾客进行网络信息交互的能力。

二是测度服务业人均信息基础设置利用水平（如人均带宽等），包括服务人员在业务中利用空间地理信息、SNS信息的能力。

三是测度服务业人均信息技术产品（如软件与信息技术服务，特别是大数据等人工智能）配备与使用水平（如对一线决策的影响）。

四是测度服务业务中人均信息资源开发与利用水平（如测度采集、存储、加工、利用，将数据转化为信息的活动），如有可能，需特别测度数据化对服务人员提高一对一精准服务能力的作用。

五是测度服务的知识管理水平及员工的参与程度。

六是测度 BI 对一线人员服务决策的渗透支撑程度，包括一线员工对 DaaS、AaaS 的应用水平。

七是测度服务业人均培训时间等，包括参与知识管理、集体智慧开发（如众包）的深度。

八是测度从业人员中电子商务师占比，创客占比，等等。

九是测度组织文化对员工的影响，需要从一线决策行为中观察组织文化对组织核心价值观的保持水平（分形水平）。例如，在没有领导指示或监督条件下，员工对随机情况的处理，是否符合组织的价值观，可以说明组织是否符合复杂性系统的分形特征。组织文化借助信息系统在潜在规则层面起到价值观协同作用。后者并没有被否定，但却无从在供给方面内生显示。所以一旦产生，一般都把来源归于需求偏好。

有了上述测度，说明服务业广泛配置信息技术，给了服务业从业人员提高多样化效率的技术性机会。

第二类，灵活化应用的服务配置效率。我们回到 SOA 的问题上。这次的测度角度变了，前面谈 SOA 是在谈应用，现在我们把观察角度调整到应用与应用之间，观察 SOA 如何集成协同地配置服务资源。实质是在看个性化是如何成为体系（复杂性系统）的，它显示出个性化不同于小农经济的特殊性。

同是集成，SOA 的集成典型是针对分工多样化，而非分工专业化的。道理很简单，SOA 是专门面向灵活性的，对分工专业化的集成协调，顶多提高专业化产出能力（例如需求不变，持续产出），而不会产生灵活性（针对需求多变，产出既定）。这同 ERP 的侧重是不同的。即使同是流程再造，实现业务扁平化，由此产生的柔性是不是灵活性，仍然需要具体分析。问题的关键在于，灵活性内生了结构复杂性，如果离开结构复杂性谈灵活性，就无法同小农经济（简单结构的复杂性）区分开，就只有很少的意义。

我们在技术上看到的松耦合、组件化，说到底是因为网络节点的排列组合是错综复杂的——是以错综这样一种形式（即拓扑形式）——存在的复杂性。仅仅靠有序的矩阵，并不能处理这种拓扑关系。而能在复杂性网络结构下进行离散单元、端到端，以及不同边的排列组合之间集成的，目前最好的集成方式就是基于 WEB 服务的 SOA 了。与儒家处理的非技术支撑的人际关系复杂性（一种人际的路由关系）相比，SOA 是基于先进技术和先进生产力处理复杂人际关系。我们可以从以下几方面观察 SOA 对多样化服务应用的集成。

一是测度组件化模式如何提高协同的灵活性。

首先，可以观察组件化业务模式（CBM）的运作情况。组件化是分工多样化的典型形态。其特点是组件之间可以灵活地改变路由关系及其组合。组件的多元化组合不是专业化的特征。"一个业务组件存在的目的是由它能够为其他组件创造的价值来决定的"①。专业化可能产生组件的分立（分工），但这不是组件化，而是自上而下的协调；而多样化产生的组件的分立（分工）是一种聚簇，可以自下而上涌现生产组件之间的连接方式（如端到端联接、拓扑式连接）。

其次，可以观察 SOA 中的粒度管理。粒度是职能的计量单位，调整粒度粗细，实际就是调整分工的结构复杂度，以便使管理明确聚焦对准在哪一层级的分工上。粒度是相对于分工结构的，对专业化和多样化是中性的。专业化有粒度，多样化同样有粒度。SOA 通过粒度管理，主要是为了明确多样化分工的协调层面，进行不同层次间多样化服务之间的协调。

再次，可以观察 SOA 整合机制在协同多样化服务中的整合作用。例如，应用集成器（Portlet Application Integrator）的作用是对离散的服务应用进行集成。这里的应用，不是分工专业化的产物，而是分工多样化的产物。也就是说，这些应用不是从同一个职能中细分出的不可相互替代的子职能，而是可选应用（既可以这样服务，也可以那样服务）。

最后，在 SOA 参考架构中，我们可以看到多种以桥接形式提供的服务（对服务的服务），将服务能力——这些能力可以被视为对服务应用的调用——指向业务本身。如交互服务，流程服务，信息服务，访问服务，合作伙伴服务和业务应用服务。我们可以视之为支撑服务。SOA 的特殊性在于，它的支撑不是指向某一种基础业务本身（如支撑信用、安全等），而是指向灵活性本身，它是在让支撑业务对应用具有灵活性，可以像从工具箱取工具那样，随手提供各种适用的服务。

二是测度 SOA 流程服务及整个架构服务。

如果把组件当作网络的节点，流程则相当于节点之间连接构成的"边"

---

① CARTER S. SOA & WEB2.0——新商业语言［M］. 北京：清华大学出版社，2007：21.

（路由）。流程的含义是集成、协调、协同，它本身是分工中立的。也就是说，专业化协调有集成问题，多样化协调也有集成问题。区分复杂性集成（多样化协调）与简单性集成（专业化协调），最简单的办法是看边的性质。如果边以错综方式（拓扑）形式连接，则网络是复杂性的。复杂性网络的集成，重点不在以向心控制方式梳理职能间的路由（流程），而在于通过梳理流程，进行接口转换，提高整个系统的灵活性。测度这种多样化协调可以从以下方面切入：测度集成服务或企业服务总线（ESB）协同水平；测度业务流程管理（BPM）协同水平。

BPM 并不一定是 SOA 的，我们这里要求测度的是基于 SOA 的 BPM，所以前提是要求存在服务组件化。可以具体观察 BPM 在组件协同中的不同形式，如以工作流为导向的面向构件流程架构，以业务流为导向的面向服务流程架构，以及工作流与业务流松散耦合的流程架构。以工作流为导向的面向构件流程架构。对协同与应用，流程的测度重点不同。应用角度的流程指标重点观察的是信息技术与流程管理的结合，看的是如何提高业务管理的技术效率；协同角度的流程指标重点观察的是信息技术对服务之间的协同所起的作用，看的是如何提高了分工多样性协调的效率。

根据不同企业资源类型的不同，可以将基于 SOA 的 BPM 服务区分为人力密集型服务、决策密集型服务、文档密集型服务与系统密集型服务，分别进行有侧重的测度。

三是测度架构服务。

相对流程服务来说，架构层面的服务更体现 SOA 整合的灵活化效应。架构服务不同于流程服务在于，它不是把整合当作一项职能，而是"通过应用接口实现服务可组合重用"这样一种服务方式的实现——同生产方式一词一样，代表着与工业化方式的不同——不仅要大规模，而且要定制，将大规模与定制连接成大规模定制。从这个意义上说，架构服务是将传统的人工服务业转化为现代服务业的转换机制，是针对生产方式（服务方式）的转型服务，不光是为服务提供服务（如支撑服务），而且是为服务转型提供服务。

根据目前的实践进展，我们可以从以下五个切入点入手，观察架构服务如何通过资源配置方式的调整，实现了服务的大规模特性与定制特性的集成，从而提高了服务资源配置的灵活性：界面/门户整合服务；业务编排服务

（SOA 的流程服务）；信息集成服务；中介转换服务；重用服务。

展开说明需要大量篇幅，这里从略①。只说明两点：一是要抓住架构服务的共性特点，在于通过通用应用接口提高重用性，这是在技术上实现新服务方式的必由之路。即使对于不懂技术的人来说，了解接口（如 API）的基本知识也是必要的。接口在这里的技术经济作用，实际在于实现专业化效率与多样化效率的对接，一方面通过服务重用，提高专业化效率；另一方面通过组件化，实现多样化效率的提升。由此也可以看出，多样化效率的提升，完全可以在专业化效率的基础上实现。二是需要抓住服务粒度的特点。对服务粒度的管理，实现的是情境化（由上下文定义服务）、灵活性与重用性。这是功能的松耦合得以实现的重要途径。对粒度的调度，也可以认为是对 N 值本身大小的调节。信息技术为服务化带来的灵活化效应，不仅体现在多样性程度既定条件下系统的效率，而且体现在多样性程度变化条件下系统的适应效率上。这对于后面将谈到的效能，也是有意义的。

第三类，测度网络配置资源的灵活化效应。灵活通常指个人行为特征，而机制意义上的灵活却不仅是行为，而是指多样化效率。从配置效率角度讲，在复杂性条件下一对一精准匹配，要求的是应变力，有赖于较高的多样化效率（而非专业化效率），无论个人行为是否灵活，都属于灵活化效应。

在电子商务的生态性实践中，涌现出一大批多样化业务协同的案例，使人们网络配置资源的方式开始产生新的认识。对商业生态实践的认识和测评，提出一个新问题：可不可以认为，网络是一种与市场并列的配置资源的方式？

不妨大胆假设，网络代表的是复杂性范式的资源配置方式，市场（包括企业）代表的是简单性范式的资源配置方式。这样一看，我们关于 AE 的讨论就具有了新的意义，信息化不光提高资源配置效率，而且转变资源配置方式，这种转变是生产方式（服务方式）转变的一部分，是资源配置方式从简单性范式向复杂性范式转变的过程。这甚至是技术经济学生产率计量理论本身很少思考的问题（因为更多把生产率当作生产力现象，而较少考虑生产关系与社会关系）。

接下来的问题是：网络作为一种独立的资源配置方式，是如何提高资源

---

① 对有兴趣更深一步详细了解的人，推荐顾春红，于万钦. 面向服务的企业应用架构——SOA 架构特色与全息视角 [M]. 北京：电子工业出版社，2013. 其中的第 2 章有详细展开的解释。

配置效率的？如果不从理论上提出这样的问题，人们凭直觉给出的答案，很可能倾向认为网络就是打价格战的地方。其中不自觉地隐含的，正是关于资源配置的成见，即认为网络也与市场一样，是同质化（完全竞争）配置资源的方式。网络固然可以被当作不是网络的东西（如市场）来利用，就像信息技术也可以像工业技术那样使用一样，但当它的规律被从理论上总结出来以后，人们才会发现网络原来还有自己的特殊性，具有不同于传统方式之处。

网络作为资源配置方式不同于市场之处，与复杂性系统不同于简单性系统之处是对应的。首先，网络具有节点多样化特性，是点对点关系的集合。复杂性系统的节点具有多样性。网络可以一对一离散地配置资源。节点之间的端到端技术关系对应商业上的一对一关系。但这种一对一是社会化的点对点，而不是小农的讨价还价，是经过全网比价实现充分社会化之后的一对一定价（情境定价）。而市场形成的最优价格只集中在一个最优点。其次，网络中心是情境化的、时过境迁，而市场中心是固定的。复杂性系统具有小世界网络、无标度网络的特征。流行、爆发不一定在网络的中心，而是任意节点随时可以临时地成为网络中心，这主要取决于这一节点的边数。时尚与流行反映了中心的情境化。再次，网络具有社会资本特征。市场中的资本交换可以同时转移支配权与使用权，而网络中的关系和信任（社会资本）不可转移拥有权，却可以转移使用权（如谁对谁信任）。最后，网络具有平台特征。平台经济支持产品免费而服务收费，按使用（使用权）收费，等等。

我们从以下方面试着对网络配置资源不同于市场的那些方面的特征进行一些经验归纳。

一是测度网络一对一精准配置资源的能力。在电子商务中，灵活化效应具体表现为实战中的长尾效应。网络与市场有一个重大不同，以市场方式配置资源，配置到长尾（小批量多品种）区间，只能算失误。它要求同一品种要保证一定的销售规模，才能保本和赢利。但以网络方式配置资源，却可以利用长尾无限可分且不占店铺成本，利润性好的特点，有意将资源配置到长尾区间去赢利。

例如，零售连锁企业迪信通采用 O2O 模式，将网下的市场机制与网上的电子商务机制结合起来。店铺是市场形式的，用于销售产品；而店员则以网络方式提供服务，主要利用大数据个性化实现一对一精准化。迪信通认为，良好体验并非在于店铺装修，而在于实现个性化选择。顾客 80% 时间浪费在进店寻找商品上，而个性化的关键在于确定每一位顾客浏览、鉴别、确认和交易的路径。为此，迪信通帮助顾客接入智能手机门户，通过门户提供个性化的商店地图和产品品种分类数据，从而一对一地为顾客设计出最佳体验路径①。

又如，A. O. 史密斯采用一种特殊的产品差异化策略。A. O. 史密斯相对于竞争对手的主要优势在于热水器产品品种多样化，小到家庭厨宝大到酒店全套设备无所不包。针对网上销售渠道的多样化，A. O. 史密斯对不同渠道设计和提供不同品种，实现了渠道意义上的一对一精准营销，即一个渠道对应一个品种。每个品种根据渠道的不同用户特性进行定制②。

测评可以围绕"长尾"效应展开。可重点与市场机制在收入与利润的比例上进行比较（"长尾"效应的财务特征是收入相对低而利润相对高，即同等规模下利润较高）。

二是测度网络情境定价能力。情境定价对应同质化产品的歧视定价，但针对的是多样化产品。歧视定价主要针对的是同质化产品。以完全竞争为参照标准，本来同质应该同价。但商家视消费者支付能力和意愿的不同，在信息不对称条件下，有区别地为相同产品标出不同价格，从而造成消费之间的不公平。情境定价不同，虽然是一物一价，但前提是，提供的是个性化定制的服务，具有提供物上的不可比因素。而这种不可比，对消费者来说，意味着更加贴近其需求，增值于与众不同之处。如果这种需求对应的是高价值区域，消费者出于消费偏好的不同，给予溢价，不能被认为是"歧视"。

网络之所以可以实现情境定价，大数据对潜在需求的发现与细分辨识，起着关键作用。因此测度信息技术与情境定价的关系，可以围绕这一点进行。

大数据机制可理解为复杂性数据（如 Variety，多样化数据、非结构化数据）机制；相形之下，市场的信息机制只能算简单性范式的数据机制。二者的数据结构完全不同，一个是同质性的（例如股价），一个是多样性的（Variety）。在信息化测评中，为了这里这个测评目的，不可把电子商务的信息流，简单理解为寻价（这应归入打价格战的产业化部分），而应具体到情境定价（本质上是寻求溢价）。

---

① 艾瑞学院. 商变——传统企业电商就该这样做 [M]. 北京：机械工业出版社，2014：44.
② 同上，第73页.

三是测度网络处理错综复杂关系的能力。错综（拓扑）形式的复杂，是一种结构复杂性。市场由于没有 TC/PIP 路由器这样的处理拓扑关系的机制，因此只能简化路由，把（商人与商人之间关系构成的）"边"处理成向心结构（如标准化后变为同质化的列表价格这样的中心化的定价机制）。典型的例子是，市场只能处理信用，但不能处理信任，因此缔约交易成本较高。而互联网通过社会网络（SN，如 SNS），处理关系中的信任，有效提高了错综复杂关系中多样化对价的效率。

测度复杂是不是错综，对电子商务来说，一是看技术结构，网络的 IP 结构往往不是错综型的，而 WEB 结构多是错综型的；二是看商业模式，商城模式许多都不是错综型复杂（表现为价格战、因大而美等），而社会网络营销多是错综复杂的，包括由 WEB3.0 整合的大多 WEB2.0 为避免陷入技术细节评价，可以从效果角度侧面评价，例如测度口碑营销能力、信任水平（有别于"信用"水平）等复杂性系统运作的效果。

四是测度电子商务对客户关系的加强。互联网时代，客户关系正从企业内部管理，变为电子商务的一项重要职能。

CRM 对服务业有特殊重要性，网络更有利于实现一对一的紧密客户联系，为客户提供个性化的全方位的及时服务。

网络对 CRM 的发展在于从主从机技术时代的企业中心对客户外围的模式，发展为 SNS 技术时代的企业对客户、客户对客户（自我服务、交互服务）的社会网络化的客户关系，也可以利用社会媒体进行客户关系水平的测度。

五是测度平台经济配置效果。服务业通过平台形式，以多种方式进行产业协调[①]，包括：

——服务业自有电子商务平台模式，主要适合大中型企业，协调渠道，减少分销层次；

——依托第三方电子商务公共服务平台模式；

——产供销一条龙的电子商务平台，可以测度通过 SCM 营体一体化的虚拟市场的情况；

——通过协同电子商务平台，提供不同服务企业之间的横向异类协同，

---

① 孟晓明，陈拥军. 电子商务与现代服务业协调发展研究［M］. 北京：中国财政经济出版社，2010.

丰富平台上的服务产品种类，实现聚集效应；

——通过协同电子商务平台实现服务链上中下游的一体化协同，形成虚拟集团。

绫致时装公司利用信息技术提高资源配置效率，根据服务商维客友搭建的管理体系，实现了多品牌运营优化和所有终端的信息化。目前，只需1名员工就可以在2小时内完成9900种商品活动的定义，15个人在当天处理完2.5万张订单。曾在2010年"双十一"促销活动中创造了2000万元的单日记录[①]。

六是测度行业组件化配置效果。信息技术优化行业水平的复杂性网络资源配置，也是信息化测评可以考虑的范围。行业复杂性网络，主要指价值网络。价值网络不同于以往的行业简单性网络如产业链、价值链之处不仅在于它是产业链、价值链的整合，更主要在于，它是以组件化为基础的。组件化是针对分工多样化的协调机制。价值网络使以往围绕分工专业化展开的产业链、价值链，沿着分工多样化的方向进行重组与分立。服务外包是其中最为突出的现象。

通过测度服务业中信息技术对服务外包的多样化效率的提高，可以观察其中的灵活化效应。

3）多样化经济效率（$CE_n \& RE_n$）。

以上所分析的灵活化效应，还只是技术性的效应（技术性不同于技术，业务也有技术性的方面）。下一步转入经济性的效应。二者的不同在于差了一个价格维度。信息技术产生业务的技术性效应不等于经济性效应就一定好。例如，业务完成得量大、质优，但它是赔本还是赚钱，并不一定。如果质优的成本超过了收益，它就不具有经济效率。

首先解析作为多样化经济效率的灵活化效益。

SOA提高灵活性转化为经济效益（业务价值）的逻辑结构在2006年IBM的"面向服务架构的业务价值"中有一个描述[②]，它分两个层次，一是技术性的灵活性，二是业务价值，两者之间形成一一对应。

技术性的灵活性效应的几个大方面包括：

---

① 荆林波，梁春晓. 中国电子商务服务业发展报告［M］. 北京：社会科学文献出版社，2011.

② CARTER S. SOA & WEB2.0——新商业语言［M］. 北京：清华大学出版社，2007：130.

一是提高改变能力，对应三个业务价值：缩短处理时间、减少错误、减少系统停工期，三者都是维护现有收入。

二是开发新产品，对应形成现有收入。

三是简化整合过程，又分两方面：首先，缩短连接市场的时间，直接增加现有收入，通过缩短整合时间，降低整合成本；其次，增加重用，对应降低维护成本。这种灵活性对应的经济效益包括：提高改变能力、开发新产品、缩短连接市场的时间，这三类灵活性，其带来的效益可以归类为增加收入；缩短整合时间和增加重用这两类灵活性带来的效益，可以归类为降低成本。增加收入与降低成本这两方面的综合，就是提高赢利能力。

灵活性对应的效益还可以从切入点来归纳[1]，包括五个方面：

一是人员上的效益，指通过角色交互与协作，将用户体验置入业务流程的情境中，从而提高生产力。

二是流程上的效益，指通过组件化，可以更快速地部署服务，使灵活性更强。

三是信息上的效益，指通过提供业务情境信息服务，更明智地决策，减少风险。

四是重用上的效益，指通过重用服务，节省用户固定成本，降低风险并缩短交易时间。

五是连通性上的效益，指通过灵活的连接，降低维护成本，提高可靠性和连贯性。

这些都可以作为测评设计指标的参考。将业务价值转化为市场价值（可以用价格显示的价值，包括成本与收益），就是我们所要研究的经济效率（如 CE、RE）。

接下来，我们根据实践归纳出几类具体的转化为市场价值的效益形式（增收类型），供设计指标参考：

第一类，测度信息化帮助通过定制增值。定制往往不是生产本身，而是产前的设计这一服务环节起作用的结果。因此测度定制，可以主要从设计角度观察。

例如，七格格是一家定制企业，分设计与制造两个环节，制造由代工厂

① CARTER S. SOA & WEB2.0——新商业语言 [M]. 北京：清华大学出版社，2007.

完成，自身完全专注于设计，通过设计实现定制。定制又分数据与设计两部分，公司专门成立数据挖掘部门，每天分析网络零售数据，如热销度、翻单的可能性、买家意见等；然后利用这些数据指导 15 位设计师加上一位专职搭配师快速开发新品。七格格每个月最少推出 100～150 个新款，保证店铺内品种不少于 500 款，满足用户个性化需求①。

第二类，测度信息化帮助实现品种多样化中的优质优价。电子商务具有海量个性的特点，这指的是产品和服务上的多样化选择。据麦肯锡调查，中国消费者网购的主因中，"更多的产品选择"排第二位，占 62%，远高于"价格较低"（41%）②。多样化选择落在经济效益上，对应的是高性价比。根据服务化"增收"的本意，以及价格考虑弱于选择考虑的实际，这里排除质次价低，高性价比对应的显然是优质优价。

例如，纤丝鸟利用网络的方式是促进品种的增加，在直营方面，用独立的设计团队，专门的仓库和发货系统，做部分网络专供货，从而与网下区别开。在这一过程中，打造创新和多变的品牌形象③。

第三类，测度信息化助力创新实现增值。信息技术提高服务化收益效率（RE）的一个主要途径是提高多样化创新能力。根据市场反应的优先程度，可以重点测评两个突出的方面：

一是测度服务化创新的增值效果。

服务创新是相对于技术创新而言的，服务化创新比服务创新这个概念更窄，主要聚焦于提高多样性方面的经济效益。这种多样性主要由客户赋予的，可以把客户想象为一个复杂性集合，服务化创新是针对这个集合作功。

例如，服装电子商务企业 Justyle 的服务化创新体现在 3S + 6s = ME 这个"秘籍"上。这是一套以用户心理主观维度衡量因而具有多样性的服务标准。3S 是亲切、可信赖、满意这三个主观标准，可认为是由客户这一复杂性集合发出的主观评价；6s 代表 6 个服务步骤：七秒微笑、探寻需求、主动促销、建议订单、愉快付款、满意评估。ME 代表明星客服扮演的角色：亮相、功底、功力、票房、我的奥斯卡。这种创新根据的是体验经济原理，在实践中

---

① 荆林波，梁春晓. 中国电子商务服务业发展报告 [M]. 北京：社会科学文献出版社，2011：44.

② 同上，第 41 页。

③ 艾瑞学院. 商变——传统企业电商就该这样做 [M]. 北京：机械工业出版社，2014：30.

深受顾客好评，在淘宝旗舰店的评分长期保持高位①。

又如，CRM 和呼叫中心，越来越从成本中心，转为利润中心。其创新更多聚焦于面向客户这一复杂性系统的创新，因此其效益主要不取决于产量，而是以离散的客户满意为标准和导向进行创新。

二是测度信息技术应用对设计增值的促进。

信息技术不仅对设计信息的传播会产生增值②，而且对设计本身也会带来增值，例如，在电子商务中，通过数据挖掘，可以更准确把握消费者个性化需求（有时会把消费者说不出来的需求准确表达出来），使设计的定位更加精准；各种图像、视频和可视化手段的发展，使设计的表现力更强，为用户带来更好的体验效果。

第四类，测度信息化通过机制节省成本。信任机制是一种复杂性网络机制，而信用机制本质上是一种简单性网络机制。因为信任，所以简单。说明信任可以节省缔约交易费用。测度信任机制的原理应完全不同于测度信用机制的原理。一个重要区别在于，信用测度基本不用测结构，而信任测的则是一种结构现象。从信任角度看网络，网络是一个"圈际网"。许多强关系的圈子相互嵌套，实现一般契约所不具备的高信任、低摩擦性质。信任代理把一张网，细织为一个个具体的小网。

信息化测评目前测评信任关系节省的成本，只能经验性地大致估计。而精确的计量是一个相当复杂的问题，需要对路由算法，路由协议等有深入的了解。

第五类，测度信息技术应用对成本病的化解。从 AE 角度测度人机关系，测的只是化解成本病的条件，具体化解了多少成本，需要结合价格来考察。

服务业成本病不是一个单一的问题，而是一个复合的问题。具体来说，它由四类问题构成，一是专业化效率层面的成本，二是专业化效能层面的成本，三是多样化效率层面的成本，四是多样化效能层面的成本。这里讨论的是第三种，即涉及多样化效率的成本。

如果只是经验化地测度，问题相对简单，只要技巧性地设置一些反映特征的指标测试即可。例如，既然成本病是从工资上表现出来的，只要测同等

---

① 荆林波，梁春晓．中国电子商务服务业发展报告［M］．北京：社会科学文献出版社，2011：35-36.

② 胡飞，杨瑞．设计符号与产品语意［M］．北京：中国建筑工业出版社，2003.

工资条件下，信息技术提高了多样性产出，自然就可以说明多样性劳动生产率的提高和成本病的缓解；或倒过来测，设多样性任务量（N值）不变（例如一个月设计150个新款），工资支出下降（例如由15人设计，减少为10人设计），等等。

当然，更重要的是从效能上测度，更能说明问题。我们在后面再谈。

第六类，测度"互联网+"业态创新的经济效率。业态意义上的增值，指的是一种稳定的增值机制。服务业的"互联网+"正在形成基础业务平台+增值业务平台的新业态，以及"平台免费+增值收费"的新机制。这种新机制，从业态结构上，把增值作为业务，专门设置了增值业务这种组件结构。

测度"互联网+新业态"中的增值结构，有一个简单办法，就是测度API接口的数量、功能与性质。平台经由API连接起来增值业务组件（App）越多，增值潜力越大。

第七类，测度信息化对产业转型升级的宏观经济效率。

转型升级、优化结构，都与增值有关，但独立于前述业态问题。它相当于一个特殊的服务化问题，是指服务化的产业化。即把服务化形成的业务，从产业化角度（当作一个部门）加以理解和推进。这样的结构变化主要是以下三个：

一是现代服务业的增长。信息化加大现代服务业占服务业的比重，这有助于提高服务业的总体附加值。

二是电子商务服务业的增长。信息化加大电子商务服务业在服务业（或国民经济）中的比重，有助于宏观经济中多样化效率（质量效率）的提高。

三是多样化服务业务的增长。电子商务发展减少了一些中间环节，又增加了一些中间环节；推而广之，整个信息化减少了一些交易费用，又增加了一些交易费用（如果把服务收入都当作国民经济的交易费用的话）。但仔细观察，这是一种结构变化。结构的性质也发生了有规律的变化。减少的中间环节，减少的是分工专业化形成的交易费用，作用是降低成本；增加的中间环节，增加的是分工多样化的增值，作用是创造增值。二者有本质的区别。

（4）信息化的服务化效能（SEC_n）

沃尔夫认为："服务业可能出于产品差异化而不是提高生产率的目的而应用IT技术。例如，服务业现在可以为大范围的潜在顾客定制产品。计算机能够实现产品更大程度的差异化，从而实现更大程度的价格歧视（如航空定价系统），榨取更多的消费者剩余。产品更加多样化也能够提高企业利润，而不必然提高生产率"[①]。这里说的生产率显然是指专业化生产率，而非多样化生产率。

这深刻地道出了现有测评的理论思维盲区。这些测评往往紧盯着提高生产率（实际只是专业化生产率），但却忽视了在这种生产率既定条件下表现在利润上的隐性产出才是信息技术的真实产出。这在传统生产率分析中是不可思议的，但它却是现实的。

问题还是出在对 $AC - MC$ 这一部分的利润的生产率实质的不同认识上。传统生产率分析轻易把它归于不完全竞争的非均衡态，而认为它在长期是不可能存在的。因此对其系统地（而不止是从经验上）加以忽略，从而使之从计量分析中彻底"隐形"。信息化与网络经济分析依托实践，证明了这种看法。接下来为了使隐形的产出显形，信息化测评就要填补理论和实测的这一空白。为此需要在这里展开讨论。

服务化效能是新旧计量方法矛盾最尖锐的问题域。我们需要以对实践的解释力为标准判断理论与方法的优劣。在实践中服务化效能表现为智慧化效应，与之相反的是智能化效应。同是效能，这里讨论的是智慧化，而非智能化。二者有一个简单的区分，智能化是以简单（性）对付复杂（性），智慧化是以复杂（性）对付复杂（性）。

智能化是指建立在机器系统上的效能，机器系统本质上是简单性系统（虽然它可以很"复杂"），因此只有把复杂性的任务转化为简单性（例如程序可理解可执行的），才能对付复杂性，这一过程是复杂性的降解。隐含的意思是，复杂性是高成本的，只有消除复杂性的程度，把它转化为简单性，成本才可以降低。

而智慧化是建立在主体系统上的效能，人本质上是复杂性系统（虽然他有时可以很"简单"），通过信息技术加强了人的智慧，是对复杂性的提高、加强而非降低、弱化。以人的复杂性对付任务的复杂性，是以复杂（性）对付复杂（性）。

---

① 盖雷，加卢. 服务业的生产率、创新与知识：新经济与社会经济方法［M］. 上海：格致出版社，上海人民出版社，2012：31.

　　例如海尔所说的"以变制变"。如果市场需求的变化是100，而主体可以提供的解决方案是120，以120种变化，就可以"制服"100种变化。智慧化是提高复杂性，而非降低复杂性，只不过由于内部均摊隐性知识（固定成本）于千变万化的对问题的解决之中，使得平均成本出现递减，在现象上表现为轻松。轻松与化简不是一回事，智慧是轻松化解复杂性，而智能只是化简复杂性（面对复杂性本身仍不轻松，因为会成本递增，只有把复杂性纳入程序转化为简单性才能处理）。

　　信息技术在服务业的现代服务化中实现的智慧化效应（范围经济效应），可以从以下方面设计指标来测评：

　　第一，通过可持续竞争优势实现范围报酬递增。

　　竞争优势是一个相对比较优势的概念，竞争优势与比较优势的关系，对应差异化战略与成本领先战略的区别。在同质完全竞争条件下，任何竞争战略都是不可持续的，因为都是偏离均衡的短期策略性行为，会在竞争对手模仿下同归于寂。但信息化却使竞争优势变得可持续，因为信息化与网络经济的均衡条件是异质完全竞争（对应传统的垄断竞争），通过差异化实现超额附加值，可以符合广义均衡（品种－数量－价格三维均衡），因此可以成为稳定行为，而非仅仅是短期策略性行为。对应经验，供求越个性化、差异化、多样化（实质是越内生复杂性），竞争对手的模仿越没有意义；创新越频繁、越成为模式，所谓进入门槛在完全竞争条件下越可以稳定存在。

　　信息技术加强可持续竞争优势，可以体现在对内、对外两个方面：

　　对内方面，通过信息技术促进服务业内部的技术创新，有利于发挥服务业整体的差异化竞争优势，通过实现范围报酬递增，面向高附加值优化结构。

　　麦毅媚、张蕾专门提到："集成化的制造技术在产品设计开发中的扩散和渗透，将稳定产品质量并入规模替代复杂工艺，使服务业由工业化大生产升级为工业化精益生产，其结果不仅使服务业的多品种、小批量生产和服务成为可能，而且改变了过去不灵活的规模生产方式。"[①]信息化测评要重点观测与"不灵活的规模生产方式"相反的"灵活的"范围经济方式的绩效。这种绩

　　①　麦毅媚，张蕾．如何通过技术创新发挥服务业差异化竞争战略的优势［J］．兰州学刊，2005（1）.

效不仅是灵活的，而且是智慧的；不仅是复杂性经济的（如多样化效率），而且是越（具）复杂（性）越经济的（即多样化效能）。它才是可持续竞争优势所在。

测评需要注意两个要点。一是为了区别灵活化效应与智慧化效应，信息化测评需要重点观察大数据等智慧计算对于人力资本的增进，再由主体作用于客体形成的"越多样化，越有效"这一类型的现象（好比越打飞靶越准），而不仅仅测度多样化效率本身；二是为了区别于基于规模经济的差异化报酬递增，要观察以智慧形态存在的固定成本分享这一条件，这属于规模经济理论疏漏的地方。

将计量原理映射回表象，信息技术带来服务化转型的效果就如麦毅媚、张蕾所说的："通过将消费者的需求变化及时反映到决策层，不仅能促进服务业针对消费者需求而进行的研究与开发活动，而且使服务业能及时改变和调整经营战略，不断向市场提供差别化的产品和服务，最终赢得不易被竞争对手模仿的差异化竞争优势。"①

在实测中，可以考虑观察信息技术对服务的可贸易性、外包（如 BPO）、服务共享中心（Shared Service Centre，SSC）的影响来显现高附加值范围报酬递增。

对外方面，通过信息技术促进一国服务业的技术创新与服务创新，有利于提高一国服务业的整体竞争优势，在全球化的垄断竞争格局中，通过多样化，面向国际贸易高附加值的高端结构，实现范围报酬递增。

在前面章节中，我们曾详尽讨论过国际贸易中的差异化收益问题。以贸易代指服务（包括服务贸易），对贸易的测度，道理可以推广到一般服务。这里的测评要辨别贸易的产业化效果与服务化效果。服务化效果一般对应的都是高端服务，它借助的往往不是先天的禀赋优势，而是后天的竞争优势。以往对贸易的研究，分析比较优势的多，分析竞争优势的少。分析竞争优势，也主要是讨论规模经济，极少讨论范围经济。信息化测评需要特别把范围经济突出出来。

测度国际贸易的范围经济效果，宏观上可以借鉴芬斯特拉利用收支之差

---

① 麦毅媚，张蕾. 如何通过技术创新发挥服务业差异化竞争战略的优势［J］. 兰州学刊，2005（1）.

来测度贸易收益的方法，研究信息技术应用转型与之的关联。微观上的如何测度，还有待进一步摸索。

第二，通过基础共享实现范围报酬递增。

电子商务作为基础设施，主要是通过支撑服务体现的。在各类支撑服务中，共享基础性的商业资源，使整个商业生态系统的服务的能力和收益随业务多样性增加而不断提高，从而实现范围报酬递增。

例如，在互联网金融的小微企业贷款中，存在着广泛的数字化范围经济。给一个大企业贷款100亿元，同给100个小企业各贷款1亿元，虽然贷币量是一样的，但涉及的信息量却完全不同。前者只需要对一个企业征信，后者要对一百个企业征信。贷出同样的款项，企业数越多，征信成本越高。对于以"非同质性"（heterogeneous）、风险和信息不对称为特色的小微贷业务来说，征信能力随范围扩大而降低为发展的主要制约因素。

信息技术的运用和电子商务平台的介入，使情况发展转变。互联网企业采集征信信息，只是自身从事的电子商务活动的副产品，并不额外增加成本。分享电子商务中的基础信息，可以实现小微贷征信的范围经济。借助大数据和 AaaS（分析即服务）进行征信信息的分析加工，进一步提高了征信能力和水平。

有的金融企业创建了以会员制同业征信模式为基础的"小额信贷行业信用信息共享服务平台"（MSP），帮助业内机构防范借款人多重负债，降低坏账损失，建立行业失信惩戒机制。还有一些公司正在尝试基于互联网提供个人信用服务，实现了低成本差异化。

低成本差异化，对小微贷来说，具体就是指，在同样的贷款量、利润水平和均衡条件下，面对众多小微企业的信用异质性造成的征信差异化，征信的平均成本可以随企业数的增加而递减。或者说，可以在平均成本不变下实现相对于小微企业征信差异化的范围报酬递增。由于小微企业贷款比大企业贷款收益高，范围经济使得小微贷范围报酬递增更为突出。

测度平台分享产生的范围报酬递增，需要注意收益的指向必须是多样化，而不是规模化（否则应归类到产业化效能部分）。

第三，通过知识共享实现范围报酬递增。

知识共享与扩散是竞争优势的重要来源。信息技术有利于知识共享与扩散，这是无疑的。难题在于，共享与扩散既可能带来规模经济效果，也可以

带来范围经济效果，如何在测评中加以区别呢？在指标设计中，可以把握四个方面的特征：

一是从结果上区分，范围经济提高的是多样化效能，应从结果的"越多样化，越……"方面，把握信息化知识分享的产出。而规模经济是越规模化，效果越好。越多样化，服务能力越高，会带来两个经济效果，个性化越来越经济和附加值越来越高。

例如，电子商务中的知识分享，其结果往往是指向某一具体问题解决的，并不强调通用性、普遍性。但由于在不同的个性化节点上，随时都可以从需要出发搜索、汇集网络的智慧，在使用中，使死的知识转化为活的智慧，从而产生智慧化效应。

二是从过程上区分，范围经济分享的知识是个人知识（波兰尼），规模经济分享的知识是一般知识。个人知识是过程知识（如创新）、默会知识（如技能）、隐性知识（如习得诀窍）；一般知识是结果知识（如可以物化的专利知识）、理性知识（如科学）、显性知识（如文本知识）。对于由个人知识形成的范围报酬递增而言，组织成员的参与十分重要（这可以通过简单计数每个成员被其他成员选作建议者的次数来测定[①]）。

在电子商务平台上，网商之间通过虚拟社区交流经验、"干中学"，相互合作（如众包），在群体智慧中，让知识产生面向情境的报酬递增的效果。

三是从结构上区分，范围经济中的知识分享主要通过复杂性网络机制实现，而规模经济中的知识分享主要通过简单性网络机制实现的。

电子商务中的知识分享具有显著的短链、拓扑结构特征。例如，在某些农村地区，"由于社区内的亲缘关系，电子商务交易知识的传播与扩散受到的阻碍更少，因此追随者可以更快地进行学习。这种传播方式不仅效果突出，而且可复制性很强，在促进农村地区发展电子商务的跨越式发展中大有可为"[②]。

四是从技术上区分，知识分享要产生范围经济效果，以商务智能（BI）为代表的复杂性知识技术是不可缺少的。对 BI 来说，也有简单性系统与复杂

---

① 盖雷，加卢. 服务业的生产率、创新与知识：新经济与社会经济方法［M］. 上海：格致出版社，上海人民出版社，2012：117.

② 荆林波，梁春晓. 中国电子商务服务业发展报告 No. 1 ［M］. 北京：社会科学文献出版社，2011：54.

性系统之分。我们把仅仅服务于中央集权、中央控制、决策集中目的的 BI，都归入简单性智能系统，其特点是只为最高决策服务，集权而非授权的自上而下金字塔结构，它更适合规模经济的决策。而具有一线决策（特别是前沿部门如 CRM、呼叫中心等客户接触部门决策）功能，充分授权，且与决策中心、资源中心保持充分协同的 BI，则归入复杂性智能系统之内，其特点是具有决策上的分形特征（中心与节点同步决策），不仅具有高度灵活性，而且具有以人为本的高度智慧。例如海尔财务系统可以支撑复杂性网络中神经末梢与神经中枢的同步决策，达到"人人都是 CEO"的范围报酬递增效果。

在测评中要注意作为智慧决策基础的面向服务的商务智能技术运用，包括人工智能、大数据、数据挖掘、专家系统（ES）、智能代理（IA）、XaaS、主数据管理（MDM）、OLAP、数据仓库、管理层信息系统（EIS）、实时变化数据捕获（CDC）、CPM、企业内容管理（ECM）、自动决策系统（ADS）、管理支持系统（MSS），等等。

从某种意义上说，服务化的知识分享要达到的是比商务智能更高一层的商务智慧的效果。智慧化效应的测度本身有一个极限，它更多测的是智能，而不是智慧。智能可以无限逼近智慧，永远不可能达到智慧，但可以近似认为达到智慧。有一种最直接的通用测评体系——企业智商测评——可以用在测度智慧水平之上。

第四，通过开放应用实现范围报酬递增。

信息化对服务业中服务化带来的范围报酬递增效果，通过 APPs 增值形式显示出来。

分形是复杂性系统的特有结构。APPs 效能测度实际是一种分形测度。在这里，分形可以通俗理解为不同层级间的一种纵向路由，基于共同知识的秩序从底层涌现生成，又通过共同知识充分的分享与对流，造成系统不同层级的自相似，共同知识在节点与情境结合形成个人知识，同时保证节点去中心化地实现各自的增益。范围报酬递增在分布式结构中表现为涌现生成。

例如，苹果商城平台通过 API 对众多 App 开放。平台与多样性的 App 之间，在苹果系统上（包括 iOS、开发工具、App 规范等）遵守统一规范，具有技术上的分形结构（不与安卓兼容）。多样化的 App 通过分享苹果技术，各自集中精力于增值，从而创造出范围报酬递增的效果。

又如，苏宁电子商务平台，对 App 开放物流、IT、售后、金融等资源，为商户、品牌商提供更多零售增值服务，对商务免平台使用费。平台对品类无限开放，对品牌相对有限开放，对商家有限开放。保证同一款商品只有 5 个以下的商家经营，同时保证品类的丰富多样[①]。

第五，通过服务共享实现范围报酬递增。

服务可重用是服务化的一个特殊现象。通过组件化，原本专用于某一特殊用途的服务，可以在不同应用之间重复使用而不损失其功效。重用的范围越大，范围报酬递增效果就越突出。

服务重用的关键领域包括[②]：

——访问服务，通过访问服务，可以从 ESB 获得可重用的数据的支持；

——合作伙伴服务，这些服务提供了业务流程需要的可重用服务资源；

——业务应用服务，这些服务提供了整合系统中的新应用组件所需的可重用服务资源；

——开发服务，这些服务为分散的应用提供了可复用的开发工具；

——IT 服务管理服务，这些服务为 IT 服务管理提供了可重用的计算资源；

——风险管理服务，在 SOA 中企业可以通过共享历史信息，定义其中有规律地出现的不符合常规的事件（如欺骗、灾难），用于在相类似的应用中进行提前预警；

——外包服务，在不同企业之间共享服务（甚至相互外包），使企业专业于自身核心能力。如 ITO、BPO、KPO（知识流程外包，Knowledge Process Outsourcing）。

例如，Xerox 展开多方面的新业务研发以抢占更大范围市场。但从头开发新业务十分浪费资源。按原来分别开发模式，大量的定制代码无法重用，导致成本上升，开发周期延长。为了降低开发成本，Xerox 采用中间件模式，对代码进行整合，提高了代码的重用。采用新的模式，一年就能节省 7.2 万美元开销，应用时间只及过去的 25%。

第六，通过服务创新实现范围报酬递增。

---

① 艾瑞学院. 商变——传统企业电商就该这样做 [M]. 北京：机械工业出版社，2014：8-11.
② CARTER S. SOA & WEB2.0——新商业语言 [M]. 北京：清华大学出版社，2007.

信息化中的服务创新，在实践中突出表现在电子商务平台支持网商发展所创造的范围报酬递增之中。

测度服务创新带来的效能，对我国信息化具有特别的意义。我国信息化中，存在着由于利益倾向而扬技术创新、贬服务创新的现象。强调技术创新没有错，但如果企业没有积极性，只是出于政府主导和科研、产业部门为获取国家研发经费的目的而去强调，就会本末倒置；相反，服务创新如果只是因为需要市场主导、或没有投研发经费而不去作为，也会偏离方向。

我国市场广大，围绕市场需求进行的服务创新，包括市场创新、组织创新、商业模式创新等，一直在互联网发展过程中起着实际的主导作用，并且在国际上具有竞争优势。

测度通过服务创新实现范围报酬递增，可以重点关注以下方面：

一是测度网络化固定资产比销售额，反映平台化的状况，结合与竞争者相比的新服务业务百分比，反映固定成本在新服务中的分摊情况；

二是测度网络化间接成本占销售额的百分比，反映后台成本分摊情况；

三是测度服务支撑平台上增值应用开发者或网商数量，反映分享经济发展情况。

此外，还可以测度支撑服务平台对提高服务业产品开发和传递水平的贡献，测度支撑服务平台的市值，以反映固定成本使用效果。例如，腾讯开发了社交产品、娱乐产品和网络工具，包括应用程序商店和腾讯安全管家，这些平台与工具降低了大众的创业与创新门槛。

第七，质量－价格调整推动范围成本递减。

信息技术中一个普遍性的现象是性能快速上升而价格快速下降，这种情况起到的实际作用，与固定成本均摊的效果是一样的，都可以使平均成本出现递减。相对于质量提高而言，这相当于范围经济的效果。

例如，近40年来，由于信息化发展，日本出现了信息服务产品价格的快速下降和信息服务产品质量的快速上升的形势。1975—1985年，由于信息技术的进步，测试 ICT 对服务业质量提高贡献的指标——"质量－价格"指数（Quality－Price Index）在与信息相关的服务业中降低了 1 /30。在这一过程中，如郭怀英指出的：范围经济促进了服务和基础设施的垂直集成（规模经济促进了服务基础设施横向的集成）。在网络设施分支机构和服务设施分支机构之间总是存在一种强烈的范围经济。网络集成化系统的建立，可以迅速反

馈顾客的需求信息，提高企业响应市场的速度，大幅度降低交流沟通成本，顾客支持成本及库存占用费用①。

第八，通过流程共享实现范围成本递减。

Zenger 和 Hesterly 认为：引入信息通信技术降低了协调和交易成本，并促进了市场关系和虚拟或"分散型"（disaggregated）组织的发展②。服务化的范围经济是一种分散型的效能，信息技术通过流程共享实现的协同，推动了这种效能的实现。

其中的机理在于，产品复杂性是决定交易成本的一个重要因素，因为客户需要大量信息来简化使用，而且监督产品质量是需要花费成本。在服务化中，大量的成本消耗于协调多样化业务、分散应用的流程中。通过流程共享，使平均成本在分摊到每个分散业务应用时被稀释。

在服务化中，带来关键绩效的流程包括：交付流程（可以测度按时交付的百分比，货物价格占收入的比例），信用度流程（可以测度客户信用度曝光），客户追踪（可以测度客户维系比率的变化），存贷流程（可以测度零库存的天数、库存不足的天数等）和获取流程（可以测度需求转为订单的时间等）③。

第九，通过知本化实现范围成本递减。

一是，"成本病模型实际将原因归为生产率的差异，因为随着收入水平的提高劳动力变得日益昂贵，劳动成本成为服务或商品价格中的主要因素，自然劳动生产率高，劳动成本就低，价格便趋于下降；劳动生产率低，劳动成本就高，价格趋于上升，两种情况的合力作用使服务的相对价格上升。"④

许多学者已从实践中认识到信息技术对成本病自愈的影响。不同在于，通过知本化——即数据化的知识资本与劳动的一体化——所要强调的是，通过信息技术提高了劳动者的多样化效能。而这显著不同于一般研究认为的只是提高（同质化的）劳动生产率。因为知识一旦作用于智慧，它的效能主要不是体现在同类服务的规模上，而是体现在不同品类服务的范围上。

①　郭怀英. 以信息化促进服务业现代化研究 [J]. 经济研究参考，2008（10）.
②　盖雷，加卢. 服务业的生产率、创新与知识：新经济与社会经济方法 [M]. 上海：格致出版社，上海人民出版社，2012：65.
③　GARTER S. SOA & WEB2.0——新商业语言 [M]. 北京：清华大学出版社，2007.
④　徐宏毅. 服务业生产率与服务业经济增长研究 [D]. 武汉：武汉理工大学出版社，2012.

二是，众包与情境优化。

拉泽加提出"分布式知识"的概念，有助于说明带来范围经济的知识的特殊性。他指出，"在知识密集型组织常见的头脑风暴过程中，成员们可以或多或少地分享认知的成果"。这种在类似众包环境下形成的分布式知识，是"组织对环境复杂性的回应"。"头脑风暴过程会有一个非正式的质量控制，要依靠共同引导和征求意见来实现，而非一个难以理解的预定义的质量标准"①。

基于复杂性网络的众包对服务效能的提高，主要体现在情境优化的效能上。它不同于全局只有一个最优解的局面，而是在服务者与被服务者需要一对一精准匹配供求，而在全局上存在千差万别情况下，存在诸多基于上下文的最优时，表现出臭皮匠的（多样化）效能高于诸葛亮（喻全局最优解）的特征。佩奇实验证明了这一点。

总的来看，信息技术革命引发服务化经济变革②，首先，导致产品组合的变革，例如，导致产品的定制化生产和模块化生产越来越重要；商品与服务的互补性在增强；产品与服务的差异化代替大规模生产；技术、研发变得日益重要。其次，导致市场的变革，服务功能的实现方式在发生变化，服务的可贸易性逐步增强，外包扩大；对市场的组织能力不断增强；对受过良好教育的员工的需求上升；另外，带来业务流程的变革。服务通过组件化变得更加灵活；虚拟企业和服务虚拟化兴起。

---

① 盖雷，加卢. 服务业的生产率、创新与知识：新经济与社会经济方法 [M]. 上海：格致出版社，上海人民出版社，2012：111.

② 陈宪，等. 中国现代服务经济理论与发展战略研究 [M]. 北京：经济科学出版社，2011：304.

12　两化融合：产业化与服务化的融合

产业化与服务化只是理论的抽象，在真实世界中，并不存在纯而又纯的产业化，也不存在纯而又纯的服务化，产业化与服务化你中有我，我中有你，各依据一定条件相互转化。

推而广之，分工专业化与分工多样化，专业化效率与多样化效率，规模经济与范围经济，都处在相互融合状态。

在理论上，规模经济且范围经济，是真实世界的常态。长尾曲线就是两化融合的一种真实状态。

在本章中，我们将理论抽象分化的两端，再结合起来，专门讨论矛盾对立的两端依一定条件相互转化从而达到统一的问题。

12.1　规模经济且范围经济

当前，如何理解工业化与信息化的融合，是人们普遍关心的问题。不管是从技术与应用结合的角度看待融合，还是从混合生产方式的角度看待融合，融合最基本的一个特征在于，融合之后的形态，既是工业化的，又是信息化的。按照这样的标准，有一种生产方式，比较典型地属于工业化与信息化融合形态，这就是范围经济，或者叫长尾经济。在制造业中发展小批量、多品种的生产方式，代表着工业化与信息化融合的方向。

范围经济，对传统经济来说，属于新经济；对新经济来说，又属于传统经济。小批量、多品种，固然是新的生产方式；但范围经济却是"古已有之"的，是钱德勒所说"工业资本主义的原动力"之一。拿规模化定制来说，它是"定制"这种农业生产方式，与"大规模"这种工业化方式，在网络化基础上的结合。当前，江浙、广东经济发展中传统的利基、隐形冠军模式与新兴的电子商务的结合，创造了范围经济经验（"小的就是好的"经验），就是中国式的工业化与信息化融合的良好实践。同是大国崛起，要像总结规模经济中的丰田经验（"做大做强"经验）那样，总结范围经济中的浙粤经验，推动创新。

（1）规模经济与范围经济的概念

钱德勒在《规模经济与范围经济》中，提出了二者的区分。规模经济是指："当生产或经销单一品种的单一经营单位所增加的规模减少了生产或经销的单位成本时而导致的经济"。狭义的范围经济是指"利用单一经营单位内的生产或销售过程来生产或销售多于一种产品而产生的经济"，指"联合生产或联合经销的这些经济"。人们长期局限于钱德勒定义中"单一经营单位内"这一限制，把范围经济理解为企业内部的多角化经营或多元化经营。

广义的范围经济，是指"利用单一经营范围内的生产或销售过程来生产或销售多于一种产品而产生的经济"。这一定义不再限于"单一经营单位内"，而扩大到生产方式（如对于规模化定制）、产业集群（如对于虚拟企业）甚至整个经济（如对于中小企业）。

狭义和广义的范围经济，本质属性可以明确为基于品种经济性的经济，也可以通俗概括为：范围经济指品种越多，成本越低（品种经济）；规模经济指品种越少，成本越低（品种不经济）。品种经济性的来源，是"利用单一经营范围内的生产或销售过程"，特指在同一"范围"内，共享资源，均摊成本。范围是指共享与均摊的边界。例如，多个品种设计共享同一模板，产业集群内共享知识，中小企业共享生产区的基础设施和制度等。对范围经济来说，品种和协调是一件事的两个方面。品种越多，协调越难；协调越强，品种越多。品种形于外，协调秀于内，这就是互联网协调与个性化互为因素的原因。

从经济学上看，范围经济采用的是"品种－价格"分析维度；规模经济采用的是"数量－价格"分析维度。经济学长期以后一种维度为主流工具，主要是出于发展规模经济（单一品种大规模生产）的现实需要。

经济学中首先重视品种问题，并提到经济学全局高度的，是钱德勒提出的范围经济理论。范围经济理论在马歇尔理论、韦伯工业区理论、波特产业集群理论中，可以找到同样的问题意识。

迪克西特—斯蒂格利茨模型（D－S模型），第一次将品种内生化于经济学，建立了一个通过"产品数量－产品品种"二维坐标分析经济问题的理论框架。其问题意识可以概括为：一方面规模经济要求生产产品的种类越少，

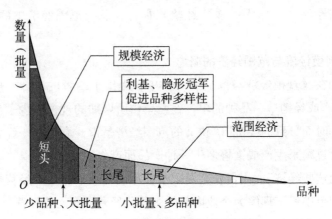

图 12 – 1　规模经济与范围经济对比

每种产品的产量越大，经济性越好；另一方面消费的多样化偏好又要求较多的产品种类数。市场会折中这一两难冲突形成一种垄断竞争的均衡，内生地决定市场上的产品种类数。

托夫勒的第三次浪潮理论、安德森的长尾理论，开始系统地将"数量—品种"范式隐含到信息化实践的逻辑框架中。托夫勒的"数量—品种"公式为：单一品种、大规模生产，转向小批量、多品种生产；安德森的"数量—品种"公式为：单一品种、大规模的"短头"生产，转向小批量、多品种的"长尾"生产；他们的发展在于增加了数字化这一时代特征，如图 12 – 1 所示。

（2）规模与范围的经济融合

从工业化与信息化融合的角度看，我国未来趋势不是单纯的范围经济，更不是清一色的数字化范围经济，而是与规模经济长期融合的范围经济，这是与许多发达国家不同的。其中，范围经济与规模经济在实践中可能出现多种有中国特色的融合方式。包括：

第一，规模经济中的范围经营。

严格的、标准意义上的长尾，是指范围经济，它以小批量多品种为主要特征。规模经济（即长尾理论所说"短头"）正相反，规模经济是指单一品种大规模生产。"规模经济中的范围经营"听起来自相矛盾，其实不是。它是指短头中的长尾。我们从彩电销售的案例中，具体认识这个问题。彩电生产销售最初是规模经济，集中于城市"短头"；城市市场饱和后，彩电企业事实上采用了面向农村长尾的策略。

价格战是规模经济发展到短头市场饱和阶段的标志，大规模生产厂商（在不增加品种的条件下）首要的突围方向，是从高收入的城市人员为主营销，转向中低收入的城市草根和农村人群进行营销；而长尾营销的特性表现在，面向草根人群的营销，需要从高成本的形象广告，向低成本的营销方式转变。规模经济中的经营，是最初级的长尾战略。

第二，范围经济中的规模化经营。

这又是一个相对传统经济自相矛盾的概念。既然是范围经济，就是要做小批量、多品种，怎么又谈起规模化了呢？其实长尾理论从来没有说要排斥规模化。

就拿音乐排行榜来说，全国流行音乐大排行，只排出前十，这是典型的短头。美国细分为一百多个排行榜，每个榜仍是排出前十。就这一百多个榜的每一个来说，都是长尾，但仍然要排出前十这个短头。这个短头，是长尾中的短头，范围经济中的规模化。它从全局看是长尾，从局部看是短头；比上是长尾，比下是规模。所以我们不要把规模和范围绝对对立起来。规模经济中之所以有局部的长尾，道理很简单，因为对长尾曲线来说，头与尾都是相对的。短头与长尾好比凤与鸡：每个长尾市场内部都有头有尾，有偏向城市精英的"凤头"，有偏向农村草根的"凤尾"；同样，每个短头内部也都有头有尾，有偏向精英的"鸡头"，有偏向草根的"鸡尾"。人们常说，宁做鸡头，不做凤尾，意思就是说，宁可在长尾中当头（冷门中的相对热门），不在短头中当尾（热门中的冷门）。

第三，范围经济中差异化的经营。

这是正宗意义上的长尾战略。它与规模化的经营的区别在于，它不以规模为导向，而以利润为导向。利基的特点是产品差异化，别人难以模仿，利润较高。隐形冠军在利基上还要加一条：形成规模经济，取得所在细分市场占有份额上的第一。长尾与利基、隐形冠军概念的交集在于，每个长尾（长尾被切分为无数段之后，每段仍是一个长尾）都有自己相对的"短头"。

当然，规模与范围是相对的；大与小也是相对的。"白猫黑猫是手段，抓住老鼠才是目的"。从这个意义上说，融合以抓住老鼠为标准。做大做强，通过做专五百强获得竞争优势，与做小做活，通过中小企业兼济天下，都是可行的，怎么结合、融合，要以抓住老鼠为标准进行选择。

范围经济与规模经济的融合，或者说长尾战略，只是工业化与信息化融合中许多问题中的一个。仅从范围经济初步涉及的具体问题看，工业化与信息化融合是一个相当复杂的问题，需要长期深入研究。

12.2　工业化与信息化两化融合

信息化与工业化融合的内涵应包括行业、企业在战略、产品、业务（工艺）流程、技术装备、人才、资源等各方面实现信息化与工业化相互渗透、相互交融与结合。其中包括：战略融合，业务发展战略与信息化发展战略的结合；产品融合，采用 IT 研发，提高产品性能、质量；技术融合，信息技术与行业技术的结合；业务融合，业务流程与信息流程的结合；设备融合，实现生产装备数字化、自动化与智能化；管理融合，信息管理与工业企业经营管理的结合；资源融合，信息资源与材料、能源、物质等工业资源的融合；人才融合，IT 人员与领导、职工、业务人员的结合。

（1）从生产方式基本矛盾看工业化与信息化融合

生产方式的演化是自然历史过程，融合是其矛盾运动，生产方式是生产力与生产关系的结合。任何一种单纯从生产力，或单纯从生产关系看工业化与信息化融合的观点，都是不全面的。比如，以前，许多人常常把信息化，当作电子；把工业化，当作商务，就是对生产力与生产关系的一种割裂。它容易导致工业化与信息化"两张皮"，把技术与管理，把技术发展与应用发展割裂开来，把信息技术产业的发展与传统产业改造割裂开来。这是在融合中需要避免的。至于什么叫工业化生产方式，什么叫信息化生产方式，以往人们研究得较少。它既不应是指技术，也不应是指管理，而是一种结合形态的东西。规模经济与范围经济，就是两种典型的生产方式。按广义的理解，规模经济对应单一品种大规模生产方式，范围经济对应小批量多品种的生产方式。前者对应做大做强企业的思路，后者对应"小的就是好的"思路。

我们总说工业化，但工业化的基本矛盾是什么，却没人提出和回答它。说不清工业化，信息化与谁融合的问题也回答不清楚。

在工业化经济内部，一直存在着规模经济与范围经济这一对基本矛盾。规模经济简单说，就是品种越少，成本越低，它要求通过加强专业化，提高经济性；范围经济简单说，就是品种越多，成本越低，它要求通过加强协作，提高经济性。

在整个工业化时期，规模经济都处于矛盾的主导地位，而范围经济处于次要地位。这是因为，在马克思和凯恩斯的时代，主导的生产力是以分工为取向的蒸汽机革命，还不存在以协调为取向的信息技术和生命技术革命，协调的生产力基础很弱。因此非常依赖协调效应的多品种与个性化生产，都是不符合成本原则的。但是，范围经济虽然处于次要矛盾地位，但它与规模经济的竞争，在整个工业化时期，一刻也没有停止过。钱德勒的《规模经济与范围经济：工业资本主义的原动力》这本书有 1140 页之多，从头到尾记述美国、英国和德国一百多年工业化史中，各个行业，以及各个行业的子行业交替采用规模经济与范围经济的历史。

当信息革命发生时，由于协调型生产力的突变性发展，改变了规模经济与范围经济二百年来的力量对比，使范围经济从矛盾的次要方面，上升为主导方面；使规模经济从主导方面，下降为次要方面。分工虽然还存在与发展，但主导的方面变了，经济的性质就变了，我们称质变发生之后，由范围经济主导的经济，称之为新经济。

规模经济与范围经济，是工业化经济的基本矛盾。在传统生产力条件下，规模经济一直处于矛盾的主导方面；信息技术革命的出现，帮助范围经济日渐成为矛盾的主导方面，因此经济发生了由旧到新的质变。

可以说，信息化是从工业化内部矛盾中，内在地生成出来的，信息化是工业化内在矛盾不可调和的产物，信息化通过科技含量高、经济效益好、资源消耗低、环境污染少、人力资源得到充分发挥的生产方式要解决的，都是工业化自身难以解决的生产方式上的基本矛盾。

（2）新兴的范围经济使我国经济处于变革前夜

随着生产力条件的变化，特别是互联网协调能力的提升，在世界范围内，以做大做强为导向的规模经济，正日益向"小的就是好的"范围经济转变。像意大利、浙江许多中小企业，主动选择能做大而不做大的隐形冠军策略，依托产业集群发挥"打群架"的竞争优势，已经成为世界经济中一个令人瞩目的新现象。

我国工业从总体来看不属于范围经济，它的规模经济比范围经济的特点更突出。但其内部包含的 15 个二级产业中，却有 11 个包含局部的范围经济成分，表现为全行业小企业比大企业的平均利润高，以优秀小企业为代表的产业集群，正在引导工业从传统的规模经济，向范围经济的方向转变。另外，我国已有十多个省，把发展产业集群，作为工业化与信息化的融合点和结合点提出来。如果对照钱德勒关于工业资本主义两大原动力的说法，我国工业化已经在传统的规模经济驱动力外，增加了新兴的范围经济的力量。它是我国工业化与信息化融合的内在基础，我国经济已处在变革新夜。

规模经济与范围经济，都既可以是工业化的，也可以是信息化的，是可以融合的。以规模经济为主的大企业，通过信息化，可以克服大企业病，转向灵捷制造。以产业集群为主的小企业，可以通过网络拓展市场，取得范围经济优势。前者通过信息化实现品种越少，成本越低，大规模制造；后者通过信息化实现品种越多，成本越低，个性化定制。

范围经济更是工业化与信息化的理想融合方式。因为范围经济本身没有工业化与信息化之分。传统工业化中就有范围经济，钱德勒总结了一些；信息化的范围经济是数字长尾经济，安德森也有所总结①。在我国，原子范围经济和原子—比特混合型范围经济的条件已成熟，纯数字型的范围经济发展的条件还有待完善。② 当前的问题只在于加强融合。传统经济单靠原子范围经济，是不能自发成长为新经济的。表现为它的企业协调、区域协调能力，都受到原子的限制。而计算机、网络技术的主要作用，就是帮助协调突破原子的质的限度，产生从负反馈到正反馈的质变。范围经济只有产生了正反馈质变，我们才称之为新经济。

从以上意义上说，工业化与信息化融合的基础，在于生产方式，在于生产方式的转变，在于生产力与生产关系的适配，不断解决旧的矛盾，同时接受新的矛盾的挑战。离开了这一基础谈融合，就不能解决深层次的问题。

（3）两化融合将取决于规模经济与范围经济的融合

如果一个国家，按照"小批量、多品种"的长尾战略发展，那会出现什么景象呢？会出现一种我称之为"国家范围经济"的新型崛起之路。也就是在"做大做强"这种规模经济选择之外，增加"小的就是好的"这种范围经济选择。国家范围经济的特点是由中小企业形成国家竞争优势，也就是中国经济的江浙化、广东化，它强调"小的是好的"。

我们可以把范围经济，根据工业化与信息化成分的不同，分为原子范围

---

① 姜奇平. 长尾战略 [M]. 北京：中信出版社，2007.
② 姜奇平. 有中国特色的长尾战略 [J]. 财经界. 管理学家，2007 (5).

经济、原子与比特混合范围经济、比特范围经济三类，观察它们与国情的匹配程度。

我们发现，在中国被企业所广泛认可的利基策略、隐形冠军策略、范围经济策略、冷门致富策略、小众市场策略和体验营销策略等适合传统工业化条件下采用的方法，与长尾理论的逻辑是完全相通的。在最根本的一点上，也就是从单一品种大规模生产，转向小批量多品种生产上，是完全一致的。

我们可以通过长尾战略与相关策略的比较，了解到它们之间的异同。长尾战略与利基、隐形冠军、范围经济、定制、差异化、冷门、小众市场和体验等"落地"战略，你中有我，我中有你。有的是同心圆关系，有的是交叉关系，但都具有长尾战略共同的内核。可以认为，利基、隐形冠军、范围经济、定制、差异化、冷门、小众市场和体验等企业实战运用的策略与方法，大大加强了长尾理论实战方法的丰富性。尤其是它们都可以在传统经济中适用，在中国具有广泛实践基础，解决了长尾理论在中国本地化的问题。

对于中国来说，以产业集群、隐形冠军等形式出现的行业范围经济，同数字化网络的结合，正在成势之中。最突出的一个标志，就是全国60%的行业网站，正在向全国产业集群最集中的浙江汇集。这是范围经济与数字化结合的预兆。

如果说发展原子长尾，中国的条件完全具备，而且还很好，应用长尾理论完全没有问题；但是，相对数字化的长尾，中国目前条件还不完全具备。

实施长尾战略，虽然是企业微观行为，但中小企业由于对环境和条件依赖较大，必须关注最低限度的政策问题。因为这些外部因素，直接与长尾战略的效果有密不可分的必然联系。长尾企业需要判断的第一类条件，是发展环境条件。发展环境包括政府营造的环境（G2B，政府对企业服务）和企业营造的环境（B2B2B，为B2B服务商提供服务的服务商）。这个环境有方方面面，长尾企业重点要看的是法律、政策、信用三个环境条件。长尾企业需要判断的第二类条件，是社会化服务条件。社会化服务条件，包括针对中小企业资金、信息、市场开拓、技术和人才五大需求展开的多项服务体系建设。

总之，如果长尾企业的五大需求——资金、市场、信息、技术和人才——有条件通过信息化社会化服务和发展环境保障得到有效支持，数字化长尾战略在中国落地的条件问题就会解决。企业将更多转向微观，从利润角度思考问题。

第三部分

企业信息化的效率与效能

　　企业信息化测评是整个经济化测评中的微观部分。本研究旨在实现从就绪导向的测评向效果导向的测评的根本转向。

　　本研究中信息化测评的一个特色，是将产业信息化与企业信息化分为两部分。以往的产业信息化研究较少，且主要是宏观经济研究，即对货币化的投入产出总量统计数据进行分析，在这种分析中不同产业的行为特征基本被过滤掉了；与此形成对照，大量的企业信息化测评，多把产业特征带入指标设计，优点是大量采集了货币化数据以外的具体行为信息；但带来的问题是，每个企业都身处特定行业，都具有行业特征，如果指标包括行业特征，则通用性差（例如制造业企业的生产指标不适用于服务企业），如果指标通用，则无法包含行业特征。我们采取的办法是把行业特征指标专门放在行业信息化中讨论，而在企业部分只留通用指标（因此更偏于组织、管理等方面）。这不意味着我们主张在进行企业信息化实测时，只采用通用指标。在实测时，完全可以根据不同指标体系所测对象的外延范围，在通用指标基础上加入不同的行业性指标，以共同完成测评。当然，这不妨碍我们在理论研究时，把行业特征与企业通用特色分开研究。

　　此外，我们在企业信息化测评中，加入了一个与宏观、中观测度不同的视角，即微观财务分析视角。财务绩效与经济绩效区别在于不考虑机会成本；但我们引入战略财务方法，进行了好利润与坏利润的核算区分，从而首次澄清了做大做强与做优做强的区别。为信息化驱动企业做优做强做大，提供了理论基础，使之因可测度而可管理。

13 企业信息化测评的框架思路

13.1 企业信息化的技术经济测评方向

随着企业信息化的不断深入，企业信息化测评的方法也需要不断创新。目前以就绪测度、应用测度为主的方法，已不能适应信息化转型的需要。通过理论深化，把握企业信息化的深层价值，通过方法改进，更好测度企业信息化实际效果，成为企业信息化测评创新面对的主要任务。本章对此提出一些基本看法。

企业信息化测评当前的主要问题，在于缺乏价值上的方向感，存在从理论到方法上的投入导向倾向，而无法实现产出导向（效益导向），即，无法对企业的信息化产出进行战略和策略一级的效益区分（例如不分差异化与成本领先，不分提价与降价），难以在实践中指导企业将信息化战略与企业战略一致起来。好比没有把长枪、短枪这种技术区别，与远身格斗、近身格斗这种业务上的区别，内在建立关联。导致电子商务中"电子"与"商务"的错位。理论上的实质是技术与经济脱节、技术测评与经济计量脱节。

在理论上第一次提出要着眼竞争力进行这种方向区分的，是谢康 1999 年出版的《知识优势：企业信息化如何提高企业竞争力》，提出存在范围经济（差异经济）与规模经济两种从战略到策略方向相反的竞争战略，它们与信息技术之间存在不同的关系，要根据企业战略决定信息化战略。但 15 年来的企业信息化测评，没有将这种理论转化为计量方法。这是导致企业信息化测评中盛行就绪、能力测评，而忽略效果测评的深层理论根源。本研究致力于解决这个问题。

本研究同现有各种企业信息化测评相比具有突破性进展的一点，在于从分工的两个方面（专业化与多样化），区分两种不同的价值取向。这在理论经济学上的微观意义在于，第一次从效益上区分了完全竞争与垄断竞争的不同，我们认为，正是由于存在复杂性（多样性、差异性）与简单性（同质性、非

差异性）这种不同，造成了技术与经济上产业化与服务化不同的方向性。现有各种微观测评对复杂性现象虽有一些零散归纳，但没有整体框架来辨别这种方向性；指标上好像成体系（只是符合了工作体系与供应商主导的投入分类体系），但理论上并没有体系，没有形成从企业战略需求与消费者需求出发的逻辑体系，尤其与技术经济学的内在逻辑相去甚远，无法内在展示信息技术与经济间的逻辑机理。

我们最重要的发现是，与信息化通过专业化服务于工业化对应的，是以完全竞争的均衡价格为中心的绩效；而与信息化作用于自身（服务化）对应的，是以稳定的垄断竞争均衡价格为中心的超额附加值，并至少在行业特性水平析出针对不同绩效的不同指标设计方向。

当然，信息化的经济影响，既不可完全归于对工业化的服务，也不可完全归于创造一种新的常态（例如将增值常态化），而是这两个对立统一方向的综合。以三维均衡价格 P 为例，它既不可能脱离 $P = MC$ 这个基础而存在，不能只以 $AC - MC$ 这种形态存在；也不可能只停留于 MC，而不向 AC 这个更高的目标迈进。读者通过我们的研究，可以把两个方面先区别开，再统一起来。

在中观（即产业）经济信息化测评中，已大量涉及企业微观测评，之所以没有上升到上篇中的一般性方法以及下沉到企业微观测评，一是因为其中的许多问题还没有抽象到必要的高度，二是因为许多问题本身就带有强烈的特殊性（如行业特性等）。在第三部分中，我们分析的企业不再划分行业，已经分析过的问题不再重复，而更侧重微观实测遇到的特殊问题。列举大量指标的目的，也不在于提供系统的实测方案，仍然定位于理论支撑服务，即从均衡这个纲出发，为信息化测评的实际工作者，提出指标设计应有的思路。主要解决每一个微观绩效测评，在全局绩效中处于一种什么位置，它的变化对全局均衡会产生哪个方向的影响；可以用它说明什么问题，通过对它施加管理影响，会带来哪个方向全局影响，等等。

对企业信息化测评，我们重点研究信息技术对企业管理效率与效能提高的"技术－经济"作用机理及信息化测评方法。信息化测评的对象重点放在比较通用的企业组织与管理方面，具体业务（生产、经营、设计、服务、营销、维护等）信息化测评则分散在一、二、三产的相关测评中。与生产率计量无关或关系较为间接的信息化测评（如领导、工作检查、政策措施等方面的信息化指标）不在本研究范围之内。

从技术经济学角度研究计量，我们把企业生产率问题，分解为专业化效率（即一般所称效率）与多样化效率（口语中称为效果）两个相对方面，分别研究；对生产率，进一步分解为效率与效能两个层面进行解析。

信息技术应用提高企业专业化效率，体现了信息化带动工业化、服务工业化的一面；信息化转型提高企业多样化效率，体现了工业化促进信息化，转向信息化的一面。合在一起，体现了工业化与信息化的两化融合。

与现有研究相比，本项研究创新提出了多样化效率与异质效能两个全新的概念和方法。由于专业化已有标准理论的成熟研究基础，因此不再进行机理分析，而直接进行信息技术与专业化的技术经济计量关系研究。而由于多样化机理仍是研究空白，因此从机理开始介绍，最后再进行技术经济计量问题研究。

13.2 企业信息化测评的绩效观

"信息化不等式"来自信息化实践，是对信息化建设规律的高度概括，是信息化发展中应用导向、用户导向原则的体现。它要求信息化测评从大方向上，从面向就绪、应用的测评，转向面向效果的测评，以信息化需求为导向。

(1) "信息化不等式"

汪向东提出的"信息化不等式"理念[①]，最早代表了从技术经济学角度进行企业信息化测评的绩效观。

"信息化不等式"可以表示为："能力 ≠ 应用 ≠ 有效"，具体是：在信息化发展中，能力建设的水平不等于应用水平，信息能力被应用的程度不等于产生实际的效果。将"信息化不等式"用于信息化测评，就需要在方法上从对信息化投入和能力建设的测评，进入到应用及其绩效的测评。

"能力不等于应用"，这里的能力，是指基于信息通信技术建设起来的信息化能力及其就绪状态，通常人们用各类信息化能力的就绪指标来反映；而这里的应用，是指人们利用已建成的信息能力的情况。能力与应用之间的差，往往表现为已建成能力的闲置和应用得不充分。

---

① 汪向东. 信息化不等式：能力 ≠ 应用 ≠ 有效 [J]. 光明日报, 2006 (7).

"应用不等于有效"是指信息通信技术或已建设起来的信息能力，不用肯定不行；但即使应用，也存在着一个如何应用的问题，应用不当，同样不能取得实效。而且，这里的有效，指的是用户对应用的绩效评价。

在信息化建设中，"信息化不等式"具有普遍意义。信息化建设是为了应用，应用是为了出实效。然而，我们投入大量资源建成的信息能力，不一定能够得到充分应用；而应用了信息通信技术或已建成的信息能力，也不一定获得实际的绩效，如何以用户为中心，以应用为导向，提高信息化实效，关系着信息化建设的成败。

（2）评价标准应掌握在用户手上

汪向东认为，信息能力应用的有效与否，应该基于用户的评价，原因是在实践中不同的评价主体有时对同一事物会得出不同的评价。这里有两种情况，一是供应方认为效果好，而用户并不买账；二是供应方提供的电子业务与用户方的需要不一致。

以用户为中心，信息化建设者就应该更多地倾听用户的反映，充分考虑用户的需求，在资源制约的情况下，把用户认为更重要的业务放在优先地位进行部署，创造条件提高这些业务的实际应用率，改进服务提高用户对这些业务的满意度，在信息化能力建设中力争实现业务相对重要性、应用率和用户满意度的统一。

"信息化不等式"来自信息化实践，考虑到我国信息化已经处在由能力建设为主向应用主导转变的阶段，我们就更应该树立"能力≠应用≠有效"的观点。掌握"信息化不等式"，有助于我们抓住信息化实效的关键，对于务实推进信息化，具有容易理解、方便把握的工作指导价值。

13.3 对信息化绩效的基本认识

强调应用不等于效益，必须深入回答效益是指什么，都有哪些。随着企业信息化的深入，企业信息化带来的实际效益，也越来越从应用的效益，发展为转型的效益、战略全局上的效益。对此，需要有更深入的认识。

（1）企业信息化带来的一般价值

1）信息化对于加强基础管理的价值。

加强基础管理所指的"管理"，在这里特指科学管理，也就是工业化管理。

信息技术广泛应用，包括了企业信息化基础设施的建设、企业信息资源的开发利用、信息技术在核心业务部门的应用、产品信息和技术含量的增加等方方面面，是广义的应用。加强科学管理，是指在原有科学管理体系框架的基础上，狠抓落实。它服从、服务于把企业做大做强的要求，加强科学管理提高的效益，主要定位于管理效率。

通过信息化加强基础管理，特点是以信息技术作为管理的新手段，强化科学管理的实施，但不改变科学管理的性质。属于用先进生产力加强和完善传统生产关系这个范围。这是一种浅层次的管理信息化。但鉴于我国企业，科学管理的基础尚且不牢，加之企业上下游信息化环境不佳，因此对大多数企业来说，以加强企业内部基础管理为基础，进行管理信息化改造，是符合国情的发展道路。

2）信息化对于流程再造的价值。

以流程重组为特点的信息化管理，它是企业的再造，是企业管理方式向扁平化方向进行的彻底变革。

它的特点是，不仅信息技术广泛应用，而且管理发生了根本上的改变。所谓"根本上的改变"是指，将信息技术应用于科学管理时，信息技术只是工具性的，信息化管理的效果还是局部的、战术性的。但将信息技术应用于信息化管理时，信息技术不光是工具，而且是一种新的生产方式的体现，因此不再是工具性的，而变为实质性的了；管理的变化，体现在体制上，而非仅限在应用上，产生了由"用"向"体"的质变。

从实践中我们可以看到，实行信息化管理，给企业带来的巨大效益。这个效益不是仅仅体现在效率上，而是体现在效能上，即体现在效率与成本之比的变化率的趋向上。

3）信息化的规模经济效益。

通过信息化，促进企业规模经济效益，这是站在最底下的一楼看企业信息化可以期望的东西。

规模经济，是单一品种大批量生产的经济，是典型的工业经济。规模经济效益，是指通过扩大生产规模增加同一产品的产量实现单位成本的下降。

用信息化去追求规模经济效益，所需前提条件最容易得到满足。它的前提假设是：一不改变技术性质，二不涉及任何管理改变。与企业传统做法相比，从技术到管理差别最小，进入信息化的门槛最低。

4）信息化的范围经济效益和差异经济效益。

范围经济的特点是小批量多品种，范围经济通过联合生产管理，增加产品种类而实现单位成本的下降。范围经济的本质是复杂性经济。

根据品种所指的不同，可以将范围经济进一步分为差异经济、网络经济与信息经济。

差异经济通过同一产品的同一品种内部差异性的增加降低单位生产成本，或者通过多品种、高产量降低单位生产成本。

网络经济则是结构意义上的复杂性经济，它是指随着复杂性网络中节点的增加，其报酬递增的现象。梅特卡夫法则反映的就是这类现象。

信息经济是中介意义上的复杂性经济，它是指信息越复杂反而越透明的经济。农业经济与工业经济中的信息，都存在复杂性成本递增与报酬递减，但借助于智慧化，信息经济可能存在复杂性成本递减与报酬递增。

5）信息化推动企业从做大做强到做活转变的价值。

做活，是先进生产力发展的要求。信息化就是生命化，这是站在信息技术与生命技术同源的高度认识先进生产力特征的结论。生命的本质特征，是创新进化。企业的生命化，通过企业自我创新体系和自我进化体系实现。自创新、自进化的体系，就是信息化体系。

做活，是全球化和信息化条件下，企业竞争力的要求。流程再造只是手段，通过数字神经，恢复系统活力才是目的。企业信息化所追求的价值，所要达到的效益，只不过是"系统活力"的分散化的表述：通过缔造学习组织实现可持续创新，通过流程再造对环境挑战进行迅速有效的应战，通过信息和知识含量的提高使企业像人一样充满灵性和智能，通过数字神经系统的建造展现灵捷制造的身手，通过虚拟企业实现社会有机体的灵性化……企业信息化所有的一切，归根结底，就是提高企业生命力。

根据我国实际，可以把企业信息化划分为由高到低的五种水平。

A级指企业信息化已经进入多行业、多地区、多业务全面集成与协同，信息化可以有效改造和提升企业价值链，提高创新竞争能力，企业信息化已经全面融入企业的管理、生产、运营活动。企业信息化基本达到国际先进水平。

B级指企业已经基本实现了内部系统、功能和上下游的集成，开始以优化和深化应用为主。企业信息化接近国际先进水平，达到国内领先水平。

C级指企业内部的信息化手段、工具应用已经比较广泛，基础设施比较完备，具备了开始统一规划，统一规范标准，消除"信息孤岛"，实现内部数据互联互通和多地区、多业务协同的条件。企业信息化接近国内领先水平。

D级指信息化建设尚处于内部单位自行建设发展阶段，内部不同地区、不同单位、不同部门根据自身经济实力和管理业务需要，开发建设了较多的适应生产、管理应用系统，但还没有统一的信息化总体规划，管理体系也不具备整合流程的条件，应用系统还未由"部门级"向"企业级"发展。企业信息化处于国内平均水平，其中部分应用达到先进水平。

E级指信息化应用以单机和局域网为主，主要实现替代人工简单劳动和小范围，单业务的管理信息电子化，做到局部的信息交流和共享。企业信息化处于我国一般水平。

从长远观点看，这里的A级水平仍然不是最高水平。随着现代化程度的进一步提高，企业与网络的界限、生产与生活的界限将进一步模糊，直到不存在所谓"企业"信息化问题为止。由于我们只是在"企业"这个边界内讨论问题，因此对这一话题不进一步展开。

（2）**信息化的效益与效应**

信息化效益按照从用变到体变不断深化的顺序，可以区分为以下四个层次的效益。

一是技术效益，信息技术作为一种新的生产力，在自动化效应范围内，正取代劳动力或原来意义上的资本资产，产生提高效率的经济效益。表现在新技术带来的节约劳动力，缩短生产周期和降低成本等方面的效益。成本降低是反映技术效益的重要指标。

二是管理效益，这是指信息技术与业务结合所产生的应用效益。主要来自于企业管理信息的收集、传送、保存和处理能力，管理效应的信息化价值体现在决策、组织、生产、营销、人事等各个方向，例如提高对决策的响应速度，节约企业内部运营成本，增强组织协调能力等。管理效益最终通过企业规模的扩大、收入的提高等指标体现出来。

三是转型效益，这是指由IT推动和支持流程再造、模式创新及企业变革所创造的价值。随着信息化的深入，企业为适应多变的环境开始通过信

息化来实施流程再造和重组组织结构，这一过程带来的价值不仅是收入增长，更重要的是随着品种变多而规模缩减，增加了产品的差异化，提升产品价值，转型带来企业从制造向创造的转变，反映在利润的提高和可持续发展上。

四是战略效益，这是信息化战略融于企业战略之中，信息化的重心从企业信息化转向信息化企业，企业实现从投资驱动向创新驱动的根本转变，实现低成本差异化，使企业成为与时俱进因需而变的企业。重点在于考察信息化如何在变化剧烈的宏观环境中助力企业基业长青。不仅可以提高企业的效率，更重要的是提高企业的效能，即在复杂变化环境下打飞靶的能力。

效应是效率与效能变化的方向。企业信息化依专业化、多样化两个方向，以及效率与效能两个层次，可分为四种技术经济效应：

一是自动化效应，是指信息技术提高专业化效率。

ICT作为一种新的生产力，正取代劳动力或原来意义上的资本资产，在自动化效应范围内，价值主要产生自信息技术对业务层专业化效率的提高，如新技术节约劳动力，改进生产流程和降低库存成本等。

二是灵活化效应，是指信息技术提高多样化效率。

这由IT推动和支持过程创新及变革的能力所创造的价值。随着信息化的深入，企业为适应多变的环境开始通过信息化来实现转型，这一过程带来的价值不仅是收入增长，更重要的是企业响应力得到改善，随着品种变多，增加了产品的差异化，降低了差异化的成本，从而提升了产品价值。

三是智能化效应，是指信息技术提高专业化效能，即规模经济。

智能化效应是指随着业务规模的扩大，通过均摊固定成本，充分利润闲置资源和无形资产的复用，而使更大销售产品的平均成本出现递减。信息化通过智能化效应支持企业做大做强。

四是智慧化效应，是指信息技术提高多样化效能，即范围经济。

智慧化的管理效应体现在向员工授权中提高一线决策的响应速度，节约企业复杂性提高带来的成本，增强组织多样化效能。

信息化融于企业之中，企业信息化转变为信息化企业，开始立足现代产业体系来考虑信息化的价值所在。决策层直取核心价值，考虑企业的发展趋势，重点在于如何在变化剧烈的宏观环境中基业长青。不仅可以提高企业的效率，更重要的是提高企业的效能，即在复杂变化环境下打飞靶的能力。

（3）对复杂性及其绩效性的计量研究

本研究的根本特点是将复杂性内生进入技术经济学研究，因此对企业信息化研究的主要立足点，要求加强对复杂性及其绩效的计量研究。

以往企业信息化与企业绩效测评的脱节，最主要的理论根源在于只是在同质化、简单性的传统中国制造大思路内进行，信息化与网络经济的特殊性就在于其植根于复杂性范式，以复杂性为纲，纲举目张，才能将信息化带来的增值现象从源头上说清。

有学者指出："不断提升的多样化、适时递送、个性化的客户服务等收益在传统的生产率统计中都没有能够很好地反映出来。这正是信息技术的特别之处。"由于用户是分散的、多元的，从以企业价值为中心的信息化测评，转向以用户价值为中心的信息化测评，势必在方法上要求加强对复杂性的计量研究。

信息化测评难，以往人们总认为难在无形（例如涉及无形资产）。其实从现在的测评技术讲，这已不是不可克服的障碍。真正难的，是反映信息化特殊性的特有维度，也就是复杂性、异质性的特殊计量维度，有待进一步挖掘。

传统统计忽略的测度方向，包括复杂性（品种越多越复杂）、生态性（生物多样性就是品种多样化）、异质性（品种以质的不同来区分）、多元性（拓扑的节点数，管理中的异质单元数）、信息性（熵值）、多样性（variety）、差异性（difference、diversity），时间上的快速多变，等等；可间接表现的，包括柔性（连接异质单位的效能）、灵敏度（两个异质单位间的时间反应）、用户体验及满意度（意义的个性化满足）等。

从生产方式出发进行测评的思路，落实到计量方法上，最大的一个不同，就是顶层框架不同。生产方式转变最简明的计量维度表达，就是托夫勒说的，从单一品种大规模生产，向小批量多品种转变。它是由数量和品种两个维度构成的。而传统生产力测评只有数量一个维度。这是方法上最大的区别。

加强对信息化与网络经济特殊性的测度，有助于区分哪些产出可归于信息化投入，哪些产出不宜归于信息化投入。我们的创新思路，是抓住生产方式的不同特征区分测度对象。

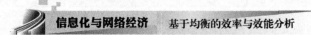

　　当然，对信息化与网络经济特殊性的强调，不能极端到唯特殊论。为全面起见，我们将从专业化与多样化这两个相反的方向，把握效率与效能问题的主线，揭示企业通过做大来做强与通过做优来做强的区别与联系，最终服务于通过"可测度可管理"的信息化，帮助企业实现做优做强做大的目标。

14 专业化促进：做大做强的逻辑

我们在方法上的一个重大改进，是从技术经济角度区分做大做强与做强做优区分企业信息化的绩效。本章主要从支持企业做大做强方面研究企业信息化的绩效及对这种绩效的测评。企业信息化对专业化效率提高的促进，导向推动企业做大做强。

14.1 专业化效率与效能改进

（1）观测企业本体的战略财务视角

现有企业信息化测评方法，没有系统的办法将绩效归因到专业化这个战略方向上来。为了解决这个问题，我们需要对背后的财务理论和方法进行创新性的探讨。

信息化企业本体是指"技术－经济"中经济的那一部分，相当于"电子商务"中"商务"，是指与技术相对的业务。在企业业务中，我们将涉及行业的业务，在行业信息化中重点讨论；留在企业部分讨论的业务，主要是不分行业特征的通用业务，如组织、决策、战略等方面的业务。而对业务效率与效能的计量与测评，选择一个同行业分析不同的、企业独有的视角，这就是财务视角。

财务从测评角度看，特点在于以微观价值为线索对企业业务进行定量化描述，但不考虑机会成本。就信息化与网络经济的技术经济分析的特殊性来说，我们将引入一个新的财务视角，这就是战略财务的视角。

战略财务是一个创新的视角，其核心是要从效率性质与企业竞争战略关联上对量本利进行区分，例如可以区分同质性、专业化产出与异质性、多样性产出。

现有财务理论与方法有一个非常大的局限，就是难以区分工业化产出

与信息化产出。这不是会计层面的问题，而是财务理论所依据的经济学原理的缺陷造成的。由于经济学本身不区分同质与异质，将同质性假定作为前提（实质是将简单性范式作为前提），因此由此派生的财务理论，形成对复杂性范式的投入产出测度的盲区。虽然从平衡积分卡等方法上，对无形资产的投入产出梳理做出了一些重要改进。但这些改进的层面过低，只是方法上而不是基础理论上的改进，因此不能在均衡的高度说明和解决问题。

举例说明，这类方法可以把无形要素摆到与有形要素同等重要地位上来平等测度，但两类不同性质要素的产出，仍然无法充分辨析；无形要素的产出中，哪些是同质性的（可归入 $P = MC$ 的范围）、哪些是异质性的（需要纳入 $AC - MC$ 的范围处理），在财务上仍难以区分。根本原因在于，传统经济学认为财务现象的背后，由差异化原因而达成的均衡（$P = AC$）不是一种稳定均衡现象，因此是一种"不应该存在"的现象。

战略财务（也可称为战略管理会计）的视角既不同于管理会计，也不同于财务战略管理。管理会计的出现，相对于核算型会计来说，是财会理论和实践的一大进展。它将单纯的计账，改进为将财务数据与业务行为紧密结合，以使追溯归因成为可能。管理会计可以结合不同成本性态，对战略成本进行分析；可以结合经营决策，对量本利进行绩效评价，反过来对企业的预算、管理、风险控制进行指导。财务战略管理更进了一步，不光对企业功能性的业务（如决策、经营、预算、风险控制等）可以进行定量化和调控，而且可以对战略本身进行测评、归因与指导。但它的侧重点是将财务数据（当作统一的同类数据）的分析结果应用于企业战略制订、实施和调整上，而不是对财务数据本身进行企业战略分类。

管理会计与财务战略管理的局限也是相同的。同样不能对工业化与信息化、产业化与服务化的产出，进行财务上的有效区分；不能在理论上说明"做大做强"与"做优做强"在利润上有什么实质区别；不能对提高专业化效率与多样化效率进行区分。由于测度上的局限，在评价和指导实践上，难以围绕企业的信息化转型，帮助企业对竞争战略的选择本身进行决策与管理，难以根据信息化与网络经济的需要，指导商业模式创新与服务创新。不可测，就不可管。因此会计的局限会延伸成管理的局限。

战略财务的前提是将复杂性内生入经济学基础理论，由"简单性－复杂性"范式的区别，引申出分工专业化与分工多样化两个不同的效率方向，进而在量本利中全面区分产业化与服务化、成本领先与差异化竞争战略的不同，并将这种分别内化到管理会计与财务战略管理之中，最终融合、统一为可解释长尾曲线的理论与实践。

我们这样做，不是为理论而理论，而有着非常实际的考虑。这样做，可以从财务上将做大做强与做优做强有效区分开。

设数量（Q）－价格（P）空间为简单性空间，品种（N）－数量（P）空间为复杂性空间，品种－数量空间为长尾空间（简单性－复杂性混合空间，对应两化融合空间）。利润（利）＝收益（量）－成本（本）。

以利润对应"强"；在量（收入规模）上，区分出同质性的 Q 量（对应"大"）与异质性的 N 量（对应"优"，即质优）两种量；将本（成本）区分出同质的专业化成本与异质的多样性成本两种本；将利（利润）区别为同质完全竞争利润（$P = MC$，利润为 0）和异质完全竞争利润（垄断竞争利润，$P = AC$，利润为 $AC - MC$，为区别起见，称为"好利润"）。

这样，我们就把利润从财务角度区分为两种不同性质的利，对应不同的"强"。一种是零利润条件下的利润，一种是好利润条件下的利润。零利润与好利润都是相对均衡而言的，而真实"利润"是指财务报表上个别厂商的实际利润。

战略财务不同于一般财务（包括管理财务）之处在于，它要从战略和管理角度，对企业的实际利润与均衡条件下的利润进行区分。

零利润条件下的利润是指"不可持续利润"，对应通过做大来做强，对应战略财务中的战略，是指成本领先战略。零利润是指完全竞争均衡时（$MC = MR$）利润为零。但对个别厂商来说，在资源没有达到帕累托最优前，同质化竞争也会在财务上显示出利润。这种实际利润，不同于理论上的利润（即均衡意义上的利润），是由于厂商偏离均衡——或者说是市场偏离均衡，而厂商主观利用机会成本（客观上使市场趋向于均衡）——而获得的利润。之所以说它是不可持续的，是因为基本面是零利润，某一厂商获得利润，前提一定是有其他厂商亏损作为平衡。随着竞争的充分化，资源配置越趋向最优，这种利润就会越趋向于 0。

好利润条件下的利润是指"可持续利润"，对应通过做优来做强（优的意思在这里就是指利润可持续），对应战略财务中的战略，是有所特指的差

异化战略[①]。之所以说是"可持续"的，是指在异质竞争中，即使完全竞争（即完全异质竞争，如基于创新、专利等门槛的"完全竞争"，极端如情境定价下个性化的完全竞争），仍然具有超额附加值（例如在微笑曲线的高端）。

关于好利润，我们在后面章节中再展开，本章集中分析零利润条件下的利润或"不可持续利润"。

可持续与不可持续，都是相对于均衡而言，也就是相对于基本面而言的。在真实世界中，即使理论上"不可持续"的利润，对厂商来说也是可以出现的。但这种利润在财务报表上出现，却随着整体市场趋向基本面，而越来越小，直至不可持续；并且还有一个特点，在竞争充分条件下，不可能是多数厂商具有利润（准确说是获利厂商的总利润超过亏损厂商的总亏损）。以传统中国制造为例，同质化制造在完全竞争条件下，会趋向零利润。但中国大多数制造厂商采取成本领先战略，却在相当时期内保有利润。这是因为，在全球化条件下，美国、日本制造成本高于中国，利润等于收益减去成本，不是中国企业收益的能力高，而是成本低造成了所谓的利润。这种利润不是理论经济学意义上的利润。随着供过于求，产能过剩，竞争越来越充分，同质化制造的基本面越来越显露出来，零利润成为普遍的现实。

从道理上讲，在正常情况下，样本越大（包括时间涵盖面越大），样本质量越高，经验性的调查与理论上均衡的基本面结果，应该是基本吻合的。但样本大、质量高这两个条件都不容易满足，因此我们还要同结构分析配合起来做这项工作。

要从财务中区别出利润的好坏（即可不可持续），仅凭"利润＝收益－成本"这个公式是远远不够的。因为这个公式既不包含市场结构信息，也不包含管理信息。管理会计在这方面有了一个很大的进步，因为其开始可以追溯利润、成本和收益的来源。我们要做的是进一步明确进行成本领先与差异化的战略区分。

我们先假定零利润下的实际利润，来自同质化的竞争战略。同质化与

---

① 但与波特的差异化战略成本曲线相反。波特的差异化战略，是高成本差异化战略，即越差异化，成本相对越高，即多样化无效率，无效能；信息化与网络经济的差异化战略，是低成本差异化战略，即越差异化，成本相对越低（如智能化），即多样化有效率、有效能。

完全竞争是对应的。测市场结构难，而测企业竞争战略相对容易。所以应该用管理会计的方法，将这种利润与导致这种利润的管理行为关联在一起。

企业信息化测评与产业信息化测评，在效率与效能的机理上都是一样的，只不过更多从微观专业化和微观多样化角度解析产业化与服务化；在指标上会有一些不同（在后面会看到），但不是实质的不同。真正重要的差别在效益上，企业信息化独特的效益是微观的，是可以表现在财务上的量本利。

信息化测评聚焦于企业绩效时，一方面，要从战略财务角度，将战略行为（而不光是管理行为）与量本利进行关联；另一方面，要将技术与财务进行关联，以解析信息技术与战略财务的逻辑关系。

具体到本章讨论的问题，企业信息化测评要解决的问题是，看信息技术如何通过成本领先战略的实施，提高企业的专业化效率与效能，为企业做大做强的目标服务。要观察其中的自动化效应与智能化效应。

同以往做法的一个关键不同在于，以往的企业信息化测评，是拿信息技术与财务数据进行直接关联，而战略财务的方法是对量本利分别进行战略分离，然后对产出进行分类处理。本章要分出的类，就是由专业化效率和效能提高而产出的零利润条件的绩效，属于"增产"项目下的产出，包括信息技术推动企业专业化能力提高、企业做大做强方面的绩效。

下面先根据测评实践对这类绩效先进行一个经验归纳，然后再进行定量理论和方法解析。

（2）企业信息化的专业化价值

假设我们已经可以利用改进了的管理会计方法，把专业化绩效从多样化绩效中区分出来，那么这样的绩效在实践中对应的是什么东西呢？

中国中央企业信息化测评一直在摸索测评信息化产出效果的价值。目前可以实测出的属于做大做强方向上的绩效，主要有以下几个方面。许多也可以适用于一般企业，特别是大中型企业。

信息化对于企业做大做强的价值，主要体现在企业发展战略、决策管理、生产组织管理、人力资源管理、财务管理、物资设备管理、创新设计、营销管理、投资管理、风险防范、节能减排、企业社会责任等企业管理领域反映出来的价值。

一是发展战略价值。通过做大来做强，是工业化时期典型的企业竞争战略。做大包含两层含义，即专业化效率和规模经济。前者是效率，后者是效能。

中国工业化的历史很长，但市场竞争战略，还主要是改革开放三十年来形成的。三十年来，中国企业之所以普遍选择做大做强，而不是将做强做优作为主要发展战略，是由中国工业化的总形势决定的。从农业社会向工业社会转变，企业经历着从专业化效率低到专业化效率高、从生产规模小到生产规模大的转变。

信息技术推动企业做大做强，首先在于增强企业核心竞争力。在传统工业化条件下，主要指成本领先战略这一基本面下的核心竞争力，即成本竞争力。信息化帮助企业全力打造具有国际竞争力的企业。当然，这个国际竞争力，还主要是国际成本竞争力。

二是决策管理价值。在决策管理方面，信息化提升了企业（尤其是企业顶层）决策支持与综合管理水平，优化集中决策，提高专业化效率，使决策更加合理。决策管理方面的专业化价值主要体现在企业信息系统平台集中管理的支持中。

三是组织管理价值。组织有简单性与复杂性结构之分，这里说的组织管理价值，特指对组织简单性结构（即专业化结构）的强化。信息化最初作用于组织，并不是作用于转型上，而是强化原有工业化组织。这种强化可以提高专业化的组织效率。例如，信息化早期一些企业采用事业部的组织形式，加强组织的集中化管理，创造的就是一种专业化价值。

四是资源整合价值。专业化条件下的资源整合，主要表现为一种资源的全局最优（而在多样化条件下更多表现为情境最优）。例如物资设备管理价值。信息化提高企业物资设备管理水平，对设备物资的管理实现基础数据的定期统计和分析数据的自动生成，并且通过信息化提高了物流运转效率，有效减少库存，降低库存占用资金。

五是人力资源管理价值。在人力资源管理方面，信息化的价值主要体现在人力资源的优化上。从管理角度说，提高了人力资源的管理水平；从业务角度说，提高了劳动力工作效率；从成本角度说，可以帮助企业降低人力资源成本。

六是财务资金管理价值。信息化对资金管理的价值首先体现在提高财务管控水平上，加速资金周转、增强资源整合，促进财务与业务一体化进程，推动企业由"核算型财务"向"管理型财务"转变。

七是技术研发价值。信息化可以帮助提高产品研发效率，提高产品的技术含量和技术附加值。基于研发的技术创新与基于创意的创新、服务创新不同，更多在提高专业化效率方面发挥作用。

八是投资管理价值。基于信息化建立投资管理系统，可以帮助决策层全面掌握公司投资，及时、准确、客观获取相关信息，提高投资管理效率，减少企业重复投资，降低建设成本，节约资金。

九是绿色环保价值。以信息化为手段，充分挖掘利用各种潜在的信息资源，有利于节能减排，发展绿色产业、环保产业。

此外，侧重制造的企业与侧重服务的企业，信息化所创造的价值有所不同。例如，生产流程管理价值对制造企业比较重要。信息化的价值体现在根据生产实际情况和生产计划安排，集中优化资源配置和生产调度，降低生产成本，通过信息系统对生产过程进行集中调控，更大限度地提高企业经营专业化效率和效益，做到最优化生产。举例来说，央企 ERP 示范工程是生产组织管理中的信息化应用，它有效地提升了央企主营业务管理水平。当然，流程型业务与离散型业务各有各的特点。

再如，营销管理价值对许多企业具有重要价值。信息化在营销管理的业务层面，主要表现在提高响应速度、降低成本、增加效率等方面。对于提升企业服务于产业链及客户价值的能力，具有关键的促进作用；通过信息化可以改善用户体验与提升合作伙伴能力，并且提高了企业基于价值网络的资源整合水平和协同能力，提升了市场掌控能力。

在信息化应用于营销过程中，产生了电子化销售，为企业拓展了产品市场，增加了业务渠道，延伸了产业链，推动企业扩大了生产规模。

以上这些价值，是从业务角度（包括管理角度），用定性的语言描述的。我们所研究的专业化效率与效能，既包括业务价值，也包括财务价值。信息化测评，要将上述价值（通常是存量价值），转化为财务价值，通过价格尺度来加以全面观察。

现有测评只能达到这样一个程度，用于工作指导已经足够，但用于经济学研究还远远不足，因此需要在简化指标体系之外，进一步研究更全面的，与均衡体系可以相互衔接的测评体系。

14.2 信息技术带动企业专业化的信息化测评

(1) 企业专业化绩效的结构化解析

企业信息化测评从本质上说是一种"技术－经济"测评。但现在许多企业信息化测评往往变成了单纯的技术测评，而缺乏对经济本体的透视。因此在评价信息技术与企业战略的结合时，总是隔着一层。解决这种问题，需要为企业信息化设置一个顶层上的"技术－经济"框架，以消除顶层设计上的测评盲区。

对专业化来说，"技术－经济"框架就是"专业化技术＋专业化经济"这一框架。其中的专业化经济，是沿着分工专业化方向测度效率与效能的框架。对应到产业上，就是产业化经济。

与专业化技术对应的企业信息化指标，主要是就绪类指标（TC_q）。与专业化经济对应的指标可分为效率与效能两大类。其中效率类指标指专业化效率指标，分为三小类，分别是技术应用指标（TE_q）、资源配置指标（AE_q）和效益指标（$CE_q\&RE_q$）。效能指标在此特指规模经济指标。加在一起，一共五类指标。

通过信息化测评，在这里测度与评价的是信息技术的专业化作用，包括效率水平上的自动化效应和效能水平上的智能化效应。如图 14－1 所示。

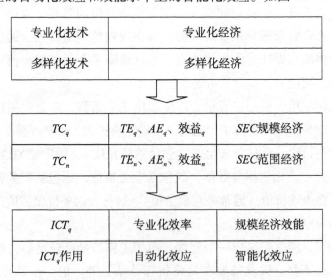

专业化技术	专业化经济	
多样化技术	多样化经济	

TC_q	TE_q、AE_q、效益$_q$	SEC规模经济
TC_n	TE_n、AE_n、效益$_n$	SEC范围经济

ICT_q	专业化效率	规模经济效能
ICT_q作用	自动化效应	智能化效应

图 14－1 企业信息化指标中专业化绩效结构

（2）面向专业化的信息技术就绪（TC_q）

信息技术就绪指标从本质上来说，没有太实质的区别。与信息技术有实质区别的是工业技术，这种区别是范式的区别，即复杂性范式的技术与简单性范式的技术的区别。简单性范式的技术往往是由机械动力驱动的，而机械动力往往是由能源驱动的；复杂性范式的技术往往是由智能驱动的，智能机械也需要一定的能源，如电力来驱动，但从根本上说，智能是由信息驱动的。

在企业信息化测评中，我们把信息技术就绪分为 TC_q 与 TC_n 是否有意义呢？

从实践情况看，信息技术在专业化方面发挥作用，还是在多样化方面发挥作用，虽然与技术本身有一定关系，但从技术经济角度看，往往更是由它与什么样的生产方式结合决定的。拖拉机是工业化技术，但它能不能发挥产业化的作用，要看怎样使用它。以小农的方式使用它，把它拆成零件，一家分一块，它就只能当废钢铁使用。信息技术也是这样。当以工业化的方式利用信息技术时，信息技术就只能起到专业化的作用。从这个方面说，区分就绪指标的意义是相对的。

但从技术本身来说，不同的技术按照其技术特性排列成一定的顺序，它们的所长与所短显然是有区别的。例如，大数据技术可以用来分析结构化数据，但它真正的擅长在处理非结构化数据。把它与二维数据库技术放在一起，总不能认为二维数据库技术比大数据技术更加擅长处理非结构化数据。信息化测评通过测度"技术－经济"的结合程度，可以客观评价出技术效率与经济效率的作用发挥是否充分。因此我们可以对技术条件进行相对而不是绝对的分类。

我们可以列举一些常见的就绪指标：

第一类指标，信息化装备情况。如：企业计算机拥有量（指小型机、服务器、工作站、PC 机、工业控制机的拥有量的总和）通信设备数量路由器，交换机的安装量。又如：企业联网的计算机台数占企业计算机安装总量的百分比。

第二类指标，信息化投资策略与投资结构。

一是测度历年 IT 投入的累计总金额占固定资产总值的比重。

二是测度信息化投入总额占当年销售收入的比重。

三是测度软件与服务的投入占企业信息化总投入的比重。

四是测度信息安全投入占企业信息化总投入的比重。

第三类指标，系统架构技术路线。

一是测度企业在用的主要数据库类型集中度。

二是测度企业在用的主要服务器端操作系统集中度。

第四类指标，测度基础设施建设水平。

一是测度企业局域网覆盖范围。

二是测度企业互联网覆盖范围。

三是测度企业计算机联网率或带宽。

四是测度企业的基础数据管理方法。

五是测度企业数据中心建设情况或采用云计算托管数据情况。

第五类指标，测度信息化标准规范与管控体系。

一是测度企业制定了哪些信息化管理制度。

二是测度企业软件正版化率。

三是测度企业已使用的信息化标准与编码水平。

对企业信息技术就绪指标的实际来说，它与产业信息化就绪有一点重要不同。产业信息化就绪不分大中小企业，而企业信息化需要进行区分。大中型企业与小型（包括小微）企业的就绪参照系有明显区别。

大型企业往往需要自建信息化基础设施。不仅如此，大企业自身的就绪往往取决于上下游厂商的就绪，因此在供应链协调等方面，要承担起整体就绪的责任。诸如此类，因此就绪指标涉及的面较广。

小型企业，特别是小微企业，如果自建信息化，往往难度很大，更适合依托于以信息化服务平台为核心的社会化服务体系实现信息化就绪。

（3）面向专业化的信息技术效率变化（TEC_q）

1）应用的专业化技术效率（TE_q）。

测度企业信息化应用，经常使用普及率与覆盖率指标。如：企业主要职能领域信息化应用覆盖率（信息应用覆盖率 = 应用信息化服务的职能部门数 ÷ 企业职能部门总数）；企业主要职能领域信息资源共享覆盖率（信息共享覆盖率 = 提供或获得共享信息服务的职能部门数 ÷ 企业职能部门总数）。

企业比较通用的信息技术应用指标，按所涉及职能，通常有以下几类：

第一类，管理信息系统及其应用指标。

一是测度办公自动化系统（OA）。

二是测度管理信息系统（MIS）。

如设计指标：企业综合管理信息系统的管理覆盖率是多少（管理覆盖率＝纳入综合管理服务的职能部门数÷企业职能部门总数。只适用于中型企业）：

A. 100%（100 分）　　　　　B. 80%以上（80 分）

C. 60%以上（60 分）　　　　D. 60%以下（20 分）

三是测度企业财会管理系统，如问：企业是否实现财务管理电算化。

四是测度企业人力资源管理系统。

五是测度企业后勤管理系统。

六是测度企业设备管理系统。

七是测度系统信息资源之集成整合。

第二类，辅助决策支持系统（DSS）及其应用指标。

一是测度决策信息提供。

二是测度决策方案提供。

三是测度决策优化支持。

四是测度商业智能应用。

例如，具体测度决策支持所处的水平包括：

A. 信息化尚未形成对企业决策的支持能力。

B. 初级水平：能够比较及时地提供决策需要的数据支持，能够生成简单的描述性图表，基于历史数据可以做出简单的预测性的趋势图。

C. 中级水平：能开展数据分析处理，对各种决策方案进行优选，能够及时形成较为复杂的管理数据报表，能够根据统计学原理进行简单的数据挖掘和分析预测，为企业决策提供有力的辅助支持。

D. 高级水平：采用专业的高级数据挖掘系统，建立符合企业业务需求的商务智能系统，具有管理决策智能化水平。

第三类，信息资源开发利用水平。

一是测度信息资源的覆盖率，企业内部信息资源，企业外部信息资源，例如：国内外市场信息，客户信息等覆盖的范围。

二是数据处理与挖掘深度，对企业领导决策支持程度。

第四类，企业知识管理水平。

例如设计指标：您认为符合本企业实际情况的是：

A. 能够将必要的数据和信息在需要的部门间共享（20分）

B. 能够对内部知识实现有效地保护（20分）

C. 能够使企业更快地推出新产品和新服务（20分）

D. 能够更好地满足客户的个性化要求（20分）

E. 员工能方便地从知识管理系统中获得帮助，解决实际问题（20分）

第五类，企业协同与电子商务。

一是测度企业内部管理的协同水平。

如设置标准：

A. 实现全企业协同（100分）

B. 实现企业和部分部门间的协同（80分）

C. 实现部分部门内部间协同（40分）

D. 没有实现协同（0分）

二是测度企业与主要合作伙伴的协同水平。

如设置标准：

A. 实现全业务、全过程协同（100分）

B. 已经和主要业务合作伙伴实现协同（80分）

C. 和部分业务合作伙伴实现协同（40分）

D. 没有实现协同（0分）

三是测度企业信息化门户网站建设情况。

四是测度网上销售商品和服务总额占企业总销售额的比例（比例＝当年电子商务产生的销售额÷当年销售总额×100%）。

五是测度网上采购商品和服务总额占总采购额的比例（比例＝当年电子商务产生的采购额÷当年采购总额×100%）。

此外，有些企业信息化指标，还涉及信息化与企业发展需求的匹配度，流程优化等方面。

2）应用的专业化配置效率（AE_q）。

第一大类指标，企业信息化的领导、规划和管理指标。

一般企业信息化指标体系将信息化领导放在最前面，单独列为一类，是为了便于检查和指导工作。但从技术经济角度，我们把信息化领导当作一个资源配置问题，放在 AE 的指标中。

第一类，测度信息化认知度与推动力。

一是询问企业主要领导人认为当前开展信息化的主要工作目标。

二是询问是否将信息化工作绩效纳入年度企业领导人员经营业绩考核。

三是询问企业是否有正式发文成立的企业信息化（工作）领导小组。

四是询问企业信息化工作领导小组成员包括以下哪些人员。

例如列出如下选项：

A. 总经理或董事长（50 分）　　B. 信息化分管领导（20 分）

C. 主要业务分管领导（30 分）　D. 信息化管理部门领导（10 分）

E. 主要业务及职能管理部门领导（20 分）

第二类，测度信息化战略与规划。

一是了解企业信息化规划制定情况。

二是了解企业信息化预算的制定情况。

三是了解企业信息化规划制定主要的参与人员。

例如列出如下选项：

A. 企业总经理或董事长（30 分）　B. 企业领导班子主要成员（20 分）

C. 业务部门主要领导（20 分）　　D. 信息化管理部门主要领导（10 分）

E. 财务部门领导（10 分）　　　　F. 主要信息技术骨干人员（10 分）

其中 C 项、E 项选择对于信息化效益具有直接影响，应重点考察。

第三类，测度信息化工作执行力。

一是了解分管信息化工作的领导的级别。

二是了解信息化管理部门的配置，如是归口管理还是有独立部门管理。

三是了解企业 CIO 的职务级别。

例如列出如下选项：

A. 副总经理级及以上（100 分）　B. 总工程师级别（80 分）

C. 部门经理级别（60 分）　　　　D. 没有明确任命的 CIO（0 分）

第四类，信息化管理。

一是了解信息化建设项目管理情况。

二是了解信息安全管理情况，包括安全标准、安全机制等。

三是了解信息化运维管理情况。

四是了解 IT 绩效管理与 IT 治理情况。

第二大类，信息化人力资源指标。

第一类，信息化培训。

一是测度企业是否建立长期的信息化培训机制和年度培训计划，组织开展对各级业务人员信息化的培训。

二是测度企业年度信息化培训预算占企业 IT 总预算的比例。

三是测度企业信息化培训覆盖率（覆盖率＝参与信息化培训的员工数量÷企业员工总数量×100％）。

四是测度企业有无基于网络的电子化学习（e‑Learning）系统。

第二类，信息化人才。

一是测度企业具备大专及大专以上学历的员工占员工总数的比例。

二是测度企业提供的信息化人才方面的政策。

三是测度企业是否设置专门的信息技术部门，配置专业的信息技术人才。

四是测度企业信息技术专业人才中获得 IT 相关专业资格认证的占全部 IT 员工比例。

第三大类，信息技术应用集成化水平。

第一类，应用集成化程度。

如测度企业信息集成，管理系统与控制系统信息集成与共享，过程集成，数据库集成，网络集成，管理控制一体化水平等。

第二类，集成化覆盖程度。

如测度企业内集成，企业内部与企业外部供应链上下游企业之间的集成。

第四大类，信息化平台与环境建设。

以下以工信部中小企业信息化建设指南中一个具体的中小企业信息化环境评估指标框架来说明平台与环境指标的设置。如表 14–1 所示。

表 14–1　　　　　　　　　　环境评估指标框架

要素	一级指标	指标构成	数据来源	权重
社会化服务体系	中小企业开拓市场服务情况	— 服务平台建设及其规模		0.2
		— 服务企业、机构数量		0.2
		— 国内外市场动态信息 W 数据库数量、规模		0.2
		— 接受服务的用户数		0.2
		— 服务企业、机构职工人数		0.2

要素	一级指标	指标构成	数据来源	权重
社会化服务体系	为中小企业利用信息提供服务情况	— 服务平台建设及其规模		0.2
		— 服务企业、机构数量		0.2
		— 信息种类、数据库数量、规模		0.2
		— 接受服务的用户数		0.2
		— 服务企业、机构职工人数		0.2
	为中小企业利用技术提供服务情况	— 公共技术平及开展新产品的研发和创新服务提供商数量		0.2
		— 开发技术和产品种类		0.2
		— 支持设立信息化应用体验中心		0.2
		— 接受服务的用户数		0.2
		— 外包服务和"一站式"服务服务企业、机构职工人数		0.2
	为中小企业培养人才提供服务情况	— 网上人才交流、远程教育、创业辅导和培训服务提供商的企业、机构数量		0.25
		— 组织实施百万中小企业信息化培训工程，重点提高企业决策者和管理人员的信息化意识和能力		0.25
		— 接受服务的用户数		0.25
		— 服务企业、机构职工人数		0.25
	为中小企业融资提供服务情况	— 提供融资担保服务企业、机构数量		0.25
		— 接受服务的用户数		0.25
		— 服务企业、机构职工人数		0.25
		— 支持网上融资服务平台建设经验		0.25
	为中小企业生产、经营、管理提供服务情况	— 提供生产经营、管理等服务服务企业、机构数量		0.3
		— 接受服务的用户数		0.4
		— 服务企业、机构职工人数		0.3

续 表

要素	一级指标	指标构成	数据来源	权重
社会化服务体系	支持社会化服务平台发展情况	— 鼓励多渠道、多方式参与服务平台建设。鼓励的服务商数量		0.25
		— 重点大型企业（集团）、行业和地区信息技术服务商、电子商务运营商建设规模化服务平台数量及用户数		0.25
		— 推动电信运营商与应用服务商紧密结合，为中小企业提供规模化服务平台数量及用户数		0.25
		— 协调推动规模化应用服务商与金融、物流等企业深度合作，形成服务产业链和配套服务网络数量及用户数		0.25
	发挥各类社会组织的作用情况	— 行业协会开展信息化标准、监理、评估、咨询、信息发布等方面的服务，编制行业信息化规范情况		0.3
		— 推动信息化相关协会、商会和产业联盟等行业组织数量		0.4
		— 行业协会职工人数		0.3
政府和政策环境	政策法规及部门规章出台情况	政策法规及部门规章出台文件数		0.25
	奖励措施情况	每年奖励人数		0.25
	工作制度化情况	推动工作有无列入政府规划		0.25
	机构建设情况	机构数量及职工人数		0.25

来源：工信部中小企业信息化建设指南课题报告。

3）应用的专业化经济效率（$CE_q \& RE_q$）。

企业信息化对专业化效率的提升，内生价格后，可以反映在各种可以由财务效果计量的业务贡献中。信息化测评可以考虑从以下方面设计指标，采集数据。

一是测度降低劳动力单位成本。在信息化应用中，通过提高劳动生产率（单位劳动的产出）来相对地降低劳动的单位成本。例如：深圳市建筑、机械

554

和纺织等传统企业中多数企业采用 CAD/CAM 技术后，高度重复性工作的效率提高了 15 倍，标准化作业的效率提高 5 倍，通用典型化工作的效率提高了 2 倍，专用和开发性设计分析的效率提高 1 倍以上。另据 James R. LEE 的研究，信息技术对建筑咨询企业单位劳动成本减少的贡献率在 5%~25%。

二是测度降低产品设计成本和缩短产品设计周期。通过应用信息技术降低产品设计成本，缩短设计周期，使企业获得竞争优势。

据中国科学院软件所工业管理与设计工程研究中心资源显示，尽管产品设计开发成本占总成本的比例仅为 5%，但却占产品生产成本的 60%。在生产时间上，按照顾客要求开发的新产品一般占新产品生产周期的 60%，制造占 40%。所以降低压缩设计成本，效益显著。

三是测度柔性制造对库存管理的替代效应。库存成本包括库存空间、占用的流动资金、银行利息、人员管理成本，以及产品保存质量成本等。采用信息技术进行零库存化管理，可大大节省费用。

例如，液态奶有些日配产品由于保质期只有两天，基本上在从产品下线在非常短的储存后就进入到流通领域。伊利实行了库存管理实时网络化后，产品运行周期大大下降，尤其保证了牛奶这种特殊产品的新鲜。

四是测度降低企业内部和外部活动的交易成本。企业内部信息沟通成本，是企业交易费用的重要组成部分，以网络方式替代传统方式，有助于降低企业交易费用。

五是测度从面向中间商向直接面向消费者转变提高的效益。如宝供储运，通过信息系统的建设把优势集中到客户服务和减少流通环节这一方面。以前从广州运到北京要 15 天，现在只需要 10 天。

在实测中，上述测度方向，要通过具体的实测指标实现。例如在我国中小企业信息化指南中，测度企业信息化应用效果，设计了如下指标：

①企业信息化直接效益有哪些（可多选，最高 100 分）：

A. 降低制造成本（20 分）　　　　B. 降低销售成本（20 分）

C. 降低库存成本（20 分）　　　　D. 降低管理成本（20 分）

E. 降低研发成本（20 分）　　　　F. 提高企业业务效率（20 分）

G. 提升产品质量（20 分）

②目前企业信息化的应用在多大程度上解决了企业现存的问题：

A. 很大程度上解决（100 分）　　　B. 部分解决（70 分）

C. 不甚明显（40 分）　　　　　　D. 没有解决（0 分）

③企业领导对本单位信息化现状的满意程度：

A. 满意（100 分）　　　　　　　B. 基本满意（70 分）

C. 不太满意（30 分）

④企业信息化间接效益有哪些（可多选，最高100 分。只适用于中型企业）：

A. 产品或服务市场占有率扩大（20 分）　　B. 促进企业文化建设（20 分）

C. 提升企业形象（20 分）

D. 促进企业跟客户关系的发展（20 分）　　E. 促进企业创新（20 分）

F. 提升竞争力（20 分）　　　　　G. 规范管理流程（20 分）

H. 提高决策与执行效率（20 分）

⑤目前企业对信息化的依赖程度（只适用于中型企业）：

A. 很强（100 分）　　　　　　　B. 较强（80 分）

C. 一般（60 分）　　　　　　　　D. 较弱（30 分）

E. 很弱（0 分）

　　理想的情况是可以直接从管理财务数据中，直接系统地获得数据，解决我们所说战略会计特有的问题：测度辨别"做大带来的利润"，即所谓零利润条件下的利润。这类测度很难在行业信息化水平实现，但它属于企业信息化测度中借助先进的会计方法可以特别加以解决的问题。我们深入探讨一下这个问题。

　　效率分析中的经济效率分析（效益分析），一般是从成本效率（CE）和收益效率（RE）入手的。但由于量本利是相互关联的，而企业做强，主要通过利润来衡量，因此我们主要从利润效率的角度展开分析，将成本和收益当作利润的相关变量。

　　做大做强类型的利润，具有一个特点，虽然这种利润在企业微观的会计报表中可以真实存在（甚至长期存在），但一旦市场实现完全竞争，资源得以充分配置，这种利润将不可持续。辨识这种利润，在大思路上，只需要把它与对应企业战略——成本领先战略——的行为关联起来，就可以实现。

　　依据盈亏平衡分析模型公式①：

---

①　张金昌，董永春. 管理会计分析：财务分析精细化［M］. 北京：经济管理出版社，2015：101.

利润＝产量×（单位产品价格－单位产品变动成本）－固定成本，即 $G = Q \times (P - VC) - FC$。

我们先分效率与效能两段来考虑问题。效率问题不考虑固定成本，即假定在长期，所有成本都是可变的。然后在讨论效能时，再加入固定成本均摊这个条件，研究规模经济。

单从盈亏平衡分析模型公式，并不能将企业因做大（包括专业化效率提高）而获得的利润追溯归因到业务上。因为产量、利润和成本都是相对的。为此，我们需要做进一步设定。

在同质化完全竞争的情况下，我们先将产量（能力）视为一个不变因素，把利润主要视为单位产品变动成本变化的结果。

完全竞争理论假定报酬不变或报酬递减，隐含了技术无关假设。提高产能主要靠技术，因技术外生而假定产能不变，也接近实际。生产效率的提高，主要表现为成本降低。

同时，对应企业竞争战略，可以发现，成本领先战略对 P 的影响，会导致均衡价格 $P = MC$，使利润趋近于零。在这种条件下，企业要通过成本领先战略获得利润，就较难通过提高价格实现，而主要靠同质化降低成本 VC 实现。

将产量、价格相对固定，在理论上不是绝对的，但与实际已比较接近。例如，传统中国制造主要靠降低成本来获得实际利润。零利润条件下的利润在此是指 $P = MC$ 条件下 $G > 0$，这个 G 是财务意义上的利润，而非理论经济学意义（均衡意义）上的利润。

单位产品变动成本的最大允许值为：

$$VC = \frac{Q \times P - FC}{Q} \qquad (14 - 1)$$

企业信息化测评利用战略财务要做的文章，就是设计指标测度信息技术通过何种业务途径，从专业化方面降低了 VC。

而单位变动成本的利润敏感系数为①：

$$SVC = -\frac{VC \times Q}{G} \qquad (14 - 2)$$

---

① 张金昌，董永春. 管理会计分析：财务分析精细化 ［M］. 北京：经济管理出版社，2015：175.

信息技术应用降低产品变动成本，从而提高实际利润，可从以下作业环节（以生产企业为例）入手测度：

——测度信息技术应用降低采购环节变动成本。

——测度信息技术应用降低装配环节变动成本。

——测度信息技术应用降低测试生产环节变动成本。

——测度信息技术应用降低发货环节变动成本。

——测度信息技术应用降低中试生产环节变动成本。

——测度信息技术应用降低工程安装环节变动成本。

——测度信息技术应用降低管理产品和顾客的变动成本。

——测度信息技术应用降低构造顾客服务配送链的变动成本。

经济增加值（EVA）法是测度经营绩效的一种流行方法。

$$EVA = 税后净营业利润 - 资本 \times 加权平均资本成本$$

用经济增加值来测度的"强"，与单纯测利润得到的"强"，区别在于把资本的成本放了进去，由此把"大"摘了出来。如果不考虑资本的成本，利润有可能是单纯靠扩大规模获得，而不是通过提高效率获得。

我们前面说过，大有两层含义，一是专业化效率，二是规模经济。前面仅以变动成本测度的利润，并没有区分出利润的这两种来源。规模经济在后面讨论，用经济增加值对利润加以限定，实际作用是剥离出做大做强中，通过提高专业化效率而获得的利润，即单位价值扩展。

因此，在企业信息化测度中，在可变成本分析的基础上，进一步测度信息技术与经济增加值的关系，可以比较精确地锁定专业化经济效率。

对经济增加值中由专业化效率提高导致的利润，也可以结合下面将谈到的第三步（商业模式分析）来归因。

（4）企业专业化效能（SEC_q）

做大做强中做大的本意，在实践中，更侧重于指规模化。从学理上讲，效率与效能不是一个概念，规模化可能独立于专业化效率提高，因此需要专门测度。

在会计实践中，税后净营业利润，反映的往往是规模扩大带来的利润，它是天然的反映做大做强的指标。只要将信息技术与税后净营业利润关联起来，就可以测度信息化带来的规模效益。但这是不精确的，因为税后净营业利润除了能反映做大做强外，还可能有别的所指。

第一，我们定义规模经济。

将成本函数（同质子函数）简写为：

$$C_1 = bh_1^{1/(\alpha+\beta)} \qquad (14-3)$$

同质的边际成本函数与平均成本函数分别为：

$$MC_1 = \frac{dC}{dh_1} = \gamma h_1^{1/(\alpha+\beta)-1}, \quad AC_1 = \frac{C}{h_1} = bh_1^{1/(\alpha+\beta)-1} \qquad (14-4)$$

当 $\alpha+\beta=1$ 时，规模报酬不变。

此时，$1/(\alpha+\beta)=1$，$C=bh_1$，故有 $MC_1=AC_1=b$。

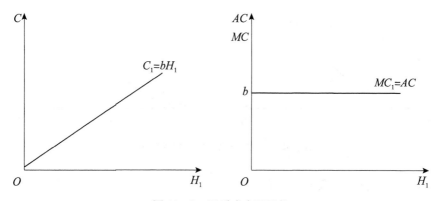

图 14-2 同质成本子函数

当 $\alpha+\beta>1$ 时，规模报酬递减，规模经济[①]。

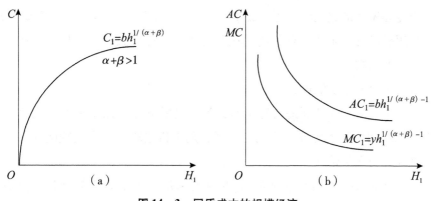

图 14-3 同质成本的规模经济

———————

[①] 一种意见认为（如哈伯德、奥布赖恩，2006），报酬递增（或递减）只是短期现象（涉及边际成本），而规模经济不经济涉及长期（平均成本），这里不取这种说法。

此时，$1/(\alpha+\beta)<1$，AC_1、MC_1 函数的指数为负，因此是向下倾斜。由于 $\gamma<b$，MC_1 曲线位于 AC_1 曲线下方。

当 $\alpha+\beta<1$ 时，规模报酬递增，规模不经济。

此时，$1/(\alpha+\beta)>1$，成本函数严格凸，AC_1、MC_1 函数的指数为正，因此是向上倾斜。由于 $\gamma>b$，MC_1 曲线位于 AC_1 曲线上方。

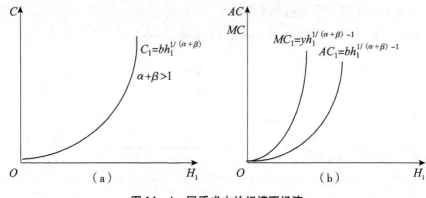

图 14-4　同质成本的规模不经济

第二，根据固定成本均摊的范围，可以将规模经济区分为内部规模经济与外部规模经济，分别讨论信息化作用下规模经济与利润的关系。

首先是分析信息化带来的内部规模经济。

内部规模经济通常是针对大企业（也包括成长型中小企业[①]）而言的。一个企业在做大的过程中，固定成本在企业边界范围内均摊造成的规模经济，是内部规模经济。企业信息化测评在此要测度的是信息技术助推固定成本的分享带来的利润。

我们可以分三步测度：

第一步，对增长特征进行定义和分类。根据做大（以销售增长代表）和做强（以利润增长为代表）的相对关系，尼尔科战略管理咨询顾问安伟杰将做大做强分为四类情况[②]：

——既大又强（顶级表现者），长期销售增长大于等于 11.5%，长期利

①　但不包括隐形冠军类的企业，因为隐形冠军通常不以做大为目标，而单纯定位于依靠利基做强。

②　安伟杰. 决胜规模之战 [M]. 上海：上海百家出版社，2009：25.

润增长大于等于 12.1%。

——以大促强（销售增长者），长期销售增长大于等于 11.5%，长期利润增长小于 12.1%。

——以强促大（利润增长者），长期销售增长小于 11.5%，长期利润增长大于等于 12.1%。

——不大不强（表现欠佳者），长期销售增长小于等于 11.5%，长期利润增长小于 12.1%。

这里长期销售增长与长期利润增长的标准，可以根据实际（行业、地区等）来具体调整。

第二步，对信息化增强规模化能力进行测度。通过做大而做强，通常主要表现在占有市场的能力上，因此利润归因首先可以将利润与占有市场的能力相关联。具体可以分研发、生产和物流、销售、营销四个环节，分别测度信息化对固定成本分摊的贡献：

一是测度信息技术对管理转移的贡献。

二是测度信息技术对技能转移的贡献。

三是测度信息技术对技能共享的贡献。

四是测度信息技术对有形资源共享的贡献。

五是测度信息技术对共同谈判决策的贡献。

六是测度信息技术对协同战略的贡献。

七是测度信息技术对纵向一体化的贡献。

八是测度信息技术对合并业务的贡献。

通过上述测度，了解信息化对研发、生产和物流、销售、营销四个环节的如下规模效益[1]，包括：利用信息技术把高昂的研发成本分散到大规模的产品销售额中；利用信息技术使企业在采购方获得大幅折扣，降低物流成本；利用信息技术通过由大量产品分摊广告费用而降低营销成本；利用信息技术使企业在分销方面获得成本优势。

需要注意的是，我们的效率理论是将效率与效能完全分开的（当然分开后可以再复合回去联合计算），这意味着我们所说的规模经济（专业化效能）与一般经济学中说的规模经济不同，附加了一个效率不变的条件。但真实世

---

① 安伟杰. 决胜规模之战［M］. 上海：上海百家出版社，2009：57.

界（包括经济学）中的规模经济，是可能同时伴随专业化效率提高的。因此不要由于单纯计算效能而形成一个错误印象，好像效能提高排斥效率提高似的。这一点我们在产业信息化分析中，是大而化之模糊处理的。但在企业微观分析中，由于有财务上的微观数据作为基础，因此可以尝试同时测试在信息化中与规模经济（专业化效能）提高而伴生的专业化效率提高。它包括以下几项：

一是在规模化中提高员工效率；二是在规模化中增加生产流程效率；三是在规模化中提高产品、流程和资源利用的标准化程度；四是在规模化中引入新系统，使组织的整体效率得到提高；五是在规模化中由于改善产品，使得生产过程的生产率提高或者用户满意度提高；六是在规模化中在价值链的销售和供给面产生专业化的学习效应。

第三步，对信息化通过业务行为增强规模化能力进行归因。为了进一步精确化，我们还可以从战略高度，细化到以商业模式为单位的行为，对利润进行管理会计归因①。

第一种做大的利润模式，卖座"大片"模式，即长尾中的短头模式。利润集中于各种业务中的热门项目上。例如能带来80%利润的20%业务。信息技术通过激发流行，促成这种效果的出现。其利润属于以大促强类型。

第二种做大的利润模式，专业化利润模式。通过专业化，战胜万金油式的厂商。信息技术通过提高各方面的专业化效率，加强做专的竞争优势。可以通过销售利润率来测度和观察。其利润属于以强促大类型。

第三种做大的利润模式，行业标准模式。利用行业标准，形成赢家通吃而产生规模收益。信息技术在形成行业产品标准方面，形成网络效应，实现正反馈，由此获得高利润。其利润属于以大促强类型。但对这种模式，还要结合反垄断、反不正当竞争等社会经济效率评价，进行综合评估。

第四种做大的利润模式，区域成本领先模式。利用信息技术在区域取得在后勤、广告、雇员等方面的成本领先优势，以赢利支持增长与区域扩张。其利润属于典型的以强促大类型。

第五种做大的利润模式，大额交易模式。利用信息技术，帮助企业在大

---

① 斯莱沃斯基，等. 发现利润区（第二版）［M］. 北京：中信出版社，2003.

额交易中获得最多的利润回报。与争夺市场份额不同，两家企业在相同市场份额下，交易分散的一方由于竞争原因利润较低，而交易集中的一方获得较高利润。其利润属于以大促强类型。

第六种做大的利润模式，价值链定位模式。利用信息技术，将业务聚焦于价值链上利润最高的环节，通过做专最有利可图的业务而增加利润。其利润属于以大促强类型。

第七种做大的利润模式，相对市场份额模式。利用信息技术，相对于同业竞争对手，取得相对市场份额优势，利用较大的销售量分摊广告费用和固定成本而获取利润。其利润属于以大促强类型。

以上各种利润模式，根据利润增长与销售增长关系的不同，都位于做大做强与不大不强两个极端之间。但不管处在哪一端，从理论经济学角度看（或从同质性长期完全竞争角度），这些利润都是不可持续的，都处于总体的零利润区间。

其次是分析信息化带来的外部规模经济。

外部规模经济通常是针对小企业的，当整个产业的产量（因企业数量的增加）扩大时，或企业在企业边界外、整个产业中均摊固定成本，造成整个产业的平均成本下降，是外部规模经济（External Economy of Scale）。企业信息化测评在此主要测度的是中小企业分享服务平台而带来的规模化收益（当然能直接获得利润数据更好）。

大企业的规模经济，包括外部规模经济（如供应链、虚拟企业联盟、标准化等方面的规模经济），在前面已进行过讨论，不在这里展开，更详细的分析可以参见行业信息化中的规模经济分析。

中小企业是外部规模经济的获益主体。信息化测评可以重点围绕中小企业信息化服务体系（包括服务平台）提供的支撑服务——本质是固定成本使用权转移和分享——带来的规模经济效益展开测度。

第一类是支撑平台的规模效益指标。

一是测度通过开源模式分享基础技术支撑服务资源提高专业化效能。开放源码软件（OSS，Open Source Software，简称开源软件）具有产品支配权免费而按使用收费的特征。采用开源软件来进行信息化建设，可以节约建设成本。可分享的技术资源包括 LAMP 架构（LAMP，Linux 操作系统、Apache 开源中间件服务器、MYSQL 开源数据库、PHP 编程语言）及行业软件等。

二是测度通过分享基础业务支撑服务资源提高专业化效能。例如通过信用支撑服务、安全支撑服务等，为中小企业电子商务提供基础性的业务保障。当企业数量越多或规模越大时，其整体的平均成本不断下降，因此支持了中小企业的做大做强。

三是测度通过 ASP（Application Service Provider，应用服务提供商）模式分享应用支撑服务资源提高专业化效能。ASP 基于互联网远程向中小企业提供应用支撑服务，包括应用程序的建立、维护与升级，应用系统的管理。通过应用支撑服务在中小企业的均摊，减轻了企业的重资产负担，为这些企业做大做强创造了条件。对于急需电子商务但资金技术等能力有限的中小企业来说，ASP 提供了一种轻资产运作的选择。

四是测度通过云模式分享服务资源提高专业化效能。云模式包括云计算、云服务，指技术和商业资源支配权分享，按使用权收费（按服务收费，按使用收费）的模式。包括基础设施即服务（IaaS），平台即服务（PaaS）和软件即服务（SaaS）、IaaS 等。中小企业通过以租代买，获得重资产，从而有效降低企业使用 IT 资源、商业资源的成本，使固定成本在整个使用者范围均摊而造成平均成本下降。

第二类是服务环境的规模经济效益。

服务环境与服务平台的区别在于共享（公共产品，支配权与使用权均免费）与分享（公益产品，支配权免费而使用权收费）的区别；服务环境向所有使用者开放；服务平台可能仅向部分使用者（如租用者、会员等）开放；服务环境的收入来自税，服务平台的收入来自费。当平台免除使用费成为公共平台时，可视同环境。

服务环境可以视为中小企业信息化的外部要素，可分为以下三种：

一是测度社会信息基础设施在促进中小企业做大做强中的作用。企业信息化向网络化和电子商务发展的趋势，使得中小企业对外部网络和通信设施的依赖性日益增强。信息基础设施，特别是通信和网络基础设施的发展水平、运行效率将对中小企业信息化产生重要影响。

二是测度外部供应商的体系化在促进中小企业做大做强中的作用。供应商本身不是环境，但供应商的产业链、价值链是否健全、是否配套则构成一种环境因素，它影响中小企业所能得到的技术支持是否高效、及时、全面、充分。外部供应商包括计算机和通信设备供应商、软件供应商（ISV）、软件开发商、系统集成商、咨询顾问公司、信息系统监理商等。要测度的是服务的集群化发展水平，包括外部供应商的分工程度、专业化程度等，水平的高低对中小企业信息化建设的投资效率、开发效率和技术的先进性和实用性具有重大影响。

例如，一家供应商的软件非常好，但中小企业不敢用。因为这一供应商太小，担心它倒闭以后，后续的软件维护服务无人负责，可能存在需要推倒重来的资产风险。这时，软件是否标准化、是否可替代，第三方维护体系是否健全，就成为可否分摊风险的重要考虑。

三是测度电子商务平台为主的商业生态系统发育在促进中小个来做大做强中的作用。平台与生态是不同概念。平台可能是向心化的、商业性的、半公益性的，但平台分享、在平台组织下形成的服务多样性，包括服务与服务之间的关联，可以构成一种具有公共性、去中心化的复杂性生态。这种复杂性生态，可以为中小企业做大做强，提供充分的养分和发展条件。

判断电子商务平台和复杂性商业生态到底是促进中小企业做大做强，还是做小做优，不光要看平台和生态，最主要看中小企业本身的利润结构，如果利润受环境作用影响主要来自销售额，基本可以判定是向因大而美方向发展的，如淘宝商城。如果进一步进行管理会计溯因，可以追溯到这样的环境中，销售管理服务发展的方向在比价，而非情境定价。

此外，信息化方面的政府公共服务、政策法规与标准规范，以及社会自组织、自协调、自服务机制建设等，虽然难以量化，但对中小企业做大做强具有不可忽视的重要影响。在有条件情况下，可以定性定量结合加以评估。

需要特别指出，做大做强是传统工业化时期企业发展的目标。我们讨论信息化帮助企业做大做强，不代表我们认为做大做强是企业信息化发挥的主要作用。信息化不光是手段，当企业以实现信息化为现代化目标（希望变成信息化企业）时，信息化的"主业"，或者说独特的（不同于工业化的）、主要方面（所长方面）的作用，在于帮助企业做优做强（或者说做活做强）。下面我们就转入信息化所长方面作用发挥对企业绩效提高作用的测度。

15   多样化带动：做优搞活的逻辑

做优与做大，是一个几近相反的方向。做优指的是获得可持续的利润，它需要通过特定含义的做活来实现。

工业化意义上的"搞活"企业，与信息化意义上的"搞活"企业，有本质不同。工业化的"搞活"，是指调整生产关系（如改变鼓励机制）；而信息化的"搞活"，是指调整生产方式（即改变"技术－经济"关系，要求生产力与生产关系结合起来，一起调整）。

从信息化角度看，工业化生产方式本身，就是一种不灵活（但富于专业化效率）的机制，它本身无法克服"工业病"（做大之后，由于中层官僚化而变得迟钝、不灵活）。一个本身一遇复杂性就不灵活的生产方式，即使激励机制可以充分调动起经理、员工的活力，面对高风险高不确定性的市场，会在非常富有活力（人员积极性这一局部活力）状态下失去活力（整体活力），无法对市场进行整体的、可持续的有效反应。

信息化意义上的搞活，不是强调企业变来变去（例如频繁更改主业），而是强调相对于市场需求调整企业，实现人单合一；不是强调单一地调整生产关系，以提高积极性①，而是强调整体地改变生产方式。

15.1   做优与灵活化效应

（1）信息化企业的实践背景：灵巧型企业

企业做大做强做活，其中做活是指以增值为常态。增值不再仅仅是战略行为，而且是日常行为。

蝙蝠在飞行时，可以让自己的"雷达"发出每秒 200 脉冲以上的超声波，

---

① 当然，信息化的"搞活"中，生产方式转变本身也包括调整生产关系。为了搞活，不仅要在奖金层面做文章，更要从机制上解决对经理、员工的创造性劳动分配剩余价值的问题，例如海尔五级工资制。

非常灵敏地判明蚊子之类的小虫或直径不到 1 毫米的细线，非常灵活地捕食或避让。非洲热带有一种象鼻鱼，身体就像一个信息装置，通过尾部两侧的发电器官发放脉冲，背部是一台电波接收装置，还能进行个体间通信，用术语来说，这叫宽带移动互联。它们有一个共同特点，都不采用集权的蜘蛛模式，而采用分权的海星模式。

互联网唤醒了海星组织。用唤醒这个比喻，实际在暗示，海星组织是一种活的组织。海星模式带来的冲击，是组织的活化。新的游戏规则强调自组织、自协调式的分权，冲击着原有的机械式的集权模式。传统组织的目标，是做大做强，做成钢铁机械；海星组织的目标，是灵活应变，做成有机生命。这些都指向同一个方向：灵活是重要的。

叶家明在《社会仿生论》中，提出"向生命系统学习"的口号。罗启义在《企业生理学》中，认为"一家具有活力的企业与一个活生生的有机体是极为相似的"。它们都有一个共同的主题：灵活是重要的。

把灵与活进一步拆开，灵是指信息化，活是指生命化。信息化就是生命化，生命化就是信息化。

众所周知，管理学强调效率，商业也强调效率。但是，有效率的，不等于是灵活的。集权模式也可以产生效率，但不能够产生灵活。就聚焦于需求而言，如果组织不能灵活应变，效率越高偏离需求就会越远。组织只有提高协调应变能力，才能更好响应市场。

如果再观察成本，旧商业思想的问题就会更加明显。传统模式更依赖规模收益，强调品种既定条件下的成本优势。而新商业要求在市场多变、品种多样化条件下驾驭成本。这两个方面结合起来，就指向旧商业思想的一个盲点：如何在多样化条件下降低协调成本。

新商业是两种现象的统一，一是分散，二是互联。灵活的本质，既不是单纯的分散，也不是单纯的互联，而是要把二者统一起来。要解决的问题，从技术上看，是实现"越分散，互联成本越低"；从商业上看，是实现"越定制化，交易费用越低"。对旧商业思想来说，这是一个悖论，是一个根本不该提出的问题。但互联网的商业实践告诉我们，这正是获得高附加值的门径。

从问题意识来看，灵活的经济性，所涉及的经济学问题，是"品种越多，成本越低"这样的品种经济性；不是一般的报酬递增（即规模报酬递增），而是范围报酬递增；不是一般的互补性，而是体现网络效应的互补性。它们都

涉及灵活的"多元—协调"双重性。需要从深层次上说清，人为什么要向有生命的海星学习，而不是去模仿无生命的机器。这一切都是因为，灵活是重要的。

1）灵巧型企业。

中国人打乒乓球为什么成功，因为中国人灵巧。可不可以大胆假设，灵巧，也许就是中国不同于美国人、日本人、德国人的所长。

中国企业如果把建设灵巧型企业，作为中式管理经验的核心，可以创造出一种足以同日式管理经验媲美的世界级的管理经验。

海尔人将灵巧型企业的定义为："'灵'就是'机智灵活'，在于对于机会的快速、有效捕捉，'巧'就是'巧妙'地为用户创造价值。"海尔人认为管理创新的目的，就是建立灵巧型企业："建立'灵巧型'企业"，就是"相对于竞争对手，企业能够更加准确、快速、经济性地解决问题，这是进行管理创新的目的。"

"灵巧型企业"的提法，源自 BCG 咨询报告 The Ingenious Enterprise: Competing amid rising complexity，它把提升组织复杂性的总体效果，概括为 Ingenious。

与灵巧型企业同样含义的说法是 IBM 的智慧企业（Smart Business）。Smart 与 Ingenious 具有同样含义。IBM 的取向是实现"大象可以跳舞"（企业做大做强后做活）。

灵巧就是"准确、快速、经济性地解决问题"，就是指低成本差异化。没有差异化，包括市场需求像飞靶似的来回变化，就无所谓复杂性；而没有低成本，捕捉这种差异化就谈不上互联网时代的经济性，就无法区别于日式管理（管理 2.0）。

日式管理的阿基里斯之踵，就是企业神经末梢缺乏灵巧性。症结是复杂不经济，造成效率高而效能低。

2）灵巧的竞争力本质。

灵巧算是什么样的竞争力呢？灵是智慧，智慧是一种洞察力。比如，美国谈大数据，宏观至国家，讲的是洞察力，微观至企业如 IBM，讲的也是洞察力。

效率不等于效能，也就是效率高不等于巧。因为目标不准，做事就会有效率地奔向错误的方向。张瑞敏就区分说"效率不一定很低，但是，很多事情的有效性不高"，"所有中国企业都面临着这种挑战，即如何在速度中做到准确度，在追求效率的同时做到有效能"。

效能，或者说巧，必须同时符合三个条件——"准确、快速、经济性"。快速说的是环境变化快，准确是说组织变化要正确地与之符合。这就是打飞靶。也就是以活的靶位变化，对准活的飞靶目标。强调面对复杂性，要以变制变。经济性是说，要让复杂经济，而不是复杂不经济。对着目标狂轰滥炸，也可以命中目标，但那样不经济，不是巧劲。巧劲是说在复杂性条件下（比如目标多变、差异化情况下），只用最少的力量投放，就准确快速命中。

巧实力在英文中是 Smart power。就是由灵而来的力量。将这种竞争力灌注于企业，就要求企业从做大做强，转向做强做优。要求在复杂多变条件下，持续地打中飞靶，应对好市场需求变化。

3）进一步理解灵巧。

观察作为一体两面的灵实力与巧实力，它们有一个共同特征，都具有"低成本复杂性"这一核心特征。具备灵实力，可以降低复杂性的认知成本；具备巧实力，可以降低复杂性的行为成本。二者特征，与通常所说效率都是相反的。因为效率的意思是个性化不经济，复杂性不经济。也就是说，只有把个性化转化为大规模制造，把复杂性转化为简单机械，才是效率的。

降低复杂性成本，在什么意义上，与效率会是相反的概念呢？答案是看效率的变化率。通常所说的组织效率，都是静态效率，都假设环境不变，是简单环境下的组织效率。比如，市场需求十年不变，提高企业的效率以保证供给。但假设环境多变，比如互联网时代到来，市场需求的不确定性、快速变化成为常态时，静态效率就会出现高效率地打错目标现象。灵动型企业就是指打飞靶打得好的企业，意思是不光要提高效率，更要提高相对于复杂性的效率。也就是说，目标变化了，相当于同一时间出现多个目标，复杂性程度提高了，看还有没有效率。

这时会出现两种情况，一是复杂不经济，即范围报酬递减；一是复杂经济，即范围报酬递增。什么样的企业是这两种情况呢？有个简单的判断方法：凡是机械的组织，都是复杂不经济的；凡是灵动的组织，都是复杂经济的。（在数学上是二者的效率变化率斜率符号相反）。

灵巧型企业就是范围报酬递增的企业。这就是谜底。做灵巧型企业，实际是说，第一，市场需求变化越来越复杂，需要提高组织的复杂性来应对，以变制变，以复杂性企业应对复杂性市场。第二，以变制变要经济，必须实现低成本差异化。低成本复杂化，这就是灵巧的本意。

4）中国人最适合灵动型企业。

回顾历史，美国企业是靠以简单企业应对简单市场成功的，日本企业是靠以简单企业应对复杂市场成功的，中国企业如果能做到以复杂性企业应对复杂性市场，就可以在学习美式管理、日式管理基础上，发挥自己的优势。

灵巧说起来简单，做起来难。世界上恐怕只有中华民族和犹太民族在骨子里有灵巧基因。这是因为这两个民族都有长期在复杂性条件下求生存的经验，不灵不巧就活不下来。中国的易经，主题只有一个，就是变（"易"就是变的意思）。中国人实际是把变，摆在西方人用来供上帝那个位置。最讨厌的就是本本主义，教条主义，原教旨主义，因为这些个外来的东西都太不灵活。这带来中国人一些与生俱来，无师自通的灵巧本能。比如随机应变。曹操刚一拔剑，董卓发觉了，马上随机应变说是要献宝剑；刘备听曹操说他英雄，吓得酒都洒了，却随机应变说是打雷受惊。这种本能中国人自己习以为常，并不知道是一种民族性，是一种低成本复杂适应性的表现。

中国企业为什么成功，中国经济为什么成功，多多少少都跟中国人善于复杂应变有关。不过是摸着石头过河，根据不同情况，随机应变。实事求是本身，就是世界观上的灵巧。

如今在企业发展上，管理应走什么样的路，采取什么样的模式？我们也要扬长避短。对于发挥后发优势，张瑞敏非常具体地提出如下见解："必须换一种跨越模式！具体表现就是企业的反应速度。"我们将反应速度归结为灵巧性，提炼为以灵活的组织快速应对复杂性的环境，作为人单合一的实质。相信海尔经验可以像丰田经验那样，成为有战略意义的创新。

（2）生产方式与企业活力：李维安的观点

企业活力问题，是一个世界性、世纪性的永恒难题。不仅是东方问题，也是西方问题。对中国来说，更具有特别的意义，可以说是改革与发展的核心话题。如果说，解决企业活力问题，第一阶段靠的是市场的思路；第二阶段靠的是产权的思路，共同特点，是在生产关系上做文章；那么，第三阶段的思路在于把生产力因素（信息和知识），引进"企业活力"这个问题中来，从生产关系视角延伸到生产方式视角，特点是看企业的角度转向把企业视为有机生命体。

李维安认为，作为社会生命系统，企业生命内涵主要体现在两个方面：空间上，企业是具有存在和活动能力的生命结构；时间上，企业遵循着自身规律（沿着演化路径）不断运动和变化，体现为一种生命过程，与企业生命周期密切关联。因此，企业存在是空间特征和时间特征的结合，企业活力表现为企业结构活力和企业过程活力的结合，并体现在企业与环境互动过程中。企业为实现自身目标，与环境进行各种资源的交换，以维持生命，获得成长和再生。

正如李维安含蓄指出的，"目前，从学术研究和实践应用情况看，人们在强调企业活力时，主要着眼于组织机构演进的角度"；而"知识经济时代的企业活力性质发生了变化，知识成为体现企业资源的核心要素和影响企业活力的资源基础"，"企业活力要素的性质发生了重要变化，知识创新与知识吸收能力成为企业成长与再生的关键"。换句话说，企业活力问题，从一个单纯的改革问题，变为改革与发展相结合的问题。

如果说"生产关系型思路"的时代背景，是把企业活力问题，放在同水平生产力历史条件（即工业化）的计划与市场两种不同生产关系的矛盾中加以把握；"生产方式型思路"则是把企业活力问题，放在不同水平生产力历史条件（工业生产力 VS 信息生产力）下加以把握。这意味着，企业有没有活力及国家因此兴衰的问题，在上一百年表现为工业化过程中的生产关系博弈；后一百年有可能演变为信息化过程中"机械化"企业对"生命化"企业的博弈。各国都要破解什么是"活力"这个企业斯芬克斯之谜。

李维安对问题的诊断和开出的药方，与我们从信息化角度的诊断和药方，具有深层的一致性。李维安指出："前一阶段我们的主导方向是'做大'，现阶段普遍强调的是'做强'，而新形势要求我们要步入倡导'做活'的企业经营成长的新阶段。""从组织活性上看，'做大'主要是把企业当成'机械组织'，'做强'主要是把企业当成'一般系统'，而'做活'则主要是把企业当成有机的'生命体'。"为此，李维安教授主张用"活力"（Energy Dynamics，ED）作为企业生命状态和质量的一种测度和反映，并建立了一个以"企业活力指数"来评价企业活力状况的指标体系。

我们认为，做大做强，都是把企业当作机械组织；做活是把企业当作有机（生命体）组织。机械组织的"企业活力"，与有机组织的"企业活力"，在生产关系（改革）上看是一致的，但在生产力和生产方式上看，特征却显

然是相反的。相反之处在于，系统和环境越复杂，越不确定，机械组织的应变力越差，改变力越弱；而系统和环境越复杂，越不确定，有机组织的应变力越强，改变力越强。21世纪，企业面对的，恰好是系统和环境越来越复杂，越来越不确定这种条件。造成复杂和不确定条件下组织应变力与改变力上相反表现的原因，一是组织的生产力基础不同（有形资本 VS 无形资本），二是组织的生产方式基础不同（工业化 VS 信息化）。

传统工业化的企业，虽然可以通过改革焕发生产关系意义上的"企业活力"，但不经"新型"（信息化）的改造，不可能焕发生产力和生产方式意义上的"企业活力"。

应变力与改变力是未来企业活力的核心。21世纪的世界是复杂和不确定的世界，企业竞争的本质，将是笛卡尔以来的人类机械化运动（又称"工业化"），与生命信息技术革命以来的人类有机化运动（又称"信息化"）之间的博弈。表现为做大做强但"很死"的恐龙型企业与做大做强又"做活"的企业之间的博弈。

把企业当成有机的"生命体"（李维安语）来理解的企业活力，主要反映在应变力和改变力上。应变力，是企业这一"系统"对"环境"变化的适应能力，主要看企业反应的灵敏性，看它是否能"随需应变"；改变力，是企业这一"系统"对"环境"的改变能力，主要看企业能否自主创新。海尔把二者称为双赢。

两种不同的企业活力观，进而反映在一系列推论的不同上：

一是机械化与生命化对生产要素需求不同：工业机械化运动，以有形生产要素为主要资源，所以企业活力问题主要在于对有形商品和有形资本的配置；信息生命化运动，以信息和知识作为主要资源。李维安教授在《基于知识管理的企业活力塑造：一个组织行为递进模型》等论文中，反复指出："企业活力要素的性质发生了重要变化，知识创新与知识吸收能力成为企业成长与再生的关键。"也可以认为：自主创新能力是国家的核心竞争力，也是企业生存和发展的关键，是企业实现跨越式发展的第一步。事实上，信息资源作为系统的"活化剂"促进系统有机化，信息化作为补企业活力的"人参"，对于企业"做活"，也都起着不可替代的作用。

二是机械化与生命化对财务价值理解不同：工业机械化运动，重视有形和短期价值；信息生命化运动，重视无形和长期价值。李维安在《现代企业活力理论与评价》这本专著非常有特色，将企业活力，分为生存力、发展力和再生力，通过对传统财务报表指标的改造，对企业活力分别进行了财务解析。李维安指出："生存性"主要是指企业保持自生机体健康，从而持续存在于正常运行，它反映生命仅仅作为一种"活体存在"的质量和状态；"成长性"主要是指企业通过资源集聚、组织扩张等方式实现经营扩张与拓展，它是生命自我复制与增生能力的集中体现；而"再生性"主要是指企业通过不断创新、变革以及特定的资源外取与集成等，实现新的跨越提升以及创造出新的企业生命，它反映着生命自我更新与再造从而在一定程度上克服生命周期的能力和潜能。以上三者综合体现为企业活力。我们在企业信息化500强的测评实践中，也深刻体会到对"企业活力"的新财务体系评价的重要性，摸索出了无形要素的评估体系，并运用在特大型企业的会计分析中，对于"显影"信息化的绩效，起到了明显作用。

三是机械化与生命化对规则制度理解不同：工业机械化运动强调最优的制度和规则，重视组织的正规化和官僚化。信息生命化运动重视惯习、文化在制度演进生成中的作用，重视组织的柔性化、虚拟化，将企业作为一种"具有明显的知识积累效应的动态演进组织"。

四是机械化与生命化经济学基础不同：工业机械化运动的经济学观点坚持完备理性，信息生命化运动的经济学观点强调有限理性（情境理性、过程理性），强调在有限重复博弈中积累共同知识，强调人的学习行为和体验行为。

可以说，评价什么，就获得什么。正确评价无形资产时代的企业活力，就会赋予企业新的生命活力。

企业活力评价系统包含生存力、成长力与再生力三个方面。南开大学211工程《现代企业活力理论与企业活力评价系统研究》中，企业活力由企业生存力、成长力和再生力三个方面体现。

以体现企业活力最高境界的再生力为例，是指：

——资源再生力：有整合企业内外资源的能力。

——核心能力再生力：有创新和转型能力，能保持核心能力与环境匹配。

——学习再生力：有较强的学习能力。

——演化再生力：主动调整演进路径。

——环境适应再生力：预见、适应和改造环境，不断自我超越。

——企业生命质量：企业生命质量高。

　　所有这些"做活"的"长寿"秘诀，都把企业引导向活的生物方向，而不是死的机器方向。这就是信息化与工业化的不同。为旧经济中个个声称要做"百年老店"但实际寿命平均只有 2～3 年的中国企业，指出了可操作的改进方向。

　　但是，由生存力、成长力和再生力构成的企业活力指标，受限于传统财务报表体系，在选择指标上，离企业信息化测评的要求还有一定距离。我们需要继续研究把信息化的战略性绩效符合财务规律地测度出来的理论与方法。

（3）好利润与战略损益测度

　　企业信息化多样化经济效率方面的一个核心问题，是"好利润"问题。

　　好利润是相对于短期利润而言的，短期利润往往不可持续，而好利润是长期利润，是可持续的利润。

　　但好利润之所以好，不是由于时间上的"长"。行政垄断在时间上也可能很长，但不属于这里说的好。长期在这里应被理解为是某种正确行为的结果。

　　导致利润长期存在的好的原因，在于好的结构，包括好的市场结构。同质性完全竞争，对成本竞争来说是一个"好"的结构；但对于利润来说，却不是一个"好"的结构。因为从理论上讲，充分的同质性完全竞争导致利润为零，任何利润都不会在充分的（同质性）完全竞争中存在。也就是说，这种市场结构要实现其理想，一定会导致利润不可持续。

　　根据信息化与网络经济的基础理论，存在一种均衡条件下的利润，它才是好的利润。好利润是异质性完全竞争（过去称为垄断竞争）产出的可以持续的利润。好利润是高利润，但不是越高越好，高于平均成本，导致偏离三维均衡，就"不好"，因为会变成哪怕从品种－数量－价格三维来看的短期行为。所以好利润一定是高到恰好的利润，恰好均衡因此变得可持续的利润。这种利润，可以通过优化结构实现。

　　如何准确测出这种利润，并把它与信息化作用关联起来，就是这里要讨论的问题。

　　首先需要分析，核算会计和管理会计能否解决从利润中辨识出好利润的问题。

　　从上述理论可知，好利润现象属于多样化效率和效能范围内的现象（对应垄断竞争）。在核算会计和管理会计中，只有单一产品与多产品财务分析方法涉及这个方面。但是不是将利润分析从单一产品分析转向多产品分析，如多产品盈亏分析、多产品利润敏感系数分析等，就可以辨别出单一品种的利润与多品种利润的区别呢？结论并不乐观。

以多产品利润敏感系数来说：

$$G' = \sum \left[Q_k \times (p_k - V_C^k) \right] - F_C \qquad (15-1)$$

在管理会计实践中，疑难具体涉及对所谓 SMDA（销售、营销、分销和管理）费用分配的定性和计算方法上。SMDA 算可变成本（V_C^k），还是固定成本（F_C）？传统方法相当于认为 SMDA 只是不变成本，但实践却证明它们是可变的。原因在于"业务经营多样化和复杂化会导致对更多的间接辅助人员的需求"[①]。但这种变化又不同于一般可变成本，管理会计往往把 SMDA 视为一种后台支出（间接服务）。

实际上，SMDA 正在发生一种结构性的变化。例如，瑞典厂商康泰尔经过财务分析发现，最无利可图的业务来自总销量最大的三家公司。其中一个客户让康泰尔业务亏损，是由太大数目的小订单引起的。同样的销量下，这一客户的 SMDA 远高于平均水平。也就是说，多样性的增加，导致了平均成本的上升。这就属于一种结构性变化现象。结构性变化表现为从简单性结构向复杂性结构转变，多样化这样一种结构性变化（而不光是多产品这样一种颗粒增多），导致成本性质发生变化。

多产品利润敏感系数难以显示多样性效率变化对利润的影响。深层原因在于，在传统盈亏平衡分析中，多产品会计核算预设了销售结构不变的前提假设[②]。在这一条件限定下，多产品盈亏平衡分析只能计算出完成一定销售额可以实现多少企业利润，而无法测定多样性量值（N 值）变化本身对利润的影响。

销售结构不变假设使多产品只不过相当于多个同质的单一产品，而失去了多品种的本义（异质性产品种类的多样化）。销售结构不变，相当于张伯仑说的销售成本对每个产品是相同的。这对多样化来说，是非现实的假定。销售结构不变相当于把复杂性还原为简单性，而漏掉了 H 的变化（或假设 $H = 1$）。由于核算会计没有从源头上内生复杂性，因此在方法上没有手段显示复

---

① 卡普兰，库珀. 成本与效益［M］. 北京：中国人民大学出版社，2006：195.
② 张金昌，董永春. 管理会计分析：财务分析精细化［M］. 北京：经济管理出版社，2015：111.

杂性成本。

一旦销售结构实际在变化，核算会计的方法论弱点就显示出来，而管理会计方法也没有好到哪里去。管理会计理论往往把复杂性成本解析为增值成本（直接成本）与非增值成本（后台成本），希望通过减少非增值成本来提高利润。而这里的"增值"，与多样化意义（如 App）的增值完全是两回事。照这种界定，电子商务支撑平台对增值业务的支持，非但不利于增值，反而是"非增值"的。管理会计理论中对非增值成本的歧视，反映的是一种小农意识。削减这种非增值成本，可能效果恰恰是非增值。例如康泰尔最终通过提高小订单服务价格，让客户减少了小订单（产品种类减少了50%）从而获得了更多收益[1]。但从好利润的观点看，这只是在多样化效率不变条件下减少了成本（向少品种大批量方向调整），而并没有真正提高多样化效率。因此增加的利润（增值）只是不可持续的利润。而财务真正应引领的是去提高多样化效率，包括通过信息化在多样性增加中降低复杂性成本。

找到了问题所在，如何解决呢？接下来就需要把战略财务的观点与方法引入对利润的多样化效率分析中，建立一种关于好利润（通过做优来做强）的会计方法。

利用这种方法要找出不是靠降低多样化程度的方法（如减少品种、趋向同质化），而是反向操作，通过提高多样化程度，降低多样化成本，通过可持续增值来提高利润。企业信息化测评要在此基础上，进一步发现信息技术与获得好利润的战略关联，为支持信息化企业做优做强服务。

根据赖克哈尔德的好利润理论，好利润（良性利润）与坏利润（不良利润）的根本区别在于，"虽然不良利润不会反映在会计报表中，但它们确实是很容易识别的。它们的取得是以损害客户关系为代价的"[2]；相反，良性利润的来源在于客户满意度，好利润必须反映在以客户满意度为中心定义利润的会计报表中，通过提高客户净推介值（Net Promoter Score，NPS）来体现。

如果把 NPS 变为一个问题，就是"你有多大可能把我们公司推荐给你的朋友或同事"，这就是所谓"终极问题"。这个问题隐含着差异化战略不同于成本领先战略之处。以盈亏平衡分析模型公式——利润＝产量×（单位产品

① 张金昌，董永春. 管理会计分析：财务分析精细化［M］. 北京：经济管理出版社，2015：199.

② 赖克哈尔德. 终极问题——创造好利润，促进真成长［M］. 北京：商务印书馆，2008：4.

价格 – 单位产品变动成本） – 固定成本——来说：

$$G = Q \times (P - VC) - FC \qquad (15 - 2)$$

成本领先战略的会计效果，更多体现在单位产品变动成本 VC 的降低之中，体现在产量 Q 的提高当中。而差异化战略的会计效果，更多体现在单位产品价格 P 的提高之中。这一提高特指在均衡水平下，由于差异化而可持续得到的价格提高效果。它是可持续利润即好利润的来源；当然，从多样化效率提高角度看，还有另一种可能，就是价格不变条件下 VC 的下降。但不同于专业化效率中的成本降低，它属于多样化效率提高中的成本降低。

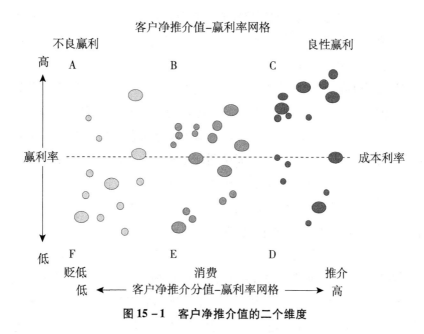

图 15 – 1　客户净推介值的二个维度

海尔战略损益表，就是以上这种战略财务思想的成功实践。如图 15 – 1 所示。

海尔的财务是典型的战略财务。如谭丽霞所指出的："海尔的财务管理实践关键在于与集团战略、业务等相匹配"[①]。与一般战略财务有别在于，海尔战略财务中的战略是有所特指的，特指差异化战略。这里的战略不能是指成本领先战略，而只能指向差异化战略。在差异化战略会计的战略损益中，利润特指好利润，而排除了坏利润（不良利润）。用海尔集团自己的话说，就是

---

① 曹仰锋. 海尔转型：人人都是 CEO［M］. 北京：中信出版社，2014：186.

"以顾客和员工增值为损益"[①]。

也就是说，海尔的战略损益表指向的不是成本 VC 的低，而是价格 P 的高。海尔称之为高单。理论上，$P = AC$ 属于高单，而 $P = MC$ 属于低单。低单之所以低，是因为把客户当作同质化的一群。在成本领先战略下的战略会计——如果有的话——利润对客户满意度是不敏感的，更多对成本 VC 敏感，对销售收入（销量 Q）敏感。例如在前面康泰尔的案例中，产品种类减少了50%，客户有一半的需要不再能够得到满足，客户满意度是不可能比过去更高的，但利润却大幅上升。这种利润，在海尔的战略损益中，与康泰尔相反，是要记在损的一方。因为它正好符合不良利润的第一个条件："是公司为节约成本带来了不好的客户体验而形成的"[②]，即价值上是"好"的；而意义（体验）上是"不好"的。

高单之所以高（AC 高于 MC），在于差异化，在于比完全竞争水平更贴近客户的个别需求。AC 与 MC 之差——也可认为是客户心理满足（意义体验）与理智（理性计算）之差——是 NPS 的本质及之所以产生的关键。高单并非价格 P 越高越好。价格超过 AC，即使利润更高，也不能称之为高单，因为它超过了人单合一（本质上是均衡）的限度，落入了不良利润的第二个条件："不良利润还来自从客户身上榨取价值，而不是为客户创造价值"。即意义（体验）上是"好"的，但价值上是"不好"的。因为表面上的良好体验，可能来自虚假宣传，或一时打动客户但不符合客户冷静后的经济人理性的算计。这都是引发负面 NPS（推介的负面，即在他人面前贬低产品）的原因。负的 NPS 在一般管理会计报表中看不出来，因为它只记录到成交为止。在成交与推介之间，用户只有在当时或事后体验良好条件下才会推介，而成交只需当时同意即可（事后反悔可能已不影响会计报表上的收入）。海尔强调为顾客创造价值，不是指 $P = MC$ 这一水平，而特指 $P = AC$ 这一水平。实质是创造体验（差异化价值或意义）。

这导致海尔战略损益表中的收入项与核算会计甚至管理会计报表完全不一样。有一些收入如果不能使客户达到良好体验——推介是其结果——即使客户成交时认为合算，考虑到事后可能反悔，造成负的 NPS，因此也不能计

---

① 曹仰锋. 海尔转型：人人都是 CEO［M］. 北京：中信出版社，2014：193.

② 赖克哈尔德. 终极问题——创造好利润，促进真成长［M］. 北京：商务印书馆，2008：4.

入收入项。例如有些自主经营体为了达到目标，把库存里能耗高且毛利低的旧型号通过降价促销形式卖给消费者，虽然增加了收入，但不能算入战略绩效。只有销售那些既能给顾客创造价值又给企业带来高增值的双赢类产品，其收入才能计入战略损益表①。由此可见，海尔战略财务具有企业价值驱动者与引领者的作用，其战略引领作用（即，使战略行为在管理上变得可调），超过了管理会计的范围。

如果以波特竞争战略为参照，海尔战略损益表实质是与成本领先战略财务相反的差异化战略财务。事实上，与信息化和网络经济结合起来，在实现成本上的多样化效率上，还突破了传统差异化战略的成本瓶颈。

从好利润理论与海尔实践来看，做优做强的关键问题是如何使差异化战略下可持续利润变得可测评与可管理，在新的战略财务（财务3.0）框架下已得到初步解决。若要进一步提高，还要与需求工程结合起来，在分享经济基础上可引领范围经济创新的战略财务体系。企业信息化测评要做的就是利用管理会计方法，对好利润进行战略行为归因，把它与信息技术的作用联系起来。

15.2　面向复杂性的企业效率与效能改进

（1）面向复杂性管理，推动企业管理变革

互联网时代我国企业管理变革需要明确方向。从传统工业化时代进入到互联网时代，生产力变革要求有相应的企业管理变革与之适应。管理变革的总的方向，应是从简单性管理，向复杂性管理转变。复杂性管理，准确的意思是指越具复杂性而越轻松的管理，也就是智慧化管理（有机化管理）。它不是指复杂性越高越好，也不是为提高复杂性而提高复杂性，而是追求好的复杂性，追求与均衡相对的、适当的复杂性。

互联网时代最突出的特征可以概括为复杂性；复杂性管理的本质，是以复杂性组织，变革机械性组织，以适应复杂环境变化，驾驭复杂环境变化。

如果说，以美国泰勒制为代表的管理1.0，是以简单组织适应简单环境；以日本丰田制为代表的管理2.0，是以简单组织适应和驾驭复杂环境；以中国海尔经验为代表的管理3.0，就是以复杂性组织适应和驾驭复杂性环境。"人单合一双赢"是管理3.0的核心：人单合一体现了复杂性管理适应性的一面，

---

① 曹仰锋．海尔转型：人人都是CEO［M］．北京：中信出版社，2014：190．

意在实现价值；双赢体现了复杂性管理能动性的一面，意在创造价值。

面向复杂性管理，总结新的管理模式，推动企业管理变革，具有现实意义和历史意义。当前现实意义在于搞活企业，通过总结提炼中国的管理理论，推动我国企业摆脱机械僵化状态，灵活响应快速多变的市场。历史意义在于从管理角度回答中国为什么成功，通过总结提炼管理的中国理论，为丰富21世纪的世界管理宝库做出中国贡献。

1）要充分认识和把握企业管理变革的时代特征和方向。

互联网是21世纪的时代特征，尽管我们可以从互联网带来的诸多细节变化上，总结时代特征，但对管理变革来说，最主要的是把握"变革"这两个字的内涵特征，变革意味着范式的变化，而不光是细节的变化。将所有细节过滤掉，管理上根本的范式变化，是简单性范式变成了复杂性范式。

与一般口语意义上的简单、复杂不同。复杂性理论所说的简单，对应的是机械性；复杂对应的是生物性。因此，管理的复杂性范式，不在于管理工作复杂不复杂这种外在特征，而在于管理是否以做活（又称做优）为内涵。比如，自组织是复杂性范式的内在特征，是使组织机体灵活的内因；机械性的管理再复杂，由于不具有自组织特征，是不灵活的，因此不能称为复杂性管理，顶多可算作复杂的简单性管理。在面对环境变化时，自下而上形成秩序的复杂性管理长于应变，而自上而下形成秩序的简单性管理更适合环境稳定不变。

第一，对管理变革的环境挑战的认识。

环境变化是管理变化的动因。当前企业管理所面对的环境变化中，什么是互联网时代的标志呢？环境的复杂化，也就是简单性市场变为复杂性市场，可以作为根本的一条，其他时代特征都是派生的。以往总结管理经验，也常提到市场环境多变，环境的复杂化虽然也具有市场多变的特征，但复杂性市场是指这样一种特殊的多变：市场呈现非线性的、混沌的变化，因需求个性化、多样化而带来的市场不确定和风险，由分布式网络带来的订单的离散化，由需求升级带来的体验化，等等。区别在于，这是一种与生产方式转变同步的市场性质的质变，以往的市场变化，万变不离单一品种大规模生产的总套路（如传统的"中国制造"）；互联网时代的市场，开始围绕小批量多品种而变。

当前提出互联网时代的管理变革，不是为变革而变革，而是因为环境发生了质变。以往的管理经验，更适用于适应简单性市场的变化，而不适于如今的复杂性市场的变化。管理变革针对的是新的挑战。

第二，对管理变革的应战方式的认识。

管理1.0和2.0，都是在传统机械观指导下，对市场挑战的管理反应。其中，管理1.0应战的对象是简单性市场。核心的管理理念，是降低管理复杂性，以简化、机械的管理，面对一成不变的市场。我国20世纪80年代兴起的科学管理，主要是这样的管理。它适合短缺经济时代大批量生产的市场条件。管理2.0应战的对象是复杂性市场的变化。我们20世纪90年代以来流行的丰田精益制造，就是这样的管理经验。响应的是需求多样化、差异化的挑战。丰田经验面对的已不再是单一品种大规模生产，而是多样化、差异化的市场，但其指导思想，仍然是以简单对付复杂（而不同于复杂性管理的"以复杂对付复杂"）。带来的问题就是成本随复杂性提高而提高，无力从根本上解决低成本差异化问题。当市场复杂性达到互联网时代的质变点（从复杂的简单性市场，变为复杂性市场）时，丰田经验暴露出企业末梢对市场的反应迟钝，而这正是简单机械系统的顽症。

管理3.0是在组织有机论指导下，对复杂性市场挑战的管理反应。海尔改造三洋的成功管理实践已表明，应对复杂性市场，需要用复杂性管理，引进人人都是CEO的去中心多元化管理。管理3.0在实战中具有相对管理2.0的极大优势。人们很容易误会，以为分散权力，以复杂性对付复杂性，会造成管理成本的上升和控制力的下降。但这些在海尔的实践中都并没有出现。道理很简单，复杂性管理本质上是一种低成本差异化管理，企业一旦像生物有机体那样对市场进行自动反应，就会进入无为而治的境界。无为而治应是更省力，更具效能，而不是相反。

2）应明确复杂适应与创新是复杂性管理的主要内涵。

复杂性管理包含适应与创新两个基本面，偏向一边就不全面。一般人论及复杂性管理，谈的大多只是前一个方面，即复杂适应性管理。强调企业如何无条件地适应市场。它的理论来源是复杂适应系统（CAS）理论。但实际上，复杂性管理还应有另一面，即复杂创造性管理。强调企业发挥对市场的能动作用，创造市场。它的理论来源是熊彼特的创新理论。

道理很简单，复杂性说的是有机生命体。生命体对环境既有适应的一面，也有征服的一面。如果只是消极适应，那生物体就与石头没什么两样了。强

调创新有现实意义。因为我国企业在从事传统中国制造的 30 年中，已形成了消极适应市场的惯性。消极适应的结果，是导向了低附加值的价格战。常言说，人往高处走，水往低处流。如果管理不能激发企业加大研发投入，加大人力资本投入，向高附加值的上游走，那么管理的复杂性，就体现不出人之为人的特性。从这个意义上说，管理 3.0 是能本管理。

我们看到，"人单合一双赢"的海尔经验，恰好是二者的统一。人单合一，说的是复杂适应；双赢，说的是复杂创造。

人单合一的适应性特征，同邯钢经验等一样，都表现为以客户需求为核心，从客户需求出发，要求生产者无缝地响应消费者的需求，实现企业内部的市场化等。人单合一的复杂性特征，则不同于以往的管理经验，把组织结构倒过来了，强调"三无三自"。"三无三自"完全是组织复杂性管理。当然，除了组织一个因素之外，管理的复杂性适应还表现在战略、协调、控制等其他方面，都需要认真总结。例如，在战略方面，复杂性管理要求实现低成本差异化的战略创新；在协调方面，复杂性管理将不断探索社会网络的生态自协调机制；在控制方面，通过反映战略损益的智能会计系统等手段，实现价值与信息一体化的管控，降低高收益业务的风险。

双赢的创造性特征是海尔的独特之处。双赢的创造性表现在，一是创造客户的高端价值，二是创造企业的高端价值。体现了复杂性系统在开放条件下价值提升的特征。海尔经验本身就是一个创造性破坏的经验，通过不断地创新，突破已有的成功，去追求更高的新的成功。从管理上看，在领导、决策、文化、人力资本等各个方面，创新的特色都可以进行总结提炼。从管理的领导要素来看，复杂性管理的领导，不同于简单性管理中的经理人，而应是熊彼特说的企业家，具有不断创新的企业家精神。从文化方面说，复杂性管理实际是一种价值观管理，全员保持对企业核心价值的认同，并以此驾驭企业禀赋随需应变。从人力资本方面说，复杂性管理要求人人成为 CEO，充分调动和发挥一线员工的主人翁精神，从而克服丰田经验的负面影响；从决策方面说，复杂性管理倡导让一线员工来决策，让客户来决策，将来通过大数据，还可以实现全员响应的智能化。

复杂性管理是互联网时代企业应对复杂性市场变化的必然选择，将推动企业从做大做强，走向做活。这个做活，不同于改革初期生产关系意义上的搞活，体现的是生产方式意义上的活，可以有效矫治企业僵化的工业病。正是当前我国企业最需要练的内功。

（3）企业复杂性与成本关系：范围经济模型

管理3.0所说的复杂性，是指复杂性程度越高，相对成本越低。这是智慧的典型特征。但在经济学上，长期以来看法正好相反，一般都认为复杂性程度越高，相对成本越高。

威尔逊、佩鲁马尔在《向复杂性成本宣战》中，将企业的复杂性成本分为产品、流程和组织三个维度，进行了系统的梳理（如图15－2所示）。将复杂性成本近似等于非增值成本（NVA），按NVA相对于收益和利润的关系，分为有利复杂性（鲸鱼曲线顶点左侧）和不利复杂性（鲸鱼曲线顶点右侧）。看出存在"好"的复杂性这一点。

许金叶、王东旭在此基础上对复杂性进行了进一步的概括，认为复杂性表现为一种众多因素相互作用的状态；复杂性即"交织在一起的东西"；复杂性表达了一种不可还原的特征。复杂性具有涌现性、非线性、自组织等特征。他们接受了NVA的概念和鲸鱼曲线，认为复杂性成本体现整个企业的一种不增值的成本状态，是由企业所投入的要素之间相互作用而涌现产生的成本①。

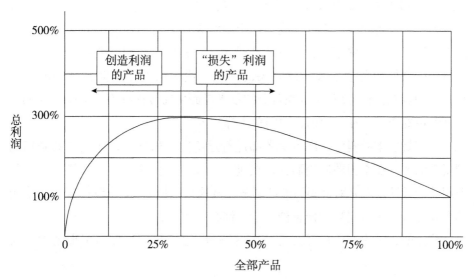

图15－2　鲸鱼曲线

---

① 许金叶，王东旭．复杂性成本：企业管理会计的新领域［J］．财务与会计，2013（4）．

但与威尔逊、佩鲁马尔不同，提出要研究"企业复杂性成本在什么条件下遵循正反馈机制（复杂性成本越来越大），在什么条件下遵循负反馈机制（复杂性成本越来越小）"。这是我们在多样化效能一节中要讨论的主要问题。

在宏观上，学者一般承认，总量交易费用越大的国家（发达国家），其每笔交易的交易费用则越小。反过来，总量交易费用越低的国家（欠发达国家），其每笔交易的交易费用一般会较高。诺思就说过："每一笔交易需要较少成本的国家是高收入国家，而每一笔交易需要非常高成本的国家是低收入国家"。① 但其中逻辑并没有说清楚，实践中是存在反例的，例如，电子商务的发达，有可能改变这一结论，使总量交易费用下降，但使服务增值上升。这要求将所谓总量交易进行细分。

关于复杂性成本与现有经济学理论的衔接，多数学者把它纳入交易成本的框架中进行研究。例如，黄立强认为，"我们可以根据产品的交易成本来划分简单产品和复杂产品，将交易成本低的产品称之为简单产品，交易成本高的产品称之为复杂产品"②。

市场型交易费用包括：合约的准备费用（搜寻和信息费用）；决定签约的费用（谈判和决策费用）；监督费用和合约义务履行费用。管理型交易费用可归纳为：首先是建立、维持或改变一个组织设计的费用（固定的交易费用）。其次是组织运行的费用，它涉及两个子类。一是信息费用（与制定决策、监督命令的执行、度量工人绩效有关的费用，代理的费用，信息管理的费用等）；二是与有形产品和服务在可分的技术界面之间转移有关的费用（比如半成品滞留的费用、在企业内运输的费用等）。

对交易成本的测度，许多学者都进行过研究。如笪凤媛在《交易费用的测度方法及其在中国的应用研究》的博士论文中，黄晓波、段秀芝在《交易费用的会计计量及其对公司绩效的影响：理论与证据》，李梦荣在《交易费用的会计计量问题研究》的硕士论文中，都有所涉及。

黎溢明、钟明聪还在《交易费用的测量研究》③ 中，提出了市场型与管

① 胡浩志. 交易费用计量研究述评 [J]. 中南财经政法大学学报，2007（4）.
② 黄立强. 产品复杂性——保险销售渠道与银保模式选择：一个交易成本分析视角 [J]. 上海保险，2012（03）.
③ 黎溢明，钟明聪. 交易费用的测量研究 [J]. 商场现代化，2008（10）.

理型交易费用的具体计量公式。

市场型交易费用计量公式包括：交易费用 = 固定成本 + 变动成本 − 固定成本 = 佣金 + 手续费 + 收费；变动成本 = 执行成本 + 机会成本；其中执行成本 = 市场影响成本 + 市场时机选择成本；机会成本 = 预期的收益实际的收益 − 执行成本 − 固定成本。

管理型交易费用的测量可以间接费用的测算为基础进行估计。间接交易费用包括生产费用（如折旧、维修、水和保险费）以及内部交易费用。

许多学者还对交易费用从微观方面与宏观方面进行了实测，如袁庆明《微观与宏观交易费用测量的进展及其关系研究》[1]。

一些学者还对复杂性成本、交易费用与竞争战略的关系进行过分析。如王建优[2]、谢康[3]。

但是，在所有研究中，一个关键的问题，由于缺乏基础理论上的突破，而没有被系统提出来解决。这就是范围经济与复杂性成本的关系。谢康在1999 年曾提出范围经济是成本与产品品种之间的关系。范围经济存在随品种增加而成本递减现象。这一结论也是本项研究的核心观点。但这与美国产业经济学界的看法（如潘泽、鲍莫尔的看法）存在明显区别，因为美国的范围经济理论根本不存在品种这一维度。这里存在原则性的分歧，因此有必要精确到用数学语言进行描述。

信息化与网络经济学理论在对美国的范围经济理论进行数学简化后，提出一个与规模经济对偶的范围经济解释。

此处谈论的范围经济不同于技术上的范围经济，而专指按企业成本定义的范围经济。在简化中，范围经济的程度可以定义为（适当定义的）平均成本曲线的导数[4]。

企业成本分析这里主要分析平均成本[5]，设厂商的最小总成本是 $TC = TC(v, q)$，平均成本 $AC(v, q) = TC(v, q)/q$，边际成本 $MC = (v, q) = \partial TC(v, q)/\partial q$。

---

[1]　袁庆明. 微观与宏观交易费用测量的进展及其关系研究 [J]. 南京社会科学, 2011 (3).

[2]　王建优. 产业内企业盈利绩效影响因素分析 [M]. 北京：经济科学出版社, 2012.

[3]　谢康. 知识优势：企业信息化如何提高企业竞争力 [M]. 广州：广东人民出版社, 1999.

[4]　适当定义是指，按平均成本定义范围经济是不严格的，AC 只是必要条件而非充分条件。

[5]　范里安. 微观经济学：现代观点 [M]. 6 版. 上海：上海三联书店, 上海人民出版社, 2006: 291.

成本函数角度的范围经济程度可以用下式衡量[①]。

$$S(y,v) = c(y,v)/\left[\sum y_i C_i(y,v)\right] \qquad (15-3)$$

S 可简化为 AC/MC。S 大于、等于或小于 1，分别对应着范围报酬（局部）递增、不变或下降。其中 y 为产出产品的向量组合，w 为不变的要素价格向量，$C(y,v)$ 为成本函数，$y_i > 0$，$C_i \equiv \partial C / \partial y_i$。

注意这里的成本函数是一元函数，只包括 H_2，不包括 H_1。

这里，我们对范围经济进行了关键的简化，也就是采取与规模经济一模一样的表述方法，唯一区别就是将 Q 轴替代为 N 轴。是为了与规模经济进行更好、更简明、更直观的比较。要简明到让人们认识到规模经济与范围经济的不同，最后只归结到 Q 与 N 的不同这个最小区别上来。通过这种简化，我们可以看出规模经济与范围经济充分的对偶性来。

现在考虑成本的异质部分，将异质成本函数（异质子函数）写为：

$$C_2 = bh_2^{1/(a+\beta)} \qquad (15-4)$$

异质的边际成本函数与平均成本函数分别为：

$$MC_2 = \frac{dC}{dh_2} = \gamma h_2^{1/(\alpha+\beta)-1}, AC_2 = \frac{C}{h_2} = bh_2^{1/(\alpha+\beta)-1} \qquad (15-5)$$

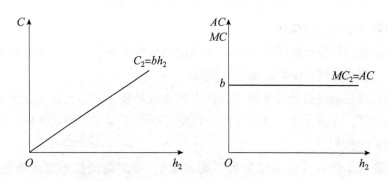

图 15 - 3　异质成本子函数

当 $\alpha + \beta = 1$ 时，范围报酬不变，此时，$1/(\alpha+\beta) = 1$，$C = bh_2$，故有 $MC_2 = AC_2 = b.$

当 $\alpha + \beta > 1$ 时，范围报酬递减，此时，$1/(\alpha+\beta) < 1$。

---

① 理查德·施马兰西，罗伯特·D. 威利格. 产业组织经济学手册，第 1 卷 [M]. 北京：经济科学出版社，2009：7.

函数严格凹，AC_2、MC_2 函数的指数为负，因此是向下倾斜。由于 $\gamma < b$，MC_2 曲线位于 AC_2 曲线下方。

当 $\alpha + \beta < 1$ 时，范围报酬递增，范围不经济。

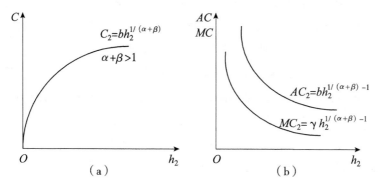

图 15－4　异质成本的范围经济

此时，$1/(\alpha + \beta) > 1$，成本函数严格凸，AC_2、MC_2 函数的指数为正，因此是向上倾斜。由于 $\gamma > b$，MC_2 曲线位于 AC_2 曲线上方。

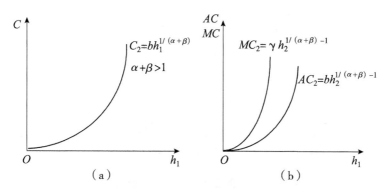

图 15－5　异质成本的范围不经济

以上理论对管理 3.0 是一个有力的理论支持。因为美国的范围经济理论说的是复杂（多产品，即多个同质化产品），而我们说的是复杂性（多品种，即多种异质性产品）。它揭示了长期以来经济学没有认识到的复杂性经济（越多样性，平均成本越低）现象。

（3）组织效能改进的技术经济分析

将范围经济运用于组织理论中，可以有效解释对信息化与网络经济至关重要的网络组织效能现象。

对于组织的范围效率或者说异质性效能分析，我们回到平均成本分析，通过简化的几何模型进行初步的探讨。将投入产出简化为管理层级与管理幅度的关系。它对政府、企业或社会组织都是通用的。管理层级处在投入价格维度上，代表的是交易费用（Transaction Costs，包括复杂性成本），以 TC 表示；管理幅度处在产出量（q 值或 n 值）的维度上，代表的是产出（包括专业化职能的实现和多样性协调的实现），以大写 Q 表示。按制度经济学的经典理论，分层结构（政府或企业）与扁平结构（市场）的转换，主要取决于交易费用。按工业化理论，层级越高，越可以节省交易费用；而按信息化理论，层级越少，越可以节省交易费用。管理幅度一致于分工水平，分工越发达，管理幅度越大。其中幅度以 Q 表示时，代表分工的专业化一面；以 N 表示时，代表分工的多样化一面。实际情况是 Q、N 的组合（长尾值）。

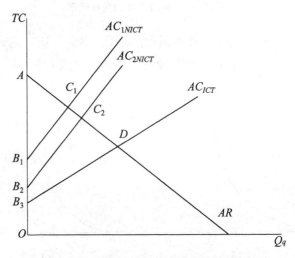

图 15-6　职能优化与技术效率改进的对比

图 15-6 中，AC_{1NICT} 代表韦伯官僚制组织效率，B_1 为其静态交易费用，强调管理幅度大（大政府、企业做大）的组织效率，绩效取向是不计成本，只问产出最大化，其技术经济特征是技术效率（TE）。AC_{2NICT} 代表公共选择理论下的组织效率，B_2 为其静态交易费用，强调小（小政府、中小企业）的成本优势，绩效取向是在成本约束下追求产出最大化，技术经济特征是追求成本效率（CE）。

二者的组织效率（管理学意义上的组织效率，指 Q 值与 TC 值关系）有区别，但技术效率（斜率）是同样的。作一条水平线穿过 AC_1 和 AC_2 就可以看出，在同等成本上，AC_1 的管理幅度更小；如果作一条垂直线穿过 AC_1 和 AC_2 又可以看出，在同等管理幅度上，AC_2 的成本更低，相对效率更高。这就是公共选择理论想刻意强调的结论：小比大的效率高。

AC_{ICT} 代表的是技术应用带来的效率改变（TEC），B_3 为其静态交易费用。信息化测评在这里测的主要是 AC_{ICT} 对原有组织的效率改进。指标界定的分寸在于两个条件，一是 Q 仅代表 q，而不代表 n；二是 AC_{ICT} 斜率不变。在真实世界中，同质的平均成本曲线有可能是一个 N 形曲线，图 15 - 6 显示的只是其中的前一半。

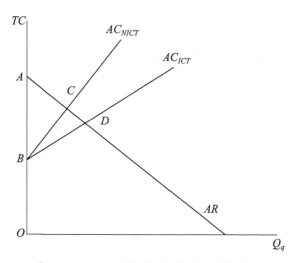

图 15 - 7　ICT 对传统组织技术效率的改进

通过图 15 - 7，进一步显示，将交易费用设为相等时，ICT 带来的效率改变表现在哪里。我们看到，ICT 改变的是技术经济学意义上的组织效率（而非管理学意义上的组织效率），即 OE。可以通过在 C 点与 D 点分别作距离函数，精确算出其比率。

这是在静态情况下，如果在动态条件下，即 Q_q 可变（代表专业化水平可变），则可以看出这三种情况的规模效能是相同的，都是规模不经济。即，随着分工专业化水平的提高，交易费用呈递增态势。这意味着，分工专业化水平越高，管理层级就要求越多。这是典型的科斯式的结论。

但是在真实世界中，我们还可以通过信息化测评观察到另一种现象，即组织的流程优化（例如在 ERP 实施的效果监测中）和网络化转型（例如海尔"网络化战略"中实现的去中心化扁平组织）。这两种情况明显与上述技术经济效率分析不符，它们实质是效能现象（动态效率现象）而非效率现象。我们称前一种现象为规模效能，后一种为范围效能。

在分析这个问题之前，首先需要进一步区分效率变化与效能。效率变化的数学定义是针对 Q（无论是 q 还是 n）值的变化而引起的效率变化；而效能是指效率曲线（在此是以平均成本曲线代表）的斜率变化（递增还是递减）。二者既有联系，又有区别。效能变化的前提，一定是效率变化（也就是效率随 Q 值变化而变化）。没有效率变化，就不可能有效能变化。但有效率变化，不一定有效能变化。例如，如果 Q 值变化后，效率曲线一直保持递增，或一直保持递减，则虽然效率发生了变化，但效能并没有变化。因此，效能变化的数学定义，是在效率变化定义基础上，进一步加上一条，针对效率曲线的斜率的变化。反过来说，有效能变化，一定有效率变化，因为斜率变化，只能在两点之间发生，而不可能在一点上发生。这不同于技术上的效率与效能关系。

在效率变化而且效能也发生变化的情况下，组织以两种方式出现最初的结构性变化。如图 15 - 8 所示。

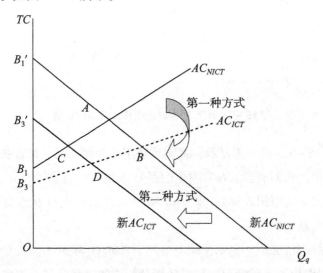

图 15 - 8　流程再造引起的效能变化与信息化引起的效率变化

第一种方式的组织转型不涉及技术，但带来效能变化。这是指组织从以职能为中心的结构，转向以流程为中心的结构。这带来效率曲线从 AC_{NICT} 通过

斜率变化转变为新 AC_{NICT}。交易费用从 B_1，提高到 B_1'。但随着 Qq 值的增加，又会向低于 B_1 的水平演变。

第二种方式的组织转型与 ICT 相关，通过电子政务或企业信息化，ICT 使组织的效率进一步发生从新 AC_{NICT} 到新 AC_{ICT} 的变化。表现为效率曲线向左侧移动，交易费用从 B_1' 降到 B_3'。

不排除这两种方式同时发生，也就是通过电子政务和企业信息化，推动组织结构向流程优化的方向转变。

斜率发生变化的经验含义，是组织的结构效率由规模不经济，转向规模经济。由于 Q 是由 q 定义的（这意味着组织的结构性变化是在同质化范围内发生的），因此组织还是中央控制的，发生的是向更加集权的事业部制的转变。在信息化测评的实测中，这对应的是信息化的集成（消除信息孤岛）、数据大集中，包括集中化的协同等现象。

同是流程再造，同是协同合作，如何区分中心化结构与去中心化结构，这是一直没有解决的问题。我们现在指出其中的关键在于区分简单性（同质）结构与复杂性（异质）结构。在计量上，就是要把 Q，进一步分解为 q 和 n，分别进行效能分析。这是我们在此首次提出的方法。

我们将 AC_{ICT} 进一步区分为 AC_{1ICT} 和 AC_{2ICT}。同是平均成本递减，前者代表较多的分层，后者代表较少的分层。B_3' 代表较高的交易费用，B_4 代表较低的专业化交易费用和 B_5 代表较低的多样性交易费用。

我们把报酬递增这种效能变化分解为收益递增与成本递减两个方面。

第一，收益递增意味着，平均收益曲线不是向下，而是向上，这表示组织在收益方面的报酬递增。

它由人们对差异化，实质是自由选择的更强的偏好（如成瘾性、自我实现、高峰体验等对于亚里士多德标准的"美好生活"的偏好）决定。

边际收益递增，在这里，还特别意味着工具理性对于目的的回归。在现实中，将通过自我治理，全员参与，来加以实现。

在实证计量中，它体现在对差异化需求的满足，及对这种满足的较高溢价的评价之中。

第二，成本递减意味着，作为交易费用的平均成本处于递减区间（不排除还可能有递增区间）。

在实践中，这意味着管理层级的扁平化，意味着政府或企业的行政体系

中作为中间环节的代议层和代理层的相对压缩，而这意味着顾客（或公民）可以通过更加直接的对话、沟通、参与，表达和体现需求；也意味着行政部门更多对意义的解释与践行。

在实证计量中，它体现在组织与其服务对象的全面响应之中。

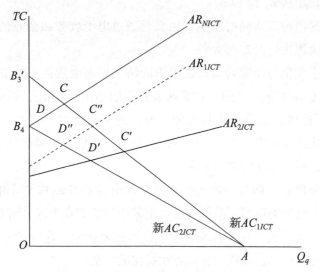

图 15 – 9   简单性组织的结构扁平化及其度量

图 15 – 9 中，新 AC_{1ICT} 向 AC_{2ICT} 转变带来的效能变化，通过交易费用从 B_3' 向 B_4 的下降体现出来，代表的直接是中央控制集成度的度量。注意，这里的前提是以 Q_q 为参照，而不是以 Q_n 为参照。

注意，这里的收益曲线代表的是复杂，而非复杂性。在信息化实测中，一个大型集团企业具有世界水平的综合集成能力，不等于它一定具有对风险和不确定性的把握能力，也不等于它一定能够实现复杂性条件下可持续的基业常青；而顶多说明它具有对日益繁复的工业化的专业性中间环节的控制。工业化企业，尤其是大企业，通常是在简单性（如集中控制的分层结构）的整体框架下，拥有许多复杂的简单性分支。这些分支无论多么复杂，都有一个特点，就是它们的边，是指向同一个中心的。例如，一个价值数千亿的集团企业，可以通过数据大集中，由中央总部把各分支的钱管到一元钱的水平，这不代表这种财务结构具有复杂性。

图 15 – 10 中，前提是以 Q_n 为参照，而不再是以 Q_q 为参照。

收益曲线代表的是复杂性，而不只是复杂（也可能简单）。对简单的复

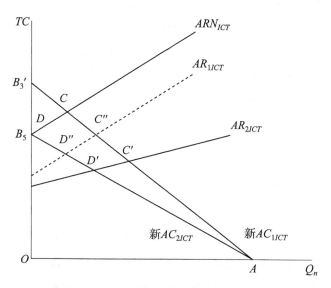

图 15 - 10　复杂性组织的结构扁平化及其度量

杂，我们用 Q_q 来刻划。而 Q_n 专用于描述分工中不同于专业化的多样性特征，这种多样性所代表的复杂性，体现在它的边可以是拓扑结构的，可以是一种去中心的多边结构。

这样，我们就第一次用计量手段描述和区分开了中心化组织与去中心化组织的精确的不同点所在。信息化测评只有做到了这一点，才能真正与工业化测评区分开来。

在信息化实测中，仅仅测度集成、协调是不够的。ERP 可以实现系统的集成与要素的协调，但它的效能指向的是中央控制的规模经济。有人因此得出结论认为网络组织可以比传统组织更便于实现中央集权，这是不准确的。而且容易忽略网络的真正特征。例如，测度大数据对企业的影响时，如果不区分 Q_q 和 Q_n，就会把大数据的测度对象只对准了中央控制的 BI，而忽略大数据对一线员工决策的影响。

对于真正的体现复杂性特征的网络组织，善于寻找并设计合适的 Q_n 实测指标也是很重要的。比如，分布式组织往往具有分形特征，它涉及网络中央与网络节点间的智能协同。海尔"人人都是 CEO"，是依托具有分形特征的财务管理实现的；企业基业常青因子与文化因素，也具有分形特征。这些常常是被信息化测评的数据采集所遗漏的。此外，递增的 AR，在实践中经常表现

为正反馈。如何采集测度正反馈的指标和数据，也是一个不小的难题。目前通过灵敏度、灵捷度、灵活性一类指标，可以进行经验性的描述。但真正要达到均衡水平的技术经济计量，还需要更全面地采集数据。

对已采集的数据进行解释和分析，同样存在问题。例如，"因小而美"这一口语的严格数学表述是什么？目前仅凭语言描述有很大局限。从"简单性组织的结构扁平化及其度量"与"复杂性组织的结构扁平化及其度量"的对比中，我们可以看到，问题出在"小"是指 Q_q 还是 Q_n 上。如果小是指分工中的专业化，那对应的应是与规模化相反的定制化，即 Q_q 取值的缩小；如果小是指分工中的多样化，那对应的应是与专业化相反的个性化，即 Q_n 取值的加大。它们的含义是不同的。如果只考虑规模经济，小是不会美的；相反，规模不经济时小才会美。但如果只考虑范围经济，小当然可能是美的，但这不是指个别的小，而是小的整体（N 值）范围扩大，它的价值来源于多样性（范围效率和范围效能）。纯粹的专业化意义上的小与纯粹的多样性意义上的小，都只是特例。在大多数情况下，它们之间是按比例组合存在的。均衡是一个谱系，在这个谱系中，排斥因小而美并不现实，但认为一切情况下都会因小而美，也不现实。

在我们进行上述分析之前，复杂性网络（对应 WEB、小世界网络、无标度网络等）的经济性问题，即复杂性程度越高——或者节点更多，或者边数越多——成本会不会递减的问题，从来没有被学者深入分析过。以致互联网虽然在实践中证明了它的合理性，但在理论上是否成立，并没有得到证明。我们第一次从均衡的体系上，系统地证明了复杂性经济的存在，从而为信息化中多样化效率和多样化效能计量，彻底扫除了理论障碍。

15.3 信息化带动企业灵活化、智慧化的测评

（1）企业多样化绩效的结构化解析

在企业信息化测评中，企业多样化绩效（包括多样化效率与多样化效能）的测度，沿用的是与专业化绩效测度同样的技术经济框架，只是把其中的参照系从 q 转向 n（代表多样性）。主要测度信息化中多样化技术与多样化经济的技术经济关系。

指标同样分为就绪、技术效率、配置效率、经济效率和效能五个类别。其中技术效率、配置效率、经济效率同属生产率分析中的技术效率变化

（*TEC*）分析。如图 15 – 11 所示。我们将效益分析作为经济效率分析纳入 *TEC* 分析之中，主要考虑的是建设有效益的信息化的实际需要。

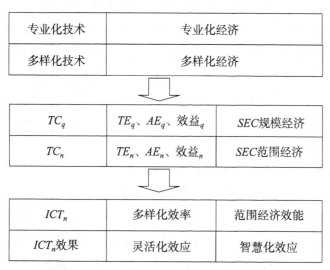

图 15 – 11 企业信息化指标中多样化绩效结构

从企业信息化测评角度看，技术效率、配置效率、经济效率的绩效，表现为灵活化效应；而多样化效能（范围经济）则表现为智慧化效应。其中的范围经济成本模型是基于多品种范围经济原理建立起来的，不同于美国的多产品范围经济分析。

由于企业信息化测评的高度经验性质与实践特性，我们的理论创新主要集中在会计理论方面。重要的创新是提出战略会计的思想，并以此区分了良性利润（好利润）与不良利润，前者代表做强做优的利润主张，后者代表做大做强的利润主张。我们把这两种利润主张分开，利用管理会计思路，将对应管理行为描述落实在可进行战略归因的指标设计中。

最后需要声明，一般只有 20 个左右指标的信息化测评体系，是测不到本项研究所达到的详细程度的。但作为理论支撑服务，讨论这类问题的意义在于：第一，如果测评者认为这一局部具有特殊重要性，可以从大量指标中选择出来，加大权重，使之成为简化指标体系中的某级指标，而不至于在需要时找不到能够精准说明问题的指标。第二，一旦有专门的研究需要，需要细化研究时，仅仅研究到简化指标无法满足需要；而我们的理论支撑服务，可以帮助人们显示展开的纵深。事实上，如果测评要达到均衡一级，是需要这

种深度的。全面采集数据的成本不足，不应成为妨碍深入研究的理由。只能说明现有条件要达到这样的细致研究程度，需要有研究上的分工，把题目做小，直到数据采集成本条件可承受。第三，即使测评细致到这一颗粒度，这里的介绍仍然是简洁的，因为仅这一局部，就可以衍化出专门的指标体系，来应对各种变化组合。但支撑服务不同于实测，把更进一步的细化工作留给实测完成。另外指标理论研究不同于指标设计技巧研究，例如，理论上指标设计的是"企业价值灵敏度"，而实测变成采集"虚拟财务决算速度"。我们研究的主要是前者，因此只是提示一个大致方向，具体测什么，要看实际需要和可能。

（2）面向多样化的信息技术就绪（TC_n）

多样化效率的获得，主要还是与企业战略的关系更大，技术包括技术就绪在其中主要起工具性的作用。因此测度面向多样化的信息技术就绪，大部分指标应该与面向专业化的就绪指标没什么不同。这些相同的指标在这里不再展开介绍。但也应该注意多样化，尤其是当要求利润锁定在"好利润"（因做优而做强）时，有一些技术条件，需要再特别强调一下。

"好利润"的取得，有别于因做大而做强（例如通过扩大销售规模而获得的利润），主要是由以 NPS 为标志的用户满意决定的。提高用户满意度具有一定的主观性、感性、多元性、多样性等特征，因此有别于创造用户"价值"，因为价值是客观的、标准的、同质性的。或者说，创造用户价值在这里的准确意思，应该是创造用户体验价值，即意义。

普拉哈拉德曾探讨过"作为体验使能者的新兴技术能力"这一问题[①]，根据他们的分类，结合技术的新发展，我们列出以下指标，作为测度多样化方向就绪时的补充。

第一类，微型化信息设备指标。除了智能手机、音乐播放器外，可穿戴设备，如智能手表、智能手环等，有助于加强用户体验。有必要采集这方面的数据。

第二类，环境感应指标。物联网中的传感器，使人与环境的交互成为可能。在无人驾驶汽车中，环境感应，例如对公路边界，转弯，避让阻碍的感应，变得非常重要。

---

① 普拉哈拉德，等. 消费者王朝：与顾客共创价值［M］. 北京：机械工业出版社，2005：49 – 50.

卫星定位技术使 LBS（位置服务）成为可能，在电子商务中得到广泛应用。

第三类，嵌入智能指标。CPS（信息物理系统）中的微芯片、嵌入式软件，包括射频识别标签（RFID）、IC 芯片等，越来越广泛地应用于商业。

第四类，适应性学习指标。在互动环境中，机器学习，如机器人技术，以及大数据技术通过数据挖掘对消费者行为习惯的识别与学习等，成为改善用户体验的重要技术。

第五类，网络通信指标。新一代的 WEB 技术（语义网技术）与 SNS，为用户体验提供了端到端的复杂性交互的网络条件。

正如普拉哈拉德等指出的，"只有与体验有关时，一项新兴技术能力才有意义"[1]。也就是说，只有当这些技术、设施和条件用在体验环境下，实现体验使能的功能，如自我和远程诊断、跟踪和监测、连通与互动、灵活性和完美性，以及连贯性和转换性时，它们才可以被视为体验相关的。对其他技术来说，道理也是同样的。

(3) 面向多样化的信息技术效率变化 （TEC_n）

1) 应用的技术效率（TE_n）。

面向多样化的信息技术应用提高技术效率，也面临就绪指标同样的问题。在一般的企业信息化测评中，人们理解的应用，只是一般的业务，并不根据战略含义的区别，从中专门分离出多样化应用，因此对应用进行战略归因同财务归因一样，都成为测评的空白。

如何将指向做优做强方向的信息技术应用从其他应用中分离出来，实践中还在积累经验，而且并不总是一帆风顺，例如马云号召因小而美，但淘宝商城却走上因大而美的道路。我们已经从理论上提炼出一些基本的规律[2]，结合应用实际设计指标，可以围绕"以客户为中心"倒置传统应用框架的方法，归纳面向做优的应用的一些不同于一般应用的特征。

这些不同特征，就是设计信息化指标所要反映出的多样化技术效率的内容。在指标设计和测评中，我们要重点关注与专业化应用四个方面的不同点，通过实测抓出这些特征来。一是交互性。简单性应用与复杂性应用的结构上

---

① 普拉哈拉德，等. 消费者王朝：与顾客共创价值 [M]. 北京：机械工业出版社，2005：51.

② 同上。

的一个主要区别，就在于多样化映射在结构上的错综复杂的"边"。结构上的"边"在行为中是以交互对话表现出来的。指向战略上，这意味着多样化应用一定具有供求双方共同创造价值的特征。表现在测度对象，显示为共同兴趣、论坛和规则的存在。二是使用（access），也称为获取。如普拉哈拉德等说："传统企业的关注焦点和企业对价值链的关注，是创造和向消费者转移产品所有权。但是，消费者的目标越来越表现为获取他们想要的体验，而未必一定是产品的所有权。"①表现在测度点上，就从对信息和工具、计算资源、以租代买的体验、机会获取等方面显现出来。三是风险共担。表现在通过分享平台（固定成本）的分散化的增值应用（App）来化解由个性化引发的不确定带来的风险。其本质是复杂性条件下风险与收益对称化。四是透明性。这是不言而喻的，复杂性条件下的透明性保证了低成本的信息对称化。

这四个方面的特征，不同程度反映在以下方方面面的面向做优，提高多样化效率的应用之中：

第一类，面向一线的商业智能（BI）应用。

面向多样化的 BI 应用有别于信息技术专业化应用中的 BI，专业化 BI 应用主要是面向企业领导部门和专业化决策部门的向心化应用。面向做优的 BI 则主要是面向与客户接触的一线部门（如 CRM 部门）的去中心化的应用。

第二类，基于 WEB 的电子商务应用。

面向专业化的电子商务更多聚焦于成本竞争，组织形式是以商城为代表的中心化的网络结构，支持的方向是网商做大做强；而面向多样化的电子商务更多聚焦于差异化，组织形式是以微信为代表的端到端、去中心化的小世界网络，支持的方向是做优做强。

第三类，产品设计和开发应用。

一是测度信息技术在体验设计中的应用。体验设计不同于以生产者为中心的设计，必须把供求双方的问题解决技术和行为整合在一起，从而体现双赢。我们可以把海尔说的双赢，具体理解成为顾客创造高单价值（即体验价值，而不是同质化价值）；为企业创造高附加值（而不仅仅是销售收入）。

二是测度信息技术在软件定义设计中所发挥的作用。软件定义的意思是保证设计的可演进性，即可以根据消费者情境化条件下的要求而调整。例如

① 普拉哈拉德，等. 消费者王朝：与顾客共创价值［M］. 北京：机械工业出版社，2005：21.

菜单中按消费者需求变化而改变置顶应用。具体思路上，可测设计中包含的人工智能特性。

第四类，渠道管理应用。

在复杂性应用中，线性的渠道变成错综复杂的 WEB 网络，带来以下新的智能应用。

一是测度智能信息技术在定价管理中的应用。正如普拉哈拉德所说："认识到存在体验价值的定价系统，往往可以反映异质的消费者体验的质量和本质"[①]。随着支付结算的个性化，如与异质定价紧密相关的微结算（microbill-ing），情境定价将成为未来定价管理的主要策略。商家可以在大数据分析基础上，结合战略财务，在基于 NPS 定位利润基础上，实现与定制相连的一物一价的定价管理。

二是测度智能信息技术在营销、销售和服务中的应用。可重点观察商家利用智能技术在社交网络、社区中，通过交互协作，建立关系和信任，实现口碑传播（NPS），从而实现做优。

三是测度智能信息技术在品牌管理中的应用。通过 WEB 化，商家将品牌战略转化为情境定价下的 SKU 战略，提高 NPS。可以直接通过 NPS 来测度多样化品牌战略的效果。

四是测度智能信息技术在客户关系中的应用。可以从多方面测度信息技术推动客户关系向以客户为中心战略转变中的作用，如测度在信息技术作用下，CRM 向消费者体验视角转变，企业与客户对话平台的建立，通过智能化发现有影响力的客户，灵活快速地响应客户的需求，提供平台和工具使客户参与到价值创造中来或提供自服务，等等。

第五类，制造、物流及供应链中的应用。可以测度企业通过信息化建立从订单源头整合资源的系统，实现"按单生产、易于按比例增加或减少产量、不断改变结构以有选择性地激活竞争能力，以最低成本共同创造价值"[②]。

从理论上说，以上应用对做优带来的贡献，主要集中在提高了 NPS 为代表的客户体验的技术效率。顾客满意度的提高，不光通过向朋友推荐表现，也通过直接参与生产、服务等价值创造活动体现。

---

① 普拉哈拉德，等. 消费者王朝：与顾客共创价值［M］. 北京：机械工业出版社，2005：42.
② 同上，第 193 页。

2）应用的配置效率（AE_n）。

信息技术在多样化应用中提高资源配置的灵活性，转变企业的领导方式、组织方式和资源配置方式，是 AE_n 测度的主要内容。

海尔在实践中发展出来的自主经营体的管理模式，打造出以创造并满足用户需求为目标，以相互承诺的契约关系为纽带，以共创价值并共享价值为导向的自主经营组织。实现了组织的自创新、自驱动、自运转。

自创新是指自主经营体要根据用户需求的改变不断进行创新，不断满足用户的需求，同时能够不断挑战更高的目标。自驱动是建立日清预算体系，将工作目标和预案分解到每天，能够自主地按照每天的预算驱动达到目标。自运转是指流程和机制不断优化升级，即流程化和制度化，形成一个良性的螺旋式上升的闭环优化体系。这是典型的多样化资源配置效率提高的范例。

张瑞敏解释"三自三无"的愿景说①："企业无边界的愿景，就是每个人都是自己的 CEO，把每个人的价值发挥到极致，然后每个人都是资源接口。管理无领导的愿景，就是我的用户我创造，我的增值我分享。用户是领导。员工没人领导会干得很好，他为什么驱动自己呢？因为他可以为用户创造价值，他自己可以得到价值。供应链无尺度的愿景，就是用户体验无尺度，员工创新无尺度。员工创新虽然无尺度，但是创新的方向是什么呢？就是创新到自己能够成为一个自创新、自提升的小微公司。"

由于目前在复杂性条件下灵活配置资源的实践还正在萌芽之中，我们主要根据海尔的管理经验，对 AE_n 指标设计进行一个简单归纳。

第一类，测度信息化领导力在提高资源配置多样化效率中的作用。

通过网络化，在复杂性条件下实现无为而治，创新出新型的领导力。我们把这种领导力称为信息化领导力。这里的领导力不是指领导信息化，而是指企业按照信息化提高多样化资源配置效率的要求来整合资源的能力。

张瑞敏解释，《易经》的第一卦乾卦说的"潜龙勿用，见龙在田，飞龙在天，一直到最后最高境界就是群龙无首"。实际上，群龙无首后，每人都是 CEO。

---

① 《网络化战略下的商业模式创新——张首席在集团 2013 年网络化战略承接互动会上的讲话》（内部讲话）。

海尔将管理从法约尔式的层层监控，转向人单优化；变成高单竞岗，能人聚合；实现人单正反馈循环，以推动出现更高的人和单。指向的是标准的最优的目标。

以传统企业方式配置资源，企业就是确定价值归属、使用资源的最后边界，而 NPS 要求突破这一边界，以消费者为价值归属、资源使用的最终决定者。在这种情况下，对领导的要求，发生了从简单性领导（机械型领导）向复杂性领导（智慧型领导）的转变。

当配置资源的机制从市场和企业（简单性网络）转变为网络（复杂性网络）后，领导运用权力的方式，从强调拥有（ownership）资源转向强调使用（access）资源。领导成为接入资源的接口（API）。而员工成为直接接触客户使用资源的人。这就解决了在复杂性条件下，如何按照客户体验价值（相当于 $P = AC$ 的价值）来指挥生产和服务的问题。

信息化测评需要结合战略财务来测评这种现象。

第二类，测度网络化组织跨越企业边界整合多样化资源的能力。

网络化组织的重要特征是企业内部与外部的边界被打破。按工业时代的产权理论，企业是以专用性资本为边界建立的，不享有专用性资本的就在企业外边。但网络时代的产权，发生了归属（支配权）与利用（使用权）的二元核裂变，出现了"使用权"这种新的内外不分的新产权结构。

海尔的创新在于，实行平台型的按单聚散，随时按需汇集全球最一流的资源，形成动态优化的利益共同体。利益共同体并不是一定的，而根据单不断优化。按单聚散下一步要向开放式最短路径优先的 OSPF（动态最短路由优先链接）的思路发展。也就是说，单不仅要包含生意，还要包含动态关系结构。指自主经营体自驱动生成高标准的单。理想状态是高标准不变，实现路径随机应变。将来，由大数据驱动自生成，在生态圈中，与相关资源连起来，形成单。单不是自己说了算，而是由大数据来定，通过海量非结构化数据，预先洞察，实时决策。

第三类，测度网络化的资源配置方式对多样化效率的提高。

海尔提出供应链无尺度的资源配置自优化主张。巴拉巴西所说的无尺度（scale – free），讲的是自组织网络中的幂律分布规律。强调的是高增值现象（如爆发的需求）往往不是从网络中心，而是从边数最多的"边缘"节点产生的。这预示着市场作为集中化配置资源的方式，将逐步让位给网络作为去

中心化配置资源的方式。

原来的集中化，突出表现在集中的价格上，全局最优的均衡价格成为配置资源的中心。但在情境定价模式下，全局最优被情境最优取代，情境定价是针对每一单定价的优化方式，它保障的是个性化最优或多样化最优。

在这种情况下，只有聚焦消费者的情境化需求，以此为组织聚散资源的聚焦点和线索，才能实现在复杂性条件下低成本配置资源。

信息化测评要根据这样的原理，测度信息技术如何帮助企业提高资源快速重置的能力。快速重置能力是顾客价值与商务智能的叠合点。事实将证明，快速重置能力优化资源的效果，将远远超过完全竞争方式配置资源的效果。在基础理论部分，我们把同质性完全竞争的资源优化称为二维（数量－价格）帕累托最优，把异质性完全竞争的资源优化称为三维（品种－数量－价格）帕累托最优。二者均衡价格之差，固定为 $AC-MC$。

资源快速重置的能力的定义是："持续地为顾客提供高质量的体验，需要企业具备根据需求变化而快速调整和反应的能力——我们把它称为快速地重新配置资源。"[1]

目前这方面做得较好的公司是一个农业公司迪尔公司（Deere & Company）。从迪尔的经验中，我们可以发现以下设计 AE_n 指标的线索[2]：

一是测度做优的"场所"是否建立在产消的互动点上。以往的场所有市场、企业，将来的场所是网络。企业往往把做优的场所建立在企业一方，导致 $AC-MC$ 这一段价值的流失。网络作为场所，是一个复杂性系统，复杂性网络的互动节点，就是价值所在。即，网络的价值是节点的平方。

二是测度做优的价值基础是否建立在共同创造体验之上。共同创造是指在节点之间建立合作（inter）关系，以实现价值的共同创造。

三是测度是否具备做优所需的快速的资源配置和反映变化的能力。我们在需求工程中看到在这方面的探索，可以作为重点观察的对象。

四是测度是否具备做优所需的能够选择性地激活共同创造个性化的体验的能力。不是所有的 App 都可以正好满足个性化需求，富于弹性的 API 系统就成为灵活配置增值能力的中枢。SOA 和分享经济为人们提供了灵活配置增

① 普拉哈拉德，等. 消费者王朝：与顾客共创价值 [M]. 北京：机械工业出版社，2005：95.
② 同上，第85页到86页。

值服务的框架，可以成为测评的观察对象。

五是测度做优所需的商业生态环境是否可以满足商务"生物多样性"发展的需要。包括基础设施是否可以支持异质的共同创造体验；社区是否可以发挥自服务的作用，等等。

3）应用的经济效率（CE_n&RE_n）。

多样化效益测评是企业信息化测评的突出薄弱环节，因此略展开说明。

测度企业信息化中信息技术增进效益，可以从成本、收益和利润三个角度进行。核心是信息技术与好利润关系的测评。好利润可以分别从收益和成本角度入手设计指标，进行测度。

这种测评可以分两个层次，一是假设范围不变，测度多样化效率，即灵活化效应；二是假设范围变化，测度多样化效能（即范围经济或智慧化效应）。效能放在后面讨论，这里首先讨论效率。

在讨论多样化效率时，有一点需要说明。目前无论是管理会计还是战略会计，在好利润的成本解释方面，由于缺乏关于多样化效率提高在成本上的理论根据作为基础，因此形成了一个测度的盲区。

例如，在康泰尔的案例中，过多的小订单提高了成本，成为收益不佳的主因。通过提高小订单服务价格，"产品种类减少了50%"，从而使收益得到提高。这个案例涉及提高多样化效率的两条途径，一是成本不变下，提高价格；二是价格不变下，降低成本。真实的情况是通过第一条途径实现了利润提高。

相对于多样化价格不变的情况下，有无可能实现成本降低。假设康泰尔不是提高价格，而是通过信息技术应用降低了小订单的单位管理成本，他也许没有必要让产品种类减少50%（这可能降低他的 NPS，使利润变成不良利润）。例如，他可以利用 SOA 作为解决方案，在同样成本下，使管理订单的能力，从原来只能管理50%，而推掉另外50%，变为管理100%订单，不推掉那另一半小订单。这样收益会在价格不提高的情况下明显增加，更不用说这样做以后，由于提高 NPS，而从创造客户价值角度，可能获得分成的意外之喜。

人们在讨论同类问题时，提到了范围经济。但一提范围经济，就已经假设范围可变了。而范围不变条件下提高多样化效率（而非效能）反而成为一个空白。而我们现在需要填补这个空白，为此要在提高收益的讨论外，增加一项降低成本的讨论，作为做优做强收益的两个方面。

第一大类，信息技术提高多样化收益，实现做优做强。

第一类，测度通过更好的客户关系增进"好利润"。

鉴于目前除海尔的财务报表外，还没有关于在收益方面测定好利润（即做优做强效益）的特定会计方法，因此我们在管理会计方法之外，另外提出几项专门针对好利润的基础财务的表外项目①，供进一步研究数据采集参考。以下各项全是索洛悖论的测度盲区，直接影响对经济质量（如利润是否可持续，企业能否做优）的评价。

一是测度信息技术在帮助企业与客户直接交流方面的作用。与客户直接交流能力，属于管理会计中的表外项目，但对测度交易完成后到客户满意前，利润性质变化的可能，具有极端重要性。信息技术在这方面的作用几乎是不言而喻的，但要把它具体测度出来，才能平衡现有的效益测度。

二是测度信息技术在建立机制保证一线员工系统地倾听客户意见方面的作用。

三是测度信息技术在让客户来引导创新方面的作用。

四是测度信息技术在让客户相互满意方面的作用。

五是测度信息技术在建立内部核心圈方面的作用。

六是测度信息技术在让传统的客户进入内部圈组织的作用。

第二类，测度通过 SOA 实现组件化获得的灵活性而提高利润水平。

一是通过增强产品的可获得性而增进客户价值。

二是通过缩短产品的交付周期而增进客户价值。

三是通过提高质量水平而增进客户价值。

四是通过提高制造灵活性而提高供应链多样化效率。

五是通过提高供应商灵活性（如缩短交付周期）而提高供应链多样化效率。

六是通过减少设计或测试而提高供应链多样化效率。

第二大类，信息技术降低多样化成本，实现做优做强。

假设范围不变，价格不变，提高多样化效率就表现为多样化成本的降低。

---

① 参考 NPS 领先企业的经验，见赖克哈尔德. 终极问题——创造好利润，促进真成长［M］. 北京：商务印书馆，2008.

谈到降低多样化成本，就不能不谈威尔逊、佩鲁马尔的《向复杂性成本宣战》，这是在降低复杂性成本方面最权威、最系统的论著。

威尔逊、佩鲁马尔降低复杂性成本的主要思路是从总成本中，扣除非增值成本（而假定这些成本不能作为产生范围经济的固定成本）。当然，实际要更复杂得多。

我们还是回到盈亏平衡分析模型公式，利润 = 产量 ×（单位产品价格 − 单位产品变动成本）− 固定成本。即 $G = Q \times (P - VC) - FC$。

其中，Q 指复杂性产品的量（实际也可理解为 q、n 组合商品）；变动成本近似对应增值成本（VA），固定成本近似对应非增值成本（NVA）。当 $PQ > QC$ 时，为所谓有利复杂性；当 $PQ < QC$ 时，为不利复杂性。

威尔逊、佩鲁马尔说的增值成本（VA）与非增值成本（NVA）概念有些所言非指，这个概念在管理会计中也经常遇到。例如卡普兰等在讨论运营业务基础管理时，提到这一对概念。这对概念容易与我们说的基础业务与增值业务中的增值概念相混淆，也容易与我们说的超额附加值、溢价意义上的增值相混淆。增值成本不如说是服务的直接成本，是相对于客户（C）而言的，属于应用服务成本；非增值成本不如说是服务的间接成本，是相对于服务者（B）而言的，是支撑服务成本。从常理来说，为服务者提供服务，使之更好为客户提供服务，对于提高服务质量与客户价值，是具有增进意义的；通过削减 NVA 而增加直接服务的价值，这一想法是十分怪异的。当然，除非认为间接服务过于无效率或相当一部分无用，而需要由此入手更显著地削减不必要的成本，这又当别论。

威尔逊、佩鲁马尔语义中的非增值成本，几乎等于复杂性成本。但也有区别，非增值成本（或者说间接成本、支撑服务成本）在简单性系统与复杂性系统中同样存在。如果是在简单性系统中，复杂性成本会少于非增值成本；而只有在复杂性系统中，复杂性成本约等于非增值成本。此外，他们认为复杂性成本呈几何指数增长。结合这两点，可以认为，如果把 VA 理解为节点的成本的话，NVA 可以理解为边的成本。在复杂性系统中，节点可以呈线性增长；而边由于存在错综复杂关系，因此呈指数增长。由此推论出，威尔逊、佩鲁马尔认为降低复杂性的根本出路，在于削减复杂性中的结构性成本，在结构上化繁为简。在此基础上，他们提出"攻击复杂性"的系统化的主张。

"攻击复杂性"（降低复杂性成本以提高多样化效率）从盈亏平衡分析模

型公式角度解析，其机理在于从两个方面降低复杂性成本，提高多样化效率：第一，当存在不利复杂性时，直接降低复杂性水平。或直接降低 Q 的复杂性，相当于降低多样化水平，以间接降低隐含在后台的复杂性成本；或降低可变成本；第二，如果间接服务是无效率的，也可以从降低固定成本入手降低成本。

企业信息化测评可以重点测度信息技术在降低多样化成本方面的作用。

第一类指标，测度信息技术在品种合理化中降低成本的作用。

品种可以用 SKU（Stock Keeping Unit，库存量单位）作为单位。对一种商品而言，当其品牌、型号、配置、等级、花色、包装容量、单位、生产日期、保质期、用途、价格、产地等属性与其他商品存在不同，可称之为一个 SKU。

对不利的复杂性（鲸鱼曲线的右侧），可以通过调整 SKU 来降低多样化成本。其中根据收益与成本相对于品种的具体关系，可以有多种策略组合[①]。

而信息技术可以从两个方面发挥作用，一是通过战略会计帮助企业直接砍掉鲸鱼曲线的右侧的 SKU，减少多样性成本高于多样性收益的品类，或对于单品降低多样性成本高于多样性收益的程度；二是将不利复杂性的边界（以鲸鱼曲线的最高点为界）向右移动。

信息化测评可以利用企业常用的 SKU 数据来进行与信息技术关联的测算与分析。

第二类指标，测度信息技术与组件合理化的关系。

组件复杂性成本与产品复杂性成本不同，是指构成产品的组成部分由于过于多样化而产生的成本。包括数据库中有太多零部件，每件产品的设计都从头做起，各部门与商业单位自行采购各自使用的组件，等等。

信息化测评可以从以下方面测度信息技术对成本效率的提高：

一是测度信息技术降低材料复杂性成本，以获得更大毛利。如选择低成本供应商，提高采购量，减少废弃成本和保修成本。

二是测度信息技术降低加工复杂性成本，以获得更大毛利。

三是测度信息技术降低服务复杂性成本而获得更大运营利润。如减少采购交易，减少材料需求计划维护，降低配送成本等。

---

① 威尔逊，佩鲁马尔. 向复杂性成本宣战［M］. 北京：清华大学出版社，2011.

第三类指标，测度信息技术与流程灵活性的关系。

精益流程通过减少 NVA，消除流程中的浪费，可以在同等灵活性、多样性条件下降低复杂性成本。信息化测评可以从以下两个方面入手测度这种灵活化效应：

一是测度信息技术通过精益方式降低整个流程的成本及资源消耗。例如，精益方法强调由客户定义质量和价值，如果流程中存在浪费（NVA），客户将不肯付钱，厂家利用信息技术充分感知 NVA 的存在，可以避免生产出客户不需要的东西。又如，信息技术可以帮助厂家了解客户需求，从客户方面回溯，以改进工作，缩短交付周期。

二是测度信息技术通过精益方式降低了多样化带来的时间切换成本。其中原理是："花费的时间越短，流程所能支持的产品复杂程度就越大，您就能更好地以较低的成本交付更高的多样化。"[1]

当然，要明白精益方法的局限，它可以提高多样化效率，但却可能降低多样化效能。这是由于，一旦把可均摊固定成本误当作 NVA，在同等复杂性条件下虽可能是高效的，但随着复杂性的增加，灵活性会出现递减，因此要把它同范围经济和智慧化加以区分。

第四类指标，测度信息技术对流程分割的影响。

流程分割是指对流程中涉及多样化的部分与非多样化的部分进行分割，使多样化的部分占用的较高成本最小化，通过对非多样化的部分实行流水线化的管理而实现大批量、低成本，最终降低流程成本。企业信息化在这里要测的是信息技术如何帮助企业实现流程上的"大规模定制"。

(4) 企业多样化效能（SEC_n）

由于以下部分涉及企业信息化测评中战略性、关键性的空白，因此不仅展开论述，而且加上了基础理论的论证。

企业多样化效能不同于多样化效率之处在于存在复杂性递增时企业能力与效益的变化。信息化所起的不同于工业化的最独特的作用在于，使企业发生从灵活化向智慧化的飞跃。而其中关键在于知识作为固定成本，在智慧应用中的分摊，使应用的平均知识成本出现递减。

对多样化效能分析来说，管理会计中针对复杂性的增值（VA）与非增值

① 威尔逊，佩鲁马尔. 向复杂性成本宣战［M］. 北京：清华大学出版社，2011：203.

（*NVA*）成本划分方法暴露出一定问题。对多样化效率来说，支撑服务的作用相对较弱，*NVA* 往往是需要砍掉的部分；而对多样化效能（范围经济）来说，*NVA* 恰恰是增值的关键，因为它使增值业务实现轻资产运作，是实现平均成本递减的固定成本所在。

接下来分析盈亏平衡分析模型公式中效能分析与效率分析的不同之处。"利润＝产量×（单位产品价格－单位产品变动成本）－固定成本"这一公式更加适合效率分析而非效能分析。因为对效能分析来说，固定成本 *FC* 不是一个减分的项目，而是一个起到降低成本的因素。或者说，由于 *VC* 与 *FC* 在不同的层面上，例如有可能处在应用增值业务与平台基础业务的位置上，更像是分子与分母的关系。

对于"好利润"来说，销售额已经不能完全说明问题，终极的问题还是 *NPS* 的提高，最难的问题是伴随 *SKU* 越高而 *NPS* 越高，这才是范围经济的原问题。

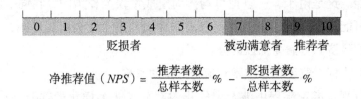

Note：调查客户有多大可能向朋友或同事推荐我们公司的产品或服务答分0~6分为贬损者，7~8分为被动满意者，9~10分为推荐者。

图 15－12　*NPS* 公式

管理会计，特别是鲸鱼曲线已无法解析这样的问题。诚然，"业务经营多样化和复杂化会导致对更多的间接辅助人员的需求"，包括对更多的其他间接辅助成本的需求。但砍掉 *NVA* 对提高多样化效能来说过于消极。所要做的应该是构造一种使间接辅助成本以支撑服务面目出现，在应用中均摊固定成本的局面。支撑服务是一种间接辅助成本，但不同在于它是通过 API 与增值业务连接并可以通过分享而均摊的重资产。它与 *VA* 的关系不是相减，而是相除。

海尔的战略损益表代表着战略财务目前发展的最高水平。但对前沿的探索并没有结束。海尔的战略财务本质上引领、驱动的，是低成本差异化的战略行为。而低成本差异化只是多样化效率而非效能，如何进一步实现效能，也就是实现张瑞敏所说的"打飞靶"，需要有比低成本差异化更高的战略视野。海尔实践中虽有，但很少上升到理论谈及的范围经济，是取得突破的关键。与低成本差异化的主要区别在于强调固定成本均摊对于动态条件下低成本差异化的作用。通俗讲，范围经济不光强调打飞靶，更强调靶飞得越快、越变向，打得越准、越轻松。这里的"越……越……"，就是效能的数学定义在口语中的表述。

在对范围经济进行了关键的数学简化基础上，我们从战略财务角度上再来进一步理解范围经济。

为此，我们需要先从需求工程角度，对 NPS 的经验做法进行提炼与系统化，以补战略财务目前在做优做强高级框架方面的研究空白。

需求工程本来是一种软件开发方法，我们将其运用到 NPS 体系框架上来，研究如何让范围经济一步步落地为战略财务框架与管理财务框架。

限于篇幅，我们不能展开关于需求工程的全面介绍，因为那比我们整个研究所需篇幅还要大。但指出这个方向本身，就是一种重要提示信息。我们力图把其中的主要思路说清楚，进一步操作需要读者自己去学习和探索。

需求工程与目前从德国兴起的 CPS（物理信息系统）的核心思路十分相似，都强调嵌入式软件密集系统，这是相对于简单的信息系统而言的。以财务上所谓 *SMDA*（销售、营销、分销和管理）费用分配为例。简单的信息系统的观点，相当于把 *SMDA* 视为需要砍掉的 *NVA*（非增值成本）；而嵌入式软件密集系统的观点认为，*SMDA* 作为后台支撑服务费用，如果把它软件化（平台化），对应用来说，"却经常支撑着其创新性功能和质量特性"[①]，是可以支撑增值的。这其中就体现出与低成本差异化有别的范围经济的思想。

对多样化服务来说，这就好比 SOA 的作用。但比 SOA 更进一步的是，需要一个嵌入式软件平台为 App 提供工具支撑，以分摊多样化的固定成本，实现多样化平均成本递减。

"互联网＋"中广泛出现的平台基础业务支配权分享，而按增值应用业务按使用权收费，可以有效实现高水平做优做强，实现比低成本差异化更进一步的范围经济（多样化效能）。

---

① POHL K. 需求工程：基础、原理和技术［M］. 北京：机械工业出版社，2012：3.

以这样的架构观点重新审视现有的战略、管理和财务核算，我们发现，对于那些与增值无关的成本——这还不是指管理会计所说的 NVA，即支持费用中被浪费的部分——我们发现得太晚了。Boehm 和 Basili 对于软件开发的一项研究发现："如果需求缺陷是在编码阶段发现的，修正缺陷的成本将比在需求工程阶段发现并修正该缺陷的成本高 20 倍。如果需求缺陷直到验收测试时才发现，那么修正缺陷所需的工作量最高将达到 100 倍以上。"[①] 这不光是软件开发的问题，是企业做优做强将普遍面临的深层次财务问题。

问题出在现有的架构是与做优做强的要求相反的。现有架构是以生产者为中心，而不是以消费者为中心系统地建立起来的。因此感知生产快，成本低；而感知需求慢，成本高。需求越复杂，这种感知就越慢，而且付出的成本与代价就越大。怎样把这个"越……越……"框架反过来，变成需求越复杂，付出的成本——相对于平均成本来说——越小，就成为需求工程要解决的问题。

需求工程有三个方面的核心特征，具有复杂性结构特征：一是需求结构上的情境相关，即围绕上下文建立适应个性化的需求结构，或把需求组织在复杂性网络之中，"需求工程总是处于特定的组织上下文之中"[②]；二是供给结构上的资源共享，对不同情境中的同类项进行抽取，以平台形式为应用提供公共资源共享支持；三是供求连接结构上的接口化，"需求工程过程通过交互接口获取信息，同时通过接口为其他过程提供信息"[③]。

以产品需求工程为例，一条软件产品线被定义为："一条软件产品线是共享一组受控的公共特征的一系列软件应用系统，它们满足一个特定市场部分或任务的特定需求，并且在一系列公共核心资产基础上以预定义的方式开发而成。"[④]

这里强调工程的两个部分，一个部分是领域工程（相当于平台），一个部分是应用系统工程（相当于增值应用，或 ASP），中间以接口（API）相连。由此使系统发生倒置，可以根据情境化的应用提供不同的系统，或系统的低成本的可改变能力。

---

①　POHL K. 需求工程：基础、原理和技术［M］. 北京：机械工业出版社，2012：4.

②　同上，第 6 页。

③　同上，第 6 页。

④　同上，第 457 页。

如果把这个思路推广到企业建设上，好利润的效能思路就浮现出来。举例来说，原来是生产主导物流，但从需求工程观点看，完全可以反向操作，以物流主导生产。因为物流企业更了解情境化需求的即时分布与本地分布，他可以通过品类管理，建立战略财务指导下的需求管理平台，通过 API 与生产方衔接。根据每个 SKU 的实际需求，倒着整合生产企业，按需订制。这样保障在零库存生产成本节约基础上，实现高增值生产，实现可持续的高附加值利润。

从这个意义上说，需求工程本身就是做优做强的战略财务基础，而且这一战略既是企业战略，又是信息化战略。因为这一战略的基石是平台资源的复用，需要建立在以技术上可复制的知识资源为主要生产要素的基础之上，不可想象这一战略离开信息化如何实施。虽然不排除在实物资源闲置条件下，也有资源复用的潜力（如建立在大仓储条件下的实体范围经济），但从企业做优做强的总趋势看，知识经济仍是无疑的主流方向。提高知识在企业资本有机构成中的比重，是实现做优做强，建立可持续竞争优势的基本条件。

企业信息化测评围绕企业做优做强的战略目标进行技术－经济关联的效能分析，要把信息技术战略与企业战略紧密结合起来。在这方面，学者进行过许多研究，如陈蔚珠《企业业务：IT 战略匹配研究》等。在这些研究中，何郁冰、陈劲基于技术多样化战略的企业竞争优势构筑机理，强调从平台系列化产品战略与企业绩效的关系，以及相关多样化产品战略与企业绩效关系两方面，归纳多样化技术与战略利润的关系[①]。这些都为我们从战略会计、管理会计角度把握企业信息化的多样化效能问题，提供了启发。

从需求工程的战略财务思路向管理财务延伸，可以重点考虑以下几个方面，并将其与信息技术联系起来设计指标。其中，企业不一定非有明确的需求工程这样的名称（也可能是 SOA、CRM、一线 BI 等），需要测度的只是系统化地实现需求精准化、智慧化的信息化努力及其结果。

第一类指标，反映通过需求雷达为做优做强指明方向[②]。

一是测度信息技术支撑项目管理提高需求精准度实现做优做强。需求工程与项目管理互补，可以测度信息化需求工程帮助项目管理更精准地确定需

① 何郁冰，陈劲. 博知创新——基于技术多样化战略的企业竞争优势构筑机理 ［M］. 北京：科学出版社，2012.
② POHL K. 需求工程：基础、原理和技术 ［M］. 北京：机械工业出版社，2012：8.

求目标、提高规划与控制的精准度方面的贡献。

二是测度信息技术支撑设计提高需求精准度实现做优做强。需求工程负责定义与设计活动相关的需求，它与设计的关系是"问题定义与解决方案"之间的关系。可以测度信息化为设计解决方案提高需求精准度，从做优角度实现做强的贡献。

三是测度信息技术支撑质量保障提高需求精准度实现做优做强。需求工程为质量保障提供质量及功能需求，通过需求工程还有助于更有效地发现质量缺陷，为质量保障服务指明目标。可以测度信息化通过精准测定需求而提高服务质量，而促进做优做强。

四是测度信息技术支撑系统维护提高需求精准度实现做优做强。需求工程为系统维护提供准确的维护需求信息，有助于提高系统维护的针对性。可以测度信息化在运维中提高需求针对性的贡献。

第二类指标，反映通过抽取需求同类项为做优做强分摊成本[①]。

一是测度信息技术支撑产品管理为做优做强分摊固定成本。需求工程通过定义关键需求、抽取需求特征支撑产品管理。可以测度信息技术在贴近用户需求，提高用户满意度的方面发挥的作用。

二是测度信息技术支撑市场营销为做优做强分摊固定成本。需求工程向市场营销提供有利于吸引新客户或开拓新市场方面的系统化需求信息。可以测度信息技术如大数据在提高数据可用性、灵活性、易用性等从而帮助企业做优方面的贡献。

三是测度信息技术支撑客户关系为做优做强分摊固定成本。需求工程通过整理客户需求，帮助客户关系管理加工、分析来自当前客户的改进建议、要求和问题。提高了基础数据的可维护性、可移植性、可复用性。

第三类指标，反映通过平台分享实现做优做强。

测评应特别关注各种形式的平台资源分享，特别是开发工具分享对增值业务实现可持续利润的影响。其中有一些特别重要的方面，比如：

一是测度通过 ASP 模式分享资源带来的范围经济效果。使中小企业可以灵活、多变地满足用户个性化服务需求——小到网站界面风格，大到业务流程的重组与优化；ASP 的普适性，满足了分布式公司对远距离办公的需求；

---

① POHL K. 需求工程：基础、原理和技术［M］. 北京：机械工业出版社，2012：7.

减轻企业负担，使其享受新技术带来的便利等。对于急需电子商务但资金技术等能力有限的中小企业来说，ASP 是非常合适的一种选择。

二是测度通过分享生产资料带来的范围经济效果。分享经济通过将资源的支配权（ownership）与使用权（access）分离，支配权免费，而按照使用权收费，有效提高无形资产（如开发平台、开发工具等）与闲置资源的使用效能，降低了多样化应用的平均成本。

三是测度通过 SOA 提供的支撑服务产生的范围经济效果。SOA 的平台在提高服务的多样化效能方面的作用不同于其提高服务的专业化效能方面的作用，不仅可以在灵活性的基础上实现智慧化，而且通过分享服务平台资源，可以有力支撑高增值应用服务发展，有利于企业通过做优而做强。

第四类指标，反映通过生态协作实现因小而美类型的做优做强。

一是测度通过 BI 支持一线决策产生的范围经济效果。商业生态系统不同于一般平台，可以在去中心化条件下，以端到端的协同方式支持一线决策智能化，从而使个性化服务从不经济转变为经济。与服务于决策中心的 BI 不同，范围经济效果测度应重点观测一线 BI，包括大数据等在顾客接触部门提高效能的情况。

二是测度通过 WEB 协同决策产生的范围经济效果。WEB 方式通过互动、点对点协同，通过复杂性网络产生群体智慧。可以测度网络智慧在众包中对需求满足的情境优化所起的作用。

对多样化利润还可以进行行为模式层面的战略会计归因，可以更直观地理解做优做强的实现路径。对此，我们可以从利润区中发现有别于做大做强类型的以下利润模式[①]，可以从中选择设计指标的素材：

第一种做优的利润模式：客户解决方案模式。通过将多样化的需求集成在解决方案之中，创造用户的多样化价值。可以测度通过信息化的平台，在复杂性提高条件下降低解决方案的平均成本，从而创造好利润的绩效。

第二种做优的利润模式：多种成分系统模式。这是指子系统比主系统更赚钱的模式。在信息化中，应重点关注从降价甚至免费的基础业务中衍生 App 的利润模式，通过增值业务实现好利润。

第三种做优的利润模式：配电盘模式。这是指双边市场模式，与传统经

---

① 斯莱沃斯基，等. 发现利润区［M］. 北京：中信出版社，2003.

济中平台仅仅在供求双边之中居间收取佣金不同，"互联网＋新业态"下的平台，可以从服务支撑的分享复用中获取租金，从而获得可持续的高附加值利润。

第四种做优的利润模式：速度模式。是指通过不断创新，保持差异化领先优势而获取利润的模式。在互联网条件下，应特别关注通过研发平台建设，使创新变得可持续的做优模式。

第五种做优的利润模式：利润乘数模式。是指明星产品模式，企业从明星产品的延伸复用中反复产生利润。在互联网条件下，转化为口碑模式，通过 WEB 营销，在无标度网络中追求流行爆发的效果。

第六种做优的利润模式：创业家模式。原指从核心资产中不断分拆出可作为利润中心的核心资产应用，以避开 NVA 费用上升的利润模式。在互联网平台经济条件下，应侧重强调核心资产的基础业务属性，强化核心资产在应用中分摊固定成本的作用；进一步强化应用的增值属性，从而使其从一种着眼于成本的效率模式，转化为获取范围经济利润的效能模式。

第七种做优的利润模式：基础产品模式。指基础产品利润并不高，但可以带来更多高利润的后续产品的利润模式。互联网普遍采用的"平台基础业务＋增值应用业务"的"新垄断竞争"模式就是这一模式的发展。

第八种做优的利润模式：品牌模式。指因为品牌产品的价格大大高于同样功能其他产品的价格从而赢利的模式。在互联网条件下，品牌战略正在被碎片化为品类战略、情境定价下的 SKU 战略等强调提高心灵占有率，提高 NPS 的战略。

第九种做优的利润模式：独特产品模式。原有模式强调在竞争对手开始效仿之前独占市场而获得高利润的模式。但符合好利润标准的做法是使效仿本身无效，如个性化定制，面向唯一需求的 3D 打印等。

第十种做优的利润模式：售后利润模式。通常运用于制造业服务化中，指利润主要不是出自产品，而出自产品使用中产生的服务需求的满足。在互联网时代，演化出云服务模式，即产品免费而服务收费模式，它可以比版权模式（产品收费模式）获得更多的利润。

第十一种做优的利润模式：新产品利润模式。是指通过不断开发新产品造成差异化的市场效果，而回避完全竞争均衡的零利润。在新的经济条件下，利用大众广泛参与，以内容为产品和服务，成为天然的差异化生意；包括提高有形产品的创意、设计、文化附加值，都成为可持续的新产品利润模式。

第十二种做优的利润模式：经验曲线模式。原模式是指靠积累专业经验筑高进入门槛以获利的模式。在互联网条件下，这种模式演化为依靠个人知识、默会知识保持独特性和创新性的方式，例如通过知识管理，使经验性的知识加入到增值的来源之中。大数据加上知识挖掘，更使建立在用户个人信息开发与利用基础上的一对一精准营销，成为新的经验曲线模式。

第十三种做优的利润模式：周期利润模式。这是指根据产品生命周期，在成本领先与差异化战略之间来回循环的利润模式，其特点是在大批量低价格（利用低成本获得利润）与小批量高价格（高成本获得利润）之间根据利润高低进行权变。互联网正把这种模式发展成受欢迎的大批量产品向公众免费，不再利用低成本来获利；而通过小批量但吸引力更强的增值产品向公众收取溢价，从而转向好利润。

16　做强大而智慧的企业

16.1　推动信息化为企业创造更高价值

信息化测评不是简单的照相，信息化指标体系作为信息化的指挥棒，需要发挥指导实践的作用。当前，我国经济正面临工业化基本完成，信息经济全面发展的形势，企业信息化测评要积极推动专业化与多样化融合，在此基础上推进两化融合与企业创新转型，向世界一流水平迈进。

(1)　企业信息化的长尾战略

长尾战略一般被误解为长尾效应，实际上，长尾是短头效应（大批量少品种）与长尾效应（小批量多品种）的综合。实际强调的是大有大的好处，小有小的好处，要相机抉择。前两章分别讨论了企业信息化的专业化绩效与多样化绩效，这不代表将二者对立起来。在真实世界中，尤其是信息化与工业化两化融合条件下，企业做大做强与做优做强，是你中有我，我中有你的关系。结合在一起，就是做优做强做大。长尾曲线实际就是做优做大二者的统一。

当今时代，信息化已成为经济发展的第一驱动力。这是从"科学技术是第一生产力"演化来的说法。在改革之前，大型企业普遍缺乏活力。企业改革通过调整生产关系，激活了企业。但与这种生产关系匹配的，还是工业化的传统生产力。信息技术是当今科技的核心要素，信息技术的重大突破，孕育着生产力的新飞跃。这种新的生产力与改革结合起来，带来的不光是生产关系上的变化，更重要的是生产方式的变化，它带来"激活企业"的新含义。转变生产方式、增长方式、发展方式，是贯彻科学发展观的必然。没有新生产力的发展，必然是不科学的。

激活企业，是改革与信息化共同要解决的问题。激活企业，准确提法是"提高企业活力与竞争力"。这里的竞争力特指可持续竞争力。在生产关系层面激活，与在生产方式层面激活，是两个不同层面。今天我们提增长方式、发展方式，都是在生产方式这个层面上。适应这种变化，信息化测评也要从技术测评，应用测评，发展到生产方式测评。

托夫勒提出单一品种大规模生产向小批量多品种生产转变的经济性趋势。这一命题（以下称为"托夫勒命题"）正在逐渐被现实验证，但它明显与经济学矛盾。托夫勒命题涉及的品种经济性，与经济学现有结论是相反的。托夫勒命题的前后项都涉及品种，而经济学长期以来并没有品种维度。直到迪克西特和斯蒂格利茨提出 D - S 模型（1977），品种才被内生入经济学分析。但 D - S 模型处理产品多样化，预设的前提是规模经济，范围是不经济的。这一点与托夫勒命题隐含假设相反。通过信息化与网络经济的基础理论研究，将垄断竞争从复杂性不经济，反转为复杂性经济，我们已经解决了这一矛盾。

首先，需要从三维空间理解长尾现象。

设 C 轴为成本（位于价格轴 P 之上，这里的 C 轴即价格轴），Q 轴为数量，N 轴为品种。以 Q 代表产品数量（批量），Q 值越大，企业规模越大；N 代表产品多样化程度，N 值越大，企业品种越多，系统越复杂。

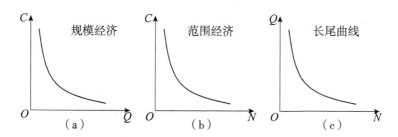

图 16 - 1　从单一品种大规模生产到小批量多品种生产

在图 16 - 1 中，规模经济特点是单一品种（或较少品种）大规模生产（规模 Q 越大，成本越低），这是企业做大的基础；范围经济特点是小批量多品种（品种 N 越大，成本越低）[①]，它是企业做优的基础。而做强的"强"，主要在价格轴体现出来。如果收入既定，成本降低就意味着利润提高。利润高的企业是"强"的。至于企业因为什么强，过去只能有一个原因，就是规模变大，它属于沿 Q 轴的解释；现在有了第二个原因，就是范围变大，它属

---

① 以品种表示范围经济，首见于谢康. 知识优势——企业信息化如何提高企业竞争力［M］. 广州：广东人民出版社，1999. 但谢康当时没有提出长尾曲线。

于沿 N 轴的解释。

将（A）、（B）坐标合并，以 Q 为纵坐标，N 为横坐标，即形成（C）的长尾曲线[①]，表示从单一品种（N = 1）大规模生产（较大的 Q 值），转向小批量（较小的 Q 值）多品种（较大的 N 值）。

以往的经济学是建立在数量－价格（对应这里的成本轴）二维分析基础上的；范围经济引入了品种维度，形成品种－价格这一新的分析维度。

我们可以把长尾曲线，整理为 Q 与 N 平面上的投影。这样做有一个先例，这就是卡尔顿、佩洛夫用来转述 D－S 模型的异质产品的代表性消费者模型[②]（如图 16－2 所示）。

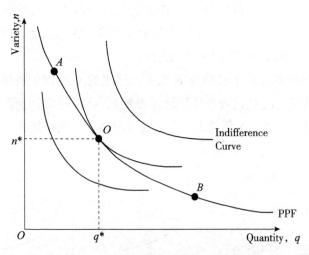

图 16－2　异质产品的代表性消费者模型

这是对 D－S 模型特殊的二元效用函数的一个实质性的解释。D－S 模型本身的设计思路是，规定一个具有代表性的消费者，有一个可分的效用函数，由两个商品的效用子函数可加性地构成。一个代表同质产品，一个代表异质产品（即多样化产品）。分别用两轴表示。将效用函数设为后者（多样化产品组子函数）的偏导数。

这种设计的巧妙，在于用两轴区分单一产品与多样化产品，前者象征

[①]　长尾曲线由安德森《长尾理论》提出；将其用于范围经济解释，首见姜奇平．长尾战略[M]．北京：中信出版社，2007．

[②]　因为 D－S 模型用不变替代弹性（CES）函数来描述代表性消费者对于一组有差异产品的选择关系，产业经济学通常把 D－S 模型归类为代表性消费者模型。

数量，后者象征品种①。这是 D－S 模型的建模技巧中，最令人印象深刻之处。卡尔顿、佩洛夫把 D－S 模型背后"数量－品种"分轴意图直白化了。

只要将图 16－2 中 q 与 n 的符号颠倒过来，就可以赫然看出，图 16－2 中的无差异曲线对应的就是图 16－1 中的长尾曲线，只是角度不同而已（一个从消费角度，一个从生产角度）。如果我们把消费与生产这层意义抽象出来过滤掉，单看数量和价格，马上可以意识到，长尾曲线本质上是数量与品种二维选择关系的无差异曲线。

对于这里的横轴与竖轴，可以有两种理解。一是直接理解为品种和数量；一是理解为代表品种的产品与代表数量的产品。区别仅在于，前者是指品种或数量本身，后者是指代表不同品种的一组产品和代表相同品种的一组产品。从本文研究目的说，二者在这里没有实质区别。

钱德勒首次将规模经济与范围经济并称。而安德森首次发现了商业意义上的长尾曲线，但他本人并没有意识到长尾曲线是规模经济与范围经济等成本线在数量－品种平面上的投影。如图 16－3 所示。

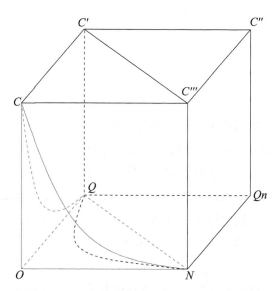

图 16－3　长尾曲线作为规模经济与范围经济等成本线在底平面的投影

---

① 或者理解为，单一品种大规模生产，是多样化生产在产品种类数为一时的特例。在 D－S 模型中，就是一个作为参照系的完全竞争商品子集合（市场中的其他商品）。

长尾曲线 QN（图 16-3 中底平面上的曲线）即为两条成本曲线联线在数量－品种平面（QON）上的投影，即无差异曲线。如果从需求的角度看，就是效用曲线。

长尾曲线形象地显示了做大与做优的关系，结合价格轴，进而显示了做大做强与做强做优的关系，综合起来看，长尾曲线就是一条做强做优做大的成本曲线。

图中 $CQNO$ 四点组成的立体空间为企业成本空间。由图示可知，企业成本最小化的点在 QN 一线，QN 线是企业追求的成本目标。这是工业化、信息化两化融合的突出特点。

信息化企业的作用，在于通过提高企业专业化效率与多样化效率这两个方面，推动企业做强做优做大。

（2）推动企业做强做优做大：既专又活

做优做强做大，按其内涵，可以分为矛盾的两个方面，做大做强是一个方面，做优做强是另一个方面。

做大对应的是规模，做强对应的是利润，做活（或做优）指的是范围。做大做强，是指利润（强）主要来源于收入（大，即收入规模之大），对应的是长尾中的短头模式（如单一品种大规模生产）；做强做优，是指利润（强）主要来源于高附加值（活，即差异化范围之广泛），对应的是长尾中的长尾模式（如小批量多品种）。

没有做优，强就不可持续。这是因为企业通过传统中国制造模式一时把规模做得很大因而取得利润，但或通过模仿，或经过完全竞争，这种利润都会归于零利润（$MC = MR$）。要想在完全竞争的零利润上取得一个附加的利润，一定要利用垄断竞争（我们称之为异质完全竞争），通过创新模式（技术创新、服务创新）造就可持续的差异化竞争优势。因此要以做强做优为主导。当然，仅仅强调做强做优这个主导方面是不够的，还需要做大做强作为基础（否则容易出现空心化），因此提做强做优做大，比较符合信息化与工业化融合的实际。

做大做强，是对企业的工业化、现代化要求。当工业化不是最"现代化"的，而信息化才是更"现代化"时，这个标准要提高到"做优"（做活）这一级。把工业化与信息化融合起来，使企业变得更智慧，更灵捷。

信息化要解决企业做强做优做大的问题，必须解决可测与可管的问题。

不可测，就看不见摸不着，就无从下手解决问题。企业信息化测度，要把企业做大做强做活的战略要求，分解到每一个指标环节加以体现。当前，首先要解决高度的问题，要测评一把手的认识水平，看企业领导能否从建设信息化企业高度认识企业信息化，能否将信息化战略融入企业战略，最终满足客户的需求。

大不是形式上的大，其本质是指专业化效率高，可以生产得更多；做活也不是形式上的变来变去（如反复更改主业），其本质是多样化效率高，贴近业务客户。只有专业化效率与多样化效率同时高，企业的强（利润高）才既有稳固基础，又可持续。从这个意义上说，用做专替代做大，提做强做优做专，更具普遍意义，既适合大企业，也适合中小企业。因为做大仅仅适合大企业，或争取做大企业的中小企业，而不适合因小而美的中小企业。而中小企业即使不做大，也可以做专。更明确的提法是做强做活做专。意思是企业持续稳固的利润，要来自多样化效率和专业化效率的提高。

做专与做活具有完全不同的理论含义。做专可以有全局唯一最优解，这个最优在普遍的供不应求状态下，能够以企业为中心确定，做到最优解的企业成为行业老大；做活却不一定有全局最优解，如果说到最优，也只能是情境最优。因为在供大于求状态（普遍的产能过剩状态）下，从消费者定义的最优，一定是情境最优。因此它是离散的此时此地的"最优"的集合。众包更适合后者，是因为网络智慧适合情境最优。

我们把做专称为"诸葛亮模式"，做活称为"臭皮匠模式"（或万众创业、大众创新模式），由此导出的一般规律是，在简单性条件的市场中，由于消费者需求趋同，诸葛亮模式由于有最优解而容易胜出；在复杂性条件的市场（如网络）中，由于消费者需求多样化，臭皮匠模式因为具有类似"生物多样性"的进化优势而更容易胜出。真实世界简单性与复杂性交错混杂，因此既需要诸葛亮模式，也需要臭皮匠模式。

当社会有机体向网络化方向转变，需求多样化越来越主导经济发展时，固持简单性范式，片面强调做大做强，就会对变化产生不适，从而出现所谓"复杂社会的崩溃"（约瑟夫·泰恩特）现象，表现为因大而"不妙"，出现特大企业的崩溃，进而导致财政危机，带来社会问题。而官僚主义成为助长"复杂社会的崩溃"的最主要因素，因为他们从本性上就倾向于以最优为名，扼杀多样性，从而脱离大众，成为无水之鱼，无法作为生存的适者，应对千变万化的世界。这也是我们要从系统的根子上内生复杂性的原因，为的是适者生存。

首先，为什么要提倡做优做强做大。做大做强，作为企业努力方向，一直似乎是天经地义的。但其中也包含负面因素，不宜笼统提倡。我认为把这个命题修改为"做优做强做大"，更为符合时代潮流。

第一，做大做强的针对性。做大做强本身并没有太大问题。做大指的是规模，通常用收入来衡量一个企业是否做大；做强有多种含义，比如指竞争力，但从实际看，人们最主要用利润来衡量一个企业强不强。因此做大做强，常常被理解为企业的收入与利润取向。一个企业要做大做强，属于企业自主选择范围，别人无权干涉。

做大做强作为一个口号由官方来提倡，针对的是我国企业以往做不大、做不强的实际，希望企业在市场竞争，特别是国际市场竞争中，超越竞争对手，赢取企业竞争优势和国家竞争优势。

做大的宏观经济效果，通常表现为 GDP 规模、出口规模和就业规模的扩大；做强的宏观经济效果，通常表现为产业结构的优化、产业链位势的提升、产业附加值的提高等。在不同时期，政府强调的重点，会有所变化。比如从做大做强，改为做强做大，意在解决大而不强的问题。

中国作为一个大国，企业做大做强理所当然；作为迅速工业化国家，没有强大的企业反而不正常。

但是，任何口号的提出，作为一种政策导向，都有其特定时代背景和前提假设。例如"多、快、好、省"是在计划经济背景下提出的，仅按字面理解照搬到现在，语境就不合适。"做大做强"也一样，它是在中国迅速工业化时期提出的口号，这一口号的积极作用虽然现在也还在继续发挥，但根据我国现代化历史发展要求，需要在原来基础上补充新的内容。

从实际遇到的问题来看，举个例子，说信息化为企业做大做强（或做强做大）服务固然不错，但主要被理解为信息化为工业化服务，而没有讲工业化促进信息化上同以往比有什么不同。尤其是在两化融合背景下提企业战略与信息化战略融合时，映射的企业目标模式明显缺位。许多企业，特别是信息化落后企业，经常把这理解为企业目标模式不变，信息化只涉及在传统目标下更新手段。如果企业确实不需要在战略级融合也罢，事实是企业需要这样做，但理解上系统地偏离了两化融合的初衷。问题就出在企业目标模式的设定上，没有体现两化融合的时代特征。

做大做强是在传统工业化背景下提出的。提倡做优做强做大，是因为原来的背景已经发生了变化，变成新型工业化，变成工业化与信息化融合。变化之处在于，增加了信息化这一新的现代化背景。

第二，背景发生的第一重变化，是生产力条件发展了变化。正如李维安教授指出的："就企业经营观而言，前一阶段我们的主导方向是'做大'，现阶段普遍强调的是'做强'，而新的形势要求我们要步入倡导'做活'的企业经营成长的新阶段。"这是因为，做大做强是传统工业化导向，做活是信息化导向。从两化融合角度讲，应把做大做强，修正为做大做强做活。其中做活，是做优的第一重含义。

做大做强容易出现的偏差，一方面是助长外延型扩张，表现为投入物质化，利润短期化。片面强调物质资源投入，导致经营粗放、资源浪费；另一方面是助长组织僵化的工业病和大企业病。信息化正在起着第一生产力的作用，它推动企业向智能化、活力化的方向优化。我们把这种优化，叫作"做活"。

设定这一目标，有利于将以智慧为核心的无形资产和可持续发展的长期效益，纳入企业经营模式。避免现在普遍存在的把做强片面理解为追求"看得见、摸得着"的有形效益和短期利益的传统观念；把适应多变的全球化、信息化环境，变革创新作为与做大做强同等重要的目标，引导解决企业与环境的矛盾，实现灵敏反应。

第三，背景发生的第二重变化，是企业治理环境和治理要求发生了变化。过去所说现代企业制度，是以委托－代理分离这一传统工业化特征为前提假设的。美国次贷危机显示，工业化成熟后，随着分工和专业化的深化，委托人监督代理人的成本越来越高，在企业越来越不透明情况下，代理人可以将企业实际目标，从最终价值上，引偏到中间价值上。一种情况是不再追求利润，而是通过做大，使经理人收入最大化；一种是追求违法利润，高风险归公司，高收益归经理人。在这种背景下提出做优，是指在收入高低、利润高低这种中间价值外，树立企业的最终价值标准（即对股东和顾客负责的标准）。虽然在理论上，代理人的中间价值与委托人的最终价值是一致的，但实践中两张皮这一事实本身，就说明有必要在传统监管同时，建立委托－代理融合的信息化治理机制。与传统分离型监管最大不同是低成本透明化。因此企业做优的第二重含义，是解决委托与代理之间的矛盾，实现灵敏反应。

第四，背景发生的第三重变化，是生产方式发生了变化。做大做强隐含着规模经济这一传统工业化的前提假设，认为规模大比规模小更加经济。落后于发展方式转变的实际。

做大做强排斥小批量、多品种的先进生产方式，脱离了中国中小企业和产业集群发展的国情，脱离了自组织、多元化的网络经济的发展潮流。

对大企业也存在一些误导，做大是指规模经济，而事实上，中国大企业正在出现在规模经济基础上，向范围经济、品种经济的转变，表现为共享信息资源和网络基础设施条件下的增值产品和服务多样化、复杂化趋势。

做大做强也不是信息时代产业发展的绝对规律。许多高附加值的名特优新产品和服务、个性化的文化创意、WEB 2.0 等，并不以规模取胜，而是以优取胜，以多样性取胜。

企业做优的第三重含义，这里的优可以包容小批量、多品种生产方式，包容文化价值。

第五，背景发生的第四重变化，是社会进步发生了变化。科学发展要求以人为本，国际社会广泛倡导企业社会责任和利益相关者治理，这些都是对企业做优的要求。

做大做强只包含了效率价值，没有包含公平正义价值。企业获得很多利润，规模很大，但不一定能实现做优。举例来说，反垄断的目标，都是些做得最大、做得最强的企业，但它们是害群之马。从妨碍竞争、妨碍创新，到损害消费者权益，劣行不一而足。

传统工业化的企业观，忽视企业和顾客的公民属性。顾客价值，只是公民价值的经济方面；在"顾客至上"之上，还存在更高的价值，如经济价值之外的社会价值。经过国际金融危机，人们对那些做大做强做缺德的企业的危害，对做大做强做进监狱的房地产商、金融家的危害，看得更清。实践证明，企业并不只是生活在经济的真空中，它也同时生活在社会中，因此除了做大做强，还要做优，做优秀的企业公民。

总之，单提做大做强不全面，提倡做优做强做大，更有利于可持续发展、走新型工业化道路。

其次，成就强大而智慧的企业是信息化高级阶段的选择。

最近，国际前沿正在浮现的一种新的战略动态值得注意。美国人提出超越"做强做大"的下一代战略，其核心就是巧（Smart，又可译为智慧、智能）。例如，在全球层面，IBM 提出智慧地球（Smarter Planet）；在国家层面，希拉里提出巧实力（Smart Power）；在经济层面，Walter Derzko 提出智能经济（Smart Economy）；在企业层面，Jim Underwood 提出智慧公司（Smart Company）。智慧（Smart）与知识经济中的知识（Knowledge）不是一个概念，知识是死的，智慧是活的。智慧的含义包括：巧妙的，聪明的，厉害的，敏捷的，等等，更接近汉语"灵"这个词。灵是只有活物有，而死物无的东西。

Jim Underwood 在《什么是你的企业智商？最智慧的企业如何学习、转型、领导》一书中尖锐地指出，事实证明，企业智商是划分绩优企业和绩劣企业的决定性因素，高企业智商的公司会稳步上升，而低企业智商的公司注定要在末端徘徊。美国企业处于价值链高端，而"中国制造"处于低附加值状态的根本原因，是因为美国企业运用的是巧实力，而中国企业运用的是做强做大的蛮力，前者是信息化战略，后者是工业化战略。中国企业需要信息化与工业化融合，在做强做大基础上做巧。

白万钢在《锻造高智商企业》中指出，"组织智商"理论是基于对复杂系统观和组织智能的思考而提出的，它抛弃了传统的从企业管理过程角度研究管理模式，转而从组织能否进行集体思考与洞察的新视角，发展出的用类大脑型组织来梳理企业的管理模式。

智慧企业，是信息化企业高级阶段所达到的一种企业形态。一般说"企业信息化达到世界水平"，如信息化基础设施、核心业务应用信息系统和综合管理信息系统达到或接近同行业的世界先进水平，说的仍是信息化；智慧企业说的是世界先进水平的信息化，最终让企业变成什么样的企业，落脚点在企业。

Jim Underwood 通过对数百家全球性企业的研究指出，衡量组织绩效的指标应为企业智商。企业智商主要涉及的是一个企业的战略、组织方式、性格、与竞争者之间的相互关系。

智慧企业的信息化特征，是指信息化企业的特征，它已经不能在企业信息化这个层面把握，因此不涉及器物层上的企业信息化指标，如基础设施、技术应用、IT 治理、人力资源等；智慧企业的信息化特征涉及的主要是企业之道，在这里，信息化表现为企业在道这个层面的特征，它的核心就是灵，也就是企业通过数字神经系统表现出的与人一样的智慧性。

智慧化可以运用于国家，也可以运用于企业。对于企业来说，智慧化意

味着企业要在做大做强基础上，进一步做灵（Smart）。从一定意义上来说，做灵，是信息化企业达到最高阶段的特征，它使企业变为智慧企业。从信息化测评角度对智慧企业进行框架把握，以信息化指标量化智慧企业特征，对于通过企业信息化，推动企业做大做强做灵，是十分有探索和启发价值的。

最后，做大做强做活的网络之道。

大象也能跳舞，说的是企业既要做大做强，还要做活。

在全球主要发达国家都在从工业时代向信息时代转变的形势下，作为工业化意义上的企业，需要尽快转型为信息化意义上的现代化企业，以信息化为契机转变增长方式，在做大做强的基础上，进一步做活，增强国有企业的活力和竞争力。

做活与网络化具有内在联系。中医离开了经络互联网，所有活的东西，都无从把握。同样，互联网"皮之不存"，做活"毛将焉附"？

小企业做活容易理解，船小好掉头。超大型企业要保持主营业务相对稳定，不能随便掉头，做活要靠与大海一体化。这个大海，就是网络。超大型企业可以靠网络疏通经络，舒筋活血，益智明神，达到同小企业做活同样的目的。

产业层面做活：通过价值网络，将企业变为商业生态系统。

产业生态网络，是企业网络的第一层。正如高新民先生在中央信息化工作会议上指出的那样，当前全球企业竞争，正从供应链之间的竞争，转向价值网络竞争。价值网络包括多个企业，各自扮演一个动态而可控的合作伙者角色，是平行的，整合的和敏捷的流程，可对市场变化，用户个性需求作出快速反应。例如 Flextronics 价值网络为全球名牌电子产品 OEM 厂商提供设计、制造、物流支持等解决方案服务，通过参与、信息、互动、交易、执行、补充、优化和企业 8 个环节，形成从元器件、整机到物流商的一个庞大价值网络。

价值网络，本质上是商业生态系统，就是一个"活"的系统。让系统"活"起来的关键，就是让网络"仿生"，成为生态而非机械的系统。有了它，做大做强之后，才能进一步做活。

信息化的作用，就在于增进这个生态系统的活性。通过什么？通过高新民先生说的"融合、整合、渗透"。融合，就是信息化支撑和驱动企业发展目标；整合，就是企业资源整合（如企业转型为扩展型、协同型企业；制造服务化和服务组件化）与信息资源整合（如 IT 服务外包）；渗透，就是技术与业务的相互结合。

企业之间层面做活：通过电子商务网络，提高社会有机体活性。

电子商务网络，是企业网络的第二层。协同对于做活的重要性，是不言而喻的。企业之间的协同，会将社会水平的组织转化为有机体。在工业化早期，机械组织刚出现时，斯宾塞等人就在梦想，有一天，有机体会从个人水平，扩展到社会水平，形成社会有机体。这就是著名的社会有机体论。电子商务让社会有机论，从空想变为科学。电子商务让社会体变"活"了。

当前，中央企业与主要上游企业实现主要业务协同的比例为1/3强，与主要下游企业实现主要业务协同比例为1/3强，有4%的企业实现了和全部上游企业的全业务全球协同，有近5%的企业实现了和全部下游企业的全业务全球协同。虽然离建立社会有机体的目标还有相当大的差距，但正在向这个方向演进。

企业内部层面做活：通过数字神经网络，提高复杂网络条件下的灵活性。

数字神经网络，是企业网络的第三层。超大型企业在建设网络的过程中，十分强调集成。集成的指导思想如果不是以"做活"挂帅，集成就会统死，四统一（统一标准、统一设计、统一建设、统一管理）也会统死。相反，如果按"做活"的思路搞集成，越集成就会越灵活，越统一就会越多样化。这种越集成反而越灵活、越统一反而越多样化的思路，在经济学中叫范围经济。在这里，"活"是指复杂（所有生命系统都是复杂性系统，所有非生命系统都是简单性系统），表现为异质性、多品种、差异化、多元化等。与机械体相反，活体的特长就是善于面对复杂性。做活是指针对复杂性系统而获得经济性。

中国电信明确指出范围经济是其行业的第一位特征。中国电信业务的范围经济特点表现在：地域广、用户规模大；业务种类繁多；需求多变而复杂；运营的实时性要求高；海量动态数据处理等。如果离开数字神经系统，这种复杂系统的成本，会高得难以承受，相关业务也不具有经济性，因而难于展开。但由于有了数字神经网络，复杂化的成本大大降低。

因此，中央企业信息化工作会议才正式指出：利用网络协同效应，改变了边际成本递增和边际收益递减的传统增长方式，实现了复杂条件下的边际成本递减和边际收益递增，提高了企业的效能。这是一个认识上的飞跃。

（3）智慧企业的信息化测评设计

智慧企业的信息化测评从微观角度，对智慧化形态的企业信息化从实测角度进行了一个解析①。可以当作一个指标设计案例来看待，既可从中进一步理解做优的前沿含义，也可以学习实测指标设计的方法。

1）智慧企业的信息化特征。

智慧企业的信息化特征，是指信息化企业的特征，它已经不能在企业信息化这个层面把握，因此不涉及器物层上的企业信息化指标，如基础设施、技术应用、IT 治理、人力资源等，因此本文不讨论常规的企业信息化指标问题；智慧企业的信息化特征涉及的主要是企业之道，在这里，信息化表现为企业在道这个层面的特征，它的核心就是灵，也就是企业通过数字神经系统表现出的与人一样的智慧性。

巧实力与智慧，是外与内的关系，对外使出巧力，根据的是内在智慧。如果企业与企业在"做大做强"上打个平手，谁在上，谁在下，就看谁会使用巧劲，谁会利用智慧。

提出智慧经济的 Walter Derzko，将智能水平分为六级（如表 16 - 1 所示）。第一级是适应，相当于"随需应变"。它只是智慧企业的最基本、最起码的要求。再往上，第二、三级是传感和推断，相当于中国古代说的格物致知。传感就是格物，推断就是致知，意思是组织体开始具有人的生命体那种认知能力。第四级是学习，它不是指学习课本知识，更接近我们常说的"实践"，强调体验。第五级是预见，强调的是指导行动。第六级是生命性，包括三个方面：生命体的再生性、生命体的自组织和生命体的自我维系；而自我维系又分为物质、信息和能量三个方面。

表 16 - 1　　　　　　　　　　Walter Derzko 智能水平表

智能水平（1）	适应	改变行为以适应环境
智能水平（2）	传感	唤醒对日常事物的注意
智能水平（3）	推断	从规则和观察中得出结论
智能水平（4）	学习	利用体验提高绩效
智能水平（5）	预见	思考和推导下一步行动
智能水平（6）	自生	能够自我再生

① 智慧企业测评研究是在我们共同研究基础上，以丁渊名义发表在《中国信息界》2009 年第 3 期，题为《智慧企业的信息化测评思路——信息化企业巧实力框架研究》。

智能水平（6）	自组织	自我组织各构成部分的能力
智能水平（6）	自我维系（A）	机体复制能力
智能水平（6）	自我维系（B）	信息处理能力
智能水平（6）	自我维系（C）	从环境中稳定地耗能的能力

所有这六个层次，有一个共同特征，就是强调理性向感性的复归。"追求卓越"往往强调的是最优，即理性最大化。但智慧超越所谓"最优"，强调的是情境最优，强调把普遍真理还原到具体情境下。适应就是该优则优，不该优的时候要能屈能伸。传感强调对细节敏感，是针对麻木不仁的大企业病说的。推断强调的是共同知识的演进生成性质，实事求是。学习不是通向教条，而是通向体验。预见强调指导行动，而非坐而论道。生命体的三大特征，更是不能离开感性生命特征，即活体特征。

所有这六个方面，哪一方面都离不开信息化。信息化的最终目的，就是从领导、战略到文化，把企业、企业集团这样无生命的组织体，变成像一个活人一样，一个灵活、灵敏、灵捷、灵巧的智慧体，达到自我维系的基业长青。

2）企业智慧化的测评框架。

通过器物层的信息化，实现道这个层面的企业智慧，当落实到指标时，最急迫的问题，不是挽起袖子马上设计 IT 层的指标，而是建立一个思考框架，先跳出来想一想，看看信息化指标可以帮助企业解决哪些在本质上与道有关的问题，而把跟 IT 有关的指标放在下面的器物层。这里无法提供标准答案，只是举两个与智慧企业测度有关的设计方案，方案本身并不一定实用，只是为了启发思路。

肯·巴斯金《公司 DNA——来自生物的启示》中设计的指标，指导思想是把无机的企业，想象成有机的生物，然后从把握活体角度切入指标设计。

最顶层是公司性质、公司 DNA、公司神经系统、有机结构四个要素。

"公司性质"细分为 8 个指标，其中是一些这样的内容，比如"是否可以将市场分为几个食物层次？如果可以，组织应当关注哪些层次"；"公司在市场生态中能够做出的最重要贡献是什么，客户和同行们最看重的是什么"；"应当怎样传递这种特征才能让公司里的员工理解，并激发他们的热情"。

"公司DNA"是指基业长青的核心理念，涉及"组织如何确保它的公司DNA易于更新"；"公司应当建立什么样的审查机制以保证公司DNA中的程序和结构能够同公司特征结合起来"等4个方面的指标。

"公司神经系统"是指与业务结合的企业信息系统。包括以下三个指标：哪种类型的信息最应当让公司里的员工知道？员工应当知道多少关于这方面的信息？管理层应当控制多少信息？

目前已经有哪些中介？现有的中介能在多大程度上形成这种系统？还需要什么样的中介？组织能够利用更多的正式渠道吗？建立公司计算机网络或内联网在财务和功能上是否可行？

如果需要更多的中介，组织能够与供应商或中介商形成伙伴关系，以巩固它在市场生态中的地位吗？

"有机结构"则特别强调信息化企业有别于机械组织的5个方面，包括：

——组织内部的界限目前是分割的还是渗透的，如果是前者，怎样才能使其相互渗透？

——员工在多大程度上是跨部门培训的，实行跨部门培训是否能进一步打破这些界限？

——组织如何才能做到责任共担，使销售、营销、工程和制造等部门协同工作？

——如何改变补偿、奖励和提升制度，以鼓励部门间的相互渗透？

——如何打破公司与客户和供应商之间的界限？

有了这些企业基本层面的设计，再来考虑用哪些IT指标来表现，就不会显得那些企业信息化指标过于偏重技术、无的放矢。

美国"灵捷审计"是另一种描述智慧企业的方法。

"灵捷审计"具体指标非常复杂，但它最关注的顶层问题反映在下面这个结构里：

第一，丰富顾客价值。

A. 顾客得到的是产品还是方案？

B. 是否组织起来出售方案？

C. 组织出售什么？

第二，以合作提高竞争力。

D. 组织内合作。

E. 组织外合作。

第三，征服变化与不确定性。

F. 组织变革的速度。

G. 组织的灵捷性。

H. "观念→现金"时间的缩减。

第四，利用人员和信息的杠杆作用。

I. 创业家能否在组织中生存？

①报酬问题。

②行动自由问题。

J. 认识员工对利润的影响。

K. 认识信息产品价值对利润的影响。

①组织问题。

②信息内容问题。

上述两个方案，都是企业微观测度方案，对集团企业并不适合。举这两个例子是为了说明，信息化企业指标是可以不从 IT 出发设计，而改为以企业本身为重心设计的。

企业信息化指标设计的大忌，是把焦点完全聚集到技术人员的工作上，比如使用了什么牌子的计算机、打印机墨盒是哪种样式的，而与企业本身的问题脱节。对于智慧企业来说，情况更是这样。

信息化与巧实力的联系在于，信息化虽然可以增强企业的硬实力、软实力，但从它与数字神经系统、数字信息资源的内在关系来看，它对于增加企业活力和竞争力，更加灵巧地应对变革，具有更加不可替代的价值。反过来看，企业在 IT 层面做的所有工作，最终都会使企业向更加智能化、智慧化的方向转变，变得更加聪明；都会使企业在面对复杂多变环境的挑战时，更像生命有机体那样灵活应对。当然，巧实力的前提，还是硬实力、软实力，这是不言而喻的。

对于智慧企业的研究，现在刚刚开始；从信息化企业这个角度解这道题，更是没有现成经验。不过可以肯定的是，做智慧企业，发挥巧实力，对企业是有益无害的。美国近些年来，在硬实力、软实力超群的条件下，一些企业做大做强却做得非常失败，才有今天巧实力的提出。我国大企业需要避免出现同样的问题，为此多了解前沿动态，特别是世界先进水平信息化企业的发展动向，是有好处的。

16.2 从企业信息化测评到信息化企业测评

提升企业信息化测评的关键，是把 CIO 水平的企业信息化测评，提升到 CEO 高度的信息化企业测评。信息化企业这个提法，最初是由胡建生提出的。以下就是其基本思想。作为总结。

(1) 信息化企业的核心

信息化企业是信息化融入企业本质，既具有先进发展方式，又具有基业长青能力的企业。信息化企业是适合 21 世纪经济环境的企业模式，代表了社会经济主体和企业发展的下一代方向。

一段时期以来，在一些似是而非的企业信息化理念误导下，我国许多企业在信息化建设中陷入"投资≠应用≠能力≠商业价值≠核心价值"的怪圈。即企业的信息化投资没有被有效转化为信息技术应用，信息技术应用没有有效形成信息化能力，已形成的信息化能力没有理想地转化为商业价值效果，已取得的商业价值边缘效果偏离了企业生存发展的核心价值。

在信息化进入深度发展的今天，企业如何应对新经济形势的挑战，走出企业信息化误区，深入开展信息化企业建设，已经成为关系到信息化与企业生存和发展融合的首要问题。因此，我们需要反思企业信息化，通过聚焦信息化企业回归企业根本价值，重塑企业价值观，还原信息化真谛，帮助企业做大做强做久做优，实现企业基业长青。

(2) 信息化企业的评价要素

信息化企业的核心有两点，一是企业基业长青，二是新价值观。固化和保持基业长青的核心理念，新价值观的实现方法不断变化，企业在变与不变之间实现根本价值。

信息化企业基业长青就是通过信息化固化和保存企业核心理念，通过信息化刺激变革和进步。在信息化企业中，信息化上升为企业的核心理念，成为企业不断进步的最强驱动力，构成了企业的第一生产力。围绕核心理念，信息化帮助企业在文化、策略、产品、目标、权限、管理政策、组织结构、奖励制度等各方面进行持续性的价值创新，摒弃不符合核心理念的组成部分，使企业朝向最终价值不断前进步。

"信息化企业的九大要素指标"的要点：

第一，企业核心价值观保持力。信息化将企业核心价值观固化在企业行为中，保证核心价值观在企业内部高度一致，推动企业社会责任实践，塑造优秀企业文化。

第二，激励机制支持度。信息化覆盖企业激励机制，使变革和改进制度化，使企业激励机制高度电子化、效用最大化。

第三，组织柔性化水平。信息化协助企业建立灵敏的环境洞察能力和完善的风险防御体系，使企业快速应对经营环境变化，及时调整资源以响应客户需求变化。

第四，企业竞争力支持度。信息化提供客户化服务，控制服务使用成本，保持客户对企业的高度信任，支持企业成功实现战略转型。

第五，基于价值网络的资源整合水平和协同能力。企业具有强大的信息资源整合与开发利用能力，实现企业内外部的高度协同，呈现出较高的业务集约化水平，构成高质量的企业价值网络。

第六，管理信息化先进性。信息化支持企业战略管理，提高企业核心业务管理能力、综合管理能力、决策管理能力。

第七，创新与学习能力。企业具有较高知识管理水平和较强创新能力，实现了对业务流程和商业模式的持续优化。

第八，信息化基础保障能力。信息化工作围绕企业核心价值，企业具有强大的信息化领导力与执行力，较高的信息化基础建设水平和信息化战略与评估水平，以及先进的系统架构和技术路线。

第九，高质量信息化效益。信息化以企业核心价值为目标，在实现了直接经济效益的基础上，更多的是获得信息效益、变革效益、高质量核心效益。

面对严峻的宏观经济形势，我们要重新审视传统的企业信息化价值观，看清未来企业的发展方向，完成从企业信息化到信息化企业的转变。

结语　为何要基于均衡研究效率与效能

互联网已经历了 20 多年的发展，取得了举世瞩目的成就。但对于互联网经济规律的研究，总体上还停留在经验性研究水平上。"基于均衡"研究，就是要基于基本面进行研究，而克服急功近利的政策研究与投机取巧的商业研究的弊端。

本项研究由中国社会科学院哲学社会科学创新工程项目"信息化测评体系创新研究与应用"而起，希望借对信息化与网络经济中技术与经济绩效关系定量化方法的研究，系统梳理出这个时代的财富脉络。

基于均衡的效率改进计量，是指基于理论经济学的技术经济计量。旨在克服现有信息化测评脱离均衡逻辑这一弊端，针对信息化特殊性建立了内生复杂性的均衡理论，将信息化测评从同质性效率分析拓展到异质性效率分析，从效率分析深化到效能分析。系统解决了信息化如何既有效率又有效果的问题。本研究将信息化测评应用范围，从利用最少指标进行指数概括的计量，扩展到全景式的计量。在应用上重点解决测什么，怎么测的问题，为业界实测提供理论支撑服务。

本研究提出基于均衡进行效率与效能分析，是针对信息化测评目前普遍存在的问题。信息化测评近年从就绪测评转向注重效益的测评，这是一个积极的进展。但由于缺乏理论指导，加之样本偏小、样本质量不高，效益测评往往流于以偏盖全。一个突出问题是，测评中的企业取得的绩效（实质上反映了效率和效能），往往是个别企业采取竞争战略和相应策略的结果。所测绩效，对企业有意义，但对经济学研究和政府指导工作并无实质意义。理论经济学并不讨论战略行为与策略行为，是因为它们会导致偏离均衡这个基本面。对实践来说，这意味着某一企业利用套利行为取得高于平均值的成绩，在全局上往往是以竞争对手低于平均值的损失为代价的，从全局来说，对均衡并无影响，因此只有个案的价值，没有理论上的价值。对政府来说，鼓励少数企业利用战略和策略行为取得高于另一些企业的绩效，但产业全局仍然是一个平均数，则政府干预就没有意义。

基于信息化与网络经济的新实践，我们提出了以复杂性为核心特征的新"技术－经济"范式，进而将复杂性范式内生进入理论经济学的均衡理论。这种均衡理论将以往针对差异化的垄断竞争短期均衡与长期均衡，均从企业战略和策略行为的层面，上升为异质完全竞争均衡的高度，视为稳定均衡的一部分。

对信息化测评实践来说，这意味着从竞争战略绩效中，分离出一类可持续的增值部分（对应宏观上结构调整优化升级的部分），作为均衡（也就是可持续）条件下的效率和效能。将其纳入基于均衡的效率与效能范围，并建立起符合信息化与网络经济特殊性的效率与效能分析框架。从而把这一框架，从单纯分析专业化效率与效能的传统研究对象，扩展到分析多样化效率与效能的信息化水平上来。

根据信息化与网络经济的基础理论，我们认为确实存在可持续竞争优势，即高于零利润的产业超额附加值。因此主张把信息化测评效率与效能分析的聚焦点，对准这一部分可持续的绩效，而非机会主义行为的绩效上来。将这一部分绩效，同工业化时期发展起来的标准分析下的效率与效能结合起来，形成完整的基于均衡的效率与效能分析框架。

这就是我们定位研究基于均衡的绩效，而不是任意绩效的由来和主要思路。

对二三百年前开始的工业化的认识与统计，直到工业化的尾声阶段还难以完善；信息化刚刚开始，理应在二三百年后才认识得清楚。本项研究算是一个铺路石，为后人提供一个批判的靶子。错误在所难免，欢迎批评指正。

参考文献

［1］DIXIT A K, STIGLITZ JE. Monopolistic Competition and Optimum Product Diversity ［J］. American Economic Review, 1997 (3).

［2］VUORINEN I. Content and Measurement of productivity in the Service Sector: A Cocetual Analysis with an Illustrative Case From the Insurance Business ［J］. International Journal of Service Industry Management, 1998.

［3］POHL K. 需求工程：基础、原理和技术 ［M］. 北京：机械工业出版社, 2012.

［4］美国项目管理协会. 项目复杂性管理实践指南 ［M］. 叶红星, 等, 译. 北京：中国电力出版社, 2014.

［5］CARTER S: SOA & WEB 2.0——新商业语言 ［M］. 北京：清华大学出版社, 2007.

［6］VOSS C A, HSUAN J. Service architecture and modularity ［J］. Decision Sciences, 2009, 40 (3): 541 – 568.

［7］阿吉翁, 霍依特. 内生增长理论 ［M］. 陶然, 等, 译. 北京：北京大学出版社, 2004.

［8］阿里研究中心. 灯塔点亮网商路 ［M］. 北京：电子工业出版社, 2011.

［9］艾瑞学院. 商变——传统企业电商就该这样做 ［M］. 北京：机械工业出版社, 2014.

［10］爱德华·张伯仑. 垄断竞争理论 ［M］. 周文, 译. 北京：华夏出版社, 2009.

［11］安伟杰. 决胜规模之战 ［M］. 上海：上海百家出版社, 2009.

［12］安筱鹏. 制造业服务化路线图：机理、模式与选择 ［M］. 北京：商务印书馆, 2012.

636

［13］白万平．新农村信息化建设效果评价指标体系研究［J］．安徽农业科学，2008，36（31）．

［14］鲍莫尔．服务业之谜：激增的成本，持续的需求［M］//拉加，谢科特．服务业的增长：成本激增与持久需求之间的悖论．上海：格致出版社，上海人民出版社，2012．

［15］贝当古．零售与分销经济学［M］．刘向东，等，译．北京：中国人民大学出版社，2009．

［16］曹仰锋．海尔转型：人人都是 CEO［M］．北京：中信出版社，2014．

［17］陈洁雄．制造业服务化与经营绩效的实证检验——基于中美上市公司的比较［J］．商业经济与管理，2010（4）．

［18］陈丽洁．英国服务业生产者价格指数的编制及借鉴［D］．大连：东北财经大学，2012．

［19］陈宪，等．中国现代服务经济理论与发展战略研究［M］．北京：经济科学出版社，2011．

［20］笪凤媛．交易费用的测度方法及其在中国的应用研究［M］．北京：中国经济出版社，2011．

［21］大卫·J. 科利斯．公司战略：企业的资源和范围［M］．王永贵，等，译．大连：东北财经大学出版，2005．

［22］迪德，赫尔．服务创新：对技术机会和市场需求的组织响应［M］．李靖华，等，译．北京：知识产权出版社，2011．

［23］董建军．电信运营企业农村信息化后评价指标体系［J］．现代电信科技，2009（6）．

［24］董新平，叶彩鸿，林承亮，等．传统制造企业电子商务运营研究［M］．杭州：浙江大学出版社，2012．

［25］董直庆，王林辉．技术进步偏向性和我国经济增长效率［M］．北京：经济科学出版社，2014．

［26］樊亢，戎殿新．美国农业社会化服务体系［M］．北京：经济日报出版社，1994．

［27］范德普勒格．新小农阶级——帝国和全球化时代为了自主性和可持续性的斗争［M］．潘璐，等，译．北京：社会科学文献出版社，2013．

［28］范里安．微观经济学：现代观点［M］．6 版．上海：上海三联书店，2006．

［29］范小建．新形势下推进农业产业化的思考［J］．中国农村经济，2003（3）．

［30］方远平，谢蔓．广东综合信息化水平对服务业增长的影响研究［J］．岭南学刊，2013（5）．

［31］芬斯特拉．产品多样化与国际贸易收益［M］．陈波，译．上海：格致出版社，2012．

［32］盖雷，加卢．服务业的生产率、创新与知识：新经济与社会经济方法［M］．李辉，等，译．上海：格致出版社，上海人民出版社，2012．

［33］高雅，甘国辉．农业信息化评价指标体系初步研究［J］．农业网络信息，2009（8）．

［34］格瑞里奇斯．服务部门产出的测算［M］．程大中，译．上海：格致出版社，上海人民出版社，2013．

［35］工业和信息化部信息化推进司，电子科学技术情报研究所．工业企业信息化和工业化融合评估研究与实践（2010）［M］．北京：电子工业出版社，2012．

［36］龚炳铮．关于发展我国智慧企业的思考［J］．中国信息界，2014，2（2）．

［37］龚炳铮．推进我国智能化发展的思考［D］．中国电子信息产业集团公司六所，2012．

［38］谷克鉴．新李嘉图模型：古典定律的当代复兴与拓展构想［J］．数量经济技术经济研究，2012（3）．

［39］顾春红，于万钦．面向服务的企业应用架构——SOA 架色特色与全息视角［M］．北京：电子工业出版社，2013．

［40］郭怀英．以信息化促进服务业现代化研究［J］．经济研究，2008（10）．

［41］韩太祥．服务的微观经济分析［M］．北京：经济管理出版社，2010．

［42］何晓星．论两种规模经济：专业规模经济和综合规模经济［J］．上海管理科学，2003（4）．

［43］何郁冰，陈劲．博知创新——基于技术多样化战略的企业竞争优势构筑机理［M］．北京：科学出版社，2012.

［44］赫尔普曼，克鲁格曼．市场结构和对外贸易——报酬递增、不完全竞争和国际经济［M］．尹翔硕，译．上海：上海人民版社，2009.

［45］胡飞，杨瑞．设计符号与产品语意［M］．北京：中国建筑工业出版社，2003.

［46］胡浩志．交易费用计量研究述评［J］．中南财经政法大学学报，2007（4）．

［47］黄立强，等．产品复杂性、保险销售渠道与银保模式选择——一个交易成本分析视角［J］．上海保险，2012（3）．

［48］黄群慧，霍景东．全球制造业服务化水平及其影响因素——基于国际投入产出数据的实证分析［J］．经济管理，2014（1）．

［49］黄少军．服务业与经济增长［M］．北京：经济科学出版社，2000.

［50］吉尔摩，派恩二世．真实经济［M］．陈劲，译．北京：中信出版社，2010.

［51］江小涓，等．服务经济——理论演进与产业分析［M］．北京：人民出版社，2014.

［52］姜奇平，高邦仁．新常态的经济学3%［M］．北京：企业管理出版社，2014.

［53］姜奇平，张子建，米士杰．设计信仰：职业的力量［M］．北京：商务印书馆，2012.

［54］姜奇平．长尾战略［M］．北京：中信出版社，2007.

［55］姜奇平．新商业文明概略［M］．北京：商务印书馆，2012.

［56］姜奇平．有中国特色的长尾战略［J］．财经界·管理学家，2007（5）．

［57］杰里，瑞尼．高级微观经济理论［M］．3版．谷宏伟，等，译．北京：中国人民大学出版社，2012.

［58］荆林波，梁春晓．中国电子商务服务业发展报告［M］．北京：社会科学文献出版社，2011.

［59］卡普兰，库珀．成本与效益［M］．张初愚，等，译．北京：中国人民大学出版社，2006.

［60］康德．法的形而上学原理：权利的科学［M］．沈叔平，译．北京：商务印书馆，2002．

［61］拉加，谢科特．服务业的增长：成本激增与持久需求之间的悖论［M］．李勇坚，译．上海：格致出版社，上海人民出版社，2012．

［62］赖克哈尔德．终极问题——创造好利润，促进真成长［M］．杨大蓉，译．北京：商务印书馆，2008．

［63］雷小清．服务业信息化研究［M］．北京：经济科学出版社，2014．

［64］李柏文．顾客产品及其质量测度与管理研究——基于服务业精确管理的视角［M］．北京：中国社会科学出版社，2012．

［65］李慧．复杂产品制造业集群创新机理研究：基于核心企业视角［M］．北京：中国社会科学出版社，2014．

［66］李嘉图．政治经济学及赋税原理［M］．周洁，译．北京：华夏出版社，2005．

［67］李江帆．三次产业结构演变与服务经济前沿问题研究［M］．北京：人民出版社，2009．

［68］李强．中国服务业统计与服务业发展［M］．北京：中国统计出版社，2014．

［69］李思．基于 DEA 及超效率 DEA 模型的农业信息化评价研究［J］．湖北农业科学，2011（3）．

［70］李文珍．基于产品内分工的服务业发展差异研究［M］．广州：中山大学出版社，2013．

［71］李彦．推动成都农业服务化特色化发展的调查研究［J］．今日中国论坛，2013（19）．

［72］李宗轩．交易费用：交易效率与经济增长的实证研究［D］．沈阳：沈阳师范大学，2012．

［73］理查德·施马兰西，罗伯特·D. 威利格．产业组织经济学手册．第一卷［M］．李文溥，等，译．北京：经济科学出版社，2009．

［74］联合国，等．国民账户体系 2008［M］．北京：中国统计出版社，2012．

［75］梁春阳．论农业信息服务绩效评价体系的构建——兼评我国农业及农村信息化测评模型研究［J］．图书馆理论与实践，2012（9）．

［76］梁向东，潘杰波，吴艳．信息化与现代服务业发展：测度、协同和融合的研究视角［J］．系统工程，2013（11）．

［77］刘丹鹭．服务业生产率与服务发展研究［M］．北京：经济科学出版社，2013．

［78］刘婧．农民专业合作社的规模经济和范围经济研究［D］．陕西：西北农林科技大学，2012．

［79］刘树林．数理经济学［M］．北京：科学出版社，2008．

［80］刘小平．农业信息化与产业化协调发展问题探析［J］．湖北农业科学，2010（5）．

［81］卢现祥．交易费用测量的两个层次及其相互关系研究述评［J］．数量经济技术经济研究，2006（7）．

［82］罗必良．交易费用的测量、难点、进展与方向［J］．学术研究，2006（9）．

［83］马克卢普．美国的知识生产与分配［M］．北京：中国人民大学出版社，2007．

［84］麦毅媚，张蕾．如何通过技术创新发挥服务业差异化竞争战略的优势［J］．兰州学刊，2005（1）．

［85］孟晓明，陈拥军．电子商务与现代服务业协调发展研究［M］．北京：中国财政经济出版社，2010．

［86］缪仁炳，陈志昂．中国交易费用测度与经济增长［J］．统计研究，2002（8）．

［87］聂进．中小企业信息技术采纳影响因素研究［M］．北京：科学出版社．

［88］普拉哈拉德，等．消费者王朝：与顾客共创价值［M］．王永贵，译．北京：机械工业出版社，2005．

［89］奇达夫，蔡文彬．社会网络与组织［M］．北京：中国人民大学出版社，2007．

［90］乔根森，兰德菲尔德，诺德豪斯．宏观经济测算的前沿问题：国民经济账户的新设计［M］．伍晓鹰，等，译．北京：北京大学出版社，2013．

［91］乔治·迪德，福兰克·M.赫尔．服务创新：对技术机会和市场需求的组织响应［M］．李靖华，等，译．北京：知识产权出版社，2010．

［92］曲维枝．中国信息化道路探索［M］．北京：电子工业出版社，2008．

［93］桑福德，泰勒．开放性成长［M］．刘曦，译．北京：东方出版社，2008．

［94］盛旗锋．农业信息化建设与评价研究［D］．安徽：安徽农业大学，2005．

［95］斯莱沃斯基，等．发现利润区［M］．2版．孙燕军，等，译．北京：中信出版社，2003．

［96］孙辉煌，韩振国．不完全竞争、R&D 投入与成本加成变动——基于中国工业行业的实证研究［J］．科学学研究，2010（7）．

［97］谭莹，赵汴．信息化对服务业增长影响的实证研究［J］．商业时代，2009（13）．

［98］陶颜，孔小磊．服务模块化评价指标体系的构建［J］．技术经济，2015（6）．

［99］汪向东．信息化不等式：能力≠应用≠有效［N］．光明日报，2006（7）．

［100］王爱学，赵定涛．交易费用经济学的一个新视角：国家宏观交易费用论国家行政学院学报［J］．国家行政学院学报，2005（2）．

［101］王大树．关于范围经济的几个问题［J］．管理世界，2004（3）．

［102］王江．生产性服务业的创新战略［M］．北京：中国商务出版社，2014．

［103］王小昌．陕西省县级农业信息化评价指标体系构建及评价研究［D］．陕西：西北农林科技大学，2010．

［104］威尔逊，佩鲁马尔．向复杂性成本宣战［M］．黄震亚，等，译．北京：清华大学出版社，2011．

［105］沃尔特·尼科尔森．微观经济理论：基本原理与扩展［M］．9版．朱幼为，等，译．北京：北京大学出版社，2008．

［106］乌尔里希·森德勒．工业 4.0［M］．邓敏，等，译．北京：机械工业出版社，2015．

［107］吴敬琏．中国增长模式抉择［M］．上海：上海远东出版社，2008．

［108］夏长杰，姚战琪，李勇坚．中国服务业发展报告 2014——以生产

性服务业推动产业升级［M］．北京：社会科学文献出版社，2014．

［109］夏长杰．高新技术与现代服务业融合发展研究［M］．北京：经济管理出版社，2008．

［110］向国成，韩绍凤．小农经济效率分工改进论［M］．北京：中国经济出版社，2007．

［111］谢康．知识优势——企业信息化如何提高企业竞争力［M］．广州：广东人民出版社，1999．

［112］徐蔼婷．未被观测经济估算方法与应用研究［M］．北京：中国统计出版社，2009．

［113］徐宏毅．服务业生产率与服务经济增长研究［M］．武汉：武汉理工大学出版社，2010．

［114］徐秋慧．费尔普斯经济思想研究［M］．北京：商务印书馆，2010．

［115］许金叶，王东旭．复杂性成本：企业管理会计的新领域［J］．财务与会计，2013（4）．

［116］学文．农业信息化指标体系［N］．中国特产报，2003（6）．

［117］杨向阳．中国服务业发展方式转变的实证研究——基于效率的视角［M］．南京：南京大学出版社，2011．

［118］杨小凯．经济学原理［M］．北京：中国社会科学出版社，1998．

［119］杨仲山，屈超．信息经济测度方法的系统分析［M］．北京：科学出版社，2009．

［120］伊斯利，克莱因伯格．网络、群体与市场——揭示高度互联世界的行为原理与效应机制［M］．李晓明，等，译．北京：清华大学出版社，2011．

［121］俞守华，区晶莹，等．农业信息化评价研究［J］．农业系统科学与综合研究，2007（8）．

［122］袁庆明．微观与宏观交易费用测量的进展及其关系研究［J］．南京社会科学，2011（3）．

［123］袁文榜．产业信息化的测评分析［J］．经济研究导刊，2007（1）．

［124］曾卫林．我国产业信息化测评体系的完善及应用研究［D］．北京：北京交通大学，2009．

［125］詹森．服务经济学［M］．北京：中国人民大学出版社，2013．

［126］张金昌，董永春．管理会计分析：财务分析精细化［M］．北京：

经济管理出版社，2015.

［127］张鹏．交易效率与经济增长质量的关系研究——新兴古典分工理论［D］．陕西：西北大学，2011.

［128］张星月．基于 SNA 的交易费用宏观核算及分析［D］．济南：山东经济学院，2010.

［129］张雪艳．宏观交易费用测量的障碍、突破与展望［J］．社会科学辑刊，2007（5）.

［130］张云，王刚．品类战略［M］．太原：山西出版集团，山西人民出版社，2011.

［131］郑建明．信息化指标构建理论及测度分析研究［M］．北京：中国社会科学出版社，2011.

［132］郑克强，彭迪云，等．产业结构服务化拐点的理论探索与应用研究［M］．北京：中国社会科学出版社，2012.

［133］中国电子信息产业发展研究院．中国信息化与工业化深度融合发展水平评估蓝皮书（2012）［M］．北京：中央文献出版社，2013.

［134］中国社科院中国循环经济与环境评估预测研究中心．电子商务发展的环境影响［R］，2011.

［135］钟甫宁，朱晶．结构调整在我国农业增长中的作用［J］．中国农村经济，2000（7）.

［136］周宏仁．信息化论［M］．北京：人民出版社，2008.

［137］周静芳，俞安平．服务型制造的差异化优势及其形成机理研究［J］．科技进步与对策，2011（12）.

［138］周静芳．服务型制造的差异化战略对企业绩效的影响研究［D］．南京：南京财经大学，2011.

［139］周蕾，温淑萍．宁夏农业信息化发展水平评价指标体系的构建［J］．图书馆理论与实践，2010（6）.

［140］周振华．服务经济发展：中国经济大变局之趋势［M］．上海：格致出版社，上海三联书店，上海人民出版社，2013.

［141］朱胜勇，蓝文妍．第三产业生产服务研究［M］．北京：经济科学出版社，2013.